Conditio Judaica 63
Studien und Quellen zur deutsch-jüdischen Literatur- und Kulturgeschichte

Herausgegeben von Hans Otto Horch
in Verbindung mit Alfred Bodenheimer, Mark H. Gelber und Jakob Hessing

D1720303

Martina Willemsen

Fritz Mordechai Kaufmann und »Die Freistatt«

Zum alljüdischen Literaturkonzept
einer deutsch-jüdischen Monatsschrift

Max Niemeyer Verlag
Tübingen 2007

Bibliografische Information der Deutschen Bibliothek

Die Deutsche Bibliothek verzeichnet diese Publikation in der Deutschen Nationalbibliografie;
detaillierte bibliografische Daten sind im Internet über *http://dnb.d-nb.de* abrufbar.

ISBN 978-3-484-65163-0   ISSN 0941-5866

© Max Niemeyer Verlag, Tübingen 2007
Ein Imprint der Walter de Gruyter GmbH & Co. KG
http://www.niemeyer.de
Gedruckt auf alterungsbeständigem Papier.
Druck und Einband: Laupp & Goebel GmbH, Nehren

Inhalt

Einleitung

Zwischen 1806 und 1938 erscheinen in Deutschland ungefähr 5.000 jüdische Periodika, die als zeitgeschichtliche Dokumente die deutsch-jüdischen Beziehungen widerspiegeln. Generell liegt der Ursprung der jüdischen Presse in Amsterdam, wo bereits im 17. Jahrhundert jüdische (Kultur-)Zeitschriften erscheinen. Die ersten jüdischen Periodika in Deutschland werden dagegen erst Mitte des 18. Jahrhunderts veröffentlicht: auf Hebräisch. Erst das 1806 in Dessau gegründete Monatsblatt *Sulamith*, ein »Kind der Aufklärung«[1], legt den Grundstein für die jüdische Presse deutscher Sprache. Dieses ›neue‹ Medium wird allerdings nicht etwa dafür verwendet, den nicht-jüdischen Deutschen das Judentum näher zu bringen, sondern den deutschen Juden Ideen und Strömungen, geschichtliche und kulturelle Charakteristika ihres Judentums zu

---

[1] Barbara Suchy: Die jüdische Presse im Kaiserreich und in der Weimarer Republik. In: Juden als Träger bürgerlicher Kultur in Deutschland. Hg. von Julius H. Schoeps. Mit Beiträgen von Nicolaus Sombart, Hans Otto Horch, Jost Hermand [u.a.]. Stuttgart, Bonn: Burg 1989 (Studien zur Geistesgeschichte; 11), S. 167–191; hier: S. 167. Laut Jüdischem Lexikon erscheint allerdings bereits 1751 in Neuwied *Der große Schauplatz* und die *Dyhernfurther Priveligierte Zeitung* von 1771–1772 auf Deutsch, letztere allerdings in hebräischen Lettern als »das erste j[üdische] Nachrichtenblatt in deutscher Sprache«. Vgl. G[eorg] H[erlit]z und M[endel] P[robst]: Jüdische Presse. [mit zusätzlicher Tabelle]. In: Jüdisches Lexikon. Ein enzyklopädisches Handbuch des jüdischen Wissens in vier Bänden, begründet von Georg Herlitz und Bruno Kirschner unter Mitarbeit zahlreicher jüdischer Gelehrter und Schriftsteller. Königstein/Ts: Jüdischer Verlag im Athenäum-Verlag 1982. (Nachdruck d. 1. Aufl. Berlin: Jüdischer Verlag 1927ff.), Sp. 1102–1110; hier: Sp. 1103.
Deutsch löst allmählich Hebräisch ab, sodass es bis zur Jüdischen Renaissance nahezu ausschließlich orthodoxe Juden sind, die hebräische Zeitungen lesen. Erst zur Zeit der Jüdischen Renaissance stoßen Zeitschriften auf Hebräisch vor allem in Österreich und Galizien wieder auf reges Interesse. Jiddische Periodika werden dagegen bis in die Mitte des 19. Jahrhunderts aufgrund des als minderwertig geltenden ›Jargons‹ verachtet. Das Interesse an jiddischen Publikationen nimmt zur Zeit der Jüdischen Renaissance wieder zu, trotzdem sind sie in der Zeitungsmetropole Berlin und damit in Deutschland eher selten. Vgl. Glenn S. Levine: Yiddish Publishing in Berlin and the Crisis in Eastern European Jewish Culture 1919–1924. In: Publications of the Leo Baeck Institute of Jews from Germany. Year Book XLII (1997), S. 85–108. Siehe auch: Susanne Marten Finnis und Heather Valencia: Sprachinseln. Jiddische Publizistik in London, Wilna und Berlin. 1880–1930. Köln, Weimar, Wien: Böhlau 1999 (Lebenswelten osteuropäischer Juden; 4).

vermitteln und diese auch kritisch zu hinterfragen.[2] Nach dem ersten Aufblü-
hen der deutsch-jüdischen Presse unter dem Einfluss der Haskala bilden bür-
gerlich-liberale Forderungen nach Gleichstellung der Juden den thematischen
Schwerpunkt der Periodika,[3] deren prominentestes Beispiel die 1837 von dem
Rabbiner Ludwig Philippson gegründete Wochenschrift *Allgemeine Zeitung
des Judentums*[4] ist.

Durch das Aufkeimen des Antisemitismus, der insbesondere im Bildungs-
bürgertum verstärkt auftritt,[5] und die daraus resultierende rege innerjüdische
Debatte über Assimilation und jüdisches Selbstverständnis erlebt das deutsch-
jüdische Zeitungswesen am Ende des neunzehnten Jahrhunderts einen regel-
rechten ›Boom‹, denn die »literarisch-ästhetische und allgemein kulturkriti-
sche« Zeitschrift bedeutet für die deutschen Juden »qualitativ und quantitativ
ein hoch favorisiertes Instrument intellektueller Selbstdarstellung«[6]. Sie bietet
das Forum zur Abwehr des Antisemitismus und zur Darstellung von Selbstbe-

---

[2] »Ohne nennenswerte Ausnahme wurden diese Zeitschriften und Zeitungen *von
    Juden für* Juden gemacht, d. h. von nichtjüdischer Seite kaum wahrgenommen.«
    Hans Otto Horch mit Till Schicketanz: »Volksgefühl und Jüdischkeit«. Julius und
    Fritz Mordechai Kaufmanns Alljüdische Revue »Die Freistatt«. In: Wortverbunden
    – Zeitbedingt. Perspektiven der Zeitschriftenforschung. Hg. v. Wolfgang Hackl und
    Kurt Krolop. Unter Mitarbeit von Astrid Obernosterer. Innsbruck, Wien, München,
    Bozen: Studien Verlag 2001, S. 183–197; hier: S. 184. »If we speak of the German-
    Jewish press, we refer to the periodicals published by Jews for Jewish readers, with
    special emphasis on Jewish problems.« Vgl. Margaret T. Edelheim-Muehsam: The
    Jewish Press in Germany. In: Publications of the Leo Baeck Institute of Jews from
    Germany. Year Book I (1956), S. 163–176; hier: S. 163.
[3] Vgl. Jacob Toury: Das Phänomen der jüdischen Presse in Deutschland. In: Qesher.
    Sonderheft: Jüdische Zeitungen und Journalisten in Deutschland. Hg. von der Uni-
    versität Tel Aviv. Programm für Studium des Journalismus und Institut für For-
    schung der jüdischen Presse in der Welt. Mai 1989, S. 4–13.
[4] Ab 1890 wird die *AZJ* von Gustav Karpeles und schließlich ab 1909 bis 1919 von
    Ludwig Geiger herausgegeben. Aufgrund dieser langen Erscheinungsdauer spiegelt
    die *AZJ* viele Veränderungen und Diskussionen innerhalb des deutschen Judentums
    wider, vom Kampf um die Emanzipation und innerjüdische Reformen über die Ab-
    wehr des Antisemitismus bis hin zum assimilierten Antizionismus. Siehe hierzu:
    Hans Otto Horch: Auf der Suche nach der jüdischen Erzählliteratur. Die Literatur-
    kritik der »Allgemeinen Zeitung des Judentums« (1837–1922). Frankfurt am Main,
    Bern, New York: Peter Lang 1985 (Literarhistorische Untersuchungen; 1).
[5] »Da der Andrang zur akademischen Erziehung und zu den freien Berufen stark
    zunahm und Juden in überdurchschnittlichem Maße daran beteiligt waren, wurde die
    Konkurrenz zunehmend schärfer, und es gab immer öfter nationalistische Untertöne
    gegenüber den ›fremden‹ Juden. [...] ›Die Juden sind unser Unglück‹, behauptete
    Treitschke jetzt, und seine Worte fanden unter den Gebildeten einen überaus großen
    Widerhall.« Shulamit Volkov: Die Juden in Deutschland. 1780–1918. München: R.
    Oldenbourg Verlag 1994 (Enzyklopädie deutscher Geschichte; 16), S. 48–49.
[6] Gert Mattenklott: Juden in der deutschsprachigen Zeitschriftenkultur im ersten
    Drittel des 20. Jahrhunderts. In: Juden als Träger bürgerlicher Kultur in Deutschland
    (wie Anm. 1), S. 149–166; hier: S. 149.

hauptungsstrategien schlechthin und muss aufgrund ihrer kulturellen Relevanz als »Symbolform einer besonderen geistigen Kultur«[7] und als vergleichbares Medium zu Universität, literarischer Gesellschaft und Galerie verstanden werden. Kulturpolitische zum Teil auch literarischmotivierte Debatten prägen das deutsch-jüdische Pressewesen und damit auch die innerjüdische Diskussion des eigenen Selbstbildes um die Jahrhundertwende.

Neben den ›großen‹, weil langlebigen Periodika wie *Im Deutschen Reich,*[8] *Israelitischer Gemeindebote,*[9] *Israelitische[s] Familienblatt*[10] und der *Illustrierten Monatsschrift für modernes Judentum, Ost und West,*[11] erscheinen unüberschaubar viele Zeitschriften, Monatshefte und Gemeindeblätter, die zum Teil nur wenige Jahrgänge oder Hefte ›überleben‹. In ihnen entfaltet sich die Diskussion um die Gemeinsamkeiten und Unterschiede innerhalb des deutschen Judentums, man erörtert die ›Judenfrage‹, die Frage nach Selbstbehauptung und Definition der eigenen Jüdischkeit. Dieser politische aber auch ideologische Disput zeigt die innerjüdische Spannweite und auch die Disharmonie zur Zeit der so genannten ›Jüdischen Renaissance‹ auf, vom assimiliert-liberalen bis hin zum zionistisch-nationalen Judentum.

Vielen jüdischen Journalisten und Schriftstellern gelingt es – insbesondere als Kultur-, Gerichts-, oder Theaterkritiker –, auch für populäre deutsche Zeitschriften zu schreiben und »die von der Produktionstechnik bedingte ›kleine

---

[7] Ebd., S. 150. Beachtenswert ist letztlich auch die Tatsache, dass deutsch-jüdische Periodika der Weimarer Republik nahezu ausschließlich als Kulturmedium in Erscheinung treten, schließlich ist die *Wiener Morgenzeitschrift* die einzige jüdische Tageszeitung in deutscher Sprache. Vgl. hierzu u. a. Suchy, Die jüdische Presse im Kaiserreich und in der Weimarer Republik (wie Anm. 1).

[8] Diese Monatsschrift ist das Organ des Centralvereins deutscher Staatsbürger jüdischen Glaubens und erscheint von 1895 bis 1922 in Berlin unter dem aus heutiger Sicht merkwürdig anmutenden Titel *Im deutschen Reich,* der nach 1922 bis 1938 in *C[entral].V[erein].-Zeitung. Allgemeine Zeitung des Judentums* geändert wird.

[9] Der erstmalig 1895 in Berlin erschienene *Israelitische Gemeindebote,* »eine von Annoncen und Vereinsankündigungen ihr Dasein fristende Wochenzeitung« [Toury, Das Phänomen der jüdischen Presse in Deutschland (wie Anm. 3), S. 12], wird im Juni 1901 gemeinsam mit der Zeitschrift *Berliner Vereinsbote. Central-Organ für die jüdischen Vereine Berlins* unter dem Titel *Israelitische Rundschau* das offizielle Organ der Zionistischen Vereinigung für Deutschland. Im Juli 1902 wird diese Zeitung zur *Jüdische[n] Rundschau,* die erst 1938 ihr Erscheinen einstellen muss und in Jerusalem kurzfristig als *Jüdische Weltrundschau* fortgesetzt wird.

[10] Das in Hamburg herausgegebene *Israelitische Familienblatt* (1898–1938) gilt als überparteiliche Zeitschrift, die »unterhalten und belehren [wollte], ohne zu polemisieren«. Toury, Das Phänomen der jüdischen Presse in Deutschland (wie Anm. 3), S. 12.

[11] Die prominenten Herausgeber von *Ost und West* (1901–1923), Davis Trietsch und Leo Winz, suchen mit dieser Monatsschrift gemäß ihres programmatischen Titels zwischen dem assimilierten Westjudentum und dem ›ursprünglichen‹ Ostjudentum und dessen Kultur im Zuge einer Jüdischen Renaissance zu vermitteln.

Form‹ zur Meisterschaft«[12] zu bringen. Dieser Erfolg solch bekannter Verfasser wie Paul ›Sling‹ Schlesinger, Moritz ›Inquit‹ Goldstein, Walter Benjamin, Kurt Tucholsky und Arthur Koestler bleibt nicht ohne Folgen. Zum einen wird durch die zunehmende Beteiligung jüdischer Autoren auch in deutschen Zeitschriften die antisemitische Stimmung in Deutschland geschürt und zum anderen die innerjüdische Debatte um die Identitätsfrage deutscher Juden angeregt, denn die Rolle der Juden in der deutschen Kultur bildet einen wesentlichen Schwerpunkt innerhalb dieser jüdischen Diskussion zur Zeit der Jüdischen Renaissance.[13]

Neben den ausgezeichneten jüdischen Journalisten beeinflusst auch der technische Fortschritt in der Zeitungsmetropole Berlin – insbesondere zur Zeit der Weimarer Republik mit den großen Verlagshäusern Ullstein und Mosse – die positive Entwicklung der deutsch-jüdischen Presse, zu deren Ausmaß Herbert A. Strauss in seinem Aufsatz *The Jewish press in Germany, 1918–1939 (1943)*[14] neben einer ausführlichen Schilderung einzelner Zeitschriften insbesondere in seinen Anhängen einen guten Überblick bietet über die Menge, den Erscheinungszeitraum und -ort vieler Periodika im deutschsprachigen Raum ebenso wie über die Auflagenhöhe und einige verantwortliche Herausgeber. Interessanterweise ist der zahlenmäßige Höhepunkt deutsch-jüdischer Zeitschriften erst im Jahr 1935 erreicht – kurz bevor mit der ›Reichspogromnacht‹ im November 1938 jegliche Form von deutsch-jüdischer Presse vorerst ein Ende findet.[15]

---

12 Ludger Heid: Deutsch-jüdischer Journalismus. In: Neues Lexikon des Judentums. Hg. von Prof. Dr. Julius H. Schoeps. Überarbeitete Neuausgabe. Gütersloh: Gütersloher Verlagshaus 2000, S. 410–414; hier: S. 413.

13 Dies kann man beispielsweise anhand der von Goldstein ausgelösten *Kunstwart*-Debatte ablesen, die hier als prominentes Exempel für alle kultur-politischen Dispute dieser Zeit stehen soll. Die aus Goldsteins Aufsatz »Deutsch-jüdischer Parnaß« häufig zitierte These »Wir Juden verwalten den geistigen Besitz eines Volkes, das uns die Berechtigung und die Fähigkeit dazu abspricht.« ruft zur Schaffung einer nationalen jüdischen Literatur auf und fordert eine klare Stellungnahme zum eigenen Judentum. Zur Debatte im *Kunstwart* vgl. Kapitel 2.2.3.

14 Herbert A. Strauss: The Jewish press in Germany, 1918–1939 (1943). In: The Jewish Press That Was. Accounts, Evaluations and Memories of Jewish Press in pre-Holocaust Europe. Ed. by David Flinker, Shalom Rosenfeld, Mordechai Tsanim. Jerusalem: Jerusalem Post Press 1980, S. 321–354. Hier werden mehr als 150 überregionale und etliche kommunale Zeitschriften aufgelistet.

15 Vgl. Toury, Das Phänomen der jüdischen Presse in Deutschland (wie Anm. 3), S. 12. Besonders interessant ist hierzu auch der Beitrag von Edelheim-Muehsam, dem – neben vielen statistisch-relevanten Details – auch ein Nachdruck einer Liste aus dem Philo-Lexikon von 1937 beigefügt ist. Diese Aufzählung veranschaulicht die deutsch-jüdische Presselandschaft im Jahr 1935, als ca. 475.000 deutschen Juden 63 deutsch-jüdische Periodika mit einer Gesamtauflagenhöhe von 137.000 Exemplaren gegenüber stehen, sodass man annehmen muss, dass in einer Familie mindestens eine Zeitung gelesen wurde. Vgl: Edelheim-Muehsam, The Jewish Press in Germany (wie Anm. 2), S. 174–176.

Die Untersuchung deutsch-jüdischer Periodika ist aufgrund der Überlieferungssituation problematisch, da viele Zeitschriften nicht nur wegen ihres Alters zunehmend vom Verfall bedroht sind, sondern auch aufgrund der sinnlosen Zerstörung im Dritten Reich lediglich in Restexemplaren erhalten sind.[16] Neben dem traditionellen Leihverkehr kann man aber nunmehr seit dem Jahr 2000 auf das von der DFG geförderte »Internetarchiv Jüdischer Periodika« zugreifen. Unter der Leitung von Professor Hans Otto Horch in Kooperation mit Mitarbeitern der Kölner Bibliothek Germania Judaica und der Universitätsbibliothek Johann Christian Senckenberg in Frankfurt am Main werden auf www.compactmemory.de – kostenlos und benutzerfreundlich – deutsch-jüdische Periodika zur Verfügung gestellt. Gerade für eine Arbeit wie diese ist die Nutzung dieser Seiten von größter Bedeutung und von unschätzbarem Wert, da sie die Möglichkeit bietet, schnell und übersichtlich in vielen unterschiedlichen Zeitschriften verschiedene soziale, politische und kulturelle Ideologien auszumachen.

Wohl auch aufgrund dieser schwierigen Überlieferungssituation gibt es bislang jedoch nur wenige wissenschaftliche Untersuchungen, die die Bedeutung dieser Zeitschriften unterstreichen. Hervorzuheben sind an dieser Stelle drei Arbeiten: Hans Otto Horchs Untersuchung der *Allgemeinen Zeitung des Judentums*, Eleonore Lappins Darstellung von Martin Bubers *Der Jude* und David A. Brenners Studie zu *Ost und West*.[17] Doch nicht nur diese ›großen‹ deutschjüdischen Periodika können als aufschlussreiches Quellenmaterial dienen, sondern auch kleinere, nicht so langlebige, vielleicht gar schon vergessene Zeitungen wie die von den Gebrüdern Julius und Fritz Mordechai Kaufmann gegründete Zeitschrift *Die Freistatt. Alljüdische Revue. Monatsschrift für jüdische Kultur und Politik*, die von April 1913 bis Juli 1914 erscheint.

Diese Revue sowie einer ihrer Begründer, Fritz Mordechai Kaufmann, bilden den Fokus dieser Arbeit. Das einzigartige ›alljüdische‹ Programm der Revue und das damit verbundene Literaturkonzept sollen hier untersucht werden. Da die besondere ideologische Ausrichtung untrennbar mit den persönlichen Erfahrungen und Ansichten Fritz Mordechai Kaufmanns verbunden ist, muss ein weiterer Schwerpunkt dieser Arbeit auf dessen Leben und Werk liegen.

---

[16] Vgl. auch Hans Otto Horch, Till Schicketanz, Kay Heiligenhaus: Compact Memory – Ein Projekt zur retrospektiven Digitalisierung jüdischer Periodika im deutschsprachigen Raum. In: Zwischen Selbstbehauptung und Verfolgung. Deutsch-jüdische Zeitungen und Zeitschriften von der Aufklärung bis zum Nationalsozialismus. Sammelband zur Internationalen Tagung in Bremen vom 10. bis 12. Juli 2000. Hg. von Michael Nagel. Hildesheim, Zürich, New York: Georg Olms 2002 (Haskala. Wissenschaftliche Abhandlungen; 25), S. 351–359.

[17] Horch, Auf der Suche nach der jüdischen Erzählliteratur (wie Anm. 4). Eleonore Lappin: Der Jude. 1916–1928. Jüdische Moderne zwischen Universalismus und Partikularismus. Tübingen: Mohr Siebeck 2000 (Schriftenreihe wissenschaftlicher Abhandlungen des Leo Baeck Instituts; 62). David A. Brenner: Marketing Identities. The Invention of Jewish Ethnicity in *Ost und West*. Detroit: Wayne State University Press 1998.

Deshalb lässt sich im ersten Kapitel Kaufmanns Biographie finden, die vor allem auf drei grundlegenden Quellen basiert. Zum einen bietet Ludwig Strauß' biographische Einleitung zu Kaufmanns »Gesammelten Schriften«[18] einen guten Überblick über das Leben seines Freundes und Schwagers. Zum anderen enthalten die erst 2004 herausgegebenen Erinnerungen Julius Kaufmanns aufschlussreiche Informationen zum Leben, aber auch zum Sterben seines Bruders. Diese Biographie, die eigentlich nur zu privaten Zwecken genutzt werden sollte und nicht zur Veröffentlichung gedacht war, schreibt Julius Kaufmann zwischen 1937 und 1950 nieder.[19] Rückblickend konstatiert er, dass »mein Einzelschicksal sich im großen und Ganzen [!] nicht von dem meiner Nachbarn unterschied, und dass ich gar nicht etwas Exzeptionelles, sondern nur den typischen Ablauf des Lebens erlebte«[20]. Das Besondere an der Biographie seines Bruders, Fritz Mordechai Kaufmann, ist dagegen, dass sie zunächst als exemplarisch für ein typisches Schicksal eines deutschen Juden zur Zeit der Jüdischen Renaissance gesehen werden kann, aber später immer mehr einen weniger typischen Charakter darstellt, der die Spaltung innerhalb des deutschen Judentums auf eine persönliche, ungewöhnliche und wenig populäre Weise zu überwinden sucht, die ihm nicht immer Anerkennung, sondern zunächst lediglich Verachtung einbringt.

Die wahrscheinlich wichtigste Quelle bilden aber die Briefe Kaufmanns an seine Familie, die im Nachlass von Julius Kaufmann in den »Central Archives for the History of the Jewish People« in Jerusalem liegen. Neben dem Impfschein lassen sich zu Beginn wenige Briefe an den Bruder Julius finden, die auf 1904 bis 1905 zu datieren sind und Kaufmanns Schulalltag skizzieren.[21] Mit Beginn seiner Studentenzeit sind regelmäßig Briefe nach Hause vorhanden, die seine fortwährend schlechte finanzielle Situation beschreiben und zudem Einblick in das (Innen-)Leben Fritz Mordechai Kaufmanns bieten. Innerhalb der Briefe setzt der Abschiedsbrief an seine Frau den Schlusspunkt, der sein so frühes selbst gewolltes Lebensende vorweg nimmt. An dieser Stelle

---

[18] Fritz Mordechai Kaufmann: Gesammelte Schriften. Hg. und eingeleitet von Ludwig Strauß. Berlin: E. Laub'sche Verlagsbuchhandlung 1923.

[19] »Ferner will ich nochmals betonen, dass diese Seiten nur für meine engsten Angehörigen bestimmt sind. Ich habe beim Schreiben keinen Moment an Veröffentlichung gedacht, dafür ist alles zu persönlich geschrieben.« Julius Kaufmann: Vom Rheinland ins Heilige Land. Erinnerungen von Julius Kaufmann-Kadmon aus Eschweiler. 1887–1955. Hg. vom Eschweiler Geschichtsverein. Eschweiler 2004, S. 192.

[20] Ebd., S. 193.

[21] Unter ihnen befindet sich auch eine Seite eines »Modernen Sittenromans«, der einen Sommermorgen skizziert, an dem ein Kobold die Ruhe und das Zwitschern der Vögel stört. Vgl. Moderner Sittenroman. [Skizze von Fritz Mordechai Kaufmann. ohne Datumsangabe] In: The Central Archives for the History of the Jewish People. Jerusalem. P 113/R7. [Im Folgenden wird The Central Archives for the History of the Jewish People zu CAHJP abgekürzt.]

gebührt mein herzlicher Dank Professor Naftali Kadmon,[22] Fritz Mordechai Kaufmanns Neffen, der mich in einem Brief auf den Nachlass seines Vaters aufmerksam machte und mir die Genehmigung erteilte, aus diesen Dokumenten zu zitieren. Ohne diese Texte wäre meine Arbeit in dieser Form kaum denkbar gewesen.

Das zweite Kapitel befasst sich mit den Literaturkonzepten der Jüdischen Renaissance im Allgemeinen und mit dem Kaufmanns im Besonderen. Einleitend wird die Situation der Ostjuden dieser Zeit dargestellt, da die Hinwendung zum Ostjudentum, zur ostjüdischen Kultur und damit zum ›ursprünglichen‹ jüdischen Volk für Kaufmann von besonderer Relevanz ist. Im Zuge des von Buber propagierten Kulturzionismus wird der Literatur dabei eine besondere Stellung zugewiesen. Somit lässt sich auch die Bedeutung der Literaturdebatten dieser Zeit erklären, die hier am Beispiel der Aufsehen erregenden *Kunstwart*-Debatte, in deren unmittelbarer Nachfolge eine in der *Freistatt* geführte Diskussion gesehen werden muss, erläutert werden soll. Diese Debatten spiegeln das Selbstverständnis der deutschen Juden und deren Suche nach Selbstbehauptungsstrategien innerhalb einer Zeit großer innerjüdischer Kontroversen in Deutschland wider. Der Graben zwischen den liberal-assimilierten und den national-zionistischen Juden ist kurz vor dem Ersten Weltkrieg nahezu unüberwindbar. Aber auch innerhalb der einzelnen ›Lager‹ gibt es unterschiedliche Auffassungen über das eigene Judentum, sodass Kaufmanns nationaljüdisch geprägte Definition von Literatur als Propagandamittel bereits Aufschluss über die alljüdische Literaturkonzeption der *Freistatt* bietet.[23]

Diese steht im Mittelpunkt des dritten Kapitels, in dem zunächst die antizionistische Programmatik der Monatsschrift dargestellt wird. Neben der *Freistatt*-Debatte liegt der Schwerpunkt der Untersuchung vor allem auf den literarischen Primärquellen in der alljüdischen Revue, die im Anhang noch einmal gesondert – chronologisch und nach Autoren gegliedert – aufgelistet werden. Doch auch die Literaturkritik innerhalb der *Freistatt* wird näher beleuchtet, sodass eine umfassende Übersicht zur Literatur-Definition der Monatsschrift geboten wird. Zudem muss dieses Konzept auch als Ausdruck eines alljüdischen Selbstverständnisses gesehen werden, das Kaufmanns individuelle Definition von ›Jüdischkeit‹ widerspiegelt.

Im vierten Kapitel lässt sich eine abschließende Betrachtung zu Kaufmanns ›Vermächtnis‹ finden, in der seine literarische sowie seine sozialpolitische

---

[22] Zur Umbenennung von Kaufmann zu Kadmon vgl. Julius Kaufmann, Vom Rheinland ins Heilige Land (wie Anm. 19), S. 253.

[23] Wenn häufig aus derselben Quelle zitiert wird, wird an solchen Stellen auf Fußnoten verzichtet und die Seitenzahl in runden Klammern direkt im Text nachgewiesen. Hervorhebungen in Zitaten werden grundsätzlich kursiv wiedergegeben. Auch die Zeitschriftentitel werden durch Kursivdruck hervorgehoben.

Leistung für das Judentum seiner Zeit dargestellt wird. Sein literarisches Konzept, seine sozialen Ideen, sein Kampf für ein Alljudentum sind heute nahezu in Vergessenheit geraten. Doch gerade seine Person – ebenso wie die von ihm redigierte Monatsschrift – bieten einen faszinierenden Blick auf das gespaltene deutsche Judentum zwischen 1900 und 1920, wobei die Besonderheit nicht nur darin besteht, die großen ideologischen Unterschiede zwischen assimiliertem und zionistischem Judentum in Deutschland darzustellen, sondern auch die wechselseitige kritische Betrachtung von Zionismus und Assimilation in Abgrenzung zum Alljudentum.

1 Biographie

1.1 Jüdische Kindheit im katholischen Eschweiler

Fritz Mordechai Kaufmann[1] wird im Dezember 1888 in Eschweiler – am Fußrande der Eifel auf der alten Römerstraße zwischen Köln und Aachen – geboren. Die Stadt ist historisch bedeutend, da »[a]uf der Stätte, auf der Eschweiler steht, [...] schon in vorgeschichtlicher Zeit eine Ansiedlung [stand], die bis in die römische Zeit sich erhielt«[2]. Doch zu spüren ist von dem geschichtsträchtigen Ambiente zu Kaufmanns Zeiten offensichtlich nichts, denn Julius Kaufmann schreibt in seinen Erinnerungen, dass Eschweiler eine »Stadt ohne Tradition, ohne irgendwelche Erinnerungen an frühere Zeiten«[3] sei.

Geprägt ist das kleinstädtische Leben vor allem durch eine bürgerlich-konservative und streng katholische Bevölkerung. Bereits 1882 gibt es in Eschweiler 15.548 Einwohner, von denen 14.686 Katholiken, 789 Protestanten und 148 Israeliten sind.[4] Die Bevölkerungszahl wächst aufgrund der florieren-

---

[1] Wenn nicht besonders hervorgehoben, handelt es sich bei ›Kaufmann‹ immer um Fritz Mordechai Kaufmann.

[2] Wilhelm Dostall: Eschweiler an der Inde und Umgebung in Wort und Bild. Eschweiler 1910, S. 9. Als man 1907 mit dem Bau der Kanalisation und der dazugehörigen Kläranlage beginnt, stößt man auf alte Stadtmauern, die Zeugnis der historischen Bedeutung der Stadt sind. Weitere Funde belegen, dass die Besiedlung der Gegend schon um 4.500 vor Christus stattgefunden haben muss. 1910 wird gar eine römische Badeanlage bei Hovermühle-Weisweiler entdeckt. Im Jahre 828 wird Eschweiler zum ersten Mal urkundlich erwähnt – durch keinen Geringeren als Einhard, Kaiser Karls Biographen: »Ascvilare fundus regius«. Für mehr Informationen zum ›historischen‹ Eschweiler siehe z. B. Dr. Walter Kaemmerer: Eschweiler in seiner Geschichte. I. Teil: Die Vorzeit. Eschweiler 1964 (Veröffentlichungen des bischöflichen Diözesanarchivs Aachen; 27). und Ders.: Ascvilare. Eschweiler in seiner Geschichte; II. Teil: 800 bis 1800. Mönchengladbach: B. Kühlen 1968 (Veröffentlichungen des bischöflichen Diözesanarchivs Aachen; 27). oder Heinrich Hubert Koch: Geschichte der Stadt Eschweiler und der benachbarten Ortschaften. 2. Bd Frankfurt am Main 1884.

[3] Julius Kaufmann, Vom Rheinland ins Heilige Land (wie Einleitung, Anm. 19), S. 38.

[4] Vgl. Adreßbuch der Stadt Eschweiler. Eschweiler 1882. In: Stadtarchiv Eschweiler. Nr 1048; hier: Einleitung. Daher gibt es in Eschweiler mehrere katholische, aber nur eine protestantische Kirche und eine Synagoge. Zudem gibt es auch ein ›Alexianerkloster‹, das extra für diesen Zweck umgebaut wird und in das 1904 drei Brüder vom Kölner Mutterhaus einziehen, um ambulante Krankenpflege zu betreiben. Vgl. Dostall, Eschweiler an der Inde und Umgebung in Wort und Bild (wie Anm. 2), S. 101–102.

den wirtschaftlichen Situation der Stadt schnell an, sodass sie 1910 mit 24.718
Einwohnern die deutlich größte Gemeinde innerhalb des Kreises Aachen bildet.[5] Gerade zur Zeit der Jahrhundertwende, zu Kaufmanns Kinder- und Jugendzeit, blüht die Stadt regelrecht auf, viele neue öffentliche Gebäude werden
errichtet und soziale Einrichtungen entstehen.[6]

Die Bedeutung Eschweilers innerhalb des Kreises lässt sich daran ablesen,
dass dort 1903 die Generalversammlung des katholischen Lehrerverbandes des
Deutschen Reiches stattfindet und die Stadt auch gleich drei Mal Gastgeber der
Gau-Ausstellung der Lokalabteilung Aachen des Landwirtschaftlichen Vereins
für Rheinpreußen ist.[7] 1908 wohnt sogar Prinz Ernst von Ratibor und Corvey,
Prinz von Hohenlohe und Schillingsfürst bei Dr. Capitaine, dem Verfasser
einer Eschweiler Chronik, zwecks Vorbereitung auf das Marineleutnant-
Examen. Dass dieser Vorfall in der Chronik Erwähnung findet, unterstreicht,
dass Eschweiler eine ›ordentliche‹ kaiserliche Kleinstadt ist, die seit 1897 auch
einen Kleinbahnbetrieb aufweisen kann:

> Sorgfältig gepflegte, meist gepflasterte und mit Bürgersteigen versehene Straßen er-
> leichtern den Verkehr, gute Landstraßen, nicht zuletzt aber ein ausgedehntes Klein-
> bahnnetz verbinden die Stadt mit den Orten in der Umgebung. Elektrische Straßen-
> bahnen fährt [!] vom Rathaus zu den Bahnhöfen.[8]

Die jüdische Gemeinde bildet in Eschweiler keine traditionsreiche Gruppierung, denn Juden sind hier erst seit 1750 ansässig.[9] Zunächst schließt man sich
deswegen der Gemeinde in Weisweiler an und besucht auch dort die Synago-

---

5   Vgl. Adreßbuch für Eschweiler und Umgegend 1912. Nebst einem Plan des Stadt-
    gebiets. Eschweiler: Joseph Dostall 1912. In: Stadtarchiv Eschweiler. [ohne Signa-
    tur]. Bereits 1905 wächst die Israelitische Bürgerschaft auf 157 Menschen an und
    hält sich seitdem konstant, was die Volkszählung von 1910 ebenfalls belegt. Vgl.
    Adreßbuch für Eschweiler und Umgegend 1907. Nebst einem Plan des Stadtgebiets.
    Als Anhang: Bürgerbuch der Stadt Eschweiler. Eschweiler: Joseph Dostall 1907. In:
    Stadtarchiv Eschweiler. Nr 823.
6   So wird 1891 das Kreispflegehaus in Eschweiler errichtet und auch das bereits seit
    1858 in der Eschweiler Burg ansässige Krankenhaus renoviert. Seit 1896 gibt es be-
    reits den »Eschweiler Merkur«, die Privatpost der Stadt, sowie das neue Waisen-
    haus, das St. Josephshaus. 1905 wird die städtische Badeanstalt angekauft, 1907 das
    neue Amtsgericht eröffnet.
7   Diese finden im Juli 1894, im September 1899 und im Juli 1906 in Eschweiler statt.
    Vgl. Dr. Wilhelm Capitaine: Chronik von Eschweiler. Nach den bisherigen For-
    schungen zusammengestellt. Eschweiler: Cornel Herzog 1911, S. 36–37.
8   Dostall, Eschweiler an der Inde und Umgebung in Wort und Bild (wie Anm. 2), S. 7.
9   Die Eschweiler Judenstraße kann somit nicht die Existenz eines spätmittelalterlichen
    jüdischen Ghettos belegen. Sie war im 19. Jahrhundert lediglich eine bevorzugte
    Siedlungsgegend der jüdischen Bürger. Vgl. Elfi Pracht: Jüdisches Kulturerbe in
    Nordrhein-Westfalen. Köln: J. P. Bachem Verlag 1997 (Beiträge zu den Bau- und
    Kunstdenkmälern im Rheinland; 34.1), S. 57.

ge, die 1760 im Hinterhof des Hauses Hauptstraße 40 gebaut wird.[10] Kaufmanns Großeltern gehört dieses Haus mit der großen Toreinfahrt, »die wir später, als wir das Haus an einen Schreiner Zander vermieteten, zu einem Laden verunstalten ließen, mit einem besonderen Zugang als *Reservat* zur Synagoge«[11]. Die Weisweiler Juden können bereits auf eine längere Geschichte zurückblicken, denn die dortige Existenz jüdischer Bürger ist bereits ab 1546 nachgewiesen.[12] Bis 1803 hat es dort sogar ein »Judenspital« gegeben und der jüdische Friedhof gilt als einer der ältesten im Rheinland.[13] Die jüdische Gemeinde in Eschweiler vergrößert sich zusehends und emanzipiert sich von der älteren Nachbargemeinde Weisweiler. Bereits 1882 wohnen in Eschweiler 148 Juden, während es in Weisweiler nur noch 40 sind.[14] Im Jahr 1858 beschließen die Eschweiler Juden, sich von Weisweiler abzusondern und treten daraufhin dem Bezirksverband Jülich bei.[15] In dieser neuen Eschweiler Gemeinde wächst Kaufmann auf.

---

[10] »Die Erlaubnis zum Bau derselben erwirkte sich der Gemeindevorstand durch ein Rescript des damaligen Grafen Hatzfeld-Weisweiler. Dasselbe ist datiert Bad Kissingen, wo sich der Graf damals befand, jedoch war die Bedingung daran geknüpft, dass die Synagoge nicht an der Strasse gebaut werden dürfe, ›um dem Volke kein Ärgerniss [!] zu geben‹. Die Synagoge befindet sich noch in Weisweiler im Hause der Familie Kaufmann am Ende des Hofes nach der Gartenseite.« Capitaine, Chronik von Eschweiler (wie Anm. 7), S. 128–129.

[11] Julius Kaufmann, Vom Rheinland ins Heilige Land (wie Einleitung, Anm. 19), S. 24. Anfang der 1920er Jahre verkauft Julius Kaufmann das Gebäude. Vgl. ebd., S. 143.

[12] Pracht weist dies anhand von schriftlichen Erwähnungen aus dieser Zeit nach. Zur Gemeinde in Weisweiler gehören anfangs alle Juden aus den umliegenden Orten Vgl. Pracht, Jüdisches Kulturerbe in Nordrhein-Westfalen (wie Anm. 9), S. 62.

[13] In einer farbigen Federzeichnung von 1753 wird er ebenso als »Juden Kirchoff« vermerkt wie in einer Stadtkarte von 1791. Vgl. ebd., S. 64. »In Weisweiler hat bis 1803 ein ›Judenspital‹ bestanden, das der Jude Josia, der um 1770 Judenvorgänger gewesen ist, gestiftet haben soll; nach 1803 wird die Einrichtung nicht mehr erwähnt.« Ebd., S. 62. Bei einer Exkursion ›entdeckt‹ eine Schülergruppe 1988 einen alten in Vergessenheit geratenen Teil des Friedhofs, dessen ältester Grabstein auf 1691 datiert ist. Zur Ausstellung zum jüdischen Friedhof im Mai 1995 hält Ignatz Bubis den Eröffnungsvortrag im Eschweiler Rathaus und bedankt sich bei den jungen Menschen, »die sich mit dieser [deutsch-jüdischen] Vergangenheit beschäftigen. Für mich ist nichts faszinierender und nichts sagt über eine Zeit mehr aus als Steine auf Friedhöfen.« Vgl. Beilage zu Friedhof Weisweiler. Jüdische Kultur in Deutschland einst und jetzt am Beispiel einer Landgemeinde im rheinischen Großraum. Dokumentation eines Annäherungsversuches. Düren 1995.

[14] Simon Küpper: Sie lebten mitten unter uns – Juden in Eschweiler. In: Schriftenreihe des Eschweiler Geschichtsvereins. H. 11. Eschweiler 1989, S. 78–95; hier S. 82. Vgl. hierzu auch Adreßbuch der Stadt Eschweiler. 1882 (wie Anm. 4).

[15] Zur Zugehörigkeit der Gemeinde zum Synagogenbezirk Jülich seit 1859 vgl. Pracht, Jüdisches Kulturerbe in Nordrhein-Westfalen (wie Anm. 9), S. 57 und Dostall, Eschweiler an der Inde und Umgebung in Wort und Bild (wie Anm. 2), S. 58–59. Bereits 1912 stellt die Spezialgemeinde Eschweiler den Antrag, sich von der Syna-

Auch die Ursprünge der Familie Kaufmann lassen sich nicht direkt in Eschweiler finden. Den Unterlagen Julius Kaufmanns zufolge reicht die Familiengeschichte auf den im 17. Jahrhundert in Langerwehe ansässigen Juden Gabriel und dessen Sohn Noah bar Gabriel zurück. Mit dem napoleonischen Dekret vom 20. Juli 1808, das die jüdische Bevölkerung auffordert, sich Nachnamen zuzulegen, wählt sich dessen Sohn Josel bar Noah wahrscheinlich den Nachnamen Kaufmann oder bekommt diesen zugewiesen.[16]

1797 wird Isaak Kaufmann, der Sohn Josels, in Weisweiler geboren. Er wird Kaufmanns Großvater. Im Leben der ortsansässigen jüdischen Gemeinde spielt er, der im Volksmund »Eisik Weisweiler« genannt wird, offensichtlich eine große Rolle. Er ist nicht nur ein angesehenes Gemeindemitglied, sondern wird auch zu deren Vorsteher gewählt.[17] Isaak Kaufmann heiratet Julie Bloemendal aus dem niederländischen Roermond, deren Name an Julius weitergegeben wird. Er stirbt 1868 und liegt in Weisweiler begraben.[18]

Mit seiner Frau hat Isaak acht Kinder: Josef, Noah, Salomon, Sophie, Helene, Hermann, Isidor und Leopold. Als sechstes Kind wird am 27. Dezember 1846 Hermann Naftali Kaufmann in Weisweiler geboren, Fritz Mordechais Vater. Ungefähr 1880 übersiedelt dieser mit seinem sechs Jahre jüngeren Bruder Isidor und ihrer Mutter nach Eschweiler,[19] wie viele andere Juden und Nichtjuden von der florierenden Wirtschaft angelockt.

Eschweilers Wohlstand ist zu diesem Zeitpunkt in erster Linie auf die ortsansässige Industrie zurückzuführen, da aber fast alle Fabriken außerhalb der Stadt liegen, prägen die wichtigen Industriezweige Steinkohlenbergbau und Eisenindustrie das Stadtbild nur indirekt. Insbesondere der Abbau von Stein-

---

gogengemeinde Jülich lösen zu dürfen. 1913 wird dies abschlägig beschieden und erst im November 1925 wird die Trennung durch den Landrat offiziell genehmigt. Vgl. Acta Specialia: Abtrennung der Spezialgemeinde Eschweiler vom Synagogenbezirk Jülich. Bürgermeisteramt der Stadt Eschweiler, Fach 18, Nr 24, Bd I, 1913.

[16] Das darauf basierende preußische Edikt fordert 1812 ebenfalls die Einführung der Nachnamen bei der jüdischen Bevölkerung. Naftali Kadmon weist auf eine andere Möglichkeit der Namensgebung hin. »Mein Vater meinte einmal, dass es möglich (aber ungewiss) sei, dass der Name von Jankefmann stamme, eine Verballhornung von Jacobmann, also dem Sprössling eines Jakobs.« Einführung von Naftali Kadmon. (Sohn von Julius Kaufmann-Kadmon) In: Julius Kaufmann, Vom Rheinland ins Heilige Land (wie Einleitung, Anm. 19), S. 13–20; hier: S. 13.

[17] Ebd., S. 24.

[18] Zur Geschichte des Friedhofs und der jüdischen Gemeinde siehe: Friedhof Weisweiler (wie Anm. 13).

[19] Nach einem Schlaganfall sitzt diese ausschließlich am Fenster des Hauses in der Grabenstraße und beobachtet die vorbeigehenden Leute. Julius beschreibt, dass sie als Enkel keine Beziehung zu ihr gehabt haben, obwohl sie sie regelmäßig besuchen. Als sie 1898 über 80-jährig stirbt, fällt es den Brüdern schwer, echte Trauer zu zeigen. Die beiden Großväter sind bei Julius Geburt schon lange tot, die Großmutter mütterlicherseits stirbt ca. 1890 in Frankfurt. Vgl. Julius Kaufmann, Vom Rheinland ins Heilige Land (wie Einleitung, Anm. 19), S. 21.

kohle, dessen Wurzeln sich bis ins 14. Jahrhundert zurückverfolgen lassen,[20] fördert die Entwicklung Eschweilers und der gesamten Umgebung, sodass der Vorsitzende der Bezirks-Handelskammer, der Geh. Kommerzienrat Georg Victor Lynen zu Recht konstatiert: »Hier in Eschweiler hat die Wiege der Rheinischen Kohlen- und Eisenindustrie gestanden!«[21].

Auch die Eisenindustrie kann in Eschweiler auf eine lange Geschichte zurückblicken, geht sie doch bis ins Jahr 1558 zurück.[22] Ebenso wie die traditionsreichen Firmen Dohmen und Neuman zieht die Eschweiler Drahtfabrik, die 1822 als Aktiengesellschaft Draht-Fabrik-Compagnie gegründet wird, viele Arbeitskräfte in die Stadt.[23] Die Weberei als jüngster Industriezweig in Eschweiler bringt weitere Arbeitsplätze und der Stadt sowie ihren Bürgern Wohlstand und Ansehen. Zudem muss dem Anschluss an die rheinische Eisenbahn von Köln nach Aachen im Jahr 1841 Bedeutung beim industriellen Aufschwung beigemessen werden, da dadurch die Infrastruktur deutlich verbessert wird.

Das gewerbliche und kaufmännische Leben ist in Eschweiler ebenfalls stark ausgeprägt, denn es gibt neben der Reichsbanknebenstelle, einem anderen Bankhaus und den Sparkassen besonders in der Innenstadt viele Geschäfte unterschiedlicher Art. Bereits 1882 ist auch das Geschäft der Gebrüder Kaufmann in der Neugrabenstraße nachgewiesen.[24] Der Fortschritt hält schnell Einzug in die Inde-Stadt, denn 1905 wird das elektrische Licht eingeführt, sodass die Eschweiler Bevölkerung zur Jahrhundertwende nun neben einem eigenen Elektrizitätswerk, einer Gasanstalt und einem Wasserwerk, das 1888/89 errichtet und bereits 1908 wieder renoviert wird, jeglichen modernen Komfort nutzen kann.[25]

---

20 Vgl. Dostall, Eschweiler an der Inde und Umgebung in Wort und Bild (wie Anm. 2), S. 106.

21 Ebd., S. 105. Zeugnis davon gibt auch der heute noch sehr aktive Eschweiler Bergwerksverein, der im März 1835 gegründet wird.

22 Vgl. ebd., S. 120.

23 So beschäftigten beispielsweise die Firma Lynen & Co um 1910 etwa 200, Dohmen circa 50 Arbeiter. Vgl. ebd., S. 135–136. Die Rheinisch Nassauische Gesellschaft, die ihren ursprünglichen Hauptsitz in Eschweiler und ein Geschäftslokal in Paris besaß, beschäftigte Ende 1907 sogar 2000 Arbeiter. Vgl. ebd., S. 139–141.

24 »*Gebrüder Kaufmann*, Neugrabenstraße, Leinen, Manufactur- und Bettwaren, Federn, Daunen und Flocken. Nouveautés in engl. Buckskins u. Tuchen. Lager fertige Anzüge und Mäntel. Confection nach Maaß.« Vgl. Adreßbuch der Stadt Eschweiler, Eschweiler 1882 (wie Anm. 4), S. 28. Im selben Haus sind Hermann und Isidor sowie die Witwe Isaac Kaufmann wohnhaft. Ebd., S. 60–61. 1898 ist nur noch Hermann Kaufmann als »Inhaber der Firma Gebrüder Kaufmann, Grabenstr. 31« nachgewiesen. Vgl. Adreßbuch der Stadt Eschweiler für 1898. Nebst einem Plan des Stadtgebiets. Unter Mitwirkung hiesiger Verwaltungsbeamten. Eschweiler: Joseph Dostall 1898. In: Stadtarchiv Eschweiler. Nr 1047.

25 Vgl. Capitaine, Chronik von Eschweiler (wie Anm. 7), S. 36–38.

In diesen Zeiten eröffnen Hermann und Isidor Kaufmann gemeinsam die Firma »Gebrüder Kaufmann«, um »das vom Großvater her stammende Manufakturwarengeschäft weiter zu betreiben«[26]. Dies läuft zunächst auch recht gut. Die beiden, »sowie Angestellte (um nicht zu übertreiben, damals nur einer und später höchstens zwei)«[27], reisen mit Musterkoffern durch die Dörfer und suchen ihre Waren an Bauern, Bergleute und Fabrikarbeiter zu verkaufen. Vermutlich gehen diese ›Geschäftsreisen‹, die vor allem auf einem »außerordentlich große[n] Pumpsystem«[28] basieren, auf eine alte Handelsweise, auf hausierende Juden, zurück. Besonders sonntags ist Hochbetrieb, wogegen an jüdischen Feiertagen und am Sabbat geschlossen ist. Die Brüder verstehen sich gut, jedoch ändert sich alles mit der Hochzeit von Kaufmanns Eltern. Im August 1886 heiratet Hermann Kaufmann die am 29. Februar 1863 in Rüsselsheim bei Frankfurt geborene Rosa Gochsheimer.[29] Sie wohnen im Haus in der Neugrabenstraße 31, das im vorderen Teil des Untergeschosses auch das Geschäftslokal beherbergt.[30] Neben dem Laden befinden sich auf dieser Etage noch das Wohnzimmer und eine Küche. Die Wohnung von Hermann und Rosa liegt im vorderen Teil des ersten Stockes, während seine Mutter mit deren lediger Tochter Sophie den hinteren Teil bewohnt. Der zweite Stock ist stets vermietet. Obwohl Isidor und Hermann Kaufmann ein gutes Verhältnis zueinander haben und das Geschäft gemeinschaftlich führen, gibt es zwischen den Ehefrauen häufig Streit. Um das Jahr 1890 verlässt Isidor daraufhin das Geschäft, lässt sich auszahlen und beteiligt sich auf Drängen seines Schwiegervaters und seines Schwagers an deren Malzfabrik in Bad Kreuznach, die kurze Zeit später liquidiert wird.[31] Daraufhin gehört das Geschäft allein Kaufmanns Vater, der dies bis zu seinem Tod im März 1917 leitet.

---

[26] Julius Kaufmann, Vom Rheinland ins Heilige Land (wie Einleitung, Anm. 19), S. 23.

[27] Ebd.

[28] Ebd.

[29] Kaufmanns Eltern lernen sich auf der Hochzeit von Hermanns Bruder Isidor mit Lina geb. Strauss aus Meisenheim am Glan, der Cousine Rosa Gochsheimers, kennen. Vgl. ebd., S. 22.

[30] Interessanterweise befindet sich ebenfalls in der Grabenstraße das Schuh- und Herrenkonfektionsgeschäft von Harry Heymann Goetz, dessen Enkelin Susanne geb. Wolfsohn später Naftali Kadmon, Julius' Sohn, in Jerusalem heiratet. Vgl. hierzu auch ebd., S. 45. Professor Kadmon wird am 11. Dezember 1925 geboren und nach seinem Onkel und Großvater Fritz Hermann sowie auf Hebräisch aufgrund seines Geburtstages Jehuda Naftali benannt. Vgl. ebd., S. 171.

[31] Vgl. ebd., S. 25–26. Mit gehässigem Unterton vermerkt Julius Kaufmann, dass nichts – auch nicht der größte Streit – seine Tante Lina davon abhalten konnte, »nach Mutters Tod von Kreuznach nach Eschweiler zu fahren und den größten Teil ihrer Garderobe für sich zu annektieren, unter heißen Tränen selbstverständlich«. Ebd., S. 25.

Am 10. Juni 1887 zeigt Hermann Kaufmann die Geburt seines ersten Kindes, Julius Isaac, im Standesamt Eschweiler an.[32] Fritz Mordechai Kaufmann wird am 13. Dezember 1888 im Haus seiner Eltern geboren. Sein Vater meldet die Geburt seines zweiten Sohnes fünf Tage später im Eschweiler Standesamt, indem er den Namen Max Friederich Kaufmann eintragen lässt.[33] Vom Großvater mütterlicherseits, Marx Gochsheimer, erhält Kaufmann den ersten Vornamen. Den Rufnamen, der später zu Fritz abgekürzt wird, wählen seine Eltern in Analogie zum Vornamen des Kaisers.[34] Das jüngste Kind von Hermann und Rosa Kaufmann wird am 14. Mai 1896 in der elterlichen Wohnung geboren. Wie ihre vier Cousinen erhält sie den Namen ihrer verstorbenen Großmutter mütterlicherseits: Friederica.[35] Genannt wird sie jedoch Frieda und später wandelt sie ihren Namen gar selbst in Ríwka um.[36] Hermann Kaufmann ist im Gegensatz zu seiner »etwas weniger fromm« gearteten Frau sehr religiös, »wenn auch mit einigen kleinen Einschränkungen«[37]. Mit christlichen Gleichaltrigen haben die Kaufmann-Kinder so gut wie keinen Kontakt. »Man stand doch über den Nachbarskindern, deren Eltern meist Handwerker waren.«[38] Zudem besucht man nicht eine profane – katholische – Volksschule, sondern die jüdische Schule und kommt daher »fast nur mit unseren kleinen jüdischen Freunden zusammen«[39]. Innerhalb des städtischen Lebens nehmen die Eschweiler Juden keine große Rolle ein – im Gegenteil, sie bleiben meist unter sich und pflegen nur miteinander Kontakte. »Die meisten waren Viehhändler und Metzger. Zur Aristokratie gehörten die Manufakturwarenhändler, dann gab es einen Schirmmacher, einige Anstreicher, Schuhwarenhändler, Hausierer und einen Schlosser in einer Fabrik.«[40] Somit gehören die Kaufmanns zur gehobeneren jüdischen Schicht – ebenso wie die Familie von Andreas und Moritz Meyer, die Freunde der Kaufmann-Brüder, die später an der *Freistatt* beteiligt sein werden. Deren Vater, Markus Meyer, übersiedelt wie Hermann Kaufmann

---

[32] Vgl. Kopie der Geburtsurkunde Nr 312 vom 10. Juni 1887. Standesamt Eschweiler.

[33] Vgl. Kopie der Geburtsurkunde Nr 677 vom 18. Dezember 1888. Standesamt Eschweiler.

[34] Viele jüdische Kinder in diesen Jahren tragen diesen Namen wegen des Todesjahres Kaiser Friedrichs III., der »als angeblich liberaler Regent – er starb zu früh, um es beweisen zu können – den Antisemitismus die Schmach des Jahrhunderts genannt hatte«. Julius Kaufmann, Vom Rheinland ins Heilige Land (wie Einleitung, Anm. 19), S. 26–27.

[35] Vgl. Kopie der Geburtsurkunde Nr 294 vom 17. Mai 1896. Standesamt Eschweiler.

[36] Vgl. Julius Kaufmann, Vom Rheinland ins Heilige Land (wie Einleitung, Anm. 19), S. 27.

[37] Ebd. Seinen Söhnen versucht er Gesänge für jüdische Feiertage und auf Wanderungen auch die hebräische Grammatik näher zu bringen – was seine Kinder erst im Alter schätzen lernen. Vgl. ebd., S. 55–56.

[38] Ebd., S., 28.

[39] Ebd. Auch mit Ostjuden treffe man selten zusammen und erlebe sie lediglich als »Durchwanderer, als *Schnórrer*«. Ebd., S. 41.

[40] Ebd.

aus Weisweiler nach Eschweiler und steht als Manufakturwarenhändler in direktem Konkurrenzkampf mit diesem – und das nicht nur beruflich.[41] So vermutet Julius Kaufmann, dass sein Vater über die Wahl Meyers zum Gemeindevorsteher verärgert gewesen sei und daraufhin auch stets alle anderen Ämter innerhalb der Gemeindeverwaltung abgelehnt habe, obwohl er ansonsten aktiv am Gemeindeleben teilnimmt.[42] Zudem sei in diesem Zusammenhang erwähnenswert, dass er vor seinen Kindern »Markus Meyers Mutter immer etwas heruntermachte, sie sei eine Wucherin gewesen, während mein Großvater in Weisweiler *Párnes* (Gemeindevorsteher) war«[43].

Kaufmanns Vater engagiert sich vor allem für die jüdische Schule in Eschweiler, die 1858 im Wohnhaus des damaligen Gemeindevorstehers Max Stiel am Langwahn 43 als israelitische Privatschule ins Leben gerufen wird. 1904 bittet Markus Meyer als Vorsitzender der Synagogengemeinde Eschweiler in einem Schreiben an das Stadtverordneten Collegium zu Eschweiler um »volksschulplanmäßigen Unterricht«[44]. Daraufhin wird die Schule 1905 von der Stadt Eschweiler übernommen,[45] wobei die israelitische Gemeinde weiterhin die Kosten für Lehr- und Lernmittel aufbringen und dauerhaft das Wohn- und Schulgebäude zur Verfügung stellen muss.[46] Zudem werden folgende Mitglieder der jüdischen Gemeinde vom Landrat zum Schulvorstand bestimmt: »1. Kaufmann Hermann Kaufmann zu Eschweiler, 2. Kaufmann Isaak Stiel zu Eschweiler, 3. Metzgermeister Max Stiel zu Eschweiler«.[47] Hermann Kaufmann nimmt also am jüdischen Gemeindeleben aktiv teil. Er übernimmt 1914

---

[41] Meyer hat mit seiner Frau sechs Kinder, vier Mädchen und zwei Jungen. Interessanterweise bereist er nicht die Gegend, sondern besitzt einen gut gehenden Laden in Eschweiler. Vgl. ebd., S. 23.

[42] Zu Meyers Aktivitäten innerhalb der Gemeinde vgl. auch Adreßbuch der Stadt Eschweiler für 1898 (wie Anm. 24), S. 107–108 und Adreßbuch für Eschweiler und Umgegend 1907 (wie Anm. 5).

[43] Julius Kaufmann, Vom Rheinland ins Heilige Land (wie Einleitung, Anm. 19), S. 41.

[44] Schreiben an das wohll. Stadtverordneten Collegium zu Eschweiler vom 12. Dez. 1904. In: Acta specialia. Übernahme der israelitischen Schule. Bürgermeisteramt der Stadt Eschweiler, Fach 20, Nr 24, Bd I, 1904, S. 100. Im Folgenden: Acta specialia, 1904.

[45] Vgl. hierzu auch Dostall, Eschweiler an der Inde und Umgebung in Wort und Bild (wie Anm. 2), S. 59. Für weitere Informationen zum jüdischen Schulwesen siehe: Acta specialia betreffend Jüdisches Schulwesen. 1816–1885. Bürgermst. Registr. Eschweiler. Caps. 22, Nr 13, 1885.

[46] Vgl. Schreiben an das königliche Bürgermeister Amt vom 12. Januar 1905. In: Acta specialia, 1904 (wie Anm. 44), S. 112.

[47] Schreiben des Landrates vom 1. August 1905. Auf den Bericht vom 21. Juli d. Js. Nr 12128. In: Acta specialia, 1904 (wie Anm. 44), S. 135. Der Gemeindekassierer Isaak Stiel gilt nach Julius Kaufmann als »Vaters Feind«, wobei diese Feindschaft wohl beidseitig besteht, denn kleinere Gemeinheiten werden in den Erinnerungen immer wieder dargelegt. Vgl. z. B. Julius Kaufmann, Vom Rheinland ins Heilige Land (wie Einleitung, Anm. 19), S. 42 und S. 51.

sogar die »*Ortsschulaufsicht über die israelitische Schule*«[48] und kommt dieser Verpflichtung bis zu seinem Tod nach.[49]

Die Kaufmann-Kinder wachsen in einer Umgebung auf, die durch ein charakteristisches Vereinsleben geprägt ist, das dementsprechend auch Einfluss auf das Familienleben der Kaufmanns hat. So berichtet Julius Kaufmann von Kirmes- und Theaterbesuchen, wobei er vor allem die Aufführungen des reisenden Kölner Hänneschen-Theaters Millowitsch sowie des gleichnamigen Puppentheaters aber auch die des Aachener Stadttheaters hervorhebt. Die Besuche im Aachener Westpark, in dem ein Orchester aufspielt, beeindrucken Julius Kaufmann sehr.[50] Zudem berichtet er von Ausflügen nach Schevenhütte, Langerwehe und Wenau sowie ins belgische Verviers und in die Niederlande, nach Vaals oder Maastricht. Erholung findet man aber auch im großen Eschweiler Stadtwald, im 1908 fertiggestellten Botanischen Garten oder in der nahegelegenen Eifel, die man bequem zu Fuß oder per Bahn erreichen kann.[51] Natürlich spielt im Rheinland vor allem der Karneval eine große Rolle und auch die Geschwister Kaufmann nehmen an diesem Vergnügen teil.

> Wir Kinder hatten am Montag und Dienstag keinen Schulunterricht. Wir waren alle verkleidet und maskiert. Fritz und ich waren Bauern mit Zipfelmützen, blauen Kitteln, roten Halstüchern und mit Kiepen auf dem Rücken, in denen sich Apfelsinen befanden. Später waren wir Pierrots, oder ich borgte mir einen Schlafrock und eine lange Pfeife nebst Zylinder und Handschuhen und besuchte maskiert den einen oder anderen Lehrer.[52]

---

[48] »Anstelle des verstorbenen Kaufmanns Marcus Meyer wurde der Kaufmann *Hermann Kaufmann*, hierselbst, Grabenstr., von der Königl. Regierung mit der Wahrnehmung der *Ortsschulaufsicht über die israelitische Schule* hierselbst beauftragt.« [zur Ortsschulaufsicht über die israelitische Schule]. In: Eschweiler Anzeiger 67 (30. Oktober 1914) H. 155. Vgl. auch Schreiben vom Amt für Kirchen- und Schulwesen vom 27. August 1914. In: Acta specialia, 1904 (wie Anm. 44), S. 203.

[49] Vgl. Schreiben der Königlichen Kreisschulinspektion Aachen III vom 28. März 1917. In: Acta specialia, 1904 (wie Anm. 44), S. 213. Als die jüdische Gemeinde unter ihrem Vorsteher Goetz 1933 bemüht ist, ihre Schule wieder zu privatisieren, spricht sich die Schuldeputation lieber »für die Aufhebung der israelitischen Schule ab 1.4.1933 aus«. [Vgl. Schreiben der Synagogen-Gemeinde Eschweiler vom 13. Mai 1933. In: Acta specialia, 1904 (wie Anm. 44), S. 280. und Protokoll über die Sitzung der Schuldeputation vom 12. Mai 1933. In: Acta specialia, 1904 (wie Anm. 44), S. 278.] Im Mai hebt die Stadtverordnetenversammlung die Schule auf, was im Juni offiziell bestätigt wird. Vgl. Auszug aus dem Stadtverordnetenprotokoll vom 29.5.1933. In: Acta specialia, 1904 (wie Anm. 44), S. 282. und Schreiben des kom. Regierungs-Präsidenten vom 26. Juni 1933. In: Acta specialia, 1904 (wie Anm. 44), S. 283.

[50] Vgl. Julius Kaufmann, Vom Rheinland ins Heilige Land (wie Einleitung, Anm. 19), S. 53–54.

[51] Vgl. hierzu Dostall, Eschweiler an der Inde und Umgebung in Wort und Bild (wie Anm. 2), S. 226–227. »Sonntags-Fahrkarten und Fahrpreise.«

[52] Julius Kaufmann, Vom Rheinland ins Heilige Land (wie Einleitung, Anm. 19), S. 48.

Kaufmann wächst demnach wie fast alle bürgerlichen rheinischen Kinder auf. Sein Vater wird sogar durch einen unglücklichen Zufall Schützenkönig, was ihn viel Geld und auch die Gunst seiner Frau kostet, sodass er von da an darauf verzichtet, an solchen Veranstaltungen teilzunehmen.[53] Lediglich die »Vorstellungen der vielen katholischen Vereine, die stets ein Thema des Glaubens, des allein selig machenden, behandelten«[54], dürfen die Kaufmann-Kinder nicht besuchen, wollen dies aber auch nicht. Obwohl man also am gesellschaftlichen Leben in Eschweiler teilnimmt, assimiliert man sich nicht völlig, sondern grenzt sich bewusst von der katholischen Bevölkerung ab.

Auch auf nicht-jüdischer Seite wird Distanz aufgebaut, auch wenn von der ansteigenden antisemitischen Bewegung im streng katholischen Eschweiler nur wenig zu spüren ist.

> Aber allein schon vom religiösen Leben beeinflusst wusste man, die Juden sind doch etwas ganz anderes, und außerdem haben sie ja unseren Heiland gekreuzigt, wenn auch nicht gerade die Stiels, Meyers oder Kaufmanns, die eigentlich ganz ordentliche, ehrliche »Jüdde« waren.[55]

So betont Julius Kaufmann, dass sie zwar auch von ›Hep hep!‹-Rufen der Eschweiler Kinder verfolgt wurden, ihnen diese aber nichts ausmachten, denn »[w]ir waren eben anders, übrigens stolz auf unser Judesein, und wir antworteten den Schimpfern«[56]. Allein ein verächtliches »Jüd!« seitens eines kleinen Kindes, das die Unterscheidung zwischen Juden und Nicht-Juden noch nicht selbstständig habe treffen können, habe Julius Kaufmann zutiefst betroffen, denn »[d]amals fühlte ich natürlich fast unbewusst, wie aus gegenseitiger Verhetzung Böses entsteht«[57].

Kaufmann lebt folglich in einer typisch rheinischen, kaisertreuen Kleinstadt, in der »das katholische Wesen und das katholische Element herrschten«[58]. So empfinden es die jüdischen Kinder beispielsweise als enorm mutig, bei der Fronleichnamsprozession, an der ganz Eschweiler teilnimmt, »nicht mit den anderen niederzuknien, wenn unter Gebimmel und Weihrauchduft die Monstranz sich näherte«[59]. Man hält sich von den christlichen Einwohnern weitestgehend fern, baut aber keine unüberwindbaren Schranken auf. So berichten beide Eschwei-

---

[53] Vgl. ebd., S. 47.

[54] Ebd., S. 55.

[55] Ebd., S. 40.

[56] Ebd., S. 31. »Wir schimpften wider und schlugen uns auch. Wir wussten, dass wir etwas Besseres als unsere *gójische* Umgebung waren.« Ebd., S. 32.

[57] Ebd., S. 31.

[58] Ebd., S. 39. In seinen Erinnerungen zeichnet Julius Kaufmann dieses streng katholische Bild anhand einer Anekdote nach, die die Verwicklungen um ein ›unanständiges‹ Bild in einem Schaufenster beschreibt. Vgl. ebd., S. 34. Die Macht der katholischen Kirche erstreckt sich in Eschweiler auch auf Politik und Presse wie Julius Kaufmann skizzenhaft schildert. Vgl. ebd., S. 38–39.

[59] Ebd., S. 39. Außerdem lebt Julius Kaufmann als Kind in Angst, vom katholischen Dienstmädchen Trina notgetauft worden zu sein. Vgl. ebd.

ler Zeitungen,[60] dass bei der Einweihung der neuen Synagoge an der verlängerten Neustraße, heute Moltkestraße 17, am 18. September 1891 auch christliche Einwohner zugegen sind, die offensichtliches Interesse am Glauben ihrer Mitbürger zeigen.[61]

> Am vorigen Freitag den 18. September fand hierselbst die Einweihungsfeier der neuen Synagoge statt. Die religiöse Feier bestand in einer Abschiedsfeier in der alten Synagoge, dem Festzuge zur neuen Synagoge, Einzug und Weihefeier der letztern, woran sich sofort der Abendgottesdienst anschloss. Mit dem Morgen-Gottesdienst am Samstag fand die religiöse Feier ihren Abschluss. [...] Dem Baldachin folgten der Oberrabbiner Herr Dr. Frank von Cöln und der Kantor Herr Blumenthal aus Cöln, dann Herr Bürgermeister Fischer mit den Mitgliedern des Stadtrathes, der Vorstand der israelitischen Gemeinde, der Baumeister und die Baucommission.[62]

Die jüdische Minderheit und die christliche Mehrheit der Bevölkerung leben in Eschweiler also in einer friedlichen Koexistenz, die zwar von gegenseitiger Toleranz, jedoch nicht von bedingungslosem Miteinander geprägt ist. Man kennt sich, verkehrt beruflich miteienander, aber bleibt privat lieber ›unter sich‹.

---

60 In Eschweiler gibt es genau zwei Zeitungen: den katholisch-orientierten tonangebenden *Bote an der Inde* und den von Dostall [er druckt später die *Freistatt*] herausgegebenen, parteilosen *Eschweiler Anzeiger*, der nahezu bedeutungslos ist. Kaufmanns beziehen neben dem lokalen *Boten* auch den *Frankfurter Generalanzeiger*, »der uns mit der Welt verband«. Ebd., S. 41.

61 »Der Neubau in der Neustraße wurde im August 1891 unter herzlichster Anteilnahme, nicht nur der Glaubensgenossen von Nah und Fern, sondern auch der christlichen Bürgerschaft der Stadt, feierlich dem Gebrauch übergeben.« Dostall, Eschweiler an der Inde und Umgebung in Wort und Bild (wie Anm. 2), S. 59.
    Auch die Synagogen in Eschweiler und Weisweiler fallen 1938 der ›Reichspogromnacht‹ zum Opfer. In Weisweiler befindet sich am Haus in der Hauptstraße 42 eine Gedenktafel mit der Aufschrift: »Im Hinterhof dieses Hauses stand die Synagoge der Jüdischen Gemeinde Weisweiler. 1760–1944.« In Eschweiler wird 1988 eine Tafel am Gemeindehaus der evangelischen Dreieinigkeitskirche in der Moltkestraße angebracht. An der Stelle, an der die Synagoge gestanden hat, existiert heute ein mehrstöckiges Haus, in dem viele Ärzte ihre Praxen haben. Zur detaillierten Dokumentation bezüglich der beiden Friedhöfe vgl. Jüdische Friedhöfe in Nordrhein. Gebiet sowohl des Landschaftsverbandes Rheinland als auch des Landschaftsverbandes der Jüdischen Gemeinden von Nordrhein. Auf: http://www.uni-heidelberg.de/institute/sonst/aj/FRIEDHOF/NRW/PROJEKTE/f-nr-ad.htm, aufgerufen am 1. November 2004.

62 [Einweihung der Synagoge]. In: Eschweiler Anzeiger 44 (23. September 1891) H. 76, S. 2. Auch Julius Kaufmann hat Erinnerungen an die Einweihungszeremonie, allerdings sind sie eher von einem kindlichen Gemüt geprägt, denn Julius hat, weil er zu weit hinten gestanden hatte, keine Schokolade bekommen. »Ich erinnere mich noch dunkel, dass ich in dem großen Gedränge des Einweihungsaktes, vermutlich mit den Spitzen der Behörden, ganz hinten zu stehen kam, und ich konnte es jahrelang nicht verschmerzen, dass es nach Aussage des Metzgers Abraham Elkan, ›die Nas‹ genannt, vorne für die Kinder Schokolade gegeben haben soll, woran ich hinten leider keinen Anteil hatte.« Julius Kaufmann, Vom Rheinland ins Heilige Land (wie Einleitung, Anm. 19), S. 29.

1.2   Fritz Mordechai Kaufmanns Schulzeit

Zu Kaufmanns Schulzeit gibt es in Eschweiler neben 14 Volksschulen[63] bereits
mehrere weiterführende Schulformen, wie die 1870 gegründete katholische
Töchterschule, die Realschule und das Gymnasium, das 1878 in das neue Gebäude an der Grabenstraße zieht.[64]

Die jüdische Volksschule wird zu Kaufmanns Zeit von ungefähr 20 Kindern
unterschiedlicher Altersstufen besucht, »die vom Lehrer abwechselnd beschäftigt wurden«[65]. Von 1886 bis zu seiner Pensionierung im Jahr 1932 arbeitet
Benjamin Schoemann dort als Lehrer.[66] Julius Kaufmann beschreibt in seinen
Erinnerungen detailliert die ›schlagkräftigen‹ Argumente Schoemanns, der ihn
»anfangs einmal maßlos verprügelt hatte« und ihm auch später noch einige
Ohrfeigen gab.[67] Aufgrund einer langwierigen Erkrankung von Julius besuchen die Kaufmann-Brüder zeitweilig gemeinsam diese Schule – meist gleich
gekleidet, was häufig zu ›peinlichen‹ Momenten führt, in denen sie auch aufgrund von ungewöhnlicher Kleidung verspottet werden. »Wir ließen uns aber
nichts gefallen, sondern schlugen stets gleich drein. Fritz galt als besonders
stark, er war ein kräftiger, stämmiger Bursche, und wir hielten anderen gegenüber immer zusammen, während wir uns zu Hause selbst viel zankten.«[68] Der
geringe Altersunterschied erleichtert das Zusammenleben der Brüder, denn sie
haben häufig dieselben Interessen, »nämlich Soldatenspielen und Lesen«[69].
Besonders gerne halten sie sich im Haus der jüdischen Familie Stiel auf, deren

---

[63] Es gab insgesamt 72 Klassen, wovon 68 katholisch, drei evangelisch und eine jü-
      disch waren. Vgl. Dostall, Eschweiler an der Inde und Umgebung in Wort und Bild
      (wie Anm. 2), S. 4.

[64] Im November desselben Jahres wird die landwirtschaftliche Winterschule eröffnet
      und 1906 die evangelische städtische höhere Mädchenschule eingeweiht. Außerdem
      kann die Stadt eine Hilfsschule »für schwachbefähigte Kinder« vorweisen. Ebd.

[65] Julius Kaufmann, Vom Rheinland ins Heilige Land (wie Einleitung, Anm. 19), S. 29.

[66] Küpper: Sie lebten mitten unter uns – Juden in Eschweiler, S. 85. Julius Kaufmann
      vermerkt dagegen, dass Schoemann erst ca. 1895 nach Eschweiler kommt. Vgl. Ju-
      lius Kaufmann, Vom Rheinland ins Heilige Land (wie Einleitung, Anm. 19), S. 30.
      Am 1. Oktober 1906 wird dieser jedenfalls offiziell vereidigt und ist damit Lehrer an
      einer öffentlichen Schule. Vgl. Capitaine, Chronik von Eschweiler (wie Anm. 7),
      S. 189. Als am 1. Dezember 1933 Schoemanns Nachfolger, Rudolf Kaufmann, in
      seinem neuen Amt begrüßt wird, ist die Aufhebung der Schule schon beschlossen.
      Vgl. auch Pracht, Jüdisches Kulturerbe in Nordrhein-Westfalen (wie Anm. 9), S. 59.

[67] Vgl. Julius Kaufmann, Vom Rheinland ins Heilige Land (wie Einleitung, Anm. 19),
      S. 30.

[68] Ebd., S. 32.

[69] Ebd., S. 33. »Am beliebtesten war aber das Soldatenspielen, angeregt durch die
      Manöver, die ab und zu in unserer Gegend waren. Die Soldaten waren ja überhaupt
      bei uns Kindern sehr beliebt. Der ganze Heimat- und Geschichtsunterricht war auf
      Liebe zu den Hohenzollern, Krieg selbstverständlich mit Frankreich, und damit auf
      Wertschätzung des Soldatenstandes zugeschnitten.« Ebd.

Söhne Karl-May-Bücher haben, die im Kaufmann'schen Haus verboten sind. So schleichen sich die Brüder häufig heimlich zum gemeinsamen Lesen zu Stiels und »vielleicht haben wir es dem zu verdanken, dass ich am rechten, Fritz am linken Auge kurzsichtig wurden«[70].

Zu Ostern 1897 geht Julius aufs Realgymnasium, das schräg gegenüber dem elterlichen Hause liegt. Diese Schule gilt als »eine Errungenschaft friedlicher Art des sonst so stürmischen März des Jahres 1848«[71]. Bis 1897 bleibt sie Rektoratsschule und wird erst dann zum Progymnasium umgewandelt. Unter dem fünften Direktor Pfarrer Peter Joseph Liesen, der vom 14. Oktober 1860 bis zu seinem Ausscheiden im April 1902 die Schule leitet, steigen die Schülerzahlen stetig an.[72] Jeweils am 27. Januar, an Kaisers Geburtstag, wird auch im Eschweiler Gymnasium eine besondere Feier abgehalten, an der auch die Kaufmann-Brüder beteiligt sind. So berichtet Julius, dass er selbst einmal ein Gedicht vorgetragen habe, während Fritz »ein Buch über die deutsche Flotte« als Auszeichnung für seine guten schulischen Leistungen erhalten habe.[73]

Am Sabbat müssen die jüdischen Schüler sich nicht an Klassenarbeiten beteiligen und auch vom katholischen Religionsunterricht sind sie befreit. Allerdings müssen sie sonntags weiterhin die jüdische Schule besuchen. »Viel gelernt wurde nicht, und da wir uns jetzt als Gymnasiasten sehr erhaben über die Volksschüler fühlten und uns auch entsprechend benahmen, bewies uns Herr Schoemann auf seine Art, dass wir nur Lausejungen waren.«[74]

1900 wird Julius Kaufmann 13-jährig Bar-Mizwá, was für ihn »das wichtigste Ereignis in meinem jungen Leben [ist], das schon lange vorher seine Schatten vorauswarf«[75]. Von Lehrer Schoemann wird er darauf vorbereitet und alle Verwandten reisen rechtzeitig an, um den Feierlichkeiten beizuwohnen. »Das Schlafzimmer der Eltern war ausgeräumt, wurde mit Girlanden ge-

---

[70] Ebd., S. 43.
[71] Dostall, Eschweiler an der Inde und Umgebung in Wort und Bild (wie Anm. 2), S. 59. Seit 1848 gibt es in Eschweiler das Gymnasium, als sich auf Einladung des katholischen Pfarrers Deckers 17 Schüler zur Aufnahmeprüfung zusammenfinden. Am 22. Oktober 1849 findet die offizielle Eröffnungsfeier der Schule im »Reuleaux-schen Hause« in der Grabenstraße statt. Vgl. Capitaine, Chronik von Eschweiler (wie Anm. 7), S. 205–206.
[72] »Unter Liesens Amtsführung hat sich eine sehr bescheidene Rektoratsschule zum besuchtesten Progymnasium von ganz Rheinland und Westfalen entwickelt [...]«. Dostall, Eschweiler an der Inde und Umgebung in Wort und Bild (wie Anm. 2), S. 65. Als Liesen am 20. November 1905 in Godesberg stirbt, hinterlässt er der Schule eine beträchtliche Summe Geld, deren Zinsen »fleissigen und braven Schülern aus Eschweiler zugute kommen sollen«. Capitaine, Chronik von Eschweiler (wie Anm. 7), S. 224. Die Peter-Liesen-Stiftung gibt es bis heute.
[73] Julius Kaufmann, Vom Rheinland ins Heilige Land (wie Einleitung, Anm. 19), S. 37. Vgl. hierzu auch Städtisches Gymnasium Eschweiler: Festschrift anlässlich der 75. Wiederkehr des ersten Abiturs. 1905–1980. Eschweiler 1980, S. 17.
[74] Julius Kaufmann, Vom Rheinland ins Heilige Land (wie Einleitung, Anm. 19), S. 35.
[75] Ebd., S. 37.

schmückt und diente für die vielen Gäste als Esszimmer. Das ganze Fest war eigentlich nur eine Fressangelegenheit. Man aß und trank von morgens bis spät in die Nacht hinein.«[76] Zudem trägt Julius ein Couplet vor und Fritz spielt auf der Geige. Beide Jungen erhalten Klavier und Geigenunterricht, wobei der Jüngere der Talentiertere von beiden ist.[77] Die Wurzeln für seine Leidenschaft zur Musik liegen also bereits in seiner Kindheit.[78]

Am Sonntag nach dem Fest darf Julius auch seine jüdischen Freunde einladen, was zum einen für die große Bedeutung der Feierlichkeiten innerhalb der Familie aber auch für deren Wohlstand spricht. Das Fest, das im Dezember 1901 anlässlich Fritz Mordechai Kaufmanns Bar-Mizwá ausgerichtet wird, muss sehr ähnlich abgelaufen sein – zumindest vermerkt Julius Kaufmann nichts Besonderes über das Ereignis.[79]

Mit Ende der Untersekunda und somit mit dem »Einjährigen Zeugnis« geht Julius Ostern 1903 von der Schule ab.[80] Er bedauert, dass seinen persönlichen Neigungen wenig Bedeutung beigemessen wird, sondern dass es für ihn lediglich darum gehen müsse, das väterliche Geschäft zu übernehmen. Dementsprechend macht er eine Lehre und geht nach der Ausbildung zunächst nach Halle an der Saale und später nach Antwerpen.[81] Nach dem überraschend frühen Tod der Mutter, die an perniziöser Anämie[82] leidet, immer schwächer wird und schließlich Ende Oktober 1907 stirbt, kehrt Julius kurzzeitig nach Eschweiler zurück, bevor er als Einjähriger-Freiwilliger zum Militär nach Aachen geht. Anschließend tritt er in die Weingroßhandlung seines Onkels in Frankfurt ein. Doch der Vater ist nach dem Tod der Mutter aufgrund einer chronischen Nie-

---

[76] Ebd., S. 51. Julius Kaufmann stellt als ganz normaler Junge in seinen Erinnerungen seine Priorität das Fest betreffend dar. »Das Wichtigste waren für mich die Geschenke, überwiegend Bücher.« Ebd.

[77] Vgl. ebd., S. 51–52.

[78] Ludwig Strauß und Andreas Meyer berichten beide über Kaufmanns Liebe zur Musik. Zudem ist vermutlich auch der ›Kampf‹ für das jüdische Volkslied zum Teil hierin begründet, denn Kaufmann hebt nicht nur das ›völkische‹ Element, sondern auch die Musikalität der jüdischen Lieder hervor. Vgl. Kapitel 4.2.2.

[79] Vgl. Julius Kaufmann, Vom Rheinland ins Heilige Land (wie Einleitung, Anm. 19), S. 55.

[80] Vgl. hierzu auch das Abgangszeugnis im Anhang. Ebd., S. 273. Bereits in der Untertertia wird Julius Kaufmanns Klasse geteilt. Elf Mitschüler bilden mit ihm die Realuntertertia und lernen Englisch, die anderen Latein und Griechisch. Vgl. Julius Kaufmann, Vom Rheinland ins Heilige Land (wie Einleitung, Anm. 19), S. 37.

[81] Da es Probleme bei seiner ersten Lehrstelle im Manufakturwarengeschäft in Illingen im Saargebiet gegeben hatte – Kaufmann wurde nicht ausgebildet, sondern lediglich ausgenutzt – , verbringt er seine Lehrzeit im Bankhaus B. J. Baer in Halberstadt am Harz. Vgl. ebd., S. 59–63. Zu seiner Zeit in Halle an der Saale und Antwerpen vgl. ebd., S. 73–79.

[82] Perniziöse Anämie ist eine schwere Blutkrankheit, die durch den Mangel an einem in der Magenwand produzierten Enzym hervorgerufen wird.

renkrankheit auf Unterstützung seitens der Söhne angewiesen, weshalb Julius 1911 nach Eschweiler zurückkehrt.[83]

Sein Bruder besteht dagegen kurz nach dem Tod der Mutter als einer der ersten Eschweiler Abiturienten die Reifeprüfung.[84] Bereits Mitte der 1880er Jahre diskutiert man in Eschweiler darüber, das Progymnasium in eine »Vollanstalt« umzuwandeln. Im Schuljahr 1902/1903 wird die erste Obersekunda mit bereits 23 Schülern eingerichtet, von denen 15 Oberprimaner am 6. März 1905 erstmalig in Eschweiler das Abitur erhalten.[85]

---

[83] Vgl. Julius Kaufmann, Vom Rheinland ins Heilige Land (wie Einleitung, Anm. 19), S. 91. 1912 lässt sich der erste Adressbuch-Eintrag von Julius finden: »Grabenstraße 31 E. Kaufmann, Hermann, Inhaber der Firma Gebrüder Kaufmann, Kaufmann, Gebr., Manufactur- und Modewarengeschäft. Konfektion, Kaufmann Julius, Prokurist der Firma Gebrüder Kaufmann. Mogendoff Michael, Kommis. Goedhardt Sylvain, Kommis.« Adreßbuch für Eschweiler und Umgegend 1912 (vgl. Anm. 5), S. 24. Auch 1925 wohnt Julius noch dort. Vgl. Adreßbuch für Eschweiler und Umgegend 1925. Nebst einem Plan des Stadtgebiets und der Umgegend. Eschweiler: Joseph Dostall 1925. In: Stadtarchiv Eschweiler. Nr 824, S. 30.
Auch Kaufmann hilft bis zur völligen Rückkehr seines Bruders nach Eschweiler häufig im Geschäft aus – vor allem, wenn der Vater wie »jeden Sommer nach Bad Wildungen in der Nähe von Kassel« fährt. Julius Kaufmann, Vom Rheinland ins Heilige Land (wie Einleitung, Anm. 19), S. 91. Vgl. auch geschäftliche Korrespondenz von Fritz Mordechai Kaufmann an Hermann Kaufmann. In: CAHJP. Jerusalem. P 113/R7. Siehe auch Verbesserungsvorschläge für den Aus-/Umbau des Geschäfts. Brief von Fritz Mordechai Kaufmann an Julius Kaufmann. 10. April 1911. In: CAHJP. Jerusalem. P 113/R7.

[84] Julius Kaufmann vermerkt etwas verbittert: »Über Fritzens Zukunft waren sich die Eltern noch nicht klar, ob er einmal in das Weingeschäft von Onkel Julius Gochsheimer in Frankfurt am Main eintreten oder studieren solle.« Julius Kaufmann, Vom Rheinland ins Heilige Land (wie Einleitung, Anm. 19), S. 59.

[85] Vgl. Capitaine, Chronik von Eschweiler (wie Anm. 7), S. 223–224. Zu Beginn dieses Schuljahres sind neben dem Direktor 13 weitere Voll- aber auch Teilzeit-Lehrkräfte eingesetzt. »Der Unterricht in der damals obersten Klasse (IIa) war folgendermassen verteilt: Religion: Dr. Capitaine; Deutsch: Dr. Schué, Latein und Griechisch: der Direktor; Französisch und Englisch: Brinkmann; Hebräisch: Dr. Capitaine; Geschichte und Erdkunde: Wohlhage; Mathematik und Physik: Dr. Claes.« Capitaine: Chronik von Eschweiler, S. 221. 1903 wird versuchsweise der Vormittagsunterricht erweitert, sodass lediglich der Sportunterricht in den unteren Klassen und an zwei Tagen auch der wissenschaftliche Unterricht in der Sekunda und Prima auf den Nachmittag fällt. Mit einer zusätzlichen Veränderung zu Ostern 1905 – der Angliederung einer lateinlosen Realschule – wird ebenfalls erreicht, dass die Schülerzahlen unter dem neuen Direktor Dr. Franz Cramer deutlich ansteigen. Vgl. Capitaine, Chronik von Eschweiler (wie Anm. 7), S. 223. Vgl. auch Dostall, Eschweiler an der Inde und Umgebung in Wort und Bild (wie Anm. 2), S. 63 und S. 67 und: Dr. Bernhard Mönninghoff: Das Gymnasium Eschweiler. In: Schriftenreihe des Eschweiler Geschichtsvereins. H. 11. Eschweiler 1978, S. 43–48. Dr. Mönnighoff war von 1964–1975 selbst Direktor des Städtischen Gymnasiums.

Somit umfasst das Gymnasium zu Kaufmanns Schulzeit drei Abteilungen: das humanistische Gymnasium, das auslaufende Realprogymnasium und die lateinlose Realschule, die 1912 selbstständig wird. Dass das Gymnasium in Eschweiler eine moderne aber trotzdem eine humanistische Lehranstalt ist, die besonderen Wert auf christliche Traditionen legt, zeigen die Klassenarbeiten im Fach Deutsch der Oberprima von 1906, die folgende Aufgabenstellungen beinhalten:

> Horaz und Walther von der Vogelweide als Vertreter des heidnischen und des christlichen Volkstums. [...]
> In welchen Zwiespalt der Pflichten gerät Iphigenie in Goethes gleichnamigem Drama? Iphigenie ein christlich-deutsches Weib in heidnisch-griechischem Gewande.
> [...] Preußen vor 100 Jahren – ein Bild zu dem Horazischen Wort: Merses profundo, pulchrior evenit.[86]

Fritz Mordechai Kaufmann ist also einer der ersten Abiturienten in Eschweiler, als er am 2. April 1908 – ein Jahr nach seinem Freund Andreas Meyer[87] – mit 13 weiteren Mitschülern feierlich sein Reifezeugnis erhält.[88] Mit seinen Mitschülern hat Kaufmann wenig gemein. Bei der Entlassfeier lässt er sich nicht einmal mit den anderen zusammen fotografieren und auch sonst gilt er zwar als ein guter aber vor allem als ein aufmüpfiger Schüler. Daher ist es nicht verwunderlich, dass es seitens des Lehrerkollegiums als Provokation aufgefasst wird, als sich Kaufmann aufgrund seiner vom Geige Spielen angegriffenen Gesichtshaut auf ärztliches Attest einen Bart stehen lässt, denn »der Oberprimaner Kaufmann wurde von den Sextanern und Quintanern wie ein Lehrer gegrüßt«[89]. Auch zu Hause ist Fritz, der »etwas Naturmensch geworden«[90] ist,

---

[86] Vgl. Klassenarbeiten im Fach Deutsch (1906). In: Städtisches Gymnasium Eschweiler: Festschrift zum fünfzigjährigen Jubiläum des städtischen Realgymnasiums zu Eschweiler. 1880–1930. Eschweiler 1930, S. 16.

[87] Vgl. ebd., S. 31. Detailliertere Informationen zur Geschichte des Eschweiler Gymnasiums entnehme man Capitaine, Chronik von Eschweiler (wie Anm. 7), S. 203 ff.

[88] Vgl. Liste der Abiturienten 1908. In: Festschrift zum fünfzigjährigen Jubiläum des städtischen Realgymnasiums zu Eschweiler (wie Anm. 86), S. 31–32. Auf dem Programm der Entlassfeier, die nachmittags um 17.00 Uhr stattgefunden hat, stehen neben musikalischen Einlagen Deklamationen zu »Des Römerreiches Macht und Verfall«, die von unterschiedlichen Schülern anderer Klassen vorgetragen werden. Die Abiturrede hält Kaufmanns Klassenkamerad Karl Müller, der 1930 als Studienrat noch immer in Eschweiler tätig ist. Vgl. Festschrift anlässlich der 75. Wiederkehr des ersten Abiturs (wie Anm. 73), S. 19. Siehe auch: [Einladung zur Entlassfeier]. In: Eschweiler Anzeiger 61 (31. März 1908) H. 39, S. 2. und [Bericht über die Entlassfeier]. In: Eschweiler Anzeiger 61 (4. April 1908) H. 41, S. 2.

[89] Julius Kaufmann, Vom Rheinland ins Heilige Land (wie Einleitung, Anm. 19), S. 81.

[90] Ebd. Zu diesem Zeitpunkt ist er bereits überzeugter Antialkoholiker. Vgl. ebd., S. 91. Strauß berichtet von einem Vortrag vor einer Kölner Loge, den Kaufmann 1910 unter dem Titel »Kultur und Alkohol, eine Untersuchung der Zusammenhänge« gehalten hat, der als »seine erste größere literarische Arbeit« gilt. [Ludwig Strauß: Einleitung. In: Kaufmann, Gesammelte Schriften (wie Einleitung, Anm. 18), S. 7–19; hier: S. 9.] Leider existiert er meines Wissens nicht mehr.

eher ein Rebell und provoziert beispielsweise einen Krach mit seinem Vater, indem er zum Abendgebet in Sandalen erscheint.

1.3 Studium und Auseinandersetzung mit dem Zionismus

Nach der Schule beginnt Fritz Mordechai Kaufmann 1908 sein Studium in Genf, wo er zwei Semester Medizin studiert. Doch er ist nicht gerade von dem Wunsch beseelt, Mediziner zu werden. Daher bricht er ab und beginnt Geschichtswissenschaften und Nationalökonomie zu studieren, was »infolge seiner starken Vielseitigkeit etwas bunt gewürfelt«[91] erscheint, aber Kaufmanns Charakter sowie seine Interessen durchaus nachzeichnet. Bereits aus Genf und später aus München, wo er ein Semester verbringt, reist er nach Italien. Auf beiden Reisen begleitet ihn sein Freund Andreas Meyer,[92] der sich 1958 auf diese Begebenheiten romantisch verklärt zurückbesinnt:

> In materieller Beziehung begnügten wir uns mit dem Wenigsten. Kaufmann war sehr musikalisch und spielte gut auf der Geige, die er, über die Schulter gehängt, bei unseren Wanderungen mit sich führte. Ich erinnere mich, wie er auf einem unserer Wege durch die damals noch menschenleeren römischen Gassen vor St. Peter plötzlich laut das Heldenmotiv aus dem 3. Satz der Brahms'schen ersten Symphonie sang. Ebenso ergriff mich die Art und Weise, wie er auf seiner Geige das Mendels-

---

[91] Andreas Meyer: F. M. K. in memoriam. Ts. In: Archiv des Leo Baeck Instituts. Jerusalem, S. 15–18 von »Kommentar zu F. L.-Sch.-Korrespondenz«; hier S. 15. Meyers Tochter, Frau Hannah Kaplun-Kogan, hebt die innige Freundschaft ihres Vaters mit Kaufmann sowohl im Vorwort zu einem 1990 von ihr herausgegebenen Manuskript ihres Vaters als auch in einem Brief heraus, den sie mir freundlicherweise als Kopie zur Verfügung gestellt hat. Vgl. Hannah Kaplun-Kogan: Biographisches über den Verfasser des Buches. In: Andreas Meyer: Die geistigen Voraussetzungen des künstlerischen Schaffens. Das Schöpferische im Banne von Entfaltung, Blühen und Verblühen der Kulturkreise. Hg. von Hannah Meyer. Bern, Frankfurt am Main, New York, Paris: Peter Lang 1990, S. 9–13.

[92] Interessanterweise schildert Strauß im Vorwort der »Gesammelten Schriften« Kaufmanns Folgendes: »Im Sommer 1908 von Genf, im nächsten von München aus, wo er ein Semester lang studierte, reiste er nach Italien, zuerst allein, dann mit einem Jugendfreunde.« Strauß, Einleitung (wie Anm. 90), S. 9. Verärgert kommentiert Meyer die Auslassung seines Namens – »trotz der an sich guten Freundschaft« – und die fälschliche Darstellung der Einzel- bzw. Partnerreise. Er führt Strauß' Fehlinformation auf eine psychoanalytisch erklärbare »Befangenheit« zurück, deren Ursprung er in einer Eifersucht begründet sieht, »denn sowohl er wie ich waren in die 16jährige Schwester Rívka von F. M. K., die dann die Frau von Str. [...] wurde, brennend verliebt, als sie als heranwachsendes bildhübsches Mädchen 16/17 Jahre alt war. Wenngleich ich als Student damals (etwa 1910) nur selten in meiner Heimat war, so gab allein schon meine Existenz offensichtlich Str. einen Grund zur Eifersucht.« Meyer, F. M. K. in memoriam (wie Anm. 91), S. 16–17.

sohn-Konzert spielte, alles noch »unter dem ewig blauen Himmel«. Es lag viel Romantik über diesen Jahren, die ich hier nur andeuten konnte.[93]

Auch bei Kaufmann müssen diese Reisen einen bleibenden Eindruck hinterlassen haben, denn Ludwig Strauß schildert sehr detailliert die Verwandlung, die mit seinem Freund zu dieser Zeit vor sich geht: »Von diesen Reisen ging ein Glanz über sein ganzes ferneres Leben«[94]. Seinem Bruder schreibt Kaufmann später, dass diese Zeit tatsächlich einen großen Einfluss auf ihn gehabt habe, denn »[a]ls ich nach Genf kam, war ich soweit, dass mir aller jeder Lebenswert ein Nichts war. Wenn in mir nicht ein starkes Fund Erdliebe und Erdkraft wäre, dann hätte ich die letzte Konsequenz gezogen aus meinem Denken und wäre den Freitod gestorben.«[95] In Italien erlebt er die große Freiheit und kann nun seine Rebellion gegen die enge, (klein-)bürgerliche, aber auch unjüdische Heimat ausleben. Er bemerkt, dass es »im tiefsten Grunde auf die Überwindung des Galuth, seiner Krankheiten und all seines Schmutzes an[kam]; Positiv gesagt, auf das *Jüdischwerden*«[96]. Gestärkt durch diese Erkenntnis reist er – braungebrannt und vollbärtig – musizierend mit Andreas Meyer durch Italien. »Aber während das Unbändige und Schweifende in ihm seine Glückszeit hatte, traf den ungestüm Suchenden aus südlicher Gestalt ein erster Anhauch der ihm bestimmten Reife, lernte er die stille, allen Streit milde überwölbende Harmonie Raffaelischer Bilder verehren.«[97] Derart gefestigt zieht Kaufmann 1910 zum Studium nach Leipzig, wo sich sein Leben maßgeblich ändern soll.

Schon zu Beginn seines Studiums fühlt Kaufmann sich – auch motiviert durch seinen Bruder – zum Zionismus hingezogen.[98] Ihre erste Erfahrung mit der Organisation machen die Kaufmann-Brüder definitiv nicht im verträumten Eschweiler. Julius beschreibt, dass er erstmalig in Halberstadt das Wort »Zionismus« wahrgenommen habe, worüber er Fritz in einem Brief

---

[93] Andreas Meyer: Fritz Mordechai Kaufmann zum 70. Geburtstag (13.12.1888–2.3.1921). In: Mitteilungsblatt des Irgun Olei Merkas Europa 22 (19. Dezember 1958) H. 51, S. 6. Auch Julius Kaufmann beschreibt das überzeugt ›karge‹ Leben seines Bruders. »Einige Zeit lebte er als Rohköstler von wenigen Francs, indem er sich einen Sack Möhren, Zwiebeln und ähnliches Gemüse mit einem Brotlaib nach Hause brachte.« Julius Kaufmann, Vom Rheinland ins Heilige Land (wie Einleitung, Anm. 19), S. 81.

[94] Strauß, Einleitung (wie Anm. 90), S. 9.

[95] Brief von Fritz Mordechai Kaufmann an Julius Kaufmann. 8. September 1912. In: CAHJP. Jerusalem. P 113/R7.

[96] Ebd.

[97] Strauß, Einleitung (wie Anm. 90), S. 10.

[98] »Es ist klar, dass wir in unseren Auseinandersetzungen auch die jüdische und die für uns ebenso brennende sozialistische Frage berührten. Vom ersten Semester an ereiferten wir uns für die zionistische Bewegung.« Meyer, Fritz Mordechai Kaufmann zum 70. Geburtstag (wie Anm. 93), S. 6. Vgl. auch Brief von Fritz Mordechai Kaufmann an Julius Kaufmann. [Ohne Datumsabgabe – unmittelbar vor Geburtstagsbrief an den Vater 1911]. In: CAHJP. Jerusalem. P 113/R7. Hierin werden seine zionistische Gesinnung und sein Ziel, nach Erez Israel auszuwandern, deutlich.

informiert – »aber mehr im literarischen Sinn, d.h. ich träumte von einem Salomondrama, ausmündend in der Errichtung seines Tempels«[99]. Eine Hinwendung zum Zionismus findet zu diesem Zeitpunkt noch nicht statt. Auch den Tod Herzls nimmt Julius Kaufmann mehr unterbewusst wahr.[100] Erst mit seiner Versetzung nach Halle an der Saale kommt er mit dem Zionismus ernsthafter in Berührung. In seiner Zeit in Frankfurt am Main beginnt für ihn nicht nur die Zeit des Reisens, um auch in den östlichen Provinzen Kunden zu werben, sondern er trifft erstmalig auf Juden »mit alter jüdischer Tradition, kleine aber tätige zionistische Ortsgruppen«[101], die ihm imponieren. Auch für Fritz Mordechai Kaufmann ist das erste Treffen mit Ostjuden ein prägendes Erlebnis. Er lernt sie in der Leipziger Ortsgruppe kennen und ist zutiefst beeindruckt.

> In ihrer Religiosität, ihren Bräuchen, ihrer Sprache, ihren Liedern erschien ihm das als geist- und bluthafte Anlage von ihm ergriffene Judentum als in der einzigen konkreten Gestalt, in der es heute eine breite Existenz hat, erschien ihm die Ostjudenheit als lebendiger Körper des Judentums.[102]

Kaufmann, der schon immer vom Volkshaften begeistert ist, kann diese Elemente nun erstmalig in seinem eigenen Volk finden. Zwar hat er bis zum Ende der Schulzeit mit seinem Vater das biblische und synagogale Hebräisch geübt, aber es gelernt, ohne dass es für ihn eine Bedeutung gehabt hätte, die über eine traditionelle Pflichterfüllung hinausgegangen wäre.[103] Nun erkennt er erst den wirklichen Sinn dieser Sprache. Zusätzlich erlernt er – »wohl als einer der ersten deutschen Juden«[104] – Jiddisch »und es war ein hochzeitliches Lernen, da alles Gelernte ihm anwuchs wie seit je zu ihm gehörig und alle neuen Wor-

---

[99] Julius Kaufmann, Vom Rheinland ins Heilige Land (wie Einleitung, Anm. 19), S. 68.

[100] Vgl. ebd. In einem Brief erfährt man darüber hinaus, dass Julius seinem Bruder offensichtlich Herzls »Altneuland« schenkt, »doch hat das Buch mich [FMK] ein wenig enttäuscht«. Im Folgenden bespricht Kaufmann kurz, aus welchem Grund er Herzls »Projekt« für »meistenteils durchführbar« hält und was er daran trotzdem kritisiert. Letztlich ist aber in diesem Brief primär sein eigenes Zeugnis relevant, das er dem Bruder im Anschluss schildert. Vgl. Brief von Fritz Mordechai Kaufmann an Julius Kaufmann. [ohne Datumsangabe] In: CAHJP. Jerusalem. P 113/R7. Siehe zur Diskussion über den Zionismus auch: Brief von Fritz Mordechai Kaufmann an Julius Kaufmann. 24. April 1905. In: CAHJP. Jerusalem. P 113/R7.

[101] Julius Kaufmann, Vom Rheinland ins Heilige Land (wie Einleitung, Anm. 19), S. 87. In Frankfurt besucht er unter anderem auch einen Vortrag des 17–jährigen Nachum Goldmann, mit dem er später gemeinsam arbeitet, denn er wird Geschäftsleiter für den Verkauf der von Goldmann und Jakob Klatzkin herausgegebenen »Encyclopedia Judaica«, die zeitgleich mit dem »Jüdischen Lexikon« veröffentlicht wird. Vgl. ebd., S. 174–177.

[102] Strauß, Einleitung (wie Anm. 90), S. 11.

[103] Vgl. ebd., S. 9.

[104] Salomon Adler-Rudel: Ostjuden in Deutschland. 1880–1940. Zugleich eine Geschichte der Organisationen, die sie betreuten. Mit einem Vorwort von Siegfried Moses. Tübingen: J. C. B. Mohr 1959 (Schriftenreihe wissenschaftlicher Abhandlungen des Leo Baeck Institute of Jews from Germany; 1), S. 32.

te, die ihm wurden, erstmalig aussagten, was sprachlos in ihm gewartet hatte«[105]. Er gilt damit als Vorreiter, als Vorbild für die Möglichkeit, sich auf sein eigenes Volk zurückzubesinnen. »In dieser jüdischen Zeitwende, die mit der im Gefolge des Ersten Weltkrieges eintretenden europäischen Zeitwende zusammenfiel, erschien Kaufmann wie ein leuchtender Meteor.«[106]

Zudem lernt er in Leipzig die russisch-stämmige Jüdin Rochel Kaganoff kennen, die er im Oktober 1912 in Leipzig heiratet.[107] Besonders beeindruckt ist er von ihrer jüdischen Ursprünglichkeit, denn »in ihr steckt Urkraft, urwüchsige jüdische Volkskraft, trotzdem sie zart wie eine Blume u. schlank wie der Leib einer Lilie«[108] ist. Die Hochzeitsplanung verläuft nicht ganz problemlos, denn Hermann Kaufmann ist anfangs gegen die Verbindung, sodass Kaufmann ihn erst nach etlichen Briefen und Gesprächen von dieser Verbindung überzeugen kann.

> Und ich kann dir dies eine sagen, dass ich kaum geheiratet hätte, wenn ich nicht einen Menschen wie Rosa getroffen hätte. Ich bin in manchem eine komplizierte Natur und so stark auch mein Drang zum Weibe ist, so abgestuft u. bestimmte Art verlangend gibt er sich kund. Und Rosas Art ist heute selten geworden.[109]

---

[105] Strauß, Einleitung (wie Anm. 90), S. 11.

[106] Meyer, Fritz Mordechai Kaufmann zum 70. Geburtstag (wie Anm. 93), S. 6. Zudem muss er ein einnehmendes Wesen gehabt haben, was folgende Anekdote belegt: »*Else Lasker-Schüler*, die Kaufmann nur flüchtig im Jahre 1913 kennen lernte, hatte sich schon vorher in Briefen bei mir nach meinem Freunde erkundigt, den sie Fridolin K. und ein anderes Mal ›Haman Frid Pascha‹ nannte. Als sie ihn schliesslich sah, schrieb sie mir: ›Dein Freund Fritz ist ein feinbegeisterter Bursche und Dein Bruder.‹«. Ebd.

[107] Rochel ist die Tochter eines Thoraschreibers, der nach den Pogromen 1905 mit seiner Familie aus Odessa emigriert. Vgl. Jürgen Gottschalk: [Vortrag über Kaufmann]. Beschrieben in: Ulrich Bornitz: Sitzungsberichte. In: Der Herold. Vierteljahresschrift für Heraldik, Genealogie und verwandte Wissenschaften. 47, III. Quartal, Bd 16, H. 15, S. 444–450; hier: S. 447. Sie wird in Briefen auch Rahel aber zumeist Rosa genannt und unterschreibt auch mit diesem Namen. Daher wird von Kaufmanns Frau auch im Folgenden als Rosa gesprochen.

[108] Brief von Fritz Mordechai Kaufmann an Hermann Kaufmann. [Ohne Datumsabgabe]. In: CAHJP. Jerusalem. P 113/R7. Sein Vater müsse sich aber erst an die Familie Kaganoff gewöhnen, denn »sie sind ganz anders als wir Kultureuropäer; besonders der Vater ist einer von den echten Juden«. Ebd.

[109] Brieffragment von Fritz Mordechai Kaufmann an Hermann Kaufmann. [Ohne Datumsabgabe]. In: CAHJP. Jerusalem. P 113/R7. Zudem sucht er in einem 16–seitigen (!) Brief die Vorteile einer Ehe mit Rosa darzustellen, die von »pekuniären« über sexuelle – schließlich käme es günstiger zu heiraten als als Junggeselle Bordelle aufsuchen zu müssen – zu wahrer einziger Liebe reichen. Zudem führt er auch die Meinungen Professor Hartmanns aus dem Pädagogischen Seminar und Dr. Steinmarders (Redakteur der Vossischen Zeitung) an, mit denen er bereits über die Thematik gesprochen habe und mündet in drei ›Lösungsvorschlägen‹, die alle auf ein Zusammenleben mit Rosa hinauslaufen. Vgl. Brief von Fritz Mordechai Kaufmann an Hermann Kaufmann. [Ohne Datumsabgabe – unmittelbar vor Brief

Doch Hermann Kaufmann hätte lieber eine reiche Schwiegertochter gehabt, um seinen Sohn versorgt zu wissen. Daher ist das Verhältnis zwischen ihm und Rosa zunächst sehr angespannt.[110] Diese entstammt einer musikalischen ostjüdischen Familie, doch mit dem Umzug nach Westen scheint sie, wie viele Gleichgesinnte, ihr Volkstum abgelegt zu haben und gewinnt dies erst durch Kaufmann wieder zurück.[111]

> Er lehrte sie in den jüdischen Liedern, die sie liebte und sang, wählen und das Echte vom Unechten scheiden. Hatte er nun in ihr Sprache und Lied befreit, so klangen sie ihm aus ihr ursprünglicher lebendig zurück, als sie in ihm, dem von weither Heimkehrenden, schon sein konnten.[112]

Durch Rosa, die Gesangsstunden nimmt und auch ab und an Konzerte gibt, und deren Familie wird Kaufmanns Wille, zum ostjüdischen Volkstum durchzudringen, bestärkt. Hier erhält er Anregung und auch Unterstützung. Nach ihrer Hochzeit zieht Kaufmann mit Rosa nach Berlin, wo er versucht, seine Promotion voranzutreiben, die er letztlich nie beendet.[113]

Ein weiterer wichtiger Mensch, den er in Leipzig kennen lernt und der sein Leben maßgeblich beeinflusst, ist Dr. Nathan Birnbaum. Die Begegnung mit ihm unterstützt den Weg Kaufmanns hin zum Ostjudentum und zu seiner eigenen ›Volkischkeit‹. Dies honoriert Kaufmann in der *Freistatt*, indem er über

---

     vom 6. April 1911]. In: CAHJP. Jerusalem. P 113/R7. Einen ähnlichen Brief schreibt er an seinen Bruder, dessen Zustimmung er ebenfalls bedarf, da Kaufmann weiterhin finanziell unterstützt werden muss. Vgl. Brief von Fritz Mordechai Kaufmann an Julius Kaufmann. [Ohne Datumsabgabe – unmittelbar nach Brief vom 10. April 1911]. In: CAHJP. Jerusalem. P 113/R7. Auch Julius' Hochzeitspläne sind durch Kaufmanns Ehe mit Rosa zunächst beeinträchtigt. »Vater sagte ich noch nichts, er meinte immer, nach der Enttäuschung mit Fritz, was die finanzielle Seite betraf, müsste ich eine reiche Partie machen.« Julius Kaufmann, Vom Rheinland ins Heilige Land (wie Einleitung, Anm. 19), S. 91.

[110] »Sie hat sehr viel darunter gelitten, dass du ihr kaum einmal u. dann nach ganz langem Warten schriebst auf ihre Grüsse. Sie kann doch nicht dafür, dass sie nicht reich ist. Und ich bin überzeugt, dass du ihr als einer reichen Schwiegertochter ganz anders u. viel weniger formell geschrieben hättest.« Brief von Fritz Mordechai Kaufmann an Hermann Kaufmann. 7. August 1911. In: CAHJP. Jerusalem. P 113/R7.

[111] Vgl. Meyer, F. M. K. in memoriam (wie Anm. 91), S. 17.

[112] Strauß, Einleitung (wie Anm. 90), S. 11.

[113] Kurz nach Kaufmanns Hochzeit lernt auch sein Bruder Julius seine spätere Frau kennen. Im Januar 1913 besucht er mit Ríwka eine karnevalsähnliche Feier des Vereins der jüdischen Jugend und trifft dort auf Elsa Weisbecker – eine junge Frau, die einem kleinen zionistischen Kreis um Ludwig und Max Strauß angehört. Er verliebt sich »Knall und Fall« [Julius Kaufmann, Vom Rheinland ins Heilige Land (wie Einleitung, Anm. 19), S. 92.] und verlobt sich bereit im Juni desselben Jahres mit ihr – zunächst heimlich, um den Widerstand seines Vaters nicht zu provozieren. [Vgl. ebd., S. 92–93.] Julius und Elsa heiraten am 15. März 1915 im Beisein seiner Schwester und seiner Schwiegereltern, jedoch aufgrund einer Krankheit ohne seinen Vater, sowie bereits fünf Tage vorher auf dem Standesamt. Vgl. ebd., S. 111–113.

Birnbaum vermerkt, dass dieser ein Mann sei, »der mehr als alle Lebenden mit
den Wurzeln seines Seins zu den großen heroischen Menschen unserer Urzeit
hinabreicht, und in dem das Heldische eines ganzen Volkes sich plötzlich, da
schon niemand mehr daran glaubte, [...] kund tut«[114]. Kaufmann ist einer der
ersten, der ihm ins östliche Judentum folgt und zudem – als logische Konsequenz – bereits 1913 aus der zionistischen Bewegung austritt, weil er sie für
volksfremd und in den meisten Punkten das eigentliche Volk betreffend für
unwissend hält.

> Es ist ja mit dem Sprachenstreit ziemlich seltsam – aber so einfach wie »Löwe«
> »Spr. d. J.« die Kattowitzer Konferenz abtut, ist die Sache doch nicht. Es kommt bei
> dem Entscheid von Seiten der deutschen Zionisten für »Neuhebräisch« als National-
> sprache vieles daher, dass die Westler gar keine Ahnung und wenig Verständnis für
> die Lebensverhältnisse der Östler haben. Überhaupt ist der Zionismus im Westen
> noch sehr blass und vom Volk und seinen Schmerzen wissen wir viel zu wenig. [...]
> Es ist zu viel satte Bourgeoisie im deutschen Judentum und also auch in der zionisti-
> schen Organisation.[115]

Ein anderer deutscher Jude, der einen ähnlichen Weg geht, ist der in München
geborene Max Mayer, der in seinem Aufsatz »A German Jew Goes East« auch
ein Zusammentreffen mit Kaufmann im Jahr 1913 beschreibt.[116] Er erklärt,
dass er ebenfalls unter dem großen Einfluss von Birnbaums Texten und Ideen
gestanden habe und dass er Kaufmann aufgrund seiner charakterlichen Stärke
bewundert habe. Insbesondere dessen Einsatz für die ostjüdische Bevölkerung
und die angestrebte westjüdische Erkenntnis bezüglich der ostjüdischen Kultur
sei Mayer ein großes Vorbild gewesen. Für ihn ist Kaufmann »a man whom I
shall remember all my life«[117]. Sie werden Freunde, weil auch Kaufmann, der
mit seinen alljüdischen Ideen auf heftigen Widerstand innerhalb der zionistischen Organisation stößt, in Mayer »a German Zionist who appreciated his
efforts«[118] erkennt. Seine Unterstützung lässt ihm Mayer durch Beiträge in der
Freistatt zukommen.[119] Doch die beiden Männer verbindet noch mehr als der

---

[114] Fritz Mordechai Kaufmann: An die nationalen Juden! In: Die Freistatt 2 (28. Mai
       1914) H. 2, S. 65–66.

[115] Brief von Fritz Mordechai Kaufmann an »Meine Lieben«. [1912 genaues Datum
       unleserlich]. In: CAHJP. Jerusalem. P 113/R7.

[116] Vgl. Max Mayer: A German Jew Goes East. In: Publications of the Leo Baeck
       Institute of Jews from Germany. Year Book III (1958), S. 344–357. Der im Juli
       1886 in München geborene Mayer schließt im Juli 1912 mit ›summa cum laude‹ in
       Freiburg sein Studium ab. Von 1916–1919 ist er Mitherausgeber der *Jüdischen
       Rundschau*, bevor er als Lehrer eines Hebräischen Gymnasiums nach Litauen geht.
       Ab 1926 arbeitet er in leitender Position in der Zionistischen Organisation in
       Deutschland und emigriert 1930 letztlich nach Palästina.

[117] Ebd., S. 349.

[118] Ebd.

[119] Vgl. Dr. M. Mayer (Meir ben Elieser): Hebräische Literatur. In: Die Freistatt 1 (15.
       Mai 1913) H. 2, S. 104–110. Dr. Max Mayer: [Über Birnbaum]. In: Die Freistatt 2
       (28. Mai 1914) H.2, S. 84–85. [Mitarbeiterverzeichnis Jg. 2: Dr. Max Mayer, Ber-

Kampf um die eigene Volkskultur: Beide sehen das Jiddische als ihre ursprüngliche ›Muttersprache‹[120] an und beide veröffentlichen ihre ersten Beiträge in der *Jüdischen Rundschau*.[121] So erscheint am 29. März 1912 der erste
Kaufmann-Beitrag mit dem Titel »Neue Waffen«, dem vier weitere folgen.[122]

Julius Kaufmann gründet derweil am 20. Februar 1911, als er aus Frankfurt
am Main zur Unterstützung seines Vaters wieder nach Hause kommt, eine
»zionistische Ortsgruppe für Eschweiler und Umgegend«, der er gemeinsam
mit Marcus Meyer und S. Lucas vorsteht.[123] In zahlreichen Vortragsabenden
dringt mit dieser Vereinigung »die lebende Welle der zionistischen Bewegung
bis in den äußersten Westen Deutschlands und wird dort nicht minder energische Träger sich heranerziehen als im Osten Deutschlands«[124]. Auch Fritz
Mordechai Kaufmann, der in Leipzig studiert, und Andreas Meyer unterstützen
Julius bei dessen Aufbauarbeit[125] und beteiligen sich regelmäßig an diesen
Abenden.[126] In seinen Briefen regt Kaufmann seinen Bruder dazu an, auch in der

---

[120] lin.] Dieser bedauert zutiefst, dass die *Freistatt* als »deserving periodical« mit
Kriegsbeginn eingestellt werden muss. Mayer, A German Jew Goes East (wie
Anm. 116), S. 349.

[120] »That he had made Yiddish the language of his home [...] constituted another
bond between us.« Ebd.

[121] Mit seinem ersten Beitrag tritt Mayer Ende 1912 in Erscheinung. Interessanterwei-
se verfasst er eine negative Kritik zum Text »Begriff und Programm einer jüdi-
schen Nationalliteratur«, den er als »pamphlet by Moritz Goldstein« bezeichnet.
Ebd., S. 350. Vgl. hierzu Meïr ben Elieser: »Begriff und Programm einer jüdischen
Nationalliteratur«. In: Jüdische Rundschau 17 *Teil I* (27. Dezember 1912) H. 52,
S. 503–504. 18 *Teil II* (10. Januar 1913) H. 2, S. 12–13. *Teil III* (17. Januar 1913)
H. 3, S. 22–23.

[122] Vgl. hierzu Kapitel 2.3.2.

[123] Vgl. Eschweiler. In: Jüdische Rundschau 16 (3. März 1911) H. 9, S. 105. Dies ist
die westlichste Ortsgruppe überhaupt. Am 2. September 1912 wird dieser Vorstand
bestätigt und die Vereinigung zählt bereits 80 Mitglieder. Vgl. Eschweiler. In: Jüdische Rundschau 17 (6. September 1912) H. 36, S. 344. Obwohl *Die Welt* zu dem
Zeitpunkt in Köln herausgegeben wird, erscheint darin nichts über die Neugrün-
dung einer rheinischen Ortsgruppe in Eschweiler.

[124] Eschweiler. In: Jüdische Rundschau 16 (24. März 1911) H. 12, S. 140. Vorträge
hat es in der Eschweiler Gemeinde auch vorher schon gegeben – allerdings nicht in
dieser Häufigkeit und Intensität. Vgl. z. B. Eschweiler. In: Jüdische Rundschau 16
(10. Februar 1911) H. 6, S. 67.

[125] Vgl. u. a. Brief von Fritz Mordechai Kaufmann an Julius Kaufmann. 27. März
1911. In: CAHJP. Jerusalem. P 113/R7. Hierin macht er Vorschläge zur Tagesord-
nung einer Ortsgruppenversammlung.

[126] Vgl. hierzu: Eschweiler. In: Jüdische Rundschau 16 (24. März 1911) H. 12, S.
140.; Eschweiler. In: Jüdische Rundschau 16 (13. Oktober 1911) H. 41, S. 488.;
Eschweiler. In: Jüdische Rundschau 16 (24. November 1911). H. 47, S. 560.; Eschweiler. In: Jüdische Rundschau 17 (6. Dezember 1912). H. 49, S. 477. Fritz Mordechai Kaufmann hält im nahe gelegenen Linnich einen Vortrag über den »Existenz-
kampf des modernen Judentums«. A. M.: Linnich. In: Jüdische Rundschau 16 (8.
September 1911) H. 36, S. 433. Zu Julius Kaufmanns eigenen Vorträgen siehe u. a.:

Umgebung Eschweilers weitere Ortsgruppen zu gründen. »Wie ist es mit *Sette-rich*? Man sagte mir, dass dort auch Interesse vorhanden wäre. Und dann könnte man bald nach *Linnich* vorstossen [...].«[127] Zudem helfen auch die Aachener Juden Bruno Stern und Max Strauß mit, »dessen jüngerer Bruder Ludwig meine [Julius'] Schwester Ríwka kennen gelernt und sich in sie verliebt hatte«[128].

Der große Einfluss Kaufmanns auf diese von seinem Bruder geleitete Organisation ist vor allem in zwei Punkten zu sehen. Zum einen findet auch hier eine ausgeprägte Hinwendung zur ostjüdischen Literatur statt. Folglich scheint man auch im ›tiefsten Westen‹ die Kraft dieser ursprünglichen Literatur noch zu spüren, was Kaufmanns alljüdischer Idee entspricht.[129] So begeistert der Vortrag von Aschs Novellen, denen ein Referat über »Moderne Jargonliteratur« zur Einführung vorangestellt wird, gerade deswegen, weil er ungekünstelt und wenig aufgesetzt dargebracht wird.[130] Zum anderen erfüllt dieser Vortrag ein weiteres Anliegen Kaufmanns: dem Westjuden die ostjüdische Kultur, aber auch die dortige Lebensweise zu vermitteln, also »in diesen der Ostjudennot zum Teil noch sehr kalt gegenüberstehenden Herzen Verständnis und etwas mehr Liebe für ihre leidenden ostjüdischen Brüder zu erwecken«[131].

Eschweiler. In: Jüdische Rundschau 16 (12. Mai 1911) H. 19, S. 215.; Eschweiler. In: Jüdische Rundschau 16 (13. Oktober 1911) H. 41, S. 488.; Jülich (Rhld.). In: Jüdische Rundschau 16 (1. Dezember 1911) H. 48, S. 573.; Jülich. In: Jüdische Rundschau 17 (12. Januar 1912) H. 2, S. 15.; Drove b. Düren. In: Jüdische Rundschau 17 (25. Mai 1912) H. 21, S. 190. Auch Kaufmann verfasst einige dieser Berichte. Vgl. Karte von Fritz Mordechai Kaufmann an Julius Kaufmann. [Ohne Datumsabgabe – eingeordnet direkt vor Brief vom 27. März 1911]. In: CAHJP. Jerusalem. P 113/R7.

[127] Brief von Fritz Mordechai Kaufmann an »Meine Lieben«. [Ohne Datumsabgabe]. In: CAHJP. Jerusalem. P 113/R7.

[128] Julius Kaufmann, Vom Rheinland ins Heilige Land (wie Einleitung, Anm. 19), S. 88. Ludwig Strauß wird schnell gewonnen, für das Ressort »westjüdische Literatur« verantwortlich zu zeichnen. Vgl. ebd., S. 90.
Zu einem Vortrag von Max Strauß vgl. Eschweiler. In: Jüdische Rundschau 16 (2. Juni 1911) H. 22, S. 252. Zu Bruno Stern vgl. Eschweiler. In: Jüdische Rundschau 16 (13. Oktober 1911) H. 41, S. 488; Linnich. In: Jüdische Rundschau 17 (2. Februar 1912) H. 5, S. 38; Eschweiler. In: Jüdische Rundschau 17 (1. März 1912) H. 9, S. 74.

[129] Vgl. zur Diskussion um das ›Echte‹ am jüdischen Volklied – auch in den »Landgemeinden« Eschweiler. In: Jüdische Rundschau 17 (6. Dezember 1912) H. 49, S. 477.

[130] »Die Zuhörer waren tief ergriffen von der *meisterhaften*, garnicht [!] *theatralischen* aber darum die Vorgänge umso *wärmer und plastischer malenden* Vortragsweise der Dame«. Eschweiler. In: Jüdische Rundschau 16 (31. März 1911) H. 13, S. 153.

[131] Ebd. Vgl. hierzu auch den Bericht über einen lyrischen Vortragsabend: Eschweiler. In: Jüdische Rundschau 17 (2. April 1912) H. 12, S. 104. Zudem versucht man die Begeisterung für das »jüdische Volk« nicht nur durch Referate sondern auch durch Lichtbildvorträge anzufachen. Vgl. Eschweiler. In: Jüdische Rundschau 17 (2. Februar 1912) H. 5, S. 38.; Eschweiler. In: Jüdische Rundschau 17 (15. Oktober 1912) H. 43, S. 413. und Eschweiler. In: Jüdische Rundschau 18 (27. Juni 1913) H. 26, S. 268.

Außerdem liegt ein weiterer Schwerpunkt auf der jüdischen (Volks-)Musik. So gibt es erstmalig einen von Julius Kaufmann organisierten »jungjüdischen Abend«, an welchem Kaufmann gemeinsam mit Julius Schömann chassidische Hochzeitsreigen auf Geige und Klavier intoniert. »Ersterer wußte durch geschickte Einführungen das Mitgefühl für die schaffende jüdische Seele noch besonders zu wecken.«[132] Auch Rosa, »die mit bestrickendem Wohlklang den echtesten Naturlaut aus der Tiefe eines goldenen Herzens steigen ließ«[133], gestaltet den Abend – von Max Strauß am Klavier begleitet – mit.

Interessant ist auch der Hinweis auf eine Diskussion mit einem »vom Kölner Lehrerseminar ganz frisch nach Jülich importierte[n] junge[n] Mann« im Anschluss an den Vortrag »Die deutschen Juden und der Zionismus« von Max Strauß, der belege, »daß ihm auf dem Seminar auch nicht die allerelementarsten Grundlagen des Zionismus klar gemacht worden sind«[134].

Der große Einfluss, den Julius Kaufmann mit seiner Arbeit auch auf Eschweilers Umgebung hat, zeigt sich in der Gründung einer ›Tochtergruppe‹ in Hoengen und den Vortragsabenden in der nahen Umgebung.[135] Da bei der zionistischen Arbeit in den kleinstädtischen Gemeinden zum einen gegen Unwissenheit gekämpft werden müsse, aber zum anderen auch die günstigen Bedingungen für die zionistische Werbearbeit und damit auch die »Erfolgsmöglichkeiten« nicht unterschätzt werden dürften, bittet Julius Kaufmann in einem Aufsatz den 13. Delegiertentag um verstärkte Beachtung dieser Arbeit.[136] Tatsächlich sind die Aktivitäten der »Landgemeinde« Eschweiler offenbar so relevant, dass Parteisekretär Rosenbaum extra anreist, um vor den Eschweiler, Stolberger und Hoengener Juden einen Vortrag über die »Zukunft der Juden« zu halten,[137] und in der *Jüdischen Rundschau* konstatiert wird:

---

[132] Eschweiler. In: Jüdische Rundschau 17 (7. Juni 1912) H. 23, S. 212.

[133] Ebd. Vgl. dazu auch: Brief von Fritz Mordechai Kaufmann an Julius Kaufmann. [ohne Datumsangabe]. In: CAHJP. Jerusalem. P 113/R7. Darin wird die Planung für diesen Abend angesprochen.

[134] Jülich. In: Jüdische Rundschau 17 (25. Mai 1912). H. 21, S. 190.

[135] Vgl. u. a. Eschweiler und Umgegend. In: Jüdische Rundschau 16 (7. April 1911) H. 14. S, 165.; Stolberg. In: Jüdische Rundschau 17 (15. März 1912) H. 11, S. 93.; Eschweiler. In: Jüdische Rundschau 17 (17. Mai 1912) H. 20, S. 177. Die zionistische Ortsgruppe im deutlich größeren Aachen wird durch Bruno Stern erst am 10. Juli 1912 gegründet, der neben Stern Herr Dr. Löwenstein und als Beisitzer Frau Dr. Löwenstein und Max Strauß vorstehen. Vgl. Aachen. In: Jüdische Rundschau 17 (19. Juli 1912) H. 29, S. 275. Vgl. hierzu auch. Aachen. In: Die Welt 16 (26. Juli 1912) H. 30, S. 902.

[136] Vgl. Julius Kaufmann: Die Agitation in den Kleingemeinden. In: Jüdische Rundschau 17 (26. April 1912) H. 17, S. 144.

[137] Vgl. Eschweiler. In: Jüdische Rundschau 16 (15. Dezember 1911) H. 50, S. 601. Zudem wird hier der in Eschweiler bevorstehende »Chanukahfestball« angekündigt. Anlässlich dieser Veranstaltung wird ein von Julius Kaufmann verfasstes und von ihm selbst in der Hauptrolle vorgetragenes Theaterstück aufgeführt, das »die zionistische Tendenz geschickt und doch nicht aufdringlich zur Geltung brachte«.

> Es ist immer wieder erfreulich und herzerquickend, zu sehen, wie in diesen kleinen
> Landgemeinden unsere Stammesgenossen noch so stark am Judentum hängen und
> mit welcher Begeisterung sich so viele von ihnen […] für unsere schöne zionistische
> Sache erwärmen, obschon sie doch, abseits im äußersten Westen wohnend, den Zu-
> sammenhang mit dem Gros fast verloren haben [...] .[138]

Julius Kaufmanns Aktivität zahlt sich offensichtlich aus, denn er wird in den
Gruppenverband Rheinland-Westfalen gewählt, hält auch regelmäßig außerhalb Eschweilers Vorträge[139] und darf vom 8. bis zum 15. August 1911 als
begeisterter Delegierter zum 10. Zionisten-Kongress nach Basel reisen.[140]

> Stolz fuhr ich mit Paul Stiel in die Schweiz, und es war für mich ein einmaliges Erleb-
> nis, inmitten von Juden aus aller Welt am Kongress teilzunehmen. David Wolfsohn er-
> öffnete, und dann sprach Max Nordau! Eine Sensation war für mich der schwarzbärti-
> ge, bronzefarbige Benzion Mossinsohn aus Palästina im weißen Anzug![141]

Erst mit Julius Kaufmanns Ausscheiden aus dem Vorstand der Eschweiler
Ortsgruppe bleiben die regen Veranstaltungsmeldungen in der *Jüdischen
Rundschau* nach und nach aus.[142]

Eschweiler. In: Jüdische Rundschau 17 (12. Januar 1912) H. 2, S. 15. Zur Feier im
Jahr 1912 vgl. Eschweiler. In: Jüdische Rundschau 18 (17. Januar 1913) H. 3, S. 26.

[138] Eschweiler. In: Jüdische Rundschau 16 (13. Oktober 1911) H. 41, S. 488. Besondere Beachtung muss hierbei die unter dem Kürzel »nb.« publizierte Bemerkung
finden, die Blumenfelds und Lichtheims ironische Reaktion auf die konsequente
Hinwendung zum Ostjudentum des »äußersten« Westens darstellt und zugleich einen subjektiven Stolz erkennen lässt: »Denn, wenn man von der billigen Ironie ab-
sieht, bleibt eine interessante Frage zurück [...] Es fällt uns nämlich noch ein, daß
auch Heinrich Heine, der als erster deutscher Jude die vollere menschliche Ausprägung der östlichen Juden intuitiv erfaßte, (siehe seine ›Reise nach Polen‹) ein
Düsseldorfer war.« Auch weitere ostjüdisch-orientierte Juden seien Rheinländer
gewesen, sodass es schließlich nicht verwundere, dass diese Bewegung im Westen
so stark sei. nb: Die spielenden Kinder. In: Die Freistatt 1 (15. November 1913) H.
8, S. 478–479; hier: S. 479.

[139] So hält er beispielsweise in Essen einen Vortrag über »Zionismus und Orthodo-
xie«, der aufgrund seiner Schärfe nur wenig Beifall findet. Auch in Duisburg, Kle-
ve und Maastricht hält Julius Kaufmann Vorträge. Vgl. Julius Kaufmann, Vom
Rheinland ins Heilige Land (wie Einleitung, Anm. 19), S. 89.

[140] »Bei der Delegiertenwahl zum Kongreß entfielen die Eschweiler Stimmen auf
Herrn Dr. *Bernstein*, Elberfeld als Delegierten und Herrn Julius *Kaufmann*, Eschweiler, als Ersatzdelegierten.« Eschweiler. In: Jüdische Rundschau 16 (21. Juli
1911). H. 29, S. 336. Vgl. hierzu auch: Namensregister des Stenographischen Pro-
tokolls der Verhandlungen des Zionisten-Congresses. 1911, S. 4.

[141] Julius Kaufmann, Vom Rheinland ins Heilige Land (wie Einleitung, Anm. 19), S.
88. Julius Kaufmanns Einsatz für sein Judentum und auch für den Zionismus ist
auch nach dem Krieg nicht verebbt. So wird er überraschenderweise als Zionist in
den Vorstand der Reformgemeinde Aachen gewählt. Vgl. u. a. ebd., S. 156–157
und S. 162–163.

[142] Vermutlich hängt sein Ausscheiden »aus privaten Rücksichten« mit der Arbeit an
der *Freistatt* zusammen. Zu Julius Kaufmanns Rücktritt und den Neuwahlen am

Bei Betrachtung des großen Engagements ist es nicht verwunderlich, dass es auch Julius Kaufmann ist, der den Vorschlag macht, eine jüdische Zeitung zu gründen, den sein Bruder und Andreas Meyer begeistert aufnehmen. »Im Sommer 1912 kam mir der Gedanke, eine jüdische Zeitschrift zu gründen. Einen festen Plan hatte ich nicht, aber sie sollte sich mit Gegenwartsfragen vor allem zionistischen befassen.«[143] Den Redaktionssitz übernimmt Kaufmann in Berlin.

> Überlege Dir einmal in welches offizielle Verhältnis ich dazutreten kann. [...] Ich will *Pflichten* auf mich nehmen und nach Möglichkeit in Berlin persönlich arbeiten, als Mitarbeiter und organisierend, werbend etc. Du sollst mir hierüber ganz offen schreiben. Ich werde nämlich als offizieller Mitleiter oder Berliner Redakteur dort in Berlin *ganz anders für die Sache selbst* wirken können, als wenn ich »Familienpolitik« betreibe.[144]

Daher redigiert er nicht nur, sondern schreibt auch wesentliche programmatische, aber auch literarisch interessante Texte wie den ersten in der *Freistatt* überhaupt veröffentlichten Beitrag »Die Erstarkung der westlichen Jüdischkeit«[145]. Vor allem seine Leipziger Erfahrungen mit dem ostjüdischen Leben prägen Kaufmann und sein Schreiben zu dieser Zeit.

> Ihm hatte schon lange die Ausschließlichkeit, mit der die zionistischen Führer, Wissenschaftler und Propagandisten alte jüdische Geschehnisse vom Standpunkt für oder wider Palästina behandelten, nicht gefallen, und er wollte dagegen schreiben und sie bekämpfen. Ich glaubte damals, das sei im Rahmen der zionistischen Organisation möglich, und Andreas vertrat diesen Standpunkt noch einige Zeit, bis er dann, was unseren persönlichen Beziehungen keinen Abbruch tat, aus der Redaktion ausschied.[146]

---

21. September 1913 vgl. Eschweiler. In: Jüdische Rundschau 18 (10. Oktober 1913) H. 41, S. 441. Zu weiteren Vortragsveranstaltungen in der Eschweiler Ortsgruppe vgl. u. a. Eschweiler. In: Jüdische Rundschau 18 (7. November 1913) H. 45, S. 468.; Eschweiler. In: Jüdische Rundschau 18 (28. November 1913) H. 48, S. 517.; Eschweiler. In: Jüdische Rundschau 19 (23. Januar 1914) H. 4, S. 39.; Eschweiler. In: Jüdische Rundschau 19 (29. Mai 1914) H. 22, S. 233.

[143] Julius Kaufmann, Vom Rheinland ins Heilige Land (wie Einleitung, Anm. 19), S. 89.

[144] Brieffragment von Fritz Mordechai Kaufmann an Julius Kaufmann. [ohne Datumsangabe] In: CAHJP. Jerusalem. P 113/R7. Dass er schon häufiger Texte zur jüdischen Kulturarbeit verfasst hat, belegen Textfragmente, die mehrere Ansätze das Thema betreffend beinhalten. Vgl. Aufsatzfragment von Fritz Mordechai Kaufmann. [Ohne Datumsabgabe – unmittelbar nach Karte vom 26. Juni 1909]. In: CAHJP. Jerusalem. P 113/R7.

[145] Diesen Aufsatz nennt Strauß Kaufmanns »wesentliche literarische Leistung«. Strauß, Einleitung (wie Anm. 90), S. 13.

[146] Julius Kaufmann, Vom Rheinland ins Heilige Land (wie Einleitung, Anm. 19), S. 90. Vgl. hierzu auch das Brieffragment [unmittelbar nach Karte vom 10. August 1911] In: CAHJP. Jerusalem. P 113/R7., das einen Aufsatz enthält mit der Überschrift »Die Notwendigkeit einer national-jüdischen Kulturbewegung in Deutschland. Der Student als ihr Träger. Ihr Programm. Ihre Organisationsform als ›Akademische Gemeinschaft für national-jüdische Kulturarbeit‹«.

Die oppositionelle Einstellung Kaufmanns trägt ihm erbitterte Feindschaften
ein, denn »[d]ie besondere Wut richtete sich gegen Fritz, weil er in den Blättern des Kartell-Conventes, dem Blatt der deutsch assimilierten jüdischen
Studenten, über die Freistatt und ihre Bestrebungen berichtete«[147]. Auch mit
seiner Kritik an der poale-zionistischen Organisation eckt Kaufmann an. 1913
besucht er in Krakau den Kongress der zionistischen Sozialdemokraten »Poale
Zion«[148]. Diese Reise ist so bedeutsam, weil sie die einzige bleibt, die Kaufmann in die ostjüdischen Regionen, also in die Gebiete seines ›ursprünglichen‹
Volkes, unternimmt.[149]

Seine Eindrücke aus Krakau beschreibt Kaufmann in der *Freistatt*, indem er
die theoretische und praktische Basis der Poale-Zion-Bewegung diskutiert.
Anhand Berl Lockers Aufsatz »Zionismus und Goluspolitik« sucht er ausführlich einige seiner eigenen Thesen zu belegen, doch schließt er mit der Notwendigkeit, »wenn auch in abschweifender Untersuchung, den inneren Widerspruch in der poalezionistischen Ideologie aufzudecken. Aus ihm erklären sich
nicht wenig Anomalitäten ihrer praktischen Arbeit.«[150] Auf der Krakauer Konferenz habe er selbst Erfahrungen mit dieser Bewegung gemacht, die aber
enttäuschend waren.

> Eine neue Zielsetzung wünsche ich ihnen, eine, die sie nicht mehr hemmt und ihre
> beste Kraft bindet – die alljüdische. Alljüdisch nicht in dem Sinne der zionistischen
> Utopie, als ob Arbeit für Palästina eo ipso alljüdisch und nicht eine Schwächung des
> Golus wäre. Sondern in dem Sinne, daß sie wirklich zu einer revolutionierenden Kraft
> im jüdischen Sozialismus werden und die allweltliche jüdische Arbeiterorganisation
> herauffführen helfen, deren Nahen sich nicht nur bei ihnen, sondern auch im ›Bund‹
> schon ankündigt. Sie sind es wert, daß sie deren vorderste Bannerträger werden.[151]

---

[147] Julius Kaufmann, Vom Rheinland ins Heilige Land (wie Einleitung, Anm. 19), S. 94.

[148] Die sozialistisch-zionistische Partei Poale Zion (»Arbeiter Zions«) wird 1906 in
       Osteuropa und 1907 weltweit begründet. Sozialistische Ziele stehen im Fokus, wo-
       bei insbesondere die Lösung der jüdischen Arbeiterfrage Beachtung findet, die die
       Sammlung jüdischer Arbeitskräfte in Palästina vorsieht. Immer wieder spalten sich
       einzelne Gruppen von der eigentlichen Partei ab, weil der Gegensatz von sozial-
       demokratischen und kommunistischen Einstellungen diverser Mitglieder unüber-
       brückbar ist. Nach dem Ersten Weltkrieg hat die Partei vor allem bei den ostjüdi-
       schen Arbeitern in Deutschland großen Zulauf.

[149] »Die Reise, die ihn auch nach Lemberg führte, war die einzige, auf der er die
       immer ersehnten Zentren ostjüdischen Lebens räumlich erreichte.« Strauß, Ein-
       leitung (wie Anm. 90), S. 13. Sie wird im Septemberheft der *Freistatt* angekündigt
       und mit der Bitte versehen, dass sich Freunde und Mitarbeiter der Revue vorab bei
       ihm melden sollten, um potentielle Treffen zu vereinbaren. Vgl. Mitteilungen der
       Redaktion. In: Die Freistatt 1 (22. August 1913) H. 5, S. 343.

[150] Fritz Mordechai Kaufmann: Krakau. Zur Theorie und Praxis der Poale-Zion. In:
       Die Freistatt 1 (15. November 1913) H. 8, S. 418–428; hier: S. 425. Zur poale-
       zionistischen Stellungnahme hinsichtlich seiner Kritik vgl. auch Kapitel 3.2.1.

[151] Kaufmann, Krakau (wie Anm. 150), S. 428.

Im Anschluss fährt er nach Wien und beschreibt in seinem Text »Der ›politische‹ Zionismus« die Vorbereitungen zum dortigen elften Zionistenkongress. Seiner Meinung nach sei es immer schon so gewesen, dass die zionistische Führung, nachdem sie sich »draußen, wo die großen Kämpfe geschehen, eine ganze Amtsperiode hindurch Schlappen geholt hat«, zumindest nun »im Parteikantönli den ›genialen Organisator‹ und eisigen Diplomaten entschlossen hervor«[152] bringen würde. Der Kongress »mit seiner buntscheckigen Seifenblasenpracht«, die »beifallswütigste aller Generalversammlungen (wer an parlare denkt, mag dazu Parlament sagen; mir klingt das Wort, angewandt auf solch geduldige Abstimmasse gar zu boshaft)« (338), macht keinen großen Eindruck auf Kaufmann. Trotzdem ruhe in Wien aber »ein Schatz, den selbst die ›Politischen‹ noch nicht in der rechten Weise zu benutzen verstanden« (338).

Schließlich gibt es eine merkwürdige Helden-, ja nahezu Heiligenverehrung Theodor Herzls nicht nur unter den aus »idealhungrige[r] Naivität provenzale[n] Jungjuden« (338).

> Das Auf-dem-Bauch-rutschen vor dem Theodor Herzl der Weihrauchwolke ist heute eine fromme Übung geworden, unerläßlich für jeden Gesinnungsgenossen; selbst ein Trictsch darf sich ihr nicht ungestraft entziehen. Sie wird in solch kritischen Momenten wie der jetzige, wo alles Zionistische langweilig wurde wie eine Litanei aus dem Zentralorgan, wo selbst der Verein christlicher Freunde und Sokolows Zusammenkünfte mit allerlei Staatsoberhäuptern nicht mehr blenden wollen, ablenkend und anregend wirken. (338)

Kaufmann fragt sich, was aus dieser Mystifizierung werde, wenn ein Historiker »mit ruhigen, schauenden Augen den menschlichen, allzumenschlichen ersten Präsidenten der zionistischen Partei« (338) beschreiben würde. Würde sich dann alles politisch Kluge in politische Naivität und Dummheit wandeln?

> Ob es »politisch« und klug ist, die große Weihrauchswolke, das Allerheiligste aller Gläubigen, und selbst der individuellen Zionisten letzter Stützpunkt, ins Bersten zu bringen für geringe taktische Zwecke? Es sind doch in letzter Zeit so manche zionistische Idole ins Wanken geraten. Das Dogma vom Untergang des Galuth glauben heute nur noch die Parteisekretäre und die guten Leute in der Provinz, die von ihnen zionistisch infiziert werden. Die Unbedingtheit des Palästinawahns beginnt ja auch schon das Zeitliche zu segnen. (338–339)

Daher sei nach Kaufmanns Überlegungen vielleicht die große Ernüchterung – auch unter den »Praktikern« – noch ein wenig aufzuschieben. Doch bereits vor diesem ›pathetischen‹ Wiener Kongress habe er auch

> keine Wunder erwartet. Ich glaube wohl an jüdische Wundertaten und weiß, daß im Volk ihre Helden sind; aber ich suche sie nicht dort, wo sie nie geschehen werden, suche sie nicht bei Intelligenzlern, die im besten Fall, trotz allem Gerede von der

---

152 Pinkus Barber: Der »politische« Zionismus. In: Die Freistatt 1 (22. August 1913) H. 5, S. 338–339; hier S. 338. Folgende Zitate sind im Text nachgewiesen. Pinkus Barber ist eins von Kaufmanns Pseudonymen.

Unbedingtheit, ihre innere Zerrissenheit flicken mögen. Von den Geistigen im Zionismus vollends erwarte ich schon seit geraumer Zeit alles andere als Wunder.[153]

Er zitiert lediglich einige Passagen der dort vorgetragenen Beiträge und merkt an, dass er »nicht boshaft genug« sei, noch weitere Textstellen darzubringen. Das größte Problem sei jedoch, dass man den Rezipienten, den echten Juden, übersehe und wohl eher auf eine Gruppe unwissender Gojim, auf westjüdische Studenten ohne echte Volkserfahrung, abziele.[154]

Dies zu ändern ist und bleibt Kaufmanns Lebensziel, das er insbesondere durch die *Freistatt* zu erreichen sucht. Doch dies ist nur von kurzer Dauer, denn bei Ausbruch des Krieges wird die alljüdische Revue eingestellt, weil die Kaufmann-Brüder beide als deutsche Soldaten ins Gefecht ziehen.

1.4   Der Erste Weltkrieg

Obwohl Kaufmann bis dato »leidenschaftlicher Kriegsgegner«[155] gewesen ist, sieht er sich wie Millionen andere Juden im August 1914 in einer patriotischen Verpflichtung, sein Vaterland zu unterstützen.[156] Kaufmann und Rosa sind bei seiner Familie in Eschweiler, als der Befehl zur Mobilmachung eingeht. »Wir nahmen die Kriegserklärung Hurra brüllend, aber im ganzen doch apathisch

---

153   Fritz Mordechai Kaufmann: Wien. In: Die Freistatt 1 (15. November 1913) H. 8, S. 428–437; hier: S. 434.

154   Vgl. auch die sich anschließende ebenfalls ironisch-negative Berichterstattung zum Kongress und dessen Auswirkungen von Birnbaum. Dr. Nathan Birnbaum: Nach dem elften Zionistenkongress. In: Die Freistatt 1 (15. November 1913) H. 8, S. 437–444.

155   Strauß, Einleitung (wie Anm. 90), S. 13–14. Er ist froh, als sein Militärdienst in Leipzig bei der 9. Kompanie des 106. Regiments zu Ende geht und schreibt in einem Brief: »Gefreiter bin ich nicht geworden – einer nur von meinen 4 Kameraden, der auch nicht mehr kann als ich. Das soll Euch trösten – ich selbst bin ohne militärischen Ehrgeiz u. *furchtbar* froh, dass jetzt die Zeit zur Neige geht.« Brief von Fritz Mordechai Kaufmann an »Meine Lieben!«. [ohne Datumsangabe – unmittelbar vor Karte vom 19. März 1911]. In: CAHJP. Jerusalem. P 113/R7.

156   »Nicht nur liberale und orthodoxe Juden, auch Zionisten wollten zeigen, daß sie ebenso gute Österreicher oder Deutsche waren wie ihre nichtjüdischen Landsleute. So sah es nach einem gewaltigen Assimilationsschub aus, die Zionisten schienen gewillt, die nationaljüdische Identität eher hintanzustellen [...].« Doch gerade das Aufeinandertreffen mit den »Ostjuden« führte zu einer intensiveren Auseinandersetzung mit der jüdischen Identität. Wilhelm Terlau, Beate Wunsch: »Ein Gespenst geht um in Deutschland [...]«. Die ›Ostjudenfrage‹ im Spiegel der deutschsprachigen jüdischen Presse während des Ersten Weltkriegs. In: Achim Jaeger, Wilhelm Terlau, Beate Wunsch: Positionierung und Selbstbehauptung. Debatten über den Ersten Zionistenkongreß, die ›Ostjudenfrage‹ und den Ersten Weltkrieg in der deutsch-jüdischen Presse. Hg. von Hans Otto Horch. Tübingen: Max Niemeyer 2003 (Conditio Judaica; 5), S. 67–109; hier: S. 108.

auf, der Krieg hatte schon seit Jahren gedroht, und als er endlich kam, war es, besonders nach dem Druck der letzten Wochen, fast wie eine Erlösung.«[157] Während sich sein Bruder Julius in Aachen zum Kriegsdienst meldet, fährt Kaufmann – auch aus Angst vor Inhaftierungen seiner aus Russland eingewanderten Schwiegereltern – direkt nach Leipzig und meldet sich »als Gefreiter beim Leibgrenadier Regiment 8 in Frankfurt an der Oder«[158].

Auch während seines Kriegsdienstes bleibt Kaufmann seinem kämpferischen, unabhängigen Charakter treu.

> Mitten im innig empfundenen Elend des Krieges kräftigten ihn der alte abenteuernde Wagemut, der ihn zu kühnen Patrouillengängen trieb, und das von Kindheit an ihm innewohnende heroische Ideal, das freilich seine spätere Einsicht durch den Kriegsirrtum mißbraucht und furchtbar verkehrt wußte.[159]

So wird 1914 ein Feldpostbrief Kaufmanns veröffentlicht,[160] in dem er davon berichtet, dass die Gefechte auf unbestimmte Zeit andauern würden und dass es ein Glück sei, dass eine Wetterverbesserung stattgefunden habe, denn »vorher war es einem furchtbar schwer zu Mut – es regnete unaufhörlich oder es war so kalt, daß stundenlang der Hagel niederschlug«. Zudem habe man Hunger und kaum vernünftige Kleidung. Weiterhin berichtet er von einem Gefecht gegen die Engländer, bei dem vor seinen Augen ein Kamerad durch Kopfschuss getötet wurde. Er aber sei weiter an die Feinde herangekrochen,

> eine unsagbare mühsame Arbeit, im Mantel an die 1000 Meter kriechen, durch Rübenacker, der aufgeweicht war wie ein Sumpf und einem die Schritte gar nicht mehr losließ. Endlich war ich weit genug, die Engländer deutlich beobachten zu können, lag noch über drei Stunden im Nassen und hatte dann alles Wissenswerte und Wissensmögliche aufgezeichnet.

Trotz eines »Feuergru[ße]s« sei er anschließend unversehrt mit seinen Informationen beim Regimentsstab angekommen. »Als ich später mit der Meldung zum Regimentsstab kam, wurde sofort mein Name und Stand notiert und mir mitgeteilt, das Eiserne Kreuz sei mir sicher.« Und tatsächlich wird er als erster seines Bataillons mit dieser Auszeichnung geehrt, woraufhin er an seinen Bruder schreibt, dass er Spaß habe und glücklich sei »dass ich diese Zeit erleben durfte und einmal nach Herzenslust Mörder spielte. Ich habe allerlei Talente

---

[157] Julius Kaufmann, Vom Rheinland ins Heilige Land (wie Einleitung, Anm. 19), S. 96.

[158] Ebd.

[159] Strauß, Einleitung (wie Anm. 90), S. 14.

[160] Die Herkunft des Zeitungsberichts ist leider nicht mehr zu eruieren. Der Text ist mir von Jürgen Gottschalk zur Verfügung gestellt worden, der ihn seinerseits von Kaufmanns Tochter Mirele erhalten hat. Da ich ihn für ein wichtiges Dokument halte, weil aus Kaufmanns Zeit im Felde nur wenig Briefe erhalten sind, ist er im Anhang als Illustration abgebildet. Vgl. Anhang II zu Kap. 1 Feldpostbrief von Kaufmann. Die folgenden Zitate stammen ebenfalls aus diesem Dokument.

dazu und glaube, wir Juden sind doch feine Krieger«[161]. Zudem bittet er ihn,
an seiner statt die Kerle »wegzuknallen«, denn »unsere Familie will ihnen
doch nichts schenken«[162]. Er selber kann nicht mehr aktiv am Kriegsgeschehen
teilnehmen, weil er bereits im selben Jahr derart schwer an Typhus erkrankt,
dass er für kriegsuntauglich erklärt wird. Die Auswirkungen dieser Krankheit
verfolgen ihn sein Leben lang.

> [...] das lange Umherkriechen und Liegen auf dem Bauch, stundenlang jede zweite
> Nacht, nahm mich furchtbar auf die Dauer mit. Ich hatte schon den Typhus und tat
> noch tüchtige Arbeit gegen die Engländer, bis dann um den 5. Oktober das Fieber
> mich jede Nacht heimsuchte; am 12. brach ich zusammen, hatte 40,5 Grad und kam
> dann ins Lazarett. Erst um den 25. liess [!] das Fieber nach – ich bin noch sehr
> schwach, und – die Sache ist ganz verteufelt tückisch – noch immer ausser Stande
> [!], mich fest auf den Beinen zu halten. Ob ich vor 6 Wochen zur Truppe zurück-
> kann, ist ganz fraglich. Vielleicht dass wir zur weiteren Erholung nach Deutschland
> kommen.[163]

Kaufmann belastet es schwer, dass er »als Königl. Preuss. Gefr. zu unsern
Vätern dereinst eingehen« werde und ihm somit der Eintritt in den Himmel,
»der dort für Offiziere u. Off-Stellv. eingerichtet wird«, verwehrt bleibe.[164]

Zunächst liegt Kaufmann im französischen Genesungsheim in Sinceny,[165]
anschließend in einem belgischen Lazarett in Spa, wo Rosa, die zu diesem
Zeitpunkt im nahe gelegenen Eschweiler ist, ihn nicht besuchen darf. Auch
Kaufmann bekommt keine Besuchserlaubnis nach Eschweiler, woraufhin er
kurzerhand heimlich ausbricht. Sein Verschwinden bleibt nicht ohne Folgen,
sodass ein Verfahren wegen unerlaubter Entfernung eröffnet wird, das er nur
abwenden kann, weil er behauptet, dass er »5 Tage geistesabwesend in der
Wohnung einer Lütticher Frau zugebracht«[166] habe. Diese bezeugt seinen
Aufenthalt und so wird zum einen das Verfahren eingestellt und zum anderen
wird der hier aufgetretene ›Gedächtnisverlust‹ als potentielle Auswirkung der
Typhuserkrankung zum Lehrbeispiel in wissenschaftlichen Untersuchungen.[167]
Bereits während der Zeit in den Genesungsheimen versucht Kaufmann seinen

---

161 Karte von Fritz Mordechai Kaufmann an Julius Kaufmann. 1. November 1914. In:
      CAHJP. Jerusalem. P 113/R8. Vgl. auch: Julius Kaufmann, Vom Rheinland ins
      Heilige Land (wie Einleitung, Anm. 19), S. 103. Auch Julius Kaufmann erhält das
      Eiserne Kreuz. Vgl. ebd., S. 114.
162 Karte von Fritz Mordechai Kaufmann an Julius Kaufmann. 1. November 1914. In:
      CAHJP. Jerusalem. P 113/R8.
163 Ebd.
164 Brief von Fritz Mordechai Kaufmann an Julius Kaufmann. 21. Januar 1915. In:
      CAHJP. Jerusalem. P 113/R8.
165 Sinceny liegt an der Oise bei Chauny, 90 km nord-westlich von Reims, 120 km
      nord-östlich von Paris entfernt.
166 Julius Kaufmann, Vom Rheinland ins Heilige Land (wie Einleitung, Anm. 19), S.
      113. Lüttich ist die nächstgrößere Stadt in der Umgebung von Spa.
167 Vgl. ebd., S. 114.

Bruder davon zu überzeugen, die Arbeit an der *Freistatt* wieder aufzunehmen – ohne Erfolg.[168]

Nach seiner Genesung muss Kaufmann zu seinem Ersatzbataillon nach Frankfurt an der Oder zurück. Dort arbeitet er in einem Archiv, kann aufgrund seiner 6-stündigen täglichen Arbeit auch Material für seine Doktorarbeit sammeln und beschäftigt sich »aus eigener Initiative mit Fragen der Kriegsverletzten«[169]. Sein ihm wohlgesonnener Vorgesetzter empfiehlt ihn daraufhin dem Landeshauptmann der Provinz Brandenburg, sodass er kurze Zeit später als Zivilist nach Berlin versetzt wird.

> An den revolutionären Ereignissen, in die der Weltkrieg ausging, nahm er nur als Betrachter Anteil, parteipolitischer Tätigkeit abgeneigt wie früher. Er gehörte, ohne Marxist zu sein, der Unabhängigen Sozialdemokratischen Partei Deutschlands an; hier trat er nicht hervor, seine Mitgliedschaft war nur der Ausdruck seiner innerlichen Solidarität mit dem kämpfenden Proletariat.[170]

Im Amt für die brandenburgische Kriegsbeschädigtenfürsorge, für das er auch nach dem Krieg weiter tätig ist, lernt er unter anderem Albrecht Schaeffer kennen und sorgt mit diesem dafür, dass auch sein Schwager in spe, Ludwig Strauß, dorthin versetzt wird.[171] In diesem Amt arbeitet Kaufmann »theoretisch und praktisch für das Fürsorgewerk«[172]. Privat kann Kaufmann zu diesem Zeitpunkt nur zufrieden sein, denn am 10. November 1916 kommt seine Tochter Mirele zur Welt. Doch die Lebensmittelknappheit macht den Kaufmanns sowohl in Eschweiler als auch in Berlin zu schaffen.[173] »[...] hier ist vielleicht noch grösserer Mangel an Lebensmitteln als bei euch, und die Butterschlachten sehen manchmal wahnsinnig bös aus, wenn die Leute 4, 5 Stunden vor den Geschäften standen und müssen darauf unver-

---

168 Vgl. hierzu auch Kapitel 4.
169 Julius Kaufmann, Vom Rheinland ins Heilige Land (wie Einleitung, Anm. 19), S. 119. Vgl. auch: Brief von Fritz Mordechai Kaufmann an Hermann Kaufmann. 7. Januar 1916. In: CAHJP. Jerusalem. P 113/R8. und Brief von Fritz Mordechai Kaufmann an Hermann Kaufmann. 17. März 1916. In: CAHJP. Jerusalem. P 113/R8. »Die akademische Laufbahn trat allmählich zugunsten der sozialen Arbeit in den Hintergrund und wurde ganz aufgegeben, als Kaufmann 1920 die Leitung des Berliner jüdischen Arbeiter-Fürsorgeamtes übernahm, das vor allem ostjüdische Immigranten unterstützte.« Horch, Schicketanz, »Volksgefühl und Jüdischkeit« (wie Einleitung, Anm. 2), S. 187–188.
170 Strauß, Einleitung (wie Anm. 90), S. 15.
171 Julius Kaufmann, Vom Rheinland ins Heilige Land (wie Einleitung, Anm. 19), S. 119. Die Hochzeit von Ríwka mit Ludwig Strauß findet im Frühjahr 1920 in der Münchener Wohnung von Max Strauß statt.
172 Strauß, Einleitung (wie Anm. 90), S. 14.
173 Vgl. Julius Kaufmann, Vom Rheinland ins Heilige Land (wie Einleitung, Anm. 19), S. 124. Zur Lebensmittelknappheit in Eschweiler siehe auch Dr. Wilhelm Benedict Bender: Eschweiler während der Besatzungszeit 1918 bis 1929. Eschweiler 1991.

richteter Dinge abziehen.«[174] Dementsprechend gibt es viele Bittbriefe
nach Eschweiler – Lebensmittel, Kleidung, aber vor allem finanzielle Unterstützung betreffend.[175]

Im Herbst 1915 nimmt Hermann Kaufmann Rosas komplette Familie,
die Eltern sowie den Bruder Lola und die Schwester Genia, bei sich auf,
sehr zum Ärger seiner Schwester Sofie, der »›[d]ie Russen‹ [...] bis auf die
Mutter Kaganoff nicht sympathisch«[176] sind. Die Schwierigkeiten der Ostjuden auf dem deutschen Arbeitsmarkt, die Kaufmann mit seiner Arbeit im
Arbeiterfürsorgeamt zu bekämpfen sucht, werden auch am Beispiel seines
Schwagers offenkundig. Lola Kaganoff tritt durch Vermittlung von Julius
Kaufmann eine Dolmetscherstelle an, wird aber kurze Zeit später allein
aufgrund seiner Staatsangehörigkeit wieder entlassen.[177]

Auch Hermann Kaufmann trifft der Krieg in Eschweiler schwer. Seit
dem 1. Juli 1914 ist Kaufmanns Geburtstadt offiziell Garnisonsstadt und
beherbergt in der Kaserne 722 Soldaten.[178] Bereits 1915 muss Eschweiler
als erste Stadt des Kreises Aachen Notgeld zu 25 und 50 Pfennig drucken,
da das Münzgeld für den Krieg benötigt und somit immer knapper wird.[179]

---

[174] Brief von Fritz Mordechai Kaufmann an Hermann Kaufmann. 17. März 1916. In:
CAHJP. Jerusalem. P 113/R8.

[175] »Wenn es dir möglich sein sollte, uns im Soldatenpaket *bald* einmal etwas Kartof-
feln, Kohl, ganz gleich was von *Feldfrüchten* zu schicken, würde ich Dir sehr
dankbar sein und Dir Deine Auslagen gleich erstatten. In Berlin können wir Derartiges nirgendwo erhalten.« Brief von Fritz Mordechai Kaufmann an Julius Kaufmann. 19. März 1917. In: CAHJP. Jerusalem. P 113/R9 II.

[176] Julius Kaufmann, Vom Rheinland ins Heilige Land (wie Einleitung, Anm. 19), S.
113. »Den Vater mit seinem Jiddisch verstand sie nicht, und Lola und Genia, vielleicht auch Rochel hofierten sie als Vaters Schwester nicht genug. Aber sie konnte
einfach nicht kapieren, dass Frau Kaganoff ihren Pelzmantel, so was trug man freilich in Eschweiler nicht, höchstens Pelzkragen und Muff, beim Althändler gekauft
hatte, und war darüber ganz konsterniert.« Ebd.

[177] Vgl. Julius Kaufmann, Vom Rheinland ins Heilige Land (wie Einleitung,
Anm. 19), S. 125.

[178] Zu den Bemühungen Eschweilers, Garnisonsstadt zu werden, vgl. Hans Glenewinkel: Eschweiler wird Garnisonsstadt. Von der Entstehung der Kaserne bis zum
Einzug des 2. Btl. des 161. Inf. Reg. am 1. Juli 1914. In: Schriftenreihe des Eschweiler Geschichtsvereins. H. 2. Eschweiler 1979, S. 46–52. Vgl. hierzu auch Martin Birken: Eschweiler 1914. In: Schriftenreihe des Eschweiler Geschichtsvereins.
H. 6. Eschweiler 1984, S. 50–60. und Ders.: Eschweiler 1914 – Kriegsbeginn.
Fortsetzung der Erinnerungen von Martin Birken. In: Schriftenreihe des Eschweiler Geschichtsvereins. H. 11. Eschweiler 1989, S. 55–59.

[179] Im Oktober 1918 müssen gar noch mehr dieser Scheine hergestellt werden. Die 50
Pfennig-Scheine tragen folgenden Ausspruch auf der Rückseite: »Gedenke, daß Du
ein Deutscher bist!«, der im benachbarten Belgien zu heftigen Protesten führt. Vgl.
Hilde Glenewinkel: Das Notgeld der Stadt Eschweiler 1915–1923. In: Schriftenreihe des Eschweiler Geschichtsvereins. H. 5. Eschweiler 1983, S. 72–76. und
Günter Pennartz: Das Notgeld der Stadt Eschweiler von 1915–1923. In: Schriftenreihe des Eschweiler Geschichtsvereins. H. 21. Eschweiler 2001, S. 50–85.

Doch nicht nur die finanzielle Belastung schwächt Hermann Kaufmann –
auch gesundheitlich ist er angeschlagen.[180] Kurz nach seinem 70. Geburtstag fährt er mit Kaufmann zur Kur nach Bad Oeynhausen. Diese
scheint zunächst erfolgreich verlaufen zu sein, doch Hermann Kaufmann
muss sich auch weiterhin schonen. Am 25. März 1917 stirbt er im Beisein
Ríwkas, Julius' und Elsas.[181] Seiner Beisetzung auf dem jüdischen Friedhof
an der Talstraße in Eschweiler wohnen viele Menschen bei, was von seiner
großen Beliebtheit zeugt.[182] Hermann Kaufmanns Name lässt sich auch

---

[180] Nach einer Nierenkrankheit ist auch sein Herz angegriffen. Vgl. Julius Kaufmann,
       Vom Rheinland ins Heilige Land (wie Einleitung, Anm. 19), S. 113.
[181] Vgl. ebd., S. 127.
[182] Dieser etwa um 1820 angelegte Friedhof ist »das Opfer der nationalsozialistischen
       Gewaltherrschaft und der nachkriegszeitlichen Ignoranz geworden, und die meis-
       ten Eschweiler wissen nichts von seiner Existenz« [D. Mariën: Die jüdische Ge-
       meinde Eschweiler. Unveröffentlichtes Typoskript. In: Archiv des Eschweiler Ge-
       schichtsvereins. Zum jüdischen Friedhof vgl. auch Acta specialia betreffend den is-
       raelitischen Kirchhof. Bürgermeisteramt der Stadt Eschweiler. Fach 39. Nr 9. Bd I.
       1900.]. Als letzte Jüdin wird die am 28. Februar 1941 verstorbene Ida Bonwitt hier
       begraben. Anschließend finden sowjetische Zwangsarbeiter hier ihre vorerst letzte
       Ruhestätte. Sie werden später im Eifelort Rurberg auf dem Ehrenfriedhof beige-
       setzt. Besonders brutal geht die Stadt mit den jüdischen Grabsteinen um, die sie
       demontieren und verkaufen lässt, sodass der Friedhof 1945 vollständig zerstört ist.
       [Vgl. Pracht, Jüdisches Kulturerbe in Nordrhein-Westfalen (wie Anm. 9), S. 59.]
       Bereits Anfang der 1950er Jahre lässt sich die Stadt – der Ruhefristen für Friedhö-
       fe zum Trotz – auf einen Handel mit dem Eschweiler Gusswerk ein, das die völlig
       verwüstete Parzelle erwirbt. 1956 werden die Exhumierung der Leichen und die
       Umbettung dieser auf den städtischen Friedhof in Eschweiler-Pumpe beschlossen.
       Nach heftigen Protesten seitens der jüdischen Gemeinde in Aachen muss die
       Eschweiler Stadtverwaltung die Verstorbenen wieder auf den Friedhof an der Tal-
       straße umbetten lassen, da für diese ewiges Ruherecht gilt. Der Friedhof muss neu
       gestaltet werden und einheitliche Grabsteine werden angefertigt. [»Es handelt sich
       also nicht um einen historisch gewachsenen Begräbnisplatz, sondern um eine in
       den 1950er Jahren im Stil der Zeit (neu) geschaffene Friedhofsanlage.« Pracht, Jü-
       disches Kulturerbe in Nordrhein-Westfalen (wie Anm. 9), S. 60.] 1963 wird der
       Gemeinde in Aachen ein von der Bildhauerin Maria Schaen gefertigter Stein über-
       geben, der »nicht nur an das Leid erinnern [soll], das die Eschweiler Juden in der
       NS-Zeit erfahren mussten, an seiner Monumentalität läßt sich auch das gedanken-
       und verantwortungslose Tun einer Stadtverwaltung in der Nachkriegszeit ablesen«.
       Pracht, Jüdisches Kulturerbe in Nordrhein-Westfalen (wie Anm. 9), S. 60. Für In-
       formationen zu Eschweiler während des Naziregimes und des Zweiten Weltkriegs
       sei hier verwiesen auf: Heinz Viehöver: Eschweiler Lokalgeschichte der NS-Zeit.
       Wesentliche Einflüsse auf die politische Meinungsbildung der Bevölkerung 1933–
       1939. Eschweiler 2002. Siehe u. a. auch: Vor 50 Jahren mußten sie die Heimat ver-
       lassen. Die Evakuierung im Herbst 1944 und die Rückkehr nach Eschweiler 1945.
       Berichte Eschweiler Bürger über ihre Erlebnisse während der Evakuierungszeit.
       Ausgewählt und zusammengestellt von Marie-Luise Hermann und Adam Elsen.
       1994 (Schriftenreihe des Eschweiler Geschichtsvereins; 15).

heute noch auf der Tafel Nummer vier finden, der seiner Frau Rosa auf
Tafel Nummer drei.

Da alle Kaufmann-Kinder beruflich andere Ziele anstreben, wird das elterli-
che Geschäft aufgelöst und das Haus mehr schlecht als recht vermietet.[183]

1.5   Spätere publizistische Tätigkeit

Auch während des Krieges stellt Kaufmann seine rhetorischen Fähigkeiten, die
Andreas Meyer in einem Nachruf besonders hervorhebt,[184] unter anderem im
Berliner Jüdischen Volksheim unter Beweis.

> The feeling of dynamism and excitement was enhanced by the addresses and debates
> scheduled regularly at the Volksheim. Fritz Mordecai Kaufmann first presented his
> talk »The Western Jewish Conflict« to its leaders, and on other occasions, Ludwig
> Strauss, Buber, and Agnon were among the guest speakers. The attempt at commu-
> nity with »the Volk« satisfied real emotional and intellectual needs.[185]

Diese Rede über den westjüdischen Konflikt ist derart relevant und repräsentativ für Kaufmanns Schaffen, dass Strauß sie an den Beginn der »Gesammelten
Schriften« setzt, »weil in ihr die vornehmsten Prinzipien seiner eigenen
jüdischen Entwicklung und jüdischen Erkenntnisse den endgültigen programmatischen Ausdruck gefunden haben«[186]. Hierin wird der zeitgenössische Umbruch im Westjudentum geschildert, denn »in diesen tobenden, wahn-
sinnserfüllten Zeitläuften [!] ist den Juden, die weit vom Volke wohnhaft sind,
etwas widerfahren, das gewiß karg ist und wenig mehr als der Anfang einer
Wandlung, das aber eine Scheidung schafft und Raum für eine bedeutsame

---

183   Vgl. Julius Kaufmann, Vom Rheinland ins Heilige Land (wie Einleitung, Anm. 19),
        S. 128. Siehe auch: Brief von Fritz Mordechai Kaufmann an Julius, Elsa und Ríwka
        Kaufmann. 24. April 1917. In: CAHJP. Jerusalem. P 113/R9 II. Im Juli 1917 löst
        Ríwka letztlich den Haushalt auf und zieht zum Studium nach Berlin.
184   »In dem Briefwechsel, den wir als Studenten in diesen Jahren führten, nennt mich
        Kaufmann einmal einen ›glühenden Prediger‹; in Wirklichkeit jedoch war er selbst
        der glühende Prediger von sublimster Sensibilität und dabei gleichzeitig höchster Ak-
        tivität.« Meyer, Fritz Mordechai Kaufmann zum 70. Geburtstag (wie Anm. 93), S. 6.
185   Steven E. Aschheim: Brothers and Strangers. The east European Jew in German
        and German Jewish Consciousness. Madison, Wisconsin: University of Wisconsin
        Press 1982, S. 196. Das im Mai 1919 von Siegfried Lehmann gegründete Jüdische
        Volksheim im Berliner Scheunenviertel wollte einen bewussten Beitrag zur jüdi-
        schen Kulturarbeit leisten. Es war »als Begegnungsstätte gedacht, mit deren Hilfe die
        hier tätigen deutschjüdischen Akademiker, Künstler und Sozialarbeiter zum jüdi-
        schen Volksleben zurückzufinden hofften.« Andreas Herzog: Zum Bild des »Ostju-
        dentums« in der »westjüdischen« Publizistik der ersten Jahrzehnte des 20. Jahrhun-
        derts. Auf: www.kakanien.ac.at/beitr/fallstudie/AHerzog2.pdf, aufgerufen am 29.
        September 2002. Der Literaturwissenschaftler, der in Leipzig und Budapest lehrt,
        verweist auf seiner Homepage (http://ludens.elte.hu/~aherzog/) auf diesen Text.
186   Strauß, Einleitung (wie Anm. 90), S. 14.

Tat«[187]. Bei den Westjuden sind die tiefen Bindungen an das eigene Volk derart verschüttet, dass ihre Mehrheit die Ostjuden »im günstigsten Falle wie eine komische Erinnerung an die engen, rückständigen Zeiten der Vorväter belächelt und häufiger noch sich ihrer herzlich schämt« (40). Kaufmann spricht von diesem Phänomen als einer »westjüdischen Entseelung« (41), weil weder Lieder und Mythen noch jegliche andere traditionelle und kulturelle jüdische Eigenheiten den Westjuden berühren. Dies geht aber weit über eine bloße Assimilation hinaus, sodass man hier vielmehr von einer »Fremdstämmigkeit« (42) sprechen muss.

Gegen diese ›Entjüdischung‹ wird vor allem »in der westzionistischen Gebildetenschaft« (42) überzeugende Arbeit geleistet. Doch selbst innerhalb dieser engagierten Gruppierung – unter ihnen auch Kaufmanns Zuhörer – ist zu wenig Kenntnis von ihrem eigenen Volk und damit von dem Gegenstand, über den sie debattieren, vorhanden. »Sie wissen nicht, wie die Masse Ihrer Volksgenossen lebt, wie und wo sie wohnen, was sie lesen, singen und bedenken; nichts von den Kümmernissen und Freuden, mit denen sich ihnen der Tag füllt.« (42) Zudem fehlt ihnen die jüdische Seele fast ganz, die jedem anderen Angehörigen eines Volkes in der Jugendzeit eingepflanzt werde. Daher haben es Menschen anderer Völker auch nicht so schwer, zum Wohle ihres Volkes zu agieren, da sie eine »grundlegende, instinktive Erfassung des Nationalen« (43) besitzen, die der in Deutschland aufgewachsene Westjude gar nicht besitzen kann. »Den Volksgenossen steht er unsagbar verarmt gegenüber.« (43)

Der einzige Weg hin zum nationalen Judentum ist für Kaufmann der, auf dem man die westlich-wissenschaftliche Ehrfurcht auch auf ostjüdische Kultur und Soziologie anwendet, auf dem man seine Vorurteile überwindet und sein eigenes, bislang immer so wichtiges inner-jüdisches Überlegenheitsempfinden ablegt. Dann kann sich auch keine Partei mehr zwischen einen Juden und sein Volk drängen, denn man lernt auf seinem Weg einen »Parteimann« dahingehend zu durchschauen, »daß zwischen ihm und dem geistigen Menschen augenblicklich keinerlei Verwandtschaft da ist« (51). Kaufmann weiß, dass es für den Westjuden nicht leicht ist, »die breite, lichterfüllte westeuropäische Sphäre nun plötzlich mit der ärmlich und grau empfundenen Proletarierwelt des Ostens einzutauschen« (52), doch dies ist für das Ziel, für die Renaissance der eigenen Völkischkeit, unbedingt notwendig, denn »die sogenannte Annäherung der Westjuden an ihr eigen Volk ist bis jetzt ein einziger Aufenthalt in der

---

[187] Fritz Mordechai Kaufmann: Der westjüdische Konflikt. Eine Rede von Fremdstämmigkeit, Assimilation und nationaler Bereitschaft der Intellektuellen. In: Ders., Gesammelte Schriften (wie Einleitung, Anm. 18), S. 21–57; hier: S. 21. Diese Rede erscheint erstmalig in Auszügen nach seinem Tod. »Zum ersten Todestag Fritz Mordechai Kaufmanns entnehmen wir seinem Nachlaß dieses Stück einer ›Der westjüdische Konflikt‹ betitelten Rede aus dem Jahre 1917.« Ders.: Von nationaler Bereitschaft der Intellektuellen. In: Der Jude 6 (1921–1922) H. 6, S. 367–374. Folgende Zitate sind im Text nachgewiesen.

Ferne« (55). Der beschwerliche Weg darf nicht abschrecken, denn der Westjude kämpft schließlich auch für sich selbst.

> Mich dünkt sogar, es muß dann über sein Herz ein besonderer, ruhiger Mut und eine
> sichere Fröhlichkeit kommen, wenn er in diesem Europa endlich seinen eigenen
> Kampfplatz erkennt, der ihn zunächst ganz ins Geistige und Innerliche stellt, von sei-
> ner Seele das Gesamte an Aufschwung und Opfer und von seinem Rationalen die ge-
> waltigste Anspannung fordert, und ihm ein Ziel bedeutet, anders als die europäischen
> Tagtäglichkeiten und ihr heutiger Wahnsinn; ein Ziel, das greifbar benannt und weithin
> sichtbar aufgestellt werden soll, wenn die Zeit, da das Volk selber sich erhebt, ge-
> kommen ist, dessen Zwischenzeitliches und Vorbereitendes aber schon jetzt deutlich
> vor Ihnen steht als der Kampf um außerordentliche geistige Dinge. (57)

Sein Kampfeswille für eine Hinwendung zur eigenen Jüdischkeit ist demnach
ungebrochen, doch Kaufmann ist gereift. Diese neuerliche Reife bedeutet aber
nicht, dass er mit seinen Ideen und Argumenten auf weniger Unverständnis
und Missbilligung stößt. So beschreibt er seinem Bruder in einem Brief die
Reaktion auf seine Rede:

> Am Donnerstag Eurer Abfahrt hielt ich im Jüdischen Volksheim meine Rede und er-
> reichte mehr, als ich beabsichtigte – eine durchaus ins Innerliche gehende Erschütte-
> rung von etwa 2 Dutzend Menschen – 80 waren wohl da – die sich nachher noch
> zweimal zu leidenschaftsloser Aussprache zusammenfanden, um in einem Zustand
> ausserordentlicher Beunruhigung zu verbleiben.[188]

Mit seinen Zuhörern verbindet Kaufmann offensichtlich nur die erstarkende
Liebe zum eigentlichen jüdischen Volk.[189] Daraus schöpft er Kraft und Energie
für seinen ›Kampf‹, der sich im Folgenden nicht mehr ausschließlich in seinen
Schriften, sondern auch in seiner beruflichen Arbeit niederschlagen wird.

Zunächst nimmt Kaufmann 1916 mit dem Aufsatz »Grenzsperre. Ein Kapitel vom Versagen der deutschen Judäologie« in der Buber'schen Monatsschrift *Der Jude* seine publizistische Arbeit wieder auf.[190] Unter dem Pseudonym Friedrich Mottel verfasst er gar – ganz pragmatisch, den Erwartungen des
Publikums während des Kriegs angepasst – in einer deutsch-patriotischen
Weise unter der Rubrik »Die Bücher des deutschen Soldaten« eine Rezension
zu einer fünf Jahre alten Reihe des Inselverlags, in der klassische deutsche
Werke neu aufgelegt werden. Da es bislang keine qualitativ hochwertigen
Bände dieser Art gegeben habe, sei dieses große Verdienst des Verlages be-
merkenswert, denn

---

[188] Brief von Fritz Mordechai Kaufmann an Julius Kaufmann. 30. Januar 1917. In:
       CAHJP. Jerusalem. P 113/R9 II.
[189] »Diese junge Beziehung voll Liebe und Zärtlichkeit zu unserem Volk und, von ihr
       geboten, diese besonnenere Haltung zu allen augenblicklich Geltung fordernden
       Parteien sind vorderhand das einzige, was mich mit Ihnen, meinen Hörern, eint«.
       Kaufmann, Der westjüdische Konflikt (wie Anm. 187), S. 24.
[190] .Zu den ›späten‹ Kaufmann-Texten siehe auch Kapitel 4. Siehe auch die vollständi-
       ge Auflistung der Texte im Literaturverzeichnis (Kaufmann-Bibliographie).

er schuf nicht nur das klassisch ausgestattete, wohlfeile Volksbuch – er bot Proben der reifsten neuzeitlichen Dichtwerke dem Volke an, Bücher, die bis dahin sich nur der Liebhaber leisten konnte, und er begann damit die Kluft zu überbrücken, die zwischen den dichterisch Schaffenden und dem Volk allzu lange bestand. Damit setzte er Ideen in die Tat um, die durch die trotz manchen Schwächen unentbehrliche Pionierarbeit des »Kunstwarts«, des Dürerbundes und nicht zuletzt der Arbeiterpresse gut vorbereitet waren.[191]

Alle Bände zu besprechen sei nicht nur in der Kürze nicht möglich, sondern würde auch die »künstlerisch[e] Leistung« unterbewerten, denn dann »müßte ich die Wertung unserer Nationalliteratur als dicken Schmöker niederschreiben«[192]. Interessanterweise verwendet Kaufmann an dieser Stelle das Possessivpronomen »unserer« und macht auch sonst an keiner Stelle seines Textes deutlich, dass sich hinter dem Pseudonym ein jüdischer Autor verbirgt. Im Folgenden weist er auf einige Ausgaben besonders hin, da er diese der Leserschaft empfehlen möchte. Auch diese Auswahl lässt nicht auf eine jüdische Autor-Identität schließen. So erwähnt er Schröders »Deutsche Oden«, Huchs Liebesgedichte, Momberts »Musik der Welt«, Rilkes »Opfergang« und Heinrich Manns »Auferstehung«. Auch Arndts »Katechismus des deutschen Wehrmanns« und Kaiser Wilhelms »Briefe aus dem Kriegsjahr 1870/71« empfiehlt er zur Lektüre, was während des Ersten Weltkrigs nicht verwunderlich scheint.[193]

Im zweiten Teil seiner Rezension widmet er sich den altdeutschen Werken und stellt vor allem die Luther-Ausgabe des Buches Ruth heraus. Zudem verweist er auf die durchwachsene Qualität der Heimat- und Kriegsgedichtbände, aus denen er Albrecht Schaeffers »Versunkenes Land« besonders hervorhebt, indem er es komplett in seinen Text integriert.[194]

Ebenfalls einen hohen Stellenwert schreibt Kaufmann der Volksliederausgabe zu, die »die Perlen des deutschen Volksgesangs samt Weisen und allerlei

---

[191] Fritz Mordechai Kaufmann [Gez. Friedrich Mottel]: Von der Inselbücherei. In: Vom Krieg zur Friedensarbeit. Zeitschrift für die Brandenburgische Kriegsbeschädigtenfürsorge. Amtliches Ankündigungsblatt des Landesdirektors der Provinz Berlin/Brandenburg. 2 (1916/17), S. 197–198 und 278–279; hier: S. 197. Eine ähnlich geartete Rezension wird ebenfalls unter diesem Pseudonym veröffentlicht. Vgl. Fritz Mordechai Kaufmann [Gez. Friedrich Mottel]: Kriegsbücher aus dem Verlag Eugen Diederichs in Jena. In: Vom Krieg zur Friedensarbeit. 2 (1916/17), S. 206. Die hier besprochenen Texte sind für Kaufmann relevant, da auch er – aus dem Krieg heimkehrend – auf den Unverstand des »Heimkriegers« gestoßen sei, der sein Bild vom Krieg den Feldpostbriefen »unbegabter Gelegenheitsschriftsteller« entnommen habe. Der Verlag biete nun realistischere Texte von begabten Autoren an.

[192] Kaufmann, Von der Inselbücherei (vgl. Anm. 191), S. 197.

[193] Vgl. ebd., S. 198.

[194] Vgl. ebd., S. 278–279. In Teil 2 wird darauf hingewiesen, dass der erste Teil aus Heft 12 stammt.

schmucken Bildern in handlichen famosen Bändchen«[195] wiedergebe. Dieses
Buch empfiehlt er allen Feldsoldaten. Doch es sei nicht nur als Motivation und
»Waffe« im Krieg einsetzbar, sondern wirke vor allem auch »gegen den Gassenhauer, den Operettenschlager und das ganze schauderhafte Großstadtzeug
[...], das seit fünfzig Jahren den alten Volksgesang niedergeschrien hat«[196].

Mit der Thematik rund um das jüdische Volkslied beschäftigt Kaufmann
sich zu diesem Zeitpunkt immer intensiver.[197] So erscheinen 1919 das Merkblatt »Das Jüdische Volkslied«[198], die Rezension »Das Blauweißliederbuch«[199] sowie die Texte »Einige Bemerkungen zum jüdischen Volkslied«[200]
und »Aus der Welt des jüdischen Volkslieds«[201]. Die ›Krönung‹ seiner Bemühungen um das jüdische Volkslied ist zweifelsohne seine Sammlung
»Die schönsten Lieder der Ostjuden. 47 ausgewählte Volkslieder«[202], über die
sein Freund Max Mayer äußert, dass sie »the depth of his feeling for the genuine«[203] zum Vorschein bringen. Mit der Darstellung seiner Beziehung zum
Volkslied hebt Kaufmann hervor, dass er nach dem Krieg einen prägenden
Reifeprozess durchlebt.

> Bis zum Jahre 1911 war auch ich völlig beherscht [!] vom deutschen Volkslied. Ich
> sang es viel und gern, auf Wanderungen, zu Hause und allerorten und pflegte es als
> angenehme Ergänzung deutscher Kammermusik, die ich auch heute noch mit Freun-
> den häufig spiele. Allmählich, seitdem ich mich dem Volk näherte, geschah dann
> das Seltsame, daß die deutschen Lieder mehr und mehr verdrängt wurden vom jüdi-
> schen Volkslied. Nicht als ob ich sie heute weniger schätze oder etwa einen Akt be-
> wußter Enthaltung gegen sie ausgeübt hätte; solch krampfhafter Nationalismus in
> Angelegenheiten des Gefühls und der Empfindung ist mir fremd; aber innerlich, im
> Unbewußten, sind mir die deutschen Lieder seit etwa drei Jahren wie abgestorben.
> Es kommt jetzt häufiger noch als früher vor, daß ich unbewußt ein Lied vor mich her

---

[195] Ebd., S. 279.

[196] Ebd. Hier wird bereits Kaufmanns Einstellung zu ›echten‹ und ›unechten‹
       (Volks)Liedern deutlich.

[197] Zu den Recherchearbeiten vgl. auch Brief von Fritz Mordechai Kaufmann an
       Julius Kaufmann. 13. Juni 1918. In: CAHJP. Jerusalem. P 113/R9 II. Hierin wird
       beschrieben, dass in den ostjüdischen Lagern Befragungen zum Volkslied durchge-
       führt werden könnten, um einen genauen Überblick zu erhalten.

[198] Fritz Mordechai Kaufmann: Das jüdische Volkslied. Ein Merkblatt. Berlin: Jüdi-
       scher Verlag 1919 (Schriften des Ausschusses für jüdische Kulturarbeit).

[199] Fritz Mordechai Kaufmann: Das Blauweißliederbuch. In: Jerubaal. 1 (1918/1919)
       S. 197–199.

[200] Fritz Mordechai Kaufmann: Einige Bemerkungen zum jüdischen Volkslied. In:
       Blau-Weiß Blätter. 6 (Februar 1919) H. 4, S. 117–122.

[201] Fritz Mordechai Kaufmann: Aus der Welt des jüdischen Volksliedes. Eine Selbstan-
       zeige. In: Neue jüdische Monatshefte 3 (25. August 1919) H. 22, S. 487–490. 1920
       folgt Das Volkslied der Ostjuden. In: Jüdische Turn- und Sportzeitung. 21 (März
       1920) H. 3, S. 19–21; (April 1920) H. 4, S. 13–16; (Mai 1920) H. 5, S. 9–12.

[202] Fritz Mordechai Kaufmann: Die schönsten Lieder der Ostjuden. Siebenundvierzig
       ausgewählte Volkslieder. Berlin: Jüdischer Verlag 1920.

[203] Mayer, A German Jew Goes East (wie Anm. 116), S. 349.

brumme; ein deutsches stiehlt sich aber seit Jahren bei mir nicht mehr heraus; stets ist es bei mir ein jüdischer »nigen« oder ein jüdisches Volkslied. Ein solcher Vorgang, den in der letzten Zeit auch andere westjüdische Freunde an sich beobachten, zeugt sicherlich mehr als eine noch so gründliche formale Analyse von der zwingenden Kraft und dem Adel unserer Volkslieder.[204]

Auch Strauß bezeichnet eben die Zeit, kurz nach der Rückkehr aus dem Krieg, als die »eigentliche Zeit seines Reifens und Sichvollendens«, als das letztliche »Einwachsen ins Jüdische«[205]. An unterschiedlichen Aspekten macht Strauß diesen Wandel deutlich. Zuerst merkt er eine Verschiebung bezüglich Kaufmanns jüdischer Erkenntnisse an, die er insbesondere in dessen jüdisch-literarischer Kritik verwurzelt sieht.

Während keiner von den früheren Betrachtern der jiddischen Literatur über die Untersuchung ihrer milieuhaften, soziologischen und psychologischen Elemente entscheidend hinausgegangen war, drang er zur Erkenntnis der dichterischen Form als Ausdruck persönlicher und nationaler Wesenheit vor. Er konnte es, weil ihm selbst die Gnade der Form zuteil geworden war.[206]

Zudem seien seine frühen Aufsätze zwar sehr gehaltvoll und voller Leidenschaft verfasst, aber erst in seinen späteren Texten erreiche er als »Bildner der Sprache«[207] zudem eine bemerkenswerte literarische Qualität. Hierin spiegelt sich die Wandlung vom jungen, unbändigen Kämpfer zum überlegenen, sprachlich gewandten und zudem sachlich diskutierenden Denker. »Seine Beziehung zu Kunst, Dichtung und Musik, früher ganz auf die Intensität des Erlebnisses angewiesen, war, ohne an solcher Intensität ärmer geworden zu sein, streng und sondernd auf die gültige Leistung gerichtet.«[208] Die reifere Persönlichkeit Kaufmanns zeige sich allerdings nicht nur an seinen Texten, sondern vor allem auch an seinem Umgang mit seinem Umfeld.[209] Auch in der Öffentlichkeit nimmt man Kaufmanns Veränderung wahr. Dies begründet die Tatsache, dass seine früher so lautstark auftretenden Gegner langsam verstummen, was Strauß vornehmlich auf die abnehmende Polemik in Kaufmanns

---

204 Kaufmann, Einige Bemerkungen zum jüdischen Volkslied (wie Anm. 200), S. 121–122.
205 Strauß, Einleitung (wie Anm. 90), S. 15. Auch die Geburt seines einzigen Kindes wird zu diesem Prozess beigetragen haben.
206 Ebd., S. 16.
207 Ebd., S. 17.
208 Ebd.
209 »Aber in diesem schweren Werden der Worte lag etwas ernst Beruhigendes, das gleiche, das in den kräftigen Zügen des klaren bartlosen Gesichts lag, in dem Blick, der Glut und Nüchternheit vereinte, in der breiten Stirn und dem breiten Kinn: Zuverlässigkeit, gute Kraft, in der man aufgehoben und behütet war. Um den Mund konnte Schärfe und Härte liegen, aber mehr noch die sorglose Herzlichkeit gelassener Weltliebe. So tief er sich zurückhielt, sein Persönlichstes wohl nur im engsten Umkreis, an Frau und Kind, hingab, so warm war es doch immer um ihn von Menschlichkeit.« Ebd., S. 18.

Texten zurückführt. So wird die Arbeit der *Freistatt* auch in zionistischen
Kreisen wohlwollend gewürdigt, da man nun die Vorzüge der regen polarisie-
renden Diskussion um die eigene Jüdischkeit erkennt. Zudem ist man später
beeindruckt von Kaufmanns Arbeit in seiner Funktion als Generalsekretär des
Arbeiterfürsorgeamtes. »Über all das hinaus aber wirkte selbst bei den ehemals
verachtenden und höhnenden Gegnern die neue unanfechtbare Leistung des
Schriftstellers wie des Organisators und die neue ruhige Macht der reif gewordenen Person.«[210]

Eben diese herausragende aber sehr zeitintensive Stellung innerhalb des
Arbeiterfürsorgeamtes, die im Folgenden näher beleuchtet werden soll, hält ihn
davon ab, seine Idee von einer von ihm als notwendige erachteten, adäquaten
Mendale-Übersetzung in die Tat umzusetzen, die er in seiner interessanten
Sammlung »Vier Essais über ostjüdische Dichtung und Kultur« ankündigt.[211]

1.6   Generalsekretär des Arbeiterfürsorgeamtes

1920 wird Kaufmann Generalsekretär des reorganisierten Arbeiterfürsorgeamtes der jüdischen Organisationen Deutschlands.[212] Die am 1. Januar 1918
gegründete Dachorganisation bedeutender deutsch-jüdischer Verbände[213] sieht

---

[210] Ebd., S. 17. Vgl. hierzu auch: »Er [Kaufmann] betrat die Arena als Kämpfer, als
       Rebell. [...] Gleich Birnbaum war ihm Erkenntnis immer innere Pflicht zur Verwirk-
       lichung und so ist er davor bewahrt geblieben, ›Freund und Gönner‹ des Ostjuden-
       tums zu werden – ein Typus, der ihm aus tiefster Seele verhaßt war – sondern er
       wurde allmählich selbst aktiver Mitträger und Mitschöpfer der ostjüdischen Kultur.«
       B. L.: Fritz Mordechai Kaufmann. In: Der jüdische Arbeiter. 25. März 1921. zitiert
       nach Kopie in: CAHJP. Jerusalem. P 113/R9 II.
[211] Vgl. Fritz Mordechai Kaufmann: Vier Essais über ostjüdische Dichtung und Kultur.
       Berlin: Welt-Verlag 1919 (Die Weltbücher. Eine jüdische Schriftenreihe; 6). Diese
       Sammlung ist deswegen so wichtig, weil sie letztlich als Fazit seiner Überlegungen
       zum kulturellen (ost-)jüdischen Leben gesehen werden kann. Vgl. hierzu Kapitel
       4.2.1. Siehe auch: Fritz Mordechai Kaufmann: Über Mendale. In: Almanach des
       Welt-Verlags für 1920, S. 14–23. Dieser Beitrag beinhaltet den Versuch einer Teil-
       übersetzung von Mendales »Vom jüdischen Handwerksmann und seinen Liedern«.
[212] Zur finanziellen Seite der Reorganisation siehe Trude Maurer: Ostjuden in Deutsch-
       land. 1918–1933. Hamburg: Hans Christians Verlag 1986 (Hamburger Beiträge zur
       Geschichte der deutschen Juden; 12), S. 513. Interessanterweise wird in einer hier zi-
       tierten zeitgenössischen Quelle über Kaufmann vermerkt, dass er als Sozialist nur
       wenig Geschick bei den finanziellen Angelegenheiten habe. Vgl. ebd., S. 514.
[213] Neben den hier verwendeten Quellen siehe für weitere Informationen zu den ein-
       zelnen Fürsorgestellen u. a.: Rachel Heuberger: Die Gründung der Zentralwohl-
       fahrtsstelle der deutschen Juden im Jahre 1917. und Rolf Landwehr: Die Ostjuden-
       fürsorge in Berlin. beide in: Zedaka. Jüdische Sozialarbeit im Wandel der Zeit. 75
       Jahre Zentralwohlfahrtsstelle der Juden in Deutschland 1917–1992. [Ausstellungs-
       katalog]. 3. Dezember 1992 – 28. Februar 1993. Hg. von Georg Heuberger. Frank-
       furt am Main: Jüdisches Museum 1992.

sich im Dienst und als Unterstützung der in Deutschland lebenden Ostjuden, die ihren Wohnsitz in Berlin haben.[214] Ebenso wie sein literarisch-geprägtes Werk scheint Kaufmanns Arbeit in diesem Amt durch die große Liebe zu seinem Volk geprägt.[215] Daher ist es nicht verwunderlich, wie Strauß Kaufmanns Verdienst für das Arbeiterfürsorgeamt beschreibt:

> Aus ihm schuf er ein weit verzweigtes und völlig neuartiges Institut für Regelung der ostjüdischen Einwanderung und Durchwanderung (mit deren Problemen er sich schon in der »Grenzsperre« eingehend beschäftigt hatte), zur Unterstützung und Arbeitsbeschaffung für die Emigranten und zum Schutz ihrer Rechte.[216]

Zunächst steht Bernhard Kahn vom Hilfsverein der deutschen Juden als Leiter des neugegründeten Arbeiterfürsorgeamtes zur Verfügung.[217] Im Präsidium finden sich Berthold Haase vom Centralverein deutscher Staatsbürger jüdischen Glaubens, Siegfried Moses von der Zionistischen Vereinigung für Deutschland und Alfred Berger als Vertreter der Arbeitergruppen zusammen. Einen neuen Weg für die Arbeit des Fürsorgeamtes ebnet der Erlass des sozialdemokratischen Innenministers Wolfgang Heine vom 1. November 1919, dessen Bedeutung Adler-Rudel hervorhebt, wenn er schreibt, dass es »zum ersten Mal in der modernen Geschichte der Juden in Deutschland vorgekommen sein [dürfte], daß eine preußische Regierung ein so weitgehendes Verständnis für die Lage der Ostjuden bekundete«[218]. Erstaunlich ist dieses Dokument für ihn vor allem in der Hinsicht, dass Heine aus jüdischer Sicht antisemitischer Neigungen verdächtig war. Doch der Innenminister stellt sich hinter die in Polen verfolgten Juden.

> Dagegen verbietet es sich zurzeit und bis auf weiteres trotz der Nöte der inländischen Bevölkerung aus völkerrechtlichen und aus Gründen der Menschlichkeit, die im Lande bereits befindlichen Ostjuden, selbst wenn sie unter Umgehung der Grenzsperre und ohne im Besitze der vorgeschriebenen Legitimationspapiere und der Einreiseerlaubnis zu sein, eingewandert sind, zwangsweise in ihre Heimat zurückzuweisen, weil sie dort nach Lage der Verhältnisse vielfach unmittelbarer Gefahr für Leib

---

214 Vgl. hierzu: Neues Lexikon des Judentums (wie Einleitung, Anm. 12), S. 70–71. Eine ausführliche Darstellung des zeitgenössischen Ostjudenbildes findet sich in Kapitel 2.1.

215 »Konnte seine Gabe des Erkennens sich nun an ihr völlig gemäßen Gegenständen auswirken, so konnte es die des Organisierens nicht minder. Das Nebeneinander des Dienstes an den sublimen geistigen Werten der Judenheit und der Hülfe, die er ihren wunden und bedrohten Gliedern erwies, drückte vollkommen seine Liebe zum Volke aus: Liebe, die keinem bloßen Begriff noch einer bloßen Masse galt, vielmehr dem ungeheuren Organismus, der in Geist und Gliedern gleicherweise schaffend lebt.« Strauß, Einleitung (wie Anm. 90), S. 17.

216 Ebd., S. 15.

217 Vgl. Maurer, Ostjuden in Deutschland (wie Anm. 212), S. 515.

218 Adler-Rudel, Ostjuden in Deutschland. 1880–1940 (wie Anm. 104), S. 66.

und Leben, jedenfalls aber der Bestrafung wegen Fahnenflucht und Wehrpflichtent-
ziehung ausgesetzt wären.[219]

Bereits im April 1919 bekräftigt Heine in einem Brief an das Arbeiterfürsorgeamt, dass die verfolgten Ostjuden nicht ausgewiesen würden.[220] Doch die
Anfeindungen gegen die ostjüdischen Immigranten nehmen dadurch nicht ab.
Man braucht nun jemanden im Arbeiterfürsorgeamt, der diesen Vorurteilen
energisch und engagiert entgegentritt, woraufhin die Arbeitervertretung vorschlägt, Kaufmann zum Generalsekretär zu machen. Schließlich sei dieser
wegen seiner Fähigkeiten hoch qualifiziert, denn »[a]ls Beamter der Kriegsfür-
sorge hatte er Erfahrung in der sozialen Arbeit gesammelt.«[221] Er wird letztlich
einstimmig gewählt, was sein Bruder unter anderem auch darauf zurückführt,
dass Kaufmann sich zum einen dem Zionismus wieder angenähert habe und
zum anderen auch deutlich reifer geworden sei.[222] Neben Kaufmann werden
Alfred Berger, Ríwkas zweiter Ehemann,[223] und Werner Senator als Ge-
schäftsführer eingesetzt.

Ursprünglich engagieren sich vor allem zionistische Jugendliche und
Studenten als Mitarbeiter der Arbeiterfürsorge, doch nach und nach arbeiten auch junge liberal-gesinnte Juden für diese Organisation, obwohl sie
letztlich aus dem ideologisch-gegnerischen Lager stammen. Doch zu Beginn fehlen viele ehrenamtliche, aber auch hauptamtliche Helfer, sodass

---

[219] Der Minister des Innern. Heine: Bekanntmachung Nr IVb 2719. 1. November
       1919. In: Akten betreffend: Prof. Sobernheim. Ausweisung von Ostjuden. Von
       1919 bis 1923. In: Politisches Archiv. Auswärtiges Amt. Abt. III. Berlin. R78705.

[220] Vgl. Brief an das Arbeiterfürsorgeamt der Jüdischen Organisationen Deutschlands.
       29. April 1919. In: Akten betreffend: Prof. Sobernheim (wie Anm. 219).

[221] Maurer, Ostjuden in Deutschland (wie Anm. 212), S. 515. Mit Kaufmanns plötzli-
       chem Tod ändert sich auch die personale Situation im Vorstand: Siegfried Moses
       übernimmt den Vorsitz, Bernhard Kahns Position übernimmt Paul Nathan. Der
       Vorsitzende der Zentralwohlfahrtsstelle der deutschen Juden, Eugen Caspary, ver-
       vollständigt mit Oskar Cohn als Leiter der Arbeitsgruppen das Gremium. Alfred
       Berger wird ebenfalls als Mitarbeiter eingestellt. Tendenziell bewirkt die Neube-
       setzung des Gremiums eine Verschärfung der Sachkompetenz, da nun die sozialis-
       tisch-zionistische (Moses und Berger), aber auch die liberale (Caspary, Nathan)
       Richtung des Judentums miteinander kooperieren müssen. Vgl. hierzu ebd., S. 516.
       Detailliertere biographische Informationen zu den einzelnen aufgeführten Personen
       bietet Adler-Rudel, Ostjuden in Deutschland. 1880–1940 (wie Anm. 104), S. 70–
       77. Für weiterführende Hinweise zum System der jüdischen Fürsorge vgl. auch
       Giora Lotan: The Zentralwohlfahrtsstelle. In: Publications of the Leo Baeck Insti-
       tute of Jews from Germany. Year Book IV (1959), S. 185–207.

[222] Vgl. Julius Kaufmann, Vom Rheinland ins Heilige Land (wie Einleitung, Anm.
       19), S. 136.

[223] Zu Julius Kaufmanns persönlicher Einschätzung bezüglich Ríwkas Trennung von
       Ludwig Strauß und der jeweiligen neuen Ehen mit Eva Buber und Alfred ›Alf‹
       Berger vgl. ebd., S. 163–164.

man per Zeitungsinserat versucht, Mitarbeiter anzuwerben.[224] Diese sollen
dann in einem Selbstversuch die Bedingungen, unter denen die Emigranten
zu leiden haben, kennen lernen und selbstständig Erfahrungen sammeln,
die ihnen in ihrer späteren Mitarbeiter-Funktion entgegen kommen sollen.[225] Das Arbeiterfürsorgeamt steht unter Beobachtung preußischer Dienst-
stellen. Diese enge, manchmal nicht unproblematische Beziehung bezeichnet
Adler-Rudel als »Vertrauensverhältnis« zwischen Vertretern des preußischen
Innenministeriums und des Arbeiterfürsorgeamtes, das die »Basis einer har-
monischen Zusammenarbeit« gewesen sei.[226] Die Behörde gilt als kompetent
alle ostjüdischen Fragen betreffend, sodass ihre Vertreter bei Schwierigkeiten stets als ›Experten‹ hinzugezogen werden. Zudem erleichtert sie den
deutschen Ämtern die schwierige Arbeit mit den Emigranten. »Das Arbeiterfürsorgeamt bemühte sich um einen ›Ausgleich zwischen den unter Umständen widerstrebenden Interessen des Staates, der deutschen Juden und der
ostjüdischen Flüchtlinge‹«.[227]

Das Arbeiterfürsorgeamt, das seinen Hauptsitz in Berlin hat, eröffnet ›Fi-
lialen‹ in diversen größeren Städten, um sein Ziel, eine einheitliche Versor-
gung der Ostjuden durch die Fürsorgestelle, erreichen zu können. Kaufmanns persönliches Verdienst kann nicht genug gewürdigt werden, denn er
hat es verstanden, »[m]it verhältnismässig kleinen Mitteln [...] ein ganzes
Netz von Fürsorgestellen im Reiche zu schaffen, die der Fürsorge der jüdischen Arbeiterschaft dienen«[228].

---

224   Vgl. Maurer, Ostjuden in Deutschland (wie Anm. 212), S. 516. Siehe beispielswei-
      se AZJ 84 (18. Juni 1920) H. 25, S. 279–280. Hierin wird die Situation der Ostju-
      den geschildert und um Unterstützung gebeten, auch wenn man beim Arbeiterfür-
      sorgeamt skeptisch ob der nun vermehrten Hilfe ist. »So wenig Erfolg wir uns auch
      im allgemeinen von der Veröffentlichung eines solchen Aufrufs versprechen, glau-
      ben wir doch, daß eine ganze Anzahl von warmherzigen Personen lediglich nur
      darum sich bisher für das Hilfswerk nicht zur Verfügung gestellt haben, weil sie
      von der furchtbaren Not kaum unterrichtet waren und außerdem nicht recht wuß-
      ten, welcher Stelle sie ihre Hilfsbereitschaft anzeigen könnten.« Ebd., S. 280.

225   Vgl. Maurer, Ostjuden in Deutschland (wie Anm. 212), S. 516. Das Kartell jüdi-
      scher Verbindungen, die zionistische Studentenorganisation, setzt gar für alle Mit-
      glieder ein »Jüdisches Dienstjahr« an. Dieses konnte man auch beim Arbeiterfür-
      sorgeamt ableisten. Vgl. ebd.

226   Adler-Rudel, Ostjuden in Deutschland. 1880–1940 (wie Anm. 104), S. 68. Doch
      Probleme hat es wohl auch stets gegeben. So kritisiert der preußische Innenminis-
      ter Heine die Arbeiterfürsorgestelle Beuthen im Februar 1920, da sie die ihnen zu-
      gewiesenen Emigranten nicht gründlich genug überprüfe. Diesem Amt wird dar-
      aufhin der Titel entzogen, weil dieser irreführenderweise auf eine staatliche Be-
      hörde hinweise. Vgl. Maurer, Ostjuden in Deutschland (wie Anm. 212), S. 520.

227   Ebd. Sie zitiert hier Adler-Rudel, Ostjuden in Deutschland. 1880–1940 (wie Anm.
      104), S. 20.

228   Sch. Rudel: Fritz Mordechai Kaufmann. In: Jüdische Arbeiterstimme. Organ der
      jüdischen sozialdemokratischen Arbeiter-Organsiation Poale Zion in Deutschland
      1 (15. März 1921) H. 2, S. 7. Rudel beschreibt hierin ausführlich Kaufmanns Werde-

Die ambivalente Einstellung der nicht jüdischen Bevölkerung zur Arbeit des Fürsorgeamtes kann man an einer 1920 vom Leiter des Amtes in Duisburg, Werner Fraustädter, durchgeführten Studie ablesen. »Im Durchschnitt war die Bewertung über den einzelnen Arbeiter fast stets günstig, das im allgemeinen gefällte Urteil häufig ungünstig. Die negative Einschätzung hing mit der heftigen politischen Agitation gegen die Anwesenheit der Ostjuden in Deutschland zusammen.«[229]

Doch das Konzept des Arbeiterfürsorgeamtes, die produktive Einordnung der Ostjuden in die deutsche Volkswirtschaft, scheint aufzugehen. Außerdem richtet man eine eigene Herberge für Emigranten ein, sodass die Belastung des Wohnungsmarktes als Argument der zumeist antisemitisch-motivierten Kritik nicht mehr zutreffend ist. Zudem sucht man durch gezielte Werbe-Strategien die negative Einstellung gegenüber den Ostjuden zu entkräften, indem man beispielsweise publizistisch tätig wird, aber auch Materialsammlungen anlegt, um einerseits die eigentliche Thematik besser darstellen, aber andererseits auch dem erstarkenden Antisemitismus entgegenwirken zu können. Gemeinsam mit Werner Senator[230] beschreibt Kaufmann daher das ›Ostjudenproblem‹ und die Strategien zur Lösung desselben durch das Arbeiterfürsorgeamt in der Sammlung »Die Einwanderung der Ostjuden«, die eine seiner letzten literarischen Arbeiten darstellt.[231]

1.7   Suizid und Erbe

Mitte Februar 1921 fährt Kaufmann mit seiner Frau zu seinem Freund Alfred Schaeffer nach Neubeuren bei Rosenheim. Zuvor hat er bei einem dreitägigen Aufenthalt in München zwei Vorträge gehalten und auch sonst »einiges zu

---

gang und hebt hervor, dass Kaufmanns Person für die soziale Arbeit innerhalb des Judentums sehr bedeutsam ist. »Denn das Vertrauen aller Kreise zu Kaufmann war überaus gross, und er hat es durch seine unermüdliche Tätigkeit gerechtfertigt. Er blieb nicht stehen bei der sozialen Arbeit für die Juden in Deutschland, sondern darüber hinaus versuchte er die gesamte jüdische Hilfsarbeit zu beeinflussen.« Ebd.

[229]   Ludger Heid: Ungleiche Geschwister einer Familie. Ostjuden im Rheinland. In: Wegweiser durch das jüdische Rheinland. Hg. von Ludger Heid, Julius H. Schoeps, Marina Sassenberg. Berlin: Nicolaische Verlagsbuchhandlung Beuermann 1992, S. 306–313; hier S. 311. Zudem stellt Heid das jüdische Vereinsleben und Besuche »namhafte[r] Vertreter des geistigen und politischen Judentums« dar. Ebd., S. 312.

[230]   Dieser veröffentlicht einen weiteren Text, in dem er seine ostjüdische Sozialpolitik noch einmal explizit erläutert. Werner Senator: Sozialpolitik für die Ostjuden. In: Der Jude 6 (1921–1922) H. 2, S. 73–78.

[231]   Vgl. Fritz Mordechai Kaufmann und Werner Senator: Die Einwanderung der Ostjuden. Eine Gefahr oder ein sozialpolitisches Problem. Vier Aufsätze. Berlin: Welt-Verlag 1920 (Schriften des Arbeiterfürsorgeamtes der jüdischen Organisationen Deutschlands). Die explizite Besprechung der Beiträge erfolgt in Kapitel 4.2.

tun«[232]. Den Schilderungen seines Bruders zufolge ist er nervlich überlastet und durch die Auswirkungen seiner Typhuserkrankung auch körperlich beeinträchtigt.[233] Der tägliche Druck im Amt, die große Verantwortung wird zu viel.[234] Zudem hat er zu seinem Bedauern aufgrund seiner vielen Reisen nicht genügend Zeit für seine Familie. Rosa braucht aber nach einer Totgeburt im fünften Schwangerschaftsmonat eigentlich seine ungeteilte Aufmerksamkeit.[235] Kaufmann scheint mit der Situation überfordert zu sein. Die Heimfahrt aus Rosenheim tritt das Ehepaar ab Frankfurt am Main getrennt an, da Rosa noch einen Abstecher zu Julius nach Eschweiler macht. Kaufmann fährt direkt nach Berlin zurück.

Am 4. März erhält Julius dann telefonisch die Nachricht von Kaufmanns Suizid. »Mit irgend welchen Ausreden brachte ich Rochel bei, ich müsse geschäftlich nach Hannover und würde bei der Gelegenheit zuerst nach Berlin fahren. Sie ahnte sicher etwas Böses an unserer Aufregung, sagte aber nichts.«[236] Als sie Ludwig Strauß und Ríwka am Bahnsteig sieht, ›weiß‹ Rosa was geschehen ist, ohne dass es ihr jemand erklären muss. Dies deutet schon an, dass Kaufmann bereits früher mit dem Gedanken an Selbstmord gespielt haben muss. Auch sein Bruder und Strauß bemerken, dass ihm diese Idee wohl nicht fremd gewesen ist.[237] Vor seinem Tod

---

232 Vgl. Karte an Julius. 16. Februar 1921. In: CAHJP. Jerusalem. P 113/R9 II. Auf dieser Karte fragt er auch an, ob Rochel für ein paar Tage nach Eschweiler kommen kann. Zudem fragt er nach, ob Rochels »Familienstammbuch als Ausweis genügt«, da sie in Berlin keinen Passersatz beantragt habe. Albrecht Schaeffers Adresse ist ebenfalls angegeben. Ebd.

233 Vgl. Julius Kaufmann, Vom Rheinland ins Heilige Land (wie Einleitung, Anm. 19), S. 144–145. Vgl. auch: »Ausserdem haben meine Nerven schwer gelitten.« Brief von Fritz Mordechai Kaufmann an Julius Kaufmann. 21. Januar 1914. In: CAHJP. Jerusalem. P 113/R8. »[...] ich würde Dir längst geschrieben haben, war aber nervisch [!] ziemlich kaputt und musste mich etwas schonen.« Brief von Fritz Mordechai Kaufmann an Julius Kaufmann. 29. Juni 1917. In: CAHJP. Jerusalem. P 113/R9 II.

234 Neben seiner anstrengenden Arbeit muss Kaufmann als Vertreter des Arbeiterfürsorgeamtes natürlich auch an Konferenzen, wie der Karlsbader Hilfskonferenz am 27. Juli 1920 teilnehmen, worunter sein Privatleben zu leiden scheint. [Vgl. Brief von Fritz Mordechai Kaufmann an Julius Kaufmann. 9. Juli 1920. In: CAHJP. Jerusalem. P 113/R9 II.] »Rosch Haschana musste ich plötzlich nach Oberschlesien zu Verhandlungen mit der alliierten Kommission, die mit fünftägiger Frist den Abschub von etwa 2500 jüdischen Arbeitern nach Polen angeordnet hatte. Ich habe allerhand Positives zunächst erreicht und muss weitere Verhandlungen noch abwarten.« Brief von Fritz Mordechai Kaufmann an Julius Kaufmann. 20. September 1920. In: CAHJP. Jerusalem. P 113/R9 II.

235 Vgl. Brief von Fritz Mordechai Kaufmann an Julius Kaufmann. 21. November 1920. In: CAHJP. Jerusalem. P 113/R9 II.

236 Julius Kaufmann, Vom Rheinland ins Heilige Land (wie Einleitung, Anm. 19), S. 145.

237 Vgl. Strauß, Einleitung (wie Anm. 90), S. 19. Siehe auch: Julius Kaufmann, Vom Rheinland ins Heilige Land (wie Einleitung, Anm. 19), S. 145.

schickt Kaufmann seiner Schwester einen Brief, der auch die Abschieds-
zeilen an seine Frau enthält.[238]

in der Nacht zum 1. III 21
Liebste,
ich habe Ludwig und Riwka gebeten, dir über die ersten schweren Stunden hinweg-
zuhelfen. Ich habe dich in diesen letzten Tagen und Stunden wieder und wieder in
der Reinheit und der grenzenlosen Süße & Hingabe deines Wesens nahe bei mir gefühlt, so nahe, daß es mir fürchterlich und schwer wurde, dem Entschluß, der nun
unabänderlich von mir gefaßt wurde, treu zu bleiben. Auch dieser Brief wird mir
schwer, weil ich von all dem Guten und Denkbaren[239], was ich dir zu sagen habe,
nur noch weniges in Worte bringen kann, und weil das, was nun hier steht, ganz
kümmerlich, dürr und kalt ist und nicht einmal ein Ausschnitt von dem, was nun in
der vollkommenen und ungetrübten Erinnerung an dich, Rocheli, aus mir schwerfäl-
ligem und schwerzüngigem Menschen herausdrängt.
Verlange von mir und auch von dir keine Erklärungen meiner Tat. Sie war beschlos-
sen und fest in mir eingegraben längst, bevor ich dich kannte, und du warst es, die
mich in all den Jahren, die durch dich süß, fruchtbar, gefüllt und erleuchtet waren,
immer wieder freute, einfach durch dein Dasein, das Liebe, Freundschaft und immer
neue Entzückungen um mich breitete. Du warst wohl der einzige Mensch, der solches vermochte! mich, einen anarchischen Menschen der schicksalhaften Vereinze-
lung an ein Leben zu halten, das mir keine Werte mehr enthielt. Wär ich weibischer
veranlagt gewesen, so hätte mir das, was deine Liebe und dein herzlicher Sinn mir
bot, mich bestimmen können zu einem Weiterleben. So aber war ich doch ein Mann
und mußte auch dazu Nein sagen.
Rocheli, Rocheli, mein Blick ist hart und wohl etwas krampfhaft, mein Sinn ist entschlossen und fest, aber meine Augen sind voll Tränen, das letzte Weibische an mir,
aber entschuldbar, da du es bist, der sie gelten.
dein Mann[240]

Kaufmanns Leiche wird auf den Eisenbahnschienen bei Köpenick im Osten
Berlins gefunden. Sein Motiv bleibt trotz aller vorher getätigten Überlegungen
und Andeutungen weiterhin unklar, denn er liebt seine Frau und insbesondere
seine Tochter sehr. Zudem ist er zu diesem Zeitpunkt beruflich sehr erfolgreich: nicht nur die Leistungen als Generalsekretär des Arbeiterfürsorgeamts,
sondern auch seine literarischen Werke und vor allem seine Volksliedersammlung werden sehr geschätzt und hochgelobt.

Daher wiegt nicht nur der persönliche Verlust schwer, sondern auch die nun
fehlende treibende Kraft bei der Arbeit für das Judentum. Martin Buber
schreibt zutiefst betroffen in einem Kondolenzbrief vom »arme[n] Judentum –
gerade Menschen dieser Art braucht es heute zumeist; es gehört zur Schwer-

---

238 Zunächst gibt es einige Verwirrungen und man hofft, dass Kaufmann sich nicht
     getötet habe, aber letztlich wird der Suizid bestätigt. Vgl. ebd.
239 Aufgrund der schwer lesbaren Schrift ist diese Stelle nicht eindeutig zu übertragen:
     möglicherweise heißt es hier »Guten und Dankbaren«.
240 Brief von Fritz Mordechai Kaufmann an Rochel Kaufmann. In der Nacht zum 1.
     März 1921. In: CAHJP. Jerusalem. P 113/R9 II.

mut der Stunden, dass ihm auch die wenigen nicht erhalten bleiben.«[241] Dementsprechend viele Beileidbekundungen gehen beim Arbeiterfürsorgeamt und auch bei der Familie ein, von denen über dreißig noch in Abschrift in den Jerusalemer »Central Archives for the History of the Jewish People« erhalten sind.[242] Auch hieran lässt sich die herausragende Stellung Kaufmanns, besonders aber sein Verdienst für das Ostjudentum ablesen.

Neben jüdischen Organisationen wie diversen Jüdischen Wohlfahrtsverbänden und Arbeiterfürsorgestellen[243] sowie der Zionistischen Vereinigung für Deutschland kondolieren auch Privatleute wie Vinzenz Silberstein aus Köln, Rechtsanwalt Epstein aus Düsseldorf, Charlotte Weinstein aus Charlottenburg und Dr. Gelber aus Wien.[244] Überhaupt treffen viele Beileidsbekundigungen auch aus dem Ausland ein: Rechtsanwalt Martin Ehelich schreibt aus dem gerade polnisch gewordenen Kattowitz als Vertreter für die Jüdische Arbeiter-Fürsorgestelle Oberschlesiens, Rabbiner Dr. Kaelter aus der nunmehr freien Stadt Danzig für das Jüdische Emigranten Komité der Stadt und aus Paris kommen gleich mehrere Telegramme und Briefe.[245] Zudem wird Kaufmanns Werk auch auf ›preußischer‹ Seite gewürdigt. So beschreibt Ministerialrat Dr. Rathenau, der mit Kaufmann ein Jahr geschäftlich zu tun hatte, seine persönlichen Erfahrungen mit diesem und merkt an, dass

> [...] sein ruhiges und freundliches Wesen, sein Gerechtigkeitssinn, sein klarer Blick für die Notwendigkeiten, Bedürfnisse, aber auch Grenzen praktischer Politik, seine umfassenden Kenntnisse, nicht zuletzt seine Kunstbegeisterung und sein Kunstverständnis in seinen Bann [zwangen]. Ich bedaure und betraure mit Ihnen den allzu frühen Heimgang dieser aufrechten Persönlichkeit, die noch Grosses zu leisten berufen gewesen wäre, und werde ihr stets ein ehrendes Andenken bewahren.[246]

---

241   Martin Buber: [handschriftliches Kondolenzschreiben]. Heppenheim 14. März 1921. Vielen Dank an Jürgen Gottschalk, der mir dieses Schreiben zur Verfügung gestellt hat.

242   Vgl. hier die Unterlagen in: CAHJP. Jerusalem. P 113/R9.

243   Hier seien nur Mannheim, Königshütte, Beuthen, Saarbrücken (Saargebiet), Breslau und Duisburg benannt.

244   Vgl. hierzu diverse Typoskripte. In: CAHJP. Jerusalem. P 113/R9. Auch ein Inhaber einer Großhandlung für Metall- und Eisenproduktion aus Dresden, mit dem Kaufmann vermutlich bezüglich der Arbeitsplätze von Ostjuden geschäftlich kooperierte, drückt sein Beileid aus.

245   So kondoliert der Generalsekretär des Comité Des Délégations Juives am 9. März 1921, indem er die »erfolgreiche segensreiche Arbeit Fritz Mordechai Kaufmanns im Dienste seiner leidenden Volksgenossen, die er so sehr geliebt hat, seine edle, gewinnende Persönlichkeit, seine grossen Talente und Fähigkeiten« hervorhebt. L. Motzkin, Comité Des Délégations Juives: [Kondolenzschreiben]. 9. März 1921. In: CAHJP. Jerusalem. P 113/R9.

246   Rathenau: [Kondolenzschreiben]. 6. März 1921. In: CAHJP. Jerusalem. P 113/R9. Dr. Fritz Rathenau ist ebenso wie sein von antisemitischen Mördern erschossener Verwandter, der ehemalige Außenminister Walther Rathenau, Jude – »jedoch ohne

Mehrere Anzeigen in unterschiedlichen Zeitungen zeigen den unerwarteten Tod Kaufmanns an.[247] Zudem werden zahlreiche Artikel als Nachrufe publiziert.[248] So veröffentlicht Julius Berger in der *Jüdischen Rundschau* am 8. März 1921 einen Text zum Tode Kaufmanns, der ihn persönlich auf einer Reise überrascht habe. Überzeugt davon, dass Kaufmanns Qualitäten einzigartig gewesen sind und er damit unersetzlich bleibt, schildert er den Verstorbenen als ehrlichen, willensstarken Mann mit Organisationstalent und – aufgrund seiner nach Präzision strebenden Denkweise – als Wissenschaftler.

> Er stand nicht in unseren zionistischen Reihen und er machte kein Hehl aus seiner oft scharf abweichenden Ansicht, aber wir alle empfanden ihn als einen von uns, als den von uns, dem wir freudig und zuerst die Bürgerkrone gereicht hätten. Er war der Typus eines Juden, wie wir ihn uns ersehnen und darum haben ihn alle Juden so gern gehabt, am meisten die Armen, am meisten die, die von draußen kamen, aus den Ländern des Judentums, aus jenen Gegenden des Ostens, die ihre Juden ausspeien, wenn sie sie nicht in Blut ersticken.[249]

Gerade die Zugehörigkeit zum ostjüdischen Volk, seiner Kultur und seiner Musik – seinem rheinischen Temperament zum Trotz – wird noch einmal deutlich hervorgehoben. Seine Arbeit für das Arbeiterfürsorgeamt sei geradezu phänomenal gewesen, sodass über diese zu schreiben bedeute, »das Epos singen von dem Elend der jüdischen Flüchtlinge in Deutschland und von dem Kampf, den Fritz Mordechai Kaufmann für sie führte, siegreich führte, mit letzter Hingabe, so lange, bis sein Leben daran zerbrach«[250].

Die große Anteilnahme an Kaufmanns Tod spiegelt sich auch in seiner Beerdigungsfeier wider, die am 7. März in Weißensee stattfindet. Seine Stellung innerhalb des Judentums lässt sich daran erkennen, dass nicht nur ›offizielle‹ Vertreter der verschiedenen jüdischen Organisationen erscheinen, sondern auch »eine große Menge ostjüdischer Arbeiter und Flüchtlinge [...], um dem Manne, der so aufopferungsvoll für sie gewirkt hat, den letzten schmerzlichen Dankesbeweis zu geben«[251]. Rabbiner Dr. Warschauer, der die

---

eigentliche Beziehung zum Judentum«. Adler-Rudel, Ostjuden in Deutschland. 1880–1940 (wie Anm. 104), S. 69.

247   Vgl. hierzu beispielsweise die Anzeige des Arbeiterfürsorgeamtes der jüdischen Organisationen Deutschlands (als Verantwortlicher Dr. Bernhard Kahn). In: Jüdische Rundschau 26 (15. März 1921) H. 21, S. 148., die der Angestelltenschaft des Arbeiterfürsorgeamtes der jüdischen Organisationen Deutschlands, die der Jüdischen Handwerkergenossenschaft und die des Verbands der Ostjuden in Deutschland. alle in: Jüdische Rundschau 26 (11. März 1921) H. 20, S. 140.

248   Auch hebräische Zeitschriften wie die Jüdische Morgenpost (11. März 1921), Unser Wort (1. April 1921) oder die Morgenstern-Ausgabe Berlin (23. März 1921) publizieren Nekrologe auf Kaufmann, die im Jerusalemer Centralarchiv zu finden sind.

249   Julius Berger: Fritz Mordechai Kaufmann. In: Jüdische Rundschau 26 (8. März 1921) H. 19, S. 131.

250   Ebd.

251   Unbekannter Autor: Fritz Mordechai Kaufmann. In: Jüdische Rundschau 26 (11. März 1921) H. 20, S. 139. In diesem Artikel wird auch vermerkt, dass neben den

Trauerrede hält, spricht von einer Erschütterung, die der »Verlust der Besten in tiefster Seele«[252] erzeuge.

> Wie immer es sein mag, hier an dieser Bahre stehen wir in tiefer tragischer Erschütterung, niedergebeugt vom Ungeheuerlichen, von Trauer und Schmerz durchwühlt ob des Verlustes eines Mannes, den wir so schwer entbehren können, den wir immerdar missen werden, da es gilt zu bauen.

Die Anerkennung für Kaufmann spricht aus jedem seiner Sätze. »Keinem unter uns, der hier steht, braucht es erst gesagt zu werden, was Fritz Mordechai gewesen. Wir schauen in dieser Stunde, was ihn unzerstörbar macht in unserer Seele und unverlierbar für unsere Seele.«

Kaufmanns Leben kurz überblickend konstatiert Warschauer, dass dieser »der Zug zum Ganzen und der Zug zur Tat« zu eigen war, denn »[w]as er fühlte und dachte, das war ganz gefühlt und ganz gedacht«. In dieser Ganzheit habe er zu seinem Volk gefunden als ›Mordechai ha jehudi‹. Seine frühe und konsequente Hinwendung zum Ostjudentum sowie das Hineinleben in die kulturelle und religiöse ostjüdische Volksseele habe ihn auch für viele andere (West-)Juden zum »Entdecker der Kulturwerte des Ostjudentums«, für viele junge Juden auf ihrem Weg zur eigenen Jüdischkeit zum Vorbild gemacht. Trost kann er den Hinterbliebenen nur bieten, indem er zu bedenken gibt, dass »die Spuren seines Lebens […] nicht verwehen [werden]«[253].

Die Verbundenheit mit seiner Familie und seinen engen Freunden wird auch in Nathan Birnbaums Grabrede hervorgehoben. Er kondoliert als Freund, als »einer, der [...] jahrelang dieselbe Strasse mit Dir zog, der auch nachher im Wesentlichen mit Dir eins sich wusste als einer, der Dein Ringen um das Wesen des jüdischen Volkes und die Seele der Ostjudenheit miterlebt hat«[254] Kaufmanns unermüdlicher ›Kampf‹ besonders für und um die so verachtete

---

im Folgenden besprochenen Trauerreden auch Rudel für die Beamtenschaft der Arbeiterfürsorgeamtes und ein Vertreter der Arbeitergruppe in Weißensee gesprochen haben muss. Diese Reden lassen sich leider nicht in den Akten der »Central Archives for the History of the Jewish People« finden.

252 Rabbiner Dr. Warschauer: [Grabrede]. 1921. In: CAHJP. Jerusalem. P 113/R9. Folgende Zitate entstammen ebenfalls dieser Rede.

253 Ebd. »Mit schlichten einfachen Worten nur lassen Sie uns ihm danken für das, was er den Seinen gewesen ist, für die starke Kindesliebe und Pietät, mit denen er im Leben und nach ihrem Scheiden an seinen Eltern hing, für die Treue, die ihn mit seinen Geschwistern verband, den Zartsinn, den er besonders der Schwester entgegentrug, die so früh die Mutterliebe entbehren musste. Dank sei ihm für die Liebe, die er seinen Teuersten als Gatte und als Vater gegeben hat. [...] Sie, die Sie ihm die Nächsten waren, Sie werden mit den Ihrigen zusammen, die dem Heimgegangenen nicht minder lieb gewesen sind, sein Bild bewahren. Werde dieses Bild Ihnen ein Quell des Trostes, mögen Sie in diesem Bilde die Erinnerung finden an einen kostbaren Besitz, der Ihnen zu eigen war, und den Ihnen auch der Tod nicht nehmen kann.« Ebd.

254 Nathan Birnbaum: [Grabrede]. 1921. In: CAHJP. Jerusalem. P 113/R9. Folgende Zitate entstammen ebenfalls dieser Rede.

ostjüdische Sprache, für dessen »süsseste Heimlichkeit« er gar als Westjude
Verständnis aufbrachte, habe diesem nicht gereicht, sondern er habe komplett in sein Volk eintauchen müssen.

> Erst war es ein liebendes, ahnungsvolles Erglühen für das Wunder, für das grosse
> Wunder, das wie wenige Du in seiner vollen Erhabenheit und Plastik begriffen, für
> das Wunderbare der ostjüdischen Welt mit ihrem grossen Reichtum an Schaffendem
> und Gestaltendem unserer jüdischen und altjüdischen Quellen. Erst war es ahnungs-
> volles Erglühen und dann war es gesammelte Hingabe.

Daraus habe er sich geradezu in der Pflicht gesehen, den Menschen, die dieses
Volk ausmachen, zu dienen: »da waren unglückliche Menschen, ostjüdische,
jüdische Menschen, da waren Menschen aus jener grossen zentralen Masse,
wie du sie nanntest, ostjüdische, unglückliche Menschen, die auf Deine Hilfe
warteten«. Birnbaum bleibe nur – auch im Namen »Deiner Ostjudenheit« –
Kaufmann als »früh dahin gesunkene[m] Held und Weiser« zu danken.
    Die starke Verbindung Kaufmanns zum ostjüdischen Volk hebt auch Dr.
Kahn in seiner Rede im Namen des Arbeiterfürsorgeamtes hervor. Kaufmann
habe im Osten als »Hoffnung« gegolten, da er der Überzeugung gewesen sei,
dass die »Gesundung des jüdischen Volkes an der Wurzel«[255] also im Ostjudentum beginnen müsse. Seine Tatkraft und sein Idealismus müssen nun als
Vorbild und als Kraftpotential für die weitere Arbeit stehen, man müsse ihm
nacheifern, um ans Ziel gelangen zu können und dort angekommen »wird das
Grösste und Schönste sein, dass wir auch in diesem Erfolge seiner gedenken
werden«[256]. Kaufmanns Vorbildfunktion spricht auch Dr. Kurt Blumenfeld als
Sprecher der Zionistischen Vereinigung Deutschlands an, denn obwohl Kaufmann dieser Organisation nicht angehört habe, sie gar bekämpft habe, habe er
die jüdische Volksliebe gestärkt und damit dem Judentum einen großen Dienst
erwiesen.[257]

> Er hat uns gezeigt, wie dort [im Ostjudentum] in Dichtung und Sprache sich alles
> menschliche Empfinden offenbart, und er konnte es zeigen, weil seine Stärke nicht
> darin lag, dass er Anschauungen verkündete, sondern dass er die Wahrheit alles des-
> sen, was er sagte und brachte, uns durch seine Persönlichkeit gewiss machte.

Seine Überzeugung, die »Echtheit« und »Wahrhaftigkeit seines Wesens«, sein
tiefer Glauben an die Kraft des eigenen Volkes seien als Vorbild ausschlaggebend für die Gegenwart und besonders die Zukunft des Judentums, denn Blumenfeld konstatiert, dass Kaufmann »unsere jüdische Bewegung reicher,
schöner gemacht hat, dass mehr Liebe hineingekommen ist. Liebe zum Volk
und Liebe zu denen, die entrechtet und unterdrückt sind.«

---

255 Dr. Bernhard Kahn: [Grabrede]. 1921. In: CAHJP. Jerusalem. P 113/R9.
256 Ebd.
257 »Er war einer der Kritiker, denen man den grössten Dank schuldet, die die Sache,
     die sie bekämpfen, vorwärts treiben und wirklich vorwärts bringen, und die des-
     halb wirklich leben.« Dr. Kurt Blumenfeld: [Grabrede]. 1921. In: CAHJP. Jerusa-
     lem. P 113/R9. Folgende Zitate entstammen ebenfalls dieser Rede.

Dr. Auerbach als Vertreter des Verbandes der Ostjuden spricht, auch wenn er Kaufmann nicht persönlich gekannt habe, im Namen genau dieser Menschen seinen Dank aus.

> Den Versprengten des Volkes, die mühselig und beladen, unstet und flüchtig auf seinem Marterweg an einem seiner schmerzvollsten Punkte hier in Berlin anlangend, Hilfe und Stütze suchten, diesem Volke ist ein Schutzwerk, ein Bollwerk geschaffen worden durch die Hand des Verewigten. Dessen denkt dieses Volk mit Wehmut und mit heissem innigem Dank.[258]

Zudem verweist er auf Kaufmanns ›Kampf‹ um das jüdische Volkslied, das einen enormen Einfluss auf Auerbach gehabt zu haben scheint, was er mit einer pathetisch-glorifizierenden Darstellung unterstreicht. »In dem Engelsgesicht seiner Worte flammten seine Gedanken, funkelten und schwebten vor mir, ein heiliges Streben zu scheiden, ich sah ein heiliges Streben zu scheiden zwischen dem, was heilig ist und unrein, was Helle und Finsternis ist, was jüdisch und nicht jüdisch.« In seiner Rede mystifiziert er Kaufmann zur Lichtgestalt des Judentums, denn »[e]r brachte Licht in die Erkenntnis des jüdischen Wesens, soweit seine Kraft reichte, er brachte Licht in die Judenheit des Ostens, soweit seine Kraft reichte«.

Warum die Kraft nicht weiter gereicht hat, darüber kann weiterhin nur spekuliert werden. Die Liebe zu seiner Familie spricht eigentlich gegen einen Suizid, vor allem, wenn man die Reaktion seiner Frau bei der Beerdigung berücksichtigt. Rosa ist derart in ihrer Trauer gefangen, dass sie halb bewusstlos Wiegenlieder am Grab singt.[259] Aber auch die anderen Trauergäste sind erschüttert, denn

> [a]ls er aus solcher Vollendung heraus in den selbstgewählten Tod ging, war es für alle, die ihn kannten, als ob der Boden unter ihnen bebte, das Festeste, Sicherste zusammenbrach und nun nichts mehr Halt versprach. In persönlichen Schicksalen fanden die nach einer Erklärung Suchenden keinen Grund für seinen Entschluß.[260]

---

[258] Dr. Auerbach: [Grabrede]. 1921. In: CAHJP. Jerusalem. P 113/R9. Folgende Zitate entstammen ebenfalls dieser Rede.

[259] Vgl. Julius Kaufmann, Vom Rheinland ins Heilige Land (wie Einleitung, Anm. 19), S. 145.

[260] Strauß, Einleitung (wie Anm. 90), S. 18. Eine völlig anders geartete Spekulation um das Motiv seines Todes wirft Andreas Meyer auf: »Man soll mit dem Wort ›Prophet‹ sparsam umgehen. Und sicherlich hat auch K. das *Ausmaß* der durch Hitler herbeigeführten Vernichtung nicht vorausgesehen. Aber die Vernichtung, die *Möglichkeit* solcher Vernichtung selbst hatte er vor Augen, und so – vielleicht war das der Grund – wählte er den ›*Ver sacrum*‹, d. h. das Opfer, den Heiligen Frühling.« [Dr. André Meyer: Fritz Mordechai Kaufmann – zum 30. Jahrzeittage. Ts. In: Archiv des Leo Baeck Instituts. Jerusalem, S. 1–6: hier: S. 1–2.] Nach den Erlebnissen und mit dem Wissen um den Holocaust ist diese These natürlich immer möglich, ich persönlich halte sie aber in diesem speziellen Fall für wenig aussagekräftig.

Ludwig Strauß muss ebenfalls tief betroffen gewesen sein, auch wenn Selbstmord für Kaufmann immer schon ein Thema gewesen ist.[261] Trotzdem ist er
wie alle anderen vom Zeitpunkt überrascht und geschockt. Vielleicht auch aus
Motiven der Trauerbewältigung schreibt Strauß seinen Nekrolog auf Kaufmann als Gedicht: »In memoriam Fritz Mordechai Kaufmann«.

Die tiefe Verbundenheit der beiden Männer ist schon in der ersten Strophe
erkennbar, denn aus einer Scheu, aus Verlegenheit vielleicht auch aus einer Art
von Hoffnungslosigkeit habe er »das Saitenspiel«[262] ignoriert, das wohl symbolisch für die Musikalität und Lebensfreude Kaufmanns steht. Doch nun muss
er das Lied des Freundes aufgreifen, denn dadurch wird und bleibt der Freund
lebendig. Die Allusion auf einen wesentlichen Charakterzug Kaufmanns –
seine Liebe zur Musik – bildet den Rahmen des Porträts. Die Strophen zwei
bis vier charakterisieren Kaufmann[263] als starken, verlässlichen Mann der Tat,
wogegen in Strophe fünf bereits erkennbar wird, dass auch dieser nach außen
hin so furchtlose und nüchterne Mann von Zweifeln und Sorgen geplagt wird.
In den Strophen sechs bis acht wird dann auch die ›andere‹ Seite Kaufmanns
dargestellt, die immer nur im Verborgenen sichtbar gewesen sei, denn »[e]ine
sieht nur des Nachts, wie du im Graun dich hebst«[264]. Äußerlich habe man
nicht ahnen können, dass der »Held« von inneren Qualen heimgesucht wird:
»Uns erschienst du als Sieger nur«[265]. Somit bleibt letztlich auch bei Strauß die
Frage nach dem warum. Doch seine Hoffnung, dass das Lied und damit Kaufmanns Leben und Werk bleibt, spendet Trost.

Zudem sucht Strauß bereits im Dezember 1921 mit Buber zwecks der Veröffentlichung von Kaufmanns Werken, die ihm sehr am Herzen liegt, das Gespräch.[266] Bubers Zusicherung, einen Auszug aus Kaufmanns Rede »Von natio-

---

[261] Strauß verweist hier auf eine kurze Erzählung Kaufmanns, die bereits während
       dessen Italienreisen entstanden ist und das Schicksal zweier Menschen thematisiert:
       einem »zum Tod Entschlossene[n]« und demjenigen, der diesen zurückhält. Zudem
       kommentiert Strauß diese Skizze mit folgenden Worten: »Wir dürfen glauben, daß in
       beiden Gestalten Kräfte der eigenen Seele dargestellt sind.« Strauß, Einleitung (wie
       Anm. 90), S. 19. Zudem habe er auch »[i]n einem der ersten Briefe an seine spätere
       Frau [...] von dem lange beschlossenen Freitod [berichtet], auch davon, daß er in ei-
       nem Frühling fortgehen werde, wie es denn geschah.« Ebd.

[262] Ludwig Strauß: In Memoriam Fritz Mordechai Kaufmann. In: Der Jude 6
       (1921/1922) H. 6, S. 374–375; hier S. 374. Das Gedicht wird noch einmal abge-
       druckt in: Ludwig Strauß: Das Ufer. Gedichte. Berlin: Holten 1922, S. 21–22. Im
       Anhang III zu Kap. 1 ist das komplette Gedicht wiedergegeben.

[263] Man muss bei diesen Versen aufgrund des Titels wohl nicht vom lyrischen Ich und
       dessen Freund sprechen, sondern kann explizit Ludwig Strauß und Fritz Kaufmann
       benennen.

[264] Strauß, In Memoriam Fritz Mordechai Kaufmann (wie Anm. 262), S. 375.

[265] Ebd.

[266] »Mir läge sehr viel daran, dieses Denkmal zustande zu bringen.« Ludwig Strauß:
       Brief an Martin Buber. Berlin-Schlachtensee, 13. Dezember 1921. In: Briefwech-
       sel Martin Buber – Ludwig Strauß 1913–1953. Hg. von Tuvia Rübner und Davna

naler Bereitschaft der Intellektuellen« und Strauß' Gedicht im Aprilheft des *Juden* abzudrucken, ist dabei ein Anfang.[267] Tatsächlich schafft Strauß es bereits 1922 die »Gesammelten Schriften« Kaufmanns herauszugeben und mit einem ausführlichen biographisch-motivierten Vorwort zu versehen. Mit diesem Sammelband gelingt es ihm, Kaufmann und sein Werk unvergessen zu machen.

Das Erbe Kaufmanns anzutreten, ist in doppelter ›familiärer‹ Hinsicht schwer. Für seine Familie ist es ein unglaublicher Schicksalsschlag. Das amtliche Schreiben mit dem Aktenzeichen 168 II. 122321 regelt die Erbschaft im Falle »des am 2. März 1921 tot aufgefundenen«[268] Kaufmanns. Am 18. August 1921 wird der gemeinschaftliche Erbschein beglaubigt, worin Rosa ¼ und der Tochter Mirele ¾ der Erbmasse zugesprochen werden. Das Erbe der ›anderen Familie‹, der Ostjuden, das die Vertreter des Arbeiterfürsorgeamtes antreten müssen, wiegt nach Werner Senator ebenso schwer, denn »[e]s ist niemand da, der ihn ersetzen, der seine Arbeit in ihrer ganzen Breite als Einheit fortführen könnte«[269]. Insbesondere Kaufmanns tatkräftige Arbeit sei sondergleichen gewesen, war er doch weniger Politiker als Kulturpolitiker und Realist. »K. meinte, zugunsten eines Zukunfts*traumes* [...] dürfe man nicht die reellen ›Positionen‹, die Kulturbastionen des Volksjudentums in der Welt, aufgeben.«[270] Auch Meyer spricht von einer einzigartigen Leistung seines Freundes, die gerade im Rückblick auf jene Zeit nicht an Bedeutung verliert.

Mach. Mit 2 Faksimiles. Frankfurt am Main: Luchterhand Literaturverlag 1990. (Veröffentlichungen der Deutschen Akademie für Sprache und Dichtung Darmstadt; 64), S. 74–75; hier: S. 75.

[267] Vgl. Martin Buber: Brief an Strauß. Heppenheim, 11. März [1922]. In: Briefwechsel Martin Buber – Ludwig Strauß 1913–1953 (wie Anm. 266), S. 77. Die Beziehung zwischen Buber und Strauß ist sehr persönlich, sodass es nicht verwunderlich ist, dass Strauß die Bubers wie folgt darüber informiert, dass Rívka sich von ihm getrennt hat: »Ich glaube zu wissen, daß Sie und Ihre Frau für meine nun zerrissene Ehe mit Rívka eine besondere Teilnahme hatten und auch in einer besonderen Klarheit sahen, was sie für mich und meine Entwicklung bedeutete. So wissen Sie auch ohne mehr Worte, wie es um mich bestellt ist, und werden die Schwäche begreifen, die mich immer noch nicht das doch vollzogene, empfundene und begriffene Ereignis real fassen läßt.« [Strauß: Brief an Buber. Berlin-Schlachtensee, 5. Januar 1924. In: Briefwechsel Martin Buber – Ludwig Strauß 1913–1953 (wie Anm. 266), S. 85.] 1925 heiratet Strauß gar Bubers Tochter Eva, mit der er die beiden Söhne Michael und Emanuel hat.

[268] Gemeinschaftlicher Erbschein. Aktenzeichen 168 II. 122321. Berlin. 18. August 1921. In: CAHJP. Jerusalem. P 113/R9.

[269] [Werner Senator]: Fritz Mordechai Kaufmann. In: Ostjuden in Deutschland. Berlin: Philo-Verlag 1921 (Schriften des Arbeiterfürsorgeamtes des jüdischen Organisationen Deutschlands; II), S. 3–4; hier: S. 4. Werner Senator hat vermutlich diesen Nekrolog auf Kaufmann verfasst. Vgl. Andreas Meyer, F. M. K. in memoriam (wie Anm. 91), S. 18.

[270] Meyer, Fritz Mordechai Kaufmann – zum 30. Jahrzeittage (wie Anm. 260), S. 5.

Die über den Tag hinausgehende Bedeutung Kaufmanns möchte ich dahin resümieren: er hat den Amalgamierungsprozess zwischen Ost und West, der für uns in Jisrael von hervorragender Bedeutung ist, entschieden – soweit dies überhaupt als von einem Einzelnen abhängig gedacht werden kann – vorwärts getrieben: dadurch hat er mittelbar die zu starke Assimilation an den Westen zurückgebremst.[271]

Kaufmanns Kampf und seine Entschlossenheit diesem Themenkomplex gegenüber bleiben unvergessen. Am 16. März 1941 laden seine Witwe, seine Schwester und Werner Senator mit folgenden Worten zu einem Erinnerungstreffen an Fritz Mordechai Kaufmann ein:

Es sind zwanzig Jahre seit dem Tode von Fritz Mordechai Kaufmann vergangen. Ein Kreis von Menschen, die ihm nahegestanden haben, kommt Sonntag, den 23. März, 8 Uhr 15 abends, in der Wohnung von Dr. Werner Senator, Gazah Street 30, zusammen. Dr. Senator wird sprechen über »Galuth und Zionismus«, jenes Problem, mit dem Fritz Mordechai Kaufmann so stark gerungen hat.[272]

Das ist die Art von Erinnerung, die sich Kaufmann gewünscht haben wird. Das Werk muss vollendet werden.

---

[271] Meyer, Fritz Mordechai Kaufmann zum 70. Geburtstag (wie Anm. 93), S. 6.
[272] Rochel Kaufmann, Ríwka Berger, Werner Senator: [Einladung]. 16. März 1941. In: CAHJP. Jerusalem. P 113/R9. 1934 wandert Julius Kaufmann mit seiner Familie nach Palästina aus. Auch Ríwka und Alfred Berger sowie Rochel, aber auch Mirele mit ihrem ersten Mann Heinz Moser verlassen Deutschland vor dem Krieg. Elsa Kaufmanns Vater sowie ihre Schwester werden nach Theresienstadt deportiert. Zum Schicksal der Familie Kaufmann vgl. Julius Kaufmann, Vom Rheinland ins Heilige Land (wie Einleitung, Anm. 19), S. 197–256.

2 Zum Literaturbegriff der Jüdischen Renaissance

2.1 Jüdische Renaissance

Die Zeit um die Jahrhundertwende ist geprägt durch kulturzionistische und national-jüdische Einflüsse, durch die versucht wird, sich gegen die stärker werdenden antisemitischen, aber auch assimilatorischen Tendenzen durchzusetzen.[1] Die
Ideen von Martin Buber und Nathan Birnbaum sind hier unter anderem rich-
tungweisend. So beschreibt Buber in seinem Aufsatz »Jüdische Renaissance«
von 1901 das, was die nationale Bewegung allgemein ausmachen müsse.

> Es ist eine Selbstbesinnung der Völkerseelen. Man will die unbewusste Entwicke-
> lung der nationalen Psyche bewusst machen; man will die spezifischen Eigenschaf-
> ten eines Blutstammes gleichsam verdichten und schöpferisch verwerten; man will
> die Volksinstinkte dadurch produktiver machen, dass man ihre Art verkündet. Hier
> werden nationale Kulturen angestrebt.[2]

Die Bedeutung der nationalen Bewegung innerhalb des deutschen Judentums
ist derart enorm, dass Buber von einem »Wunder«, von einer »Auferstehung«
(7) des jüdischen Volkes spricht, das nun aus einem halben Zwitterwesen zu
einer ganzen autarken Nation erweckt werden könne.[3] Aus diesem Grund
nenne man die »Teilnahme an der modernen national-internationalen Kultur-

---

[1] Einen umfassenden Überblick über kulturzionistische Aspekte bietet Mark H. Gelber: Melancholy Pride. Nation, Race and Gender in the German Literatur of Cultural
Zionism. Tübingen: Niemeyer 2000. (Conditio Judaica. Studien und Quellen zur
deutsch-jüdischen Literaturgeschichte; 23). Für einen Einblick in verschiedene politische, ökonomische und kulturelle Besonderheiten zur Zeit der Jüdischen Renaissance siehe beispielsweise Trude Maurer: Die Entwicklung der jüdischen Minderheiten in Deutschland (1780–1933). Neuere Forschungen und offene Fragen. Tübingen: Niemeyer 1992. (Internationales Archiv für Sozialgeschichte der deutschen Literatur; 4. Sonderheft).

[2] Martin Buber: Jüdische Renaissance. In: Ost und West 1 (Januar 1901) H. 1; Sp. 7–
10; hier: Sp. 7. Folgende Zitate sind im Text nachgewiesen.

[3] Zur Rückbesinnung auf die kulturelle Tradition vgl.: »Aber in Wirklichkeit, gleich
wie sie argumentierten, beschäftigten sich die Reformer immer wieder damit, das
Judentum nicht nur als Konfession, sondern als gesamte Kultur neu zu gestalten. [...]
Am Ende des Jahrhunderts entpuppten sich auch die deutschen Zionisten als kulturelle Erneuerer par excellence. Obwohl sie das Judentum als eine moderne politische
Nation verstehen wollten, waren sie ständig mit Plänen zur kulturellen Erneuerung
beschäftigt.« Shulamit Volkov: Die Erfindung einer Tradition. Zur Entstehung des
modernen Judentums in Deutschland. In: Dies.: Das jüdische Projekt der Moderne.
Zehn Essays. München: Beck 2001, S. 118–137; hier: S. 123.

bewegung eine Renaissance« (7). Dabei sei der kulturelle Weg der, den diese Jüdische Renaissance vor sich habe – zuerst der jüdisch-kulturelle Weg, dann derjenige hin zu anderen Völkern, denn dann sei man ›reif‹ für die Jüdische Renaissance, für die Wiedergeburt des jüdischen Volkes.

Auffällig und für uns auch durchaus ungewöhnlich an Bubers Text ist vor allem der ›völkische‹ Duktus innerhalb der sprachlichen Darstellung. Die deutschen Juden blieben letztlich »nicht unbeeinflusst von den damals in Deutschland gängigen ›völkischen‹ Ideologien. Martin Bubers neue Betonung einer jüdischen Traditions- und Blutsgemeinschaft in seinen ›Reden über das Judentum‹ (1909–1911)«[4] gelten dafür als prominentes Beispiel. In dieser Arbeit finden sich überwiegend Textzeugen dieser Zeit, in denen die verbreiteten deutsch-völkischen Sprach-Muster aufgegriffen wurden und letztlich unreflektiert in eine jüdisch-völkische Ideologie nach dem Modell eines modernen Nationalismus gewandelt wurden. Begrifflichkeiten wie z. B. »Rasse«, vielleicht auch die Ideologie insgesamt, scheinen in diesen deutsch-völkischen bzw. jüdisch-völkischen Texten nahezu austauschbar zu sein. Die meisten Kaufmann-Texte ebenso wie einige *Freistatt*-Beiträge – besonders die zur *Freistatt*-Debatte – weisen eben diesen völkischen Stil auf.[5]

> Der zum Teil »völkisch« klingende Sprachduktus mancher Beiträge sollte nicht darüber hinwegtäuschen, dass es um eine wesentlich kulturell modellierte Identitätsdebatte ging und nicht primär um ein biologistisches Konstrukt, das zu Recht in die Nähe der Blut-und-Boden-Ideologie gerückt werden könnte.[6]

Während des Kaiserreichs weist sowohl die deutsche als auch die jüdische ›Völkischkeit‹ Züge einer Such- und Erneuerungs-, aber auch einer Gegenbewegung auf:

> Die völkische Bewegung konstituiert sich aus einer Fülle von programmgeleiteten Gruppierungen; es geht um die Verbreitung, die kulturelle und gesellschaftliche Durchsetzung und – seltener – die politische Umsetzung eines weltanschaulichen Programms, und die Programmatik bewegt sich, mit jeweils unterschiedlichen Akzentsetzungen, in *einem* ideologischen Feld mit festen Koordinaten: der Glaube an eine alldeutsch oder pangermanisch begründete deutsche Eigenart, die Auserwähltheit und Mission des deutschen Volkes – die rassische, insbesondere antisemitische und antislavische Begründung dieser Überzeugungen – die Gegenwartskritik, zumeist als Kritik an den zeitgenössischen bekannten Symptomen der ›Modernisierung‹ (Industrialisierung, Urbanisierung, ›Rationalisierung‹ der Lebenszusammenhänge) – Entwürfe ganzheitlicher Gegenwelten, bis hin zur Stiftung neuer ›Religionen‹.[7]

---

[4] Volkov, Die Juden in Deutschland. 1780-1918 (wie Einleitung, Anm. 5), S. 64
[5] Vgl. hierzu insbesondere Kap. 2.3.3 (Kunst als nationaljüdisches Propagandamittel), Kap. 3.1.2 (Die antizionistische Konzeption des Alljudentums) und 3.3.1 (Die einzelnen Beiträge der *Freistatt*-Debatte).
[6] Horch, Schicketanz, »Volksgefühl und Jüdischkeit« (wie Einleitung, Anm. 2), S. 193.
[7] Uwe Puschner, Walter Schmitz, Justus H. Ulbricht: Vorwort. In: Handbuch zur »Völkischen Bewegung« 1871-1918. Hg. von Uwe Puschner, Walter Schmitz und

Die hier zitierte Beschreibung der deutsch-völkischen Bewegung ist letztlich – tauscht man die Begriffe *alldeutsch* und *deutsche* Eigenart gegen *alljüdisch* und *jüdische* Eigenart aus und streicht die antisemitischen und -slavischen Begründungen – eine Definition einer Bewegung, die Kaufmann durch sein alljüdisches *Freistatt*-Programm propagiert.[8] Gerade bei Kaufmanns Texten hat man häufig das Gefühl, dass diese durch den völkischen Zeitgeist in Thematik und Sprache derart stark beeinflusst sind, sodass er außerhalb dieser völkischen Thematik keine originären Ideen einbringt und auch sprachlich letztlich innerhalb dieses Konstruktes bleibt.

Auch seine Vorliebe zum (ost-)jüdischen Volkslied und den einfachen Heimatgeschichten kann dadurch erklärt werden, dass es eine ebensolche deutschvölkische Bewegung, eine Hinwendung zur Heimatkunst gab, durch die Kaufmann in seiner Kindheit geprägt wurde.[9] Die Rückbesinnung auf Traditionen, eine eindeutige Rückwärtsbewegung ist für viele Heimatschriftsteller von Bedeutung:

> Statt politisch zu handeln, favorisierten sie das Verharren im Hergebrachten, statt neue ästhetische Entwürfe zu entwickeln, reproduzierten sie immer wiederkehrend Bilder des vermeintlich Verlorenen, die nichts anderes sein konnten als regressive Utopien, bürgerliche Wunschprojektionen von de facto schon längst verschwundenen Lebensformen.[10]

Ähnlich ist auch das Literaturverständnis innerhalb der *Freistatt* zu begreifen.[11] Die Hinwendung zur ›verlorenen‹ Jüdischkeit, ihrer Kultur, ihren Bildern, ihrer Sprache und Literatur, die im Ostjudentum noch real existierten, bleibt letztlich für die Alljuden wie Kaufmann eine Utopie, ein Wunschbild, das sich an vergangenen Zeiten orientiert.

Justus H. Ulbricht. München et. al.: K. G. Saur 1996. S. IX-XXIII; hier: S. XXI-XXII.

8 Vgl. hierzu Kap. 3.1 zur *Freistatt*.

9 So ist belegt, dass Kaufmann, bevor er seine Liebe zum jüdischen Volkslied entdeckte, auch den deutschen Volksweisen sehr zugetan war. Vgl. hierzu: Kaufmann, Einige Bemerkungen zum jüdischen Volkslied (wie Kap. 1, Anm. 200), S. 121–122.

10 Kay Dohnke: Völkische Literatur und Heimatliteratur 1870-1918. In: Handbuch zur »Völkischen Bewegung« 1871-1918 (wie Anm. 7), S. 651-684; hier: S. 658.

11 Zum Literaturverständnis der *Freistatt* vgl. Kap. 3.2. Gemäß des programmatischen Ansatzes der *Freistatt* die Literaturauswahl betreffend wird in dieser Arbeit darauf verzichtet, eine ästhetische Bewertung der Texte vorzunehmen. Trotzdem sei auf Folgendes hingewiesen: »Da die Verfasser von Heimatdichtungen der progressiven Literatur weder ästhetisch noch intellektuell etwas entgegenzusetzen hatten, zogen sie sich um so entschiedener auf ihre Traditionen einer konservativ-epigonalen Provinzliteratur zurück, mit der sich erfahrungsgemäß ein breiteres Publikum ansprechen ließ als mit experimentellen oder sehr anspruchsvollen Texten.« Dohnke, Völkische Literatur und Heimatliteratur 1870-1918 (wie Anm. 10), S. 658. Diese ›Qualitätsminderung‹ trifft natürlich nicht nur auf die hier thematisierte deutschvölkische Heimatliteratur zu, sondern auch auf einige in der *Freistatt* ausgewählte literarische Texte.

Auch Buber erachtet eine Rückbesinnung auf das traditionelle »klassische«
Judentum als notwendig, allerdings eher um die wichtigsten Eckpfeiler einer
Jüdischen Renaissance heraufzubeschwören, denn »den Inhalt des altjüdischen
Geisteslebens, das große Gottgefühl, nimmt der Chassidismus, dessen Sprach-
form die Haskala auf; jener hat die jüdische Uridee, diese den Hebraismus
erneuert. Erneuert: nicht wiederholt.«[12] Buber verweist zudem auf ein wesentliches Kernproblem einer solchen Renaissance: die grundsätzliche Verschiedenheit des kulturell-gewachsenen Ost- und des zersplitterten Westjudentums.[13] Auch das besondere Verhältnis, das sich in der deutsch-jüdischen
Symbiose darstellt, thematisiert Buber. Ihre Bedeutung zeige sich darin, dass
es »kein Gebiet deutscher Existenz [gebe], in dem in diesem Zeitalter nicht
jüdische Menschen führend mitgewirkt hätten, wertend, ordnend, deutend,
lehrend, gestaltend«[14]. Daher könne man weder von jüdisch-parasitärem Verhalten sprechen, noch die starken jüdischen Einflüsse auf die deutsche Kultur
bestreiten, sondern müsse vielmehr die reziproke Bereicherung, also die
deutsch-jüdische Symbiose, betrachten.

Martin Buber gehört ebenso wie Berthold Feiwel zur ›ersten Generation‹
national gesinnter Juden. Doch die Jüdische Renaissance wird auch durch die
›zweite Generation‹ und damit durch die um 1880 geborenen Juden geprägt.

> Im Gegensatz zu den Gründervätern Theodor Herzl (1860–1904), David Wolffsohn
> (1856–1914), Max Isidor Bodenheimer (1865–1940) oder Max Nordau (1849–1923)
> beurteilten die Nachgeborenen die soziale und intellektuelle Situation der Juden in
> Westeuropa wie auch den universalen Geltungsanspruch des Zionismus weitaus pes-
> simistischer.[15]

Genau wie Kaufmann gehören Ludwig Strauß und Moritz Goldstein zu dieser
Generation jüdisch-national interessierter Juden, deren von radikal-völkisch
bis moderat-national reichenden Ansichten hier anhand der zeitgenössischen
Literaturdebatten dargestellt werden sollen. Sie sehen den politischen Zionismus deutlich kritischer als die ›erste Generation‹ und wollen den Kern des
eigentlichen Judentums nicht mehr ausschließlich auf das zukünftige Palästina
beschränken, sondern suchen nach anderen Strategien, um das von Feiwel

---

[12] Martin Buber: Renaissance und Bewegung. In: Ders.: Der Jude und sein Judentum.
    Gesammelte Aufsätze und Reden. Gerlingen: Lambert Schneider 1993, S. 265–272;
    hier: S. 267. Der Aufsatz entstammt dem Jahr 1905 und wird erstmalig im Sammel-
    band »Die Stimme der Wahrheit« abgedruckt.

[13] Vgl. ebd., S. 269-272.

[14] Martin Buber: Das Ende der deutsch-jüdischen Symbiose. Januar 1939. In: Ders.:
    Der Jude und sein Judentum. S. 629-632; hier: S. 630. »Aber tiefer noch als durch
    individuelle Leistung wird die Symbiose durch ein eigentümliches Zusammenwir-
    ken deutschen und jüdischen Geistes beglaubigt.« Ebd.

[15] Horch, Schicketanz, »Volksgefühl und Jüdischkeit« (wie Einleitung, Anm. 2),
    S. 185.

geforderte »lebendige, schaffende, ringende, sich befreiende Judentum«[16] für alle deutschen Juden zugänglich zu machen.[17]

> Die »Jüdische Renaissance« war im Grunde keine nationalpolitische, sondern eine romantische Bewegung. Sie richtete sich gegen das »analytische, zergliedernde und zerteilende Denken«, welches »die lebendigen Strukturen und ihre Zusammenhänge tötet«. Ihr neues Judentum wandte sich gegen »das kalkulierende Denken, die Rechenhaftigkeit, die Seelenlosigkeit, die Leb- und Lieblosigkeit«, welche in diesen Jahren nicht nur von dezidierten Antisemiten, sondern eben auch von Juden mit den modernen bürgerlichen Juden identifiziert wurden.[18]

Auch wenn innerhalb der Renaissance-Bewegung zu jeder Zeit kulturelle und traditionell-jüdische Aspekte im Mittelpunkt stehen, bildet die Frage nach der jüdischen Kultur und auch der jüdischen Beteiligung innerhalb der deutschen Kultur besonders für die ›zweite Generation‹ einen relevanten Diskussionsschwerpunkt. Gerade für die Selbstwahrnehmung dieser deutschen Juden spielt die Kultur eine enorme Rolle, wobei die Vermittlung der ideologischen Aspekte nur von den ›wahren‹ Juden übernommen werden könne – also von den Ostjuden.

Die Hinwendung zum Ostjudentum ist charakteristisch für die zionistisch-nationale Bewegung. Der eindeutig positiv konnotierte Begriff »Ostjude« wird von Nathan Birnbaum in seiner Abhandlung »Was sind die Ostjuden? Zur ersten Information« detailliert definiert.[19] Hierin erläutert er erst geographische, sodann sozial-gesellschaftliche, aber auch ökonomische und kulturelle Gegensätze zwischen den Ost- und Westjuden. Vor allem die vermeintlich geographische Dimension der Begrifflichkeit Ostjudentum sei aber missverständlich, da nicht die östlichen also orientalischen Juden gemeint seien, son-

---

[16] Berthold Feiwel: Geleitwort zur ersten Ausgabe. In: Jüdischer Almanach. Teilweise veränderte Neuausgabe. Berlin: Jüdischer Verlag 1904, S. 13–20; hier: S. 17.

[17] Die Krise des politischen Zionismus zeichnet sich bereits nach dem Tod Herzls ab. Dass man sich ihrer bewusst ist und neue Strategien entwickeln muss, zeigt die Intensivierung der Kulturfrage nach dem IX. Zionistenkongress 1909. Der Kulturzionismus ist vor allem für die nationalen Juden der ›zweiten Generation‹ relevant.

[18] Andreas Herzog: Zur Modernitätskritik und universalistischen Aspekten der »Jüdische Renaissance« in der deutschsprachigen Literatur zwischen Jahrhundertwende und 1918. In: Trans. Internet-Zeitschrift für Kulturwissenschaften. (November 1997) H. 2. Auf: http://www.inst.at/trans/2Nr/herzog.htm, aufgerufen am 21. September 2004. Herzog zitiert hier: Cornelia Klinger: Flucht Trost Revolte. Die Moderne und ihre ästhetischen Gegenwelten. München, Wien: Hanser 1995, S. 84. »Die Kritik der Romantiker richtet sich gegen das analytische, zergliedernde und zerteilende Denken, das die lebendigen Strukturen und ihre Zusammenhänge tötet, sie trifft die ›normative Gesinnung‹, das kalkulierende Denken, die Rechenhaftigkeit, die Seelenlosigkeit, die Leb- und Lieblosigkeit – kurzum: das moderne Rationalitätsprinzip, und zwar sowohl in seiner theoretischen, wissenschaftlich-technischen wie in seiner praktischen, moralisch-gesellschaftlichen Ausprägung als ›Maschinenstaat‹ und ›Philistertum‹.« Ebd.

[19] Nathan Birnbaum: Was sind Ostjuden? Zur ersten Information von Dr. Nathan Birnbaum. Wien: R. Löwit Verlag 1916.

dern lediglich zwischen dem gewachsenen traditionsbewussten und dem verstreuten emanzipierten Judentum zu unterscheiden sei.[20] Der Begriff ist – aus der westlichen Perspektive geprägt – kulturell und nicht ausschließlich geographisch zu sehen, denn während die deutschen Juden bereits die polnischen Juden als ›Ostjuden‹ ansehen, sind für jene die litauischen Juden als solche zu bezeichnen. Alle Juden, die bereits stärker dem Assimilationsprozess unterliegen, wie die Juden Ungarns oder Böhmens, seien aber aus dieser kulturellen Typologisierung bereits ausgenommen.

Äußerlich durch Bart und Schläfenlocken erkennbar sind die so genannten ›Kaftanjuden‹ aber vor allem innerlich – durch das Jiddische und die Hinwendung zur chassidischen Mystik – von den ›Krawattenjuden‹ zu unterscheiden.[21] Tatsächlich entwickelt sich eine eigenständige nationale Kultur und eine moderne Literatur in hebräischer und jiddischer Sprache, auf die die Westjuden nun rekurrieren. Die wechselseitige Abhängigkeit der West- und der Ostjuden und deren besondere Verwandtschaft bedingt das große Interesse innerhalb des deutschen Judentums. »The ›Ostjude‹ and ›German Jew‹ were archetypal representations of the dichotomy, major actors in a new kind of confrontation marked by both tension and creativity. Mirror opposites, they remained bound to each other.«[22]

Da diese Thematik gerade zur Zeit der Jüdischen Renaissance vermehrt problematisiert wird und vor allem auch für Kaufmann von großer Bedeutung ist, muss auch diese Arbeit im Folgenden einen kurzen Exkurs zur Sicht auf das Ostjudentum der Jahrhundertwende und auf die damit verbundene, viel diskutierte ›Ostjudenfrage‹ bieten.

2.1.1 »Ostjudentum« und »Jüdische Renaissance«

Gerade unter dem kulturzionistischen Einfluss Martin Bubers beginnen jüdische Intellektuelle und Künstler um die Jahrhundertwende das Ostjudentum alternativ zur europäischen Zivilisation für sich zu entdecken.[23] In vielen fikti-

---

[20] Vgl. ebd., S. 4.

[21] Natürlich ist auch die veränderte Sozialstruktur von Bedeutung, denn viele Schtetl-Bewohner müssen wegen des Niedergangs des Handwerks in Industriestädte ziehen. Dieser Umzug ist meist von großer Armut geprägt.

[22] Aschheim, Brothers and Strangers (wie Kap. 1, Anm. 185), S. 252.

[23] Als eigentlicher Begründer des ›Kulturzionismus‹ gilt der aus Odessa stammende Achad Ha'am, dessen Ideen unter anderem von Buber aufgegriffen werden. »Der hebräische Autor hatte schon Ende der 1880er Jahre nicht auf die Gründung eines eigenen Staates, sondern auf die Entwicklung eines geistig und kulturell ausgerichteten modernen Judentums gedrängt, das seine Kraft nicht erst in Palästina, sondern schon in der Diaspora entfalten sollte.« Herzog, Zum Bild des »Ostjudentums« in der »westjüdischen« Publizistik der ersten Jahrzehnte des 20. Jahrhunderts (wie Kap. 1, Anm. 185). Vgl. hierzu auch u. a. Heiko Haumann: Geschichte der Ostjuden. München: Deutscher Taschenbuch Verlag 1990 (dtv; 30663), S. 156–157.

onalen, aber auch expositorischen Texten werden »die osteuropäischen Juden zu romantisierten Gegenfiguren der mitteleuropäischen Zivilisation gemacht«[24]. Auf der kulturzionistischen, national-jüdischen Seite werden die kulturellen und auch die sozial-wirtschaftlichen Gegebenheiten innerhalb des Ostjudentums häufig romantisiert, um zu einer neuen, eigenen, jüdischen Identität zu gelangen. Die anwachsende zionistische Bewegung muss als Zeugnis dafür gesehen werden. Die assimilierten Juden nutzen die Darstellung des ostjüdischen Milieus dagegen, um ihre eigene Akkulturation positiv hervorzuheben. Auch den Antisemiten bietet die Diskussion um das Ostjudentum eine Basis zu verstärkter Polemik, wobei ihnen der Begriff des ›Ostjuden‹ entgegenkommt, da er zwei negative Stereotype miteinander vereint – den Osten und den Juden, »beides Wörter, die Abgrenzung, Verdrängung und Ausschluß signalisieren«[25]. Der erstarkende Antisemitismus führt wiederum dazu, dass die deutsch-jüdischen Intellektuellen ihre Identität in Frage stellen und ihre Beziehung zum Ostjudentum letztlich zur »Gretchenfrage«[26] wird.

Ein besonderes Indiz für die rege Beschäftigung mit der Relation zwischen Ost- und Westjudentum stellt die 1901 gegründete Monatsschrift *Ost und West*[27] dar. Der Name dieser Zeitschrift ist in zweifacher Hinsicht Programm,

---

[24] Herzog, Zum Bild des »Ostjudentums« in der »westjüdischen« Publizistik der ersten Jahrzehnte des 20. Jahrhunderts (wie Kap. 1, Anm. 185).

[25] Ludger Heid: Das Ostjudenbild in Deutschland. In: Neues Lexikon des Judentums (wie Einleitung, Anm. 12), S. 632–635; hier: S. 632–633. Besonders die Komposita ›Ostjudengefahr‹ und ›Ostjudenfrage‹ sorgen für die Integration des von Birnbaum noch positiv konnotierten Begriffs des ›Ostjuden‹ in den deutschen Wortschatz.

[26] Hans-Peter Bayerdörfer: Das Bild der Ostjuden in der deutschen Literatur. In: Juden und Judentum in der Literatur. Hg. von Herbert A. Strauss und Christhard Hoffmann. München: Deutscher Taschenbuch Verlag 1985 (Deutsch-jüdische Geschichte in der Neuzeit; 10513), S. 211–236; hier: S. 213. An dieser Stelle sei auf die unterschiedlichen literarischen Bilder des Ostjudentums verwiesen, die hier aufgrund des Umfangs nicht weiter diskutiert werden können. Zur Identitätsfrage innerhalb des Judentums dieser Zeit sei auf Kapitel 2.3 verwiesen. Vgl. aber auch: Robert Weltsch: Die schleichende Krise der jüdischen Identität – Ein Nachwort. In: Juden im Wilhelminischen Deutschland 1890–1914. Ein Sammelband. Hg. von Werner E. Mosse unter Mitwirkung von Arnold Paucker. Tübingen: Mohr 1976 (Schriftenreihe wissenschaftlicher Abhandlungen des Leo-Baeck-Instituts; 33), S. 689–702.

[27] Der 1876 in der Ukraine geborene Herausgeber Leo Winz erfüllt die besten Voraussetzungen, eine Balance zwischen der ostjüdischen und der westjüdischen Welt zu schaffen, weil er eben selbst ›zwischen‹ diesen zwei Kulturen steht. »Although *Ost und West* was the first significant publication to bring together Western and Eastern Jewish intellectuals and artists, its accomplishments lie more in the realm of cultural transmission than in intellectual or artistic originality.« [David A. Brenner: »Making Jargon Respectable«. Leo Winz, Ost und West and the Reception of Yiddish Theatre in Pre-Hitler Germany. In: Publications of the Leo Baeck Institute of Jews from Germany. Year Book XLII (1997), S. 51–66; hier: S. 63. Vgl. auch Ders.: Marketing Identities. The Invention of Jewish Ethnicity in *Ost und West*. Detroit: Wayne State University Press 1998.] Trotzdem oder gerade deswegen gilt *Ost und West* als Vor-

denn man wendet sich nicht nur theoretisch an alle Juden, sucht Gemeinsamkeiten herauszuarbeiten und eine Verbindung zu schaffen, sondern man überwindet auch praktisch mit den verschieden orientierten Mitarbeitern diese
Unterschiede. So scheint es auf den ersten Blick zunächst verwunderlich, dass
neben Martin Buber und Max Nordau auch der anti-zionistische, liberal-
jüdische Ludwig Geiger als Beiträger verantwortlich zeichnet. Doch mit dieser
Auswahl an Autoren werden die verschiedensten jüdischen Interessen vertreten und damit auch gemäß der Programmatik der Zeitschrift vereint.

Neben der um die Jahrhundertwende einsetzenden ›Übersetzungswelle‹,[28]
dokumentiert ein weiteres dem *Juden* ähnlich gerichtetes ›Projekt‹ das große
Interesse an (ost-)jüdischer Literatur und Kunst. Die ›demokratische Fraktion‹
der zionistischen Bewegung – unter ihnen Martin Buber, Ephraim Moses Lilien
und Berthold Feiwel – gründen Ende 1901 den »Jüdischen Verlag« zur Förderung jüdischer Wissenschaft und Kunst, da ihrer Meinung nach das ›kognitive‹
Judentum bei den politischen Bemühungen Herzls um einen Judenstaat zu kurz
komme.[29] Dabei orientiert man sich an der ostjüdischen Volkskultur, wofür die
erste im Jüdischen Verlag erschienene Publikation, der »Jüdische Almanach
5663« mit modernen ostjüdischen Erzählungen, beispielhaft stehen soll.

> Was wir für unseren Teil dazu beitragen können, das wollen wir von dem Centrum
> aus, das wir uns geschaffen haben, nach bestimmten Richtungen hin thun: vor allem
> für die westeuropäischen Juden, doch auch für die osteuropäischen. Denn nicht zu-
> letzt ist es ein Zweck der jüdischen Kulturbewegung, eine seelische Einheit zu er-
> möglichen zwischen den Massen des Ostens, die in der nationalen Treue nicht wan-
> kend wurden, und den Juden des Westens, die allmählich ihrem Stamme wieder zu-
> geführt werden.[30]

---

bild für andere – so auch für Fritz Mordechai Kaufmann und *Die Freistatt* sowie für
Martin Buber und *Der Jude.*

[28] Vgl. Delphine Bechtel: »Ostjuden« and »Westjuden«. German-Jewish Intellectuals
and Yiddish Culture 1897–1930. In: Publications of the Leo Baeck Institute of Jews
from Germany. Year Book XLII (1997), S. 67–83; hier insbesondere: S. 75 ff.

[29] »The emphasis on cultural projects was intended to provide a framework and en-
couragement for the full and unencumbered expression of ›the Jewish spirit‹, ›the
Jewish mind‹, or Jewish creativity in general. In terms of the neo-romantic vocabu-
lary of the period, it was the Jewish ›Volksseele‹, (folksoul) which required fortifi-
cation and sufficient cultural space for unencumbered and creative, artistic expression.« Gelber, Melancholy Pride (wie Anm. 1), S. 3.

[30] Feiwel, Geleitwort zur ersten Ausgabe (wie Anm. 16), S. 17–18. So verdeutlicht
auch Feiwels Geleitwort die programmatische Hinwendung zur ostjüdischen Kultur
mit dem Ziel der Erneuerung des gesamten Judentums. »Die zu schaffende neue jüdische Kunst und Literatur sollte nun bewußt das ›jüdische Motiv‹ aus ›jüdischer
Anschauung‹ für das jüdische Volk gestalten.« Hanni Mittelmann: Die Assimilationskontroversen im Spiegel der jüdischen Literaturdebatte am Anfang des 20. Jahrhunderts. In: Kontroversen, alte und neue: Akten des VII. Internationalen Germanisten-Kongresses. Göttingen 1985. Hg. von Albrecht Schöne. Bd 5: Auseinandersetzungen um jiddische Sprache und Literatur. Jüdische Komponenten in der deutschen

Das deutsch-jüdische Ostjudenbild prägen aber vor allem die Theorien Martin Bubers und Nathan Birnbaums. Besonders in seinen chassidischen Erzählungen vermittelt Buber kultur- und religionsphilosophische Ideen, die einen großen Einfluss auf das Ostjudenbild der Juden in Deutschland haben. »Buber betonte selbst, daß es ihm nicht um exakte philologische Überlieferung ging, sondern auf die Weitergabe des ekstatischen Erlebnisses und der mystischen Erleuchtung ankam, die er selbst bei der Lektüre chassidischer Geschichten erfahren hatte.«[31] Auch in seinen »Drei Reden über das Judentum« sucht er das moderne Judentum zu einem Neuanfang zu bewegen, indem er weder die Tradition noch die Konfessionalität des Judentums, sondern die ethische Kraft der ostjüdischen Mystik in den Vordergrund stellt, was insbesondere die jungen Intellektuellen bei der Suche nach ihrer Jüdischkeit inspiriert.[32] Bereits an der Besprechung dieses Werkes kann man die verschiedenen Ansichten bezüglich der Bewertung der traditionellen Jüdischkeit innerhalb des deutschen Judentums beobachten. Während eine Rezension des Textes in der zionistischen *Jüdischen Rundschau* Buber als mutigen, verständigen Denker zeichnet,[33] wird in der liberalen *Allgemeinen Zeitung des Judentums* Bubers Polemik und dessen unverständliche »bombastische Sprache« durch Ludwig Geiger negativ besprochen.[34]

> Bubers Darstellung der positiven Seite des Modells vom Ostjudentum schuf ein utopisches Modell eines geläuterten Judentums, aller westlichen Gewänder entkleidet. Seine Rückkehr zu der Welt des Ostjudentums war eine fiktive Neuschaffung einer Welt, in der er lebte, zu der er jedoch nicht gehörte. Diese Distanz gab den Anstoß für seine Rekonstruktion der ostjüdischen Welt als intellektuellem Heiligtum des Westjuden.[35]

Literatur- und Assimilations-Kontroverse. Hg. von Walter Röll und Hans Peter Bayerdörfer. Tübingen: Niemeyer 1986, S. 150–161; hier: S. 151.

[31] Herzog, Zum Bild des »Ostjudentums« in der »westjüdischen« Publizistik der ersten Jahrzehnte des 20. Jahrhunderts (wie Kap. 1, Anm. 185).

[32] Vgl. Martin Buber: Drei Reden über das Judentum. Frankfurt am Main: Literarische Anstalt, Lütten & Loening 1911.

[33] »Aus der Beschäftigung mit dem Chassidismus heraus ist Martin *Buber* zu einem Philosophen des jüdischen Wesens geworden, ein grüblerischer, stiller und dabei goldklarer Geist, in gedankenvolle Schwermut versenkt, die nichts mit Pessimismus und Dekadenz zu tun hat.« Richard Huldschiner: Buber's »Drei Reden über das Judentum«. In: Jüdische Rundschau 16 (24. November 1911), S. 554–555; hier: S. 554.

[34] »Im Grunde scheint mir die ganze Schrift nichts anderes als eine, wenn auch verkappte, Aufforderung zum Zionismus zu sein [...].« L. G. [d. i. Ludwig Geiger]: [Rezension zu Martin Bubers Drei Reden über das Judentum]. In: AZJ 76 (23. Februar 1912) H. 8, S. 95–96; hier: S. 95.

[35] Sander L. Gilman: Die Wiederentdeckung der Ostjuden: Deutsche Juden im Osten, 1890–1918. In: Beter und Rebellen. Aus 1000 Jahren Judentum in Polen. Hg. von Michael Brocke. Frankfurt am Main: Deutscher Koordinierungsrat der Gesellschaften für Christlich-Jüdische Zusammenarbeit 1983, S. 11–32; hier: S. 20.

Auch Fritz Mordechai Kaufmann gehört in die Generation, die sich gegen die assimilierte Elterngeneration stellt, den Zionismus als Organisation gar ablehnt und im Ostjudentum die jüdische Ursprünglichkeit erkennt. Er trifft wie viele gleichaltrige Westjuden während des Studiums auf seine ostjüdischen ›Wurzeln‹.[36] Zudem fühlt er sich von den Ideen Bubers inspiriert und denen Birnbaums verpflichtet, der die kulturell-nationale Souveränität der Juden propagiert, die man durch eine stärkere Beachtung und Verbreitung der ostjüdischen Volkskultur erreiche.[37] Dabei spielt das Jiddische als ›Sprache des Volkes‹ eine große Rolle.[38] Eben diese Ideale bilden auch die Basis für das Programm der *Freistatt*, deren Ziel die Vermittlung ostjüdischer kultureller, aber auch politisch-sozialer Werte an die Westjuden ist.

Doch die wirtschaftliche Realität unterscheidet sich drastisch von dem teilweise fiktionalen und idealisierten Bild des frommen Ostjuden. Zum einen ist das Ostjudentum nicht von einer derartigen Homogenität geprägt, wie sie im Westen gerne dargestellt wird. Zum anderen sind im Zuge der Wirtschaftskrise viele Handwerker gegen Ende des 19. Jahrhunderts aufgrund der grassierenden Armut gezwungen, ihre Dörfer zu verlassen, in moderne Industriezentren überzusiedeln und damit in einer Art und Weise zu leben, die ihnen aufgezwungen wird. Zudem werden insbesondere die russischen Juden zunehmend durch Pogrome bedroht, sodass sie ihre Heimat verlassen müssen. Besonders während des Ersten Weltkriegs und nach dessen Ende treffen die Ostjuden – als Volk ohne Land – in den neuentstandenen Nationalstaaten auf einen erstarkenden Antisemitismus. Nach Deutschland flüchtet nur ein geringer Teil der heimatlos gewordenen Juden und dann auch nur, um von dort aus nach Amerika zu emigrieren. »Auf ganz Deutschland bezogen betrug der Bevölkerungsanteil der osteuropäischen Juden gerade mal 0,1%.«[39] Doch nicht alle deutschen Juden sind wie die Nationaljuden erfreut über diesen Zuwachs, denn die ›Kaftanjuden‹ fallen auf. Sie sind ihren bereits assimilierten ›Vettern‹, die peinlich darauf bedacht sind, nicht aufzufallen, unangenehm.

---

[36] Vgl. hierzu Mayer, A German Jew Goes East (wie Kap. 1, Anm. 116). Dieser beschreibt hier sein Zusammentreffen mit ostjüdischen Studenten, seine zunehmende Faszination motiviert durch einen Besuch in Litauen und auch seine Bekanntschaft mit Kaufmann, der ihn zusätzlich inspiriert und bestärkt habe.

[37] Zur Autonomie der östlichen Juden vgl. auch die demographischen Angaben in Herzogs »Zum Bild des ›Ostjudentums‹ in der ›westjüdischen‹ Publizistik der ersten Jahrzehnte des 20. Jahrhunderts« (wie Kap. 1, Anm. 185).

[38] Birnbaums ›Kampf‹ für das Jiddische als Volkssprache und gegen das Bild des verachteten deutschjüdischen Jargons vertritt er auch auf seiner 1908 in Czernowitz stattfindenden »Jiddischen Sprachkonferenz«. Zur Sprachenfrage siehe u. a. auch Kapitel 3.1.1.

[39] Herzog, Zum Bild des »Ostjudentums« in der »westjüdischen« Publizistik der ersten Jahrzehnte des 20. Jahrhunderts (wie Kap. 1, Anm. 185). Vgl. hierzu auch die demographischen Daten in Dr. Klara Eschelbacher: Die ostjüdische Einwanderungsbevölkerung der Stadt Berlin. In: Zeitschrift für Demographie und Statistik der Juden 16 (Januar bis Juni 1920) H. 1–6, S. 1–24.

Für die Westjuden verkörperten die Ostjuden ein zweifelhaftes, unangenehmes Relikt der Vergangenheit, wovon man sich entfernen und woran man nicht mehr erinnert werden wollte. Das Ärgste war ihnen, daß sich die nichtjüdische Umwelt wieder an ihre – der deutschen Juden – jüdische »Vergangenheit«, kurz, an ihr »Anderssein« erinnerte.[40]

Sie sind besorgt, dass durch das auffallende Erscheinungsbild der Ostjuden auch ihre eigene staatsbürgerliche Gleichberechtigung angezweifelt werden könnte, wenn die Unterschiede zwischen Juden und Deutschen derart transparent würden. Diese Angst und der verstärkt aufkeimende Antisemitismus sind nach Zweig das Resultat einer von langer Hand vorbereiteten

Propaganda, die die *Ostjuden* verleumdete und die *deutschen* Juden meinte – einer Propaganda für Grenzschluss und Ausweisungen, für Ausnahmegesetze und Schikanen, für Verachtung und Misshandlung, einer Propaganda, die von flegelhafter, tückischer und feiger Dummheit platzte. Dass in der Angst um ihre angezweifelte »völkische Gesinnung« auch deutsch-jüdische Bürger dieser Propaganda erlagen, ist ihre schmachvollste Folge; dass aber noch heute in der deutschen Politik diese Propaganda nachwirkt – das ist ihre allerdümmste.[41]

Was von den Liberalen als ›Gefahr‹ angesehen wird, wird von den Kulturzionisten willkommen geheißen. Das ostjüdische Ideal, das als ursprünglich, geistig, sittlich und einheitlich charakterisiert wird, wird zum direkten Anschauungsobjekt. Die eigene Identität in Frage stellend konnte man das daraus resultierende Minderwertigkeitsgefühl nun auch hinter dem ostjüdischen Stereotyp verstecken, um somit »seine eigene Unsicherheit nach außen zu verlagern«[42]. Ein gegenseitig ›befruchtender‹ Austausch und das frische, authentisch-jüdische »Blut« werden als Chance für eine neue deutsch-jüdische Identität gesehen.[43]

Doch die großen Erwartungen werden enttäuscht, denn die nach Deutschland emigrierte ostjüdische Jugend zeigt nur wenig Interesse an den kulturellen und religiösen Traditionen ihrer Väter und entfremdet sich ihr rasch. Auch Kaufmann macht die Erfahrung, dass sich im Besonderen ostjüdische Musiker zu stark und schnell assimilieren und somit ihr eigenes Liedgut verlieren, wie

---

[40] Heid, Das Ostjudenbild in Deutschland (wie Anm. 25), S. 634. Trotz ihrer inneren Ablehnung fühlen sich die assimilierten Juden den ostjüdischen ›Vettern‹ gegenüber verpflichtet und verteidigen sie nach außen gegen antisemitische Parolen, deren Stimmen bereits in den 1920er Jahren für ein Ende der ›Ostjudenplage‹ erstarken. Mit Hitlers Ausweisungsbefehl und den Novemberpogromen im Jahre 1938 wird der Unterschied zwischen Ost- und Westjuden immer geringer. »Im Martyrium von Auschwitz wurden Ostjuden und Westjuden – ungleiche Kinder eines Vaters – unterschiedslos auf grausige Weise vereint.« Ebd., S. 635.

[41] Arnold Zweig: Aussenpolitik und Ostjudenfrage. In: Neue jüdische Monatshefte 4 (10. März 1920) H. 11, S. 244–249; hier: S. 246–247.

[42] Sander L. Gilman: Die Wiederentdeckung der Ostjuden: Deutsche Juden im Osten, 1890–1918, S. 15.

[43] Vgl. Bechtel, »Ostjuden« and »Westjuden« (wie Anm. 28), S. 69.

er in seinem Merkblatt zum Jüdischen Volkslied beschreibt. Um jedoch die Originalität der Lieder wieder rekonstruieren zu können, habe Kaufmann ältere ostjüdische Frauen, die noch fest in ihrer Sprachkultur verankert seien, um ein Vorsingen gebeten. Diese ›Konzerte‹ seien für ihn so wertvoll gewesen, weil sie die besten Erkenntnisse über das ostjüdische Volkslied verrieten. Zudem würden solche Lieder erst durch den Vortrag eines Ostjuden zum Leben erweckt – erst dann könne man die jüdische ›Seele‹ erfahren.[44]

Die stetige Assimilation oder die Wieder-Auswanderung der Ostjuden steht eben diesem jüdischen Selbsterlebnis im Wege. Daher muss sich Kaufmann ebenso wie viele ähnlich denkende Nationaljuden eingestehen, dass die nach Deutschland emigrierten Ostjuden selber keine große Hilfe zur nationalen Renaissance der Westjuden darstellen.[45] Im Gegenteil – sie selbst benötigen unbedingt Hilfe. Desillusioniert von der Realität wenden sich einige der vormaligen Theoretiker praktischen Arbeiten zu, wie auch Kaufmann und sein Freund Werner Senator, die gemeinsam im Arbeiterfürsorgeamt für die Verbesserung der sozialen Lage der Ostjuden eintreten. Der Glaube, dass die westjüdische Volksseele durch die Rückbesinnung auf das eigentliche Volksleben und die echte Jüdischkeit gerettet werden kann, bleibt aber bestehen.

1921 weist Senator in einer Studie darauf hin, dass man den Status der ausländischen Juden drastisch verändern müsse, da sie praktisch rechtlos seien. Notwendige Institutionen, die für die Probleme der ostjüdischen Einwanderer zuständig sind, seien unerlässlich, »um politisch-konsularischen Schutz, Arbeitsbeschaffung und soziale Hilfe für die Ostjuden in Deutschland in die Wege zu leiten«[46]. Daher sei nun das Arbeiterfürsorgeamt als zentrales Organ geschaffen worden, um den ostjüdischen Arbeitern tatkräftige Hilfe angedeihen lassen zu können. Schließlich müsse man auch als Westjude bedenken, dass

> das, was sich heute in sehr weiten Kreisen immer noch unbemerkt vor ihren Augen abspielt, das Schicksal der Ostjuden in Deutschland, nur ein Teil jenes allgemeinen Judenschicksals ist, das heute aus »Ostjuden« »Westjuden« und morgen den »Westjuden« zum heimatlosen Flüchtling macht, der in der Welt herumirrt, um bei seinen jüdischen Brüdern Hilfe zu suchen.[47]

Dass diese Hilfe für die Ostjuden bitter nötig ist, zeigt vor allem die aufgebrachte Stimmung, die zum so genannten ›Grenzschluss‹ führt – die ›Ostjudengefahr‹ ist in aller Munde.

---

[44] Vgl. Kaufmann, Das jüdische Volkslied. Ein Merkblatt (wie Kap. 1, Anm. 198).

[45] Auch seine eigene Frau ›vergisst‹ ihre jüdischen Traditionen mit ihrem Umzug nach Deutschland und wird erst durch Kaufmann wieder an ihre Wurzeln erinnert. Vgl. Kapitel 1.3.

[46] Werner Senator: Sozialpolitik für die Ostjuden in Deutschland. In: Der Jude 6 (1921/1922) H. 2, S. 73–78; hier: S. 74.

[47] Ebd., S. 78.

2.1.2 Die ›Ostjudenfrage‹

Während des ersten Weltkriegs spitzt sich die ›Ostjudenfrage‹ und die daraus resultierende ›Ostjudengefahr‹ zu, da nun nicht mehr nur aufgrund der Pogrome, sondern auch wegen der vorhandenen Arbeitsplätze in Deutschland – »teils freiwillig, teils unter Zwang, nach 1918 illegal«[48] – eine vermehrte Zuwanderung ausländischer Juden stattfindet.[49]

In ihren Heimatländern haben die Ostjuden einen schweren Stand, da die Staaten in Osteuropa mit ihrer eigenen nationalen Emanzipation ringen. So »war es für einen Großteil [der Bürger dieser Staaten] schwierig, zu verstehen und zu akzeptieren, daß sich die Juden inzwischen ihrer eigenen Nationalität bewußt geworden waren und nur in diesem Rahmen ihren Platz in der Gesellschaft beanspruchten«[50]. Das traurige Ergebnis des Aufeinandertreffens von jüdischer und staatlicher Nationalität sind Ausschreitungen gegen die Juden. Nathan Birnbaum fordert schließlich, dass es nun endlich an der Zeit sei, die Pogrome gegen die Ostjuden endgültig einzustellen und ihnen ihr Recht auf Gleichberechtigung zu gewähren. »Durch die Judenheit der ganzen Welt geht jetzt ein unbestimmtes, mit Zweifeln untermischtes, aber doch ein inniges Hoffen, daß ihr in der bevorstehenden Schicksalsstunde der Völker ihr Recht werden wird.«[51] Und dies müsse dann ein allgemein-jüdisches Recht ohne die noch kulturellen west- und ostjüdischen Schranken sein.

---

[48] Heid, Das Ostjudenbild in Deutschland (wie Anm. 25), S. 633. Durch die Eroberung Polens setzt die deutsche Regierung zunächst polnische Arbeiter in Deutschland ein, die die kriegsbedingte Knappheit an Arbeitskräften ausgleichen sollten. Die Arbeitsbedingungen sind meist derart schlecht, dass hier durchaus von einer Form von Zwangsarbeit gesprochen werden muss.

[49] Die ostjüdische Problematik wird allerdings nicht nur im Deutschen Reich diskutiert. Die besondere ethnische Stellung der Juden in Polen und Galizien wird beispielsweise im Interview mit dem österreichischen Politiker Lewicky hervorgehoben. Vgl. Eugen Lewicky: Die Ostjudenfrage. Eine Unterredung mit Dr. Eugen Lewicky, Wien; Mitglied des österreichischen Reichsrates. In: Neue jüdische Monatshefte 1 (25. Januar 1917) H. 8, S. 215–218.

[50] Haumann, Geschichte der Ostjuden (wie Anm. 23), S. 197. Zum speziellen Verhältnis einzelner Länder Osteuropas zu den ansässigen Juden vgl. ebd. Haumanns Darstellung und insbesondere die der »Geschichte der Ostjuden im Zusammenhang der osteuropäischen Geschichte, insbesondere der nationalen, konfessionellen und sozialen Gemengelage in dem untersuchten Gebiet«, ist für Maurer besonders interessant. Trude Maurer: [Rezension zu Heiko Haumanns Geschichte der Ostjuden]. In: Aschkenas. Zeitschrift für Geschichte und Kultur der Juden 1 (1991) H. 1, S. 230–231; hier: S. 231.

[51] Dr. Nathan Birnbaum: Den Ostjuden ihr Recht! Wien: R. Löwit Verlag 1915, S. 30. In Birnbaum lebt damit auch die Hoffnung, dass mit Ende des Ersten Weltkrieges der Antisemitismus ebenso ein Ende finden könne. Herrmann rezensiert die Schrift Birnbaums und konstatiert: »Wer aber nach dem mannhaften und klugen Worte eines wirklichen Repräsentanten des Ostjudentums verlangt, soll diese Schrift Birn-

Viele deutsche Juden begegnen ihren ostjüdischen ›Vettern‹ zunächst an der Ostfront im Ersten Weltkrieg, woraufhin eine regelrechte Sympathiewelle, eine ›Ostjudenschwärmerei‹ ausbricht. Herzog verweist gar auf die Verwandtschaft der Jüdischen Renaissance zur Neuromantik, die auch in der Hinwendung zu asiatischen und orientalischen Elementen betont werde.

> »Volksgeist« und »Gemeinschaft«, »Ursprünglichkeit« und »Verzicht«, »Frömmigkeit« und vor allem immer wieder »Seele« heißen die mythischen Zauberworte, mit denen die Krise der abendländischen Kultur – die »Vereinzelung« und »Logik«, der »Pragmatismus« und das »materielle Streben« – überwunden werden sollten oder, wie Buber es ausdrückt, die Kluft zwischen Gott und der Welt durch einen erneuerten Menschen überbrückt werden sollte.[52]

Besonders auf Seiten der nationalen Westjuden ist das Bild vom Ostjuden somit positiv konnotiert. »Das im Vergleich zum 19. Jahrhundert zum Positiven gewendete Ostjuden-Bild bewirkte ein breiteres Interesse an ihren religiösen Lebensformen, ihrer Sprache und Literatur.«[53] Auch auf der Gegenseite bricht eine Begeisterung für die deutschen Soldaten aus. Diese gilt jedoch nicht, wie Arnold Zweig beschreibt, als Sympathiebekundung für die ›Befreier‹, sondern für die deutsche Kultur.

> Mit der erschütternden und erhabenen Unverdorbenheit, mit der diese Menschenart die Führerschaft des Dichters in seinem Sprachbezirk – die Repräsentation des Volkes durch seine klassischen Dichter – anschaut mit der strengen und gesicherten Tradition, mit der sie Anschauungen über Generationen hin vererbt, mit der tiefen dankbaren Treue, die sie mit allem verbindet, was an Güte und Gerechtigkeit zu ihr hinüber scholl: in dieser Haltung empfing der ostjüdische Geist den deutschen Geist – empfing in Gestalt des Weltkriegssoldaten das repräsentative deutsche Jahrhundert von »Lessing bis Nietzsche«.[54]

---

baums lesen.« Leo Herrmann: Den Ostjuden ihr Recht! In: Jüdische Rundschau 20 (19. November 1915) H. 47, S. 377.

[52] Andreas Herzog: Die Ostjuden. Kulturelle Wirklichkeit und Fiktion. In: Ders.: Ost und West. Jüdische Publizistik 1901–1928. Leipzig: Reclam 1996 (Reclam-Bibliothek; 1557), S. 252–279; hier: S. 277–278.

[53] Herzog, Zum Bild des »Ostjudentums« in der »westjüdischen« Publizistik der ersten Jahrzehnte des 20. Jahrhunderts (wie Kap. 1, Anm. 185). Siehe zu diesem Thema auch u. a. Susanne Marten-Finnis: Ostjudentum: Tradition, Transformation und Trends in der neueren Literatur. In: Aschkenas. Zeitschrift für Geschichte und Kultur der Juden 5 (1995) H. 1, S. 161–180.

[54] Zweig, Aussenpolitik und Ostjudenfrage (wie Anm. 41), S. 246. Die Rezeption deutscher Werke erfolgt meist in Form von Übersetzungen ins Hebräische oder ins Jiddische. »Dabei wird Lessing, Schiller und Goethe – in dieser Reihenfolge – der unumstrittene Platz auf dem Parnaß eingeräumt.« Hans Otto Horch: Die Juden und Goethe. In: »Außerdem waren sie ja auch Menschen«. Goethes Begegnung mit Juden und Judentum. Hg. von Annette Weber. Berlin und Wien: Philo Verlag 2000 (Schriftenreihe des Jüdischen Museums Frankfurt am Main; 7), S. 117–131; hier: S. 117.

Doch die gegenseitige Begeisterung wird schnell getrübt, denn schon bald wendet sich vor allem das assimilierte Judentum von den nach Deutschland emigrierten Ostjuden ab, da es sich in seiner deutschen Identität bedroht fühlt und eine ostjüdische ›Invasion‹ befürchtet.[55] Während national-eingestellte Juden sich völlig mit den Ostjuden identifizieren, distanziert sich der »Durchschnittsjude« dieser Zeit von den »Glaubensbrüdern aus dem Osten«, die er als »ein Objekt der Wohltätigkeit, aber nicht [als] Söhne desselben Volkes« betrachtet.[56] Doch die Verwandtschaft an sich wird selten geleugnet, denn diese bedeutet ja »weder notwendig Gleichartigkeit noch gar Harmonie oder Brüderlichkeit«, sondern letztlich »gegenseitig[e] Abhängigkeit und Verantwortung ungleiche[r] Geschwister einer Familie«[57].

So ist die Protestwelle gegen die ›Grenzsperre‹ aus westjüdischer Sicht groß, denn schon gegen die Androhung dieses so genannten ›Grenzschlusses‹ sprechen sich viele jüdische Intellektuelle aus.[58] »The Jewish press and the best of the Jewish intellectuals raised their voice in protest against this proposed discrimination.«[59] Trotzdem können diese Proteste nicht verhindern, dass die deutsche Regierung am 23. April 1918 ein Einreiseverbot für polnisch-jüdische Arbeiter verhängt, das erst Anfang 1919 wieder aufgehoben wird. Viele, meist assimilierte Juden reagieren sogar – vermutlich aus Angst, den eigenen Status innerhalb Deutschlands zu verlieren, – mit Verständnis und Erleichterung auf die Grenzsperre, die für die polnischen Juden noch mehr Elend bedeutet. Julius Berger berichtet, dass in Deutschland letztlich nur die Zionisten für eine Verbesserung der Zustände in Polen eingetreten seien.[60]

---

[55] Vgl. hierzu beispielsweise die Erinnerungen Essener ›Westjuden‹ in: Yvonne Rieker und Michael Zimmermann: Von der rechtlichen Gleichstellung bis zum Genozid. In: Die Geschichte der Juden im Rheinland und in Westfalen. Hg. von Michael Zimmermann. Mit Beiträgen von Dieter Aschoff, Suzanne Zittartz, Yvonne Rieker, Michael Zimmermann, Micha Guttmann. Sonderauflage für die Landeszentrale für politische Bildung Nordrhein-Westfalen. [Düsseldorf]: Landeszentrale für politische Bildung 1998 (Schriften zur politischen Landeskunde Nordrhein-Westfalens; 11), S. 141–258: hier: S. 204–205.

[56] Maurer, Ostjuden in Deutschland (wie Kap. 1, Anm. 212), S. 742. Die unterschiedliche Aufnahme einzelner Ostjuden hinsichtlich ihrer Herkunft kann hier nicht thematisiert werden. Ebenso muss auf eine detailliertere Darstellung der unterschiedlichen Einstellungen zu den Ostjuden im deutschen Judentum verzichtet werden. Vgl. aber hierzu ebd., S. 745–752.

[57] Ebd., S. 759.

[58] »In the press and in parliament there were fierce debates on the desirability of closing the border, a measure which was enforced in 1918.« Bechtel, »Ostjuden« and »Westjuden« (wie Anm. 28), S. 69.

[59] Salomon Adler-Rudel: East-European Jewish Workers in Germany. In: Publications of the Leo Baeck Institute of Jews from Germany. Year Book II (1957), S. 136–161; hier: S. 147.

[60] Vgl. hierzu auch Julius Berger: Deutsche Juden und polnische Juden. In: Der Jude 1 (Juni 1916) H. 3, S. 137–149. und Julius Berger: Ostjüdische Arbeiter im Krieg. In: Volk und Land. Jüdische Wochenschrift für Politik, Wirtschaft und Palästina-Arbeit

Einer, der ebenfalls zu den Ereignissen Stellung bezieht, ist Fritz Mordechai Kaufmann, der in seinem Text »Grenzsperre« versucht, die Lage der Ostjuden historisch wie gegenwärtig zu schildern und damit irrationale Argumentationen für die ›Grenzsperre‹ zu widerlegen.[61] Zudem ruft er auch andere dazu auf, die Gerüchte und den Irrglauben von der Ostjudengefahr zu bekämpfen. Insbesondere seien die deutschen politischen Schriftsteller gefordert,

> [d]enn angesichts des neuerlichen Scheiterns auch begabter deutscher Schriftsteller beim Versuch, Ostjüdisches zu deuten, wird wieder einmal grell und bedrohlich der Ausnahmezustand sichtbar, unter dem bei uns zu Lande die nationalen Angelegenheiten der rußländischen Juden verhandelt wird.[62]

Die Beteiligung an der Debatte um die Beziehung zum Ostjudentum ist vor allem auf jüdischer Seite reichhaltig und kann hier deswegen nicht detailliert dargestellt werden.[63] Auf einen besonderen Beitrag zum Thema, das Sonderheft »Ostjudentum« der *Süddeutschen Monatshefte*,[64] muss an dieser Stelle

---

1 (3. Juli 1919). H. 27, Sp. 829–838 und Teil 2. In: Volk und Land 1 (10. Juli 1919) H. 28, Sp. 865–878. [ebenso Julius Berger: Ostjüdische Arbeiter im Krieg. Ein Beitrag zur Arbeitervermittlung der Juden. Berlin 1919.]. Hierin berichtet Berger über seine Arbeit bei der »Jüdischen Abteilung der Deutschen Arbeiterzentrale« und bietet Hintergrundinformationen zur Lage der Juden in Polen ebenso wie zur Zerstörung von Familien durch Zwangsarbeit und zur enormen Zunahme des jüdischen Proletariats aufgrund der hohen Arbeitslosigkeit.

61 Detailliert beschreibt er die Lage der Ostjuden und schließt mit den Worten: »Was hiernach von dem Gerede einer Ostjudengefahr als möglicher Tatsachenkern verbleibt, ist zu gering und nebensächlich, als daß es hier weiter auf seine Bedeutung untersucht zu werden braucht.« Fritz Mordechai Kaufmann: Grenzsperre. Ein Kapitel vom Versagen der deutschen Judäologie. In: Der Jude 1 (April 1916) H. 1, S. 13–22; hier: S. 22.

62 Ebd., S. 14. Vgl. zu Kaufmanns Schriften der »Post-Freistatt-Ära« auch Kapitel 4. Einen Blick auf deutsche Publikationen zur Grenzsperre wirft Gustav Landauer. Vgl. hierzu Gustav Landauer: Ostjuden und Deutsches Reich. In: Der Jude 1 (Oktober 1916) H. 7, S. 433–439. Er beschwört zudem die Westjuden, demütig auf die Rolle der Ostjuden für die gemeinsame jüdische Zukunft zu blicken, denn »[e]s wäre nicht das erste Mal in der Geschichte der Menschheit, daß Ausgesetzte und Flüchtlinge zu Pionieren, daß Davonläufer zu Vorläufern geworden sind«. Ebd., S. 439.

63 So findet die Diskussion um die ›Ostjudenfrage‹ beispielsweise einen ihrer Höhepunkte in der Debatte zwischen Hermann Cohen und Gustav Landauer in Bubers Monatsschrift »Der Jude«. Vgl. hierzu: Terlau, Wunsch: »Ein Gespenst geht um in Deutschland […]«; hier insbesondere: S. 73–75.

64 Hierin lassen sich u. a. neben Abhandlungen zu ostjüdischen Themen von Dr. Adolf Friedemann, Wlad. W. Kaplun-Kogan, Alexander Eliasberg, Heinrich Loewe, Dr. Franz Oppenheimer, Nachum Goldmann, Rafael Seligmann und Dr. M. I. Bodenheimer auch von Eliasberg übersetzte Texte von Perez sowie ein Gedicht von Morris Rosenfeld aber auch Sprichwörter, Rätsel und Hinweise zur jiddischen Schrift finden. Vgl. Ostjuden. Süddeutsche Monatshefte 13 (1916) H. 5. Vgl. auch eine Besprechung des Heftes: L. H.: »Ostjuden«. In: Jüdische Rundschau 21 (3. März 1916) H. 9, S. 73–74.

jedoch hingewiesen werden. Die ungewöhnliche Leistung dieses Heftes, das Aufklärung bezüglich der Situation der Ostjuden bieten will, wird verständlicherweise in *Der Jude* hervorgehoben.[65] Es kann nicht verwundern, dass gerade im ersten Heft des von Buber herausgegebenen Periodikums eine Rezension zum Sammelband zu finden ist, die deutlich unterstreicht, dass eben ein deutscher Verlag dieses Heft herausgegeben habe und dass damit offensichtlich – anders als vor dem Ersten Weltkrieg – auch in der deutschen, nicht-jüdischen Bevölkerung ein reges Interesse an der Situation der Ostjuden bestehe.[66]

Eben diese Tatsache, dass eine »judenrein[e]«[67], deutsche Redaktion und ein ebensolcher Verlag diesen Sammelband unterstützen, lässt den liberalen Ludwig Geiger dagegen an der Kompetenz der Zeitschrift zweifeln. Zudem kritisiert er die nahezu ausschließlich zionistische Berichterstattung, denn lediglich Eugen Fuchs habe als einziger Nichtzionist zum Sonderheft beigetragen. Auch gegen den Eindruck, dass dieses Heft die Meinung aller Juden zur Ostjudenfrage repräsentiere, verwehre er sich ausdrücklich.»In Wirklichkeit ist das nicht der Fall, und es ist nur zu hoffen und zu wünschen, daß die bestimmenden deutschen und österreichischen Kreise sich von diesen gewiß ehrlichen, aber einseitigen Lärmmachern nicht ins Schlepptau nehmen lassen.«[68]

Vermittelnd versuchen die Mitarbeiter der *Neuen Jüdischen Monatshefte* in die Diskussion einzugreifen. Das 1916 unter anderem von Hermann Cohen und Alexander Eliasberg herausgegebene parteilose Periodikum nimmt eine Mittlerrolle zwischen Ost- und Westjudentum, aber auch zwischen Juden und Nichtjuden ein.[69] So ist auch der Beitrag »Wir und die Ostjuden« von Dr.

---

[65] Vgl. auch andere umfangreiche Publikationen zum Thema in deutsch-jüdischen Zeitschriften, wie Ende 1915/ Anfang 1916 die Aufsätze in *Im deutschen Reich* oder die zweiteilige Abhandlung »Die Ostjudenfrage« in den Doppelheften 2/3 und 4/5 von *Ost und West* im Februar bis April 1916. Hierin werden unter den Überschriften ›Wie aus der Ostjudenfrage eine Westjudenfrage wurde‹ – ›Die Abwehrmittel gegen die Ostjudengefahr und ihre Unzulänglichkeit‹ – ›Anfang, Verlauf und Ende der ostjüdischen Massenwanderungen nach dem Westen‹ – ›Die Selbstzerfleischung der Juden‹ – ›Volkssprache und Kultursprache‹ etc. detaillierte und z. T. historisch begründete Thesen zum Thema dargelegt und auch Lösungsstrategien entwickelt, wobei die ›Ostjudenfrage‹ als eine offenkundig ›versteckte Westjudenfrage‹ erscheint.

[66] Vgl. hierzu auch: »Wir müssen anerkennen, daß von diesem Gesichtspunkt aus der Gedanke eines Ostjudenheftes eine schöne und bedeutende Äußerung deutschen Objektivitätsstrebens ist.« M. M.: »Ostjuden«. In: Der Jude 1 (April 1916) H. 1, S. 62–63; hier: S. 63. Auch Berl Locker setzt sich im *Juden* mit dem ›Ostjudenproblem‹ auseinander, wobei seine Thesen überwiegend auf den Theorien Karl Kautskys und Otto Bauers basieren. Vgl. Berl Locker: Die allgemeinen Gesetze der Assimilation und die Ostjuden. In: Der Jude 1 (November 1916) H. 8, S. 504–529.

[67] L. G.: Ostjuden. (Februarheft der »Süddeutschen Monatshefte«). In: AZJ 80 (10. März 1916) H. 10, S. 109–110; hier S. 109.

[68] Ebd., S. 110.

[69] Die *Neuen jüdischen Monatshefte* gelten auch als inoffizielles Organ des im August 1914 von Max Bodenheimer gegründeten »Komitee für den Osten«, das die Befreiung der russischen Juden und die Idee eines unter deutscher Schutzmacht stehenden osteu-

Alfred Friedemann ein informativer um objektive Betrachtung bemühter Aufsatz, der nicht nur die ost-west-jüdischen Differenzen im kulturellen oder religiösen Bereich hervorhebt, sondern vor allem die ökonomischen Unterschiede beschreibt. In diesem Text wird unterstrichen, dass letztlich nur das Schicksal diesen großen wirtschaftlichen Unterschied ausgemacht habe, denn

> wir deutschen Juden sind nur durch die besseren Zustände, unter denen wir leben, in
> glücklicherer Lage als die Juden des Ostens und tragen dem Schicksal lediglich eine
> Dankesschuld ab, wenn wir uns unserer Pflichten gegen die Unglücklicheren wieder
> erinnern und daraus die notwendigen Folgerungen ziehen.[70]

Man müsse nun endlich engagiert die »eigenen Angelegenheiten und die uns Nahestehender nachdrücklich«[71] vertreten. Dabei könne man die Vorteile beider Seiten wechselseitig nutzen: die starke jüdische Kraft, die im Ostjudentum vorherrsche, auch für das Westjudentum zugänglich machen sowie die westliche Kultur ergänzend in die ostjüdische Tradition einfließen lassen.[72] Vorsichtig müsse man diesen Prozess fördern und dabei bedenken, dass es auch in Westeuropa Probleme bei der emanzipatorischen Annäherung der Juden an die unterschiedlichen Völker gegeben habe und noch gibt.[73]

---

ropäischen Staates propagiert. Diese von den durch ihr Deutschtum geprägten Zionisten gestützte Organisation betrachtet »den Zionismus als philanthropische Bewegung zur Hilfe für die osteuropäischen Juden«, was sie von den zionistischen Nationaljuden deutlich unterscheidet. Herzog, Zum Bild des »Ostjudentums« in der »westjüdischen« Publizistik der ersten Jahrzehnte des 20. Jahrhunderts (wie Kap. 1, Anm. 185). Vgl. auch: The Max I. Bodenheimer Archives. Auf: www.bodenheimer.org, aufgerufen am 26. Juli 2004.

[70] Dr. Adolf Friedemann: Wir und die Ostjuden. In: Neue jüdische Monatshefte 1 (10. November 1916) H. 3, S. 58–66; hier, S. 59. Vgl. auch: »In effect the *Ostjudenfrage* had highlighted once again the fragile and interdependent nature of the Jewish condition. As the *Jüdische Rundschau* put it, *Grenzschluss* was merely a pretext: *German Jews* not *Ostjuden* were the real targets of the new antisemitism.« Steven E. Aschheim: Eastern Jews, German Jews and Germany's Ostpolitik in the First World War. In: Publications of the Leo Baeck Institute of Jews from Germany. Year Book XXVIII (1983), S. 351–365; hier S. 365. Aschheim rekurriert hier auf folgenden Aufsatz: Grenzschluss gegen Juden in Deutschland. In: Jüdische Rundschau 23 (26. Juli 1918). H. 30, S. 229.

[71] Friedemann, Wir und die Ostjuden (wie Anm. 70), S. 66.

[72] »So bildet heute das östliche Judentum ein Reservoir jüdischer Kraft, aus dem die stärkeren Zersetzungsprozessen ausgesetzten jüdischen Gemeinden des Westens neue Kraft schöpfen könnten, wenn es gelänge, dieses östliche Judentum in seiner Eigenart zu erhalten und es doch zur Höhe westlicher Kultur emporzuheben.« Ebd., S. 60.

[73] Vgl. ebd., S. 62. Die Gefahr der Verallgemeinerung und der damit einhergehenden Typisierung sowie die Überbewertung des Assimilationsprozesses in Deutschland problematisiert Dr. Manfred Horst in seinem Beitrag »Zur Assimilation der Ostjuden«. In: Neue jüdische Monatshefte 1 (10. Juni 1917) H. 17, S. 487–497. Für ihn ist das anti-assimilatorische Festhalten an Traditionen und der Vergangenheit des jüdischen Volkes lediglich eine »*Politik der Romantik*«. Ebd., S. 492.

Für die ausländischen Juden in Deutschland selbst ist die Aufmerksamkeit, die sie in dieser Diskussion erzeugen, nur bedingt relevant. Sie bleiben in ihrem an ein polnisches Schtetl erinnernden Ortsteil, dem Scheunenviertel, lieber unter sich. Für viele von ihnen ist Berlin nur eine Durchgangsstation auf ihrem Weg nach Amerika, denn »[k]ein Ostjude geht freiwillig nach Berlin. Wer in aller Welt kommt freiwillig nach Berlin?«[74] Joseph Roth beschreibt die in Berlin lebenden verarmten Ostjuden, die um das Überleben ihrer Kultur und Tradition kämpfen, und das jüdische Viertel sowie die »traurige Hirtenstraße« als Sinnbild der Juden in der Hauptstadt. Diese im Volksmund als »jüdische Schweiz« bekannte Gegend »bildet ein Städtchen für sich, mit ihren Leiden, Freuden und Hoffnungen, mit ihrer eigenen Sprache, Sitten und Gebräuchen und steht in keinem Zusammenhang mit dem großen brausenden Berlin«[75]. Zumeist warten die Ostjuden hier lediglich auf Papiere, um Deutschland dann schnellstmöglich in Richtung Vereinigte Staaten oder Palästina verlassen zu können. Diese fehlenden Unterlagen schweben als Damoklesschwert über den ausländischen Juden, da sie so immer von der Gefahr bedroht sind, ausgewiesen zu werden. Insbesondere in Wertheimers Arbeit über die »Unwelcome Strangers« wird die Abhängigkeit der Ostjuden von der Willkür der deutschen Behörden deutlich.[76] »Wo die zweifach beargwöhnten Juden aus Osteuropa nicht bereits äußerlich erkennbare Fremde waren, blieben sie entrechtete Ausländer, die sich nur auf Widerruf aufhalten durften.«[77] Kaum jemand der Einwanderer – auch nicht die von den deutschen Behörden während des Krieges angeworbenen oder zwangsverpflichteten Gastarbeiter – erlangt eine dauerhafte Aufenthaltsgenehmigung oder gar die deutsche Staatsbürgerschaft. Diese unsichere Lage wirkt sich natürlich auch auf das Wesen der Ostjuden in Deutschland aus, die nun hin- und hergerissen sind zwischen den verlockenden Assimilationsbestrebungen und dem Wunsch wieder nach Hause zu gelangen.[78]

---

[74] Joseph Roth: Die westlichen Ghettos. II. Berlin. In: Ders.: Juden auf Wanderschaft. Berlin: Verlag Die Schmiede 1927 (Berichte aus der Wirklichkeit; 4), S. 65–74; hier: S. 65.

[75] Eschelbacher, Die ostjüdische Einwanderungsbevölkerung der Stadt Berlin (wie Anm. 39), S. 11. Im zweiten Teil der Abhandlung finden sich statistische Angaben über die Anzahl der Juden in Berlin, ihre unterschiedlichen Berufe und das Vereinsleben der ostjüdischen Einwanderer. Vgl. Eschelbacher: Die ostjüdische Einwanderungsbevölkerung der Stadt Berlin. (Fortsetzung und Schluß). In: Zeitschrift für Demographie und Statistik der Juden 17 (Januar 1923) H. 1–3, S. 10–20.

[76] Vgl. Jack L. Wertheimer: Unwelcome Strangers. East European Jews in Imperial Germany. New York, Oxford: Oxford University Press 1987.

[77] Herzog, Die Ostjuden (wie Anm. 52), S. 258. Der Titel des Sammelbandes ist analog zur 1901 gegründeten zionistisch-motivierten Zeitschrift »Ost und West« zu sehen, die ebenfalls religiöse und künstlerische Aspekte des Ostjudentums vermitteln wollte. In ihm lassen sich 23 Beiträge unterschiedlicher Autoren mit Publikationen zum Thema finden, unter denen neben Birnbaums ›Informationstext‹ »Was sind Ostjuden« und Bubers »Mein Weg zum Chassidismus« auch Kaufmanns »Aus dem Merkblatt ›Das jüdische Volkslied‹« zu finden ist.

[78] Vgl. hierzu Max Eschelbacher: Ostjüdische Proletarier in Deutschland. In: Der Jude 3 (1918/1919) H. 11, S. 512–523.

Die Liebe zum deutschen Wesen und Geiste [...] hat viele von diesen jungen und alten Ostjuden noch heute nicht verlassen, und wenn die deutsche Politik sich nicht den besten Seiten oder den durchschnittlichen irgend eines Volkstums anpasst, sondern in böswilliger und gehässiger Ausbeutung augenblicklicher deutscher Notlage (Universitäten sind vorangegangen!) den schlechten und verurteilenswerten Instinkten derer folgt, die sich, um jenes Volkstum zu kennzeichnen, an den niedrigsten Typus halten den es aufweist, so schadet sie zwar im Augenblick einigen tausend Ostjuden aber auf die Dauer und ganz tief vor allem dem deutschen Wesen.[79]

Die kulturelle Frage ist eben das verbindende Glied, was sowohl die liberalen Juden, aber insbesondere die Kulturzionisten in die Waagschale werfen. So groß die Liebe einiger polnischer Ostjuden zum »deutschen Wesen und Geiste«[80] auch gewesen sein mag, umso größer ist das Interesse der national-jüdisch geprägten Westjuden an der ostjüdischen Kultur – an traditioneller Kunst, an ursprünglicher Musik und vor allem an ›echter‹ Literatur.

2.1.3 Ostjüdische Literatur

In den Jahren 1860 bis 1920 und besonders in der Zeit des Ersten Weltkriegs erreicht das Interesse an den kulturellen Besonderheiten des Ostjudentums und dabei insbesondere an der ostjüdischen Literatur seinen Höhepunkt.[81] Als eines der wichtigsten Medien zur Vermittlung dieser Aspekte muss die von Martin Buber in Berlin und Wien herausgegebene Monatsschrift *Der Jude* verstanden werden, die ein Forum für Diskussionen zu jüdischen Themen aller Richtungen darstellt. Zentral ist dabei das Bemühen, den Westjuden die so oft missachtete ostjüdische Kultur näher zu bringen.

Als Gabriel Rießer im Jahre 1832 eine Zeitschrift »für Religion und Gewissensfreiheit« herauszugeben begann, nannte er sie: »Der Jude«. Er meinte den einzelnen Juden, für den er die bürgerliche Gleichberechtigung forderte. Wir geben unserem Blatt den gleichen Namen, aber wir meinen nicht den Einzelnen, sondern den Juden als Träger des Volkstums und seiner Aufgabe. Wir fordern nicht Gewissensfreiheit für die Angehörigen eines Glaubens, sondern Lebens- und Arbeitsfreiheit für eine niedergehaltene Volksgemeinschaft, und daß sie, die heute in ihrem größten Teil als ohnmächtiges Objekt der Ereignisse behandelt wird, freies Subjekt ihres Schicksals und ihres Werkes werde, damit sie zur Erfüllung ihres Amtes an der Menschheit heranwachse. Diese Freiheit zu erkämpfen, ist die eine Losung *unseres* Kriegs; die andere aber, die hemmenden Kräfte der Eigensucht und Zersetzung zu bezwingen, die

---

[79] Zweig, Aussenpolitik und Ostjudenfrage (wie Anm. 41), S. 248.

[80] Ebd.

[81] »Die literarische Behandlung des Ostjudentums außerhalb und innerhalb Deutschlands blieb keineswegs auf die Presse [...] beschränkt. Neben diesen erschien eine kaum übersehbare Zahl von Büchern und Broschüren, die der Judenfrage im weitesten Sinne gewidmet waren. Es dürfte keine Übertreibung sein, festzustellen, daß wohl zu keiner Zeit eine so reichhaltige jüdische Literatur in Deutschland veröffentlicht wurde, wie während der Jahre des ersten Weltkrieges.« Adler-Rudel, Ostjuden in Deutschland. 1880–1940 (wie Kap. 1, Anm. 104), S. 49–50.

im Judentum selbst der Aufgabe entgegenstehen. Wenn wir erkannt haben, daß es gilt, mit unserem Verhältnis zu unserer Gemeinschaft Ernst zu machen, wenn wir dazu erwacht sind, uns für sie verantwortlich zu fühlen, dann müssen wir alles einsetzen, um sie zu reinigen. Der Jude, der ist, ist für uns nicht Ziel, sondern Ausgangspunkt; wir wollen den Juden, dessen hohes Bild wir im Gedächtnis und in der Hoffnung tragen, verwirklichen.[82]

Nahezu alle bedeutenden jüdischen Intellektuellen der Zeit publizieren im *Juden* – seien es fiktionale oder expositorische Texte, Übersetzungen oder eigene Abhandlungen über Charakteristika des Judentums.[83] Besondere Beachtung finden in der Vermittlung ostjüdischer Kultur die jüdischen Volkslieder, da sie durch die Musik mehr als nur Text vermitteln und somit auch vom Gefühl ›verstanden‹ werden können. Jiddisch können nur wenige deutsche Juden, sodass »Lesungen und Rezitationsabende vermutlich viel seltener waren als Konzerte«[84]. Infolgedessen setzt eine regelrechte ›Übersetzungswelle‹ jiddischer Literatur – insbesondere der jiddischen ›Klassiker‹ – ein.[85] Auch die ›Sprachenfrage‹ wird eifrig diskutiert.[86] Neben der praktischen Arbeit in Form der von westjüdischen Intellektuellen organisierten »Bildungsarbeit«[87], ist es vor allem die ostjüdische Literatur, die zwischen der Kultur der Ostjuden und den Westjuden vermitteln soll.

Diese jüdische Literatur ist nach Bialik eine Doppelte, da sie sich sowohl im Hebräischen als auch im Jiddischen ausdrücken kann.[88] Aber natürlich sticht vor allem die jiddische Literatur hervor, weil diese die Hinwendung zum Volk allein schon durch die Sprache deutlich unterstreicht. Die Ursprünglichkeit des Jiddischen ist für Kaufmann sowie für viele Mitarbeiter der *Freistatt* bedeutsam, sodass hier die wichtigsten jiddischen Autoren und ihre epochalvorbildlichen Werke kurz dargestellt werden sollen.

Bereits zur Zeit der Aufklärung wird das Jiddische als »Jargon« abgewertet und die Landessprachen werden als Literatursprachen, insbesondere aber das Hochdeutsche als Bildungssprache vorgezogen.

Die Feststellung des großen deutsch-jüdischen Aufklärers Moses Mendelssohn (1729–1786), das Jiddische sei ein Kauderwelsch und man solle als Jude die jewei-

---

[82] Martin Buber: Die Losung. In: Der Jude 1 (April 1916) H. 1, S. 1–3; hier: S. 3.

[83] Stellvertretend sei hier die 25 Aufsätze umfassende Serie »Aus dem religiösen Leben der Ostjuden« von Samuel Rappaport aufgeführt, die von 1917 bis 1923 in Bubers Monatsschrift erscheint.

[84] Maurer, Ostjuden in Deutschland (wie Kap. 1, Anm. 212), S. 729.

[85] Zur Übersetzungsproblematik aus dem Jiddischen siehe auch Kapitel 4.2.1.

[86] Zur Sprachenfrage siehe auch Kapitel 3.1.1. Zu Kaufmanns Position vgl. auch Bechtel, »Ostjuden« and »Westjuden« (wie Anm. 28), S. 71–72.

[87] Vgl. zum Arbeiterfürsorgeamt Kapitel 1.6.

[88] Vgl. Chaim Nachman Bialik: Essays. Autorisierte Übertragung aus dem Hebräischen von Viktor Kellner. Berlin: Jüdischer Verlag 1925. Siehe hier vor allem die Absätze über die Eigenschaften der »Doppelliteratur«, dem Hebräischen und dem Jiddischen auf den Seiten 148–154.

lige Landessprache annehmen, übte zwar auf aufklärerisch gesinnte Juden im Osten, vor allem in Litauen, einen Reiz aus, konnte sich aber nicht durchsetzen.[89]

Jiddische Literatur verlagert sich daher zunehmend nach Osteuropa.[90] Während viele Autoren Hebräisch als Literatursprache nutzen, sind die ›Jargonisten‹ zunächst noch in der Minderheit. Die Blütezeit der jiddischen Literatur beginnt mit Mendele Mocher Sforim, mit Scholem Rabinowitsch,[91] mit Isaac Lejb Perez[92] bis hin zu Scholem (oder Schalom) Asch.[93]

Für Kaufmann stellen vor allem der aus dem weißrussischen Kapuli stammende ›Mendele der Bücherkrämer‹ alias Scholem Jakob Abramowitsch und der 1880 in Polen geborene Scholem Asch den ostjüdischen Schriftstellertypus schlechthin dar. Mendele gilt als der ›Großvater der jiddischen Literatur‹, weil er als erster das Jiddische als eine dem Hebräischen gleichwertige Literatursprache verwendet. Zunächst schreibt aber auch er seine Texte auf Hebräisch. Doch begeistert von der Idee, die eigene Volksliteratur durch neue geistige Strömungen auch in der Sprache des Volkes zu erneuern, beginnt der traditionell erzogene Mendele, motiviert durch die heimliche Lektüre deutscher Klas-

---

[89] Haumann, Geschichte der Ostjuden (wie Anm. 23), S. 59.

[90] Vgl. Robert J. Neumann: Die jiddische Literatur. In: Das Ostjudentum. Einführungen – Studien – Erzählungen und Lieder. Hg. von Peter von der Osten-Sacken. Berlin: Selbstverlag Institut Kirche und Judentum 1981 (Veröffentlichungen aus dem Institut Kirche und Judentum; 13), S. 38–48. Neben ausführlichen Autorenporträts wird hier die lange Tradition der jiddischen Literatur dargestellt.

[91] Scholem Rabinowitsch, der 1859 in der Ukraine geboren und unter seinem Pseudonym Scholem Alejchem bekannt wurde, gilt als ›Enkel‹ Mendeles. Mit ihm verbindet man vor allem einen neuen, humoristischen Ton in der jiddischen Literatur. »Sein Lachen ist das des Helden jenes passiven Widerstands, der dem Volk im Siedlungsgebiet die Kraft gab, sich gegen das beispiellose Elend zu behaupten.« Jacob Allerhand: Jiddisch. Ein Lehr- und Lesebuch. Wien: Mandelbaum Verlag 2000, S. 98. Zum Unterschied zwischen dem deutschen und dem besonders gelungenen volkstümlichen Humor Alejchems und auch über dessen Übersetzung ins Deutsche vgl. Robert Weltsch: Scholem Alejchem. Die verlorene Schlacht. In: Jüdische Rundschau 19 (23. Januar 1914) H. 4, S. 35.

[92] Für den 1851 in Polen geborenen Perez hat die Krise innerhalb des Judentums offenkundig den stärksten Einfluss. Die Aufgabe eines Dichters liegt für ihn in der Überwindung der drohenden Trennung zwischen nationalen und religiösen Aspekten des Judentums. Er sieht seine Möglichkeit zur Unterstützung dabei besonders im Chassidismus, den er nach und nach in seine Texte einfließen lässt. In ihnen beschwört er die jüdische Mystik sowie traditionelle Werte und idealisiert, ja romantisiert dieses jüdische Erbe bis hin zu einer Form von lyrischem Symbolismus. »Er wußte es, Natur und Poesie zugleich atmen zu lassen. Er ließ die Sätze wie Kaskaden stürzen, wie Bäche rieseln, wie Seide knistern, und wie Blöcke plumpsen: je nachdem es die jüdische Seele verlangte.« Dr. Nathan Birnbaum: Perez. In: Jüdische Rundschau 20 (30. April 1915) H. 18, S. 139–140; hier: S. 140.

[93] Hier können nur die ›Klassiker‹ der jiddischen Literatur angesprochen werden, die Liste der Autoren jiddischer Sprache lässt sich natürlich weiter vervollständigen.

siker, sein jiddisches Werk.[94] So schafft er eine neue Form von Sozialkritik in der ostjüdischen Dichtung, denn er porträtiert das kleinstädtische Leben und seine Bewohner in realistischen aber auch humoristisch-satirischen Skizzen. Mit seinen soziologisch deutlich im Ostjudentum verankerten typisierten Charakteren und der Darstellung weiterer volksspezifischer Eigenheiten erreicht er ein hohes Identifikationspotenzial seiner Leser mit seinen Figuren. Zudem spielt häufig eine religiöse Komponente eine entscheidende Rolle, die auch dem Zweck einer moralisch-motivierten Reform dient, denn seine »Intention war die Aufklärung des jüdischen Volks der russischen Diaspora, sein Mittel ein Appell für das Bessere«[95].

Für Kaufmann ist Mendele einer der wichtigsten jüdischen Autoren schlechthin. So lässt sich nicht nur ein Text von ihm in der *Freistatt* wiederfinden – als einziges literarisches Werk überhaupt, das sowohl in Transkription und Übersetzung als auch in der Quadratschrift abgedruckt wird –, sondern Kaufmann plant auch eine eigene Übertragung von Mendeles Texten ins Deutsche. Damit kann konstatiert werden, dass dessen Werke, die die westjüdische Hinwendung zur eigenen Jüdischkeit unterstützen sollen, für Kaufmann von ungeheurer Relevanz sind.

Ebenso wichtig ist für ihn jedoch das Werk Scholem Aschs. Dieser ignoriert thematisch die osteuropäische Diaspora und wendet sich zudem in seinem Spätwerk aufgrund seiner Erfahrungen bei einer Israelreise inhaltlich dem Heiligen Land zu. Genau diese thematische Verschiedenheit erhöht seinen Bekanntheitsgrad als jiddischer Autor auch international – und besonders in den USA.[96] »Er machte die jiddische Sprache und Literatur als Ausdruck einer ethnischen Gruppe, die nur einem kleinen Leserkreis zugänglich war, publik und wies auch den nichtjüdischen Leser auf ihre Schönheit und ihren moralischen Wert hin.«[97] Dass auch nach dem Ersten Weltkrieg die Zeit für jiddische Literatur nicht vorbei ist, ist Asch zu verdanken. Er gilt somit als Bindeglied zwischen dem alten und dem neuen Judentum.

---

[94] Er ist »derjenige, der die von den aufklärerischen Tendenzdichtern verwüstete Sprache zunächst wieder in Ordnung brachte und in ihr und durch sie den ostjüdischen Menschen in künstlerischer Nachschöpfung als Wirklichkeit festhielt und so, ohne auf irgendwelche dynamische Ideen einzugehen, den statischen Wertinhalt seines Volkes in großartiger Unbewußtheit herausarbeitete.« Birnbaum, Was sind Ostjuden? (wie Anm. 19), S. 12.

[95] Allerhand, Jiddisch (wie Anm. 91), 91.

[96] Aschs Schaffen kann man nach Ludger Heids Artikel im Neuen Lexikon des Judentums in drei Perioden einteilen: 1. bis 1914: als die Zeit, in der er sentimental-humoristische Erzählungen, aber auch Dramen verfasst, 2. bis in die frühen 1930er Jahre: als die Zeit der realistischen Romane inklusive der Städtetrilogie »Petersburg – Moskau – Warschau« und 3. ab 1934: als die Zeit der mythologischen religiös-motivierten Epen.

[97] Allerhand, Jiddisch (wie Anm. 91), S. 124.

> Aber die Ostjudenheit schätzt gerade den Asch, den man im Westen wenig kennt, den Erzähler mit dem wahren helläugigen Sinn für das Malerische im altjüdischen Leben (»Das Städtchen«), mit seinen zarten, schwermütigen Stimmungen und vor allem mit seinem elementaren, oft etwas unheilstifterischen Temperament.[98]

Für Kaufmann ist Asch ein echter jüdischer Künstler, wie er in einer Rezension zu dessen Roman »Amerika« herausstellt.[99] Auch in der *Freistatt* lässt sich ein aus dem Jiddischen übersetzter Text des Autors finden,[100] den Kaufmann gegen das »tölpische Kesseltreiben [...], durch das russische Hebraisten ihn als Verbrecher an der nationalen Kultur und sogar als halben Assimilanten stellen wollten«[101], verteidigt.

Insgesamt lebt das Bild des Ostjudentums dieser jiddischen Autoren in ihren Werken als Relikt und Wunschvorstellung, als Ideal weiter fort. So muss abschließend festgestellt werden, dass das rege Interesse der Westjuden am Ostjudentum primär als Kritik an der eigenen modernen mitteleuropäischen Kultur und der jüdischen Rolle innerhalb dieser zu verstehen ist und nur sekundär religiöse oder politische Absichten erkennbar sind. Daher ist die Vermittlung der Texte besonders für die Nationaljuden wie Kaufmann so wichtig, schließlich muss für sie das Ziel sein, »Mendele und Perez, Bialik und Tschernichowski nicht mehr als ›ostjüdisch‹ [zu] empfinden, sondern als notwendigen und selbstverständlichen Inhalt unseres Kulturbewußtseins«[102].

Das Ziel ist also eine einheitliche universale jüdische Kultur, die keine Grenzen zwischen Ost- und Westjudentum kennt und sich vor allem auf die Werte des Ostjudentums stützt, da diese als ursprünglicher und ›echter‹ gelten. Die Hinwendung zur ostjüdischen Literatur und die Betonung der jüdischen Werte auch innerhalb der deutschen Kultur sind daher typisch für die Zeit der Jüdischen Renaissance. Bei der Betrachtung des Judentums dieser Zeit ist es daher notwendig, einen gewichtigen Schwerpunkt auf Kunst- und Kulturdebatten innerhalb der deutsch-jüdischen Periodika zu legen.

---

[98]   Birnbaum, Was sind Ostjuden? (wie Anm. 19), S. 13.

[99]   Vgl. hierzu Kapitel 2.3.2.

[100] Vgl. Scholem Asch: Jerusalem. In: Die Freistatt 1 (15. Mai 1913) H. 2, S. 88–91. und Ders.: Jerusalem. (Schluß). In: Die Freistatt 1 (15. Juni 1913) H. 3, S. 146–154.

[101] Pinkus Barber: Vom neuen Jischëw. In: Die Freistatt 1 (15. November 1913) H. 8, S. 472–474; hier: S. 472. Diesen ›Gegnern‹ Perez' und den Menschen, die Dichter nur nach ihrer Einstellung zum Baseler Programm einzuschätzen vermögen, widmet Kaufmann die Glosse Aschs, die vom neuen Jischëw handelt.

[102] M.M.: Westjüdischer Nationalismus. In: Jüdische Rundschau 21 (12. Mai 1916) H. 19, S. 151.

2.2 Literaturdebatten der Jüdischen Renaissance

Zur Zeit der Jüdischen Renaissance erfahren Kunst- und Kulturdebatten im deutschen Judentum und den dazugehörigen Presseorganen regen Zuspruch.[103] Für heutige Betrachtungen ist an diesen Debatten vor allem die Möglichkeit interessant, aufgrund dieser Diskussionen die Verunsicherung und die Zerrissenheit innerhalb des deutschen Judentums aufzeigen zu können, dessen extremste Positionen von liberal-assimilierten und radikal-nationalen Juden eingenommen werden.[104] Der zunehmende Antisemitismus auf der einen Seite und die starken Assimilationsbestrebungen auf der anderen Seite bilden die Pole, zwischen denen der deutsche Jude in seinem Deutsch- und Jüdischsein als ›Zwitterwesen‹ hin- und hergerissen wird. Als Spiegel dieser jüdischen Identitätskrise müssen demnach die vermehrt auftretenden Literaturdebatten gesehen werden, denn vor allem die Zionisten sehen in der Kunst und hier besonders in der Literatur ein Medium zur Vermittlung ihrer Ziele.

> Der Aufruf zur Schaffung einer »jüdischen« Literatur, die Selbstbewußtsein und Selbstgefühl der weitgehend ihrem Judentum entfremdeten deutschen Juden wachrütteln und heben sollte, begann in der Geschichte der jüdischen Literatur eine neue Phase. Zugleich entstand aber auch eine Debatte um Begriff, Wesen, Merkmale und Ziele einer solchen Literatur, in der sich die Fronten des sogenannten Assimilationsjudentums und des Nationaljudentums immer deutlicher abzuzeichnen begannen.[105]

Die jüdischen Literaturdiskussionen haben ihre Wurzeln in einem der traditionsreichsten Periodika, der *Allgemeinen Zeitung des Judentums (AZJ)*, denn

---

[103] Generell wächst das Interesse an ›jüdischen‹ Aspekten, sodass örtliche »Vereine für Geschichte und Literatur« einen stetigen Mitgliederzuwachs verzeichnen können, wie die Verzeichnisse in den *Mitteilungen aus dem Verband für jüdische Geschichte und Literatur in Deutschland* belegen. Während 1900 nur 134 Vereine nachgewiesen sind, sind es 1905 schon 203 und 1912 bereits 221.

[104] Zu kontextuell-unterschiedlichen Interpretationsstrategien die Analyse der deutsch-jüdischen Literaturdiskussionen bis 1933 betreffend sei hier verwiesen auf Andreas B. Kilcher: Interpretationen eines kulturellen Zwischenraums. Die Debatte um die deutsch-jüdische Literatur 1900 bis 1933. In: Deutsch-jüdischer Parnaß. Rekonstruktion einer Debatte. Im Auftrag des Moses Mendelssohn Zentrums für europäisch-jüdische Studien. Hg. von Julius H. Schoeps, Karl E. Grözinger, Willi Jasper und Gert Mattenklott. Berlin, Wien: PHILO 2002 (Menora. Jahrbuch für deutsch-jüdische Geschichte; 13), S. 289–312.

[105] Mittelmann, Die Assimilationskontroversen im Spiegel der jüdischen Literaturdebatte am Anfang des 20. Jahrhunderts (wie Anm. 30), S. 150. »Gegenüber diesem Klassizismus universeller Werte und einer Allgemeinheit des Schönen vertrat die nationaljüdische Kritik eine Ästhetik, die sich vom romantischen Nationalismus herleitete und gerade in der Betonung der nationalen Eigenart die Hauptsache und das eigentlich Wahre und Schöne sah. Das mußte eben zu jener Gleichsetzung von künstlerischem Wert mit jüdischem Inhalt und Bekenntnis führen, gegen die sich Max Osborn hier, stellvertretend für das Assimilationsjudentum, verwahrte.« Ebd., S. 155–156.

»[d]as programmatische Schwergewicht der AZJ lag von Anfang an in der Suche nach einer dezidiert ›*jüdischen Erzählliteratur*‹«[106]. Bereits deren Gründer Ludwig Philippson unterstreicht die didaktisch-literarische Funktionalität eines jüdischen Textes: »Durch das dichterische Medium sollte das Judentum veredelt, verjüngt werden, wobei er gleichzeitig der Lektüre solcher Dichtung einen veredelnden Einfluss auf die jüdischen Leser zusprach.«[107] Zur Umsetzung dieses Ziels eigne sich nach Philippson insbesondere die historische Erzählung. Seine Nachfolger als Herausgeber der *AZJ*, die Literaturhistoriker und -kritiker Gustav Karpeles (1889–1909) und Ludwig Geiger (1909–1919), teilen seine kategorische Abneigung gegen die Gattung des Romans nicht, sondern veröffentlichen zunehmend literarische Aufsätze und Erzählungen, die häufig die problematische Situation der Juden in Deutschland zum Thema haben.[108] Nach Horch gilt Geiger gar als »Analysator des Gesamtthemas ›Die deutsche Literatur und die Juden‹«[109], der die zeitgenössischen Autoren auffordert, durch ihre Romane die Debatte zur ›Judenfrage‹ weiterzuführen. So sei Wassermanns »Mein Weg als Deutscher und Jude« zwar »unzähligen aus der Seele geschrieben«, obwohl die »positive Stellungnahme zum Judentum«[110] fehle, aber erst Frankfurters Roman »Ohne Götter« stelle für Geiger den Idealfall der deutsch-jüdischen Literatur dar, denn hier wird mit dem Bürger Samelsohn der – für die Liberalen – ideale Jude beschrieben.[111] Dem gegenüber steht Geigers Unverständnis für zionistisch-motivierte Romane, denn »[e]s bleibt ein an Wahnsinn streifendes Verbrechen, den deutschen Juden zu wiederholen, daß sie nur Juden und keine Deutschen sind!«[112] Gerade die

---

[106]   Horch, Auf der Suche nach der jüdischen Erzählliteratur (wie Einleitung, Anm. 4), S. 239.

[107]   Itta Shedletzky: Literaturdiskussion und Belletristik in den jüdischen Zeitschriften in Deutschland 1837–1918. Thesis Submitted for the Degree »Doctor of Philosophy«. Submitted to the Senate of the Hebrew University, Jerusalem. February 1986. S. 105. Shedletzky hebt vor allem Ludwig Philippsons Vorreiterrolle auf diesem Gebiet hervor, die besonders in seiner Literaturkritik zwischen 1840 und 1877 zu finden sei: »Nicht nur, weil er auch hier, wie in der Publizistik der Erste und während längerer Zeit der Einzige war, sondern vor allem, weil er in seinen literaturkritischen Aufsätzen schon mehrere zentrale Fragen der späteren jüdischen Literaturdiskussion behandelte.« Ebd., S. 103.

[108]   Ludwig Geiger verfasst sogar viele von diesen Aufsätzen selbst.

[109]   Horch, Auf der Suche nach der jüdischen Erzählliteratur (wie Einleitung, Anm. 4), S. 203. Hierbei muss auf die berühmte Vorlesung Geigers »Die Juden und die deutsche Literatur« hingewiesen werden, die er im Wintersemester 1903/04 in Berlin gehalten hat. Diese ist in ihrer Art zu diesem Zeitpunkt unikal und erklärt den Begriff der »Jüdischen Literatur« als von Juden geschriebene, jüdische Stoffe behandelnde Dichtung.

[110]   Horch, Auf der Suche nach der jüdischen Erzählliteratur (wie Einleitung, Anm. 4), S. 207.

[111]   Vgl. ebd., S. 206–207.

[112]   Ludwig Geiger: Max Nordau, »Doktor Kohn«. In: AZJ 62 (23. Dezember 1898) H. 51, S. 605–606; hier: S. 606. »So muß das Stück des Herrn Nordau wegen seiner

Konzentration auf das ›Normale‹ und damit die gewollte »Mittelstellung«, die »Scheu, sich auf das ästhetische oder ideologische Extrem einzulassen«, führt dazu, dass sich die *AZJ* mit Beginn der 1890er Jahre »publizistisch auf dem Rückzug«[113] befindet.

Doch gegen diesen Trend nimmt die Beschäftigung mit der ›Judenfrage‹ und deren Darstellung in zeitgenössischen Erzählungen ab dann in der *AZJ* zu.[114] Und nicht nur dort, sondern auch in den in dieser Zeit neu gegründeten Periodika erhält sie einen wichtigen Stellenwert.[115] Auch Fritz Mordechai Kaufmann beschäftigt sich in seinen frühen Texten, die in der *Jüdischen Rundschau* veröffentlicht werden, mit der jüdischen Literatur im Allgemeinen und Max Brods Romanen »Jüdinnen« und »Arnold Beer« sowie Aschs »Amerika« im Besonderen.[116]

Die innerjüdische literarische Diskussion wird allerdings nicht ausschließlich intern diskutiert. Zwar gibt es viele private Debatten zwischen Juden, für die der Briefwechsel Walter Benjamins mit Ludwig Strauß von September 1912 bis Februar 1913 stellvertretend stehen soll,[117] aber auch eine rege öffentliche Diskussion in diversen nicht-jüdischen Zeitschriften dieser Zeit. Gerade die Antisemiten und nationalgesinnten Deutschen interessiert die so genannte ›Judenfrage‹ schließlich brennend, sodass es nicht verwunderlich scheint, dass ein Aufsatz im deutsch-nationalen *Kunstwart* für eine große und Aufsehen erregende Diskussion grundlegend ist.[118] Die daran anknüpfende

---

armseligen Erfindung, wegen seiner ungeschickten Bearbeitung bei jedem ästhetisch Gebildeten Mißbilligung, wegen seiner Schilderung der christlichen Gesellschaft und seiner zionistischen Tendenz bei jedem ehrlichen deutschen Juden Entrüstung hervorrufen.« Ebd.

113 Horch, Auf der Suche nach der jüdischen Erzählliteratur (wie Einleitung, Anm. 4), S. 240.

114 Vgl. dazu exemplarisch die Beiträge in der *Allgemeinen Zeitung des Judentums.* Siehe Kapitel 7 »Allgemeine Zeitung des Judentums« (Jg. 1–86, 1837–1922) Auswahl-Bibliographie in: Ebd., S. 327–446.

115 So lassen sich beispielsweise in *Die Welt*, im *Jahrbuch für jüdische Geschichte und Literatur*, in *Israelitisches Familienblatt* und *Ost und West* zahlreiche literarische Aufsätze, Rezensionen und auch Erzählungen finden.

116 Vgl. hierzu die ausführliche Besprechung in Kapitel 2.3.2.

117 Vgl. Walter Benjamin: Gesammelte Briefe. Hg. vom Theodor W. Adorno Archiv. Bd 1. 1910–1918. Hg. von Christoph Gödde und Henri Lonitz. Frankfurt am Main: Suhrkamp 1995. Benjamins Briefe an Strauß lassen sich auf den Seiten 61–88 finden.

118 Zudem regt sie auch zu unterschiedlichsten Folge-Debatten an. So basiert beispielsweise die oben erwähnte kulturzionistische Diskussion Benjamins und Strauß' auf dieser Debatte, wie man am ersten Brief Benjamins ablesen kann: »Die Kunstwart-Aufsätze habe ich sämtlich gelesen und auch schon mit einigen Zionisten, die ich bei einem 14tägigen Aufenthalt in Stolpmünde kennen lernte, diskutiert.« [Walter Benjamin: Brief an Ludwig Strauß. Berlin, 11. September 1912. In: Ders.: Gesammelte Briefe (wie Anm. 117), S. 61–65; hier: S. 61.] Aus diesem Brief geht deutlich hervor, dass für Benjamin die *Kunstwart*-Debatte »der entscheidende Auslöser [war], sich mit dem jüdischen Thema zu befassen« [Manfred

Kunstwart-Debatte soll im Folgenden repräsentativ für andere relevante Literaturdiskussionen zu dieser Zeit[119] und auch als ›Vorreiter‹ für die *Freistatt*-
Debatte dargestellt werden, da sich an ihrem Beispiel die unterschiedlichen
Positionen und Ziele pointiert herausarbeiten lassen.

2.2.1 Ferdinand Avenarius und der *Kunstwart*

Die Debatte im *Kunstwart* wird durch Moritz Goldsteins Aufsatz »Deutschjüdischer Parnaß« ausgelöst. In seinen Erinnerungen beschreibt Goldstein, dass
der *Kunstwart*, »dessen gläubiger Leser ich [Goldstein] jahrelang gewesen
war«[120], nicht die erste Zeitung ist, der er seinen Aufsatz anbietet. Im Gegenteil:
Er ist seine letzte Hoffnung, den Text überhaupt veröffentlichen zu können.[121]
Warum gerade der Herausgeber des *Kunstwarts*, Ferdinand Avenarius, den Artikel druckt, liegt auf der Hand. Seine große und bis heute auch bedenkliche Rolle
innerhalb der Debatte sollte deswegen auch nicht unterschätzt werden.

Ferdinand Ernst Albert Avenarius, der als vierter und jüngster Sohn des
Verlagsbuchhändlers Eduard Avenarius und seiner Ehefrau Cäcilie, geb. Geyer, einer Halbschwester Richard Wagners, am 20. Dezember 1856 in Berlin
geboren wird, gründet bereits 1887 mit seinem Freund Kirchbach in Dresden
die kulturelle Rundschauzeitschrift *Der Kunstwart. Eine Rundschau über alle
Gebiete des Schönen*, die er bis 1920 selbst leitet.[122] Die Auflage, die anfäng-

---

Voigts: Moritz Goldstein, der Mann hinter der Kunstwart-Debatte. Ein Beitrag zur
Tragik der Assimilation. In: Heinrich Mann Jahrbuch 13 (1995) S. 149–184; hier:
S. 166.], das für ihn primär das »jüdisch[e] Geistesleben« repräsentiert. Benjamin,
Brief an Ludwig Strauß (wie oben), S. 61.

[119] Ein ähnlich gerichteter Artikel von Zwi Klötzel mit dem Titel »Das grosse Hassen« eröffnet nur wenig später eine Debatte in der Halbmonatsschrift JANUS. Zudem ist insbesondere der kulturzionistische Diskurs zwischen Max Brod und Martin Buber hervorzuheben. Vgl. hierzu die betreffenden Artikel in Bubers Zeitschrift
Der Jude und auch den folgenden Beitrag: Andreas B. Kilcher: Was ist »deutschjüdische Literatur«? Eine historische Diskursanalyse. In: Weimarer Beiträge 45
(1999). H. 4, S. 485–517.

[120] Moritz Goldstein: Berliner Jahre. Erinnerungen 1880–1933. München: Dokumentation 1977 (Dortmunder Beiträge zur Zeitungsforschung; 25), S. 104.

[121] Ursprünglich bietet Goldstein den Aufsatz dem *Berliner Tageblatt* und zwei weiteren Berliner Zeitschriften zur Veröffentlichung an – erfolglos. Wäre die Anfrage
beim *Kunstwart* ebenfalls negativ beschieden worden, »so hätte [Goldstein] jeden
weiteren Versuch mit ihm aufgegeben und ihn in [s]einem Schreibtisch vergraben,
und alle Folgen der Veröffentlichung wären nicht eingetreten, wie es [ihm] mit so
vielen anderen Arbeiten gegangen ist«. Ebd.

[122] Zunächst studiert Avenarius Medizin in Leipzig und für ein Semester Kunstgeschichte und Literatur an der Philosophischen Fakultät Zürich. Erst nach dem Tod
des strengen Vaters arbeitet er – ohne eine Ausbildung abgeschlossen zu haben –
als Dichter und freier Mitarbeiter für verschiedene Zeitschriften. 1880 erscheint ein
Teil seiner Gedichte unter dem Titel »Wandern und Werden«. Bereits im Januar
1884 hatte Avenarius die Gründung einer eigenen Zeitschrift erwogen, um durch

lich ungefähr 400 Hefte umfasst, steigt nach der Reorganisation 1897 bis 1900 sprunghaft auf 20.000 Exemplare an. Im Zuge dieser Neuerungen erscheint die Zeitschrift in kleinerem Format, jedoch in größerem Umfang und mit neuem Untertitel: *Halbmonatsschau über Dichtung, Theater, Musik, bildende und angewandte Kunst,* der bereits über die Rubriken der Zeitschrift Aufschluss bietet. Für die einzelnen Ressorts kann Avenarius nach und nach feste Mitarbeiter gewinnen, wie Paul Schultze-Naumburg für bildende Kunst, Architektur und Kunstgewerbe, den Prager Kritiker Robert Batka für den Bereich Musik und Adolf Bartels für die Literatur.[123] Dessen Mitarbeit läuft in den Jahren 1905/06 nach einer Auseinandersetzung mit Avenarius aus, der zwar Bartels unangefochtene Stellung innerhalb des zeitgenössischen Literaturbetriebs anerkennt, jedoch nicht immer den Standpunkt seines Redakteurs einnehmen oder verstehen kann, denn

> [z]wischen Bartels und mir im besonderen gibt es Meinungsverschiedenheiten in Fülle, um nur eine zu nennen: er ist, sagen wir abgekürzt, Antisemit, ich, der ich am Kunstwart zu jeder Zeit auch mit ehrlichen Juden so gern zusammengearbeitet habe, wie ich's heute noch tue, bin's nicht.[124]

Den ›qualitativen‹ Unterschied zwischen Avenarius und Bartels hebt auch Goldstein hervor, der Bartels die »plumpe Form« der *Kunstwart*-Debatte zur Last legt, denn dieses Periodikum sei »schliesslich das Organ eines verbohrten Veteranen des Judenhasses, des Kritikers und Literarhistorikers Adolf Bartels«[125]. Avenarius dagegen spricht er für dessen »ausführliche, tiefdringende,

---

sie unabhängig zu werden. Die ersten Jahre des *Kunstwarts* sind nicht von Erfolg gekrönt: auf Grund der hohen Kosten ist Avenarius gezwungen, Beiträge aus anderen Zeitschriften zu übernehmen und auch viele Artikel selbst zu schreiben, da qualifizierte Mitarbeiter nicht zu gewinnen sind. Erst mit dem Verlegerwechsel 1894 beginnt das Unternehmen zu florieren. Vgl. Gerhard Kratzsch: Kunstwart und Dürerbund. Ein Beitrag zur Geschichte der Gebildeten im Zeitalter des Imperialismus. Göttingen: Vandenhoek & Ruprecht 1969.

[123] Die Auswahl seiner Mitarbeiter unterstreicht bereits das Deutschtum Avenarius', denn alle seiner Zeitung angehörenden Autoren sind vorwiegend national eingestellt. Diese Einstellung findet auch rasch im Titel der Zeitschrift Erwähnung, den Avenarius 1896 um das Wagnerzitat: »Deutsch sein heißt, eine Sache um ihrer selbst willen tun.« ergänzt.

[124] Ferdinand Avenarius: [Anmerkung zu »Über Kritik und Literaturgeschichte«]. In: Der Kunstwart 16 (2. Maiheft 1903) H. 16, S. 160.

[125] Goldstein, Berliner Jahre (wie Anm. 120), S. 104–105. Der als »Ideologe der NS-Germanistik« [rein: Adolf Bartels: www.uni-essen.de/literaturwissenschaft-aktiv/ Vorlesungen/literaturge/bartels.htm, aufgerufen am 1. November 2004] bekannte Adolf Bartels (15.11.1862 – 7.3.1945) arbeitet vor seiner Tätigkeit beim *Kunstwart* in Berlin bereits für verschiedene Zeitschriften wie den *Grenzboten* und die *Tägliche Rundschau*. »Wissenschaftsgläubig nahm er die ihm in den neunziger Jahren bekannt werdenden rassischen Vorstellungen auf, gelangte ›wie wohl die meisten meiner Generationen nach langen Kämpfen‹ auf den Rassenstandpunkt, machte ihn zur Grundlage seiner nationalen Weltanschauung und wurde in zunehmendem

ruhige, höchst gerechte und durchaus offene Behandlung des schwierigen Problems«[126] Dank und Anerkennung aus.

Mit der Gründung des Dürerbundes am 1. Oktober 1902 versucht Avenarius das kulturelle Anliegen des *Kunstwarts* in die Tat umzusetzen. Die Zahl der Mitglieder steigt rasch und, da die Zeitschrift gewissermaßen als ›Sprachrohr‹ der Organisation dient, auch deren Auflagenhöhe. Koszinowski gibt an, dass der *Kunstwart*

> vor allem von jener Bildungsschicht gelesen [wurde], die, da sie selbst mit Aufgaben der kulturellen Überlieferung, der sozialen Integration und der Erziehung betraut war, der kunstpädagogischen Reformbewegung von Anfang an großes Interesse entgegengebracht hatte und daher an den vor der Jahrhundertwende aktuellen ästhetischen Anschauungen festzuhalten wünschte.[127]

Auch Broermann zeigt, dass vermehrt Lehrer und Beamte die Zeitschrift beziehen, dass sie aber auch in Arbeiterkreisen gelesen wird, was die »Zuschrift eines Kruppschen Facharbeiters« bezeuge, zumal sie das »Bildungsstreben und [das] hoh[e] geistig[e] Niveau so manches deutschen Arbeiters«[128] hervorhebe. Zudem beschränke sich der Wirkungskreis des *Kunstwarts* nicht allein auf Deutschland, sondern gelte im Ausland, wo er »nicht nur von Auslandsdeutschen« gelesen werde, als »die deutsche Zeitschrift schlechthin«[129].

Zu seinem Programm äußert sich Avenarius bereits im ersten Jahrgang der Zeitschrift und auch nach 25-jährigem Bestehen des *Kunstwarts* formuliert er dieselben Leitgedanken in der »Avenarischen Chronik«, die sein Bruder Ludwig zusammenstellt.[130] Danach steht Kultur im Mittelpunkt, doch letztlich will man keine Welt- oder Europakultur propagieren, sondern – geprägt von populär-humanistischen, kulturliberalen Konzepten – die Renaissance der deutschen nationalen Kultur, denn

---

Maße zum radikalen Antisemiten.« [Kratzsch, Kunstwart und Dürerbund (wie Anm. 122), S. 121–122.] Kratzsch beruft sich hier vor allem auf Bartels Text Rassenforschung. In: Ders.: Rasse und Volkstum. Gesammelte Aufsätze zur nationalen Weltanschauung. 2. Auflage. Weimar: Alexander Duncker 1920, S. 55–65.

[126] Zitiert nach: Ferdinand Avenarius: Vom »Berliner Tageblatt« und der Wahrheit. In: Der Kunstwart 26 (1. Oktoberheft 1912) H. 1, S. 76–77; hier: S. 76.

[127] Ingrid Koszinowski: Von der Poesie des Kunstwerks. Zur Kunstrezeption um 1900 am Beispiel der Malereikritik der Zeitschrift »Kunstwart«. Hildesheim, Zürich, New York: Georg Olms 1985 (Studien zur Kunstgeschichte; 36), S. 213.

[128] Herbert Broermann: Der Kunstwart in seiner Eigenart, Entwicklung und Bedeutung. Inaugural-Dissertation der philosophischen Fakultät I der Universität Bonn zur Erlangung der Doktorwürde. München: Georg D. W. Callwey 1934, S. 134.

[129] Ebd., S. 143.

[130] Vgl. Der Kunstwart 1. (1887–1888) und Ferdinand Avenarius: Ferdinand Avenarius. 1856. In: Ludwig Avenarius: Avenarische Chronik. Blätter aus drei Jahrhunderten einer deutschen Bürgerfamilie. Leipzig: Reisland 1912, S. 191–200.

[d]ie Zeit des Nachahmens [...], des Französelns [...] sollte jetzt endlich vorüber sein, wo der germanische Geist der Kunst, wo die Kunst nicht als Formenspiel, sondern als Ausdruck in Dichtung und Musik und selbst in bildender Kunst erobernd durch die Welt vordringt. Wie *wir* sehen, wie *wir* empfinden, das muß das Letzte und Entscheidende [...] sein [...].[131]
Aber nun heraus mit unserm jubelnden Bekenntnis! [...] Wohl, jetzt glauben wir daran und bekennen es: nicht die Franzosen sind berufen zum ersten Kunstvolk der Zukunft, sondern wir sind's, wir Deutschen![132]

Die Grundhaltung des *Kunstwarts* ist dementsprechend national-deutsch und bürgerlich-konservativ. Interessant ist, dass die Kunst als zentrale bildende Kraft gilt, die sowohl ethisch als auch ästhetisch geadelt sein sollte. Demnach hat der Künstler als Erzieher zu wirken: »Der Mensch soll erzogen werden, Geist und Kunst höher zu schätzen als Geld und materiellen Gewinn«[133]. Nur durch Kunst könne der Mensch sittlich, moralisch und ethisch gestärkt werden, denn »diese Entwicklung, dieses Werden, dieses *Leben* des sittlichen Gefühls, das ein so wesentliches Teil des im edelsten Sinne Menschlichen bedeutet, bethätigt sich nirgends mehr als in Dichtung und Kunst«[134]. Eine ähnliche Argumentation wird auch von den national-jüdischen Kulturzionisten und unter ihnen auch von Kaufmann verwendet. Daher ist es nicht verwunderlich, dass der *Kunstwart* für Kaufmann und seine Gesinnungsgenossen als Vorbild dient.

Ab 1907 wandelt sich dessen Kunst- sogar in Kulturpropaganda und steht somit immer noch über allem Politischen. Doch mit der Änderung des Titels in *Kunstwart und Kulturwart* setzt 1912 eine zunehmende Politisierung der Beiträge ein, die eine erneute Titeländerung in *Deutscher Wille des Kunstwarts* forciert. Noch 1914 ist der *Kunstwart* eine besonders vom mittleren Bürgertum gelesene, einflussreiche Kulturzeitschrift, die nach dem Krieg jedoch immer mehr an Bedeutung verliert.[135]

In dieser konservativ-bürgerlichen Zeitung ist Avenarius[136] bestrebt, denjenigen zu Wort kommen zu lassen, »der irgendeine wichtige Anregung zur

131 Ferdinand Avenarius: Deutsch und Französisch. In: Der Kunstwart 14 (1900) H. 1, S. 1–7; hier: S. 6.
132 Ebd., S. 1.
133 Kratzsch, Kunstwart und Dürerbund (wie Anm. 122), S. 99.
134 Ferdinand Avenarius: Über das Denunzieren. In: Der Kunstwart 11 (2. Novemberheft 1897) H. 4, S. 109–112; hier: S. 110.
135 Callwey sucht zwar noch durch Rückgriff auf kulturelle Gebiete und Rückzug von politischen Themen den Rücklauf der Leserzahl abzuwenden, doch auch weitere Reformen können die Abwärtsbewegung nicht verhindern, sodass 1932 das letzte *Kunstwart*-Heft erscheint.
136 Auch wenn Avenarius als Dichter wenig Anerkennung findet, wird er 1907 für seine Verdienste als Leiter und Herausgeber des *Kunstwarts* und als Vorsitzender des Dürerbundes und somit als »Förderer der ästhetischen Kultur« ausgezeichnet und zum Ehrendoktor der Universität Gießen ernannt. Zehn Jahre später wird ihm

Erneuerung der deutschen Volkskultur bringt«[137]. So beschäftigt er auch jüdische Mitarbeiter und betont 1902:

> Im besonderen hat der Kunstwart jederzeit Christen und Juden, Antisemiten und Philosemiten zu Mitarbeitern gehabt und so soll's bleiben, da die anständigen Christen und Juden auch in unsrer Zeit noch genug gemeinsam haben, was sie mit vereinten Kräften erstreben können, der Kunstwart aber kein Blatt zu politischer Agitation ist. Eine sachliche Besprechung der nützlichen und schädlichen Einflüsse des Judentums in die deutsche Kunst verbietet sich hiermit selbstverständlich nicht, da sie zur Rechten wie zur Linken nur die Toren verletzen könnte.[138]

Gemäß dieses Konzepts sucht Avenarius, im 1. Aprilheft und 2. Augustheft 1912 unter den Titeln *Deutschtum und Judentum* sowie *Aussprache zur Judenfrage* auch unterschiedliche Stimmen zum Thema abzudrucken, denn Ziel des *Kunstwarts* – als »Sprechstelle für die Minderheiten«[139] – sei es, eine »sachliche Erörterung, die das Entnebeln und Entwirren ruhig, besonnen, unfeindschaftlich, womöglich freundschaftlich versuch[t]«[140], anzuregen. Man sei lediglich um »*Verständigung* […] zwischen *Führern* hüben und drüben«[141] bemüht, da der *Kunstwart* und seine Leserschaft zwar »deutschnational fühlen ›bis in die Knochen‹, aber (ausweislich der Mitarbeit von Juden an unserm Blatte dieses ganze Vierteljahrhundert hindurch:) *nicht* antisemitisch«[142] seien. Die völkisch-nationalen Rechten fühlen sich inspiriert, sofort an der Debatte teilzunehmen. Im Gegensatz dazu wird die Diskussion, die ja letztlich die

---

der Professorentitel verliehen, bevor er schließlich am 23. September 1923 in Kampen auf Sylt an einer Lungenentzündung stirbt.

[137] Broermann, Der Kunstwart in seiner Eigenart, Entwicklung und Bedeutung (wie Anm. 128), S. 71.

[138] A.[venarius]: [Die »Frankfurter Zeitung«]. In: Der Kunstwart 16 (1. Dezemberheft 1902) H. 5, S. 332–333; hier: S. 333.

[139] Avenarius, Ferdinand Avenarius (wie Anm. 130), S. 196. »Ich wollte eine Sprechstelle für die Minderheiten gewinnen, die schon jetzt mit Freude der Großen genossen, denen meiner Überzeugung nach die Zukunft gehörte, und dann: ich wollte dem herrschenden Spezialistentum gegenüber die Künste samt Zwischen- und Grenzgebieten nicht abgesondert, sondern in ihren Beziehungen zu einander gemeinsam betrachten.« Ebd.

[140] Ferdinand Avenarius: Aussprachen mit Juden. In: Der Kunstwart 25 (2. Augustheft 1912) H. 22, S. 225–236; hier: S. 235.

[141] Ebd., S. 225.

[142] Ebd. »Die Avenarius hegten keine antisemitischen Vorurteile. [...] Nun sagte sich 1886 die jüdische Ärztin Maria Löwentor an [...]. Ferdinand kannte sie aus seiner Studienzeit, er konnte ihre Ankunft kaum erwarten und bemühte sich sehr um die Eingetroffene. [...] Er pries sie und war der Meinung, es hat ›kein Mensch ... meine geistige Entwicklung mehr beeinflußt als sie, die das Problem, tiefmännliches Denken und echt weibliches Empfinden zu vereinen, in dem einzigen mir bekannten Fall löst‹.« Kratzsch, Kunstwart und Dürerbund (wie Anm. 122), S. 101–102. Trotzdem muss die »auch weiterhin vom Postulat der jüdischen ›Fremdheit‹« ausgehende Position Avenarius' mit Vorsicht betrachtet werden. Horch, Auf der Suche nach der jüdischen Erzählliteratur (wie Einleitung, Anm. 4), S. 227.

Judenfrage als innerjüdisches Thema betrachtet, von den meisten jüdischen Zeitschriften zuerst ignoriert, was Hans-Peter Bayerdörfer als »Paradoxie der Situation«[143] bezeichnet. Doch genau dieses Faktum ist symptomatisch für die innerjüdische Lage im Deutschland der Jüdischen Renaissance, weil es die innere Zerrissenheit und die Suche nach den Selbstbehauptungsstrategien des deutschen Judentums widerspiegelt.

2.2.2 Moritz Goldsteins Aufsatz »Deutsch-jüdischer Parnaß«

Der auslösende Aufsatz Goldsteins erscheint im ersten Märzheft 1912 des *Kunstwarts*. Der große Erfolg der Abhandlung ist ebenso ungewöhnlich wie die ›mysteriöse‹ Entstehungsgeschichte des Textes, denn Goldstein konstatiert: »Im zweiten Jahre meiner Ehe verfasste ich eine grosse Abhandlung, die ich ›Deutsch-jüdischer Parnaß‹ nannte. Sie zu schreiben oder nicht zu schreiben lag nicht in meiner Wahl: sie brach sozusagen aus mir hervor.«[144]

Goldstein, der als zweiter Sohn von Wilhelm und Sophie Goldstein am 27. März 1880 in Berlin geboren wird, wächst durch die liberale Glaubensauffassung seines Vaters geprägt als jüdischer, das Ritual ablehnender, Deutscher heran.[145] Dadurch ist er ebenso wie viele gebildete deutsche Juden von der auch in seinem Aufsatz thematisierten großen Hoffnung beseelt »zugleich und unabtrennbar beides sein zu können: Deutscher und Jude«[146]. Doch in seiner Abhandlung zeichnet er das unausweichliche Scheitern der deutsch-jüdischen Symbiose bereits vor.[147] Hierin strebt Goldstein an, »delikat[e] Dinge« – nämlich die Rolle der Juden in der deutschen Literatur – öffentlich zur Diskussion zu stellen, da »rücksichtsloses Aufdecken das einzige Mittel ist, ein Übel zu beseitigen«[148]. Hiermit wird die Tatsache angesprochen, dass die Juden zwar

---

[143] Hans-Peter Bayerdörfer: »Vermauschelt die Presse, die Literatur«. Jüdische Schriftsteller in der deutschen Literatur zwischen Jahrhundertwende und Erstem Weltkrieg. In: Judentum, Antisemitismus und europäische Kultur. Hg. von Hans Otto Horch. Tübingen: Francke 1988. S. 207–231; hier: S. 230.

[144] Goldstein, Berliner Jahre (wie Anm. 120), S. 101.

[145] Wilhelm Goldstein distanziert sich schon als junger Mensch vom täglichen jüdischen Ritual, was sein Sohn dadurch zu erklären versucht, »dass der Rausch der Emanzipation, der mit Moses Mendelssohn anfing und den Dichter Heinrich Heine mit sich davon trug, unter den Anregungen und Eindrücken der nüchternen aber lebendigen Stadt Berlin nun auch ihn erreichte«. Ebd.

[146] Voigts, Moritz Goldstein, der Mann hinter der Kunstwart-Debatte (wie Anm. 118), S. 161. Goldstein selbst ist damit – seinem Zynismus zum Trotz – stark mit der deutschen Kultur verwoben.

[147] Vgl. hierzu auch Mittelmann, Die Assimilationskontroversen im Spiegel der jüdischen Literaturdebatte am Anfang des 20. Jahrhunderts (wie Anm. 30), S. 157–158.

[148] Moritz Goldstein: Deutsch-jüdischer Parnaß. In: Der Kunstwart 25 (1. Märzheft 1912). H. 11, S. 281–294; hier: S. 281. »Vor allem die polemische Konzeption der deutsch-jüdischen Literatur war es, die Goldstein mit der Gefahr der Kompromittierung angesprochen hatte, genauer die völkische Konstruktion eines deutschen

an der deutschen Kultur teilhaben, aber dieses Faktum häufig verschwiegen wird.[149] Allein die Nationaljuden und Zionisten hätten die Problematik begriffen und miteinander diskutiert, aber

> [d]iese Fragen müssen aus den Reihen der Partei hinausgetragen werden, damit *die* zu hören gezwungen sind, die nicht hören *wollen*, und damit wenigstens soviel allgemein begriffen und öffentlich zugestanden wird, daß hier etwas problematisch ist. Denn das *Problem* zu *be*greifen, zu *er*greifen, ist vor allem einmal die Aufgabe; von seiner Lösung sind wir noch weit entfernt.[150]

Da er nur über die breite Öffentlichkeit die Gesamtheit der deutschen Juden ansprechen kann, weil sie »kein eigenes Haus« hätten, um ausschließlich miteinander darüber zu reden, muss er mit seinem Aufsatz eben diesen Weg gehen und »die nichtjüdische Allgemeinheit zu Zeugen der nachstehenden Erörterungen« (282) machen.

Als grundlegend für die Problematik stellt Goldstein die historische Komponente heraus, denn die Juden haben sich bereits im Zuge der Emanzipation »als die Überlegenen« (283) erwiesen und somit Misstrauen und sogar Hass auf sich gezogen.

> [A]uf allen Posten, von denen man sie nicht gewaltsam fernhält, stehen plötzlich Juden; die Aufgaben der Deutschen haben die Juden zu ihrer eignen Aufgabe gemacht; immer mehr gewinnt es den Anschein, als sollte das deutsche Kulturleben in jüdische Hände übergehen. Das aber hatten die Christen, als sie den Parias in ihrer Mitte einen Anteil an der europäischen Kultur gewährten, nicht erwartet und nicht gewollt. Sie begannen sich zu wehren, sie begannen wieder uns fremd zu nennen, sie begannen, uns im Tempel ihrer Kultur als eine Gefahr zu betrachten. Und so stehen wir

---

       kulturellen Purismus durch Ausgrenzung des ›Jüdischen Anteils‹.« Andreas B. Kilcher, Interpretationen eines kulturellen Zwischenraums (wie Anm. 104), S. 289.

[149] »Greift ein Christ das Problem beim Schopfe und sagt rücksichtslos seine Meinung wie Richard Wagner vom ›Judentum in der Musik‹, so wird er als ›Antisemit‹ gebrandmarkt, und Höfliche übergehen seine Schrift mit Stillschweigen.« [Goldstein, Deutsch-jüdischer Parnaß (wie Anm. 148), S. 281.] Gegen Wagners Judenhass verwehre man sich. Trotzdem sei gerade er einer von denen, die das Problem des deutschen Judentums überhaupt erkennen und zur Diskussion stellen würden. Goldstein rekurriert auf Wagners Text »Das Judentum in der Musik« von 1850. In diesem Text merkt Wagner an, dass man es »nicht erst nötig [habe], die Verjüdung der modernen Kunst zu bestätigen; sie springt in die Augen und bestätigt sich den Sinnen von selbst« [Richard Wagner: Das Judentum in der Musik. In: Ders.: Sämtliche Schriften und Dichtungen. Volks-Ausgabe. 6. Auflage. Bd 5 / 6. Leipzig: Breitkopf & Härtel [u.a.] [1912], S. 66–86; hier: S. 68]. Zudem ist sein Text von einer klaren antisemitischen Sichtweise gekennzeichnet, die er als ›natürliche Abneigung‹ darstellt, »denn bei allem Reden und Schreiben für Judenemanzipation fühlten wir uns bei wirklicher, tätiger Berührung mit Juden von diesen stets unwillkürlich abgestoßen«. Ebd., S. 67.

[150] Goldstein, Deutsch-jüdischer Parnaß (wie Anm. 148), S. 282. Folgende Zitate sind im Text nachgewiesen.

denn jetzt vor dem Problem: *Wir Juden verwalten den geistigen Besitz eines Volkes, das uns die Berechtigung und die Fähigkeit dazu abspricht.* (283)

Tatsächlich könne niemand die Macht der Juden beispielsweise im Bereich des Pressewesens, aber auch in der deutschen Literatur, wie »manch ein Hüter deutscher Kunst zu seinem Zorne« (283) wisse, anzweifeln. Unverständlicherweise sind es aber gerade die Juden selber, die diese Kompetenz zu verschweigen suchen, um damit ihr eigenes Deutschtum hervorzuheben. Doch Europa und damit auch Deutschland sind nicht derart gerecht, die Arbeit der jüdischen Mitstreiter zu achten – auch nicht die klügsten und geistreichsten Köpfe. Sie lassen sich durch ihren Hass von Chamberlains »Taschenspielertrick« überzeugen, obwohl dessen Buch »freilich auf jeder Seite widerlegt werden« (284)[151] könne. Doch gegen die Ablehnung, gegen den Judenhass hilft nichts, denn »[a]lle Proteste besonnener Christen hiergegen beweisen nichts wider die Hunderttausende, die dieser Meinung sind, – dieser Meinung sein wollen« (286). Daher unterliegt man einer Selbsttäuschung, wenn man den Eindruck hat, dass man selber deutsch ist und als Deutscher angesehen wird, denn »*die andern fühlen uns ganz undeutsch*« (286). Auch wenn Max Reinhardt »die Bühne zu ungeahntem Aufschwung beflügel[t]« (286), Hugo von Hofmannsthal »einen neuen poetischen Stil« (286) erschafft oder Max Liebermann die moderne Malerei revolutioniert und diese Errungenschaften alle einer deutschen Kultur zugeordnet werden können, erkennt der Nichtjude gerade in diesen Leistungen das asiatische Element. Demnach denkt dieser auch gar nicht daran, »das ›Berliner Tageblatt‹ zu lesen, zum preußischen Junker, zum Soldaten, zum Beamten, zum Landmann dringt die Stimme keines feuilletonistischen Juden« (286–287). Letztlich leitet Goldstein aufgrund dieser Tatsache sogar ab, dass es bereits eine jüdische Literatur in Deutschland gibt – auch wenn diese unabsichtlich, allein aufgrund von Ablehnung und Missgunst entstanden ist.

Aus dieser problematischen Situation gilt es nun einen Ausweg zu finden. Für Goldstein ist es eine aufgrund des tiefen Judenhasses wenig erfolgversprechende Möglichkeit, die falschen Behauptungen zu widerlegen und damit die Problematik in rationalen Diskussionen zur Lösung zu führen. Ebenso unbefriedigend scheint es, das Problem einfach totzuschweigen, denn »dieses Verhältnis ist unerträglich für jeden aufrechten Mann – und wer es erträgt, der hat ein unanständig dickes Fell oder ein elastisches Rückgrat« (287). Doch diese Zwitter-Situation ist für einen deutschen Juden schließlich auch nicht leicht. Insbesondere der Schaffende, der derart von der Gunst und dem Erfolg der »Stimmen der Massen« (288) abhängig ist, leidet unter einer solchen Situation. Doch auch wenn man den jüdischen Teil seiner selbst leugnet, ist man nicht am Ziel angekommen, wie man an den liberalen Juden erkennen kann, die mit ihrer assimilatorischen Einstellung weit hinter ihrer Zeit zurück bleiben, da die

---

151   Er rekurriert hier auf: Houston Stewart Chamberlain: Die Grundlagen des neunzehnten Jahrhunderts. [8. Auflage. Volksausgabe. München: F. Bruckmann 1907.]

kulturelle Gleichheit als Errungenschaft der Emanzipation erst einen Teilerfolg darstellt. Daher muss man sich vielmehr seiner Jüdischkeit bewusst werden. »Und endlich einmal werden wir auf die Ehre, ein deutscher Dichter zu heißen und deutsche Kultur zu machen, verzichten. Denn, weiß Gott! der deutsche Parnaß sollte einen Juden nicht locken!« (289)

Am Beispiel Heines, dem einzigen »jüdische[n] Dichter von europäischer Bedeutung« (289), zeigt Goldstein auf, wie wenig Zukunft man als dichtender Jude hat, will man sich mit seinen deutschen Kollegen messen. Die »Verleumdung, Entstellung, Verhöhnung« (289), die Heines Werk trifft, lässt daher nur einen Schluss zu: »Heinrich Heine [...] ist ein Symptom. Wer es zu deuten weiß, dem wird die Lust vergehen, sich mit den ach! so viel glücklicheren deutschen Dichtern zu messen; er wird sein Bündel schnüren und seiner Wege gehen.« (289)

Letztlich geht es nach Goldstein jedoch um das Problem der nationalen Kunst. Doch die Juden streiten alles Jüdische im Leben und in der Kunst ab oder weisen es verächtlich den ostjüdischen »Brüdern« zu, obwohl

> [i]m Sinne jenes Nationalitätenprinzips [...] an einem Juden das Jüdische gerade das Beste [ist]; oder wenigstens es kann und soll sein Bestes sein, die nationale Eigenart muß sich so steigern, verinnerlichen, veredeln lassen, daß sie zum Vorzug, zur Tugend wird, daß eine besondere Kraft und alle Leistungen daraus hervorquellen. Denn wenn die Juden nicht als Juden etwas wert sind, so sind sie überhaupt nichts wert. (290)

Daher muss man zum Wohle des jüdischen Volkes und dessen Kunst die Voraussetzungen schaffen, die eine solche nationale Dichtung unterstützen: »für das Volk – den Zionismus, für die Kunst – die Wiederbelebung hebräischer Sprache und hebräischer Poesie« (290).[152] Der »Sprung in die neuhebräische Literatur« ist also die Rettung aus der Halbheit und Zerrissenheit des deutschen künstlerisch-aktiven Juden, da er damit dem Widerstand der ›Wirtsvölker‹ entfliehen kann. Es bleibt dann nur das Wesentliche, »daß wir jüdisch sind, mit Leib und mit Seele, mit Sitten, Anschauungen, Empfindungen, mit Vorzügen und Fehlern. Wohl jenen Glücklichen, die auf dieser Bahn nach der Palme laufen dürfen!« (290) Problematisch dabei ist allerdings, dass das deutsche Judentum im Laufe der Zeit bereits so stark mit den deutschen Eigenarten verwachsen ist, dass ein solches Ausbrechen nicht so einfach scheint. Auch die stärksten Antisemiten und Rassenideologen können nicht bestreiten, »daß *deutsche Kultur zu einem nicht geringen Teil jüdische Kultur ist*« (291), schließlich gibt es einige Juden, die Deutschland und auch Europa entscheidend mitgeprägt haben. Zudem können die Juden – auch wenn sie noch so stark auf ihrem ursprünglichen Volkstum beharren – ihre deutsche ›Seele‹ ebenso wenig leugnen. »Unser Verhältnis zu Deutschland ist das einer un-

---

152 Nach Hans-Peter Bayerdörfer ist eben die Sprachendiskussion der entscheidend neue Aspekt an Goldsteins Aufsatz, da er hiermit das Deutsche als Kultursprache der Juden in Frage stellt. Vgl. Bayerdörfer, »Vermauschelt die Presse, die Literatur« (wie Anm. 143), S. 229–230.

glücklichen Liebe: wir wollen endlich männlich genug sein, uns die Geliebte, statt ihr endlos kläglich nachzuschmachten, mit kräftigem Entschlusse aus dem Herzen zu reißen – und bleibe auch ein Stück Herz hängen.« (292)

Goldstein beschreibt, dass er mit seinem Aufsatz die Sachlage einmal dargestellt und auch »Palliative« (292) anbietet, ohne selber eine Lösung des Problems zu kennen. Er ruft die Juden dazu auf, sich als Juden zu bekennen[153] und ein jüdisches Organ zu schaffen, das alle deutschen Juden vereint und vertritt. Erst nach der deutlichen Trennung von den Nichtjuden auf dem deutschen Parnass kann man auch die hervorstechenden Gemeinsamkeiten betrachten und letztlich das gemeinsame Ziel erkennen: »Wenn wir Juden erst alle so weit sind, nichts andres sein zu wollen als Juden, so wird vielleicht auch Europa dahin gelangen, uns für nichts zu nehmen als für Juden, so wird es sich eingestehen, daß es uns braucht – als Juden« (293).[154]

Gerade in dieser Situation ist für Goldstein die Hinwendung zu nationalen Stoffen, zur Auseinandersetzung mit dem Judenproblem notwendig, denn der Versuch, tatsächlich »*das* Judendrama, *[den]* Judenroman« zu schreiben, stellt das »vielleicht wirksamste Palliativ« (293) dar. Zudem sind die jüdischen Dichter aufgefordert einen Typus ›Jude‹ zu erschaffen, der das Judentum auch widerspiegelt. Der übermächtige Shakespeare'sche Shylock hat ausgedient und muss durch einen Charakter ersetzt werden, »der unser Ebenbild ist, unser jüdisches Ideal des Juden fehlt noch« (294).

Der »Kampf«, den man nun führen muss, ist aber deswegen so problematisch, weil man sich nicht nur gegen die »deutsch-christlich-germanischen Dummköpfe und Neidbolde« (294) durchsetzen muss, sondern vor allem gegen die gegnerischen Stimmen aus den eigenen Reihen, denn

[d]as sind unsre wahren Feinde; sie gilt es, von den allzu sichtbaren Posten zu verdrängen, wo sie die Judenschaft repräsentieren als ein falscher Typus Jude, sie gilt es, mundtot zu machen und allmählich auszurotten, damit wir andern Juden wieder unsers Lebens froh werden können in dem einzigen, worin ein Mann sich stolz und frei fühlen kann: im offenen Kampfe gegen einen ebenbürtigen Gegner. (294)

Es verwundert sicherlich nicht, dass diese ›Kampfansage‹ eine Reaktion hervorgerufen hat, aber der unglaubliche Erfolg seines Textes überrascht nicht nur

---

153 »Ich nenne zunächst das eine (es schmerzt, aber es hilft): sich laut und rücksichtslos, ich möchte beinahe sagen schamlos als Juden bekennen; seinen eindeutig kompromittierenden Namen nicht hinter germanisch klingenden und klirrenden Kriegsnamen verstecken. Nicht durchaus nur *für* Juden und *über* Juden schreiben, dichten, malen, aber überall und unbedingt *als* Jude wirken.« (292) Erstaunlicherweise hält sich Goldstein, der unter drei Pseudonymen veröffentlicht – Inquit, Michael Osten und Egon Distl – selbst nicht an diesen Vorschlag. Mit dieser generellen Idee eines nationalen Bewusstseins der Juden befindet sich Goldstein aber in der kulturzionistischen Tradition Achad Ha'ams.

154 »Germanen und Juden als *Gegensätze* zu behandeln, ist eine Vergewaltigung, eine Fälschung. Mag uns immerhin manches trennen: was wir gemein haben, ist mehr, wenn man nur ehrlich genug ist, das Verbindende zu sehen.« Ebd.

den promovierten Germanisten Goldstein, dessen journalistische Tätigkeit bislang nicht von Erfolg gekrönt ist.[155] »Das Aufsehen war ungeheuer; in der Tat grösser als die Wirkung irgendeiner anderen Presseveröffentlichung, die ich erlebt habe oder von der ich weiss.«[156] Auch die *Jüdische Rundschau* vermerkt die besondere Aufnahme des Aufsatzes in einer Kurzmitteilung: »Mit welchem Interesse die Ausführungen von Goldstein aufgenommen worden sind, beweist unter anderem der Umstand, daß der Jüdische Verlag allein von den beiden Heften fast 100 Exemplare abgesetzt hat.«[157]

Das rege Interesse an dem auch als »bombshell«[158] bezeichneten Aufsatz ist insbesondere unter dem Gesichtspunkt reizvoll, dass Goldstein darin letztlich nichts Neues thematisiert, sondern lediglich die so genannte Judenfrage skizziert, »wie sie damals gestellt und dann endlos diskutiert wurde«[159]. Dies bes-

---

[155] Der erste veröffentlichte Aufsatz Goldsteins, »Ein Ruf nach Beschränkung«, erscheint am 12. Juni 1900 in der Berliner Hochschulzeitung. Im Juli 1902 wird unter dem Pseudonym Egon Distl der Beitrag »Ästhetik und Kunstwerk« im *Kunstwart* gedruckt. Da Goldstein eigentlich deutscher Dichter werden will – »und zwar ein Dichter von Dramen« [Goldstein, Berliner Jahre (wie Anm. 120), S. 37] – und damit sein Hauptinteresse dem Theater gilt, verfasst er lediglich kleinere Artikel, die in diversen Berliner Zeitungen, wie im *Berliner Tageblatt*, in der *Vossischen Zeitung* und in *Die Weltbühne*, gedruckt werden. Popularität erlangt er erst nach dem plötzlichen Tod von Paul ›Sling‹ Schlesinger, dessen Nachfolge Goldstein als Gerichtsreporter der Vossischen Zeitung 1928 antritt: »›Inquit‹ war ein Begriff für jeden, der in der Vor-Hitlerzeit die ›Voß‹ las, und jeder las die ›Voß‹!« [Otto Zarek: Begegnung in Berlin: »Inquit« oder Dr. Moritz Goldstein. Berliner Allgemeine Wochenzeitung der Juden in Deutschland. 13. (15. August 1958) H. 20. S. 11.] Mit seiner dramatischen Arbeit ist er weit weniger erfolgreich, denn seine von starker Epigonalität gekennzeichneten Dramen scheinen lediglich Rezeptionen der Arbeiten seiner großen Vorbilder zu sein, sodass nur drei Stücke überhaupt zur Aufführung kommen und Goldstein als Reflexion seiner ›Bühnenarbeit‹ abschließend nur Folgendes konstatieren kann: »Ich fühle mich als Schriftsteller gescheitert.« Moritz Goldstein: Moritz Goldstein. In: Autobiographien. International P. E. N. A World Association of Writers. Zentrum deutschsprachiger Autoren im Ausland. London 1968, S. 30–31; hier: S. 31.

[156] Goldstein, Berliner Jahre (wie Anm. 120), S. 104.

[157] Die Aussprache zur Judenfrage. In: Jüdische Rundschau 17 (5. Juli 1912) H. 27, S. 252. Man bezieht sich hier auf folgende Hefte des *Kunstwarts*: auf das erste Märzheft, in dem Goldsteins Aufsatz veröffentlicht wird, und auf das erste Aprilheft, in dem die ersten Beiträge zur Debatte stehen.

[158] Steven Aschheim: 1912 The publication of Moritz Goldstein's »The German-Jewish Parnassus« sparks a debate over assimilation, German culture and the »Jewish Spirit«. In: Yale companion to Jewish Writing and thought in German culture 1096–1996. Sander L. Gilman (Hg.). New Haven [u.a.]: Yale University Press 1997, S. 299–305; hier: S. 300.

[159] Hannah Arendt: Walter Benjamin. In: Dies.: Walter Benjamin, Bertolt Brecht. Zwei Essays. München: Piper 1971, S. 39. Vgl. hierzu auch »Ich habe Ihren Aufsatz schon öfters erwähnt, weil er mir in der Tat die ganze Diskussion von damals in vorbildlicher Weise zusammenzufassen scheint.« Brief von Hannah Arendt an

tätigt sich nicht nur aus heutigem Blickwinkel, auch die Juden zur Zeit der Jüdischen Renaissance sahen in dem Essay inhaltlich nichts Ungesagtes. »Wir finden bei *Goldstein* größtenteils Gedankengänge, die uns längst vertraut sind, aber die Art, in der sie hier vorgetragen werden, verdient Beachtung nicht nur wegen der Stelle, an der die Arbeit erschienen ist.«[160] Goldstein beschreibt folglich »laut und deutlich, was viele Verantwortliche auf dem Grund ihrer Seele spürten, dass nämlich die Lage der Juden im deutschen Kaiserreich immer unhaltbarer geworden war«[161]. Im Wilhelminischen Deutschland waren viele Juden »depressed by its conventions, its artificiality and materialism, they felt an absence of human warmth and sincerity«[162], woraufhin sich erst die national-jüdischen Organisationen und besonders die Jugendverbände formierten. Geprägt vom wachsenden Antisemitismus und der daraus resultierenden Debatte über die ›Überfremdung‹ und ›Verjudung‹ der deutschen Kultur auf der einen und den radikal-zionistischen Tendenzen auf der anderen Seite ist der Text

> comprehensible only in terms of a prior vaunted ›Jewish renaissance‹ whose seeds were already planted at the fin de siècle [...] Perhaps, indeed, it should be read as a classic and pained restatement: a symptomatic expression of the ongoing and unresolved issue of the modalities and dualities of Jewish identity within German culture, a problem that both preceded and postdated his ruminations.[163]

Deswegen ist dieser Aufsatz für Gabriele Tergit auch »[n]ach siebzig Jahren [...] das Aufschlussreichste, was über deutschen Antisemitismus geschrieben wurde«[164]. Zudem erfüllt er tatsächlich seinen Zweck, wenn Goldsteins Thesen wie Aschheim vermutet »as much a product of that development as [...] a call for its public recognition«[165] waren, denn es wurden viele öffentliche aber

---

Moritz Goldstein vom 15. Dezember 1968 (New York). In: Institut für Zeitungsforschung Dortmund.

[160] Anonym: Kulturkonflikt. In: Jüdische Rundschau 17 (29. März 1912) H. 13/14, S. 114.

[161] Maurice R. Hayoun: Von Moses Mendelssohn zu Moritz Goldstein. In: Judaica. Beiträge zum Verständnis des jüdischen Schicksals in Vergangenheit und Gegenwart 44 (September 1988) H. 3. S. 160–176; hier: S. 171.

[162] Walter Laqueur: The German Youth Movement and the ›Jewish Question‹. A Preliminary Survey. In: Publications of the Leo Baeck Institute of Jews from Germany. Year Book VI (1961), S. 193–205; hier: S. 203.

[163] Aschheim, 1912 The publication of Moritz Goldstein's »The German-Jewish Parnassus« sparks a debate over assimilation, German culture and the »Jewish Spirit« (wie Anm. 158), S. 300.

[164] Gabriele Tergit: Berliner Jahre. Erinnerungen von Moritx [!] Goldstein. In: AJR Information. Issued by the Association of Jewish refugees in Great Britain. 34. (August 1979) H. 8, S. 6.

[165] Aschheim, 1912 The publication of Moritz Goldstein's »The German-Jewish Parnassus« sparks a debate over assimilation, German culture and the »Jewish Spirit« (wie Anm. 158), S. 300.

auch private Diskussionen durch den *Kunstwart*-Aufsatz angeregt[166] – allen
voran natürlich die öffentliche Debatte im ›Sprechsaal‹ des nationaldeutschen
Kunstwarts.

2.2.3 Unterschiedliche Positionen innerhalb der Debatte

Es ist nicht verwunderlich, dass auch Fritz Mordechai Kaufmann die Debatte
interessiert wahrnimmt, denn diese wird selbst in der ›Landgemeinde‹ Eschweiler und Umgebung thematisiert.[167] Seine persönlichen Interessen werden
wohl vor allem durch die Besprechung in der *Jüdischen Rundschau* dargestellt,
die in ihrem am 16. August 1912 erschienenen Leitartikel »Kulturkonflikt« die
Debatte kommentiert.

Gemäß der (kultur-)zionistisch geprägten Haltung äußert man sich positiv –
insbesondere auch zur Rolle und Funktion Avenarius' als Herausgeber des
Kunstwarts – und merkt an, dass eine offene Diskussion schon so manches
Verhältnis verbessert und schon viele Missverständnisse aus dem Weg geräumt habe. So nehme nun Avenarius dieses Prinzip auf, um eine Aussprache
»auf jenes Gebiet anzuwenden, auf dem nach *Sombart* das ›größte Problem der

---

[166] Vgl. hierzu auch die in Kapitel 3.3 dargelegte Debatte in der *Freistatt*, die deutliche Parallelen aufweist. Man kann wohl konstatieren, dass Goldsteins Aufsatz und
die folgende Debatte bis zum vom Kaiser proklamierten ›Burgfrieden‹ von 1914
von zahlreichen Repräsentanten der Jüdischen Renaissance zur Kenntnis genommen, wenn nicht sogar kommentiert wurden. Interessanterweise bezeichnet Hans
Dieter Zimmermann den Ersten Weltkrieg auch als ›literarischen‹ Krieg, denn
»[e]s waren also die Gebildeten, deren literarische und publizistische Erzeugnisse
den Mythos schufen, der den Krieg gegen alle Vernunft und wohl auch gegen große Teile der Bevölkerung herbeiführte, weil er ein Klima des Nationalismus er-
zeugte, das jede Politik des Ausgleichs und der Verständigung im Keim erstickte«.
Hans Dieter Zimmermann: Die Literaten und der Erste Weltkrieg. In: Die neue
Gesellschaft. Frankfurter Hefte. Hg. für die Friedrich-Ebert-Stiftung von Holger
Börner, Klaus Harpprecht, Johannes Rau, Carola Stern, Hans-Jochen Vogel. 41
(1994) H. 12, S. 1133–1137; hier: S. 1134. Zudem haben Goldsteins Ideen nach-
haltigen Einfluss auf das Ansehen und die Selbsteinschätzung der Juden bezüglich
der deutschen Kultur. Vgl. hierzu beispielsweise Juden in der deutschen Literatur.
Essays über zeitgenössische Schriftsteller. Hg. von Gustav Kronjanker. Berlin:
Welt-Verlag 1922.

[167] Vgl. Brief von Fritz Mordechai Kaufmann an »Meine Lieben«. [1912 genaues
Datum unleserlich]. In: CAHJP. Jerusalem. P 113/R7. »Den Kunstwart-Artikel l.
Julius habe ich noch nicht in die Hände bekommen. Vielleicht in den nächsten Tagen aber.« Vgl. auch den Bericht über einen Vortrag zur *Kunstwart*-Debatte, der
im Anschluss lebhaft diskutiert wird. Jülich. In: Jüdische Rundschau 17 (25. Oktober 1912) H. 43, S. 413. Zudem steht Kaufmann Avenarius und dem *Kunstwart*
positiv gegenüber und möchte dort auch veröffentlichen. Vgl. Brief von Fritz Mordechai Kaufmann an Julius Kaufmann. [Ohne Datumsabgabe – unmittelbar vor
Geburtstagsbrief an den Vater 1911]. In: CAHJP. Jerusalem. P 113/R7. Es lässt
sich aber unter seinem Namen kein Aufsatz im *Kunstwart* nachweisen.

Menschheit‹ beruht: auf die Judenfrage. Genauer gesagt: auf die kulturelle Judenfrage«[168]. Nachdem der Auslöser und der Verlauf der Debatte kurz skizziert worden ist, lobt man die Auswahl der Beiträge aus den mehr als neunzig Zuschriften: »Und so kommen denn wohl auch die Vertreter aller irgendwie wesentlichen Anschauungen über die deutsch-jüdische Kulturfrage zu Worte.«[169] Es sei selbstverständlich, dass diese Diskussion nicht allein im *Kunstwart* geführt worden sei. Allerdings habe sich die so genannte ›Judenpresse‹

> wieder einmal in allen Tonarten darüber ausgeschwiegen [...]. Denn das ist ja eben die Politik der »Verschleierung«, die so lange Jahre hindurch von Juden und liberalen Nichtjuden zum Schaden beider betrieben wurde und gegen die sich *Avenarius* in seiner eigenen Äußerung zu dem Thema auflehnt.[170]

Die Sprechsäle zu öffnen und darin die Judenfrage zu diskutieren, sei zwar keine genuine Idee Avenarius', denn bereits Theodor Herzl habe die »öffentliche Diskussion der Judenfrage in allen ihren Teilen immer wieder verlangt, und wir Zionisten haben sie stets angestrebt, weil wir wußten, daß das Judentum bei solcher Aussprache nur gewinnen konnte«[171], aber trotzdem sei man dem *Kunstwart* zu Dank verpflichtet, denn »[d]as selbstbewußte Judentum und der Zionismus haben bei diesen Erörterungen nicht schlecht abgeschnitten«[172].

Auch Kaufmanns großes Vorbild Nathan Birnbaum, der zur Zeit der Jüdischen Renaissance neben Achad Ha'am und Martin Buber der bedeutendste kulturzionistische Theoretiker ist, äußert sich im April 1912 in der Monatsschrift *Ost und West* unter seinem Pseudonym Mathias Acher »[z]ur Frage des jüdischen Geisteslebens in Deutschland«. Mit der Darstellung des veränderten Judentums, das nun – im Vergleich zu den deutschen Juden früherer Jahrzehnte – die formale Gleichberechtigung hinterfrage, leitet er seinen ebenfalls positiv ausfallenden Kommentar zu Goldsteins Thesen im *Kunstwart* ein. Gerade

---

[168] Anonym: Kulturkonflikt. In: Jüdische Rundschau 17 (16. August 1912) H. 33, S. 1.
[169] Ebd.
[170] Ebd. Interessant ist die enge Verwandtschaft bezüglich Wortwahl und Argumentation des anonymen Schreibers und Avenarius' *Kunstwart*-Beitrag »Aussprachen mit Juden«. Vgl. hierzu: »Es spricht wirklich nicht für solche, daß in der gesamten Tagespresse, so weit sie unter jüdischem Einfluß steht, der Goldsteinsche Kunstwartaufsatz vollkommen ignoriert worden ist, während gleichzeitig mehr als achtzig Einsendungen jüdischer Verfasser bewiesen, welche Wichtigkeit man ihm in ihren Kreisen beimaß.« Avenarius, Aussprachen mit Juden (wie Anm. 140), S. 233. und »Der Kampf gegen das Verschleiern auf *beiden* Seiten ist es, zu dem sich nach unsrer Meinung die weitsichtigen unter den Führern hüben und drüben zu allererst vereinigen sollten. Vorläufig fehlt sogar die Vorbedingung für diese Vorbedingung: die Möglichkeit, offen, sachlich und ruhig an weit hörbarer Stelle auch mit dem Gegner zu sprechen. Sie fehlt so gänzlich, daß wir glauben: *praktisch wichtiger als alle Theorie ist zunächst das energische Öffnen solcher Sprechplätze.*« Ebd., S. 232.
[171] Anonym, Kulturkonflikt (wie Anm. 168), S. 1.
[172] Ebd.

die kulturelle Diskussion innerhalb der deutsch-jüdischen Debatte sei derart heikel, dass er Goldsteins Problembewusstsein besonders hervorhebt,[173] wenngleich dessen programmatische Grundsätze, die Goldstein ja selbst eigentlich gar nicht formulieren wollte, zum Teil sehr vage ausgearbeitet seien. Das ›Zwitterwesen‹ der deutschen Juden und insbesondere der deutsch-jüdischen Dichter müsse nach Birnbaum gar nicht existieren, da man sich doch lediglich an ostjüdischen Literaten orientieren müsse. Jedoch muss auch Birnbaum hier Schwierigkeiten bei der praktischen Umsetzung einräumen. Aber letztlich gebe es mit dem rückhaltlosen Bekenntnis der deutsch-jüdischen Dichter zu ihrem Judentum zumindest eine relevante Möglichkeit, die Probleme zu überwinden.[174] Dass »gerade bei denjenigen, die die Besten sind« ein »trotziges Bekennen zu dem alten und kulturgebeizten Volke«[175] an Bedeutung gewinnt, lässt Birnbaum jedenfalls auf eine bessere Zukunft hoffen.

Eben diese Position vertritt auch Hugo Rosenthal in der *Kunstwart*-Debatte, indem er sich gegen die Assimilation und damit für eine klare Trennung der beiden Kulturen ausspricht.[176] Mit seinem Appell »Wir wollen ein *Selbst* sein!«[177] fordert er eine strikte Hinwendung zur zionistischen Ideologie. Er greift die assimilierte ältere Generation bewusst an, von denen keiner wage »dies Judenelend aufzudecken, das größer ist als der schlimmste Progrom [!]«[178]. Diese Untätigkeit und die Entmystifizierung der eigenen ›deutschen‹ Ideale verpflichte die jüngere Generation eine eigenständige Kultur zu generieren: »Aber

---

[173] Die Problematik sucht er am Beispiel Julius Babs, der die Stimme der assimilierten Juden vertritt, aber auch des katholischen Jesuitenpaters Overmans aufzuzeigen. Beide Positionen hält Birnbaum für indiskutabel, da das »Problem selbst allerdings fast ganz nach der Weltanschauungsseite verschoben, d. h. so gestellt [sei], dass nach einer Art innerer Wandlung der deutschen Juden, die ja nicht ganz ausgeschlossen ist, soviel wie nichts von ihm übrig bleiben würde«. Mathias Acher [d. i. Nathan Birnbaum]: Zur Frage des jüdischen Geisteslebens in Deutschland. In: Ost und West 12 (April 1912) H. 4, Sp. 305–312.; hier Sp. 307. (Babs hier diskutierter Vortrag stellt den Auslöser der *Freistatt*-Diskussion dar. Vgl. Kapitel 3.3.)
Goldsteins Ansatz sei hingegen »um ein Bedeutendes massiver und beharrlicher« [Sp. 307.], denn dieser könne »denken und beobachten« [Sp. 308.]. Diese Äußerung unterstreicht die Missbilligung Birnbaums den assimilationswilligen deutschen Juden gegenüber zusätzlich.

[174] »Das würde dem jüdischen Dichterkreise zwar keine absolute, aber innerhalb der deutschen Literatur eine gewisse relative Selbständigkeit verleihen.« Acher, Zur Frage des jüdischen Geisteslebens in Deutschland (wie Anm. 173), Sp. 311.

[175] Ebd., Sp. 312.

[176] In seiner Autobiographie bemerkt er dazu: »[s]o sehr ich deutschen Geist und deutsches Wesen liebte und verehrte, so wußte ich damals schon, daß es eine wahre Synthese zwischen Judentum und Deutschtum nicht gab«. Hugo Rosenthal: Lebenserinnerungen. Hg. von Micheline Prüter-Müller und Peter Wilhelm A. Schmidt. Bielefeld, Gütersloh: Verlag für Regionalgeschichte 2000, S. 250.

[177] H.R.: [Replik auf »Deutsch-jüdischer Parnaß«]. In: Der Kunstwart 25 (1.Aprilheft 1912) H. 13, S. 12–13; hier: S. 13.

[178] Ebd.

unter den Trümmern unsrer Ideale fanden wir etwas wieder, das uns retten konnte: Stolz! Bisher war's der Stolz des Deutschen. Nun wurde er zum Judenstolz!«[179]

In einem Leitartikel der *Jüdischen Rundschau* wird herausgestellt, dass man diesen Stolz aber nur empfinden oder vertreten könne, wenn man Anerkennung zolle und diese auch erhalte. »Wir bilden uns nicht ein, den Gegensatz überbrücken zu können, wollen aber, soweit es an uns liegt, dafür sorgen, daß er gegenseitigen Respekt nicht ausschließt.«[180]

Auch Kaufmanns Freund Ludwig Strauß propagiert in seinem Beitrag, der unter dem Pseudonym Franz Quentin erscheint, zionistische Ideale. Gerade in der Übergangsphase, in der sich das deutsche Judentum befinde, müsse der Zionismus konsequent seine Ziele verfolgen und den lähmenden Assimilationsprozess überwinden.

> Heute kämpfen viele deutsche Juden um eine Assimilation, die den meisten schon das eigene Wesen versagt – ganz abgesehen vom Willen des deutschen Volkes, dessen Angehörige Mischehen fast nur um wirtschaftlicher Vorteile willen eingehen. Es entstehen Zwittermenschen und eine Zwitterkultur voll innerster Unsicherheit und Haltlosigkeit.[181]

Diese Flucht in die Assimilation bedrohe das deutsche Judentum damit bereits massiv, obwohl sich doch auch hierin national-jüdische Elemente finden lassen würden, für deren Darstellung Strauß sich der »Drei Reden über das Judentum« seines späteren Schwiegervaters Martin Buber bedient. Doch eben das dort dargestellte national-jüdische Element verleugne ein Jude wie Ernst Lissauer in seinem *Kunstwart*-Beitrag. Somit stehe dieser stellvertretend für den neuen Deutsch-Juden, für »den Juden, der deutsch sein *will* bis ins Innerste – einen Typus, dessen Eigenschaften von denen des Deutschen aber meist ebenso abweichen wie die des Volljuden, nur in anderer Weise«[182]. Dabei sei nicht zu übersehen, dass »der jüdische Nationalismus, wenn auch langsam, immer weitere Kreise«[183] ziehe. Man sei auf dem Weg zu seiner eigenen völkischen Seele, die besonders in der deutschen Literatur offenbar werde. Es sei daher unabdingbar, dass man Goldsteins Forderung nach einer Sammelstelle für alle jüdischen Interessen, einem »Sammelpunkt für jüdisches Geistesleben«[184] nachkommen müsse, da durch den fehlenden geographischen, aber auch kulturellen Kern im Judentum dessen gesamte Existenz bedroht sei.

---

[179] Ebd.
[180] Dr. Gustav Witkowsky: »Judenpresse« und jüdische Politik. In: Jüdische Rundschau 17 (20. September 1912) H. 38, S. 359–360; hier: S. 360.
[181] Franz Quentin [d. i. Ludwig Strauß]: [Replik auf »Deutsch-jüdischer Parnaß«]. In: Der Kunstwart 25 (2.Augustheft 1912) H. 22, S. 238–244; hier: S. 243.
[182] Ebd., S. 241.
[183] Ebd., S. 242.
[184] Ebd., S. 243.

Lissauers ›Entweder-Oder-Ansatz‹ verurteilt Strauß zutiefst, denn Nationalität sei »keine politische, sondern eine kulturelle Angelegenheit«[185], schließlich stelle man deutsche Staatsbürger polnischer Nation auch nicht vor eine solche Entscheidung. Aber man müsse berücksichtigen, dass sich die deutschen Juden in einer Übergangssituation befänden:

> Ein Teil wird völlig unter den Deutschen aufgehen, ein Teil wird zum nationalen Judentum zurückfinden. Setzt der Zionismus sein Programm durch, so wird in Palästina ein kulturelles Zentrum für die Judenheit der ganzen Welt geschaffen, dem auch das Geistesleben der deutschen Juden sich angliedern wird.[186]

Damit hofft Strauß auf ein kulturell-dominiertes Palästina, zu dem sich das nationale Judentum bekennen kann, ohne seine Verpflichtungen gegenüber dem als Vaterland empfundenen Staat aufgeben zu müssen. Wenn dieser Schritt vollbracht sei, könnten die deutschen Juden zu einer autarken Literatur kommen, die eventuell in einer eigenen Sprache abgefasst würde. Persönlich glaube er, dass es sich hierbei neben dem Deutschen nur um das Hebräische handeln könne. Das Deutsche ganz zu leugnen und nie mehr in deutscher Sprache zu schreiben, empfindet er als abwegig, ja geradezu »lächerlich«[187].

Der von Strauß kritisierte Ernst Lissauer, der von der Redaktion des *Kunstwarts* in einer Einführung als einer »unsrer besten deutschjüdischen Schriftsteller«[188] bezeichnet wird, bedauert in seinem Beitrag vor allem Goldsteins undifferenzierte Darstellungsweise, weswegen er »nicht etwa nur andrer Meinung [ist], sondern ihn für unfähig [hält], repräsentativ für gebildete deutsche Juden zu sprechen«, denn »Goldstein gräbt nirgends an die Wurzel«[189].

Auch Jakob Loewenberg, der neben Lissauer den Standpunkt der assimilierten Juden im Sprechsaal des *Kunstwarts* vertritt, hält an den Forderungen und Hoffnungen des liberalen Judentums fest, indem er das Zwitterwesen, das Goldstein in seiner Abhandlung darstellt, negiert: »Es gibt keinen deutschjüdischen Parnaß, ebenso wenig wie es einen deutsch-polnischen oder einen deutsch-wendischen gibt. Was in deutscher Sprache an dichterischen Werken geschrieben ist, gehört zur deutschen Literatur oder nicht. Ein Mittelding gibt

---

[185] Ebd.
[186] Ebd., S. 244.
[187] »Selbst der Übergang zur neuhebräischen Literatur ist nicht für alle unmöglich; ich selber denke diesen Weg zu gehen. Freilich werde ich wohl stets auch in deutscher Sprache schreiben müssen: es wäre lächerlich, das Deutsche, das sich mit uns verwoben hat, zu leugnen.« Ebd.
[188] Avenarius: [Einführung zum Sprechsaal ›Deutschtum und Judentum‹]. In: Der Kunstwart 25 (1. Aprilheft 1912) H. 13, S. 6. Lissauer publiziert häufig im *Kunstwart*. So wird neben kommentierenden Texten und Essays beispielsweise auch eine Auswahl aus seinem Gedichtzyklus »Strom« dort veröffentlicht. Vgl. Der Kunstwart 26 (1. Oktoberheft 1912) H. 1, S. 28–36.
[189] Ernst Lissauer: [Replik auf »Deutsch-jüdischer Parnaß«]. In: Der Kunstwart 25 (1. Aprilheft 1912) H. 13, S. 6–12; hier: S. 6.

es nicht.«[190] Für ihn steht zweifelsfrei fest: »*Wir sind Deutsche, und wir wollen es bleiben!*«[191] Seine Hoffnung beruht darauf, dass es in naher Zukunft eine ebensolche Entwicklung wie von Lessings »Die Juden« zum »Nathan« und zu den Bürgerrechten für Juden geben werde, denn dann

> wird es vielleicht keinem einzigen mehr einfallen, zu bezweifeln, daß wir Deutsche sind, wie denn schon heute ungezählte der besten und feinsten Geister es nicht tun. Nur dürfen wir unsrer Menschenwürde nichts vergeben, nur müssen wir uns selber als Deutsche fühlen und als Deutsche wirken – trotz alledem![192]

Auch Lissauer kommt in seiner detaillierten Erörterung der Situation zu dem Ergebnis, dass der deutsche Jude allein zwei Möglichkeiten habe: Emigration oder Assimilation.[193] Für ihn bleibt damit nur eine Lösung der Judenfrage: »sich eingraben, einwurzeln mit aller Kraft, mit allen Adern, allen Muskeln sich zum Deutschen erziehen, die Sache der Deutschen zu der eigenen machen. Und in dieser seiner Pflicht aushalten: ›trotz Hohn und Spott‹ von Antisemiten und Zionisten«[194].

Eben diese Zionisten – auch vertreten durch die *Jüdische Rundschau* – befürchten hingegen die Ablehnung und Verunglimpfung der Leistung, die Avenarius mit der Debatte erbracht habe. Für sie nimmt er eine positiv zu honorierende Stellung ein.[193] Daher empfinden sie es als besonders deprimierend, dass es vermutlich nicht lange dauern werde, bis Avenarius »trotz seiner ausdrück-

---

190 Jakob Loewenberg: [Replik auf »Deutsch-jüdischer Parnaß«]. In: Der Kunstwart 25 (2.Augustheft 1912) H. 22, S. 245–249; hier: S. 246. Vgl. hierzu auch: Petra Renneke: Jakob Loewenberg und die Kunstwart-Debatte. In: Jüdische Literatur in Westfalen. Vergangenheit und Gegenwart. Symposion im Museum Bökerhof. 27. bis 29. Oktober 2000. Hg. von Hartmut Steinecke und Günter Tiggesbäumker. Bielefeld: Aisthesis Verlag 2002 (Veröffentlichungen der Literaturkommission für Westfalen; 4), S. 65–98.

191 Loewenberg, [Replik auf »Deutsch-jüdischer Parnaß«] (wie Anm. 190), S. 248.

192 Ebd., S. 249.

193 »*Nur zweierlei ist möglich: entweder: auswandern; oder: deutsch werden.*« Lissauer, [Replik auf »Deutsch-jüdischer Parnaß«] (wie Anm. 189), S. 12.

194 Ebd.

195 »Denn *Avenarius* wägt vorsichtig seine Worte, zügelt sein Temperament und gibt sich keine Blöße. Er enthält sich jedes Werturteils, und verzichtet darauf, die Schuldfrage irgendwie in die Erörterung hineinzuziehen. Er rechnet mit den gegebenen Verhältnissen, und diese Verhältnisse scheinen ihm sich zu einer Krise, zu einem ›Kulturkrach‹ zuzuspitzen. Er hat den Glauben, daß sich einer derartigen Katastrophe durch eine Aussprache ›wie sie erwachsener und vernünftiger Männer würdig ist‹, vorbeugen lasse. [...] Avenarius hat vor jüdischer Art, wo sie sich gibt, wie sie ist, jene Achtung, die der wirklich national Empfindende dem nationalen Besitzstand eines anderen Volkes immer entgegenbringen wird.« Anonym, Kulturkonflikt (wie Anm. 168), S. 1.

lichen Verwahrung – zum Antisemiten gestempelt und in seiner literarischen und wissenschaftlichen Bedeutung herabgesetzt«[196] wird.

Doch Avenarius' Rolle in der Debatte ist nicht derart von Selbstlosigkeit und Verständigungswillen geprägt wie hier dargestellt. Seinen ersten eigenen Beitrag zu diesem Thema mit dem Titel »Aussprachen mit Juden« leitet der Herausgeber des *Kunstwarts* mit der Beschreibung der Notwendigkeit ein, bei der Debatte für die »förderliche Aussprache über Juden und Nichtjuden«[197] mit den in der Minderheit stehenden Juden zu beginnen, denn »[o]hne das Gefühl voreingenommener Zuhörerschaft« würden sie sich fühlen und auch schreiben »wie unter sich, ganz und gar offenherzig«[198]. Die »neunzig, größenteils sehr umfängliche Manuskripte, bis auf ein halbes Dutzend von *jüdischen* Verfassern«[199] eingegangenen Beiträge seien zu viel gewesen, um sie alle wiederzugeben, aber er sei sich »doch bewußt, absichtlich keinen von jüdischer Seite mir [Avenarius] mitgeteilten Gedanken unterdrückt zu haben«[200]. Doch die Auswahl der Beiträge, die Avenarius für die Veröffentlichung im Sprechsaal getroffen hat, rückt diese These in ein anderes Licht. Es scheint, als habe Avenarius genau darauf geachtet, pro-jüdische Stellungnahmen einflussreicher Nichtjuden von vornherein auszuschließen.[201] Anders lässt sich die Tatsache nicht erklären, dass just in dem Augenblick die »Aussprache in Judentumssachen vorläufig beendet«[202] wird, in dem der Reichstagsabgeordnete Georg Gothein, der zugleich Vorsitzender des ›Vereins zur Abwehr des Antisemitismus‹ ist, zum Thema Stellung nehmen will.[203] Auch die Tatsachen,

---

[196]   Ebd. Die Befürchtung, Avenarius werde seitens der liberalen Presse zu Unrecht als Antisemit dargestellt, äußert auch Witkowsky. Vgl. Witkowsky, »Judenpresse« und jüdische Politik (wie Anm. 180).

[197]   Avenarius, Aussprachen mit Juden (wie Anm. 140), S. 225.

[198]   Ebd.

[199]   Ebd.

[200]   Ebd.

[201]   Die Nicht-Juden, die im Sprechsaal Stellung beziehen dürfen, treten – wie H.M. und F. W. in ihren Beiträgen demonstrieren – für das Deutsche und gegen das Jüdische an. »Wir Deutschen wollen nicht die Lösung der Judenfrage dadurch herbeiführen, daß wir uns dem Judentum in die Arme werfen, wir wollen in erster Linie bleiben was wir sind.« [F. W. In: Der Kunstwart 25 (2. Augustheft 1912). H. 22, S. 238.] Eine Vermischung des Blutes wolle man verhindern, denn »[d]er Selbsterhaltungstrieb zwingt uns zur Verteidigung, zur Reinhaltung und zur Reinigung unserer Kultur und unserer Rasse«. [H. M. In: Der Kunstwart 25 (2. Augustheft 1912) H. 22, S. 249–251; hier: S. 250.]

[202]   Brief von Avenarius an Gothein vom 27.August 1912. Zitiert nach: Ferdinand Avenarius und Georg Gothein: [Korrespondenz zur ›Kunstwart‹-Debatte]. In: AZJ 76 (20. September 1912) H. 38, S. 446–448. hier: S. 447.

[203]   Vgl. ebd. Die *Jüdische Rundschau* veröffentlicht aus diesem Briefwechsel in ihrem Sprechsaal gar einen zweiten Brief Avenarius' zu diesem Thema, was ihre Stellung pro Avenarius unterstreicht und sie somit noch deutlicher von der AZJ trennt. Vgl. [zur Korrespondenz zwischen Avenarius und Gothein]. In: Jüdische Rundschau 17 (25. September 1912) H. 39, S. 374. Zu Stauffs Auffassung bezüglich der Diskus-

dass dem Antisemiten Philipp Stauff für seinen Beitrag zur Debatte – »Die Juden in Literatur und Volk« – derart viel Platz eingeräumt wird und ihm zudem das Goldstein'sche Schlusswort vor Abdruck vorgelegt wird, damit er darauf noch einmal reagieren kann, untermauern Avenarius' ›Objektivität‹ nicht.[204] Diese sucht er in einer Vorbemerkung zu den beiden Repliken aufrecht zu erhalten, indem er konstatiert, die Texte, »wie all das Für und Wider dieser Polemik, dem Leser einfach als *Material zur Bildung eines eigenen Urteils*«[205] darzubieten. Stauff selbst hebt zwar hervor, dass der Herausgeber des *Kunstwarts* »übrigens nicht entfernt meine Anschauungen teilt«[206], doch Avenarius' weitere Thesen zeigen, dass seine Objektivität nur scheinbar geltend gemacht werden kann, da er »bei aller subjektiven Bemühung um Unparteilichkeit als Deutschnationaler selbst Partei war«[207].

Trotzdem unterstreicht die *Jüdische Rundschau* Avenarius' Integrität und Aufrichtigkeit in dieser Sache und wendet sich zugleich an dessen Gegner: »Die Herren *Geiger* und Konsorten werden Mühe haben, Avenarius zu überzeugen, daß sie als berufene Hüter des Deutschtums es besser wissen müssen.«[208] Aus der national-zionistischen Sichtweise ist Ludwig Geiger, der zu dem Zeitpunkt Herausgeber der *AZJ* ist, mit seiner assimilatorisch-liberalen Einstellung einer der ›Teiljuden‹, die den eigenen völkischen Ursprung negieren, um so ihr Deutschtum zu bestärken, welches sie aber letztlich nie ganz zu erfüllen vermag. Er gilt als einer der intellektuellen Juden, die »in der Tradition Hermann Cohens standen, bestrebt aufzuzeigen, daß eine Kultursymbiose zwischen Deutschen und Juden sehr wohl existierte«[209].

---

sion um Gothein vgl. Ph. Stauff: Wiederum eine Antwort. In: Im deutschen Reich 19 (März 1913) H. 3, S. 105–111; hier: S. 106. Ebenfalls interessant ist hierzu der im Januar 1913 erschienene Artikel Ludwig Geigers zu Avenarius Aufsatz *Juden, Antisemiten und wir, ein offener Brief an den Verein zur Abwehr des Antisemitismus*, der »sich im wesentlichen auf Privatbriefe des Herrn W. Gothein an den Herausgeber der Zeitschrift, auf einen Briefwechsel, der sich daran knüpfte, und auf die Kampfesweise, die sich seitens der vom Abwehrverein inspirierten Blätter an diesen Briefwechsel schloß«, beschäftigt. Ludwig Geiger: Der neue Kunstwart-Aufsatz. In: AZJ 77 (31. Januar 1913) H. 5, S. 54–55; hier: S. 54.

[204] Vgl. Ph[ilipp] Stauff: [Schlusswort]. In: Der Kunstwart 25 (2. Augustheft 1912) H. 22, S. 258–259.

[205] [Avenarius: Anmerkung der Redaktion]. In: Der Kunstwart 25 (2. Augustheft 1912) H. 22, S. 258.

[206] Stauff, Wiederum eine Antwort (wie Anm. 203), S. 106.

[207] Horch, Auf der Suche nach der jüdischen Erzählliteratur (wie Einleitung, Anm. 4), S. 234.

[208] Anonym, Kulturkonflikt (wie Anm. 168), S. 1.

[209] Elisabeth Albanis: Moritz Goldstein. Texte zur jüdischen Selbstwahrnehmung aus dem Nachlaß. Mit einer Einführung herausgegeben von Elisabeth Albanis. In: Aschkenas. Zeitschrift für Geschichte und Kultur der Juden 7 (1997) H. 1, S. 79–135; hier: S. 82–83.

Ludwig Geiger äußert sich selbst erst spät zur Debatte, nämlich im November 1912. Bis dahin habe er sich bewusst aus der Diskussion herausgehalten und frage sich nun, nachdem er Goldsteins Text und die Beiträge zur Debatte gelesen habe, warum diese überhaupt so relevant sei.[210] Dass die Zionisten Goldstein beipflichten, sei verständlich; aber ebenso klar sei, weswegen sich die Antisemiten gegen den Verwalter-Status der Juden wehren würden. Goldsteins diesbezügliche These sei nach Geiger »von Anfang bis zu Ende falsch«[211], da nur ein geringer Teil des deutschen Volkes diese Berechtigung wirklich abstreiten würde. Des Weiteren führt er an, dass eben Goldsteins viel zitierter Satz dazu verleiten könnte, zu denken, dass die Juden allein den Verwalterstatus der deutschen Kultur inne hätten, was »[k]ein denkender Jude [...] jemals behauptet oder auch nur gedacht«[212] hat. Geiger propagiert dagegen, dass die Juden den christlichen Deutschen unterstützend zur Seite stehen sollten:»daß wir uns bestreben, in ehrlichem und friedlichem Wetteifer mit ihnen diese geistigen Schätze zu heben, zu ergründen und zu vermehren«[213]. Schließlich habe der deutsche Jude als Deutscher das Recht, in der deutschen Kultur mitzusprechen und als Jude die Pflicht, die ›Feinde‹ aufzuklären, zu belehren oder zurückzuweisen. Geiger verlangt für seine jüdischen Mitstreiter wie für sich selbst »das Recht, deutsch zu sein bis auf die Knochen«[214]. Letztlich bleibe er dabei, dass der Aufruhr, den es um Goldsteins Aufsatz gegeben habe, nicht nachzuvollziehen sei.[215]

---

[210]   Ludwig Geiger: Der Kunstwart und die Judenfrage. I. In: AZJ 76 (15. November 1912) H. 46, S. 541–542; hier: S. 541.

[211]   Ebd.

[212]   Ebd., S. 542.

[213]   Ebd.

[214]   Ebd. Hier übernimmt Geiger Avenarius' nationaldeutsche Wortwahl und wendet sie auf sich als jüdischen Deutschen an. Vgl. Avenarius, Aussprachen mit Juden (wie Anm. 140), S. 225. Goldsteins Bemerkungen zum Nationaljudentum im *Deutsch-Jüdischen Parnaß* bezeichnet Geiger als überflüssig, weil es dieses nicht gäbe, sondern – wie er auch später immer wieder betont – lediglich eine jüdische Glaubensgemeinschaft. Vgl. Geiger, Der neue Kunstwart-Aufsatz (wie Anm. 203). Obwohl Geiger den von Goldstein vorgeschlagenen »Sprung in die neuhebräische Literatur« für grundfalsch hält, ist er wie dieser der Meinung, dass man einen neuen Typus Jude beispielsweise in einem Judendrama schaffen müsse.

[215]   Zu den einzelnen Beiträgern hat Geiger ebenfalls eine feste Meinung. So würde Avenarius den Fehler begehen, die Stimme des Einzelnen – Goldsteins – als Stimme der jüdischen Allgemeinheit anzusehen. Des Weiteren sei es völlig unbedeutend, was er in seinem Beitrag »Aussprachen mit Juden« zu bemerken habe. Auch die Beiträge, die mit Initialen gekennzeichnet sind, und die der Herren Stauff und Quentin hält er für nichts sagend. Es sei gar Papier- und Zeitverschwendung darauf einzugehen. Zudem habe er diese Namen »bei dieser Gelegenheit zum erstenmal gehört«. [Geiger, Der Kunstwart und die Judenfrage. I (wie Anm. 210), S. 542.] Allein Loewenbergs Beitrag zur Debatte hält Geiger verständlicherweise für beachtenswert, da er seine eigene Position verkörpert und »sich völlig mit den Anschauungen, die diese Zeitung [AZJ] immer vertreten hat, und die sie vertreten

Auch in der Monatsschrift *Im deutschen Reich* wird die Begeisterung um den Beitrag nicht verstanden.[216]

> Wenn er in den nichtzionistischen Zeitschriften, die jüdische Angelegenheiten behandeln, weniger beachtet worden ist, so ist das wohl aus der Tatsache erklärlich, daß der Aufsatz für uns Juden außer einigen geschickt formulierten Übertreibungen kaum einen Gedanken enthält, der neu wäre oder zu neuen Ausblicken führte.[217]

Julius Goldstein leitet mit diesem Beitrag eine kleinere Debatte ein, die in die vom Centralverein deutscher Staatsbürger jüdischen Glaubens herausgegebenen Zeitschrift geführt wird. Er beschreibt im Folgenden ironisch die sensible Natur des so »feinfühlige[n] Jude[n]« Moritz Goldstein, der »mit leidenschaftlicher Liebe am Deutschtum hängt [...] durch den Judenhaß im Innersten seiner Seele verwundet und gleichzeitig empört über diejenigen Juden [ist], die [...] ruhig an deutscher Kultur weiter mitarbeiten«[218]. Doch während man dessen persönliches Interesse noch nachempfinden könne, sei die argumentative Struktur äußerst schwach. Detailliert diskutiert Julius Goldstein das, was als »document humain«[219] noch erträglich, als Sichtweise in deutschen Kulturfragen aber unerklärlich sei. An einigen Beispielen sucht er Moritz Goldsteins Argumente als fehlerhafte Behauptungen zu entlarven und übt vor allem durch vermehrte Suggestivfragen Kritik an dessen Forderung, sich vom Deutschtum abzugrenzen und zum Nationaljudentum zu bekennen.

> Weil unsere Gegner uns als undeutsch verschreien, weil sie nicht anerkennen, daß wir Juden auf Grund einer tausendjährigen Kulturgemeinschaft als Deutsche zu gelten haben, sollen wir feige und schwächlich vor ihren Angriffen zurückweichen und schließlich glauben, was sie behaupten?[220]

---

    wird, so lange ich an ihrer Spitze stehe« decke. Ludwig Geiger: Der Kunstwart und die Judenfrage. Schluß. In: AZJ 76 (22. November 1912) H. 47, S. 553–555. hier: S. 553.

[216] Dagegen bezeichnet man die Veröffentlichung des Aufsatzes in der deutschen Monatsschrift *Der Türmer* als »geradezu ein Glück« [Dr. Karl Storck: Noch einmal deutsch-jüdischer Parnaß. In: Der Türmer 14 (Mai 1912) H. 8, S. 248–255; hier: S. 248.], denn eine Lösung der »Judenfrage« sei nur möglich, »wenn ein *höherer* Faktor als der national-rassenhafte zu Bedeutung gelangt« [F. Lienhard: Deutsch-jüdischer Parnaß. In: Der Türmer 14 (April 1912) H. 7, S. 100–102; hier: S. 102.]. Daher gehe es bei dieser Diskussion nicht um rassische Eigenschaften, die zum Hass führten, sondern um ethische Charakteristika, weswegen Heine derart verachtet, Auerbach und Mendelssohn aber – ihrer Zugehörigkeit zum Judentum zum Trotz – geschätzt würden. Vgl. ebd.

[217] Prof. Dr. Julius Goldstein: Moritz Goldsteins »Deutsch-jüdischer Parnaß«. Kritische Bemerkungen von Professor Dr. Julius Goldstein, Darmstadt. In: Im deutschen Reich 18 (Oktober 1912) H. 10, S. 437–450; hier: S. 437.

[218] Ebd.

[219] Ebd., S. 438.

[220] Ebd., S. 441. Goldstein stehe somit der antisemitischen und damit explizit einer Bartels'schen Propaganda in nichts nach. Vgl. ebd., S. 442 und S. 446.

Doch den größten Trugschluss des Goldstein-Aufsatzes sieht Julius Goldstein darin begründet, »*[d]aß er von der Voraussetzung ausgeht, es bestehe kein prinzipieller Unterschied in der Judenfrage des Ostens und des Westens*«[221]. Während die Ostjuden nämlich in einem kulturlosen Milieu leben würden, könnten sich die Westjuden durch die Verknüpfung mit den jeweiligen Kultur-nationen eben nicht ausschließlich als Juden betrachten. Die deutsch-jüdische Symbiose sei daher letztlich nicht auflösbar. »Und wenn wir für Gerechtigkeit und Humanität kämpfen als Juden, so ist das nicht bloß ein Kampf für jüdische Sonderinteressen! Wir führen diesen Kampf auch als Deutsche für ein edleres und höheres Deutschtum, für das Vermächtnis der edelsten deutschen Geis-ter.«[222] Goldstein reagiert daraufhin in einer Replik auf die Ausführungen seines Namensvetters, denn

> es kann mir nicht gleichgültig sein, wenn meine für Juden bestimmten und aus-drücklich an sie gerichteten Ausführungen vor einer großen Zahl von ihnen dadurch diskreditiert werden, daß ein Mann, den noch dazu die Autorität eines ehrenvollen Titels und eines öffentlichen Lehramtes unterstützt, mich fortwährend miß-versteht.[223]

Zunächst stellt er klar, dass sein Aufsatz eben nicht nur in antisemitischen und zionistischen Blättern diskutiert worden sei, sondern in der gesamten Presse. Zudem setze er eine zionistisch-nationaljüdische Grundlage voraus und daher sei sein Aufsatz nicht allein dadurch zu widerlegen, dass man dieses Funda-ment angreife. Das offensichtlich bewusste Missverstehen seiner Thesen durch Julius Goldstein verdeutlicht Moritz Goldstein an einigen Beispielen, wie auch an seinem Kernsatz, den man nicht derart verstehen sollte, dass die Juden »den geistigen Besitz Deutschlands«, sondern, dass sie »den geistigen Besitz der Deutschen und nicht der Juden«[224] verwalten. Außerdem gründe sich die Hoffnung einer national-jüdischen Idee auf dem Vorhandensein eines Volkes,

> auf das gesunde nationale Leben, wie es alle anderen Völker führen und woraus geistiger Aufstieg und Niedergang, Fruchtbarkeit und Unfruchtbarkeit folgen in na-türlichem Wachstum und nach allen möglichen Gesetzen, nur nicht danach, welche Theorie zufällig die Köpfe beherrscht.[225]

---

[221] Ebd., S. 448.

[222] Ebd., S. 450.

[223] Dr. Moritz Goldstein: Professor Dr. Julius Goldsteins Kritik meines Kunstwart-Aufsatzes. In: Im deutschen Reich 19 (März 1913) H. 3, S. 97–101; hier: S. 97. Zudem wird die Diskussion in *Im deutschen Reich* durch Beiträge von Dr. Felix Goldmann-Oppeln verstärkt. Vgl. Dr. Felix Goldmann-Oppeln: Der Ausklang der »Kunstwartdebatte«! In: Im deutschen Reich 18 (Dezember 1912) H. 12, S. 533–540. und Ders.: Die Erwiderung auf diese Antwort. In: Im deutschen Reich 19 (März 1913) H. 3, S. 111–120.

[224] Goldstein, Professor Dr. Julius Goldsteins Kritik meines Kunstwart-Aufsatzes (wie Anm. 223), S. 99.

[225] Ebd., S. 100.

Zudem habe er die nach Julius Goldstein fehlende Unterscheidung zwischen Ost- und Westjudentum gemacht, denn das von ihm beschriebene Konzept könne nur auf den Westjuden angewendet werden, da nur er – im Gegensatz zum Ostjuden – »an der ihn umgebenden Kultur schaffend und empfangend Anteil«[226] habe. Weil er eben einer dieser Westjuden sei, zudem noch ein schaffender Dichter und Zionist, sei der Aufsatz selbstverständlich sehr persönlich und aufgrund dessen auch eine Form von Selbsttherapie.

Julius Goldstein wiederum setzt sich in einem weiteren Text mit den nun erläuterten Thesen auseinander und stellt zunächst fest, dass es ihn verwundere, derartig vielen Missverständnissen aufgesessen gewesen zu sein. In harten von Ironie und Sarkasmus durchzogenen Worten sucht er Moritz Goldsteins Darstellungen ad absurdum zu führen und zeigt auf, dass diesem für eine öffentliche Aussprache das Verantwortungsbewusstsein fehle.

> Und weil wir in dem Kunstwartaufsatz dieses Verantwortlichkeitsbewußtsein bei Herrn Dr. Moritz Goldstein vermissen, deshalb machen wir ihm schließlich den schweren Vorwurf, daß er durch seine maßlosen Übertreibungen, durch die Unabgeklärtheit seiner Anschauungen und durch die schillernde Unbestimmtheit seiner Ausdrucksweise dem auf jedes unbedachte Wort lauernden Antisemitismus Gelegenheit gegeben hat, zu einer literarischen Judenhetze, wie sie seit Jahrzehnten nicht in Deutschland getobt hat.[227]

Wie Recht Julius Goldstein damit hat, zeigt sich bereits in den antisemitischen Beiträgen zur Debatte. So missbraucht Philipp Stauff Goldsteins Thesen für seine eigene rassen-antisemitische Propaganda, indem er den im Pressewesen tätigen Juden Selektion, Fälschung und Verschleierung von Tatsachen vorwirft.[228] Zudem entwickelt er haarsträubende Verschwörungstheorien über jüdische Organisationen und verwendet eine außerordentlich üble Wortwahl in der Darstellung seiner Ideologie, die den späteren Nationalsozialisten besonders reizvoll erscheinen musste.

---

[226] Ebd., S. 101.

[227] Prof. Dr. Julius Goldstein: [Replik auf Moritz Goldsteins Beitrag]. In: Im deutschen Reich 19 (März 1913) H. 3, S. 101–105; hier: S. 105. Im Gegensatz dazu unterstreicht die *Jüdische Rundschau* die enorme Bedeutung des Textes, denn Goldstein habe durch seine Argumentation das Ansehen der jüdischen Gemeinschaft gestärkt und diese somit beim Kampf gegen den Antisemitismus unterstützt. Außerdem zeigt man sich zuversichtlich, auch zukünftig auf verständige Nicht-Juden treffen zu können, die im Gegensatz zu Menschen »unseres Blutes«, auf dem richtigen Weg sind: der Abgrenzung von deutschem und jüdischem Kulturgut. Anonym, Kulturkonflikt (wie Anm. 168), S. 1.

[228] »Von den Leiden solcher Redakteure, die Bescheid wissen und einer deutschen Gesinnung sind, welche über den üblichen Schützenfestpatriotismus hinausreicht in vertiefte Betrachtung der völkischen Fragen, könnte ich traurige Lieder singen.« Ph. Stauff: Die Juden in Literatur und Volk. In: Der Kunstwart 25 (2. Augustheft 1912). H. 22, S. 251–257; hier: S. 251.

Auch Adolf Bartels spart in seinem an Polemik kaum zu übertreffenden Text
»Deutsch-jüdischer Parnaß« nicht an rassistischen Bemerkungen und gehässigen
Anspielungen und formuliert Goldsteins vielzitierten Satz »Wir Juden verwalten
den geistigen Besitz eines Volkes, das uns die Berechtigung und die Fähigkeit
dazu abspricht« um in: *»Die Juden bilden sich ein, den geistigen Besitz des deutschen Volkes zu verwalten, obwohl sie ihn nur jüdisch umwandeln und dadurch
zerstören«*[229], was seine Geisteshaltung ausreichend widerspiegelt.

Die Antisemiten sind es dann auch, die die *Kunstwart*-Debatte nicht in Ver-
gessenheit geraten lassen, indem sie mehrfach Goldsteins Thesen in entstellter
Form zitieren. So finden sich Auszüge aus der Abhandlung in Theodor Fritschs
»Handbuch zur Judenfrage«[230] wieder. Nach der nationalsozialistischen ›Macht-
ergreifung‹ erscheint gar ein ganzes Kapitel zu Goldsteins Aufsatz in der vom
Propagandaministerium in Auftrag gegebenen Hetzschrift »Die Juden in
Deutschland«.[231] Zudem beruft sich ein Verteidiger während der Nürnberger
Prozesse mehrmals auf Goldsteins Thesen, die angeblich darstellen, dass es unter
den Juden schon früh Befürworter zur ›Rassentrennung‹ gegeben habe.[232]

Goldstein selber sucht in einem Schlusswort, das zugleich die Debatte im
Kunstwart beendet, den Angriffen Stauffs zu entgegnen, dessen Darstellung
schlichtweg falsch sei.[233] Doch wahrscheinlich seien seine Erwiderung und
sein Bemühen um Klarheit völlig umsonst, denn Stauff habe sich »im voraus
gegen alle meine Einwendungen gedeckt: Ich habe ›offenbar keine Fühlfäden
in die jüdischen Geheimorganisationen hinein‹; ich bin ein reiner Tor; ich weiß
von nichts«[234]. Im Endeffekt bestätige Stauff letztlich nur seine These von
unüberwindbaren Vorurteilen und Judenhass. Auch den national-jüdisch negie-
renden Ansatz Löwenbergs[235] sucht Goldstein abschließend zu kommentieren,

---

229 Adolf Bartels: Deutsch-jüdischer Parnaß. (Deutsches Schrifttum, Oktober 1912.).
In: Ders., Rasse und Volkstum (wie Anm. 125), S. 165–179; hier: 167–168.

230 Theodor Fritsch: Handbuch zur Judenfrage. Die wichtigsten Tatsachen zur Beurteilung des jüdischen Volkes. 42. Auflage. Leipzig: Hammer 1938, S. 320, 512–513:
hier wird ein Passus aus Goldsteins *Kunstwart*-Aufsatz zitiert.

231 Kap. 7: »Die Juden als ›Verwalter‹ der deutschen Kultur«. In: Die Juden in
Deutschland. Hg. vom Institut zum Studium der Judenfrage. München: Zentralverlag der NSDAP, Franz Eher Nachfolger 1935, S. 163–171.

232 Vgl. beispielsweise The Avalon Project at the Yale Law School. Nuremberg Trial
Proceedings Vol. 9. Eighty-ninth day. Saturday, 23 March 1946. Morning Session.
[p. 703]. Auf http://www.yale.edu/lawweb/avalon/imt/proc/03-23-46.htm, aufgerufen am 1. November 2004. und The Avalon Project at the Yale Law School. Nuremberg Trial Proceedings Vol. 11. One hundred and thirty day. Tuesday, 9. April
1946. Morning Session. [p.73]. Auf: http://www.yale.edu/lawweb/avalon/imt/proc/
04-09-46.htm, aufgerufen am 1. November 2004.

233 Vgl. Goldstein: Schlußwort. In: Der Kunstwart 25 (2.Augustheft 1912). H. 22, S.
259–261.

234 Ebd., S. 261.

235 Loewenberg kritisiert er, weil dieser »allen Deutschen und einigen Juden zum
Trotz, die jüdische Nation leugnet«. Ebd.

denn er findet es überaus bezeichnend, dass sich kein deutscher Christ, sondern lediglich liberal-assimilatorische Juden wie Loewenberg als Gegner des Nationaljudentums gemeldet haben.[236] Letztlich überwiegt bei Goldstein aber nur das Gefühl, unverstanden zu bleiben.

> Aus [...] dem vergeblichen unermüdlichen Ringen mit dem Problem, ist mein »Kunstwart«-Aufsatz hervorgegangen. Er macht keinen Vorschlag zur Lösung und treibt überhaupt keine Politik, wie er vielfach missverstanden worden ist. Er stammt aus der seelischen Not des deutschen Juden, der schreibt, und bekennt diese Not. Wenn man will, mag man ihn lyrisch nennen.[237]

Goldsteins Ansatz, der letztlich weder den assimilatorischen Europäer noch den dissimilatorischen Nationaljuden zum Ziel hat, scheint eben aufgrund dieser wenig radikalen Mittlerrolle so heftig umstritten und von allen Seiten für politische Agitation gedeutet worden zu sein. »Rückblickend kann man vielleicht die Aussage wagen, daß Goldstein mit seinem Konzept des ›hypereuropäischen Juden‹ ein Jahrzehnt zu früh an die Öffentlichkeit trat.«[238]

2.3   Literatur als Mittel jüdischer Selbstdefinition

Bereits der immens hohe Zuspruch bezüglich Geigers Vorlesung »Die Deutsche Literatur und die Juden« im Winter 1903/04, die 1910 veröffentlicht wird, verdeutlicht die wichtige Stellung, die die Literatur als Mittel der Selbstdefinition und als Basis für deutsch-jüdische Selbstbehauptungsstrategien ein-

---

[236] Außerdem habe er niemals bestritten, dass ein Jude ein mittelmäßiger deutscher Schriftsteller werden könne. »Wer zweifelt denn, daß ein Jude es dahin bringen kann, daß man ihn nicht als Juden erkennt, zumal aus seinen Schriften? Wenn ihr unoriginell genug seid! Und wenn ihr den Ehrgeiz habt, nicht erkannt zu werden! *Wir* haben den entgegengesetzten Ehrgeiz.« Ebd.

[237] Goldstein, Berliner Jahre (wie Anm. 120), S. 104. Diese unpolitische, lyrische Komponente pointiert Goldsteins Aufsatz »Begriff und Programm einer jüdischen Nationalliteratur« von 1913 deutlicher, doch interessanterweise bleibt auf diesen Text die durchschlagende Resonanz aus. Erst in hohem Alter äußert sich Goldstein noch einmal in einem Essay öffentlich zu seinem *Kunstwart*-Aufsatz. Vgl. hierzu: Moritz Goldstein: German Jewry's Dilemma before 1914. The Story of a Provocative Essay. In: Publications of the Leo Baeck Institute of Jews from Germany. Year Book II (1957), S. 236–254. Zudem findet sich in seinen Lebenserinnerungen ein Passus zur Abhandlung, der nahezu textkongruent ist mit folgendem Beitrag: Moritz Goldstein: Der »Kunstwart«-Aufsatz zur Judenfrage. In: Von Juden in München. Ein Gedenkbuch. Hg. von Hans Lamm. München: Ner-Tamid-Verlag 1958, S. 130–134. Vgl. hierzu Berliner Jahre, S. 101–105.

[238] Manfred Voigts: Der ›hypereuropäische‹ Zionist. Moritz Goldstein, die ›Kunstwart-Debatte‹ und Europa. In: Deutsch-jüdischer Parnaß. Rekonstruktion einer Debatte, S. 271–287; hier: S. 284.

nimmt.[239] Insbesondere die rege Diskussion um den jüdischen Roman und die damit verbundenen Judenbilder unterstreichen das große Interesse, das speziell durch die liberale *AZJ* als *dem* »tonangebenden und kriterienbestimmenden Organ auf dem spezifischen Gebiet der deutsch-jüdischen Belletristik und Literaturkritik«[240] forciert wird. Mit den Periodika *Die Welt* (1897–1914)[241] und *Jüdische Rundschau* (1896–1938) erhält auch die zionistische Literaturkritik eine offizielle öffentliche Stimme, die sich vor allem mit der Bedeutung und Funktion jüdischer Romane und Erzählungen mit zeitgenössischen Bezügen befasst.[242]

Literaturdiskussionen nehmen folglich in den deutsch-jüdischen Periodika der Jüdischen Renaissance eine zentrale und zudem hochbrisante Stellung ein. Sie »bezeichnen den Punkt der äußersten Distanzierung der Zionisten von der deutschen Kultur und damit zugleich den einer tiefen, unwiderruflichen Spaltung zwischen Nationaljudentum und Assimilationsjudentum«[243]. Die Diskussion im *Kunstwart* wird sogar bezüglich der »Verknüpfung von jüdischer und nationaler Frage nach der Kultur« als »Warnsignal« gedeutet.[244]

Literatur und Literaturkritik stellen also für die deutschen Juden zur Zeit der Jüdischen Renaissance nicht nur eine künstlerische Ausdrucksform dar, sondern gelten vor allem als Mittel zur Selbstdefinition, als eine Möglichkeit, Selbstbehauptungsstrategien zu entwickeln.

---

[239] Vgl. Ludwig Geiger: Die Deutsche Literatur und die Juden. Berlin: Georg Reimer 1910. Geigers assimilierte Selbstdefinition wird hierin deutlich. »Ich glaube allerdings berechtigt zu sein, dieses Thema wissenschaftlich zu behandeln, nicht nur weil ich ein Deutscher jüdischen Glaubens bin. Die Konfession allein befähigt und hindert nicht. [...] Wir deutsche Gelehrte jüdischen Glaubens haben stets unsere Ehre und unseren Stolz darin gefunden, voll und ganz in unserer Sprechweise, in unserer Kultur, in unserem Denken und Fühlen, in unserer Art zu arbeiten, Deutsche zu sein.« Ebd., S. 10.

[240] Shedletzky, Literaturdiskussion und Belletristik in den jüdischen Zeitschriften in Deutschland 1837–1918 (wie Anm. 107), S. 166.

[241] Zur Vorgeschichte und den ›Vorreitern‹ der von Herzl gegründeten *Die Welt* vgl. Mark H. Gelber: Die Begriffe der jüdischen und der deutschen Kultur und ihre Differenzierung in der frühen deutsch-zionistischen Presse. In: Zwischen Selbstbehauptung und Verfolgung (wie Einleitung, Anm. 16), S. 217–232. Dieses Periodikum gilt als »[e]in wesentliches Instrument für die Agitation«, schließlich ist es Herzl, der die pro-zionistischen Texte auswählt und auch selber verfasst. Vgl hierzu: Achim Jaeger und Beate Wunsch: Zion und ›Zionismus‹. Die deutsch-jüdische Presse und der Erste Baseler Zionistenkongreß. In: Jaeger, Terlau, Wunsch, Positionierung und Selbstbehauptung (wie Kap. 1, Anm. 156), S. 1–66; hier: S. 56.

[242] Vgl. hierzu insbesondere die Beilage »Literarische Rundschau« der *Jüdischen Rundschau*.

[243] Mittelmann, Die Assimilationskontroversen im Spiegel der jüdischen Literaturdebatte am Anfang des 20. Jahrhunderts (wie Anm. 30), S. 161.

[244] Voigts, Moritz Goldstein, der Mann hinter der Kunstwart-Debatte (wie Anm. 118), S. 165.

2.3.1 »Auf der Suche nach der jüdischen Nationalliteratur«[245]

Für die deutschen Juden ist es daher relevant, auch in der Literatur die für sie ausschlaggebenden jüdischen Konzepte wiederzufinden. Dementsprechend wird die Frage nach einer Definition und nach typischen Merkmalen von jüdischer Literatur besonders zur Zeit der Jüdischen Renaissance intensiv und kontrovers diskutiert. Gerade für die Darstellung von Kaufmanns Literaturverständnis muss man sich die Debatte um eine jüdische Nationalliteratur genauer ansehen, da sie zum einen von ihm durchaus mitbestritten wird – wenn auch nur durch wenige Beiträge – aber vor allem auf dessen eigene Literaturdefinition prägenden Einfluss gehabt haben muss.

Auch hier ist es Moritz Goldstein, der eine umfangreiche, aber erstaunlicherweise nur wenig beachtete, Abhandlung zum Thema verfasst. Die bereits in seinem *Kunstwart*-Aufsatz beabsichtigte unpolitische, aber lyrische Komponente wird in »Begriff und Programm einer jüdischen Nationalliteratur« von 1913 noch deutlicher pointiert, indem Goldstein die bewusste Produktion jüdischer Nationalliteratur als dringliches Desiderat herausstellt.[246] Kein Politiker, kein Pragmatiker könne letztlich die Umsetzung der Herzl'schen Ideenwelt erreichen, da die Verantwortung eindeutig auf Seiten der deutsch-jüdischen Dichter liege, denn »[d]as neue Juda muß in der *Idee* fertig gemacht werden, bevor es in der Wirklichkeit entstehen kann«[247]. Ein wesentlicher Schritt zur Realität ist über die Dichtung zu erreichen: »*Wir deutsch dichtenden Juden können die Sache unseres Volkes mit unserm Schaffen fördern* – ja die Sache unseres jüdischen Volkes hängt von uns Dichtern mindestens ebenso sehr ab wie von irgendwelchen anderen Menschen und Mächten.« (7) Die deutschen Juden müssen sich, egal welcher Richtung sie in innerjüdischen Diskussionen angehören, zusammenschließen und den »Geist des jüdischen Volkes«, den Goldstein ausführlich darstellt, (herauf)beschwören. Internationalität ist hier nicht gefragt, da zuerst alle Probleme auf nationaler Ebene geklärt sein sollten. Dabei muss die jüdische Nationalliteratur, zu deren Sprache Goldstein ausführlich Stellung bezieht,[248] auch jüdische Stoffe besprechen: »Das Jüdische in

---

[245] Der Titel dieses Subkapitels ist in Anlehnung an den Titel von Hans Otto Horchs Habilitationsschrift entstanden. Vgl. Horch, Auf der Suche nach der jüdischen Erzählliteratur (wie Einleitung, Anm. 4).

[246] »Dabei ist hier positiv dargestellt, was der *Kunstwart*-Aufsatz nur polemischkritisch andeutete.« Voigts, Moritz Goldstein, der Mann hinter der Kunstwart-Debatte (wie Anm. 118), S. 166.

[247] Moritz Goldstein: Begriff und Programm einer jüdischen Nationalliteratur. Berlin: Jüdischer Verlag 1912 (Die jüdische Gemeinschaft. Reden und Aufsätze über zeitgenössische Fragen des jüdischen Volkes; 1), S. 20. Auf die deutliche Parallele zu den kulturzionistischen Ideen Achad Ha'ams (Ascher Ginzberg) sei hier ohne ausführliche Darstellung hingewiesen. Folgende Zitate sind im Text nachgewiesen.

[248] Zu Beginn des Textes gesteht Goldstein ein, dass er aufgrund seiner nichtvorhandenen Hebräisch- und Jiddischkenntnisse eigentlich zur Besprechung des Themas wenig kompetent sei. Doch die thematische Relevanz mache diese Erörte-

unserm eigenen Schaffen hängt also zwar nicht vom jüdischen Stoffe ab; aber im letzten und höchsten Sinne werden wir erst dann ein nationales Schrifttum besitzen, wenn es gelingt, *das Judentum als Stoff der Kunst zu erobern.*« (16) Die bereits vorhandenen jüdischen Stereotype sollen für das »jüdische Heldenideal« verschwinden – man muss also »*[d]en Juden der Geschichte heroisch machen*« (18).

Interessanterweise bleibt auf diesen Goldstein'schen Text die durchschlagende Resonanz aus. Erst im Mai 1913 schreibt Ludwig Geiger eine – gemäß seiner eigenen Vorstellung von deutsch-jüdischer Symbiose – negative Rezension zu dieser Abhandlung, in welcher er diese als das »übelste und sinnloseste Gerede, das man sich denken kann«[249], bezeichnet. Analog zur Definition einer deutschen Nationalliteratur folgert Geiger, dass eine ebensolche jüdische »eine von Juden in jüdischer Sprache über jüdische Stoffe geschriebene sein«[250] müsse. Goldstein sei aufgrund seiner fehlenden Hebräisch- und Jiddischkenntnisse völlig ungeeignet, über diese Thematik zu schreiben, denn die Folgerung, dass der jüdische Dichter in seiner Muttersprache schreiben solle, sei für ihn keine Nationalliteratur. Auch die Stoff-Frage sieht Geiger in Goldsteins Text nicht geklärt, denn

> der Verfasser [orakelt] von Shylock, Nathan, Jüdin von Toledo, ohne zu ahnen – und von deutscher oder englischer Literatur könnte der Verfasser doch vielleicht etwas verstehen – , daß das gar keine nationalen Stoffe sind, sondern daß sie bedingt sind durch das Zusammenleben mit anderen Nationen.[251]

---

rung unverzichtbar. Er vergleicht die Bedeutung des Hebräischen mit dem Lateinischen im christlichen Abendland und zweifelt daher auch nicht daran, dass Hebräisch die Funktion einer Literatursprache erfüllen könne, wenn auch »*das Grösste an schöpferischen Werken [...] im Hebräischen nicht mehr möglich sein [wird].* Denn das Grösste an dichterischer Leistung erwächst überall und immer aus der lebendigen Sprache, die einem Muttersprache ist – und für wieviele Juden ist, für wieviele Juden *kann* die ›Sprache unserer Väter‹ in diesem Sinne wieder lebendige Muttersprache werden?« [Ebd., S. 3.] Folglich sei auch das Deutsche als Muttersprache der deutschen Juden als Sprache der jüdischen Nationalliteratur denkbar. Zudem müsse es analog zur Rückbesinnung auf eigene volkstümliche Werte in der deutschen Romantik auch im deutschen Judentum eine solche Rückbesinnung geben. Doch diese Renaissance bleibt aufgrund der fehlenden traditionellen Elemente und literarischen Werke aus. Dem Hebräischen fehlten die volkstümlichen Elemente, die dem Jiddischen innewohnen, das aber aufgrund seines schlechten Ansehens nicht als künftige Nationalsprache gewählt werden könne: »Sie ist der echte, der notwendige Ausdruck unseres Schicksals, aber sie ist nicht der Träger unserer Zukunftshoffnungen, nicht der Herold unseres wiedererwachten Nationalwillens.« Ebd., S. 5.

[249] Ludwig Geiger: [Rezension zu »Begriff und Programm einer jüdischen Nationalliteratur«]. In: AZJ 77 (16. Mai 1913) H. 20, S. 240.

[250] Ebd.

[251] Ebd.

Zudem kann eine von Goldstein geforderte Typus-Neuschöpfung der Juden nicht in Geigers Sinn gewesen sein, denn dies wäre »das Gegenteil dessen, was die AZJ als allein zeitgemäß empfand«[252]. Dementsprechend werden auch weitere Empfehlungen Goldsteins ebenso mit ›ironischem Lächeln‹ abgetan,[253] sodass letztlich ein vernichtendes Urteil bleibt:

> Ferner verdient niedriger gehängt zu werden, daß, bevor der Verfasser von Idee und Inhalt der jüdischen Nationalliteratur spricht – auf ganzen 7½ Seiten – er vier Seiten dazu braucht, um »die Organisation der jüdischen Produktivität herzustellen«, das heißt um Geschäfte zu machen. Und eine solche Prophetie wagt uns ein jüdischer Verlag als Reorganisation der Literatur zu bieten.[254]

Geigers liberal-jüdische Auffassung muss gemäß seiner assimilatorischen Einstellung konträr zur von Goldstein propagierten Idee stehen. Doch auch die Kulturzionisten können Goldsteins Konzept nicht uneingeschränkt gutheißen, denn für sie ist die Kultur der zionistischen Politik unterzuordnen. So schreibt Max Mayer unter seinem hebräischen Namen Meïr ben Elieser eine dreiteilige Abhandlung für die *Jüdische Rundschau*, die eben diese Einstellung verdeutlicht, denn

> [d]ie Frage, was wir westeuropäischen Juden im allgemeinen und wir deutschen Juden im besonderen bei einer solchen Sachlage der Dinge tun sollen, und vor allem, was wir in unserer unglückseligen Vereinzelung tun *können*, ist nicht, wie Goldstein glaubt, als rein literarische Frage isoliert von der Untersuchung der Bedingungen des jüdischen Lebens im Golus überhaupt zu behandeln, sondern muß unserer Meinung nach als Teilfrage des länger bekannten und anerkannten zionistischen oder besser: Achad-ha-Amistischen Problems betrachtet werden.[255]

Für Mayer ist es wichtig darzustellen, dass es ja bereits eine jüdische National literatur im Osten gebe, die Goldstein in seinem Aufsatz zwar benenne, von der er sich unverständlicherweise jedoch »blutend los[reißt]«[256]. Deswegen konstatiert Mayer einen »neuen Grundmangel des Goldsteinschen Programms [...]: daß es *gewisse jüdische Kräfte voraussetzt, die nun einmal in Westeuropa*

---

[252] Horch, Auf der Suche nach der jüdischen Erzählliteratur (wie Einleitung, Anm. 4), S. 236.

[253] »Er empfiehlt dann ferner als Stoff einer Nationalliteratur ›das Recht der Juden, die Juden anzugreifen‹, so wörtlich zu lesen Seite 17. Empfiehlt sodann den jüdischen Humor (wozu wir selbstverständlich erst die Empfehlung des Herrn Goldstein brauchen) und gebraucht einige Phrasen, die man als höchst unbedeutend bezeichnen muß: ›man solle den Juden die Geschichte heroisch machen‹ und ›wir wollen das jüdische Heldenideal‹.« Geiger, [Rezension zu »Begriff und Programm einer jüdischen Nationalliteratur«] (wie Anm. 249), S. 240.

[254] Ebd.

[255] Meïr ben Elieser, »Begriff und Programm einer jüdischen Nationalliteratur« (wie Kap. 1, Anm. 121), S. 504. Auch Mayer greift Goldsteins bekundete ›Unwissenheit‹ hinsichtlich der jüdischen Sprachen an. Vgl. ebd.

[256] Meïr ben Elieser, »Begriff und Programm einer jüdischen Nationalliteratur«. II (wie Kap. 1, Anm. 121), S. 12.

nicht vorhanden sind und auch nie perennierend vorhanden sein werden«[257]. Selbst in Osteuropa könne man das Ziel momentan nicht vollständig erreichen, da auch dort erst die bewusste Wahrnehmung des jüdischen Volkes gefördert werden müsse, weswegen Mayer den Goldstein'schen Ausspruch umdreht und fordert: »es gilt den Juden nicht der *Literatur*, sondern des *Lebens* neu zu schaffen«[258]. Damit müsse man auch das Jiddische als immer noch oral stark verbreitete Volkssprache anerkennen, obwohl die Stellung des Hebräischen deutlich höher anzusiedeln sei, weil genau dies die Sprache der Juden sei, auf die es letztlich ankomme: die Sprache »der einzigen, die das Fortbestehen eines jüdischen Volkes und damit einer jüdischen Literatur garantieren: der Juden Palästinas«[259]. Somit kann Mayer aus dem »Labyrinth der Fragen« zu diesem Thema schließen:

> Unser zukünftiger Nationaldichter wird derjenige produktive Jude sein, dessen Schaffen im innigsten Zusammenhang mit der hebräisch-palästinensischen Kultur stehen wird, der sich endgültig aus dem europäischen Kulturzusammenhang zu reißen und sich allein der Morgenröte seines Volkes zuzuwenden vermag.[260]

Die Problematik der deutsch-jüdischen Symbiose innerhalb der Literatur würde folglich dadurch ›gelöst‹, dass man sie nach Palästina verlagert.

Auch Max Brod setzt sich im Sammelband »Vom Judentum« der Organisation Bar Kochba, das als »eines der schönsten Geschenke […], die unsere jüdische Jugend dem Zionistenkongreß darbringt«[261], gilt, mit der deutsch-jüdischen Thematik intensiv auseinander, ohne für seine Thesen »die Prätention endgültiger Formulierung«[262] zu beanspruchen. Der Schriftsteller wendet sich seinem ursprünglichen Volk zu, dessen Schriften auch ihn sich zugehörig fühlen lassen und »alle heroischen Kräfte im jüdischen Dichter [belebt]« (261). Indem er sich auf seine Wurzeln besinnt, »[v]on biblischer Größe und ostjüdischer Einfachheit erschüttert, reiht sich der national empfindende jüdische Dichter in die jüdische Literatur ein« (261). Problematisch bleibt für den deutsch-jüdischen Dichter seine Verwobenheit mit der deutschen Sprache und damit auch der deutschen Kultur. Für Brod kann der Zwiespalt der deutsch-jüdischen Dichter auf zwei Weisen aufgelöst werden. Zum einen kann der Jude sein Deutschtum negieren, doch »nur um den Preis, in seiner ganzen Persön-

---

[257] Ebd.
[258] Ebd., S. 13.
[259] Meïr ben Elieser, »Begriff und Programm einer jüdischen Nationalliteratur«. III (wie Kap. 1, Anm. 121), S. 22.
[260] Ebd., S. 23.
[261] Auf dem Weg zum neuen jüdischen Leben. In Jüdische Rundschau 18 (22. August 1913) H. 34, S. 351.
[262] Max Brod: Der jüdische Dichter deutscher Zunge. In: Vom Judentum. Ein Sammelbuch. Hg. vom Verein jüdischer Hochschüler. *Bar Kochba* in Prag. 2. Auflage. Leipzig: Kurt Wolff 1913, S. 261–263; hier: S. 261. Folgende Zitate sind im Text nachgewiesen.

lichkeit ein unkompletter Mensch zu werden«[263]. Zum anderen – und dieser »mögliche Weg scheint ehrlicher und schöner« (261) – kann sich der Jude stärker auf seine nationalen Wurzeln besinnen und durch die verstärkte positive Sicht auf die eigenen Stärken auch die nationalen Bestrebungen innerhalb der anderen Völker nachvollziehen. Hiermit propagiert er die nationale Emanzipation des Judentums, die in Tradition zur Ideologie von Moses Hess und der Wissenschaft des Judentums steht.[264]

> Die Beziehung zur deutschen Literatur ist dann dadurch gegeben, daß der jüdische Dichter die einzelnen Persönlichkeiten der deutschen Literatur aus seiner allgemeinen Kunstliebe heraus erfaßt, daß er aber außerdem die innerlichste Einbettung dieser Großen in ihr Volksgefühl, gleichsam die Nährflüssigkeit um sie herum durch Analogie mit seinem eigenen Volksempfinden miterlebt.[265]

Dann erst ist es für Brod möglich, dass auch »jüdische Dichter deutscher Zunge« den »wahren deutschen Volksgeist« (262) begreifen und nachvollziehen können. Erst wenn man sich an seinem eigenen Volkstum erfreuen kann, ist man bereit, fremdes Volkstum als solches anzuerkennen und zu würdigen.[266] Dementsprechend müsse man sich auch nicht ausschließlich auf jüdische Stoffe beschränken, sondern könne auch andere Aspekte darstellen. So habe er es auch in seinen beiden Romanen »Jüdinnen« und »Arnold Beer« gehandhabt und sei für diese Herangehensweise von national-jüdischer Seite heftig angezweifelt worden.[267] Doch die ausschließliche Darstellung von jüdischen Hauptproblemen wie Zionismus und Assimilation sei lediglich für denjenigen dichterisch relevant, »der in seinem jüdischen Nationalgefühl noch Neuling ist« (263). Schließlich müsse auch der Kern, die inneren und vielleicht auch leiseren Werte, dargestellt werden, ohne dass die große Thematik außen vor bleiben muss. Dies habe er beispielsweise auch in seinen kritisierten Romanen beherzigt und »aus Zielfertigkeit die Diskussion über das Ziel ganz aus[ge]schalte[t] und damit den echten jüdischen Roman, dessen Stärke nicht der Konflikt, sondern das Dichterische in ihm ist, mitbegründe[t]«[268]. Brod

---

263 Ebd. Die vollständige Assimilation, die »Erlangung deutscher Nationalität«, schließt Brod von vornherein aus.

264 Vgl. hierzu u. a. Shedletzky, Literaturdiskussion und Belletristik in den Jüdischen Zeitungen in Deutschland 1837–1918 (wie Anm. 107), S. 280–281.

265 Brod, Der jüdische Dichter deutscher Zunge (wie Anm. 262), S. 261–262.

266 »Die Freude am eigenen Volkstum ist der Freude am fremden Volkstum verwandter als die versuchte Erschleichung fremden Volkstums.« Ebd., S. 262.

267 Vgl. hierzu Kapitel 2.3.2.

268 Ebd. »Womit nicht geleugnet sein soll, daß für die Tat und Politik alles Zwischenstufenhafte und Zwittrige dem ganz großen Ideal des reinen Volkes ohne weiteres zu opfern ist.« Ebd. Die unbedingte Trennung von Kunst und Politik fordert Brod auch in seinem Aufsatz »Unsere Literaten und die Gemeinschaft«. »Man hüte sich jedoch, so schwer es fallen mag, vor Illusionen der nationalen Eitelkeit, wie z. B. vor der Ansicht, daß eine gewisse Richtigkeit oder traditionale Gemäßheit oder gar schon Strammheit der Gesinnung die neue jüdische Kunst schaffen

fordert also, dass der deutsch-jüdische Dichter als Jude dichtet, ohne sich der explizit jüdischen Thematik zu verpflichten.

Einen anderen interessanten Aspekt beleuchtet Moritz Heimann, der ebenfalls im Bar Kochba-Sammelband konstatiert, dass der Kern von jüdischer Kunst weder im stofflichen noch im formalen Gestalten liege – vielmehr »ist in ihm noch ein besonderes geistiges Element, das mehr darin besteht, zu wem die Kunst spricht, als über was und wie sie spricht«[269]. Folglich müsse jüdische Kunst auch ausschließlich Juden ansprechen, also für Juden gemacht sein. Besonders adäquat ließe sich diese Kunst dann in den Gemeinden umsetzen, weil »allein im Schutzbezirk des Gemeindelebens der Jude sich nicht am fremden Werte mißt und keinen Haß und keine Verachtung zu verderblicher oder heilsamer Verwirrung in die einzelne Seele dringen läßt«[270]. Damit weist er der Frage nach der Nationalliteratur weniger Gewicht zu als dem Wesen der Kunst an sich, die für ihn »ausschliesslich [...] religiöse Gebrauchskunst«[271] darstellt.

Brods und Heimanns Abhandlungen stellen somit »gleichzeitig eine kritische Zusammenfassung und Weiterführung«[272] der bislang erfolgten Literaturdiskussionen dar, die auch in der *Freistatt*-Debatte weiter fortgesetzt werden.

Am Beispiel von Alfred Wolfensteins Aufsatz »Das neue Dichtertum des Juden« erkennt man, dass die Debatte um die jüdische Literatur auch nach dem Ersten Weltkrieg nicht endgültig beendet ist.[273] Hierin bekennt Wolfenstein, dass Juden von Natur aus die besseren Dichter seien, weil sie eben nicht sesshaft seien[274] und deswegen dem idealen Schriftsteller in seinem Naturell äh-

---

kann. Dieser Satz scheint selbstverständlich, trotzdem fehlt es selbst bei den als klug verschrieenen Juden manchmal an der primitivsten Einsicht, daß Kunst nichts ist, was gewollt und kommandiert werden könnte.« Max Brod: Unsere Literaten und die Gemeinschaft. In: Der Jude 1 (Oktober 1916) H. 7, S. 457–464; hier: S. 464.

269   Moritz Heimann: Jüdische Kunst. In: Vom Judentum (wie Anm. 262), S. 258–260; hier: 260.

270   Ebd.

271   Shedletzky, Literaturdiskussion und Belletristik in den jüdischen Zeitschriften in Deutschland 1837–1918 (wie Anm. 107), S. 279. Trotzdem diskutiert er sowohl Aspekte die Nationalliteratur betreffend als auch Bartels Angriffe auf jüdische Künstler.

272   Ebd.

273   Alfred Wolfenstein: Das neue Dichtertum des Juden. In: Juden in der deutschen Literatur (wie Anm. 166), S. 333–359. In seinem Text verweist er auf seinen bereits ein Jahr früher erschienenen Aufsatz »Jüdisches Wesen und Dichtertum«, der einen leicht gekürzten, an einigen Stellen im Wortschatz veränderten aber inhaltlich identischen Auszug der Sammelbandabhandlung darstellt. Vgl. Alfred Wolfenstein: Jüdisches Wesen und Dichtertum. (Aus einer größeren Arbeit). In: Der Jude 6 (1921/1922) H. 7, S. 428–440. Zudem ist der komplette Krojanker-Sammelband als Zeugnis für die immer noch aktuelle Debatte zu sehen.

274   »Die spirituelle Sendung der Unruhe wird auch unter den Juden meistens nicht erkannt oder nicht anerkannt. [...] Ich spreche hier von diesem schwebenden Wesen des Juden und seinem neuen Dichtertum.« Wolfenstein, Das neue Dichtertum des Juden (wie Anm. 173), S. 334. Folgende Zitate sind im Text nachgewiesen.

neln. »Der Dichter ist der unter die Völker Verstreute; aus tieferem Grunde
kommend und in höherem Sinne ortlos; der Verbannte. Er ist, heute zumal, der
ungewiß Wohnende unter Fremden, – denen er sich doch glühend zugehörig
fühlt.« (334) Natürlich lägen gerade in dieser Verbundenheit Gefahren, da
Realität und Fiktion stärker verschwimmen und damit Grenzen überschritten
werden könnten.[275] Doch gerade nun sei es wichtig, diesen Gefahren zu trotzen
und das sich manchmal – wie im Falle Gustav Landauers zu sehen sei – als
Martyrium entpuppende Ziel jüdischer Dichtung im Blick zu behalten.[276] Auch
die Gefahr eines falsch verstandenen Aktivismus sei zu beachten; doch man
müsse aktiv werden, denn Schwermut »durchzieht noch immer die Dichtung des
Juden. Die Hymne der Menschennähe und Menschenliebe enthält unhörbar die
Klage des Gottlosen« (345). Ein Jude sei mit seinem Künstlertum so verbunden
wie mit seiner Heimat. »Er zeigt sein Gesicht hier am unbefangensten, und so
erkennt man mit seiner Kunst zugleich sehr gut ihn selbst. Unter den Künsten am
besten in der Dichtung. Unter den Dichtungsarten in der lyrischen.« (346)

Interessanterweise hält Wolfenstein die deutsche Sprache für die, die am
besten von den westeuropäischen Sprachen das jüdische Wesen widerspiegeln
könne, was er auf ein wesentliches deutsches Merkmal zurückführt. »Keiner,
außer dem Juden, lebt so vielfältig unter alle Völker und Erdteile verstreut wie
der Deutsche. Er hat zwar eine Heimat, aber sein Reich ist in Wirklichkeit vom
Übermaß an rings offenen Grenzen und drängenden Nachbarschaften gleichsam wieder aufgehoben.« (355) Dies sei die hervorstechendste, beispielhaftes-
te und auch die im Wesentlichen beizubehaltende Eigenschaft der deutschen
Juden, denn letztlich dürfe das jüdische Volk und mit ihm seine Dichter nicht
sesshaft werden. Deutschland sei deswegen zu bevorzugen, weil »der Jude [...]
dem Deutschen der Wanderung und der Musik [gleicht]. [...] Auch der Jude ist
ein Mensch des Rhythmus, des Ganges, der Zeit, – raumlos.« (356)[277] Der
jüdische Dichter dürfe keinen eigenen Heimat-Boden finden, auf dem er ruhen
könne, damit die »schwebende Sendung« (359) nicht verloren gehe. »Sie fühlt
grenzenlos durch Staaten hindurch die unverwehrte Welt, die Gott gehört und
die Bewohner ihrer Länder von *ihm* erlangt.« (359)

Diese so unterschiedlichen Darstellungen zur Nationalliteratur auch innerhalb der national-orientierten Juden, die zudem alle verschiedene Schwerpunk-
te auf diverse Details setzen, zeigen die Schwierigkeit auf, eine eindeutige
Definition von Nationalliteratur zu finden, was die Problematik des gespalte-

---

[275] »Durch die Nähe seiner Wirklichkeit zu seinem Dichtertum kann beides unsicher
    werden, sich kreuzen, ineinander übergehen. Dann greift das eine zu den Mitteln
    der anderen, notwendige Grenzen fallen, und nicht zugunsten der Unendlichkeit –
    «. Ebd., S. 336.
[276] Vgl. ebd., S. 340–341. Wolfenstein rekurriert auf den Mord an Gustav Landauer
    im Mai 1919 durch konterrevolutionäre Truppen. Landauers Einsatz für das sozia-
    listisch geprägte Judentum bleibt sein Vermächtnis.
[277] Antisemitische Tendenzen in der deutschen Bevölkerung versteht Wolfenstein
    lediglich als Unzufriedenheit mit dem eigenen Volkstum. Vgl. ebd.

nen deutschen Judentums, keine eindeutige Definition von deutschem Juden
oder jüdischem Deutschen vorweisen zu können, widerspiegelt.

Am Ende dieses Kapitels muss gerade bei der Betrachtung des letzten Text-
beispiels eine kurze Bemerkung zum geistes- und literargeschichtlichen Epo-
chenkontext erfolgen, denn im Rahmen dieser Arbeit kann darauf nicht ausführlich eingegangen werden. Trotzdem wird an dieser Stelle zumindest kurz
auf die große Bedeutung einiger in dieser Arbeit aufgeführten Autoren wie
Ehrenstein, Lasker-Schüler und Wolfenstein hingewiesen.[278] Inspiriert durch
seine eigenen Erfahrungen, zum einen mit dem Leben in der Großstadt, zum
anderen mit seiner deutsch-jüdischen Außenseiterrolle, prägte letzterer durch
seine literarischen Texte, aber auch durch sein 2-bändiges Jahrbuch *Die Erhe-
bung* (1919–1920) und die dort gesammelten theoretischen Schriften zum
Expressionismus die Epoche maßgeblich.

Gerade die für diese Zeit wichtige ›literarisch-produktive‹ Verbindung zwischen jüdischen Autoren, die in deutscher Sprache publizierten, und expressionistischen Sprachbildern greift Wolfenstein auch 1922 in seinem »bahnbre-
chenden Essay *Jüdisches Wesen und neue Dichtung* [auf]. In dieser Studie
arbeitet er Elemente des Jüdischen – genauer gesagt: Elemente der jüdischen
Diaspora-Erfahrung – anhand der expressionistischen Literatur heraus.«[279]
Zudem werden hierin neben eigenen literarischen Texten auch Werke von
Ehrenstein und Lasker-Schüler berücksichtigt. Generell findet – in Wolfensteins Texten wie auch in einigen lyrischen *Freistatt*-Beiträgen – eine Hinwendung zum Judentum statt: »Im Wunsch nach ›Begegnung‹ – das dialogi-
sche Glaubensverhältnis der jüdischen Religiosität assoziierend – sucht das
lyrische Ich der Einsamkeit zu entfliehen und Zugang zur ›Gemeinschaft‹, d. h.
zum Kollektiv der Leidenden zu finden.«[280] Eben dies unterstreicht noch einmal ausdrücklich die offenkundige Verbindung zwischen expressionistischen
und deutsch-jüdischen Motiven innerhalb der Literatur zur Zeit der Jüdischen
Renaissance.

Thematisch, aber vor allem sprachlich ist der Einfluss des Expressionismus
auch auf die in der *Freistatt* publizierten literarischen Texte daher nicht von
der Hand zu weisen.[281] Da für Kaufmann Literatur aber hauptsächlich als Pro-
pagandamedium funktionieren sollte und daher die Auswahl der literarischen
Texte besonders unter diesem Gesichtspunkt getroffen wurde, kann in dieser
Arbeit der Fokus von Literaturbetrachtung nicht auf dem ästhetisch-
literarischen, sondern muss verstärkt auf dem funktionsorientiert-›alljüdischen‹
Aspekt liegen.

---

[278] Vgl. hierzu auch Kap. 3.2.2 zur Lyrik in der *Freistatt*.
[279] Armin A. Wallas: Alfred Wolfenstein. In: Metzler Lexikon der deutsch-jüdischen
       Literatur. Jüdische Autorinnen und Autoren seit der Aufklärung. Hg. von Andreas
       B. Kilcher. Stuttgart: Verlag J. B. Metzler 2000, S. 622-625; hier: 622.
[280] Ebd., S. 623. Vgl. hierzu auch Kap. 3.2.2 zur Lyrik in der *Freistatt*.
[281] Vgl. hierzu besonders die Ausführungen zu den Gedichten Ehrensteins in Kap.
       3.2.2.

2.3.2 Fritz Mordechai Kaufmanns ›funktionsorientierter‹ Literaturbegriff

Auch Fritz Mordechai Kaufmann beteiligt sich mit seinen frühen Aufsätzen an der zeitgenössischen literarischen Diskussion. Es ist nur natürlich, dass er seine Texte in der *Jüdischen Rundschau* veröffentlicht, die seiner eigenen zionistisch-geprägten Position am nächsten steht.[282] In einem Brief an seinen Vater übt er jedoch bereits Kritik an dieser Zeitung.

> [...] Dann könntest Du den Antrag stellen, dass ein gewisser Raum in der J.R. einem »Sprechsaal« reserviert bleibt, wo über typische Agitationsmittel, Methoden, Wege, regelmässig u. von den verschiedensten Seiten her berichtet wird. Daran fehltst [!] – und die regelmässigen Orts-Berichte wetteifern an Öde und Plattheit mit solchen trivialster Ziegenzuchtvereine.
> Überhaupt ist die J.R. noch sehr verbesserungsfähig. Es liegt viel an der wenig grossen Persönlichkeit der Führenden, dass das alles einen so berlinerischen, kalten Charakter an sich hat, so wenig persönlichen Ausdruck. Und so wenig erzieherisch auf den Leserkreis wirkt.[283]

Damit zeichnet er schon 1911 seine programmatischen Ideen für die eigene Zeitschrift vor. Trotz dieser kritischen Haltung bewirbt er sich bei der *Jüdischen Rundschau* um einen Redakteurposten[284] und veröffentlicht ebenda im März 1912 seinen ersten Aufsatz unter dem Titel »Neue Waffen«. Man zahlt ihm für seinen Beitrag acht Mark und vermerkt, dass man »absolut keine Mittel zur Honorierung literarischer Arbeiten«[285] habe. Vielleicht versucht Kaufmann daher auch aus diesem finanziellen Grund, nachfolgende Texte bei anderen Zeitschriften zu platzieren.

---

[282] 1896 von Heinrich Loewe als *Israelitische Rundschau* gegründet wird die Zeitschrift im Jahr 1902 in *Jüdische Rundschau* umbenannt. Sie gilt als das wichtigste Organ der zionistischen Organisation, deren offizielles Sprachrohr sie bereits 1896 wird. Zudem ist sie eines der Periodika in Deutschland, das sich bis zum Vorabend der ›Reichspogromnacht‹ halten kann. Am 8. November 1938 erscheint die letzte Ausgabe.

[283] Brieffragment von Fritz Mordechai Kaufmann an Hermann Kaufmann. [Ohne Datumsabgabe – unmittelbar nach Brief vom 27. April 1911]. In: CAHJP. Jerusalem. P 113/R7.

[284] »Ich habe mich – was Ihr geheim halten wollt – um den in der vorletzten Nummer der J. R. ausgeschriebenen Redakteurposten […] beworben, weil ich nebenher mein Studium natürlich fortsetzen konnte [!] u. Dich l. Vater ganz erheblich entlasten würde. Ich glaube ja kaum, dass die Leute bis Oktober warten können [dann endet seine Militärzeit], jedenfalls will ich mich auch sonst tüchtig umtun u. mir Möglichkeiten zum Nebenerwerb so gut das mit dem Studium zu vereinbaren ist, erschliessen. Von heute auf morgen geht das natürlich nicht.« Brief von Fritz Mordechai Kaufmann an »Meine Lieben«. [ohne Datumsangabe]. In: CAHJP. Jerusalem. P 113/R7. »Ein 3. Artikel ›Die Verflachung des Zionismus‹ erscheint wohl in der nächsten Nummer.« Wegen des Verweises auf das Folge-Heft muss dieser Brief zwischen Anfang April und Juli 1912 geschrieben worden sein.

[285] Ebd.

Jetzt will ich mich an andere Zeitschriften auch heran machen u. werde einmal Hochland oder dem Türmer einen ziemlich grossen Aufsatz:»Die Judenfrage im Lichte der neuen Forschungsergebnisse« – so ungefähr lautet das Thema – zusenden; bin augenblicklich mit der Abschrift beschäftigt.[286]

Bereits in seinem ersten veröffentlichten Aufsatz *Neue Waffen* vom 29. März 1912 hebt Kaufmann die tragende Rolle der jüdischen Literatur hervor, die sein ›kämpferisches‹ Konzept bezüglich ihrer Funktionalität unterstreicht. Der Text ist eine Rezension zu Schalom Aschs Roman *Amerika*, der für Kaufmann einer zionistischen Offenbarung gleicht.[287] Er handelt von einer typisch ostjüdischen Emigrantenfamilie, die exemplarisch alle potentiellen Gefahren der Auswanderung durchlebt. Aufgrund der angespannten finanziellen Situation muss der Lehrer Meir nun als gebildeter Jude mit seinem Schicksal als einfacher Arbeiter in New York kämpfen. Sein Judentum lässt er sich aber nicht nehmen, sodass er für sich in seinem kleinen auch von einem weiteren Mann bewohnten Zimmer das Ritual ausübt. Aschs zionistisch geprägte Botschaft, die er seinem Charakter in den Mund legt, lautet:»Ich denke, wenn man ein Jude sein *will*, kann man's überall in der Welt sein, – wenn man nur *will*«.[288] Anhand der schwierigen Situation der zurückgebliebenen Familie, die erst ein Jahr später folgt, schildert Asch detailliert und bilderreich die ostjüdische Mentalität sowie deren Sitten und Bräuche.[289] Besonders interessant ist die Figur des jüngsten Sohnes, Jossele, der zum »Überjuden« stilisiert wird. Symbolisch steht er für die Entwurzelung und für den Verlust der eigenen Jüdischkeit, denn als er endlich in Amerika ankommt,[290] fühlt er sich aus seiner Heimat

---

[286]　Ebd. Interessant ist hier natürlich die Wahl der potentiellen Zeitschriften, denen er seine Aufsätze anbieten möchte: Der Berliner *Türmer* als »Monatsschrift für Gemüt und Geist« und die Münchener »Monatsschrift für alle Gebiete des Wissens, der Literatur und Kunst« *Hochland*. Beide sind konservative deutsch-bürgerliche Zeitschriften, keine deutsch-jüdischen. Der von Kaufmann angekündigte Aufsatz findet sich jedoch weder in der einen noch in der anderen Monatsschrift.

[287]　Zudem empfiehlt er seinem Bruder »dringend«, das Buch zu lesen. Brief von Fritz Mordechai Kaufmann an Julius Kaufmann. [Ohne Datumsabgabe – unmittelbar nach Brief vom 27. März 1911]. In: CAHJP. Jerusalem. P 113/R7. Kaufmann bietet den Text zunächst dem Frankfurter Familienblatt an, zieht die Veröffentlichung aber zurück, da er kein Geld dafür bekommen würde. Vgl. Brief von Fritz Mordechai Kaufmann an Julius Kaufmann. [Ohne Datumsabgabe – unmittelbar vor Geburtstagsbrief an den Vater 1911]. In: CAHJP. Jerusalem. P 113/R7.

[288]　Schalom Asch: Amerika. Ein Roman von Schalom Asch. Berlin: Neues Leben, Wilhelm Borngraeber 1911, S. 19. Zu den Anfeindungen gegen Asch seitens russischer Hebraisten, die Kaufmann scharf verurteilt, siehe auch: Pinkus Barber, Vom neuen Jischëw (wie Anm. 101), S. 473–474.

[289]　Asch skizziert das ostjüdische Dorfleben inklusive Rabbiner und Talmudschule sowie die jüdischen Feste. Zudem wird die gefahrenvolle Ausreise der restlichen Familie beschrieben, die exemplarisch für viele Emigrationsversuche stehen muss.

[290]　Zuerst darf er aufgrund einer vormaligen Typhuserkrankung nicht nach Amerika einreisen und wird nach Hause zurück geschickt. Dort widmet er sich dem Tal-

gerissen, kann sich nicht wie seine Geschwister assimilieren und sieht sich trotzdem davon bedroht, aufgrund mangelnder Praxis bald rituelle Gebräuche und Gebete zu vergessen und damit sein Judentum zu verlieren. Er bleibt ein Außenseiter.[291] Auch seine Eltern können ihm nur wenig Halt geben, sodass er letztlich symbolisch zu seinem inneren Zerfall auch äußerlich kränkelt. In seinem Fieberwahn sieht er sich zu Hause und hat eine Vision bezüglich seiner eigenen Beerdigung, bei der er als gottesfürchtiger Mann Israels zu Grabe getragen wird. Als er stirbt, ist dies der Tag der Erlösung.

Verständlicherweise ist dies ein Roman ganz nach Kaufmanns Geschmack, denn in ihm wird die zionistische Befürchtung einer jüdisch-assimilierten Zukunft deutlich.[292] Für Kaufmann werden hierin die Theorien von den verlorenen Wurzeln bildlich präzise und poetisch überzeugend dargestellt. Nun müssen die Zionisten nur noch lernen, dieses Werk für ihre Zwecke einzusetzen, denn der offizielle Zionismus hat seiner Meinung nach lange genug versucht, den Westjuden durch Statistiken und Soziologie ihr verlorenes Volkstum zurückzugeben.[293] Durch das Medium ›Roman‹ kann man sie endlich mit einer neuen »Waffe« überzeugen, nämlich durch »[d]as jüdische Erlebnis, das tiefe, visionäre *Schauen* der Judennot in ihren tragischen, typischsten Bildern«[294]. Die Zionisten sollen dieses Buch für ihren ›Kampf‹ nutzen, »das in seiner tiefen Menschlichkeit, seiner tendenzlosen, künstlerischen Reinheit selbst dem entwurzeltsten Assimilanten zum Erlebnis werden – kann« (112). Der Gedankenstrich vor dem Modalverb betont Kaufmanns Einstellung zu den assimilierten Juden, die ihre eigene Jüdischkeit, ihre Wurzeln bewusst ablehnen, um ganz in ihrem Deutschtum aufzugehen. Die ungeheure Bedeutung des Romans wird dadurch unterstrichen, dass er sogar diese Juden überzeugen und zu ihren Ursprüngen zurückführen kann, wenn sie es denn zulassen und die literarischen Bilder für sich sprechen lassen. Aus diesem Grund müssen die Zionisten »Künstler« sein,

---

mudstudium und zum Purimfest geschieht das Wunder: er wird gesund und darf nun auch nach Amerika emigrieren.

[291] Allein seine Lehrerin, ebenfalls eine jüdische Emigrantin, scheint ihn zu verstehen, weil sie in seinem altklugen Gesicht ihren alten Vater sieht, den sie in Russland gelassen hat, als sie einjährig mit ihrer Mutter nach einer Scheidung nach Amerika emigrierte.

[292] Die Rezension Geigers zu Aschs Werk muss dementsprechend anders ausfallen, denn er konstatiert, dass man »das Vertrauen haben [mag], daß die Familie des Reb Meir, wenn sie auch manche Traditionen aufgibt, zu echter Menschlichkeit sich aufrafft, und daß Amerika auch für sie das Land der Verheißung wird.« L. G. [d. i. Ludwig Geiger]: [Rezension zu Schalom Aschs »Amerika«]. In: AZJ 76 (16. Februar 1912) H. 7, S. 83.

[293] Interessanterweise grenzt Kaufmann sich hier von den Westjuden ab, obwohl er gebürtig zu ihnen gehört, weil er sich selber dem ostjüdisch-traditionellen Judentum verbunden fühlt.

[294] Fritz Mordechai Kaufmann: Neue Waffen. In: Jüdische Rundschau 17 (29. März 1912) H. 13/14, S. 112. Folgende Zitate sind im Text nachgewiesen.

Waffen daraus [aus dem Roman] zu schmieden, neue, golden funkelnde Schwerter, die tief hinab, tiefer als zum Gehirn, bis ins Herzblut tauchen; bis in jene verborgenen, verschütteten Kammern, in denen das jüdische Empfinden und Sehnen und alle unbewußte Jüdischkeit des Westjuden schlummern. – Zahlen aber sind noch nie bis in diese Kammern vorgedrungen. (112)

Kaufmann ist davon überzeugt, dass die Westjuden ihr ›Judesein‹ lediglich verdrängen. Man muss diese Wurzeln daher stärker betonen, damit auch diese Juden ihre ursprüngliche Jüdischkeit wiederfinden. Aschs Text ist dafür prädestiniert, denn dieses Buch ist nicht nur ein Roman, der einem entgegenstrahlt aufgrund seiner »traurig-schönen Bilder der wandernden Judenheit [...] in einer Klarheit, die an Goethe erinnert« (112), sondern

[e]in Werk eigenster technischer Art, für die einem die Etikette fehlt; *die gewaltigste Synthese der jüdischen Wanderung*, des jüdischen Untergehens; in einigen ganz schlicht gemalten Szenen die furchtbarste Phase einer Volkstragödie restlos komprimiert; in Szenen, die wirken wie edele, tragische Plastik – so sind sie ausgehauen (112).

Letztlich ist es aufgrund mehrerer Qualitäten »*das* Buch der jüdischen Wanderung« (112) schlechthin, das die zionistische Bewegung in ihrem Tun bestärken und unterstützen soll, da es ebenfalls das Emigrationsproblem als das schwerwiegendste aller jüdischen Probleme darstellt. Eben diese Darstellung ist für Kaufmann ein weiteres Qualitätsmerkmal des Textes: Asch stellt dies an Szenen dar, erklärt das Phänomen aber nicht explizit theoretisch.

Nicht der Dichter sagt das. Seine Kunst weiß nicht von Theorien, nichts von Parteikämpfen, Meinungen; er tat nichts als schauen und gestalten; wie jeder große Gestalter: *tendenzlos.* Aber die Bilder, die Szenen, die er hinmalt, hinzeichnet in jener meisterhaften Stricheltechnik, die andeutend alles sehen läßt, das Leben in seiner tragischen Nacktheit, die werden es laut und vernehmlich verkünden, wenn wir es verstehen, *den hohen soziologischen* und *sozialpsychologischen* Wert des Buches ganz auszunutzen. (112)

Kaufmanns Zukunftsvision zeichnet ein jüdisches Volk, das gesundet und erstarkt ist im Glauben, dessen Auflösungstendenzen der Jahrhundertwende Vergangenheit sind – mithilfe von Aschs Roman, der als »Lichtquelle« (112) den Weg ebnet und Aufklärung bringt. Durch die Lichtmetaphorik stilisiert Kaufmann Aschs Werk zu einem ›heilbringenden‹ Medium.

Dieser Roman, der mit seinen starken Bildern und Szenen die Statistiken der Zionisten plastisch erscheinen lässt, ist besonders herausragend, weil hier keine Einzelschicksale beschrieben werden, sondern typische Judenschicksale, »weil in diesem Buche jede psychologische Schilderung ihren individuellen, singulären oder temporären Charakter verliert und zur reifsten künstlerischen Massenpsychologie wird« (112).[295] Mit diesem Text erreicht man die jüdische

---

[295] Vgl. auch: »Wir sehen tausend Hannah Leahs über die Landstraße, nach Westen ziehen; sehen täglich die Bereles in den Warenhäusern und Kontoren der Großstädte sich angli-, amerikani- und germanisieren; sehen hundertmal das frühgefurchte Altemännergesicht des kleinen Jossele.« Ebd.

Seele eher und eindringlicher als mit nackten Tatsachen und Fakten der zionistischen Statistiker. Daher muss man die überragende Qualität des Textes auch in Arbeitsgemeinschaften, Ortsgruppen etc. erläutern und diskutieren, um die »neuen Waffen« nicht nur im Bücherschrank verstauben zu lassen.

> Die Waffen, die wir uns schmieden aus diesem Buch, müssen in den Kampf getragen werden. Sie erst werden jene »*Vertiefung der zionistischen Argumentation*« einleiten, die von allen klaren Köpfen als notwendig erkannt, und die nur dann möglich sein wird, wenn wir unseren Abgeirrten nicht nur Zahlen einpauken, sondern ihnen das Leben, das jüdische Leben erstehen lassen, im Bild und durch das Wort unserer Dichter. (112)

Kaufmanns Literaturkonzept ist demnach eng mit der erzieherischen Arbeit des Zionismus verknüpft, denn ein ›Judenroman‹ muss für ihn didaktische Aspekte ebenso wie literarische Qualitäten aufweisen. Zudem müssen speziell jüdische Inhalte thematisiert werden.

Während Aschs Roman als qualitativ-hochwertiges Musterbeispiel für Kaufmanns Literaturbegriff steht, können die beiden Romane »Jüdinnen« und »Arnold Beer« von Max Brod diesen Ansprüchen offensichtlich nicht gerecht werden. Kaufmanns letzter in der *Jüdischen Rundschau* veröffentlichter Aufsatz »Der Jude im Roman« thematisiert eben diese beiden Texte und dient als aufschlussreiche Quelle zur Darstellung von Kaufmanns Theorie bezüglich jüdischer Romane. In diesem am 11. Oktober 1912 erschienenen Text rezensiert er Brods Werke, die letztlich eben nicht in die Kategorie »Judenbücher« gehörten, da nach Kaufmann in ihnen »*nicht das Jüdische [...] das Entscheidende [sei]*. An keiner Stelle dieser Bücher.«[296] Allein durch die Veränderung weniger Details kann man die Geschichte eines »typische[n] Deutsche[n]« (390) in Gestalt des Arnold Beer erzählen. Hier ist lediglich ein »soziologisch-wirtschaftliche[s]« (390) Problem geschildert, das Juden wie Nicht-Juden einer bestimmten Schicht betrifft.

So kann die Figur des jungen, talentierten, häufig in Selbstmitleid vergehenden Protagonisten Arnold Beer keine besonders beachtenswerte Ideale vermitteln. Er schlägt sich ziellos durchs Leben, seine Leidenschaft gilt seit Kindesbeinen der Literatur. Neben seiner Dissertation schreibt er auch eigene literarische Texte, findet aber nur wenig echte Muße, da er sich zu gesellschaftlichen Taten verpflichtet fühlt.

> Und er verfluchte sein gutes Herz, das ihn aus Mitleid an diese fehlerhaften Menschen klemmte. Zugleich war er erbost über seine grübelnde Scharfsichtigkeit, seine Lieblosigkeit gegen so gut verhüllte Schwächen der Freunde. In einem allgemeinen Katzenjammer fand er dieses Leben erbärmlich, nicht länger zu ertragen. War dies gemeines Menschenlos, oder vielleicht typisches Schicksal eines jungen Juden?[297]

---

[296] Fritz Mordechai Kaufmann: Der Jude im Roman. In: Jüdische Rundschau 17 (11. Oktober 1912). H. 41, S. 390–391; hier: S. 390.
[297] Max Brod: Arnold Beer. Das Schicksal eines Juden. Roman. Berlin/Charlottenburg: Axel Juncker 1912, S. 47–48.

An dieser Stelle wird seine Zugehörigkeit zum Judentum erstmalig erwähnt. Sein Weg zur inneren Zufriedenheit wird nun über einige Umwege geschildert. Es ist seine Großmutter, die ihn am Ende des Romans auf das Ziel seines Suchens und damit auf die Rückbesinnung auf die eigenen Wurzeln hinweist. Er fasst den Entschluss Journalist zu werden und

> hatte die bescheidene Idee, daß dies allerdings nicht das Letzte, Tiefste, für die Menschheit Wichtigste sei – und doch, nun da er erkannt hatte, daß darin seine eigentliche Begabung lag und daß sein Leben eigentlich von Jugend an darauf hingezielt hatte, nun fühlte er eine Liebe zu der Öffentlichkeit und allseitigen Bewegung in sich, ein Feuer, das selbst einen geringeren Gegenstand geadelt hätte. [...] Denn nun liebte er auch sich selbst – zum erstenmal in seinem Leben – sich selbst und alles, was aus ihm herausdrang.[298]

Arnold Beer findet sein Schicksal und steht damit am Beginn eines neuen großen Lebensabschnittes. Indem er sich selbst und seine Neigungen lieben lernt, wird er autark.

Da der Text die speziell jüdische Komponente nur marginal behandle und die wesentliche Jüdischkeit nicht im Geringsten tangiere, bleibt er für Kaufmann nur ein von »ephemeren Anomalitäten« (390) geprägter Roman. Hier habe sich Brod offensichtlich – wie viele andere jüdische Autoren und Geisteswissenschaftler – von Theorien Weiningers oder Chamberlains blenden lassen.[299]

---

[298] Ebd., S. 169–170.

[299] Der im September 1855 im englischen Portsmouth geborene Houston Stewart Chamberlain wird vor allem durch die Rassenlehre Gobineaus und die deutschvölkische Kulturdefinition Richard Wagners beeinflusst, dessen Tochter Eva von Bülow er heiratet. Seine zweibändige Abhandlung »Die Grundlagen des 19. Jahrhunderts« propagiert die germanische Rasse als die kulturschaffende schlechthin, deren christlicher Hintergrund als Verpflichtung zum Kampf gegen die ›schlechten‹ jüdischen Einflüsse auf die Kultur gesehen werden muss. Auch seine Texte »Arische Weltanschauung« (1905), »Rasse und Nation« (1918) und »Rasse und Persönlichkeit« (1925) tragen dazu bei, dass Hitler, mit dem Chamberlain 1923 zusammen trifft, ein großer Bewunderer dieser rassenideologischen Werke ist. Doch die Verehrung beruht auf Gegenseitigkeit. Der Reaktion seiner englischen Landsleute, die im Ersten Weltkrieg gegen Deutschland kämpfen, obwohl man doch derselben Rasse angehöre, steht er mit Unverständnis gegenüber, sodass er 1916 die deutsche Staatsbürgerschaft erwirbt. Im Januar 1927 stirbt Chamberlain in Bayreuth.
Der 1880 in Wien geborene Otto Weininger entstammt ursprünglich einer jüdisch-ungarischen Familie. Kurz nach seiner Promotion konvertiert er jedoch zum Protestantismus. Sein metaphysisch-religiöses Werk »Weltanschauung« und seine philosophisch-psychologische Abhandlung »Geschlecht und Charakter« zeigen, dass er neben seiner aggressiven frauen- und körperfeindlichen Einstellung auch Chamberlains antisemitischen Thesen in Nichts nach steht. In faschistischen Kreisen gilt letzteres gar als Standardwerk, bevor 1933 aufgrund der jüdischen Herkunft des Autors jegliche Neuauflage untersagt wird. Trotzdem oder gerade deshalb bildet dieser Text die legitime Grundlage des Antisemitismus aus nationalsozialistischer Sicht. Der depressive Weininger begeht 1903 Suizid.

Zudem hat Brod es nicht geschafft, die »bourgeoise jüdische Assimilation« der Jahrhundertwende in ihrer Tragik abzubilden, doch »[e]rst wenn die fühlbar wird, aus dem Gegensatz heraus zu den gewaltigen schöpferischen Tatmenschen, den Typen des lebendigen Volkes – dann erst kann ein Gestalter uns das Schicksal eines Juden dieser peripheren Schicht schaffen« (390). Mit einem Wortspiel macht Kaufmann klar, dass Brod eben nicht dieses Schicksal in seiner ganzen Tragweite, sondern lediglich von »einer oft quälenden Monotonie« geprägte, psychologische »Geschicke« (390) darstellt. Bereits vor Kaufmann stellt ein weiterer Rezensent in der *Jüdischen Rundschau* genau dieses Problem an Brods Text heraus, denn anstelle des Schicksals eines Juden erhalte man »in Wahrheit nur eine sehr sorgfältig ausgeführte Vorstudie dazu« und eben nicht,

> welche Färbung und Intensität das Dasein des Einzelindividuums durch seine Zugehörigkeit zu einer wohlcharakterisierten Gemeinschaft erfährt. Arnold Beer *ist* Jude; wie er aber als solcher auf seine Umwelt reagiert, erfahren wir nicht, und darum meinen wir, daß trotz Titel und Nachwort des Buchs ein Versprechen unerfüllt geblieben ist.[300]

Ebensolches gilt nach Kaufmann auch für Brods Roman »Jüdinnen«, der die Geschichte des jüdischen Realgymnasiasten Hugo erzählt, der in den Ferien von seinem Schulort Prag nach Hause in die deutsch-jüdische Provinzstadt Teplitz fährt.[301] Eigentlich soll er dort für eine anstehende Nachprüfung lernen, doch bereits am ersten Tag seines Besuchs befreundet er sich mit der extravaganten Jüdin Irene, deren einnehmendes Wesen für Hugo erst fesselnd, dann aber zunehmend anstrengend ist. Als Gegenkonzept entwirft Brod die Gestalt des jüdischen Hausmädchens Olga, die – hilfsbereit und aufopferungsvoll – immer ein offenes Ohr für Hugo hat. Brods Text ist ein jüdischer Gesellschaftsroman, in welchem primär soziale und persönliche Strukturen beleuchtet werden. Jüdische Themen werden zwar am Rande diskutiert, sind aber dem Handlungsverlauf untergeordnet. So lassen sich eine kurze Diskussion zum Zionismus,[302] nationale, sogar antisemitische Töne auf einer Volksversamm-

---

[300]   Richard Huldschiner: Zwei Judenromane. In: Jüdische Rundschau 17 (5. Juli 1912) H. 27, S. 250–251; hier: S. 251.

[301]   Die heutige in der Tschechischen Republik liegende Stadt Teplice gehört bis 1918 zu Österreich. Sie liegt zwischen Dresden und Prag am Rande des Erzgebirges.

[302]   »›Und warum sind Sie eigentlich gegen den Zionismus?‹, fragte Hugo sachlich, er glaubte immerhin, von Nußbaum etwas erfahren zu können. Während dieser zu antworten mit ausladender Handbewegung sich anschickte, fiel Irene mit ihrer fertigen Ansicht ein: ›Man muß gegen den Zionismus sein. Man muß einfach, so wie man gegen die Frauenbewegung sein muß.‹ Mit ihrer Entschiedenheit schnitt sie Hugo das Wort vom Mund ab, sie schien mit verächtlichem Achselzucken an den Tag zu legen, daß sie Beweise, logische Begründungen in dieser Sache für überflüssig, unelegant und pöbelhaft halte. Hugo stimmte ihr innerlich nicht bei, hatte sich aber schon so an ihre Art, gewisse Dinge zu gewisser Zeit einfach als Axiome anzusehen, gewöhnt, an diese Axiome ihrer Laune – dass er nicht wagte, weiter zu

lung[303] sowie ein interessanter Ausspruch finden, den Brod dem ›antisemitischen‹ Juden Alfred Popper in den Mund legt: »›Bei diesen Jüdinnen soll sich
einer auskennen. Eine Bagage ist es, berechnend durch und durch, raffiniert bis
in die Knochen. Sehn Sie,‹ er drückte Hugo fester, ›dazu sind wir Männer viel
zu rein, zu echt. Wir mit unsern idealen Anschauungen...‹«[304]. Eben diese
deutsch-patriotische Gesinnung lässt sich nicht nur in Gestalt des jüdischen
Studenten Popper, sondern auch in einer Arnold-Beer-Szene finden, in der
ebenfalls eine Schlägerei stattfindet. Pazi spricht gar von einer »vorsichtigen
Preisgabe des Autorstandpunktes«[305] in diesen Szenen.

Jüdische Aspekte werden im gesamten Roman allerdings nur in besagten
wenigen Abschnitten ansatzweise dargestellt. Die Ziele des jungen Protagonisten selbst bleiben vage. Nach Kaufmann trägt eben auch dieses »Problem der
Präkozität« in Brods Texten dazu bei, dass sie letztlich nicht mit Aschs Roman
konkurrieren können.[306] Schriftstellerische Qualitäten hingegen spricht Kaufmann
Brod nicht ab, sondern unterstreicht nur durch die Wortwahl der Texte des »so
Geschickten, technisch so virtuos Begabten«[307] die enorme Problematik der jüdischen Romanciers. Nach Kaufmann kann man einen wirklichen Judenroman demnach nur dann verfassen, wenn man die Allmacht und Totalität des Judentums
verinnerlicht hat.[308] Die Prognose für Brod sieht Kaufmann günstig, denn er ist
noch jung und »wenn er erst tief eingedrungen, versunken ist, in das Volk, wenn er

---

reden, in einer bestimmten Angst. Auch war ihm die Sache nicht gerade wichtig,
nur Gesprächsthema.« Max Brod: Jüdinnen. Roman. Berlin: Axel Juncker 1911, S.
85. Nach Pazi erschienen Vorabdrucke des Romans in »Die Zukunft«, »Herder-
Blätter« und »Der Sturm«. Vgl. Margarita Pazi: Der ›Prager Kreis‹. Ein Fazit unter
dem Aspekt des Judentums. In: Conditio Judaica. Judentum, Antisemitismus und
deutschsprachige Literatur vom Ersten Weltkrieg bis 1933/1938. Interdisziplinäres
Symposion der Werner-Reimers-Stiftung Bad Homburg v. d. H. Dritter Teil. Hg.
von Hans Otto Horch und Horst Denkler. Tübingen: Max Niemeyer 1993, S. 324–
350; hier: S. 332.

[303] Auf einer Volksversammlung kommt Hugo mit Alfred Popper, Irenes Bruder, ins
Gespräch. Dieser ärgert sich darüber, dass ein Slawe an der Debatte teilnehmen
darf. Mit seinen Turnerkollegen beendet er daraufhin die Diskussion mit einem
Aufruhr. Vgl. XI Kapitel: Volksversammlung. In: Brod, Jüdinnen (wie Anm. 302),
S. 174–203.

[304] Ebd., S. 259.

[305] Pazi, Der ›Prager Kreis‹ (wie Anm. 302), S. 333.

[306] Vgl. dazu Kaufmanns Aussage: »Das Problem der Präkozität, der intellektuell-
sensorischen Frühreife, des prämaturen Menschen – wie der Autor ihn nennt – in
allen seinen Erscheinungen; – im tiefsten Grunde das Problem Brods eigener bis-
heriger Pathologie ist es, das in diesen Büchern mit einer erstaunlichen, reifen Vir-
tuosität dargelegt wird.« Kaufmann, Der Jude im Roman (wie Anm. 296), S. 390.

[307] Ebd.

[308] »Aber das Erleben der Totalität muß jeder Darstellung der Teile vorangehen – sonst
erhalten wir nicht die Verdichtung der jüdischen Zeitprobleme zu künstlerischen Geschichten der eigentlichsten jüdischen Tragik. – Nach denen aber ist unsere Sehnsucht.«
Ebd.

über seinen innerlichen Bourgeois hinweg das Volk, das ewige, heilige, in sich wiederentdeckt, dann vielleicht wird er – der Virtuose jetzt, dann der Künstler – uns wirkliches jüdisches Schicksal gestalten«[309].

2.3.3 Kunst als nationaljüdisches Propagandamittel

Der dem Prager Kreis angehörende Max Brod[310] reagiert auf Kaufmanns Rezension am 29. November 1912 ebenfalls in der *Jüdischen Rundschau*. Die Kritikpunkte Kaufmanns, seine Charaktere seien nicht jüdisch und er habe auch kein jüdisches Problem skizziert, sucht Brod zu entkräften, indem er den seiner Meinung nach formalen Begriff »Tragik« inhaltlich zu füllen sucht.

> Und eben dieser Inhalt der jüdischen Assimilantentragik ist meiner und allgemeiner Ansicht nach: Präkozität, das ist das Gegenteil von Bodenfestigkeit, Einfachheit, Volksbewußtheit, ist jener niegestillte, weil unstillbare Zersplitterungs- und Betäubungsdrang des Juden, der nicht fest in seiner Nation und Tradition ruht.[311]

Eben dies habe er in seinem Roman umgesetzt. Zudem ist es ein speziell jüdisches Problem, denn im Gegensatz zu allen anderen Menschen steht der »um seine Naivität gebrachte« (462) Jude fern von jeglichem völkischen Resonanzboden allein da. »Er hat seinen Konflikt in sich selbst aufzulösen, dem noch so komplizierten Großstadtmenschen anderer Rasse strecken sich tausend hilfreiche Hände entgegen.« (462) Dies ist das eigentliche jüdische Problem und daher reiche auch allein die Veränderung einiger Details in seinem Roman nicht aus, das Schicksal eines Juden als das eines typischen Deutschen darstel-

---

[309] Ebd., S. 390–391. Die positive Grundstellung Kaufmanns zu Brods Talent beweist auch die Vorbemerkung zu einer Kritik von Bendix Cohn, in der dieser eine Lesung Brods verreißt, da dessen Kunst zu oberflächlich gestaltet sei und nicht das leiste, was sein Können vermuten ließe [Vgl. Bendix Cohn: Vorlesung Max Brods. In: Die Freistatt 1 (8. Dezember 1913) H. 9, S. 542–543]. Kaufmann schreibt dazu, dass Brod hier Unrecht geschehe, da »der Kritiker in der Hauptsache das besieht, was doch nur Episode ist – eine diesem Dichter von seiner jüdischen Mitwelt auferzwungene und wohl kaum allzulange das innerstnotwendige Suchen hemmende Neigung zu einer tendenziösen Stoffwahl« [F.M.K.: [Stellungnahme zu »Vorlesung Max Brods«]. In: Die Freistatt 1 (8. Dezember 1913) H. 9, S. 543.]. Dabei hätte man an diesem Abend genug Grund zur Freude gehabt, beispielsweise über Brods »starke und ehrliche Menschlichkeit« [Ebd.], die seine Texte lebendig erscheinen lassen. Die derbe Kritik an Brod sei nur in der *Freistatt* erschienen, weil – Kaufmanns Meinung nach – Sorge um den Autor der Auslöser dieses Textes sei.

[310] »Als engeren Prager Kreis bezeichne ich die innige freundschaftliche Verbindung von vier Autoren, zu der dann später noch ein fünfter trat. Diese vier waren: Franz Kafka, Felix Weltsch, Oskar Baum und ich. Nach Kafkas Tod kam Ludwig Winder hinzu.« Max Brod: Der Prager Kreis. Stuttgart [u.a.]: W. Kohlhammer Verlag 1966, S. 35.

[311] Max Brod: Zu meinen Judenromanen. Eine Bemerkung von Max Brod. In: Jüdische Rundschau 17 (29. November 1912) H. 48, S. 462–463; hier: S. 462. Folgende Zitate sind im Text nachgewiesen.

len zu können; im Gegenteil: diese Annahme sei »direkt kindlich und vollständig kunstfremd« (462). Um dies zu belegen, zitiert Brod eine »beliebige Stelle« (462) seines »Arnold Beer«.[312]

Gerade weil er mit seiner Hauptfigur »keinen Idealfall, kein Schulbeispiel«
eines vorbildlichen Juden generiert, da die Bekehrung zum Glauben und damit
vor allem auch die Hinwendung zum eigenen Volk nicht so umfassend sei, wie
Kaufmann das gerne hätte, und er »den Bekehrten auf einer noch ziemlich tiefen
Stufe des Volksbewußtseins stehen« (462) lässt, verschaffe er dem Leser die
Möglichkeit, die folgende potentielle Erhöhung spüren und dann vielleicht besser anwenden zu können, indem er den Betrachter selbst zum Handeln anrege.
Ebenso habe er auch die Charaktere seines Romans »Jüdinnen« gestaltet, die bei
den Kritikern ambivalent besprochen werden, da sie einigen zu jüdisch anderen
zu wenig jüdisch wieder anderen zu unsympathisch konzipiert scheinen.

> Ich habe es nirgends unternommen, den Typus des Juden oder der Jüdin zu schil-
> dern, weil ich einen solchen Typus genau gesprochen nicht anerkenne. Vielmehr
> scheint mir die Mannigfaltigkeit und das Umfassen vieler Gegensätze dem Judentum
> sehr wesentlich zu sein, und ich habe dementsprechend meine Aufgabe darin gese-
> hen, zunächst für kleinere Gruppen von Juden einen Typ zu bilden. Als solcher Typ
> einer immerhin ziemlich umfassenden Menschheitsgruppe wollen Irene, Olga u.s.f.
> angesehen werden, und auch das vorliegende Buch stellt »das Schicksal *eines* Ju-
> den«, vieler Juden vielleicht, aber nicht einmal andeutungsweise aller Juden dar.[313]

In seinem Aufsatz *Jüdinnen*, der am 25. Juli 1918 in den *Neuen jüdischen
Monatsheften* erscheint, schreibt Brod gar auf Anfrage eine kleine Abhandlung
über die Entwicklung seiner persönlichen Einstellung zur jüdischen Frau, die
mit dem Frauenbild in seinem Roman nicht abgegolten ist. Im Gegenteil, mit
dem Text »Jüdinnen«, den er jahrelang selbst als bagatellisierende Betrachtung, als kompromittierend empfunden habe,[314] habe ein ganzer Denkprozess
über die schwierige Rolle der jüdischen Frau begonnen, doch bereits hier – mit
dem Landmädel Olga, seiner »Lieblingsgestalt« (482) – habe er angefangen,
gegen die Ungerechtigkeit den jüdischen Frauen gegenüber anzuschreiben. Sie
scheinen unfähig zu sein, aus ihren Kreisen, ihrer Erziehung und Familie aus-

---

312 »Ein Festzug hielt ihn auf. Was, da gab es ja auch dekorierte Häuser, Musik. Das
      Schützenfest, ach so! Was für ein naiver Unsinn! Deutlich fühlte er, daß dieses hel-
      le, blonde, einfache Treiben nicht seine und seiner Großmutter Welt war usw.«
      Ebd.
313 Max Brod. Nachwort. In: Ders., Arnold Beer (wie Anm. 297), S. 172–176; hier: S.
      175–176. Nun müssten weitere Romane folgen, die in ihrer Gesamtheit entweder
      den erhöhten jüdischen Typus darstellen oder die Negierung desselben bedeuten
      würden. Brod hofft darauf, dass die Zukunft ein harmonischeres, stärkeres, einheit-
      liches Judentum bringen wird, das die Darstellungen aller noch so vortrefflichen
      jüdischen Theoretiker der Zeit übertreffe.
314 Vgl. Max Brod: Jüdinnen. In: Neue jüdische Monatshefte 2 (25. Juli 1918) H. 20.
      (Sonderheft: Die jüdische Frau), S. 481–483; hier: S. 481. Folgende Zitate sind im
      Text nachgewiesen.

zubrechen, doch »[d]iese scheinbare Geborgenheit und dieser wirkliche Kampf« (483) werden von Brod dargestellt.

> Man sieht, ich habe eine Satire auf die jüdische Familienerziehung geschrieben, nicht auf die jüdische Frau. Ich glaube an die jüdische Frau. An die Frau, die nicht mehr von dem Tabu hypnotisiert ist, daß sie sich »nichts erkämpfen darf«. (483)

Seine »Heldinnen« seien ausnahmslos »Kämpferinnen«, die aus den engen konventionellen Familientraditionen in eine andere Welt fliehen. »Es ist die Flucht aus Westeuropa in ein neues Menschheitsideal.«[315] Damit widerspricht Brod indirekt dem Kritikpunkt Kaufmanns, er stelle das Jüdische allein in »ephemeren Anomalien«[316] dar. Zudem werde man bei der Darstellung der Assimilation unweigerlich auf eben solche Abweichungen stoßen.

Brods wichtigstes Anliegen ist es aber darzustellen, dass es einen großen Unterschied zwischen einem Rezensenten gibt, der Künstler ist, und einem solchen, der Politiker ist, da beide unterschiedliche Ansätze und Maßstäbe an das Werk legen. Brods Polemik gilt Kritikern, die als Politiker kritisieren und sich als Künstler darstellen.

> Der Künstler ist in die Halbtöne verliebt, mit rätselhafter Kraft zieht es ihn zu seinen fehlerhaften und irgendwie unvollkommenen Menschenbrüdern, sein Wille, zu bessern, zeigt sich vornehmlich darin, daß er das Undurchdringliche, das Minderwertige, Inkommensurable darstellt, wie es ist. Der Politiker als der Mann der Tat ist mit Fug auf Deutlichkeit bedacht, Nüancen [!] scheinen ihm überflüssig, ja schädlich, und sein Besserungswille zeigt sich darin, daß er sich vom überwundenen Stadium durchaus abwendet. (462–463)

Offensichtlich hält er Kaufmann für einen solchen Politiker, der mit einem fertig geprägten Bild eines Juden diesen Roman liest und zweifelsohne den erwarteten Typus nicht findet. In der Tat deutet Kaufmann den Text aus seiner zionistisch geprägten Sichtweise, was Brod zu noch größerer Kritik verleitet. Denn wie bereits in seinem Roman »Schloss Nornepygge«[317] angedeutet, achtet Brod eigentlich eine Form von Fanatismus, ohne die kein politischer Erfolg erreicht werden könne.

> Gerade beim Zionismus aber, soweit er auf die innere Wiedergeburt des Juden hinzielt, möchte ich eine Ausnahme machen. Eine Richtung, die materielle Vorteile in den Hintergrund stellt, kann gar nicht ehrlich genug sein, sie wird gerade in der Ehrlichkeit und vollständigen Durchdachtheit ihrer Sentenzen ihre Kraft finden.[318]

---

[315] Ebd. »So sind auch die Heldinnen meiner folgenden Bücher, von der Olga der ›Jüdinnen‹ ausgehend, insgesamt Kämpferinnen, und ich bemerke soeben zu meinem eigenen Erstaunen, daß ich in der ›Retterin‹ wie in der ›Esther‹ das Erwachen der Frau beidemal an die Tatsache geknüpft habe, daß sie sich den beengenden, sinnlos gewordenen Traditionen ihrer Familie durch die Flucht entzieht.« Ebd.

[316] Brod, Zu meinen Judenromanen (wie Anm. 311), S. 462.

[317] Vgl. Max Brod: Schloss Nornepygge. Der Roman des Indifferenten. Berlin: Juncker 1908.

[318] Brod, Zu meinen Judenromanen (wie Anm. 311), S. 463.

Aus diesem Grund seien zionistische Politiker gleichsam dazu verpflichtet, außerhalb der Politik keine Form von Kunst mit ihren Maßstäben zu kritisieren, denn »eine Vermischung scheint mir unlogisch und unmoralisch« (463).

In Kaufmanns Vorstellung ist aber gerade die Kunst als ›Waffe‹ im zionistischen ›Kampf‹ um die westjüdische Bevölkerung zu nutzen. Die Verquickung von Kunst und Politik ist geradezu unausweichlich, da nur die Kunst das Herz und damit die Seele der Westjuden ansprechen könne. Mit dieser Verknüpfung von jüdischem Kulturproblem und Politik beschäftigt sich Kaufmann auch in zwei weiteren Abhandlungen, die ebenfalls in der *Jüdischen Rundschau* publiziert werden. Am 12. April 1912 erscheint der Aufsatz »Der Ausbau unserer Propagandamittel«, in dem Kaufmann die Möglichkeiten der zionistischen Werbearbeit beschreibt, deren Schwierigkeit »in den Westländern [...] im tiefsten Grunde ein *Erziehungsproblem*«[319] sei, das in Folgendem bestehe:

> Entwurzelten, volkentfremdeten jüdischen Menschen ihr *jüdisches Erlebnis zu bringen*, in hundert *Bildern, Farben, Skizzen, Tönen* ihnen ihr Volkstum – sein drohendes entsetzliches Sterben und das ungeahnte Ringen um Leben und Licht, den jüdischen Frühling erstehen zu lassen – – all ihre schlummernde unbewußte Jüdischkeit durch dies tiefe Erlebnis wachzurütteln, und das neuerweckte jüdische Herz zu stählen, kernhaft zu machen an den ehernen ethischen Forderungen, die diese heldische Zeit dem Juden stellt, – *daß es fähig wird zu jüdischer Tat.* (123)

Dies kann man aber nicht mit den momentan häufig eingesetzten Statistiken erreichen, sondern lediglich durch das Werk eines neuen Typus von »Volljuden«, eines jüdischen Agitators, der mit »dem blassen, grau in grau malenden Statistiker, dem kühlen Denker, dem abstrakten Soziologen unserer Tage« nichts gemein hat, sondern »ein Künder tiefer, großer Wunder und Gesichte – ein Märchenerzähler – ein Gotterleber – ein blutdurchströmter, glutatmender Orientale – eine Palme unter kühlen, preußischen Eichen – *ein Erzieher zur Jüdischkeit*« (123) sein muss. Ihm reichen Statistiken und soziologische Ansätze nicht aus, »[d]enn nicht in *ihrem Hirn*, ihrem *Denken* liegt die schwerste Krankheit der Westjuden« (123). Auch hier ist interessant, dass Kaufmann sich selbst zu den Ostjuden zählt und sich von den westjüdischen Menschen seiner

---

[319] Fritz Mordechai Kaufmann: Der Ausbau unserer Propagandamittel. In: Jüdische Rundschau 17 (12. April 1912) H. 15, S. 123–124; hier: S. 123. Folgende Zitate sind im Text nachgewiesen.
Zur praktischen Durchführung und zur Verstärkung der »*Werbefreudigkeit jedes einzelnen Mitgliedes*« vgl. auch Cheskel Zwi: Zur Ausgestaltung unserer Propaganda. In: Jüdische Rundschau 17 (3. Mai 1912) H. 18, S. 154. Interessanterweise wird in der *Welt* auch auf die Problematik hingewiesen, die aber der Vergangenheit angehöre. »Für die letzten fünf bis zehn Jahre liegt der Grund zur Vernachlässigung wohl wesentlich darin, daß die inneren Kämpfe und Debatten unsere Kräfte, speziell auch die literarischen, allzusehr in Anspruch nahmen und unser Augenmerk zu sehr von der Frage der Beeinflussung der Umwelt und der Verbreitung der Idee ablenkten.« rg.: Mehr Literatur! In: Die Welt 17 (25. Juli 1913) H. 30, S. 959–960; hier: S. 959. Trotzdem nehmen die Diskussionen auch zu diesem Zeitpunkt nicht ab, wofür die *Freistatt*-Debatte hier als Beispiel fungieren soll. Vgl. Kapitel 3.3.

Heimat abwendet, weil deren »Herzen arm, *blutleer* sind an *jüdischen Erleb-nissen*« (123–124). Doch auch Kaufmann kommt erst während seiner Studien-zeit in Leipzig mit dem traditionellen Ostjudentum in Berührung. Bestärkt durch die Energie und Kraft des eigenen Volkes und überzeugt von seiner eigenen Jüdischkeit überlegt er nun, wie man den Westjuden am besten den Weg zu ihrem ursprünglichen Volk und damit zu ihrer eigenen tiefverwurzel-ten Seele zurückgeben kann. Für ihn gibt es bei diesem Vorhaben zwei unter-schiedliche Komponenten: den Intellekt und die Seele. Daher müsste man sich neben den schon verwendeten Materialien wie Statistiken, die die kognitive Überzeugungsarbeit leisten, auch die Fotografie und die Kunst – insbesondere die Literatur – als den Affekten zugängliche Argumente zu nutze machen. Damit seien die großen jüdischen Bilder in zwei Dimensionen festgehalten.

Natürlich sei es relevant, den Westjuden Fotografien zu zeigen, damit sie sich einen Eindruck von ihrem ostjüdischen Volk machen könnten.[320] Man müsse diese Bilder wie »Wahrzeichen zu jüdischen Herzen sprechen« (124) lassen. Bilder sind in Kaufmanns kämpferischer Werbestrategie derart bedeu-tend, dass er fordert: »*Schafft erst die Bilder – eure stärksten Waffen!*« (124). Dann wird auch der Dichter fordern, dass seine Werke, die voll von jüdischem Herzblut seien, im ›Kampf‹ verwendet werden, denn gerade auch durch ihn können die nüchternen Fakten belebt werden. Die Bilder, die er darstellt, sind demnach ebenso wichtig wie reale Fotografien. Man muss eigentlich nur die vorhandenen Ressourcen nutzen und die vielen »Möglichkeiten umwandeln in *Taten, Waffen*« (124). Denn schließlich gibt es schon viele Bilder, die aller-dings meistens für solche Adressaten bestimmt seien, in denen ohnehin bereits die Zionsliebe wohne. Für die gezielte Werbearbeit, die die Herzen der West-juden zum Ziel habe, fehlen jedoch relevante Bilder, die soziologisch aber auch ethnographische Fakten vermitteln müssten.

> Noch fehlen die Bilder vom jüdischen Sterben, die Serien von Pogrom und Mas-senmord, vom jüdischen Proletariat, vom wandernden Ahasver, den großen Aus-wandererströmen. Und noch eins fehlt uns: Die *bunten*, schlagend wirkenden *statis-tischen* Tafeln. (124)

Mit diesen Mitteln, diesen ›Waffen‹, schafft man die Voraussetzungen für einen Kampf für die Sache, schließlich sei man doch von orientalischer Her-kunft und damit darauf spezialisiert, die Herzen und Seelen der Menschen anzusprechen.[321]

---

[320] »Sahen die [Westjuden] je, wie groß und weit und wie bunt das Leben ihres Zwölfmillionenvolkes ist? Sahen sie es in seinen furchtbaren Schicksalen? Sahen sie überhaupt jüdische Menschen – außer den Fragmenten westjüdischer Assimila-tion? Zeigt ihr ihnen den jüdischen Luftmenschen im Cheder, – in den Proleta-riervierteln von Lodz, Wilna, Odessa, – von Whitechaple und New York? Sahen sie auch nur flüchtige Schatten aus dem großen jüdischen Sterben?« Kaufmann, Der Ausbau unserer Propagandamittel (wie Anm. 319) S. 124.

[321] »*Seid ihr nicht Orientalen?* Enkel jener großen Propheten, die euch ein ewiges Beispiel sein sollten beim Kampf um die Seelen und Herzen?« Ebd.

Ganz pragmatisch fordert Kaufmann, dass man sich beeilen müsse, diese
Materialien zu beschaffen, damit man bereits zum deutschen Delegiertentag im
Mai »die besten Kenner unseres Volkstums, unsere feinsten Maler und Schriftsteller beauftragen [könne], uns derartige Bilder auszuwählen, die der Politiker
geschickt zusammenstellt für die taktischen Zwecke« (124). Die Bearbeitung
des statistischen Materials in Form von Tabellen sieht er als wenig problematisch an, da man bei dieser Arbeit gewiss auf die technisch versierten »Gesinnungsgenossen« Hoppe und Theilhaber[322] zählen kann, die professionell und
effektiv schnelle Erfolge erzielen können. Wichtig sei dann, dass alle zionistischen Ortsgruppen – soweit erschwinglich – diese Materialien verwenden
können. Hier spricht Kaufmann wahrscheinlich aus Erfahrung, schließlich
unterstützt er seinen Bruder bei der Leitung der zionistischen Ortsgruppe
Eschweiler und Umgegend und kennt die schwierigen Verhältnisse, unter
denen die Werbearbeit dieser Gruppierungen zu leisten ist. Daher ist auch das
Szenario, das Kaufmann anhand des Phänomens der Verflachung in einem
weiteren Aufsatz beschreibt, Ernst zu nehmen. Falls man die beschriebenen
Hilfsmittel nicht beschaffen könne und sich nicht auf die eigentliche Arbeit
und die Aufgabe des Zionismus besinne, drohe nämlich »Die Gefahr der Verflachung«. In dem gleichnamigen Text vom 26. Juli 1912 greift Kaufmann die
Schwierigkeiten auf, die eine sich immer größerer Beliebtheit erfreuende zionistische Bewegung beachten müsse.[323]

Diese Gefahr sei allein durch die ungesteuerte Entwicklung der Bewegung
zu erklären, die zuerst immer von Idealisten, von mutigen Naturen gestützt
werde: »Das sind die Starken, die im Meer der Sattheit und der stumpfen Sinne
ragen, wie einsame, hohe Gipfel.« (280) Nach einer Weile schließen sich die
Massen diesen Menschen an, »die nicht selbst sich das Ideal erkämpften«
(280). Dabei kommt es vor, dass über der Parteiarbeit, der Bürokratie und dem
Alltäglichen das Ideal selbst immer weiter in den Hintergrund gerät. »In solch
schwerer Zeit, wo die Flachheit mächtig zu werden droht, müssen alle Quellen

---

[322] Für den fünften und sechsten Jahrgang 1908/1909 der »Monatsschrift für die wirtschaftliche Erschliessung Palästinas«, *Palästina*, zeichnet der Arzt Dr. Felix Aron
Theilhaber (1884–1956) als Herausgeber und Redakteur verantwortlich. Seine zionistischen Ideale vertritt er u. a. auch als Mitarbeiter der *Jüdischen Rundschau*.
Zudem ist Theilhaber an der Arbeit am »Jüdischen Lexikon« beteiligt und setzt
sich für eine Sexualreform ein, u. a. indem er die *Beiträge zur Sexualreform* herausgibt. Das Spezialgebiet des zionistischen Arztes Dr. Hugo Hoppe liegt in der
Erforschung der Auswirkungen von Alkohol. [Vgl. hierzu beispielsweise: Alkohol
und Kriminalität in allen ihren Beziehungen. Wiesbaden: Bergmann 1906. Erhöht
der Alkohol die Leistungsfähigkeit der Menschen? Ein Mahnwort an alle Hand-
und Geistesarbeiter. Leipzig: Tienken 1902. sowie diverse Aufsätze in *Ost und
West* und in *Zeitschrift für Demographie und Statistik der Juden*].

[323] »Es liegt eine große innere Gefahr in allem Breiterwerden idealistischer Bewegungen. – Das ist die Gefahr der Verflachung.« Fritz Mordechai Kaufmann: Die Gefahr der Verflachung. In: Jüdische Rundschau 17 (26. Juli 1912) H. 30, S. 280–
282; hier: S. 280.

erschlossen werden, die eine Vertiefung des Ideals, mehr Idealismus, mehr Heldentum herbeiführen können.« (280)

Wenn man also nicht vorsichtig ist, kann es auch dem Zionismus so ergehen. Daher schlägt Kaufmann vor, die Werbemittel auszubauen und die Massen auf den richtigen Weg zu führen. Die Trennung zwischen dem »Zionismus der Vielen und dem der Wenigen« (281) ist zwingend notwendig, denn ersterer könne »ja noch wenig erzählen von innerem Kampf und endlichem Sieg über die Krankheit der Entwurzelten, vom Freiwerden, der Wiedergeburt ihrer eigenen jüdischen Seele« (281). Diese ethischen Werte, die Kaufmann noch einmal pathetisch-detailliert auflistet, müssen die Massen erst noch begreifen,[324] wogegen die »ernsten« Zionisten glücklicherweise nie das Ideal der Bewegung vergessen haben. Außerdem ist man in der Lage, die drohende Gefahr zu erkennen und damit diese auch bekämpfen zu können. Durch den martialischen Ton in Kaufmanns Texten wird der Ernst der Lage unterstrichen. Schließlich ist man auch »zu stolz« (281),[325] diese Verflachung einfach so hinzunehmen oder gar mit einem Minimalziel zufrieden zu sein, dass den Westlern einen oberflächlichen Zionismus näher bringen würde. Und gerade deswegen sind die Werbemittel von so zentraler und entscheidender Bedeutung.

Man will nun mit der »riesenschwere[n] Aufgabe« beginnen, »die gewonnenen Massen zu judaisieren, sie zu Zionisten zu erziehen« (281). Dafür müssen die Besten der Bewegung Verantwortung übernehmen und zwar über das bisherige Maß hinaus, denn »[w]orauf sich heute die Hauptenergie der Ortsgruppenleiter und der vielen Helfer konzentriert, das ist – abgesehen von den verschiedenen Sammelarbeiten für unsere Fonds – erst Vorarbeit« (281). Es ist Zeit, die Ebene des Diskutierens zu verlassen und zu handeln, damit der »Wille zum Besserwerden, zur restlosen Pflichterfüllung« (282) bis in die kleinsten Ortsgruppen vordringt. Denn das Kernproblem liegt vor allem in der Verinnerlichung der eigenen Jüdischkeit, die den Westjuden nicht durch Parteien aufoktroyiert wird, sondern die sie selbst erfahren, erleben müssen. Anders kann es nicht zu einer Vertiefung des Zionismus der Massen kommen.

---

[324] Die Problematik dieses Phänomens stellt Kaufmann anhand eines Vergleichs dar, denn auch die neuen Verkehrstechniken hätten die Menschen zwar in ihrer Masse beschleunigt und vorangetrieben, würden aber den Blick für das Wesentliche, für die Wunder und Schönheiten der Natur und der Einsamkeit verstellen. »So wirkten und wirken auch die breiten Straßen, die wir – bei aller Sehnsucht: Realpolitiker, Zweckmenschen mit dem Willen zur Macht, zum realen Erfolg – den Massen bauten: von nun an war das einsame Erlebnis nicht mehr der einzige Weg zum Zionismus; er wird kaum mehr beschritten, seitdem die breiten bequemen Straßen die Massen von ihm fortlocken und sie zur Verflachung verführen.« Ebd., S. 281.

[325] »Und wären wir bescheiden und weniger stolz und zukunftsfroh, weniger erfüllt von der Sehnsucht nach starker jüdischer Männlichkeit – es würde uns schon das eine genügen, diese Massen dem demoralisierenden, verspießernden Einfluß des ›israelitischen Reserveleutnant-Idols‹ entrissen, ihnen dafür einen, wenn auch oberflächlichen Zionismus überliefert zu haben.« Ebd.

Es müssen sich aufrichtige Männer und Frauen finden, die gemeinsam für die Bewegung arbeiten und ihre Kinder zu starken jüdischen Menschen erziehen – dann ist die Gefahr entschärft. Sie müssen stolz auf ihre Jüdischkeit versuchen, »das Ghettoknechtstum der früheren Erzieher« (282) zu überwinden. Dafür ruft Kaufmann zum Aktionismus auf: »Ihr Wenigen, die ihr euch wahre Zionisten nennen dürft, an die Arbeit!« (282), der mit dem Wunsch verbunden bleibt, »[d]aß bald, in unseren Tagen noch, euer Zionismus den Zionismus der Massen ablöst« (282). Eindringlich versucht Kaufmann also darauf einzuwirken, dass in der Werbearbeit, in der Erziehungsarbeit, in der Arbeit zum jüdischen Volke hin, die eigentlichen Ziele nicht aus den Augen verloren werden dürfen. Es muss letztlich gelingen, eine erfolgreiche Zusammenarbeit zwischen Politik und jeglicher Form von Kunst zu schaffen. Dann erst gelangt man zu der erstrebenswerten Symbiose, die im Kampf um die wahrhaftige Jüdischkeit vonnöten ist:

> Das Buch »*vom jüdischen Sterben und der jüdischen Wiedergeburt*«, das das schlagendste enthält von all unsern Tabellen, Zahlen, Lichtbildern, von unsern Dichtungen, Novellen und Skizzen und Liedern; das *jedes* Kapitel, *jeden* Ausschnitt der großen gewaltigen Judenfrage lebendig macht durch das Bild, das Wort, sogar durch den Ton.[326]

Falls sich die Realisierung dieser Anthologie als zu kompliziert erweist, kann man erst einmal mit einem »*Bilderatlas zur Judenfrage*« vorlieb nehmen, in welchem »*das Bild, immer wieder das Bild, die Tabelle*« (124) beherrscht. Zudem braucht man noch eine weitere ›Waffe‹: ein Volksliederbuch, das die jüdische Musik des Ostens dokumentiert und weitervermittelt. Dass eben dies eine Herzensangelegenheit Kaufmanns ist, zeigt sich in der Tatsache, dass er selbst eine solche Sammlung zusammenstellt, die er für westjüdische Konsumenten bearbeitet und kommentiert.[327]

Vor allem aufgrund der fehlenden Motivation, insbesondere wegen der Schwierigkeit, den Jüdischen Verlag von solchen neuen Werken zu überzeugen, sei dies alles noch nicht geschehen. »*Ein* jüdischer Almanach, *eine* gute Novellenausgabe tut mehr Wunder heute – und das gehört ja einmal zur Psychologie des Westjudentums, leider, gewiß – als oft die ganze Graetzsche Gesamtausgabe.«[328] Man muss darauf hoffen, dass diese neuen ›Waffen‹ dann erfolgreich angewendet werden können, schließlich sind beste Voraussetzungen zu erwarten,

> wenn die altbekannten, ermüdenden, quälenden Werbeabende nicht mehr auftauchen; wenn der Redner nicht mehr ausschließlich mit der logischen Deduktion und der nackten Zahl die Arena betritt, wenn er nicht nur das Hirn, nein, mehr noch die Sinne: das Auge, das Ohr, das Herz, die Phantasie der nichtjüdischen Juden mit jüdischen Inhalten erfüllt. (124)

---

[326] Kaufmann, Der Ausbau unserer Propagandamittel (wie Anm. 319), S. 124.
[327] Vgl. hierzu Kapitel 4.2.2.
[328] Kaufmann, Der Ausbau unserer Propagandamittel (wie Anm. 319), S. 124.

Daher ist es – neben den technischen Besonderheiten – unheimlich wichtig, dass »*unsere Agitatoren Volljuden, Erzieher zur Jüdischkeit sind. Nur dann wird uns der Sieg gewiß sein.*« (124) Demnach müssen auch Autoren in ihren Texten jüdisch-didaktische Themen besprechen, da letztlich auch diese ›Waffen‹ dem einen Ziel unterzuordnen sind: dem echten Zionismus, der allen Juden die eigenen Wurzeln wieder näher bringen wird. Kaufmann kann Kunst auch nur in diesem Zusammenhang begreifen, weil diesem Ziel alles unterzuordnen ist. Kunst im Allgemeinen und Literatur im Besonderen müssen für ihn als Kulturzionisten einen politischen und einen didaktischen Zweck erfüllen.

Nach seiner Abkehr vom parteilichen Zionismus ändert sich Kaufmanns Literaturkonzept nur wenig. Auf dem Weg zur eigenen Jüdischkeit stellt die Kunst weiterhin ein relevantes Mittel dar, das insbesondere die Seele der Westjuden ansprechen soll, damit diese ihre jüdischen Wurzeln wiederfinden können. Folglich beeinflusst Kaufmanns Literaturauffassung auch maßgeblich die Arbeit an der *Freistatt*, die von ihm als ein wesentliches Hilfsmittel zur Überwindung der Schranken zwischen Ost- und Westjudentum, hin zu einem von ihm propagierten ›Alljudentum‹ angesehen wird.

3 Das Literaturkonzept der alljüdischen Revue *Die Freistatt*

3.1 *Die Freistatt*

Die Freistatt ist eines der zahlreichen kurzlebigen jüdischen Periodika zur Zeit der Jüdischen Renaissance. Daher scheint es auf den ersten Blick nicht verwunderlich, dass diese Monatsschrift in vielen aktuellen Darstellungen und Auflistungen, die die deutsch-jüdische Zeitungslandschaft skizzieren, gar nicht erwähnt wird.[1] Obwohl die *Alljüdische Revue* also offensichtlich bereits in Vergessenheit geraten scheint, ist ihre Relevanz als aufschlussreiches Zeitzeugnis nicht zu unterschätzen.[2]

Neben dem von 1888 bis 1921 in Köln herausgegebenen *Israelitischen Gemeindeblatt* und der von 1906 bis 1911 ebenfalls dort publizierten Zeitschrift *Die Welt*[3] – die die »einzige bedeutende überregionale jüdische Zeitung [ist],

---

[1] Vgl. hierzu beispielsweise: Geschichte der deutschen Presse. Bd 2. Kurt Koszyk: Deutsche Presse im 19. Jahrhundert. Berlin: Colloquium Verlag 1966 (Abhandlungen und Materialien zur Publizistik; 6). und Bd 3. Kurt Koszyk: Deutsche Presse 1914–1945. Berlin: Colloquium Verlag 1972 (Abhandlungen und Materialien zur Publizistik; 7). sowie Mattenklott, Juden in der deutschsprachigen Zeitschriftenkultur im ersten Drittel des 20. Jahrhunderts (wie Einleitung, Anm. 6) und Suchy, Die jüdische Presse im Kaiserreich und in der Weimarer Republik (wie Einleitung, Anm. 1). Diese Beiträge beschreiben ausführlich die deutsche, aber auch die deutsch-jüdische Presse des frühen zwanzigsten Jahrhunderts, ohne *Die Freistatt* zu berücksichtigen.

[2] Obwohl oder gerade weil die Grundidee der *Freistatt*, »nach der Erez Jsrael nicht dazu berufen sei, ein Zentrum der gesamten Judenheit zu bilden, heute als veraltet bezeichnet werden muss«. Andreas Meyer: »Die Freistatt«. Zur frühen Gründung einer »Alljüdischen Revue« in Deutschland. Ts. In: Archiv des Leo Baeck Instituts. Jerusalem, S. 1–3; hier: S. 3.

[3] *Die Welt* wurde von 1897 bis 1914 zuerst in Wien, dann in Köln und schließlich in Berlin herausgegeben. Der letzte Wechsel könnte auch eine Ursache dafür sein, dass, »[v]erglichen mit Frankfurt oder Berlin, [...] Köln nie zu einem Zentrum jüdischer Publizistik« wurde. Ursula Reuter: Jüdische Presse im Rheinland seit 1750. In: Wegweiser durch das jüdische Rheinland (wie Kap. 1, Anm. 229), S. 348. Trotzdem ist es gerade die Stadt Köln, die 1928 auf der Internationalen Presseausstellung PRESSA unter der Leitung Max Bodenheimers auch den jüdischen Zeitungen »in einem vorher und wohl auch nachher unerreichten Ausmaß« einen Platz einräumt. Ebd., S. 346. Vgl. hierzu auch Valentin Schwarz: »Es geht um die jüdische Ehre«. Zur Organisation und Präsentation der Jüdischen Sonderschau auf der Internationalen Presseausstellung »Pressa« in Köln 1928. In: Haskala und Öffentlichkeit. Im Auftrag des Moses Mendelssohn Zentrums für europäisch-jüdische Studien. Hg. von Julius H. Schoeps, Karl E. Grözinger, Willi Jasper und Gert Mattenklott. Berlin,

die vor 1938 im Rheinland erschien«[4] – ist *Die Freistatt* eine von nur insgesamt zwanzig allgemeinen jüdischen Periodika, die seit 1752 in dieser Region veröffentlicht werden.[5] Die geringe Zahl an ›rheinisch-jüdischen‹ Zeitschriften[6] verdeutlicht die ungewöhnliche Sonderstellung der *Freistatt*:

> An hervorragenden jüdischen Monatsschriften war um die Jahrhundertwende weder im Westen noch im Osten Mangel. Dass aber eine solche betont nationale Zeitschrift wie »Die Freistatt« seit April 1913 im assimiliertesten Westen, u. zwar in *Eschweiler* bei Aachen, herauskam, das bedeutete damals für jeden ein Unikum.[7]

Und eben wegen dieser ›nationalen‹ Gesinnung, wegen ihres Programms und nicht zuletzt auch wegen ihres auffallenden Erscheinungsbildes[8] polarisiert die Monatsschrift die jüdische Intelligenz der Vorkriegszeit, als sie im April 1913 zum ersten Mal unter dem Titel *Die Freistatt. Alljüdische Revue. Monatsschrift für jüdische Kultur und Politik* erscheint. Ursprünglich hatte man sich auf den Titel »Die Fähre, nationaljüdische Monatsblätter« geeinigt, der sowohl die nationaljüdische Ideologie als auch die Mittlerfunktion zwischen West- und Ostjudentum, als Transportmittel auf dem Weg zur nationalen Jüdischkeit, unterstreicht.[9] Doch bereits bei der endgültigen Entscheidung für den zur Diskussion anregenden Titel wird Fritz Mordechai Kaufmanns tonangebende Stellung die *Freistatt* betreffend deutlich.

Wien: PHILO 2001 (Menora. Jahrbuch für deutsch-jüdische Geschichte; 12), S. 137–170.

[4] Reuter, Jüdische Presse im Rheinland seit 1750 (wie Anm. 3), S. 348. Die seit 1946 zeitweilig in Düsseldorf und Bonn herausgegebene *Allgemeine Jüdische Wochenzeitschrift* steht hier natürlich außen vor.

[5] Vgl. ebd. Anhang »Jüdische Zeitungen im Rheinland: Titel und Standorte«, S. 352–354. In dieser Auflistung wird zwischen allgemeinen jüdischen Periodika und Gemeindeblättern unterschieden. Bei der *Freistatt* bleibt aber unbedingt zu beachten, dass sie nur ›halb-rheinisch‹ ist, da sie zwar in Eschweiler herausgegeben wird, der Redaktionssitz aber in Berlin-Steglitz liegt.

[6] Einen Anspruch auf Vollständigkeit erhebt Reuters Auflistung natürlich nicht; allerdings spiegelt sie trotzdem die überschaubaren Verhältnisse des jüdischen Zeitungswesens im Rheinland im Verhältnis zur langen jüdischen Tradition und der recht großen Anzahl jüdischer Rheinländer wider. Vgl. hierzu u. a. Pracht, Jüdisches Kulturerbe in Nordrhein-Westfalen (wie Kap. 1, Anm. 9).

[7] Meyer, »Die Freistatt« (wie Anm. 2), S. 1.

[8] »Mit knallrotem Umschlag ihre Gesinnung alles andere als verhüllend, war der Sozialismus das Einzige, was *Die Freistatt* mit dem offiziellen Zionismus verband.« Horch, Schicketanz, »Volksgefühl und Jüdischkeit« (wie Einleitung, Anm. 2), S. 185.

[9] Vgl. hierzu auch den Brief von Fritz Mordechai Kaufmann an Julius Kaufmann. [ohne Datumsangabe – unmittelbar nach Brief vom 8. Mai 1911]. In: CAHJP Jerusalem. P 113/R7. Hierin bespricht er assoziativ das Bild der Fähre und schlägt weitere Titel vor. Zudem führt er an, dass »wenigstens der Untertitel den Zweck der Zeitung, Freistatt zu sein, rechtfertigen« müsse. Ebd. Der erste in den Central Archives for the History of the Jewish People befindliche Kaufmann-Brief auf Firmenpapier – mit dem Briefkopftitel »Die Freistatt. Nationaljüdische Monatsblätter« – ist auf den 29. Januar 1913 datiert. Später wird der Kopf gemäß des neuen *Freistatt*-Titels geändert.

Kann der Titel nicht jüdischer klingen? »Die Fähre« das klingt mir zu modern (Scholle, Sturm, Flamme, Fackel). Du schreibst von einer *Jüdischen Freistatt*, die die Zeitung bieten soll. »*Jüdische Freistatt*« besagt schon viel mehr als »*Fähre*«. Meinen Ohren, und ich habe ganz scharfe jedenfalls, der Titel ist zu überlegen.[10]

Weil er in diesem Zeitungs-Projekt als »der führende Kopf, und überdies [als] ein feuriger«[11] gilt, wird Kaufmann häufig als alleiniger Begründer der *Freistatt* dargestellt,[12] obwohl sein Bruder Julius durch den Eintrag ins Handelsregister am 3. März 1913 offizieller Inhaber der »Firma ›Die Freistatt, alljüdische Revue‹, Julius Kaufmann in Eschweiler«[13] ist, während Fritz Mordechai Kaufmann den Posten des verantwortlichen Redakteurs übernimmt und Andreas Meyer primär für die Finanzierung zuständig ist.[14] Alle drei 1887–1888 in Eschweiler geborenen Männer gehören zur so genannten ›zweiten Generation‹ der national gesinnten Juden und sind ursprünglich begeisterte Anhänger des Zionismus.[15]

Daher ist es auch nicht verwunderlich, dass Julius Kaufmann im zweiten Halbjahr des Jahres 1912 zeitgenössische zionistisch-orientierte ›Größen‹ wie Buber, Goldstein, Heinrich Loewe und Theilhaber anschreibt und diese als Mitarbeiter der *Freistatt* anzuwerben sucht.[16] Von J. H. Kahn erhält er eine

---

10 Brief von Fritz Mordechai Kaufmann an Julius Kaufmann, 9. September 1912. In: CAHJP. Jerusalem. P 113/R7. »Du schreibst von der ›Pflege *westeuropäisch-jüdischer* Kultur‹. Das ist mir zu vage und auch zu schief um es als Programmpunkt hinzustellen. Es kommt ja auch [...] darauf an auf das *Wesentlich werden, die Orientalisierung des Juden* in Westeuropa, und dies in all seinen bedeutenden Äusserungen und wichtigsten, fruchtbarsten Momenten zum Ausdruck kommen zu lassen, was ihm bisher ja verwehrt war.« Ebd.

11 Meyer, »Die Freistatt« (wie Anm. 2), S. 1.

12 Vgl. hierzu beispielsweise die Einträge über Fritz Mordechai Kaufmann im Neuen Lexikon des Judentums: »Unter dem geistigen Einfluß N. Birnbaums wandte er sich von der zionistischen Bewegung ab und gründete 1913 die Zeitschrift ›Die Freistatt‹, eine alljüdische Revue [...]« und der Encyclopedia Judaica: »In the following year he founded his own periodical, *Die Freistatt*, which he symbolically subtitled *Alljuedische Revue*, thus affirming his faith in Jewish national unity.«

13 [Auszug aus dem Handelsregister]. In: CAHJP. Jerusalem. P 113/L 16. Vgl. hierzu Kapitel 1.3.

14 »Ihre Begründer waren meine Freunde, die Brüder *Julius* und *Fritz Mordechai Kaufmann*, während ich bei der Finanzierung half und zugleich im ersten Halbjahr mit F. M. Kaufmann als verantwortlich für die Redaktion zeichnete.« Meyer, »Die Freistatt« (wie Anm. 2), S. 1. Siehe auch den Gesellschaftervertrag vom 5. März 1913 zwischen Julius Kaufmann und den Brüdern Meyer, der die stille Teilhaberschaft und die finanziellen Einlagen der letzteren bezeugt. Vgl. Antrag über Gründung einer stillen Gesellschaft zwischen Julius Kaufmann, Herausgeber der »Freistatt« und den Gebrüdern Friedrich Andreas und Moritz Meyer. In: CAHJP. Jerusalem. P 113/L 16.

15 Vgl. Meyer, Fritz Mordechai Kaufmann zum 70. Geburtstag (wie Kap. 1, Anm. 93). und Kapitel 1.

16 Vgl. die jeweilige Korrespondenz mit Julius Kaufmann. In: CAHJP. Jerusalem. P 113/L 16.

Absage, die mit dem Vorschlag versehen ist, »in Ihrer Fahne ›Palästina für die Juden‹ [zu] schreiben, dann werden sich gewiss Viele finden, die mit Ihnen marschieren werden«[17]. Auch Theilhaber gibt anfänglich gute Ratschläge und ist erfreut über die Produktivität der Zeitungsgründer. Doch nach Erscheinen der ersten Hefte bittet er darum, »von einer weiteren Zusendung der ›Freistatt‹ absehen zu wollen«, da es sich hierbei um ein »einseitiges Blatt der Jargonisten handelt, das sich besonders in der Bekämpfung des Zionismus gefällt«[18]. Trotzdem liest sich

> [d]ie Liste der *Freistatt*-Beiträger, die als Theoretiker oder Praktiker des Zionismus Rang und Namen hatten, in zionistischen Organisationen an hoher Stelle wirkten oder als Publizisten und Schriftsteller das zionistische Programm aktiv propagierten, [...] wie ein »Who is who« der Bewegung: Neben Kaufmanns Mentor Nathan Birnbaum [...] äußerten sich in der Rubrik »Nationale und soziale Bewegung, nationale Kultur und Sprache« u.a. die beiden bekannten Arbeiterführer und Vertreter der sozialistischen »Poale Zion« Leon Chasanowich (1882–1925)[19] und Ber (Dov) Borochov (1881–1917).[20]

Die antizionistische ›alljüdische‹ Orientierung der Monatsschrift ist jedoch vor allem auf Kaufmann zurückzuführen, dessen großer Einfluss schon in der Vorbereitungsphase der Revue deutlich wird, in der er seinen Bruder und Andreas Meyer um Einigkeit und eine klare Struktur bittet, weil »[d]ie redaktionelle Arbeit eine *einheitliche* sein muss und trotzdem sie mich augenblicklich sehr viel Arbeit kostet – es ist ja höchste Zeit geworden unterdes – bitte ich Euch, von nun an diese Arbeit mir zu überlassen«[21]. Auch kurz vor Erscheinen

---

[17] Brief von J. H. Kahn an Julius Kaufmann. 11. September 1912. In: CAHJP. Jerusalem. P 113/L 16.

[18] Karte von Felix A. Theilhaber an Julius Kaufmann. 30. Januar 1914. In: CAHJP. Jerusalem. P 113/L 16.

[19] Sein Beitrag »Das jüdische Proletariat in Nordamerika« wird in der *Welt* durch Adolf Stand rezensiert, der sich durch Chasanowitschs Thesen angegriffen fühlt. Vgl. Adolf Stand: [Rezension]. In: Die Welt 17 (20. Juni 1913) H. 25, S. 805.

[20] Horch, Schicketanz, »Volksgefühl und Jüdischkeit« (wie Einleitung, Anm. 2), S. 190. Zudem wird in diesem Beitrag die Mitarbeit von Nahum Goldmann (1895–1982) – »einer der einflussreichsten Vertreter der zionistischen Organisation« –, Berl Locker (1887–1972) – »der dem modernen Zionismus das Wissen um Art und Werden jüdischer Kultur generell absprach« – und Davis Trietsch (1870–1935) – »einen der bedeutenden Kritiker des politischen Zionismus Herzlscher Prägung« – an der *Freistatt* herausgestellt. Ebd., S. 191.

[21] Brief von Fritz Mordechai Kaufmann an Julius Kaufmann. 26. Januar 1913. In: CAHJP. Jerusalem. P 113/R8. Kaufmann nimmt seine redaktionelle Tätigkeit sehr ernst und ärgert sich häufig über die Nachlässigkeit seines Bruders, den er immer wieder an Zahlungsverpflichtungen o. ä. erinnern muss. Sein Verdruss lässt sich dann an der formellen Anrede innerhalb der Briefe belegen, wenn er »An den Verlag der Freistatt« schreibt und »[h]ochachtungsvoll« mit Redaktions-Stempel zeichnet. Vgl. Brief von Fritz Mordechai Kaufmann an »den Verlag der Freistatt«. 4. März 1914. In: CAHJP. Jerusalem. P 113/R8.

des ersten Heftes fühlt sich Kaufmann in seiner Arbeit eher behindert als unterstützt und fordert sowohl von seinem Bruder als auch von Meyer, dass sie
»vertraglich eine ehrliche und consequente Arbeit« leisten und »der aktiven
Redaktion d.h. mir die Weiterarbeit nicht unmöglich zu machen«[22]. Er unterstreicht deutlich, dass er die redaktionelle Hauptarbeit leistet und sperrt sich
gegen die Nennung Meyers aber auch Ludwig Strauß' als Redaktionsmitglie-
der im Impressum. »Wenn du behauptest, Andreas u. Strauss wären gerade so
gut Redakteure wie ich, so ist das unwahr u. ungerecht. Strauss ist lediglich
Hilfsarbeiter und die führt keine Redaktion an. Andreas nur Geldgeber. Es ist
unbillig, diese Arbeit als gleichwertig zu betrachten.«[23] Kaufmann als starker
selbstbewusster Charakter scheint sich durchzusetzen, was sich u.a. auch darin
äußert, dass er eine Glosse seines Bruders nicht veröffentlicht, da diese »unter
Niveau der Freistatt [falle]«[24]. Dementsprechend stark ist die Monatsschrift
durch Kaufmanns – und im Hintergrund natürlich auch durch Birnbaums –
Ideen und Vorstellungen geprägt.[25]

---

[22] Brief von Fritz Mordechai Kaufmann an Julius Kaufmann. 8. April 1913. In:
CAHJP. Jerusalem. P 113/R8. »Ich stelle euch anheim, diese Arbeit weiterzuführen,
wenn Ihr die Redaktion in Eschweiler haben wollt. [...] Es gibt keine Redaktion auf
der ganzen Welt, die so schlecht vom Herausgeber behandelt wird, wie unsere, wie
ich.« Ebd.

[23] Brief von Fritz Mordechai Kaufmann an Julius Kaufmann. 2. Mai 1913. In: CAHJP.
Jerusalem. P 113/R8. Als Ludwig Strauss seine Mitarbeit an der *Freistatt* aufkün-
digt, schreibt er Kaufmann einen »ziemlich arroganten Brief«, in dem er darum bittet, »sein Nichtmehrmitarbeiten im nächsten Heft an[zu]zeigen«. Dies lehnt Kaufmann strikt ab, denn die »innern Verhältnisse einer Redaktion gehen doch den Deu-
vel etwas an«. Brief von Fritz Mordechai Kaufmann an Julius Kaufmann. 21. November 1913. In: CAHJP. Jerusalem. P 113/R8.

[24] Karte von Fritz Mordechai Kaufmann an Julius Kaufmann. 29. Mai 1913. In:
CAHJP. Jerusalem. P 113/R8. »Sei mir drum nicht böse – aber Derartiges nimmt
dem ganzen Heft den würdigen und starken Eindruck. Ist ausserdem als Persiflage
auf Klatzkin nicht geistreich, und ohne Inhalt. Auch Birnbaum ist dagegen, wird dir
darüber kurz schreiben.« Ebd. Zudem treibt er die beiden anderen stets zur besseren
Mitarbeit an und droht gar mit seinem Ausstieg, falls die Arbeitsmoral nicht steige.
Zusätzlich sei Berlin der eindeutig bessere Druckort, wie er in mehreren Briefen
bemerkt. »Dinge, für die ich die Verantwortung trage, dürfen nicht ohne mein Wissen geschehen. Du erledigst alles derart flüchtig, dass mir überhaupt der Verkehr mit
Eschweiler schwer genug fällt, und ich es als sehr lästig empfinde, dass Druckort
nicht Berlin ist. [...] Sonst kann ich die Verantwortung des Schriftleiters nicht weiter
übernehmen & muss dann Dir die redaktionelle Arbeit abtreten.« Brief von Fritz
Mordechai Kaufmann an Julius Kaufmann. 4. April 1914. In: CAHJP. Jerusalem. P
113/R8. Vgl. auch: Brief von Fritz Mordechai Kaufmann an Julius Kaufmann. 6.
April 1914. In: CAHJP. Jerusalem. P 113/R8. Hierin bittet er seinen Bruder, sich
nicht »an den [!] etwas harten Ton des andern Briefes [vom 4. April] zu stossen,
sondern ihn auf seinen sachlichen Inhalt hin durchzulesen«. Ebd.

[25] Vgl. Julius Kaufmann, Vom Rheinland ins Heilige Land (wie Einleitung, Anm. 19),
S. 90. Siehe auch Kapitel 1.3.

Wir haben Wichtiges, unendlich Wichtiges vor. Eine historische Aufgabe – die Überwindung des mechanistischen Zionismus. Darauf wird's schlechterdings hinauslaufen.
Und wir werden hart bleiben müssen gegenüber allen Pöbelinstinkten. Ich bin hart
geworden – ich hoffe, Ihr werdets auch sein. Sonst werden wir zwei verschiedenen
Richtungen zustreben, und das würde schlimm werden.[26]

Insgesamt erscheinen im Eigenverlag 15 Hefte der *Freistatt*,[27] die zunächst
beim Buchdrucker Wilhelm Görres in Eschweiler-Bergrath gesetzt wird. Nach
Erscheinen des ersten Heftes, dessen Qualität nicht überzeugt,[28] wechselt man
zur auch heute noch im Printwesen tätigen Firma Dostall.[29] »Jeden Monat ver-
packte ich mit meiner Schwester Ríwka und den Angestellten Vaters die neue
Nummer und verschickte sie. Besonders in Österreich und Galizien herrschte
Interesse.«[30] Doch obwohl 1.200 Probeexemplare vollständig an potentielle
Leser verschickt werden, gehen die Bestellungen nur sehr langsam ein.[31]

---

[26] Brief von Fritz Mordechai Kaufmann an Julius Kaufmann. [ohne Datumsangabe,
inmitten undatierter Korrespondenz zur *Freistatt*]. In: CAHJP. Jerusalem. P 113/R8.

[27] Im ersten Jahrgang (April 1913–März 1914) erscheinen elf Hefte, wobei das Oktoberheft eine Doppelnummer ist. Zum Fehlen eines Septemberheftes vgl. Der Herausgeber: An die Leser der Freistatt. In: Die Freistatt 1 (8. Oktober 1913) H. 6/7, S.
345. Im zweiten Jahrgang (April 1914–Juli 1914) werden lediglich vier Hefte veröffentlicht, da mit Beginn des Ersten Weltkriegs das Erscheinen der *Freistatt* eingestellt wird. Trotzdem muss das Augustheft bereits nahezu fertig gewesen sein, denn
in der Julinummer werden folgende Artikel für das kommende Heft angekündigt:
Ludwig Strauß: Oden, Bertholdi: Jüdische Emigrationspolitik, Dr. Rafael Seligmann: Die Christusmythe, F. M. K.: Unsere Volksmusik, Dr. Max Mayer: Monopol-
Zionismus, Loubetzki: Die literarische Kritik in der ostjüdischen Literatur, Dr. Hugo
Bergmann: Berdyczewskis Sagenwerk u. v. a.
Erst am 18. Februar 1930 geht Julius Kaufmann der Eintrag des Handelsregisters zu,
der die Aufhebung der Firma beglaubigt: »Die Firma ist erloschen.« [Auszug aus
dem Handelsregister]. In: CAHJP. Jerusalem. P 113/L 16.

[28] »Als das erste Heft im April 1913 erschien, kamen Fritz aus Berlin und Andreas aus
Bonn, und wir trafen uns ohne Wissen Vaters für einige Tage, die letzten *Péssach-
tage*, in Neulinzenshäuschen bei Aachen. Wir alle drei waren von der Aufmachung
des Heftes sehr enttäuscht.« Julius Kaufmann, Vom Rheinland ins Heilige Land
(wie Einleitung, Anm. 19), S. 92.

[29] Joseph Dostalls Druckerei lag wie das Geschäft der Familie Kaufmann in der Grabenstraße. Die Dostall GmbH Datendrucke ist auch heute noch immer in Eschweiler
beheimatet. Leider sind die Exemplare der *Freistatt* bzw. ähnlich alte Erzeugnisse
der Druckerei innerhalb eines Firmenarchivs nicht mehr existent.

[30] Julius Kaufmann, Vom Rheinland ins Heilige Land (wie Einleitung, Anm. 19), S. 95.

[31] Vgl. Sperlings Zeitschriften Adressbuch. Handbuch der deutschen Presse. Hg. vom
Börsenverein der Deutschen Buchhändler. Bearbeitet von der Adressbücher-
Redaktion des Börsenvereins der Deutschen Buchhändler. Stuttgart: Sperling 1914
und 1915. und Julius Kaufmann, Vom Rheinland ins Heilige Land (wie Einleitung,
Anm. 19), S. 92. Eine Abonnentenliste lässt sich auch im Kaufmann-Nachlass finden, auf der unter anderem die Namen und Adressen folgender Persönlichkeiten
vermerkt sind: Max Strauß, Hugo Rosenthal und Dr. Hugo Herrmann. [Abonnenten-
liste]. In: CAHJP. Jerusalem. P 113/L 16.

3.1.1 Die Programmatik der *Freistatt*

Will man die programmatische Komponente der *Freistatt* betrachten, muss man sich mit dem ideologischen Wandel Kaufmanns weg vom Zionismus hin zum Alljudentum beschäftigen.[32] Hier ist zum einen das Zusammentreffen Kaufmanns mit seiner späteren Frau, der russischen Jüdin Rochel Kaganoff, relevant, denn durch sie und ihre Familie stößt er auf diese »neue Welt, die ostjüdische mit uralter Tradition, mit ihrer eigenen Kultur, aber nicht nur das, sondern auch eine Welt mit modernen sozialen Problemen mit einer tätigen Arbeiterschaft«[33]. Diese Neu- bzw. Wiederentdeckung, seine ganz persönliche Renaissance hin zum eigenen Volk wird aber zum anderen vor allem durch Nathan Birnbaum beeinflusst, der zu seinem Mentor wird.[34] Kaufmann verlässt 1913 die zionistische Partei, weil er schnell erkennt, dass der politische Zionismus für ihn kaum Hilfestellung bei der Suche nach den im Zuge des erstarkenden Antisemitismus immer nötiger gewordenen jüdischen Selbstbehauptungsstrategien und nach der ursprünglichen ›wahren‹ Jüdischkeit bietet.

Auch die ›offiziellen‹ Zionisten erkennen selbst, dass sich der Zionismus in dieser neuen Krise des Judentums verändern muss. So beschreibt Adolf Böhm in seinem Text »Wandlungen im Zionismus« die Entwicklung dieser Bewegung von einer Antibewegung zur Assimilation hin zum Wegbereiter des neuen Judentums, als Wegweiser aus der Krise, die moralische, politische und ökonomische bzw. physische Auswirkungen auf die Juden zeige. Mit Theodor Herzl habe sich zwar das Konzept und das Ziel des Zionismus manifestiert, wobei »bisher nur *ein* Denker, Achad Haam, konsequent und klar die Richtung gewiesen [hat], in der die Renaissance des Judentums erstrebt werden solle«[35], aber nun stehe der – insbesondere durch Martin Buber geprägte – Beginn einer neuen Ära des Zionismus an:

---

[32] Zu den einzelnen Aufsätzen, aber auch zur Programmatik der *Freistatt* und einzelnen Presseurteilen zu dieser Monatsschrift hat es einen Prospekt gegeben, der leider nicht mehr zu eruieren war. Vgl. Die Freistatt 1914. In: Die Freistatt 1 (31. März 1914) H. 12, S. 735.

[33] Julius Kaufmann, Vom Rheinland ins Heilige Land (wie Einleitung, Anm. 19), S. 90. Vgl. hierzu auch: Adler-Rudel, East-European Jewish Workers in Germany (wie Kap. 2, Anm. 59), S. 139–140. Kaufmanns Einstellung zum Judentum wird vor allem in seinen ›Leipziger Jahren‹ geprägt, in denen er Jiddisch lernt, dem vorher als wenig gebrauchsfähig gelernten Hebräisch mit Achtung zu begegnen beginnt und sein eigenes lebendiges Volk kennen lernt: die Ostjuden. »Seine alte Liebe zum Volkhaften wallte mächtig in ihm auf, diesmal daheim, dem eigenen Volk zugekehrt.« Strauß, Einleitung (wie Kap. 1, Anm. 90), S. 11. Vgl. hierzu auch Kapitel 1.3.

[34] Aschheim merkt sogar Folgendes an: »There was a remarkable similarity of outlook between these two men who were separated by twenty-four years in age. They diverged only in Kaufmann's increasingly socialist outlook and Birnbaum's growing Orthodoxy.« Aschheim, Brothers and Strangers (wie Kap. 1, Anm. 185), S. 116.

[35] Adolf Böhm: Wandlungen im Zionismus. In: Vom Judentum (wie Kap. 2, Anm. 262), S. 150.

Der Zionismus ist noch nicht die Erneuerung. Aber durch die Umwandlung der jüdischen Psyche, die er vollbringt, bereitet er der Erneuerung den Boden: In den durch Rationalismus und Zweckstreberei verkümmerten jüdischen Seelen richtet er ein Ideal auf, an Stelle der allzu flinken Anpassung an die äußeren Verhältnisse stärkt er die Beharrungskraft und den Glauben an die schöpferische Macht des Geistes, gegen das passive Dulden setzt er die befreiende Tat und ruft die in ödem Eudämonismus versunkenen Juden, denen materielle Güter-Sicherheit, Besitz, Gesundheit usw. – alles bedeuten, zu einer heroischen Anstrengung auf.[36]

Durch besagte besondere Kräfte des Zionismus könne dieser dem Judentum – den deutschen Juden sogar im Besonderen – aus der Identitätskrise verhelfen. Dafür müsse der »moderne Jude« aber erkennen, »daß der Zionismus keine engbegrenzte Parteiangelegenheit ist, daß er sich nicht erschöpft in politischer und kolonisatorischer Arbeit und im Streben nach einem regenerierten Judentum, daß in ihm vielmehr die letzte und höchste seelische Not des heutigen Juden nach Erlösung ringt«, denn »[n]ur der Wille, auf einer höheren Stufe des Seins die inneren Widersprüche aufzuheben und zu überwinden, kann befreiend und lebenssteigernd wirken. Und solcher Wille heißt: Zionismus!«[37].

Genau die Abwendung vom parteilich-orientierten Zionismus verbindet Böhm mit Kaufmann, der auch für ersteren als ›Kopf‹ der *Freistatt* gilt,[38] und dessen Verständnis von Judentum. Kaufmann will mehr als ein zeitgenössischer Zionismus ihm bieten kann und wendet sich unter Birnbaums Einfluss vom ›offiziellen‹ Zionismus einer neuen jüdischen Strömung zu, die seine Arbeit an der Revue maßgeblich prägt. Birnbaum gilt als »Propagandist der ideologischen (also nicht politischen) Verschmelzung der Galuth-Judenheiten (zu denen er auch die jüdischen Bewohner Palästinas rechnete), einer Idee, die man heute wohl ›Vereinheitlichung des globalen Judentums‹ nennen dürfte«[39]. Die Abkehr von Erez Israel als Zentrum eines ethnisch-kulturellen, aber auch politischen Judentums unterstreicht den Gegensatz zum zionistischen Ideal. Die Hinwendung zum Ostjudentum als dem authentischen und ursprünglichen Kern ist ebenfalls eine neu-›zionistische‹, nationaljüdische These, die die Überwindung der alten stereotypen Tradierung von unzivilisiertem asiatischen Ostjudentum und assimiliertem europäischen

---

[36] Ebd., S. 153.

[37] Ebd., S. 154.

[38] »Diese wurde 1913 von einem begabten, leider früh (1921) verstorbenen westjüdischen Intellektuellen, Fritz Mordechai Kaufmann, begründet, der, obzwar Rheinländer, sich mit innerster Wärme vollkommen in die Seele der Ostjudenheit eingefühlt hatte und ein vortrefflicher Kenner des Jüdischen, der jüdischen Folklore, namentlich des Volksliedes, geworden war.« Adolf Böhm: Die zionistische Bewegung. Eine kurze Darstellung ihrer Entwicklung von Adolf Böhm. II. Teil: Die Bewegung vom Tode Herzls bis zum Ausbruch des Weltkrieges. Mit einem Anhang: Kurze Übersicht der Entwicklung vom Ausbruch des Weltkriegs bis zur Gegenwart. Berlin: Welt Verlag 1921, S. 255.

[39] Meyer, Die »Freistatt« (wie Anm. 2), S. 1.

Westjudentum anstrebt.[40] Damit tritt auch die ›Sprachenfrage‹ wieder zutage. *Die Freistatt* wendet sich somit gegen eine von der zionistischen Partei angeregte Ausschließlichkeit – bezüglich des Hebräischen wider das Jiddische, aber auch bezüglich Palästinas wider den Golus[41] –, die das zionistische Judentum spaltet.

> Zionisten, die sich wie Nathan Birnbaum (1864–1937) und Achad Ha'am (1856–1927) für eine Integration ostjüdischer Belange in das zionistische Programm engagierten oder wie Martin Buber (1878–1965) auf die Kulturtradition des Ostjudentums aufmerksam machten, blieb zumeist nur die Alternative, die offizielle Organisation zu verlassen.[42]

Eben diesen vom Zionismus enttäuschten, an osteuropäischen Belangen interessierten, nationalen Juden ein Forum zu bieten, ist das große Anliegen der *Freistatt*, die damit – fern von der offiziellen Doktrin des Zionismus – versucht, eine Basis für eine neue kulturelle gesamt-jüdische Ideologie zu konstituieren.[43] Man möchte »der westlichen Judenheit *neue Wege* [...] zu stärkerer, das ganze Volk umschließender Jüdischkeit«[44] aufzeigen, wie es im ersten

---

[40] Interessant ist hierzu die mehrteilige Abhandlung von Nathan Birnbaum über das Ost- und Westjudentum. Vgl. Mathias Acher. Noch einmal Ost- und Westjudentum. In: Die Freistatt 1 (22. August 1913) H. 5, S. 314–321.; Ders.: Noch einmal Ost- und Westjudentum. (Fortsetzung). In: Die Freistatt 1 (8. Oktober 1913) H. 6/7, S. 370–375.; Ders.: Noch einmal Ost- und Westjudentum. (Fortsetzung). In: Die Freistatt 1 (20. Januar 1914) H. 10, S. 566–571.; Ders.: Noch einmal Ost- und Westjudentum. (Schluß). In: Die Freistatt 2 (30. April 1914) H. 1, S. 20–26. sowie die Anmerkungen auf den S. 415, 463 und 670 im ersten Jahrgang der *Freistatt*.

[41] Vgl. Julius Kaufmann, Vom Rheinland ins Heilige Land (wie Einleitung, Anm. 19), S. 90.

[42] Horch, Schicketanz, »Volksgefühl und Jüdischkeit« (wie Einleitung, Anm. 2), S. 185.

[43] Deren Notwendigkeit unterstreicht auch Borochow, der die Korrelation des sozialistischen und nationalen Judentums in der Jüdischen Renaissance unterstreicht und sich intensiv mit Birnbaums ideologischen Grundsätzen auseinandersetzt. Vgl. B. Borochow: Alljüdische Probleme und der Sozialismus. In: Die Freistatt 1 (15. Juni 1913) H. 3, S. 155–162.

[44] Der Herausgeber und die Redaktion der »Freistatt«: Zum Programm der Freistatt. In: Die Freistatt 1 (April 1913) H. 1, S. 3–5; hier: S. 3. Vgl. auch ein Brieffragment Kaufmanns mit dem Titel »Eine neue jüdische Revue«, das einen Versuch eines ebensolchen programmatischen Aufsatzes abbildet. Brieffragment von Fritz Mordechai Kaufmann. [ohne Datumsangabe, unmittelbar vor dem Brief vom 8. September 1912] In: CAHJP. Jerusalem. P 113/R7. »Dabei war in der jüdischen Entwicklung bisher kaum eine Epoche, der eine derartige Tribüne so not tut wie der jetzigen; – kaum eine Zeit, die so überreich war an fruchtbaren Problemen. Das, was davon in der vorjährigen Kunstwartdebatte zum Ausdruck kam, war nur eine schwache Welle, die aus dem Meer von starken im modernen Judentum sich bekämpfenden Ideen und Strömungen an die Öffentlichkeit drang. [...] Endlich soll diesen unhaltbaren Zuständen das Ende bereitet, und die Diskussion aller kulturellen, politischen u. ökonomischen Fragen des jüdischen Lebens auf ein Niveau gehoben werden, das jeden Dilettantismus u. brave Gesinnungstüchtigkeit von vornherein ausschliesst.

Beitrag der Revue *Zum Programm der Freistatt* heißt, für den sowohl der
Herausgeber Julius Kaufmann als auch die Redaktion der Revue, bestehend
aus Fritz Mordechai Kaufmann und Friedrich Andreas Meyer,[45] verantwortlich
zeichnen. Damit wird sofort – ohne dass der parteilich-organisierte Zionismus
direkt erwähnt wird – die Kritik an diesem deutlich, der für die Westjudenheit
kein adäquates Sprachrohr biete, »um ihr und Europa ihr ethisches, politisches,
künstlerisches und nicht zuletzt religiöses Gewissen darzustellen«[46]. Es sei nun
an der Zeit, die Zersplitterung des Westjudentums und die damit einhergehende »gewaltige, geistige Not«[47] zu bekämpfen, indem man etwas unabhängiges,
überparteiliches Neues schaffe: die *Freistatt* als »*das erste unabhängige Organ
des Westens*, das ihm *unverzerrt* die jüdischen Wirklichkeiten widerspiegeln
und den unmittelbarsten Kontakt herstellen wird zwischen der westlichen
Peripherie und den zentralen Volksteilen«[48].

Die Vermittlung dieses innerjüdischen Kerns, der ostjüdischen Kultur und
damit der unmittelbaren Jüdischkeit, werde außerordentlich Ernst genommen,
was sich darin zeigt, dass man besonderen Wert darauf legen werde, Mitarbeiter nicht nur im Westen sondern auch im Osten zu gewinnen, damit sie dem
Westjuden immediat ihre eigene Situation darstellen könnten, ohne dass diese

---

Unter der Mitarbeiterschaft der unabhängigsten, besten Köpfe der gesamten Judenheit wird Anfang April die Freistatt herauskommen, die erste alljüdische u. unabhängige Revue des Westens.« Ebd.

[45] Vgl. Impressum der ersten Nummer: »Redaktion: F. M. Kaufmann, Berlin-Steglitz,
F. A. Meyer, Eschweiler«. Auch Andreas Meyer verfasst einen kritischen Beitrag
zum gegenwärtigen Zionismus und sucht Verbesserungsmöglichkeiten aufzuzeigen.
Vgl. F[riedrich].A[ndreas].M[eyer].: Zionistische Notwendigkeiten. In: Die Freistatt
1 (22. August 1913) H. 5, S. 281–287.

[46] Der Herausgeber und die Redaktion der »Freistatt«, Zum Programm der Freistatt
(wie Anm. 44), S. 3. »Angesichts des um 1910 unüberbrückbar scheinenden Gra-
bens zwischen West- und Ostjudentum und aufgrund der tiefgreifenden Interessen-
konflikte zwischen westeuropäisch-zionistischen und osteuropäisch-nationaljüdi-
schen Anliegen schlugen die Gründer der *Freistatt* einen in der deutschsprachigen
jüdischen Zeitschriftengeschichte bis dahin einzigartigen, sozusagen ›dritten‹ Weg
ein: Julius Kaufmann, der offizielle Herausgeber der *Freistatt*, sein Bruder Fritz
Mordechai Kaufmann, der als leitender Redakteur fungierte, und Friedrich Andreas
Meyer, Redaktionsassistent bis Herbst 1913, boten mit ihrer Zeitschrift ein Forum,
um durch eine konsensfähige, an osteuropäischer Jüdischkeit orientierte Basis zwischen sämtlichen jüdischen Interessen und Fraktionen zu vermitteln.« Horch, Schicketanz, »Volksgefühl und Jüdischkeit« (wie Einleitung, Anm. 2), S. 185–186.

[47] Der Herausgeber und die Redaktion der »Freistatt«, Zum Programm der Freistatt
(wie Anm. 44), S. 3.

[48] Ebd. Auch auf dem Einband des ersten *Freistatt*-Heftes im zweiten Jahrgang lässt
sich der programmatische Zusatz »Die Freistatt, die einzige unabhängige Zeitschrift
bewußt jüdischen Inhalts, ist das Organ für alle selbständig denkenden Juden.« finden,
der im 3. Heft durch »die einzige dogmenfreie, außerhalb aller Parteien stehende, unabhängige Zeitschrift« erweitert wird. Vgl. Einbände der Hefte 1 und 3 des zweiten
Jahrgangs der *Freistatt*. In Heft 2 findet sich dieselbe Äußerung wie in Heft 1.

vorher im Sinne einer Partei interpretiert worden sei. Diese Unmittelbarkeit, Reinheit und Ursprünglichkeit führe zum inneren Kern der westlichen Jüdischkeit.[49]

Im zentralen Fokus werde daher auch – neben westjüdischer Dichtung – die Vermittlung sonst oft verschmähter originaler jiddischer und hebräischer Lyrik stehen, wobei die vermutlich hinderlichen Sprachbarrieren von einem »Stab tüchtiger Übersetzer«[50] aus dem Weg geräumt werden sollen, sodass die Unmittelbarkeit der Texte weiterhin gewährleistet sei. Ostjüdische Volkskultur wird ergo explizit dem »Boykott des Jiddischen«[51] – und damit auch implizit der offiziellen zionistischen Doktrin – entgegengesetzt. Auch in weiteren programmatischen Texten stellt Fritz Mordechai Kaufmann, zum Teil unter seinem Pseudonym Pinkus Barber, seine Ansicht bezüglich der Ächtung des Jiddischen dar, gegen die sich nur wenige zur Wehr setzten. »Es kam sogar so weit, daß die Kritik Schulem Asch in seinen letzten Werken einen trefflichen deutschen Stil nachrühmt; daß selbst der Jüdische Verlag, ohne daß ihm das unsre Familienblätter übelnahmen, Asch und Gorelik wie deutsche Originale druckte.«[52] Kaufmann bedauert, dass niemand – sei er West- oder Ostjude – gegen den Umgang mit dem Jiddischen Protest erhebe: »Es scheint ihnen [auch den ostjüdischen Literaten] also wohl beim Jiddischen nicht der Mühe verlohnt zu haben. ›Ehrenrettung für das Gemauschel‹ – das wäre ein ungeschicktes Sensatiönchen gewesen. Also schwieg man.«[53] Doch die *Freistatt* schweigt nicht. Man möchte Wegbereiter sein für ein alljüdisches Judentum, das sich zu seiner Jüdischkeit – und damit auch zur jüdischen Sprache – bekennt und aus seinen Wurzeln lernt. Die zionistische Intelligenz vermag dies nicht, da sie ein »Manko, ein Vielzuwenig an Volksgefühl und Jüdischkeit« habe, indem sie sich – die ostjüdische Wirklichkeit und Kultur ablehnend – bewusst von ihrem eigentlichen Volkstum zurückziehe, »sich von allem Jüdischen kastrier[e]«[54], und damit der Evolution zum eigenen lebenden Volk deutlich im Wege stehe.

---

49 Kaufmann beschreibt die Leistung der Freistatt auch als »*Erziehungsmittel* zum orientalischen Sehen, Fühlen, Denken, Handeln«, sodass sie »zu einer im Jüdischsten, nationalsten, von allen allgemein-kulturellen Nebenabsichten freien Sinne, ›*Erzieher der Jüdischen Intelligenz*‹ werden [müsse]«. Brieffragment von Fritz Mordechai Kaufmann an Julius Kaufmann. [ohne Datumsangabe, zwei Briefe vor dem Brief vom 12. Dezember 1912.] In: CAHJP. Jerusalem. P 113/R7.

50 Der Herausgeber und die Redaktion der »Freistatt«, Zum Programm der Freistatt (wie Anm. 44), S. 4.

51 Ebd. Dieser Boykott sei »für den Westen gleichbedeutend [...] mit freiwilligem Sichverschließen vor stärksten, befruchtendsten nationalen Werten«. Ebd.

52 Pinkus Barber: Der Boykott des Jiddischen. Ein Protest. In: Die Freistatt 1 (15. Juni 1913) H. 3, S. 195.

53 Ebd.

54 Pinkus Barber: Zentralverein und Zionismus. In: Die Freistatt 1 (15. Mai 1913) H. 2, S. 127–128; hier: S. 127.

Auch hier wird Nathan Birnbaums Einfluss prägend gewesen sein, der sich wie Kaufmann in einer zweiteiligen Abhandlung zur Sprachenfrage gegen die westjüdische Intelligenz wendet, die dem Jiddischen voller Verachtung gegenübersteht.[55] Zunächst setzt er sich mit der Definition des Begriffes »Jargon« auseinander, der zwar eine soziolektische Struktur aufweise, aber keine »Sprache einer *ethnischen* Gruppe« (84) sein kann. Dieser auch in der Geschichte schon belegbare Irrtum ist eine Beleidigung für das jüdische Volk und geht primär von wenigen jüdischen Intellektuellen aus, »die sich jahrzehntelang an dem Kunststück übten, ein Volk, dem sie innerlich entfremdet waren, mit trockenen, ausgedachten, dabei nicht einmal eigenen, sondern den deutsch-jüdischen Rationalisten entlehnten Prinzipien zu regieren« (84). Die jüdischen Mischsprachen, die von dieser kleinen Gruppe als ›Jargon‹, ja gar als »›halb-tierische‹ Sprachen« (84) bezeichnet werden, haben eine lange Tradition und können somit nicht ausschließlich Exil-abhängige Phänomene sein. Auch zeitgenössische Mischsprachen wie Spaniolisch sind weit verbreitet. Falls man aber all diese als minderwertig bezeichnen sollte, »so würde das bedeuten, daß wir mehr als zweitausend Jahre nicht einmal die Stufe der Papuas und Feuerländer erreichen konnten« (85). Vielmehr muss anerkannt werden, dass trotz aller assimilatorischen Bestrebungen immer wieder die Stärke der eigenen Jüdischkeit durchdringt. »Wenn uns Müdigkeit, Versonnenheit und Leiden eine Sprache aus dem Munde nehmen, ist immer wieder gleich unsere Lebenshartnäckigkeit da, um Ersatz zu schaffen, um uns aus altem und neuem Material und mit unserem Geiste eine neue Sprache zu schaffen.« (85) Daher sind diese Mischsprachen keine Schande, sondern vielmehr »der deutlichste und klarste Beweis unserer ewigen Erneuerung« (85–86) und daher alle geadelt. Trotzdem gibt es auch hier Unterschiede, denn allein die Tatsache, dass von zwölf Millionen Juden drei Viertel das zeitgenössische Jüdisch sprechen, hebt diese Mischsprache als eine der »unbewußten Schöpfungen des Volksgenius« (86) deutlich hervor.

> Es ist derselbe Unterschied, wie zwischen der Menge und dem Volke. Die Menge ist immer gewöhnlich, das Volk ist adelig. Die Menge ist häßlich, das Volk ist schön. Die Menge ist ein Tyrann, das Volk ist ein Held. Menge und Volk, Majorität und Volkslager sind Gegensätze, Widersprüche, trotzdem da und dort die gleichen Menschen sind. (87)

Zudem ist die Auswanderung gen Osten nicht zufällig, sondern bewusst gewesen, denn dort hat man die beste Chance auf ein ruhiges Leben gesehen und ein jüdisches Lager geschaffen, das den jüdischen Geist transportiert und belebt. Diese beabsichtigte Emigration hat die Entwicklung des Jüdischen – aus dem

---

[55] Birnbaums Text wird mit der Bemerkung versehen, dass er eine Übersetzung aus seinem Vortrag »Der jiches fyn Jidësh« sei und der deutsche Text deswegen »eine gewisse Fremdartigkeiten aufweis[en]« könne. Dr. Nathan Birnbaum: Sprachadel. Zur jüdischen Sprachenfrage. In: Die Freistatt 1 (15. Mai 1913) H. 2, S. 83–88; hier: S. 83. Folgende Zitate sind im Text nachgewiesen.

Deutschen stammend, sich dann gegen das Slawische abgrenzend – deutlich
beeinflusst und nicht nur die Zusammengehörigkeit innerhalb der Gruppe der
jüdischen Auswanderer, sondern auch die Bedeutung der neuen Sprache bestärkt. Man dürfe die große Menge »lebende[r] Juden«[56] und deren Sprache
nicht einfach außer Acht lassen, wenn man sich auf seine eigenen nationalen
Stärken besinnen möchte, obwohl viele westjüdische »Verblendet[e]« (138)
gerade diese paradoxe Sichtweise vertreten würden.

> Wäre Jüdisch nur nicht die Sprache ihrer Eltern, ihrer Schwestern und Brüder, die
> ihnen soviel Widerwillen einjagen, die aber wahrlich stärkere, ganzere, vollere Men-
> schen als sie sind; hätte Jüdisch nur einen guten Namen in der Welt; hätten sie nur
> nicht solche Angst vor der christlichen Welt, daß sie lachen könnte; kurz, wären sie
> tatsächlich *unsere* Intelligenzler, – dann würde ihnen Jüdisch sicherlich gefallen.
> Aber das ist ja das Unglück, daß sie in ihrer ganzen Lebensführung dem Volke so sehr
> entfremdet wurden, und daß erst diese Entfremdung ihren allgemeinen Intelligenzler-
> Hochmut entfacht und so stark und beharrlich gemacht hat, wie er wohl kaum bei ei-
> nem anderen Volke zu finden ist. Das ist ja das Unglück, daß sie mit einem schreckli-
> chen Abgrund in Herz und in Kopf, der sie von ihrem Volke trennt, schon geboren
> wurden. Nun stehen sie auf einer Seite des Abgrundes, und das Volk auf der anderen,
> und kein Weg führt hinüber. Und das Volk steht und wartet. Sie aber entschließen
> sich, den Abgrund zu fliehen, zu anderen Völkern davonzulaufen. (139)

Und trotzdem überqueren auch viele Westjuden beim Klang eines jüdischen
Liedes, Gebetes und vor allem bei jüdischer Literatur diesen Abgrund und
fühlen sich dem eigentlichen Volk zugehörig. Interessant ist zudem, dass sich
die Gegner des Jüdischen derart für das Hebräische einsetzen und den Jiddischisten mangelnde Achtung vor dieser Sprache vorwerfen. Dabei steht jeder
Jude dem Hebräischen positiv gegenüber, wie Birnbaum in einem persönlichen
Bekenntnis hervorhebt.

> Ich selbst werde von jedem hebräischen Worte tief ergriffen. Wenn ich Hebräisch
> höre, dringen die große Vergangenheit und die Ewigkeit meines Volkes auf mich
> ein, und ich möchte einen neuen Segensspruch sagen: Gepriesen sei der, der uns
> Propheten zu Ahnen und unserem Volke ewige Prophetenschaft gab .... (141)

Die Anerkennung des Hebräischen widerspricht aber nicht dem ›Adel‹ des
Jüdischen, denn letztlich berührt das eine die Funktion des anderen nicht im
Entferntesten. In der Diaspora kann Hebräisch sich eben nicht durchsetzen,
selbst in Palästina sei eine Wandlung vom »alten jüdischen Hebräisch« zu
einem »neuen hebräischen Jüdisch« (142) eine potentiell zu erwartende Entwicklung. Es ist jedenfalls ein fataler Fehler, den fehlenden zeitgenössischen
jüdischen Geist auf die dem Jüdischen zugetanen Juden zu schieben, um diese
Sprache verleugnen zu können. »Wir haben wirklich kein Glück, weder mit
unseren Rettern, noch mit unseren einfachen Intelligenzlern. Selber irren sie
und meinen zu führen. Das Volk aber ist verlassen.« (145) Die Konzentration

---

[56] Dr. Nathan Birnbaum: Sprachadel. Zur jüdischen Sprachenfrage. (Schluß) In: Die
Freistatt 1 (15. Juni 1913) H. 3, S. 137–145; hier: S. 138.

auf das Volk und die Anerkennung seiner Qualitäten – namentlich der Sprache – muss aber verstärkt werden, wobei einige gute Anhaltspunkte zum Weg in diese Richtung zu erkennen sind – unter ihnen vermutlich die Arbeit der *Freistatt*, denn die Revue tritt ja bewusst für das Jiddische, für die Sprache des Volkes ein.

Zudem wird im *Programm der Freistatt* ausdrücklich antizionistisch und ironisch-polarisierend betont, dass man mit »besonderer Genugtuung [...] den Outsiders und Ketzern das Wort geben«[57] wolle, mit denen vermutlich frühere überzeugte Zionisten wie Birnbaum und Fritz Mordechai Kaufmann selbst gemeint sind. Doch nicht nur mit der Autoren-Auswahl, sondern auch mit der inneren Gestaltung der Revue wolle man sich gemäß des programmatischen Untertitels *Alljüdische Revue* »bemühen, alle Positionen, die uns zur Stärkung der westlichen Jüdischkeit geeignet erscheinen, zu besetzen«[58]. Insbesondere die Rubrik »*Das jüdische Schaffen*«, in welcher außergewöhnliche, wenig alltägliche, innerjüdisch-relevante Themen diskutiert werden sollen, werde einen Fundus an kompetenten Stellungnahmen bieten, die das Ziel der *Freistatt* – »*die Verinnerlichung und die Stärkung der westlichen Jüdischkeit*«[59] – stützen können. Daher wird in dieser unabhängigen, ›freien Stätte‹ zu einem Kampf aufgerufen, den gemäß der *all*jüdischen Programmatik auch *alle* Juden mittragen sollten,

> *in denen das Feuer und die Kraft der Jugendlichkeit noch lebt – alle, die es ehrlich meinen mit der Heimkehr zum Volk – alle, die über die Schlagworte der Parteien und deren Suggestionen hinweg und zu jüdischen Inhalten kommen wollen, um den Westen empfänglich zu machen für die grossen, gesamtjüdischen Aufgaben, die seiner harren.*[60]

Natürlich polarisiert insbesondere der Untertitel und damit die ideologische Basis dieses neuen einzigartigen und dazu radikalen Presse-Projektes zunächst derart, dass selbst die Redaktion der Revue die Auswirkungen ›am eigenen Leib‹ spürt, als Andreas Meyer nach einem halben Jahr aus eigenem Antrieb »[w]egen dieses schroffen ideologischen Gegensatzes zu F. M. Kaufmann«[61] seinen Posten räumt. Aus diesem Grund bedarf es einer ausführlicheren Erklärung des Begriffes ›Alljudentum‹, der Verwirrung und Spekulationen hervorruft und auch heute noch anregenden Diskussionsstoff bietet.

---

[57] Der Herausgeber und die Redaktion der »Freistatt«, Zum Programm der Freistatt (wie Anm. 44), S. 4.

[58] Ebd.

[59] Ebd., S. 5.

[60] Ebd.

[61] Meyer, Die »Freistatt« (wie Anm. 2), S. 1. Zudem fügt er als Grund für seinen Ausstieg auch den großen Einfluss Nathan Birnbaums an. »Ich selbst trat infolge dieser Richtung nach einem halben Jahr aus der Redaktion aus, blieb aber in derselben innigen Freundschaft mit den Brüdern K. verbunden.« Andreas Meyer, F. M. K. in memoriam (wie Kap. 1, Anm. 91), S. 15. Im Impressum der *Freistatt*-Hefte lässt sich Meyers Name zuletzt im Oktoberheft 1913 finden.

3.1.2 Die antizionistische Konzeption des Alljudentums

Mit der Intensivierung des Kontakts zum Ostjudentum beginnt sich dessen Bedeutung auch für den Zionismus zu wandeln. »Bisher hatte sich die Berührung mit ihm im wesentlichen auf Kongressen abgespielt, während nunmehr seine Vertreter auch innerhalb unserer Organisation auftraten und ihren Platz beanspruchten.«[62] Blumenfeld macht deutlich, welche Faszination diese ›Volljuden‹ auf die Westjuden ausüben, die sich hier erstmals ihrem ›Ursprung‹ näher glaubten als je zuvor. Der Zionismus habe seine Kraft bislang lediglich aus dem theoretischen Kulturkonflikt geschöpft, hier sei aber nun eine reale Macht aufgetreten. Blumenfeld selbst kann die auftretende Begeisterung für die jiddische Sprache und das übersteigerte Interesse am Ostjudentum jedoch nicht nachvollziehen.

> Mit einer Krampfhaftigkeit, die nachträglich schwer zu verstehen ist, separierten sich ausgezeichnete Zionisten, wie Fritz Mordechai Kaufmann, Ludwig Strauss und für kurze Zeit sogar auch Werner Senator von der Zionistischen Organisation. Sie verlangten mit der gleichen Intensität, mit der sie vorher den Palästinagedanken verfochten hatten, im Namen der arbeitenden Massen, die, wie sie sagten, die aus der bürgerlichen Sphäre erwachsene hebräische Sprachrenaissance ablehnten, jiddisches Theater und jiddische Literatur.[63]

Unverständlich bleibe die Ausschließlichkeit, mit der sie dabei vorgehen würden, denn »wer nicht mitmachte, war in ihren Augen ein Mensch, dem das jüdische Herz und der jüdische Sinn fehlten«[64]. Blumenfeld habe diese Bewegung von Beginn an für überzogen gehalten, obwohl ihr ein »edler Kern« innewohne, indem sie versuche, »den jüdischen Massen und ihren Nöten, die den deutschen Juden ja bisher unbekannt waren, näherzukommen«[65].

Das Näherbringen, das Hervorholen und das Wiederauflebenlassen des eigenen Judentums fordert Ludwig Strauß auch in dem 1913 herausgegebenen Sammelband »Vom Judentum«, indem er Vorschläge zur Erneuerung desselben macht. Der einzige Weg, den man jetzt beschreiten müsse, sei der der aktiven geistigen Revolution[66].

> Die Forderung des nationalen Willens heißt: Schaffung konkreter jüdischer Elemente im Leben der Westjuden. Die hebräische und für den, der sie vorzieht, die jiddische Sprache als Umgangssprache soll uns verbinden mit dem zentralen Leben des

---

[62] Kurt Blumenfeld: Erlebte Judenfrage. Ein Vierteljahrhundert deutscher Zionismus. Hg. und mit einer Einleitung versehen von Hans Tramer. Stuttgart: Deutsche Verlags-Anstalt 1962 (Veröffentlichung des Leo Baeck Instituts), S. 122.

[63] Ebd.

[64] Ebd., S. 122–123.

[65] Ebd., S. 123. Zumindest seien aber die Volksliedsammlungen ein positiver Nebeneffekt dieser ›Verirrung‹.

[66] Vgl. Ludwig Strauß: Die Revolutionierung der westjüdischen Intelligenz. In: Vom Judentum (wie Kap. 2, Anm. 262), S. 179–185; hier: S. 183. Folgende Zitate sind im Text nachgewiesen.

jüdischen Volkes, wie es im Osten – und hoffentlich bald freier und vollkommener in Palästina – existiert. (184)

Man müsse nun ernsthaft und aufrichtig an seinem Judentum arbeiten. »Alle Geistigen mögen den Befehl des Geistes erkennen und ihm folgen. Denn ein Befehl ist die nationale Idee und nicht eine Fahne, die man vor sich herträgt.« (184) Damit wendet er sich explizit an die Zionisten, die eine »nur organisatorische und politische Arbeit« (185) leisteten. »Die, denen es ernst ist, werden sich sammeln zum letzten Versuch dieser Rettung: zur revolutionären Tat.« (185)

Ohne die Hinwendung nach Palästina will die *Freistatt* mit ihrem alljüdischen Konzept eine revolutionäre Idee, etwas überparteilich Konkretes bieten, das derart einzigartig für das deutsch-jüdische Zeitungswesen war und ist, dass die Revue als einzige Zeitschrift im Jüdischen Lexikon von 1927 der Tendenz ›alljüdisch‹ zugeordnet wird.[67] Eben wegen dieser ambivalent-anmutenden, ungewöhnlichen Richtung polarisiert das Alljudentum-Konzept der *Freistatt*. Einige Leser kritisieren den Untertitel, weil er »eine peinliche, selbstverständlich aber unberechtigte Assoziation zu dem Wort ›alldeutsch‹ hervorrief«[68] und auch Antisemiten auf den Plan rufe, die dahinter die Eroberung der Weltherrschaft durch die Juden vermuten könnten. Für andere ist das Alljudentum »a ›positive‹ philosophy, for it took into account and identified with all aspects of the national body, no matter how peripheral«[69], sodass der Untertitel bereits – im Gegensatz zur zionistischen Doktrin – eine Bejahung aller jüdischen Aspekte darstellt[70] und damit auch eine ablehnende Haltung gegen die Ausschließlichkeit des Hebräischen über das Jiddische einnimmt.[71] Das in der *Freistatt* propagierte Allju-

---

[67] Vgl. G[eorg] H[erlit]z und M[endel] P[robst], Jüdische Presse (wie Einleitung, Anm. 1).

[68] Meyer, Die »Freistatt« (wie Anm. 2), S. 2. Die Schaffung einer überterritorialen, nationaljüdischen Diskussionsplattform von West- und Ostjudentum programmatisch als ›alljüdisch‹ zu proklamieren – »allen möglichen Verwechslungen mit pangermanischen und derartigen Strebungen zum Trotz« [Der Herausgeber und die Redaktion der »Freistatt«, Zum Programm der Freistatt (wie Anm. 44), S. 3.] –, stößt nicht wenigen Zeitgenossen sauer auf. So stellt Hugo Hillel Schachtel nicht nur die antizionistische Ausrichtung der *Freistatt* dar, sondern weist explizit auf die als antisemitisch misszuverstehende Konnotation des Begriffs hin: »Alljudentum ist auch eine beliebte Bez[eichnung] der Antisemiten für die gesamte J[uden]heit im Sinne ihrer angeblichen Verbundenheit zu Zwecken der Eroberung der Weltherrschaft.« Hugo Hillel Schachtel: Alljudentum. In: Jüdisches Lexikon (wie Einleitung, Anm. 1), Sp. 231.

[69] Aschheim, Brothers and Strangers (wie Kap. 1, Anm. 185), S. 119.

[70] »Er nannte seine Revue ›alljüdisch‹, um schon mit dieser Bezeichnung anzudeuten, daß die von ihm vertretene Richtung keine auslesende und zielsetzende sei, wie der Zionismus, sondern daß sie alles, was im Leben des jüdischen Volkes vor sich geht, bejaht, und die jüdische Aufwärtsentwickelung zu fördern bemüht ist.« Böhm, Die zionistische Bewegung (wie Anm. 38), S. 255.

[71] Vgl. Julius Kaufmann, Vom Rheinland ins Heilige Land (wie Einleitung, Anm. 19), S. 90.

dentum findet seine Definition und seine Abgrenzung zum Zionismus in mehreren programmatischen Texten Kaufmanns.

Im Leitartikel des ersten *Freistatt*-Heftes »Die Erstarkung der westlichen Jüdischkeit«[72] wird Kaufmanns kategorische Ablehnung des Zionismus deutlich, weil dieser dafür sorge, dass sich die Westjuden noch stärker von ihrem eigenen Volk entfernen. In fünf Abschnitten fasst er die wesentlichen Kritikpunkte am Zionismus zusammen und stellt diesem die Idee des Alljudentums gegenüber. Zunächst zeigt er auf, dass sich die Westjuden zwar mit dem Begriff jüdisches *Volk* angefreundet hätten, dessen Bedeutung aber völlig verkennen würden, indem sie über dieses Phänomen nur theoretisieren, es aber nicht als Gebilde aus »Fleisch und Bein«[73] erkennen können. In der zionistisch-nationalen Bewegung sei *Volk* zwar ein positiv konnotierter Begriff, aber meist leugnen die Westjuden »selbst dies noch wenig besagende Schlagwort« (5). Man konzentriert sich gerne auf Palästina, ohne auf die Realität des eigentlichen Volkes zu schauen und steht so als »starres Bollwerk[] zwischen de[m] Westen und [den] jüdischen Wirklichkeiten« (6).[74] So redet der Zionismus »vom Wollen des Unmöglichen – aber nicht einmal das Mögliche und Nötigste hat er vermocht; hatte nicht die Kraft, den alljüdischen Dingen, den Lebenserscheinungen des jüdischen Gesamtorganismus auch *nur in der Theorie* gerecht zu werden« (6).

Es ist nun zu untersuchen, warum sich auch die letzten jüdischen, denkenden Westler dem Zionismus unterwerfen. Bedeutend ist für Kaufmann hier die letzte Hälfte des 19. Jahrhunderts, in der viele unterschiedliche Strömungen auf das westliche Judentum einwirken.

---

[72] Fritz Mordechai Kaufmann: Die Erstarkung der westlichen Jüdischkeit. In: Die Freistatt 1 (April 1913) H. 1, S. 5–13. Diesen Beitrag bezeichnet Strauß als Beginn Kaufmanns »wesentliche[r] literarische[r] Leistung«. Strauß, Einleitung (wie Kap. 1, Anm. 90), S. 13.

[73] Kaufmann, Die Erstarkung der westlichen Jüdischkeit (wie Anm. 72), S. 5. (Folgende Zitate sind im Text nachgewiesen.) Es sei vielmehr ein »trostloses Bild: der jüdische Westen, übervölkert von akademischen und anderen Intelligenzlern, überfüttert mit statistischen, soziologischen, historischen Inhalten, – und unter diesen Neunmalweisen kaum zehn, die die Kraft hatten, all ihren westlich-territorialen und bourgeoisen Denkgewohnheiten zum Trotz, das Volk zu erleben, als gewaltigen, von Säften und Leben strotzenden Organismus – die von den jüdischen Wirklichkeiten, nicht aber von ihren eigenen romantischen Aspirationen Ausgangs- und Zielpunkt aller Anschauung und Tat nahmen.« Ebd., S. 6.

[74] Der Westler theoretisiere zwar viel, verliere aber den Überblick: »Ein Zwölfmillionenvolk und kaum ein Dutzend Denker, geschweige denn eine organisierte Bewegung, die ihren Organismus überhaupt überschauen *wollen*. Und kaum *ein* grosser unbeirrbarer Sachwalter des ganzen Volkes. – Nur Parteien, Richtungen, Interessenten; ihrer Interessiertheit bewusst, – die Schamlosen; ihrer unbewusst, – die gutmütigen Blinden. Beschränktheit neben Beschränktheit, interessante oft genug.« Kaufmann, Die Erstarkung der westlichen Jüdischkeit (wie Anm. 72), S. 7.

Sie haben die mannigfachsten und gegensätzlichsten Strömungen ausgelöst, *geistige*: einen Neomystizismus, eine sich rennaissance-menscherisch gebärdende Romantik –, den Jiddischismus, den Neuhebraismus, und eminent *praktische*: ökonomische aller Art, proletarisch-sozialistische, kleinbourgeoise, Emigrationsströmungen, kolonisatorische und alle anderen Spielarten der rassenhygienischen Bewegung. (8)

Die Vermischung dieser Strömungen setzt ein, die deutschen Juden erleben eine Identitätskrise und der Zionismus wird – im Gegensatz zum ostjüdischen Zionismus, der eine Strömung unter vielen bleibt – tonangebend und damit »*die* jüdische Regenerationsbewegung« (8) des Westens. Der scheinbar unüberbrückbare Gegensatz von Ost und West wird hier wiederum deutlich: Im Osten konzentriert man sich auf nationale völkische Elemente und im Westen scheint es, »*als warteten alle diese Schichtungen der westjüdischen Bourgeoisie auf die Zauberformel, die ihnen der Zionismus gab*« (10).[75] Bemerkenswert daran ist eben, dass damit »nur *die mechanischste, rationalste der an sich schon einfachen Kolonisationsbewegungen den Westen für sich gewann*« (8). Anstatt sich mit seinen Wurzeln und damit auch mit dem Hebräischen und dem Jiddischen auseinander zu setzen, beginnt man mit dem »Ableugnen aller verbindenden ethnischen Bande« (9). Darüber hinaus verlangt der Zionismus von seinen Anhängern nicht besonders viel: »Die *formale* Anerkennung eines jüdischen Volkes konnte diesen Schichten, deren ganzes Denken doch konsequenter war, als das der schwächlich-apologetischen deutschen Staatsbürger jüdischen Glaubens, nicht schwer fallen« (10).

Grundlage für Kaufmanns »vernichtend[e] aprioristisch[e] Kritik der grundlegenden Voraussetzungen des Zionismus« (10) ist vor allem, dass die wesentlichen Eigenschaften des lebendigen Volkes übersehen werden, denn

[k]aum war diese nervöse, hastige Intelligenz in Berührung gekommen mit der kleinkolonisatorischen Zionsbewegung, so fachte sie die, welche vorher ruhig und organisch floss, zu einem rasenden Prestissimo an, zwang ihr ihre eigenen volksfremden Aspirationen auf, formte sie zur Partei und gab ihr eine Ideologie nach ihren eigenen Wünschen und Nöten. Dass sie die Elemente, die Voraussetzungen zu dieser Ideologie nicht den Wirklichkeiten entnehmen *konnte*, vielmehr den Bedürfnissen der zentralen Volksmassen Gewalt antun, sie für ihre selbstischen Zwecke entstellen, ignorieren *musste*, das ist die wichtige aprioristische Feststellung, die wir der historischen Perspektive verdanken. (10–11)

Daher kommt auch die ungeheure Simplizität, mit der Zionisten die Probleme des jüdischen Volkes betrachten und letztlich auch – realitätsferner gehe es nicht – zu lösen suchen.[76] Bedauerlich ist hier vor allem die Ausschließlichkeit, mit der die Palästinaarbeit vorangetrieben wird, ohne sich vorher auf

---

[75] Im Einzelnen habe er »den ethisch Gesinnten eine Aufgabe, den Ästhetischen neue Bewusstseinsinhalte, Elemente einer neuen Romantik« gegeben. Ebd.

[76] »Wenn wir sehen, wie sie diesem künstlich vereinheitlichten ›Judentum‹ ein eindeutiges Golusproblem vindizierte und dem Golusproblem die Möglichkeit seiner einheitlichen automatischen Lösung apriorisierte: das *Palästinaphantom* als *die* Lösung *der* Judenfrage.« Ebd., S. 11.

die eigene Jüdischkeit zu besinnen. Der Zionismus blendet daher den an seinem Judentum interessierten Westen, indem er realitäts- und volksfremde Lösungsmöglichkeiten durch die Immigration ins ›Phantomland‹ Palästina – in Utopia – aufzeigt, was die Westjuden noch stärker von ihrem eigentlichen Volk entfremdet und entfernt. Die Zionisten stehen dem Westjuden auf der Suche nach seiner Jüdischkeit geradezu im Wege, indem sie ihn – zur Partei ›erstarrt‹ – »über seinen inneren volksfremden Bourgeois, – mag er auch nationalistisch, ästhetisch, ethisch oder romantisch frisiert sein – nicht hinwegkommen« (12) lassen. Damit bleibt für Kaufmann nur die kategorische Ablehnung des Zionismus,

> weil er volksfremd ist, weil er alle die starken Positionen, die das Volk sich in organischem Schaffen und Kämpfen erobert hat, nicht nur nicht stärkt und hält, sondern sie aufgibt aus schlimmer, bequemer Ignoranz – die Gegenwart aufgibt, weil sie seinen Voraussetzungen trotzt und sie widerlegt. (12)

Motiviert durch die eigene Angst, nicht mehr dazugehören zu dürfen, entfernt man sich voller Verachtung immer mehr von den Ostjuden, ihrer Sprache und Kultur und damit von seinem eigenen jüdischen Volk. Daher bleibt aber nur eine Konsequenz: »*Der Westen muss zur Bejahung der jüdischen Wirklichkeiten kommen*« (12). Auf welche Weise dies geschieht, muss scheinbar offen bleiben, denn erkennbar ist jetzt schon:

> Die neuen Wege weisen zum Volke hin, zum lebenden, gegenwärtigen, ewigen. Von ihm, von diesem gewaltigen Organismus, nicht aber von den Wünschen und Träumen einer peripheren Kaste wird die wachsende Jüdischkeit des Westens Ausgangs- und Zielpunkt ihrer Erkenntnisse und ihrer Voraussetzungen nehmen. (13)

Und dies geht nur, indem man nicht passiv auf das Volk wartet, sondern indem man »dem Westen durch alles Gestrüpp und die dornigen Hecken seiner Parteien breite, helle Wege zum Volk« (13) schlägt. Trotzdem fordert Kaufmann nicht, dass alle Westjuden in den Osten reisen oder sich gar dort niederlassen sollen,[77] sondern lediglich offen und vorurteilsfrei auf die ›jüdischen Wirklichkeiten‹, auf ihr eigenes Volk zugehen sollen, um eine Regeneration, eine Renaissance zu erreichen.

Auch in seinem zweiteiligen Aufsatz ›Alljüdische Kritik‹, dessen erster Teil im Mai 1913 in der *Freistatt* erscheint, verdeutlicht Kaufmann die spaltende Dualität innerhalb des Westjudentums, indem er die deutschen Juden einleitend in zwei Gruppen aufteilt: zum einen in »die wenigen, die den Blick haben für den gewaltigen Organismus des ewigen Volkes«, und zum anderen in »die vielen, die nur Teile sahen – Bruchstücke und sich«[78]. Die »Sehenden«

---

[77] Erstaunlicherweise besucht auch Kaufmann die ostjüdischen Gebiete nur einmal. Vgl. Strauß, Einleitung (wie Kap. 1, Anm. 90), S. 13.

[78] Fritz Mordechai Kaufmann: Alljüdische Kritik. I. In: Die Freistatt 1 (15. Mai 1913) H. 2, S. 73–83; hier: S. 73. Seine Vorgehensweise bezüglich des Aufsatzes erläutert er im Folgenden: »Der Gang dieser Untersuchung wird also so verlaufen, daß wir

sind die *Alljuden*, die im Vergleich zu den *Teiljuden* »die Judenheiten als ungeheuer komplizierten und differenzierten völkischen Organismus« (73)[79]
erkennen. Und diese Erkenntnis solle auch den getriebenen teiljüdischen Westjuden vermittelt werden. Diese Begriffe sind aber – wie schon Birnbaums
Einteilung in Ost- und Westjuden – nicht als räumliche Klassifizierung zu
sehen, sondern als ideologische. So zählt durchaus auch ein assimilierter russischer Jude zu den Teiljuden, weil er ebenso fern von seinem Volk lebt wie die
meisten Westjuden, die sich von ›Pseudo-Ostjuden‹ ihr Volkstum erklären
lassen, ohne die eigentlichen Wurzeln der eigenen Jüdischkeit auch nur zu
erahnen. Man muss – um Klarheit bemüht – daher die Juden in verschiedene
Parteien einteilen.

> Da sind einmal die krassen Assimilanten vom Schlage eines Geigers; dann jene Or-
> thodoxen und Liberalen, die nur von der religiösen, nicht von der ethnischen Ge-
> meinschaft reden. Und schließlich die Zionisten, die schon von einem Volke reden,
> von einem, das sie sich konstruierten, die aber nicht das gegenwärtige meinen, das
> lebende, das über uns allen thront. (74–75)

Weil daher also selbst der Zionismus den deutschen Juden ihr Volkstum nicht
näher gebracht hat, obwohl durchaus eine Annäherung an das Ostjudentum
stattgefunden hat, muss nun eine adäquate Alternative geschaffen werden,
denn »[n]och immer fehlt den Westlern das primitivste soziologische Verständnis für die jüdischen Dinge, weil die gefühlsmäßig erworbenen Voraussetzungen sie hindern, an die Dinge heranzukommen« (76).
    Eine Erklärung für diese Unwissenheit ist bewusste Täuschung, da der
Westjude seine (Fehl)-Informationen größtenteils »aus Chamberlain's und
derartigen Schriften« (76)[80] zieht. Daher kann er auch gar nicht erst erkennen,
dass er selbst einer Minderheit angehört, die das eigentliche jüdische Volk nie
kennen gelernt hat. Bei der Aufklärung kann aber keine methodische Schulung
helfen, denn es ist nicht ausreichend »mit ein paar willkürlich gedeuteten Zahlen und statistischen Kurven zu operieren« (77). Der Westjude muss selbst
erkennen, dass, »wer die Lebenserscheinungen des großen Volkes deuten will,
frei sein muß von eigener schwächlicher Zerrissenheit und kleinen Juden-

---

[79]   zuerst die allgemeinen Voraussetzungen jener westjüdischen Ideologien prüfen, das
    sich bewußt oder unklar mit dem Volke beschäftigen (Philanthropie, Zionismus),
    und von deren Kritik übergehen zu den besonderen Voraussetzungen des Zionismus,
    der, was sein Wollen und seine Aktivität angeht, der reifste Ausdruck dessen ist, zu
    dem die teiljüdische Auffassung überhaupt befähigen kann. Von den Voraussetzun-
    gen des Zionismus trennen wir die des Palästinaismus, um sie später besonders zu
    behandeln.« Ebd., S. 75. Folgende Zitate sind im Text nachgewiesen.
[79] »Sie [die alljüdische Auffassung] umklammert alles, was auf der Erde an Juden lebt,
    sie gibt nichts preis, auch nicht die erfrorenen peripheren Teile, in die bisher so we-
    nig Herzblut drang. Selbst dann nicht preis, wenn diese Teile sich loslösen, auf sich
    selbst stellen wollen, und die Zusammenhänge ihre Abhängigkeit von den zentralen
    Volksmassen leugnen.« Ebd.
[80] Er rekurriert auf Chamberlains: Die Grundlagen des neunzehnten Jahrhunderts.

schmerzchen; daß nur intuitive, in ihren Instinkten ungebrochene Menschen den Blick haben für das Volk und seine Wirklichkeiten« (77). Man muss dem Westjuden verdeutlichen, dass er sich ein eigenes Bild von seinem Volk machen muss, von den eigentlichen, ›ursprünglichen‹ Juden lernen muss, realistische demographische Tabellen verwenden muss. »Ihnen [den Westjuden] gegenüber ist immer wieder die Souveränität des Volkes über alle seine Helfer und vermeintlichen Retter zu proklamieren. Darum geschieht es, daß wir jetzt den Zionismus vor das Forum der jüdischen Wirklichkeiten laden.« (77)

Gemäß der Sonderstellung des Zionismus untersucht Kaufmann im Folgenden die Basis aller »Fraktions- und Individualzionismen« (78), die von der Bejahung des Golusproblems und der einheitlichen Lösung desselben bestimmt sind.[81] Wichtiger ist es aber, nicht die Existenz des Zionismus, sondern die Kritik an demselben zu dokumentieren, denn nur dadurch kann man verstehen, was das Alljudentum im Vergleich zum Zionismus besser macht.

Ein wichtiger Ansatzpunkt ist dabei die Darstellung des Ostjudentums. Kaufmann bedauert, dass es von zionistischer Seite bisher keine empirischen Untersuchungen gegeben hat, sondern bislang nur apologetische Ansätze vorhanden sind, die das Ostjudenbild falsch transportieren und zudem noch leicht durchschaubar sind.[82] Denn selbst als Kaufmann noch nicht soviel Kenntnis vom ostjüdischen Volk besessen habe, habe er sich über Ruppins Schilderungen gewundert, die dieses Volk als »Totenheer« (81)[83] darstellten. Nun – mit entsprechender Grundlagenkenntnis – kann er nur verbittert darüber lachen.

> Daß man es wagen konnte, einem gewaltigen, riesenstarken Volk die willkürlichsten Prognosen zu stellen, – es wagen konnte, alles, was sich in ihm regt an urzeitlichen Kräften, das starke, unbändige Leben, das hier quillt, dem Westen zu unterschlagen; daß man Totengräber-Phantasien ausgab für Bilder vom Leben. (81)

Auch im zweiten Teil des Aufsatzes, der mit dem Titel »Die Sterilität der zionistischen Doktrin« überschrieben ist, bildet Ruppins Text die Grundlage für Kaufmanns Kritik am Zionismus, wobei neben den apologetischen Charakteristika[84] vor allem die Methodik, »die fundamentalen Lücken in der Archi-

---

81 »Die Voraussetzungen der Zionismen sind geboren aus den Wünschen und den Gefühlsregungen der volkentfremdeten Intelligenz.« Kaufmann, Alljüdische Kritik. I (wie Anm. 78), S. 80–81.

82 »Was bisher von zionistischer Seite vorgebracht wurde an Theorie, das ist Apologie.« Ebd., S. 81.

83 Ruppins Text »Die Juden der Gegenwart« dient als Grundlage der Kritik.

84 »Die Auswahl, die Zusammenstellung und die Verarbeitung dieses Materials erfolgte also, wie schon im II. Heft S. 81 bemerkt wurde, nicht nach kritischen, sondern nach apologetischen Gesichtspunkten. Das ist dem Werte des Buches zum Verhängnis geworden.« Kaufmann: Alljüdische Kritik. II. In: Die Freistatt 1 (15. Juli 1913) H. 4, S. 201–213; hier: S. 203.

tektur des Buches« (205),[85] beleuchtet werden. So stellt Kaufmann fest, dass Ruppin offensichtlich mit ›zweierlei Maß‹ messe, wenn es um die Darstellung des Zionismus oder um die des Golus geht,[86] und daher nicht objektiv berichten könne. Man müsse Ruppin aber zugute halten, dass das Judentum »trotz aller historisch-ethnischen Einheit soziologisch ein absolut *uneinheitliches* Ganzes ist« (210), weswegen »selbst im günstigsten Falle der Beschauer heute nur die kinetischen Energien dieses ›Golus‹ wahrnehmen [könne]; und selbst die Dynamik *dieser* Energien wird sich erst in einigen Jahrzehnten erkennen lassen« (211).[87] Trotzdem muss dem »modernen *jüdischen* Proletaria[t]« (211) ein Platz in soziologisch-motivierten Überlegungen eingeräumt werden, vor allem weil es nicht unnatürlich gesteuert, sondern lebendig und echt ist. Da Ruppin aber diesen natürlichen Zweig des Judentums ›verschweigt‹, indem er allein das Westjudentum zur Grundlage seiner Untersuchungen macht, stellt er Thesen auf, die Kaufmann aufgrund ihrer Einseitigkeit kritisiert und zu widerlegen sucht.

Letztlich folgert Kaufmann, dass die Zionisten die Realität verschweigen und ihr eigenes Volk erschaffen, das ihnen folgt und ihre Theorien umsetzt, denn »[a]gitatorisch gefärbt ist alles, was dem Westen bisher erzählt wurde vom jüdischen Volk«[88]. Glücklicherweise aber kann man in den letzten Jahren beobachten, dass sich die Jugend, die neue jüdische Intelligenz nicht mehr täuschen lasse, dass diese »nicht mehr volksfremd ist, nicht berauscht am Westen und unschönen Wörtern; nicht mehr so unfähig – wie es die alte war – Wachstumserscheinungen, das neue Leben in den Massen *richtig* zu deuten« (82). Es ist nur gerecht und natürlich, dass sich die Realität, die Natur, das Völkische durchsetze und an Einfluss gewinne,[89] und dieses Wissen gibt Kraft und Energie, um zum Ziel zu gelangen: »Wir sehen hundert Möglichkeiten erstehen für eine zielbewußte, alljüdische Politik, *die mehr will, viel mehr als ein*

---

[85]   »Im Bauplan gibt es so wenig ein Kapitel über ›Das jüdische Proletariat‹, wie ein solches ›Über den Vorgang der zunehmenden Differenzierung im Volksorganismus‹.« Ebd., S. 206.

[86]   »Das eine Mal, wenn er die Dinge der Golusgegenwart untersucht, (und nicht alle, nicht die ausschlaggebendsten wägt er) wirft er in die Schale die schweren, niederdrückenden Gewichte: *Skepsis, Fatalismus, Pessimismus.* Sind aber die Möglichkeiten des Zionismus und Palästinas zu zeigen, (und es gibt keine, die Ruppin nicht hervorholt) so nutzt er ein anderes, ein leichtes Maß, mißt mit *Glaube, Hoffnung und Optimismus.* Das Gesetz seines Messens ist nicht den Dingen entnommen; der Westler in Ruppin ist es, der dies Gesetz gab.« Ebd., S. 210.

[87]   »In unseren Tagen erst zeigen sich die Anfänge einer volksnahen, im Volke wurzelnden Intelligenz. Wenn diese nicht mehr nationalistische, aber *jüdische* Intelligenz einige Jahrzehnte treu und unermüdlich an der Arbeit war, – nicht eher – läßt sich die Dynamik der heute erst in ihrer ersten scheuen Regung verspürbaren Volkskräfte des Golus einigermaßen feststellen.« Ebd., S. 211.

[88]   Kaufmann, Alljüdische Kritik. I (wie Anm. 78), S. 82.

[89]   »Das Volk war eben stärker, viel gewaltiger als seine Söhne und hat sie bezwungen.« Ebd.

kleines Palästina; die willens ist, nichts aufzugeben von den organisch gebauten Positionen, sondern alles daransetzt, sie zu stärken und auszudehnen« (82).

Im Januar 1914 diskutiert Kaufmann in seinem Aufsatz »Alljudentum und Zionismus« erneut detailliert die Unterschiede zwischen der alljüdischen und der zionistischen Ideologie. Im Wesentlichen beschränkt er hierin die Basis seiner Kritik am Zionismus auf drei Aspekte.

> Die erste und allgemeinste handelt vom *Nationalismus* und behauptet das Vorhandensein einer jüdischen Nation. Die zweite, eine typische *Katastrophenlehre*, will es wahr wissen, daß die Judenheit als kulturschaffende Gemeinschaft in ihren heutigen Positionen untergehe. Der *Palästinaismus* endlich basiert auf dem Satz, daß das jüdische Volk nur auf dem kleinen lyrischen Mittelmeerstreifen aufleben werde. Mit den Ideenkomplexen, die sich um diese Thesen konzentrieren, hat es diese Untersuchung zu tun.[90]

Detailliert werden im Folgenden diese Thesen erörtert und durchleuchtet. Seine Motivation erklärend beschließt Kaufmann die Abhandlung: »Es ist nicht Lust am Kampf, die dazu führt, es ist die Überzeugung, daß erst nach Überwindung der zionistischen Haskolo der Raum frei wird für eine wahrhafte jüdische Volksbewegung«[91]. Er möchte also dem assimilierten Westjuden die ostjüdische Kultur und Lebenswelt vermitteln und eine unmittelbare Jüdischkeit erwecken, indem er einen »antizionistischen Galuthnationalismus«[92] propagiert.

3.1.3 Die zionistische Kritik am Alljudentum

Eine von Kaufmann erhoffte Reaktion auf seine Theorie bleibt bis zu diesem Beitrag in den *K.C.-Blättern* aus und die einzige »Antwort, die er fand, war lange Zeit Hohn oder Schweigen«[93]. So gibt es zwar in der *Jüdischen Rundschau* bereits nach Erscheinen des zweiten *Freistatt*-Heftes eine zum Teil polemisierende programmatische Kritik, die aber keine ernst zu nehmende inhaltliche Auseinandersetzung, sondern eher eine unmittelbare Herabsetzung von Kaufmanns Person darstellt. Man sei bei der *Jüdischen Rundschau* immer offen für Kritik am Zionismus,

> [k]ommt aber Herr F. M. Kaufmann [...] und erklärt in langen, konfusen Aufsätzen, in denen die Logik zu wahren Taschenspielerkunststücken mißbraucht wird, den Zionismus als eine Gefahr, die Zionisten für bedauernswerte Ignoranten oder besten-

---

[90] Fritz Mordechai Kaufmann: Alljudentum und Zionismus. Eine kritische Gegenüberstellung. In: K.C.-Blätter. 4. (Januar 1914) S. 83–90; hier: S. 83–84.

[91] Ebd., S. 90.

[92] Michael Kühntopf-Gentz: Nathan Birnbaum Biographie. Dissertation zur Erlangung des akademischen Grades Doktor der Philosophie der Fakultät für Kulturwissenschaften der Eberhard-Karls-Universität zu Tübingen. 1990, S. 193.

[93] Strauß, Einleitung (wie Kap. 1, Anm. 90), S. 13. Die Zielgruppe der Zeitschrift des Kartell-Conventes sind deutsch-assimilierte – und damit anti-zionistische – jüdische Studenten.

falls kleinbürgerliche Schwärmer, so weisen wir das einfach zurück als eine durch
nichts gerechtfertigte Anmaßung.[94]

Eigentlich sei die Intention der *Freistatt*, als »ein neues Organ zur Erörterung
jüdischer Dinge unter bestimmtem Gesichtswinkel«[95], sehr lobenswert und man
würde sie auch gerne weiterempfehlen, aber Kaufmanns Unwissenheit stehe
einer Empfehlung im Wege. Er habe bereits bei einem Vortrag zur »Reform des
Zionismus« im »Zionistischen Verein West-Berlin« offengelegt, welch große
Wissenslücken er in Bezug auf die zionistische Organisation habe.[96]

> Herr Kaufmann weiß davon und von vielem anderem *nichts* und hat den Mut, *heute
> im siebzehnten Jahre der zionistischen Bewegung den jüdischen Osten für uns ent-
> decken zu wollen!* Er wagt es, uns zu sagen, wir redeten nur vom »jüdischen Volk«,
> wären aber keine Spur über das Schlagwort hinaus »zu dem lebenden Fleisch und
> Bein, darin das Volk wohnt« gekommen. Und dabei erscheint seine eigene Kenntnis
> vom lebendigen jüdischen Volke so angelesen und verstandesmäßig aus allerlei Ge-
> hörtem ergrübelt, daß man ihm nicht einmal die alleräußerlichste Bekanntschaft mit
> dem Warschauer oder Bialystoker Judenviertel zutraut.[97]

Der eigentliche Kern der Kaufmann'schen Theorie sei letztlich nichts Neues –
im Gegenteil. Becker sucht den Wert des ›rückständischen‹ Konstruktes ›Alljudentum‹ zu untergraben und schließt, dass letztlich allein »nur Spott oder energische Abwehr«[98] als Reaktion auf diese Theorie folgen könne. »Beides kann
man sich und anderen ersparen, wenn man erst selbst lernt, bevor man auszieht,
die Menschen in so hoheitsvollem Tone und so selbstsicher zu belehren.«[99]

---

[94] Dr. Julius Becker: Über-Zionismus. In: Jüdische Rundschau 18 (30. Mai 1913) H.
22, S. 217–218; hier: S. 217. »*Überzionismus* von Becker ist zu blöde. ›Die Welt‹
greift nächste Nummer mit einem ähnlichen Elaborat von Dr H' Herrmann uns an.
Wenn es nicht schlimmer wird, können wir ruhig sein.« Brief von Fritz Mordechai
Kaufmann an Julius Kaufmann. [ohne Datumsangabe, inmitten undatierter Korrespondenz zur *Freistatt*]. In: CAHJP. Jerusalem. P 113/R8.

[95] Becker, Über-Zionismus (wie Anm. 94), S. 217. Zudem habe sich die *Freistatt*
bereits vom ersten zum zweiten Heft »äußerlich in Druck und Papier und innerlich
in der Originalität und Qualität der Beiträge« verbessert. Ebd., S. 217–218.

[96] Vgl. ebd., S. 218. Kaufmann äußert sich auch über die Reaktion auf einen Vortrag
im »Verein Berliner-W.«, der nachträglich den Titel »Die Erstarkung der westlichen
Jüdischkeit« erhält. »Und selbst den wenigen Ketzern, die gekommen waren, war
ich zu radikal und rücksichtslos [!]. Ich habe an dem Abend, vor allem aus der Diskussion sehr viel gelernt, besonders wahrgenommen, wieviel Phrasen von den Zionisten gedroschen und wie wenig klare Begriffe entwickelt werden.« Brief von Fritz
Mordechai Kaufmann an »Lieber Vater und meine Lieben«. [ohne Datumsangabe,
unmittelbar hinter dem Brief vom 12. Dezember 1912]. In: CAHJP. Jerusalem. P
113/R7. Vermutlich ist dies derselbe oder zumindest ein ähnlicher Vortragsabend
gewesen, der zeigt, wie weit sich Kaufmann bereits vom parteilichen Zionismus entfernt hat.

[97] Becker, Über-Zionismus (wie Anm. 94), S. 218.

[98] Ebd.

[99] Ebd.

Es kann nicht überraschen, dass Kaufmann diese persönliche Kritik als ernst zu nehmende zionistische Reaktion auf die *Freistatt* ›unterschlägt‹. Wie tief ihn dieser Aufsatz verletzt und getroffen haben muss, zeigt das Vorwort, das dem *K.C.-Blätter*-Artikel beigefügt wird, als dieser einen Monat später in der *Freistatt* erneut abgedruckt wird. Hier merkt Kaufmann nun an, dass er sich über die Möglichkeit zur Veröffentlichung in diesem weder zionistisch-motivierten und erst recht nicht alljüdisch-interessierten Blatt gefreut habe, weil sie erstmalig eine Reaktion auf die *Freistatt* aus dem zionistischen Lager hervorgerufen habe.

> Jener Aufsatz hatte dazu eine von mir beabsichtigte und ziemlich erfreuliche Wirkung; die zionistische Presse, die es fertig gebracht hatte, bis dahin die von der Freistatt geübte Kritik ihren Lesern 9 Monate lang zu unterschlagen, sah sich mit einem Mal veranlaßt, zu replizieren.[100]

Verständlicherweise gibt es von zionistischer Seite ausgesprochen viele Beanstandungen am Alljudentum, sodass sich nach dem *K.C.-Blätter*-Aufsatz besonders in der *Welt* eine rege Diskussion der alljüdischen Theorien finden lässt.

In einer der ersten Kritiken, die auch die alljüdischen Inhalte ausführlich erörtert, bezieht Hugo Herrmann Stellung zu Kaufmanns Aufsatz »Alljudentum und Zionismus«, wobei er zunächst ›Verständnis‹ für die Redaktion der K.C. Blätter zeigt, die diesen Text wohl gerne abgedruckt habe, denn diese nehme »Waffen gegen den Zionismus, wo [sie] sie findet«[101]. In der Tat scheint die Motivation der K.C.-Redaktion keine ausschließlich informativ-uneigennützige gewesen zu sein, denn in einem langen Vorwort zu Kaufmanns Text erläutert sie ausführlich das Prinzip des Alljudentums und insbesondere die Kritik am Zionismus und weist darauf hin, dass die *Freistatt* »für die Kritik des Zionismus eine unendliche Fülle von Material bietet, so daß sie jeder, der sich mit national-jüdischen Problemen befaßt – sei es als Anhänger oder als Gegner – unbedingt lesen sollte«[102]. Herrmanns Beitrag gilt aber primär dem Aufsatz und damit auch den alljüdischen Theorien selber. Er versucht, Kaufmanns Thesen objektiv zu prüfen, damit auch dieser und derjenige, der hinter diesen

---

[100] Kaufmann: Alljudentum und Zionismus. Eine kritische Gegenüberstellung. [mit einer Vorbemerkung]. In: Die Freistatt 1 (20. Februar 1914) H. 11, S. 611–627; hier: S. 611. Der *Freistatt*- und der *K.C.-Blätter*-Aufsatz sind nahezu textkongruent. Zur Veranschaulichung sind dem Nachdruck einige Tabellen beigefügt. Interessant ist hierbei auch, dass im Gegensatz zur *Freistatt* Bubers später erscheinende Zeitschrift *Der Jude* in der *Jüdischen Rundschau* durchaus regelmäßig positiv rezensiert wird, obwohl die meisten Beiträger identisch mit denen der *Freistatt* sind. Vgl. hierzu u. a. L. H.: Der Jude. Eine Monatsschrift. In: Jüdische Rundschau 21 (14. April 1916) H. 15/16, S. 125–126.; Bertohold Feiwel: Zum ersten Heft des »Juden«. In: Jüdische Rundschau 21 (5. Mai 1916) H. 18, S. 143–146.; L. H.: Das zweite Heft des »Juden«. In: Jüdische Rundschau 21 (2. Juni 1916) H. 22, S. 176.

[101] Hugo Herrmann: »Alljudentum«. In: Die Welt 18 (23. Januar 1914) H. 4, S. 78–79; hier S. 78.

[102] Die Redaktion: [Fußnote zu »Alljudentum und Zionismus«]. In: K.C.-Blätter, S. 83.

Ideen steht,[103] von der Fehlerhaftigkeit ihrer Ideologie zu überzeugen seien. Man müsse ihnen verdeutlichen,»daß Jiddisch nicht die Zukunft ist«[104] und dass man das Judentum nicht noch mehr zerteilen dürfe, indem es sich ohne Führung selbst weiterentwickelt. Zudem sei Kaufmanns Palästina-Bild falsch.[105] Und selbst wenn man – wie ein »gelegentlicher Mitarbeiter der ›Freistatt‹« – beantragen wolle, dass »man zwischen der Bejahung des Galuth, die Herr Kaufmann, und der Verneinung, die ich verlange, eine Mittellinie ziehe«, kann es für ihn keinen Zweifel geben,»daß es zwischen Ja und Nein keine Mittellinie gibt, außer der *Grenz*linie, die wir in aller Schärfe wahren wollen«[106].

Hier bezieht sich Herrmann auf eine Rezension zu seinem Aufsatz »Alljudentum und Zionismus«[107] von Dr. Abraham Coralnik,[108] der sich insbesondere auf die Schluss-Sequenz des Textes bezieht, in der es heißt, dass »Zionismus eine zweifache und doch im Grunde einheitliche, große sittliche Entscheidung ist: die Verneinung des Galuth und Bejahung Palästinas als Form, die Verneinung des europäischen und Bejahung des jüdischen Geistes als Inhalt unserer nationalen Zukunft«[109]. Diesen häufig verwendeten »Aphorismus« könne man nach Coralnik »mal wohl hier und da *sagen* – besonders wenn man auf die Nachsicht der Zuhörer rechnen darf–, aber nicht schwarz auf weiß *schreiben*«[110], schließlich sei jüdische Kultur weder der europäischen noch der allgemein-menschlichen entgegenzusetzen. Man müsse vielmehr solch kulturelle und damit auch nationale Fragen sehr vorsichtig diskutieren, ansonsten »überwuchern verstiegene Theorien die einfache Wahrheit und überlaute Worte drängen sich an die Stelle sinnvoller Erkenntnis« (751).

---

[103] »Diese Gedankengänge hat Herr Kaufmann in der Monatsschrift ›Freistatt‹ entwickelt, deren übrige Mitarbeiter zum größten Teil dem Zionismus sehr nahe stehen. Ich glaube, daß wir Herrn Kaufmanns Ausführungen, hinter denen übrigens ein größerer steht als der sie niederschreibt, ernst nehmen müssen. Wir müssen prüfen, ob seine Einwände gegen unsere Ideologie stichhaltig oder unberechtigt sind.« Herrmann, »Alljudentum« (wie Anm. 101), S. 78.
[104] Ebd.
[105] »Denn die bloße ›Erhaltung‹ ist Auflösung. Wenn wir das Volk den Kräften überlassen, die es regieren, so haben wir ihm das Todesurteil gesprochen.« Ebd., S. 79.
[106] Ebd.
[107] Hugo Herrmann: Alljudentum und Zionismus. In: Die Welt 17 (6. Juni 1913) H. 23, S. 718–720. Siehe auch Ders.: Juden und Deutsche. In: Die Welt 17 (2. Mai 1913) H. 18, S. 570–571. Hierin beschreibt Herrmann seine zionistische Position. »Nicht daß einer dem Deutschtum absagt und auf ein nebelhaftes Judentum schwört, nicht dies ist Zionismus. [...] Wir finden in uns Judentum und Deutschtum und sagen Ja zu beiden. Auch hierin ist eine Erlösung.« Ebd., S. 571.
[108] Der 1888 in Russland geborene Coralnik (gest. 1937 in New York) hatte bereits einen Beitrag mit dem Titel »Capriccio« in der *Freistatt* veröffentlicht. Vgl. Die Freistatt 1 (15. Mai 1913) H. 2, S. 110–115. Vgl. auch Kapitel 3.2.3.
[109] Herrmann, Alljudentum und Zionismus (wie Anm. 107), S. 720.
[110] Dr. A[braham] Coralnik: Verstiegenheiten. In: Die Welt 17 (13. Juni 1913) H. 24, S. 749–751; hier: S. 750–751. Folgende Zitate sind im Text nachgewiesen.

Doch nicht nur Herrmanns Auffassung wird in Coralniks Text kritisch beleuchtet, sondern besonders die alljüdischen Theorien hält er für diskussionswürdig, wobei die Verbindung zwischen den beiden Ansichten in der Natur der Sache liege: »Verstiegenheit ruft offenbar Verstiegenheit hervor« (750). Coralnik stellt heraus, dass er das Aufsehen um das Alljudentum nicht versteht, da diese Idee ja nun weder neu noch abwegig ist, schließlich muss man Judentum immer als Alljudentum verstehen. Den sich nun neuerdings als Alljuden bezeichnenden Juden kann er zwar einerseits Verständnis entgegenbringen, denn sie »möchten Ost und West zusammenschließen, den verlorenen geistigen Kontakt wiederherstellen, eine alljüdische, d.h. einfach eine jüdische Kultur schaffen, die all die anderen locker gewordenen Bande ersetzen soll« (749). Zudem ist es in Anbetracht des orthodoxen Judentums nicht verwunderlich, dass man nach neuen Wegen für sein Judentum sucht,[111] aber andererseits glaubt er persönlich, dass »sich die Anhänger der ›Jüdischkeit‹ und des ›Alljudentums‹ und der Jargonisierung der Judenheit in einem argen Wahne befinden, daß sie auf einem hoffnungslos falschen Weg sind«, da sie als »Träumer« und »Begriffsfanatiker« (750)[112] letztlich die eigentlichen Probleme des Judentums vernachlässigen.

Mit dieser Einstellung ist Coralnik nicht alleine. So geht Nachum Goldmann sogar so weit, die alljüdische Bewegung als eine Gruppe von Menschen zu bezeichnen, die »[l]ärmend und provozierend, selbstsicher bis zum Unfehlbarkeitsdünkel, kritisierend bis zur Beschimpfung und tadelnd bis zur Beleidigung, mit der Miene und Geste des gottgesandten Volksretters«[113] auftritt. »Was berechtigt einen Fritz Mordechai *Kaufmann* mit seinem Anhang, solche Manieren an den Tag zu legen?« (453) Für Goldmann berechtigt lediglich die starke ostjüdische Stromung, die das Alljudentum ausgelöst habe, zur Existenz desselben, denn die Kritik, die Kaufmann am Zionismus übt, ist nicht nur nicht zutreffend, sondern eher auf das Alljudentum anwendbar, was er in seinem Aufsatz auch zu belegen sucht. Wenn man dies alles bedenkt, kann man nur darauf warten, dass dieses Prinzip »ebenso rasch verschwinden [wird], wie es ziemlich überraschend und unerwartet entstanden ist« (456).

---

[111] »Wir wissen ja, die Orthodoxen, die Strenggläubigen erheben das Judentum gar nicht zum Problem, suchen nicht nach neuen Wegen. Und gerade weil die ›Alljuden‹ diesen Weg nicht betreten können, gerade deshalb suchen sie nach neuen Bahnen und Zielen.« Ebd.

[112] Ebd., S. 750. »Die ›Jiddischisten‹ des Westens glauben, Realpolitiker zu sein, und sind dabei bloß Träumer und Begriffsfanatiker. Die wirkliche Not des Judentums, die großen Fragen, die tiefen Probleme scheinen ihnen gänzlich zu entgehen. Für die Judenheit der Gegenwart gibt es gar keine Sprachenfrage, ganz andere Sorgen und Leiden erfüllen sie. Vom zionistischen Standpunkt einer jüdischen Zukunftspolitik ist freilich die Sprachenfrage von Bedeutung.« Ebd.

[113] Nachum Goldmann: Das »Alljudentum«. Eine Auseinandersetzung. In: Die Welt 18 (8. Mai 1914) H. 19, S. 453–456; hier: S. 453. Folgende Zitate sind im Text nachgewiesen.

Goldmann hebt zumindest die Hinwendung und Glorifizierung des Ostjudentums der Alljuden positiv hervor, womit er nicht die Meinung aller Zionisten vertritt. So behauptet Dr. Daniel Pasmanik gar, dass »*das ganze Gerede
von der gesunden, lebenskräftigen* »*ostjüdischen*« *Kultur [...] nur eine Legende [sei]*, die meist von Unwissenheit, teilweise von Kampfeslust gegen den
Zionismus künstlich geschaffen ist«[114]. Ebenso künstlich würde die Semantik
zu ›jüdisches Volk‹ konstruiert, denn indem man die ostjüdische Kultur zur
Basis des Alljudentums proklamiere, »verzicht[e]« man auf vier Millionen
Juden, »auf die ›blutarmen Westjuden‹, auf die sephardischen und auf ›die
paar (!) arabischen, persischen, bucharischen, kaukasischen und ähnlichen
Juden‹« (926). Es sei eine Farce, das »jüdisch-deutsch sprechende Ostjudentum« als Vorbild zu nehmen, obwohl jüdische Potenz sowohl im »Jargon-
schriftsteller« als auch im »jemenitischen Arbeiter« (926) verborgen sein könne. Ebenso unglaublich sei die Parallele von der Zersetzung der Nation und der
Auflösung des Jiddischen, denn »*[d]as Verschwinden des Jargons ist kein
Zeichen der Entnationalisierung der Juden*, weil eben die jüdische Masse ihren
nationalen Lebenswillen nicht an den Jargon knüpft« (926). Das Alljudentum
sei also letztlich ein pures Gedankengebilde, ein »müßiges Spiel gewisser
Intelligenzler, die sich in ihrer Stube ein blutloses, wirklichkeitsfremdes Leben
konstruieren« (927). Es biete daher keine Lösung für das Judentum, für das es
nur zwei Richtungen gebe:

> entweder allmähliche Auflösung im Galuth – dann habe man den Mut, den Auflö-
> sungsprozeß zu beschleunigen, oder radikaler Bruch mit dem Galuth und *letzter*
> Heldenkampf für die Wiedergeburt des jüdischen Volkes im Lande der Väter. Was
> dazwischen liegt, ist feig, opportunistisch oder im besten Fall dekadent. Ganzer Tod
> oder volles Leben: was dazwischen liegt, ist Siechtum. (927)

Diese besonders radikale anti-ostjüdische Haltung Pasmaniks bleibt sogar in
der *Welt* nicht unkommentiert. Berl Locker rezensiert den Beitrag, indem er
Partei für Nathan Birnbaum und Schalom Asch ergreift und die Thesen Pasmaniks zu entkräften sucht.[115] Auch in der *Freistatt* kommentiert Locker Pasmaniks Beitrag als einen »von unverschämten Beleidigungen, Mißdeutungen
und einfachen Fälschungen strotzenden Artikel«, für den »die Bezeichnung
›Schändung‹ sicherlich nicht übertrieben«[116] sei. Der derzeitige Zionismus sei

---

[114] Daniel Pasmanik: Die Legende von der »ostjüdischen« Kultur. In: Die Welt 17
    (18. Juli 1913) H. 29, S. 926–927; hier: S. 926. Folgende Zitate sind im Text nach-
    gewiesen.

[115] Vgl. B[erl] Locker: Legende und Wirklichkeit. In: Die Welt 17 (1. Oktober 1913)
    H. 40, S. 1367–1369. Zu diesem Beitrag lässt sich auch in einem Brief an Julius
    Kaufmann eine ›schadenfrohe‹ Bemerkung finden: »Was sagen Sie dazu, daß die
    ›Welt‹ meinen Artikel doch gebracht hat? Und wie gefällt Ihnen der Artikel? Ich
    hoffe, Herr Pasmanik wird ein verdutztes Gesicht gemacht haben.« Brief von Berl
    Locker an Julius Kaufmann. 12. Oktober 1913. In: CAHJP. Jerusalem. P 113/L 16.

[116] Berl Locker: Über Zionismus und jüdische Kultur. In: Die Freistatt 1 (22. August
    1913) H. 5, S. 287–294; hier: Anmerkung auf S. 291.

nicht in der Lage, die jüdische Problematik zu lösen. Doch ein »»alljüdische[r]‹ Zionismus, der in erster Linie das Volk sieht und dessen große, nach Betätigung ringenden Energien«[117], könne es schaffen, das jüdische Kulturproblem zu entschärfen, auch, weil er das Jiddische als völkisches Element, als »ein nationales Gut allerersten Ranges«[118] betrachte.

Auch der ›bekennende‹ Westjude Isaac Deutsch[119] kritisiert – in der *Freistatt* – Pasmaniks Beitrag, der als typisch zionistische Alljudentum-Kritik zu sehen sei.

> Das ist das Verlogene in dem Kampfe um Alljudentum, daß von der Gegenseite (die Assimilanten schalten aus; ich spreche nur von den Zionisten) die jüdische Masse beständig verleugnet wird zugunsten irgendwelcher peripheren Kreise, deren Existenz und Kulturbegabung von uns ja in keiner Weise geleugnet wird; daß die stärksten und wichtigsten Teile des jüdischen Volkes, die neun Millionen Ostjuden, von ihren eigenen Söhnen als jeder Kultur bar verschrien werden in bewußt unwahrer Weise.[120]

Pasmaniks Entweder-Oder-Argumentation sei nicht nachzuvollziehen, aber seine Thesen seien auch nicht um ernsthafter Diskussion Willen verfasst worden, sondern »sie sind hingeschmiert, um die braven Leser der ›Welt‹ zu beruhigen«[121].

Folglich bietet die alljüdische Ideologie reichlich Diskussionsstoff und Kaufmanns programmatische Texte regen eine lebhafte Debatte an. Dieser führt den alljüdischen Diskurs »mit der ungemilderten Derbheit und Schroffheit seiner Jugend, aber zugleich mit den Mitteln einer Kritik, die aus seinem klaren und ehrfürchtigen Sinn für das Wirkliche ihr Recht empfing«[122].

Letztlich bleibt, dass das Alljudentum, das die *Freistatt* propagiert, nichts anderes als die Hinwendung zur eigenen Jüdischkeit durch die reiche ›völkische Reinheit‹ der ostjüdischen Kultur bedeutet, die für das gesamte Judentum gelten müsse. Kaufmanns programmatisches Ziel ist es also, die *Freistatt* als eine Materialsammlung und als ein Informationsorgan für die westjüdische Bevölkerung zu schaffen, als Hilfestellung auf dem Weg zum eigenen Ursprung – eine Revue mit politischem, wirtschaftlichem aber vor allem kulturellem Schwerpunkt.

---

[117] Ebd., S. 294.

[118] Ebd.

[119] »Mich als Westjuden interessiert an der Sache nur, daß das Sprichwort von dem Vogel, der sein eigenes Nest beschmutzt, sich wieder einmal bewährt hat.« Isaac Deutsch: Die Legende von der »ostjüdischen« Kultur. In: Die Freistatt 1 (22. August 1913) H. 5, S. 339–340; hier: S. 339.

[120] Ebd.

[121] Ebd., S. 340.

[122] Strauß, Einleitung (wie Kap. 1, Anm. 90), S. 13.

3.1.4 Die programmatische Umsetzung

Das Interesse der potentiellen Leserschaft sollen Beiträge zu folgenden Über-schriften wecken, denen die *Freistatt*-Texte im Inhaltsverzeichnis des ersten Jahrgangs zugeordnet sind: Nationale und soziale Bewegung, nationale Kultur und Sprache; Ökonomie; Politik; Religion und Philosophie; Schöne Literatur; Kritik; Verschiedenes.

Der Kultur und insbesondere der Literatur wird in der Monatsschrift ein be-sonderer Stellenwert beigemessen, denn zum einen wird dieser Schwerpunkt bereits im Untertitel der Revue – Monatsschrift für jüdische Kultur und Politik – deutlich und zum anderen lassen sich die Rubriken ›Verse‹[123] und ›Bücher-einlauf‹[124] in insgesamt neun Heften finden, während ›Bücherbesprechungen‹ sogar in elf Heften vertreten sind.[125] Doch nicht westjüdische Literatur steht im Vordergrund, denn

> [w]ir können uns doch nicht an die zufälligen Produkte zufällig einmal jüdische Probleme oder Stoffe behandelnder zufällig Juden seiender Westeuropäer halten und damit sozusagen dokumentieren: das ist eine lebensfähige Sache, ein lebensfähiger Ast im Alljudentum.
> Damit wird doch wieder die ganze Sache *deutschterritorial*, und die Zeitschrift will doch überterritorial, muss es sein.[126]

Daher ist die Rubrik ›Jiddische Dichtung‹[127] besonders relevant und unge-wöhnlich, der jeweils eine auf Salomo Birnbaums Grammatik beruhende Aus-sprachetabelle beigefügt wird.[128] Zudem gibt es das Angebot, die Auskunfts-stelle für Jiddisch anzuschreiben, die bei Problemen und Fragen zum Jiddi-

---

123   Diese Rubrik lässt sich in den Heften 2, 5, 6/7, 8, 9 und 11 des ersten Jahrgangs und in den Heften 1 bis 3 des zweiten Jahrgangs finden.

124   Den ›Büchereinlauf‹ gibt es in Jahrgang 1 in den Heften 2, 3, 4, 6/7, 8, 9, 11 und 12 und im zweiten Heft des zweiten Jahrgangs. Zudem lässt sich einmal die ver-wandte Rubrik ›Neuere Werke über Jiddisch‹ finden (Jg. 1. H. 2, S. 121–122.).

125   Die Rezensionen sind durchgängig von Heft 3 (Jg. 1 – mit Ausnahme von H. 12) bis Heft 2 (Jg. 2) zu finden. In Heft 4 des zweiten Jahrgangs sind die Rezensionen unter der Rubrik »Miniatüren« zusammengefasst.

126   Brief von Fritz Mordechai Kaufmann an Julius Kaufmann und Andreas Meyer. [ohne Datumsangabe, inmitten undatierter Korrespondenz zur *Freistatt*] In: CAHJP. Jerusalem. P 113/R8.

127   Diese Rubrik ist außer in Heft 11 in allen Heften des ersten Jahrgangs vertreten. In Heft 2 lässt sie sich unter dem Titel ›Jiddische Volkslieder‹, in Heft 3 unter ›Jüdi-sche Dichtung‹ finden. In dieser Rubrik steht vor allem jiddische Lyrik im Vorder-grund, aber es werden auch zwei Auszüge aus Mendales »Die Reise Benjamins des Dritten« wiedergegeben. Vgl. Mendale Mojcher Sfurem: Kicyr Masû:ojs Binjûmin Hashlishi. (Dûs hejst) Di nësi:ë oder a raizë-bashrábyng fyn Bënjûmën dem Dritn. In: Die Freistatt 1 (20. Januar 1914) H. 10, S. 592–601. und Di nësi:ë fyn Bënjûmën dëm drtn. [II.]. In: Die Freistatt 1 (31. März 1914) H. 12, S. 724–729.

128   Im ersten Heft wird diese auszugsweise abgedruckt. Kaufmann ist von dieser Grammatik überzeugt und empfiehlt sie sowohl in seinem Merkblatt zum jüdi-schen Volkslied als auch im Vorwort zu seiner Volkslieder-Sammlung.

schen hilfreich zur Seite steht. Sie ist gleichzusetzen mit der Redaktion der *Freistatt*, also mit Fritz Mordechai Kaufmann, der die ›treibende Kraft‹ bei der Gestaltung und Aufnahme dieser Beiträge ist.

Die Relevanz der Rubrik »Jüdisches Leben und Schaffen«, in der Glossen und weitere Kurzbeiträge zusammengefasst sind, lässt sich aufgrund ihrer hohen Frequenz ableiten.[129] Bemerkenswert sind auch die Hefte 2 und 3 des zweiten Jahrgangs, die sich als Sonderhefte thematisch mit Nathan Birnbaum beschäftigen, der am 6. Mai 1914 seinen 50sten Geburtstag feiert.[130] Hierin lassen sich insgesamt 19 Beiträge zu Birnbaums Leben und Werk finden, die meist durch eine persönliche Begegnung mit dem »Ritter des Ostjudentums«[131] motiviert sind. Unter den Autoren sind viele der großen, zeitgenössischen Dichter und Denker des Judentums wie Dr. Hugo Bergmann, Adolf Böhm, Max Brod, Berl Locker, Ludwig Strauß und Dr. Samuel Rappaport – westjüdische und ostjüdische Zionisten sowie Alljuden. Zudem ist eine auf den Daten des »zentralen Dr. Nathan Birnbaum-Jubiläums-Komitée[s]«[132] basierende Biographie Birnbaums beigefügt.

Die einzelnen Ressorts der *Freistatt* werden nach und nach mit festen Mitarbeitern besetzt. So kündigen die Gebrüder Kaufmann im November beispielsweise das regelmäßige Erscheinen von Texten in den Gebieten ökonomisches Leben, Arbeiterbewegung, russisch-jüdische Publizistik sowie hebräi-

---

[129] Den Titel erhält diese Rubrik ab Heft 2 (Jg. 1; in H. 1 heißt sie noch ›Glossen‹). Sie ist außer in Heft 1 und Heft 4 des zweiten Jahrgangs durchgängig vorhanden. Zudem wird diese Sparte auch im Programm der *Freistatt* explizit erwähnt. Außerdem spiegelt sich die herausragende Stellung der Glossen auch im Druckbild wider. »Wegen Glossen: Da könnten wir eventuell auch in zwei Kolumnen setzen. Genau so wie spätere Berichte über das ›Jüdische Schaffen‹. Das gibt, wie Du im Kunstwart sehen kannst, dem Auge eine angenehme Abwechslung und teilt das Heft besser in seine Teile als jede Rubrik es vermag.« Brief von Fritz Mordechai Kaufmann an Julius Kaufmann und Andreas Meyer. [ohne Datumsangabe, vor Erscheinen des ersten Heftes] In: CAHJP. Jerusalem. P 113/R8.

[130] Vgl. hierzu auch Böhms Artikel, der Birnbaums Charakter und seine großen Leistungen für das Judentum herausstellt, aber auch Folgendes – selbst gegen seine Ankündigung – nicht verschweigen will: »Der maßlose Kampf gegen den Zionismus, den die Jiddischisten mit Birnbaum an der Spitze in der letzten Zeit zu führen pflegen, die höhnende, kränkende, im höchsten Maße ungerechte Sprache, die sie gegen unsere Bewegung führen, soll dem großen Manne heute nicht angerechnet, an die persönlichen Feindschaften, die ihm ein verbitterter, streitlustiger Sinn geschaffen hat, nicht erinnert werden.« Adolf Böhm: Dr. Nathan Birnbaum. Zum 50. Geburtstag (8. Mai 1914). In: Jüdische Rundschau 19 (1. Mai 1914) H. 18, S. 187–188; hier: S. 188.

[131] S. Dubnow: Ein Gruß aus dem Osten dem Ritter des Ostjudentums. In: Die Freistatt 2 (28. Mai 1914) H. 2, S. 76–78; hier: S. 76.

[132] Auch Kaufmann gehört diesem Komitee an und ist – der Adresse der Geschäftsstelle nach zu schließen – sogar einer der hauptverantwortlichen Gremiumsmitglieder. Vgl. u. a. Dr. Nathan Birnbaum-Jubiläums-Komitee: An die jüdische Öffentlichkeit. In: Die Freistatt 1 (31. März 1914) H. 12, S. 672–673.

sche und jiddische Literatur an, die bislang aufgrund des mangelnden Platzes nur sporadisch in der *Freistatt* publiziert werden konnten. Als Spezialisten können dafür ben Mordĕchai, Borochow, Charasch und Loubetzki gewonnen werden.[133]

Auch als im Juni 1914 das Vorhaben einer »freie[n] Tribüne für zionistische Fragen« als eigenständig geplante Rubrik angekündigt wird, kann man mit Dr. Max Mayer einen Fachmann, einen »aktiven deutschen Zionisten«[134], als Ressortleiter gewinnen. Gerade die Konstitution dieser neuen Rubrik stellt eine Besonderheit dar, weil sich die Verantwortlichen der *Freistatt* hiermit offen auf die Zionisten zu bewegen, da es in der Bewegung erste Anzeichen für das verstärkte Auftreten einer jungen Generation gebe, die »furchtlos und ohne krämerisches Berechnen möglicher Konsequenzen Nein sagt zu dem bisher geübten Vergröbern der nationalen Angelegenheiten in Parteidinge«[135] und sich nicht mehr an dem Nutzen für die Partei, sondern an einer ehrlichen Entwicklung der zionistischen Idee orientiere. Dieser positive Fortschritt sei bislang von der *Freistatt* nicht ausreichend gewürdigt worden, wodurch die Verantwortlichen auch eine Mitschuld trügen »an der gereizten Stimmung [...], die bisher eine gemeinsame Verständigung oder auch nur die Beratung über die Angelegenheiten unseres Volkes genau so schwer möglich machte, wie etwa eine Fruchtbarmachung alljüdischer Kritik für den Zionismus oder die Aus-

---

[133] Vgl. Der Herausgeber und die Schriftleitung: An die Leser der Freistatt. In: Die Freistatt 1 (15. November 1913). H. 8, S. 417.

[134] Herausgeber und Schriftleitung der »Freistatt«: Freie Tribüne für zionistische Fragen. Eine Ankündigung. In: Die Freistatt 2 (30. Juni 1914) H. 3, S. 158–160; hier: S. 159. Vgl. auch den textkongruenten Beitrag in: Die Freistatt 2 (Juli 1914) H. 4, S. 244–246. Die ersten Beiträge sind für das Augustheft geplant, das aber nie erscheinen wird.
»Bemerkenswert ist allerdings, dass das Gros der *Freistatt*-Autoren – anders als Kaufmann selbst – renommierte Repräsentanten und aktive Mitglieder der zionistischen Organisation sind, so dass das überlieferte Bild der Bewegung ins Wanken gerät: Die populäre Auffassung vom letztlich starken inneren Zusammenhalt der Bewegung ist dahingehend zu korrigieren, dass die interne Konsensbereitschaft weitaus fragiler war, als gemeinhin angenommen wird. Die Beiträge der *Freistatt* illustrieren dabei anschaulich, dass die schwelenden Auseinandersetzungen um den jüdischerseits einzuschlagenden Weg kaum als ›Antizionistische Intermezzi‹ bezeichnet werden können. Vielmehr muss berücksichtigt werden, dass die innerparteilichen Oppositionkräfte sich nicht nur anlässlich großer Kontroversen, z. B. der sog. Uganda-Krise auf dem 7. Zionistenkongress 1905, entluden, sondern die Definitionskämpfe um den ›richtigen‹, in Kaufmanns Worten ›alljüdischen‹ Zionismus kontinuierlich geführt und selbst am Vorabend der Belfour-Declaration noch offen ausgetragen wurden.« Horch, Schicketanz, »Volksgefühl und Jüdischkeit« (wie Einleitung, Anm. 2), S. 190.

[135] Herausgeber und Schriftleitung der »Freistatt«, Freie Tribüne für zionistische Fragen (wie Anm. 134), S. 159.

sprache über innerzionistische Angelegenheiten«[136]. Die neue Rubrik solle dazu beitragen, den »künstlichen Spannungen«[137] entgegenzutreten.

Geworben wird in der *Freistatt* – neben diversen Kleinanzeigen – vor allem für Zeitschriften, die ostjüdisch-sozialistische Interessen vertreten, wie beispielsweise die in Wilna erscheinende jiddischsprachige Zeitschrift *Die jüdische Welt*, das Zentralorgan der jüdisch-sozialistischen Poale-Zion Österreichs *Der Jüdische Arbeiter* oder die hebräische Monatsschrift *Schachrit* als Organ der zionistischen Jugendbewegung. Zudem finden sich Vermerke, dass der »Verlag der Freistatt [...] sich zur Lieferung aller Werke der jüd. Literatur [empfiehlt]«[138] und seinen Abonnenten auch Vorzugspreise anbieten könne.[139] Anhand dieser Anzeigen und der Rubriken kann man deutlich ablesen, dass die Freistatt sich nicht primär an ein assimiliertes, liberales Judentum wendet, obwohl Julius Kaufmann stets betont, dass sie als ›*all*jüdische Revue‹ ein Forum für alle interessierten Juden bieten möchte.[140] Vielmehr muss aber auch er bemerken, dass die tatsächlich allen Juden gewidmete Monatsschrift mit ihrem Programm, das stark durch die Ideologie Fritz Mordechai Kaufmanns geprägt ist, eine nationale Leserschaft besonders anspricht.

Die Konsequenz, mit der Kaufmann als Redakteur der *Freistatt* das Programm der Monatsschrift umsetzt, ist bereits am ersten Heft der Revue zu ersehen.[141] Hierin lassen sich neben den bereits in Kapitel 3.1.1 dargestellten einführenden programmatischen Texten[142] vor allem Beiträge zur jüdisch-

---

136 Ebd.
137 Ebd. Die Auseinandersetzung mit dem Zionismus habe ja von Beginn an intensiv stattgefunden. Vgl. hier u. a. die Ankündigung, dass das erste Augustheft der *Freistatt* als Kongressnummer geplant sei und die Problematik zur »Evolution des Zionismus« näher beleuchten soll. [Vgl. Die Schriftleitung: Kongreß-Nummer der »Freistatt«. In: Die Freistatt 1 (15. Juli 1913) H. 4, S. 263.] Das hier angestrebte, so versöhnlich klingende ›Friedensangebot‹ ist aber einzigartig. Leider erscheint niemals ein Beitrag in dieser Rubrik, da die *Freistatt* zuvor ihr Erscheinen einstellen muss.
138 [Werbung]. In: Die Freistatt 2 (30. April 1914) 1, S. 62.
139 Da mir ausschließlich die Einbände der *Freistatt* für den zweiten Jahrgang vorliegen, kann ich auch nur dort solche Anzeigen nachweisen. Vgl. die Umschläge der Hefte 1–3 des zweiten Jahrgangs. Der erste Jahrgang liegt mir als Gesamtausgabe »geschmackvoll in hellem Leinen eingebunden« vor. [Verlag der Freistatt: [zum ersten Jahrgangs-Band]. In: Die Freistatt 1 (20. Februar 1914) H. 11, S. 671.] Die hohe Nachfrage nach dieser Gesamtausgabe lässt sich aus einer weiteren Mitteilung ablesen, in der darum gebeten wird, diesen Band, der als »eines der wichtigsten und interessantesten Zeitdokumente« angepriesen wird, »*frühzeiti[g]*« zu bestellen. Die Freistatt 1913. In: Die Freistatt 1 (31. März 1914) H. 12, S. 735.
140 Vgl. beispielsweise Julius Kaufmann, Vom Rheinland ins Heilige Land (wie Einleitung, Anm. 19), S. 90.
141 Die Untersuchung des Aprilheftes 1913 soll exemplarisch für alle *Freistatt*-Hefte stehen.
142 Der Herausgeber und die Redaktion der »Freistatt«, Zum Programm der Freistatt (wie Anm. 44), S. 3–5. und Kaufmann, Die Erstarkung der westlichen Jüdischkeit (wie Anm. 72), S. 5–13.

literarischen Situation finden. Bereits hier beginnt die bekannte *Freistatt*-Literaturdiskussion mit Strauß' Aufsatz »Ein Dokument der Assimilation«, der zum einen eine kritische Rezension von Julius Babs Text »Der Anteil der Juden an der deutschen Dichtung der Gegenwart« und zum anderen eine Definition von jüdischer Nationalliteratur darstellt.[143] Auch die Glosse »Wo soll man denn hinkommen?« beschäftigt sich mit dieser Problematik und thematisiert, dass – obwohl Goldstein »sicherlich der Ehrlichsten, Mutigsten und Begabtesten Einer«[144] sei – »selten ein unreiferes Buch geschrieben worden ist, als ›Begriff und Programm einer jüdischen Nationalliteratur‹«[145].

Zudem wird die Rubrik »Jiddishe Dichtung«, die so relevant für die *Freistatt* und nahezu ›revolutionär‹ für die deutsch-jüdische Presse der Zeit ist, mit einem einleitenden Vorwort von Salomo Birnbaum eingeführt, der für Kaufmann »der *einzige* Sachkundige auf diesem Gebiet« ist.[146] Darin erläutert er einige historische Besonderheiten sowie sprachliche Merkmale des Jiddischen, »weil in Westeuropa über die Sprache dieser Literatur, falls man überhaupt etwas von ihrem Dasein weiß, die sonderbarsten Anschauungen existieren«[147], und erklärt die Grundlagen der in der *Freistatt* für die literarischen Texte verwendeten Transkription. Zudem lässt sich hier erstmalig eine auf Birnbaums Grammatik beruhende Aussprachetabelle finden, die in jedem Heft fortan als Hilfestellung dargeboten wird. Die folgende Gedichtauswahl ist zusätzlich mit einer deutschen Übersetzung versehen.[148]

---

[143] Vgl. Ludwig Strauß: Ein Dokument der Assimilation. In: Die Freistatt 1 (April 1913) H. 1, S. 13–19. Vgl. Kapitel 3.3.

[144] M. A.: Wo soll man denn hinkommen? In: Die Freistatt 1 (April 1913) H. 1, S. 66–68; hier: S. 68. Es ist sicherlich richtig, hinter den Initialen Mathias Acher, also Nathan Birnbaum, zu vermuten.

[145] Ebd., S. 67.

[146] Brief von Fritz Mordechai Kaufmann an Julius Kaufmann. 9. Januar 1913. In: CAHJP. Jerusalem. P 113/R8. Vgl. Salomo Birnbaum: Jiddishe Dichtung. In: Die Freistatt 1 (April 1913) H. 1, S. 56–59. Der 1891 in Wien geborene Sohn Nathan Birnbaums wird durch seine Übersetzungen aus dem und in das Jiddische aber vor allem für seine Anthologie jiddischer Lyrik in der *Freistatt* bekannt. Kaufmann schlägt seinem Bruder sogar vor, ihn als Redaktionsmitglied anzuwerben. Vgl. Brief von Fritz Mordechai Kaufmann an Julius Kaufmann. 2. März 1913. In: CAHJP. Jerusalem. P 113/R8.

[147] Salomo Birnbaum, Jiddishe Dichtung (wie Anm. 146), S. 56.

[148] Insgesamt lassen sich zehn Gedichte in diesem Heft finden: J. Adler.: Shabës bën – ha-shmûshës [Sabbatdämmerung]. In: Die Freistatt. Alljüdische Revue 1 (April 1913) H. 1, S. 59., Chaim Nachman Bialik: * * *. In: Ebd., S. 59–60., Simon Samuel Frug: Simchës-tojrë [Simchas-Thora]. In: Ebd., S. 60., Samuel Jakob Jmber: Fyn »Esterkë« [Aus Esterke]. In: Ebd., S. 60., Jehojesch [J. Solomon Bloomgarden]: Zynuntergang [Sonnenuntergang]. In: Ebd., S. 60–61., B. Lapin: * * *. In: Ebd., S. 61., Isaak Leib Perez: * * *. In: Ebd., S. 61., Abraham Reisen: Di starbndigë zyn [Die sterbende Sonne]. In: Ebd., S. 61–62., Salmen Schneier: * * *. In: Ebd., S. 62. und Moses Teitsch: Osjën [Herbst]. Ebd., S. 62.

Neben den poetischen Texten enthält die *Freistatt* mit Arnold Zweigs Novelle »Die Krähe« auch ein episches Original,[149] das die gewollte Vielfältigkeit literarischer Quellen innerhalb der Monatsschrift unterstreicht. Von literarischer Bedeutung ist auch Kaufmanns erster veröffentlichter Text zum jüdischen Volkslied, der ebenfalls die Relevanz der Literatur und besonders die der Volkslieder für sein Verständnis von jüdischer Kunst als ›Brücke‹ auf dem Weg hin zur eigenen Jüdischkeit demonstriert.[150]

Interessant ist in diesem Zusammenhang auch der Aufruf einer Gruppe von Juden – unter ihnen Karl Kraus und Arnold Schönberg –, die darum bitten, die »mit schweren Sorgen kämpfende Dichterin«[151] Else Lasker-Schüler finanziell zu unterstützen. Dieser Aufforderung nachzukommen, weil die Dichterin »nationale Dichtung in höherem Sinne als mancher Gesinnungstüchtige« schaffe, obwohl sie »vielleicht gleichgültig gegenüber den politischen Ideen des modernen Nationaljudentums«[152] sei, bittet L. St. – also mit großer Wahrscheinlichkeit Ludwig Strauß. Somit wird in der *Freistatt* nicht ausschließlich ostjüdisches, sondern beispielsweise mit Zweig und Lasker-Schüler auch westjüdisches Schaffen propagiert.

Doch nicht nur kulturelle, sondern auch wirtschaftliche, politische und ideologische Aspekte werden gemäß der programmatischen Intention der *Freistatt* dargestellt. So bildet der aus einem jiddischen Manuskript stammende Aufsatz von Jakob Leszczinski seinem Titel gemäß »Das jüdische ökonomische Leben« unter dem Aspekt ab, den Westjuden die »*Lebenstatsachen*« der ostjüdischen Bevölkerung näher zu bringen, denn

> [s]obald der westliche Leser nur den Lebenspuls des Ostjudentums hören und spüren wird, wird er sich als Mitglied eines lebendigen jüdischen Volkes fühlen, und nicht eines Volkes der Vergangenheit, wie die einen behaupten, und nicht nur der Zukunft, wie's die andern versprechen sondern auch der Gegenwart, wie es das Volk selber beweist.[153]

Mit dem von Kaufmann übersetzten, demographisch-motivierten Text Benzion Rubsteins zur »Jüdische[n] Innenkolonisation in Galizien« wird eben die Forderung nach unmittelbarer ostjüdischer Berichterstattung umgesetzt.[154]

---

149   Arnold Zweig: Die Krähe. In: Die Freistatt 1 (April 1913) H. 1, S. 46–56. Vgl. hierzu Kapitel 3.2.3.

150   Vgl. Pinkus Barber: Das jüdische Volkslied. In: Die Freistatt 1 (April 1913) H. 1, S. 64–66. Vgl. hierzu Kapitel 4.2.2.

151   Pauline Fürstin zu Wied et al.: Ein Aufruf für Else Lasker-Schüler. In: Die Freistatt 1 (April 1913) H. 1, S. 68–69; hier: S. 68.

152   L. St.: Für Else Lasker-Schüler. In: Die Freistatt 1 (April 1913) H. 1, S. 69.

153   Jakob Leszczinski: Das jüdische ökonomische Leben. In: Die Freistatt 1 (April 1913) H. 1, S. 31–38; hier: S. 38.

154   Vgl. Benzion Rubstein: Jüdische Innenkolonisation in Galizien. In: Die Freistatt 1 (April 1913) H. 1, S. 38–46. Seine Kenntnis auf dem Gebiet der Demographie verdeutlicht Rubstein auch in einer kritischen Rezension, deren ›bissiges‹ Fazit lautet: »Ich kann zu keinem anderen Resumé gelangen, als daß ein grimmiger Feind

Ebenfalls dem Programm der *Freistatt* verpflichtet stellt Nachum Goldmann in seinem Beitrag die Bedeutung der Thesen des hebräischen Schriftstellers Dr. Jacob Klatzkin aus dessen *Haschiloach*-Text »Bauker schel Tekufoh« heraus, weil diese Abhandlung »in klarer und prägnanter Formulierung die methodische Begründung unserer nationalen Idee«[155] beinhalte. Zudem persifliert die unter dem Pseudonym ›panta‹ veröffentlichte Glosse den »Wohltätertross des jüdischen Westens«[156], die nun – »Über Nacht« – die Relevanz einer internationalen jüdischen Vereinigung erkannt hätten, und ruft das jüdische Volk dazu auf, sich gegen diese »seelenlose Stümperei«[157] zu wehren. Man müsse

das in den ostjüdischen Massen lebende Gefühl ihres echteren, stärkeren, bedeutungsvolleren Judeseins in tätigen Trotz zu verwandeln, auf dass sie endlich einmal ihren ebenso widerwilligen als naiven Respekt vor den wohltätigen europäischen Herren Brüdern aufgeben und sich lieber selber zu helfen trachten, statt sich für hingeworfene Almosen von den glotzäugig-verständnislosen Anderen ihre Jüdischkeit ruinieren zu lassen.[158]

Während der Autor des mit »nb.« unterzeichneten Textes noch auf die bedenkliche Definition einer »nationalen Dreifaltigkeit«[159] hinweist, hat »panta« bereits ein Beispiel von vorbildlicher »Jüdischkeit« auf der Züricher »Konferenz der ostjüdischen Studentenvereine in Westeuropa« gefunden: »Dreissig Jahre warten wir schon auf den Studenten, der nicht bloss ein Jüdischnationa-

---

Herrn N. geraten hat, diese ›wissenschaftliche Untersuchung‹ drucken zu lassen.« Benzion Rubstein: Dr. Curt Nawratzki, »Die jüdische Kolonisation in Palästina«, München 1913 bei Reinhardt. In: Die Freistatt 1 (20. Januar 1914) H. 10, S. 601– 603; hier: S. 603.

[155] Nachum Goldmann: Judaismus und nationales Judentum In: Die Freistatt 1 (April 1913) H. 1, S. 19–30; hier: S. 20. Nach der inhaltlichen Zusammenfassung sucht Goldmann anhand der Werke weiterer Autoren Klatzkins Thesen zu belegen und schlussfolgert, dass »[z]ur Erhaltung des Judentums also [...] die Erhaltung des jüdischen Volkes als einer nationalen Einheit nicht nötig [ist]. Demgegenüber gewinnt der Satz des *Dr. Klatzkin* an methodischer Bedeutung: Was dem Geiste des Judentums fördernd ist, das ist gar oft eine Gefährdung für unsere nationale Existenz.« Ebd., S. 30. Dieser Artikel, den die *Jüdische Rundschau* »aus Opportunitätsgründen« nicht abgedruckt habe, schickt Goldmann an Julius Kaufmann und ist nach Abdruck erstaunt, dass nicht nur das Schlusskapitel fehlt, sondern auch sonstige Änderungen vorgenommen worden sind, ohne den Autor in Kenntnis zu setzen. Vgl. Briefe von Nachum Goldmann an Julius Kaufmann. Februar und Mai 1913. In: CAHJP. Jerusalem. P 113/L 16.

[156] panta: Über Nacht. In: Die Freistatt 1 (April 1913) H. 1, S. 62–63; hier: S. 62.

[157] Ebd., S. 63.

[158] Ebd.

[159] nb.: Die nationale Dreifaltigkeit. In: Die Freistatt 1 (April 1913) H. 1, S. 66. Der Verfasser schildert die kritisch zu betrachtende »nationale Dreifaltigkeit« des Jacob Schiff, der sich als Amerikaner, Deutscher und Jude fühlt. Hinter diesem Kürzel ist Nathan Birnbaum als Autor zu vermuten.

ler, sondern ein Jude sein soll. Er wollte nicht kommen. Und nun haben wir ihn
endlich in Zürich gesehen«[160].

Nach Betrachtung aller Beiträge kann man konstatieren, dass das erste Heft
der *Freistatt* als Musterbeispiel par excellence – ganz im Sinne der Programmatik der Monatsschrift – gesehen werden muss. Kaufmann entspricht demnach mit der Auswahl der Beiträge und auch der Beiträger genau seiner programmatischen Intention.

Wie wichtig es für Kaufmann ist, mit der *Freistatt* eine Mittlerrolle zwischen Ost- und Westjudentum einzunehmen, ostjüdische Werte zu vermitteln
und ostjüdische Schriftsteller selbst ›sprechen‹ zu lassen, zeigt sich für ihn in
Aufsätzen wie dem in der *Welt* erschienenen »Unsere ›Jugend‹« von Gitelsohn. Dieser vermittle »seltsame Dinge von ›unserer (d.h. der ostjüdischen)
Jugend‹«[161], sodass Kaufmann sich wundert, dass sich noch niemand gegen
dieses Pamphlet gewehrt habe. Gitelsohn habe offensichtlich nach einem
»flüchtigen Blick in die moderne ostjüdische Publizistik« festgestellt, »wie
sehr das Intelligenzlerproblem, die Tatsache einer neuentstehenden volksnahen
Jugend die Debatte beherrscht«[162]. Gitelsohn zeichne – neben einem »unglaublich plumpe[n] Angriff auf Scholem Asch«[163], der nach Gitelsohns Meinung
auf der Seite einer den Zionismus ablehnenden Jugend stehe – den ostjüdischen Nachwuchs als politisch uninteressiert, dumpf und dumm, was Kaufmann nicht nachvollziehen kann.

Doch Kaufmann kritisiert nicht nur den Autor des Textes, sondern auch die
Herausgeber der *Welt*, die in ›Ludwig-Geiger-Manier‹ eine völlig falsche Darstellung des Ostjudenbildes als Kulturarbeit tradierten. Die Verbreitung eines
solchen Klischees könne nur dadurch gestoppt werden, dass »eine wachsende
Zahl junger Zionisten den Index, auf dem die jiddische Presse noch immer
steht, mutig ignoriert und sich *aus den Quellen* zu informieren beginnt«[164].
Dazu wolle die *Freistatt* ihren Mittler-Beitrag leisten.

3.1.5 Die Rezeption der *Freistatt*

Unabhängig davon, wie man letztlich zur *Freistatt* und den Ideen ihrer Mitarbeiter steht, man beschäftigt sich mit ihr, man kennt sie und meist kritisiert
man sie, weil sie als eine von wenigen Zeitschriften schon vor Beginn des Ersten
Weltkriegs in der Frage zur ostjüdischen Kultur eine national-jüdische antizionistische Position bezieht. Natürlich stößt die Monatsschrift daher besonders
bei den Zionisten, die sich zuerst bemühen, das ›Problem‹ *Alljüdische Revue*

---

[160] panta: Das jüdische Studentenparlament in Zürich. In: Die Freistatt 1 (April 1913)
II. 1, S. 63–64, hier: S. 64.
[161] Pinkus Barber: Die »Brüder von Osten« und die »Welt«. In: Die Freistatt 1 (15.
Juli 1913) H. 4, S. 259–260; hier: S. 259.
[162] Ebd., S. 259–260.
[163] Ebd., S. 260.
[164] Ebd.

totzuschweigen, auf heftige Ablehnung.[165] In seinem Aufsatz »Alljudentum und Zionismus« kritisiert Hugo Herrmann die alljüdische Haltung der *Freistatt*, indem er darstellt, dass das Alljudentum sich bereits in der Vergangenheit nicht bewährt habe und daher vom Zionismus abgelöst worden sei, also de facto ein zum Scheitern verurteiltes, unbrauchbares, veraltetes Konzept sei.[166] Allein der Zionismus sei die einzuschlagende Richtung für das moderne Judentum, denn er sei – im Gegensatz zu Fritz Mordechai Kaufmanns Thesen – kein

> *erster* affektvoller Schritt der westlichen Bourgeoisie hin zum Volk, sondern das endgültig, ein für allemal absagende Nein des Volkes an die zerflatternde Gegenwart, [er] ist die Verneinung des Galuth, die für den Osten genau ebenso unumgänglich ist wie für den Westen; denn dieselben Kräfte, die die Jüdischkeit des Westens längst zersetzt haben, sind am Werke, um auch die Jüdischkeit des Ostens zu zersetzen, und da hilft alle jiddische Dichtung nicht; vielmehr ist diese Dichtung ein Gut, dessen sich nicht der Besitzer, sondern erst sein *Erbe* erfreuen wird.[167]

Um seine Argumente zu unterstreichen, spricht Herrmann Fritz Mordechai Kaufmann mehrmals persönlich an und reagiert auf dessen Texte in der *Freistatt* – deren ›unlogisches‹ Textkonvolut er ebenfalls kritisiert[168] – bevor er mit folgenden progressiv-programmatischen Worten schließt:

> Und ich glaube mir die Bemerkung erlauben zu dürfen, daß dieser jüdische Geist, in seiner Tiefe gefaßt, sich keineswegs auf Monotheismus, Sittlichkeit, Messianismus, Optimismus, Rationalismus oder Handelsgeist reduziert, noch in seinem Wesen anational ist, sondern ein echt jüdischer Geist ist, der von dem Geiste des gebildeten Europa so gänzlich verschieden ist wie die Verneinung des Galuth von seiner Bejahung.[169]

Doch Julius Kaufmann wehrt sich im ›Sprechsaal‹ der *Welt* gegen die Behauptung Hugo Herrmanns, die *Freistatt* sei als Parteiorgan der alljüdischen Bewegung um Nathan Birnbaum gegründet worden.[170]

---

[165]   »Sie [*Die Freistatt*] wurde zuerst wie üblich totgeschwiegen, dann aber wurde die alljüdische Bewegung auf dem XI. Kongress in Wien angegriffen. Es gab aber keine solche Bewegung, sondern nur Aufsätze von Nathan Birnbaum und Fritz sowie von Davis Trietsch, der als zionistischer Opponent in den zionistischen Zeitschriften nicht schreiben konnte.« Julius Kaufmann, Vom Rheinland ins Heilige Land (wie Einleitung, Anm. 19), S. 94. Die *Freistatt* wird in der Tat anfangs wenig in den zionistischen Blättern diskutiert, doch Ankündigungen zu einzelnen Heften lassen sich sowohl in der *Welt* als auch in der *Jüdischen Rundschau* finden. Vgl. [Ankündigung des 1. Freistattheftes]. In: Die Welt 17 (18. April 1913) H. 16, S. 501. und [Ankündigung des 2. Freistattheftes]. In: Jüdische Rundschau 18 (16. Mai 1913) H. 20, S. 200.
[166]   Vgl. Herrmann, Alljudentum und Zionismus (wie Anm. 107), S. 719.
[167]   Ebd.
[168]   So legt er u. a. dar, warum Nachum Goldmanns Beitrag »Judaismus und nationales Judentum« nicht zu dem einleitenden alljüdisch-programmatischen Text Fritz Mordechai Kaufmanns »Die Erstarkung der westlichen Jüdischkeit« passe.
[169]   Herrmann, Alljudentum und Zionismus (wie Anm. 107), S. 720.
[170]   »Die Vertreter des ›Alljudentums‹, die sich um Nathan Birnbaum (Mathias Acher) scharen, haben es jetzt für an der Zeit gehalten, eine eigene Zeitschrift, die ›*Freistatt*, alljüdische Revue‹, zu begründen, deren erste zwei Hefte vorliegen.« Ebd., S. 718.

Diese Annahme beruht auf einem tatsächlichen Irrtum. Die »Freistatt« ist, wie stets von mir betont wurde, unabhängig von jeder Richtung gegründet worden. Sie will, wie ihr Name und wie ihr Untertitel *all*jüdische Revue« besagen, *alle* positiv-jüdischen Bestrebungen und Strömungen zu Worte kommen lassen.[171]

Andere »Unterstellungen« müsse er »als unrichtig zurückweisen«[172]. Die Redaktion der *Welt* kommentiert Julius Kaufmanns Äußerungen in einer Stellungnahme zugunsten Hermanns. Dieser habe nämlich »keineswegs behauptet, die ›Freistatt‹ sei das Organ einer bestimmten alljüdischen *Parteigruppe*, die es ja gar nicht gibt«[173], sondern lediglich verdeutlicht, dass das von Birnbaum propagierte Alljudentum in der Revue in mehreren Beiträgen positiv beworben werde. Zudem habe er »gegen diese alljüdische Theorie vom zionistischen Gesichtspunkte polemisiert«, wozu der Untertitel der *Freistatt* nach Meinung der *Welt*-Redaktion auch verleite, denn dass dieser »nichts anderes besagen will, als daß in der Zeitschrift ›alle‹ positiv-jüdischen Bestrebungen zu Worte kommen‹ sollen, mutet angesichts des [...] einleitenden Aufsatzes und des übrigen Inhalts der bisher erschienenen Hefte etwas merkwürdig an«. Die Wahl eines weniger ambivalenten, eindeutigeren Zusatzes durch Julius Kaufmann, als Herausgeber der *Freistatt*, wäre für die *Welt* angebracht gewesen, »wenn ihm daran gelegen ist, seine Zeitschrift als ›unabhängig von jeder Richtung‹ zu kennzeichnen«.

»Statt einer Antwort« gibt es von Fritz Mordechai Kaufmann in der *Freistatt* lediglich eine Notiz als Reaktion auf diese Kritik, denn die gesamte zionistische Presse habe fast ein Jahr lang »der Freistatt gegenüber [!] eine in ihren Motiven allzu deutliche und keineswegs hoch zu wertende Taktik befolgt«[174]. Ihr Schweigen lasse erkennen, dass – gleich der Kritik an der Assi-

---

171 Julius Kaufmann: [»Kritik an Hugo Herrmanns Aufsatz ›Alljudentum und Zionismus‹«]. In: Die Welt 17 (4. Juli 1913) H. 27, S. 870. Auch Martin Buber geht zunächst davon aus, dass die neue Revue nicht im Gegensatz zum Zionismus stehe, sondern lediglich eine neue zionistische Richtung einschlage, begrüßt die »Begründung einer unabhängigen zionistischen Zeitschrift [...] mit Freude« und bedauert, dass er sich in der nächsten Zeit nicht als Beiträger beteiligen kann. Karte von Martin Buber an Julius Kaufmann. 14. Dezember 1912. In: CAHJP. Jerusalem. P 113/L 16.

172 Julius Kaufmann, [»Kritik an Hugo Herrmanns Aufsatz ›Alljudentum und Zionismus‹«] (wie Anm. 171), S. 870.

173 Redaktion der *Welt*: [»zur Kritik an Hugo Herrmanns Aufsatz ›Alljudentum und Zionismus‹«]. In: Die Welt 17 (4. Juli 1913) H. 27, S. 870. Folgende Zitate entstammen ebenfalls dieser Quelle.

174 Fritz Mordechai Kaufmann: Statt einer Antwort. In: Die Freistatt 2 (28. Mai 1914) H. 2, S. 124. Auch in einem weiteren Aufsatz beschreibt Kaufmann, dass Totschweigen das einzige Mittel der Zionisten gegen Kritik sei, doch »die jetzige unbeholfene Totschweigepraxis, mit der die Partei die Erschütterung ihrer theoretischen Position verheimlichen zu können glaubt, [könne] nicht durch eine ernsthafte Inangriffnahme fundamentaler Reparaturen an dem wertlos gewordenen theoretischen Bau abgelöst [werden]«. Fritz Mordechai Kaufmann: Bemerkungen zu ei-

milation – innere Wandlung bei den meisten nicht vollzogen werden könne. Die *Welt* habe lediglich beschrieben, dass die Texte in der *Freistatt* »grotesker Unsinn«[175] seien, sich aber nicht ernsthaft mit den angesprochenen Problemen auseinandergesetzt. Letztlich könne er daraus nur den Schluss ziehen, dass diesen Menschen nur noch ein Zionist helfen könne, »dem das ruhige Behagen der Massen nichts gilt gegenüber dem Unrecht, das hier Problemen und Tatsachen geschah. Wird er es tilgen, und sei es auch in einem Angriff gegen uns – wenn nur die Ehrfurcht vor dem Problem darin ist, ihm werden wir gerne antworten.«[176]

Doch dieser Wunsch Kaufmanns bleibt zunächst nur eine vage Hoffnung, denn unter den fehlgeleiteten westlichen Zionisten gäbe es nur »zählbare, hart an den Grenzen der alljüdischen Bewegung stehende Einzelne«, die »den Quasiprofit bequemer und greisig gewordener Argumente einer wertvolleren Erkenntnis opfer[n]«[177] wollten. Es seien zwar einige positive Ansätze zu erkennen, wie der gut gemeinte Sammelband »Vom Judentum« beweise, aber diese blieben allesamt nur schwächliche Versuche, weil jeder von ihnen

> die kurzsichtige Gleichsetzung des Zionismus mit der nationalen Idee den Kampf der letzteren gegen die Assimilation zu einem bedeutungslosen rationalistischen Geplänkel werden ließ, und jener die goldenen Brücken der Logik bot, auf denen sie sich dem ihr ans Leben gehenden Anprall *ethischer* Auseinandersetzung mühelos entziehen konnte (218).

Aufschlussreich sei hierbei auch die widerspruchslose Annahme der zionistischen Thesen »über das Volk, den Golus, die nationale Bewegung, ja selbst über die Vorteile einer Kolonisation Palästinas« (218) seitens der Assimilanten. Doch die eigentliche innerjüdische Auseinandersetzung müsse eben nicht zwischen den Vertretern der Assimilation und denen des Zionismus, sondern zwischen ersteren und den Nationaljuden stattfinden, »[d]enn nicht Zionismus heißt der Gegensatz von Assimilation, und nicht mit diesem hat sie es zu tun, sondern mit der primären nationalen Idee« (220).[178] Verständlicherweise teilen

---

nem Gleichnis. In: Die Freistatt 1 (20. Januar 1914) H. 10, S. 572–575; hier: S. 574. Insgesamt ist dieser Kaufmann-Text eine kritische Besprechung von Bubers »Der Augenblick« und eine ebensolche Auseinandersetzung mit dem zeitgenössischen Zionismus. Vgl. Martin Buber: Der Augenblick. In: Die Welt 18 (9. Januar 1914) H. 2, S. 31–32.

[175] Kaufmann, Statt einer Antwort (wie Anm. 174), S. 124.

[176] Ebd. »Der Zionismus findet nicht mehr den Mut zur Auseinandersetzung mit der jüdischen Gegenwart«, doch Kaufmann wartet und hofft auf denjenigen, der den »Zionismus rehabilitieren« wird. Kaufmann, Bemerkungen zu einem Gleichnis (wie Anm. 174), S. 575.

[177] Fritz Mordechai Kaufmann: Die Auseinandersetzung mit der Assimilation. In: Die Freistatt 2 (Juli 1914) H. 4, S. 216–223; hier: S. 217. Folgende Zitate sind im Text nachgewiesen.

[178] Im Folgenden setzt Kaufmann sich mit der notwendigen Entwicklung innerhalb des Zionismus auseinander und schlussfolgert, dass es letztlich »innerhalb des Zi-

die Zionisten diese Einstellung nicht und suchen sich deutlich von diesen alljüdischen Thesen zu distanzieren.

Auch die *Freistatt*-Mitarbeiter bekommen die Ablehnung der Zionisten zu
spüren. Davis Trietsch erklärt: »[v]on manchen Seiten wird es mir verübelt,
daß ich in der ›Freistatt‹ schreibe«[179]. Doch ihm bleibe gar keine andere Wahl,
da seine Beiträge in der *Welt* gar nicht erst publiziert würden. Bereits mehrmals habe er die Erfahrung gemacht, ein Außenseiter zu sein, weil er seine
Texte auch »außerhalb der engeren zionistischen Presse« (709) veröffentliche.
Nun komme für ihn die Publikation seiner Texte lediglich in »›neutralen‹ Or-
ganen [...], deren Neutralität zurzeit als antizionistisch gelten mag« (709)[180] in
Frage. Deswegen veröffentliche er in der *Freistatt*, die er aus verschiedenen
Gründen schätze und die deswegen als ein »merkwürdiges Organ« (710) gelte,
denn zum einen sei es möglich, nicht mit der Schriftleitung und dem Herausgeber einer Meinung zu sein – »(sollte ich mich irren, lieber Leser, so merkst
du nichts davon; denn dann wird ja dieser Passus gestrichen)« (710–711) – und
zum anderen werden auch gegensätzliche Abhandlungen zur selben Thematik
innerhalb der Monatsschrift publiziert, was Trietsch anhand seines Textes
»Oppositionen« detailliert darstellt.[181] Zudem trage die *Freistatt* innerhalb des
Judentums durchaus zu einem wichtigen Diskurs bei.

> Was die ›Freistatt‹ betrifft, so erinnere ich mich deutlich, daß ihre roten Hefte ein-
> mal als eine Bereicherung der zionistischen Publizistik gegolten haben, mindestens
> als eine Ergänzung. Und mir scheint, was war, kann wieder werden, und kann es um
> so eher werden, wenn mehr von mir und anderen zionistischen gelegentlichen Out-
> sidern darin steht als bisher. Wobei ich das gelegentliche Outsidertum dahin ver-
> standen wissen möchte, daß manche Dinge, die erst später vom Zionismus akzeptiert
> werden, eben vorher »outside« gewesen sein müssen. Für meine eigene Outsiderei
> kann ich das jedenfalls nachgerade in Anspruch nehmen. (709–710)

Von assimilierter liberal-jüdischer Seite kann es für die Ideen und Ziele der
Freistatt kaum Verständnis geben, denn zu unterschiedlich sind die ideologischen Ansätze zum Thema Judentum. Interessant ist hierzu eine bissig-
satirische Besprechung der Revue, die am 6. Februar 1914 in der *AZJ* unter
dem ›treffenden‹ Pseudonym ›Tertius gaudens‹ erscheint, der die *Freistatt*

---

onismus zur Auseinandersetzung des minderen mit dem wertigen Ethos kommen
[kann]. Und erst wenn die im guten Sinn entschieden ist, mag die andere Assimilation zittern.« Ebd., S. 223.

[179] Davis Trietsch: Das rote Heft. In: Die Freistatt 1 (31. März 1914) H. 12, S. 709–
713; hier: S. 709. Folgende Zitate sind im Text nachgewiesen.

[180] Ironisch merkt er zudem an, dass ein Heft der *Freistatt* als Kongressnummer erschienen ist, also u. a. das zionistische Bewusstsein durchaus verkörpere, obwohl
sie doch als antizionistisch gelte. Vgl. ebd., S. 710.

[181] Vgl. ebd., S. 710–713. Siehe auch Davis Trietsch: Oppositionen. In: Die Freistatt 1
(22. August 1913) H. 5, S. 265–276. Er verweist hier auf I. Lewin: Die jüdische
Kolonisation in Palästina. [Mit einem Vorwort von Kaufmann]. In: Die Freistatt 1
(22. August 1913) H. 5, S. 295–311.

jedem Juden als Lektüre empfiehlt, »der in diesen schweren, ernsten Zeiten noch Sinn für goldigen Humor hat«[182]. Der sich selbst als »assimilatorischen Liberalen« bezeichnende Verfasser beschreibt die Genuität der Monatsschrift wie folgt:

> Neu ist, daß so triviale Gedanken und längst abgeklappte Weisheiten mit einer Selbstgefälligkeit dargeboten werden, als ob göttliche Offenbarungen hinter ihnen steckten; neu ist der phrasenhafte Wortschwall, der sich in einer ausgesucht schwülen und schwerverständlichen Diktion gefällt; neu ist – obwohl wir ja von Zionisten schon manches gewohnt sind – die ungehörige, ja fast möchte man sagen, gemeine Art, wie Gegner angegriffen werden. (68)

Der ›lachende Dritte‹ wird zum herablassenden schadenfreudigen Betrachter.

> Und nur aus diesem Grunde, weil der echte Humor immer spärlicher wird, müssen wir es bedauern, wenn die »Freistatt« ihre *Wiedergabe jiddischer Dichtung* einstellen wollte. [...] Was soll der Mumpitz? Die Sache scheint uns so zu liegen, daß die Herren von der »Freistatt« sich doch im Grunde ihres Herzens des »Jargons« *schämen*, und darum suchen sie das fremde Gewand. (69)

Obwohl er derart zynisch die Arbeit der *Freistatt*-Mitarbeiter darstellt,[183] findet selbst Tertius gaudens einen positiv zu bewertenden Kern an dem Projekt *Alljüdische Revue*, denn Birnbaum und Trietsch, die er – obwohl sie keine Gesinnungsgenossen sind – achtet und schätzt, schreiben als freie Mitarbeiter für eine derart schlechte Zeitschrift, weil es offenbar keine gute jüdische Revue gebe. Dies zu ändern sei nun eine ernstzunehmende Aufgabe und daher habe die *Freistatt* zumindest als Anregung, es besser zu machen, hervorragend fungiert.[184]

Auch von zionistischer Seite werden positive Aspekte an der *Freistatt* aufgezeigt. So sei hervorzuheben, dass sich die ›Alljuden‹ große Verdienste um die ernsthafte Erforschung der Kultur der Ostjuden erworben[185] und auch die innerzionistische Debatte maßgeblich beeinflusst hätten, weil sie »die Ober-

---

[182] Tertius gaudens: Freistatt. In: Allgemeine Zeitung des Judentums. 78. (6. Februar 1914) H. 6, S. 68–70; hier: S. 68. Folgende Zitate sind im Text nachgewiesen. Das Pseudonym ist ausgesprochen gut, der Situation entsprechend, gewählt, denn während ›traditionelle‹ Zionisten und ›moderne‹ Alljuden heftig debattieren und sich überwerfen, kann sich der liberale assimilierte Jude zurücklehnen und darüber lachen, gemäß dem Sprichwort: Wenn zwei sich streiten, freut sich der Dritte.

[183] »Genau so originell und geistreich arbeitet die ›Freistatt‹.« Ebd., S. 69. »Geradezu erstaunlich ist der Scharfblick, der herausbekommen hat, daß *Ruppin* ein Tendenzschriftsteller ersten Ranges ist, daß er seiner These vom sicheren Untergang des Weltjudentums zuliebe alle Tatsachen liebevoll verdreht und auf den Kopf stellt.« Ebd.

[184] Vgl. ebd.

[185] »Die galuthnationalistischen Theoretiker haben sich in der ›Freistatt‹ ebenso, wie in all ihren Betätigungen, große Verdienste um die Erforschung der ökonomischen und kulturellen Erscheinungen und Entwickelungen im Ostjudentum erworben.« Böhm, Die zionistische Bewegung (wie Anm. 38), S. 255–256.

flächlichkeit, Phrasenhaftigkeit, Unkenntnis der jüdischen Gegenwart, wie auch der Tatsachen Palästinas, die bei sehr vielen Zionisten vorhanden war, aufdeckten«[186]. Diese mussten neue Selbstbehauptungsstrategien entwickeln und ihre ideologische Richtung hinterfragen. »Cultural Zionists had to defend themselves against charges of national elitism and were forced to define and defend their positions with more care.«[187] Auch wenn Aschheim betont, dass Kaufmann, sein Alljudentum und die *Freistatt* wahrscheinlich nur wenige Anhänger hatten,[188] und Simon Dubnow in seiner *neuesten Geschichte des jüdischen Volkes* bemerkt, dass diese ›wenigen‹ den in Deutschland lebenden Juden »als verschrobene Sonderlinge«[189] gelten, hat die *Freistatt* als »esoteric journal on the prewar fringe of German Jewish radical thought«[190] eine angeregte, innerjüdische und insbesondere innerzionistisch-relevante Diskussion entfacht.

3.2   Literatur in der *Freistatt*

Die speziell auf ein westjüdisches Publikum zugeschnittene Vermittlung der ostjüdischen Literatur   und damit sowohl der hebräischen als auch der jiddischen Dichtkunst – ist ein großes programmatisches Anliegen der *Freistatt*.[191] Literatur gilt damit als Instrument, um jüdische Problematik transparent zu machen. So schreibt Kaufmann über den »*Charakter der Revue*«, dass diese »eine hinkende, zwiespältige Sache [würde], wenn wir nebenher noch Zwecke der Belletristik verfolgen wollten«[192]. Es geht also hier nicht primär um den Wert der Literatur, sondern vor allem um ihren Zweck.

---

[186]   Ebd., S. 256.
[187]   Aschheim, Brothers and Strangers (wie Kap. 1, Anm. 185), S. 120.
[188]   Vgl. ebd.
[189]   Simon Dubnow: Weltgeschichte des jüdischen Volkes. Von seinen Uranfängen bis zur Gegenwart. In zehn Bänden. Die neueste Geschichte des jüdischen Volkes. Bd X: Das Zeitalter der zweiten Reaktion. (1880–1914). Nebst Epilog. (1914–1918). Autorisierte Übersetzung aus dem Russischen von Dr. A. Steinberg. Berlin: Jüdischer Verlag 1929, S. 450.
[190]   Aschheim, Brothers and Strangers (wie Kap. 1, Anm. 185), S. 120.
[191]   Zur Verdeutlichung einer zionistischen Kulturdefinition siehe z. B. Dr. O. Thon: Raum für die Kulturfrage am X. Kongreß! In: Die Welt 15 (3. März 1911) H. 9, S. 187–189. Auch Heinrich Loewe sieht in der Beantwortung der »Frage einer jüdischen Erziehung in Westeuropa« ein notwendiges Desiderat. [Vgl. Heinrich Loewe: Eine einzelne Kulturaufgabe. In: Die Welt 15 (4. August 1911) H. 31, S. 761–762; hier: S. 761.] Die absolute Hinwendung zum Ostjudentum, die das Alljudentum propagiert, und damit nahezu eine ›Assimilation an den Osten‹ werden hier dagegen nicht befürwortet.
[192]   Brief von Fritz Mordechai Kaufmann an Julius Kaufmann. 20. Februar 1913. In: CAHJP. Jerusalem. P 113/R8. »Der Goldsteinsche Plan *kann* mit dem, was wir wollen, gar nicht kombiniert werden.« Ebd.

Es ist etwas ganz anderes, ob wir *der Diskussion der Golusprobleme* den breitesten Raum gewähren, oder ob wir uns mit *mehr* oder *weniger subjektiv* zu wertender Belletristik *ganz unnötig* beladen. [...] Es ist kein Kunststück, und vielleicht doch sehr nützlich, in einer Stiluntersuchung an abgedruckten u. z. T. nicht veröffentlichten Gedichten, orientalische Note besitzender Autoren, dem Golusproblem näher zu kommen, und zugleich damit einen weitern Leserkreis zu interessieren. Eine gut geleitete Revue wird derartige Aktualia natürlich sehr gerne bringen, schon weil sie einen breitern Leserkreis interessieren – aber daraus eine beständige Aufgabe eines Kulturorgans zu machen – das ist Utopie.[193]

Die der Literaturauswahl der *Freistatt* zugrundliegenden Kriterien werden in den Texten »Übersicht über die jiddische Literatur« von Moses Schalit und »Hebräische Literatur« von Max Mayer deutlich, dessen Aufsatz als »Einführung in die Monatsschau über die hebräische Literatur«[194] angelegt ist. Dem Westjuden hebräische Literatur näher zu bringen, wird nach Mayer von einigen Schwierigkeiten begleitet. So besteht die Gefahr, dass »statt Liebe und Verständnis für die ostjüdische Psyche – fortschreitende innere Entfremdung und Kühle«[195] erzeugt werden kann. Deswegen muss man seitens der Übersetzungen Qualitätsarbeit leisten, aber auch die Auswahl der literarischen Texte mit Bedacht treffen. Man muss sich vor Augen führen, dass man mit der eigenen modern-jüdischen Literatur dem »durch die großartige Diktion europäischer Dichter und Schriftsteller verwöhnten Westjuden« (104) nur wenig zu bieten hat, was vor allem an der starken Symbiose und Identifikation mit der nicht-jüdischen – besonders der deutschen – Kultur liegt.

Die positiv-jüdischen Kunstfrüchte wuchsen fast ausschließlich am Baume schmerzvoll-phantastischer *Unwirklichkeiten*: die literarischen Niederschläge der absterbenden kabbalistischen Weltanschauung und die jungpalästinensischen Harfen mit ihrem schwermütigen Widerhall in den Ländern des echtjüdischen Golus, wahrlich eine spärliche Nahrung, sogar für Willige und Verständnisvolle! (105)

Natürlich ist es schwierig, den Westen literarisch zu beeindrucken, wenn schon diese bedeutenden Konzepte nur wenig Beachtung gefunden haben. Doch der Jüdische Verlag hat bereits gute Pionierarbeit auf diesem Gebiet geleistet, indem er eine – das zunehmende Interesse symbolisierende – immer größere Zahl an Anthologien sowie Almanachen veröffentlicht, »die dem deutschen

---

[193] Ebd. »Nun aber auch *Novellen* u. Derartiges für ein derartiges Organ verwerten, das wird die hinkendste, lahmste Sache geben.« Ebd. Interessanterweise werden dann ja doch Erzählungen abgedruckt, die dementsprechend die ›alljüdischen‹ Ansprüche Kaufmanns an Literatur erfüllen.

[194] Redaktionsmitteilung. In: Die Freistatt 1 (15. Mai 1913) H. 2, S. 104.

[195] Mayer, Hebräische Literatur (wie Kap. 1, Anm. 119), S. 104. Folgende Zitate sind im Text nachgewiesen. Zudem veröffentlicht Mayer selbst in der *Freistatt* ein Gedicht – allerdings aufgrund des »etwas peinlichen Eindruck[s], den das Gedicht *vereinzelt* macht« unter dem Pseudonym Nowonod. Brief von Dr. Max Mayer an Julius Kaufmann. 3. Mai 1913. In: CAHJP. Jerusalem. P 113/L 16. Vgl. auch: Nowonod: Chet's Töchter. In: Die Freistatt 1 (15. Mai 1913) H. 2, S. 117–118.

Zionisten noch heute eine Fundgrube für seine jüdisch-kulturellen Bedürfnisse sind, nichts anderes als der Versuch einer Synthese von Ost- und Westkultur« (105). Man darf sich jetzt nur nicht auf dem Erreichten ausruhen, sondern muss die Lösung der Judenfrage in einem »ungeheure[n], schrankenlose[n] Fanatismus« (105) suchen, und damit auch in einer von Aktionismus geprägten stärkeren Vermittlung hebräischer Literatur. Dabei muss man vor allem das Gesamtkonzept präziser vermitteln, denn auch die fehlende Systematik innerhalb der Veröffentlichungen des Jüdischen Verlages trägt zum westjüdischen ›Unverständnis‹ bei.

> Man war und ist begeistert vom Einzelnen, ohne das Ganze in seinen inneren Zusammenhängen zu begreifen, man ist gefühlsmäßig hingerissen, ohne diesem augenblicklichen Effekt aus eigenen Kräften eine nachhaltige Wirkung verschaffen zu können. (106)

Eine wenn auch beschwerliche Möglichkeit, sich dieser Literatur zu nähern, ist das Erlernen der hebräischen Sprache. Diese Option kann aber nicht auf die Masse angewendet werden. Daher werde die *Freistatt* nun monatliche Berichte zur Situation der hebräischen Literatur liefern, die vor allem durch detaillierte Hintergrundinformationen der westjüdischen Mehrheit den Zugang zu dieser Dichtkunst erleichtern werde.[196]

Auch für die jiddische Literatur soll es solche »monatlichen Übersichten über die wichtigsten Erscheinungen«[197] geben. In seiner aus dem Jiddischen übersetzten Einleitung sucht Schalit die Hintergründe der jiddischen Literatur und Sprache als einer »terra incognita« (177) für den Westjuden zu erhellen, denn es sei wichtig, dass dieser die jiddische Dichtkunst nicht ausschließlich nach Gerüchten beurteile, ohne sich einen eigenen Eindruck verschafft zu haben.

---

[196] Im Anschluss an diesen programmatischen Teil führt Mayer in die »innere Struktur des modernen Hebraismus« (Mayer, Hebräische Literatur (wie Kap. 1, Anm. 119), S. 106.) ein, indem er chronologisch die Ursprünge der modernen hebräischen Literatur beleuchtet – beginnend mit Achad Ha'ams Grundlagendefinition zur zeitgenössischen hebräischen Dichtkunst und dessen Reflexion über deren Berechtigung (Vgl. ebd., S. 106–107.) über die Darstellung der Entwicklung dieser Thesen innerhalb der »historischen Schule« (Ebd., S. 107) bis hin zur Unterscheidung vom konservierenden und kinetischen Judentum (Vgl. ebd., S. 107–108.). »Man muß die Tragik begreifen, die in einer solchen Trennung der Begriffe liegt, in dieser Unterscheidung zwischen dem Subjekt und seiner objektivierten Produktion, zwischen Volk und Volksleistung, zwischen Leben und Sinn des Lebens.« (Ebd., S. 107) Der daraus resultierende erstarkende Ruf nach der Jüdischkeit im Judentum und die nicht-jüdische, aber auch inner-jüdische Kritik an diesem Konzept sowie die Positionierung der gegenwärtigen hebräischen Literatur werden im Folgenden von Mayer thematisiert.

[197] Moses Schalit: Übersicht über die jiddische Literatur. In: Die Freistatt 1 (15. Juni 1913) H. 3, S. 176–180; hier: S. 176. Folgende Zitate sind im Text nachgewiesen.

Im besonderen der deutsche Leser und der deutsche Jude wissen zwar z. B., daß Reinhardt Stücke von Asch aufführt, daß der »Jüdische Verlag« Perez herausgegeben hat, daß Morris Rosenfeld gut ins Deutsche übertragen ist, daß Nathan Birnbaum einige schöne Artikel über Jiddisch geschrieben hat, daß in »Ost und West« manchmal Übersetzungen jiddischer Skizzen und Novellen erscheinen, daß das »Berliner Tageblatt« und die »Neue Rundschau« hie und da in ihren Spalten etwas von einem jiddischen Künstler bringen, man weiß auch, daß Schulem-Aleichem vortrefflich zum Lachen bringt, und daß die Hebraïsten einen erbitterten Kampf mit den Jiddischisten führen. (177)

Dies reicht allerdings für eine echte Kenntnis der jiddischen Literatur nicht aus, die schließlich das lebendige Judentum abbildet. Natürlich muss hier auch die Entwicklung des Jiddischen vom ›Jargon‹ zur ›Literatursprache‹ thematisiert werden, denn »[d]ie neujiddische Literatur ist eine Tatsache geworden, die niemand mehr leugnen kann. Jiddisch ist zu einer Kultursprache geworden.« (178) Besonders interessant ist, dass nahezu alle hebräischen Dichter – allen voran Schneier, Bialik und Berdyczewski alias Micha Josef Bin Gorion, aber auch Birnbaum, Gorelik, Niger und Rosenfeld – nun auch auf Jiddisch schreiben. Auch die erstarkende Existenz der jiddischen Presse spricht für die zunehmende Beliebtheit des Jiddischen.[198] Zudem zeugen Übersetzungen der großen Weltliteratur ins Jiddische von der Qualität dieser Sprache, die durchaus neben dem Hebräischen existieren kann, um mit diesem das Erlebnis »der ganzen jüdischen alten Kultur« (179) zu gewährleisten.

Heute ist Jiddisch nicht nur das stärkste kulturelle Mittel fürs Volk, sondern auch seine stärkste nationale Waffe gegen Assimilation und Geistesknechtschaft. Keine einzige Entwicklung, keine Umwälzung, keine Bewegung im jüdischen Volke – keine politische, soziale, ökonomische oder religiöse – ist ohne Jiddisch mehr möglich ... (180)[199]

Eben weil sie das lebendige Judentum abbilden, sind die künftigen *Freistatt*-Berichte zu dieser Thematik – gerade wegen der »inneren Erlebniss[e], Stimmungen, Bewegungen und Bestrebungen der Literatur in jiddischer Sprache« (180)[200] – zu beachten.

---

[198] Vgl. ebd., S. 179. Die von Schalit dazu aufgeführten Organe werden nahezu alle in der *Freistatt* besprochen. Vgl. Kapitel 3.2.1.

[199] Siehe dazu u. a. A. S. Juris: Kultur oder Fetisch? In: Die Freistatt 1 (8. Dezember 1913) H. 9, S. 499–508. Vgl. auch den dazugehörigen Brief an den *Freistatt*-Herausgeber, in dem Juris' Verhältnis zum Zionismus detailliert erläutert wird. Vgl. Brief von A. S. Juris an Julius Kaufmann. [ohne Datumsangabe]. In: CAHJP. Jerusalem. P 113/L 16.

[200] Beachtung finden sollte auch die Darstellung der neuhebräischen Literatur durch Loubetzky (1872–1921), der diese als nicht jüdisch genug bezeichnet. Es habe in der Geschichte bislang nur zwei Epochen gegeben, die der jüdischen Haskalah und die der europäisch-motivierten »Renaissance- und Nationalepoche«. Daher könne es auch bislang noch keinen jüdischen Roman geben, denn man müsse erst einmal autark werden. Momentan sei die Literatur »ein ganz neues Geschöpf, als wären wir Juden eben erst als Volk geboren worden«. Die Entwicklung sei folglich noch

Zur näheren Analyse des Literaturbegriffs der *Freistatt* sollen im Folgenden die in der Revue publizierten Rezensionen und literaturkritischen Beiträge gemäß ihrer programmatischen Bedeutung näher beleuchtet werden. Außerdem sollen auch die lyrischen, epischen und dramatischen Primärquellen betrachtet werden. Die Fülle der in der Monatsschrift publizierten Gedichte macht es an dieser Stelle unmöglich, alle Beiträge ausführlich zu besprechen, sodass im Bereich der Lyrik lediglich eine ›typische‹ Auswahl stellvertretend analysiert werden kann, wobei die Anzahl der von einem Autor vertretenen Gedichte sowie die Relevanz der persönlichen Beziehung eines Autors zu den *Freistatt*-Gründern die entscheidenden Selektionskriterien darstellen. Ein weiterer Schwerpunkt liegt auf der Untersuchung der bekannten *Freistatt*-Debatte.

Gerade bei der Darstellung der literarischen Texte ist im Rahmen dieser Arbeit darauf verzichtet worden, eine ästhetische Wertung der einzelnen Beiträge vorzunehmen, da hier der wesentliche Fokus der Literaturbetrachtung auf dem funktionsorientierten Ansatz Kaufmanns liegen sollte. Deswegen sei aber an dieser Stelle darauf hingewiesen, dass einige der hier betrachteten Texte durch eine ästhetische Mediokrität gekennzeichnet sind, die den programmatischen Auswahlkriterien der *Freistatt*-Herausgeber geschuldet sind.[201] Ebenso wie die auffällige Epigonalität mancher Texte kann dies aber nicht im Zentrum einer Arbeit stehen, die besonders den dogmatischen Ansatz Kaufmanns untersucht. Trotzdem soll hier ausdrücklich betont werden, dass die funktionsorientierte Auswahl von Literatur zu Lasten des ästhetischen Qualitätsempfindens aus literaturwissenschaftlicher Sicht kritisch zu sehen ist – wird dadurch doch das eigentliche Wesen der Literatur lediglich als sekundäres Beiwerk betrachtet.

3.2.1 Literaturkritik in der *Freistatt*

In der *Freistatt* lassen sich u.a. zahlreiche Rezensionen, Nachweise von zeitgenössischen Publikationen sowie Hinweise auf jüdische Zeitschriften finden, sodass »alles Technische, das dem Westjuden die Heimkehr zu seinem Volke erleichtern vermag, [...] kurz, doch genügend scharf gezeichnet«[202], zur Verfügung gestellt wird. Verständlicherweise werden mehrheitlich Werke derjenigen Autoren beworben und rezensiert, die selbst auch expositorische und/oder fiktionale Texte zur Monatsschrift beitragen. Der erste Büchereinlauf unterstreicht bereits das programmatische Ansinnen der Revue, denn hierin werden jiddische Schriften von Niger und Birnbaum, sowie deutsche Texte – z. T. lediglich in deutscher Übersetzung – von Asch, Gorelik, Perez, Arnold Zweig,

---

nicht abgeschlossen. J. A. Loubetzky: Zwei Epochen jüdischer Literatur. In: Die Freistatt 1 (8. Oktober 1913) H. 6/7, S. 381–384; hier: alles S. 382.

[201] Vgl. hierzu vor allem die Kap. 3.2.2 und 3.2.3 zur Lyrik und den Erzählungen in der *Freistatt*.

[202] [Kaufmann]: Die ostjüdische Kulturbewegung. In: Die Freistatt 2 (Juli 1914) H. 4, S. 247. Strauß' Bibliographie zu Folge ist dieser Text von Kaufmann.

Kaplun-Kogan und Micha Josef bin Gorions »Die Sagen der Juden« angepriesen.[203]

In den »Büchereinläufen« lassen sich Ankündigungen für folgende Kategorien finden:

1) für Zeitschriften,
2) für Sachbücher und Lexika,
3) für kulturpolitische Texte und
4) für literarische Texte

Erstens werden also Zeitschriften wie die *Di jidëshë welt* aus Wilna beworben.[204] Warum ausgerechnet diese Zeitschrift in das Programm der *Freistatt* passt, zeigt sich in der nahezu im direkten Anschluss abgedruckten Rezension der »literarisch-gesellschaftlichen Monatsschrift«[205] von Kaufmann selbst. Hierin äußert sich dieser begeistert von der »Intelligenz« des Ostens, die bereits »reif genug für eine derart vornehme, sachliche Revue, für solch reife und überlegene Erörterungen jüdischer Gegenwartsprobleme«[206] sei, dass man im Westen ihresgleichen suchen müsse. Die Zeitschrift sei »eine der besten Quellen, aus denen der Westjude sich über das neue Leben im Osten informieren kann«[207]. Besonders Studenten empfehle er das Studium dieser Revue, da man hier bereits »jene Synthese zwischen Europäertum und Jüdischkeit verspüren [kann], die sich im Osten längst angebahnt hat«[208]. Zudem lobt er die künstlerischen Beiträge, die sich mit anderen Beiträgen europäischer Revuen messen könnten. Auch in einer weiteren Rezension wird die west-ostjüdische Mittlerstellung der von Niger herausgegebenen Zeitschrift dargestellt, denn durch sie »ist uns der Zugang zur ostjüdischen Volksgemeinschaft wesentlich erleichtert worden«[209]. Der Rezensent bedauert sogar, dass »nicht die Möglichkeit be-

---

203   Büchereinlauf. In: Die Freistatt 1 (15. Mai 1913) H. 2, S. 134.
204   Ebd., S. 193.
205   So lautet der Untertitel der Zeitschrift.
206   F.M.K.: Di jidëshë welt. (Die jüdische Welt, eine Monatsschrift für Kultur, Politik und Kunst.) Hg. und verlegt bei Klatzkin, Wilna. In: Die Freistatt 1 (15. Juni 1913) H. 3, S. 194–195; hier: S. 194. Für Kaufmann scheint diese Monatsschrift auch eine gewisse Vorbildfunktion zu haben, denn er propagiert einen Auszug eines dort veröffentlichten Beitrags in einem Vorwort, das zugleich eine ausgeprägte Kritik am zionistischen Palästinabild darstellt. Vgl. F. M. K. [Vorbemerkung zu »Die jüdische Kolonisation in Palästina«]. In: Die Freistatt 1 (22. August 1913) H. 5, S. 295–296.
207   F.M.K., Di jidëshë welt (wie Anm. 206), S. 194.
208   Ebd., S. 195. Studenten sind auch Thema in der Freistatt, schließlich bilden sie als nachfolgende intellektuelle Generation auch eine wichtige Zielgruppe. Vgl. u. a. panta: Das jüdische Studentenparlament in Zürich. In: Die Freistatt 1 (April 1913) H. 1, S. 63–64. und Abraham Charasch: Die ostjüdischen Studenten im Westen. In: Die Freistatt 1 (15. Juli 1913) H. 4, S. 257–259.
209   [Kaufmann], Die ostjüdische Kulturbewegung (wie Anm. 202); hier: Jiddische Zeitschriften, S. 248. Vermutlich handelt es sich hier um Fritz Mordechai Kaufmann, der nach Ludwig Strauß' Bibliographie für die Ankündigung zur ostjüdi-

steht, diese vortreffliche Monatsschrift bei allen Ost- und nationalen Juden hierzulande einfach im Zwangsabonnement einzuführen«[210].

Auch auf die Wochenschrift *März* wird in der *Freistatt* hingewiesen[211] und ebenso werden *Der Jüdische Arbeiter* sowie die poale-zionistische Zeitschrift *Der neue Weg* in einem kurzen Abschnitt beworben.[212] Die letztere, eine *Wiener Jüdische Sozialistische Zeitschrift*, wird aufgrund ihrer Programmatik in der *Freistatt* empfohlen. Zusätzlich muss sie aber auch in einem anderen Zusammenhang hier hervorgehoben werden, denn in ihrem ersten Heft wird, direkt nach einer programmatischen Einführung, Kaufmanns »Krakau« negativ rezensiert, da dieser es sich »offenbar bequem [mache], indem er die Existenz alles dessen leugnet, was ihm unbekannt geblieben ist«[213]. Der anonyme Autor spricht sich anerkennend über Kaufmann und dessen Arbeit für und innerhalb der *Freistatt* aus, denn diese »stellt sich die dankenswerte Aufgabe, das Westjudentum dem jüdischen Osten näher zu bringen, indem sie Verständnis für ostjüdisches Leben und Kultur zu verbreiten sucht«[214], aber Kaufmanns Ignoranz bezüglich einiger poale-zionistischer Thesen stößt auf Unverständnis. Auch die alljüdische, die polarisierende Entweder-Oder-Logik sei so nicht nachzuvollziehen, gebe es zwischen absoluter Golus-Bejahung oder -Verneinung doch noch die poale-zionistische Mittelstellung.

> Wir verleugnen nicht den Golus, wir bejahen ihn auch nicht, – wir führen unseren Klassenkampf in gegebenem Rahmen und Bedingungen. Wir bejahen in der Gegenwart alles, was unsere Bestrebungen fördert, wir verdammen in ihr alles, was unserer sozialistischen Tätigkeit Widertände [!] entgegensetzt. Wir sind weder »Bejaher«, noch »Verleugner«, – wir schmieden aus der Gegenwart die Zukunft.[215]

---

schen Kulturbewegung verantwortlich zeichnet, sodass anzunehmen ist, dass er ebenfalls der Verfasser dieser Rezension ist.

210 Ebd., S. 248. Ebenso wird die Zeitschrift »Die jüdische Studentenschaft« in der *Freistatt* angezeigt, die eine jiddische und eine hebräische Abteilung beinhaltet. Vgl. Anonym: Die jüdische Studentenschaft. In: Die Freistatt 1 (15. November 1913) H. 8, S. 471.

211 Vgl. Büchereinlauf. In: Die Freistatt 1 (8. Dezember 1913) H. 9, S. 539.

212 Vgl. Büchereinlauf. In: Die Freistatt 1 (20. Februar 1914) H. 11, S. 662. *Der Jüdische Arbeiter* erfährt eine ausführliche Besprechung durch Kaufmann, für den sie »augenblicklich das einzige zionistische Organ [sei], das unerschrocken allen Gewalttaten und Unterdrückungen entgegentritt, die von der volksfremden, im Zionismus führenden Oberschicht fortwährend gegen die breiten Massen begangen werden«. Pinkus Barber: Von zionistischer Volksliebe. In: Die Freistatt 1 (8. Oktober 1913) H. 6/7, S. 407–408; hier: S. 407.

213 Anonym: Unsere Kritiker. I. Die Prophezeiungen des Herrn Kaufmann. In: Neuer Weg 1 (Jänner 1914) H. 1, S. 2–4; hier: S. 2. Vgl. zu den Aufsätzen »Krakau« und »Wien« auch Kapitel 1.3.

214 Anonym, Unsere Kritiker (wie Anm. 213), S. 2.

215 Ebd., S. 3. Vgl. hierzu auch das martialisch anmutende Programm der Zeitschrift: »Dies ist des ›Neuen Weges‹ Losung: Kampf den Totengräbern unseres Volkes – den bürgerlichen und den sozialistich-maskierten [!] Predigern der Assimilation;

Doch besonders die angebliche Unwissenheit Kaufmanns wird hier kritisiert,[216] der auf diesen persönlichen Angriff mit einem Artikel in der *Freistatt*
reagiert, worin er bedauert, dass seine Ideen einfach abgetan werden, da sie zu
behebende Schwächen der Poale-Zion-Arbeit aufdeckten. Geschickt empfiehlt
er den poale-zionistischen Theoretikern die *Freistatt* als Diskussionsforum, um
durch »eine ernsthafte Auseinandersetzung«[217] die dargestellten Probleme der
Poale Zion zu besprechen.

Neben den vielen Zeitschriften[218] werden in der *Freistatt* auch Jahrbücher
beworben. So kündigt man neben der von Max Brod herausgegebenen Chronik
»Arkadia« auch das Jahrbuch »Der pinkës« an, dessen Inhalt in der *Freistatt*
nicht nur angezeigt sondern auch rezensiert wird.[219] In dieser Besprechung
wird neben der genaueren Analyse einzelner Beiträge insbesondere die symbolische Signalwirkung der Chronik hervorgehoben, die das wachsende Interesse
an jiddischen Themen und besonders an der jiddischen Literatur und Sprache
darstellt. Zudem wird betont, dass man mit dem Jahrbuch bislang lediglich in
die Breite wirken könne und es damit »nur den Keim zu allen Spezialisationen
in sich schließt und sogar Dinge enthält, die gar zu wenig fachlich sind«[220].

Kampf dem volksfremden Nationalismus, der Chimären nachjagt und den Klas-
sengegensatz verkleistern will, Kampf der Philantrapie, auch der national verklei-
deten, die des Volkes Tatkraft lähmt oder sie als Vorspann für ihre eigenen selbstischen Zwecke benützt; Kampf dem jüdischen Konfessionalismus, der unser Volk
in die Fesseln rabbinisch-religiöser Tradition schlagen will.« Anonym: Ein neuer
Weg. In: Neuer Weg 1. (Jänner 1914) H. 1, S. 1–2; hier: S. 1–2.

216   »Wenn aber ein theoretisch veranlagter Mann, wie es Herr Kaufmann zu sein
scheint, versucht, in einer ernst zu nehmenden Zeitschrift den Stab über die Theorie und Praxis der jüdischen Sozialisten zu brechen, dürfen wir doch von ihm ver-
langen, dass er genügende Kenntnisse der poale-zionistischen Entwicklung besitzt.« Anonym, Unsere Kritiker (wie Anm. 213), S. 2. »Wir erwarten aber, dass in
der Zukunft unsere Kritiker sich verpflichtet fühlen werden, die poale-zionistische
Literatur und unsere Praxis zu studieren, bevor sie unser Schicksal voraussagen
wollen.« Ebd., S. 4.

217   F.M.K.: Paolezionistika. In: Die Freistatt 1 (31. März 1914) H. 12, S. 731–732;
hier: S. 732.

218   Auch die erste jiddisch sprachige Kinderzeitschrift wird in der *Freistatt* angekündigt. Vgl. Büchereinlauf. In: Die Freistatt 1 (31. März 1914) H. 12, S. 730. Zudem
wird die *Zeitschrift für jüdisches Gemeinwesen* (*Wjestnik awrejskoi obstschini*)
kurz vorgestellt. Vgl. Anonym: Eine neue Monatsschrift. In: Die Freistatt 1 (15.
Juli 1913) H. 4, S. 256–257. Zur Genealogie der Juden empfiehlt Hecht eine kleine
Monatsschrift. Georg Hecht: Das Archiv für jüdische Familienforschung. In: Die
Freistatt 1 (15. Juli 1913) H. 4, S. 257.

219   Vgl. Büchereinlauf. In: Die Freistatt 1 (8. Dezember 1913) H. 9, S. 539. und Anonym: Der pinkës. In: Die Freistatt 1 (8. Dezember 1913) H. 9, S. 540. Vgl. auch:
Fritz Mordechai Kaufmann: Der Pinkes. Von den Wandlungen der ostjüdischen Intelligenz. In: Der Jude 1 (Februar 1917) H. 11, S. 750–758. Siehe dazu auch: Kapitel 4.2.1.

220   Shaban: [Rezension zu der pinkës]. In: Die Freistatt 2 (30. April 1914) H. 1, S. 58–
60; hier: S. 58.

Man stehe noch direkt am Anfang und diese Chronik sei ein Schritt in die richtige Richtung. Der Verlag B. A. Kletzkin, der den »pinkës«, aber auch *Di jidëshë welt* herausgibt, wird zudem besonders hervorgehoben, denn er präsentiere sich kurz nach seiner Gründung bereits durch »eine äußerst fruchtbare, kulturelle Tätigkeit und steht schon jetzt ohne Zweifel an der Spitze der jüdischen Verlagsanstalten in Rußland«[221]. Die Förderung der ostjüdischen Kultur ist dementsprechend der Anlass, den Verlag wie seine Publikationen in der *Freistatt* positiv zu erwähnen.

Zweitens werden in der Monatsschrift das Judentum betreffende Sachbücher und Lexika wie ein von Jehojesch mitgestaltetes jiddisches Wörterbuch[222] oder das »Neu[e] hebräisch[e] Wörterbuch«[223] beworben. Ein weiteres hebräisches Wörterbuch wird sehr zur Freude eines Rezensenten nicht nur mit Ausgaben in Deutsch, Russisch, Englisch und Französisch, sondern auch mit einer Übersetzung ins Jiddische veröffentlicht werden. Damit sei dem »Haß, der seit einiger Zeit in gewissen auf modern-hebräischem Gebiete arbeitenden Kreisen gegen die jiddische Sprache herrscht«[224], etwas Positives entgegengesetzt worden, was der programmatischen Intention der *Freistatt* entspricht.[225]

Kritischer besprochen wird dagegen die »Jewish Encyclopedia«, denn diese vermittle keinen lebendigen jüdischen Eindruck, sondern lediglich ein stark ausgeprägtes »Museumsjudentum«[226]. Dies sucht der *Freistatt*-Rezensent dadurch zu belegen, dass er stichprobenweise das Vorhandensein von Einträgen zu zeitgenössischen jüdischen Autoren vergleicht, wobei die ostjüdischen Dichter – im Gegensatz zu den westjüdischen – nahezu gar nicht vertreten seien.[227] Ebenso wird die von Eisenstein herausgegebene hebräische Enzyklopädie in der *Freistatt* allein schon aufgrund ihres »familienblattdilettantisch[en]«[228] Absatzes zur jüdischen Literatur negativ besprochen. Diese Werke sollten die Westjuden folglich nicht zu Studienzwecken das Ostjudentum

---

[221] Anonym: Verlag B. A. Kletzkin, Wilna. In: Die Freistatt 1 (15. Juli 1913) H. 4, S. 256.

[222] Vgl. B.: Jiddisches Wörterbuch. In: Die Freistatt 1 (22. August 1913) H. 5, S. 332. Hinter dem Pseudonym Jehojesch verbirgt sich der aus Litauen stammende J. Solomon Bloomgarden (1870–1927), von dem mehrere Gedichte in der *Freistatt* veröffentlicht werden. Vgl. Kapitel 3.2.4.

[223] Büchereinlauf. In: Die Freistatt 1 (15. November 1913) H. 8, S. 470.

[224] Sch.: Hebräisches Wörterbuch. In: Die Freistatt 1 (8. Oktober 1913) H. 6/7, S. 400.

[225] Ebenso lohnend scheint die Arbeit an einer hebräischen Enzyklopädie zu sein, deren Mitarbeiter – die »hervorragendsten Gelehrt[e] auf allen Gebieten der Wissenschaft des Judentums« – in einer Notiz präzise aufgezählt werden. Anonym: Eine hebräische Enzyklopädie. In: Die Freistatt 1 (8. Oktober 1913) H. 6/7, S. 400–401; hier: S. 400.

[226] x.: Die »Jewish Encyclopedia«. In: Die Freistatt 1 (15. Juli 1913) H. 4, S. 255–256.; hier: S. 255.

[227] Vgl. ebd., S. 256.

[228] Sch. Literaturgeschichte u[nd] And[eres]. In: Die Freistatt 1 (8. Dezember 1913) H. 9, S. 540–541; hier: S. 541.

betreffend verwenden – im Gegensatz zu Nigers Sammlung eigener literatur-
kritischer Artikel. Diese sei schon nahezu eine essayistische Literaturgeschichte, deren Qualität Nathan Birnbaum besonders herausragend findet, weil es
»für den Kenner der Sache einen reiz- und gedankenvollen Spaziergang bedeutet, für den Neuling eine ausgezeichnete Einführung, die ganz besonders auch
durch den lebendigen und sorgfältigen Stil fesselt«[229].

Drittens lassen sich auch kulturpolitische Schriften unter den besprochenen
Texten der *Freistatt* entdecken, wofür man im vierten Büchereinlauf gleich
mehrere Beispiele findet. So werden hier die Bücher »Die Assimilation der
Juden« und »Heinrich Heine als Dichter des Judentums« angekündigt.[230] Besonders interessant ist aber die Anmerkung zum in Leipzig veröffentlichten
Sammelband »Vom Judentum«, den Kaufmann in seinem Leitartikel »Westjüdische Erneuerung« rezensiert.

> Es handelt sich hier um eine Auseinandersetzung mit dem Buch »vom Judentum«,
> und ganz besonders mit jenen Aufsätzen, die von einem gegenwärtigen und zukünf-
> tigen Judentum handeln. Auf jene Arbeiten einzugehen, die ein historisches oder
> philosophisches Judentum betreffen, war hier nur selten und nebenbei ein Anlaß.[231]

Insgesamt hält er den Sammelband für verfehlt, da die Bildung der Autoren
von Halbwissen um Geschichte und gegenwärtiges Volksleben geprägt sei.
Man solle das Buch seiner Meinung nach eher *Vom Westjudentum* nennen,
denn es fehle die »*Ehrfurcht vor dem Problem*«[232], das nicht durch triviale
Geschwätzigkeit dargestellt oder gar behoben werden könne. Trotzdem wird
schon allein der Versuch, jüdische Kernthemen zu besprechen, positiv vermerkt, weswegen sich auch die Ankündigung des Sammelbandes erklären
lässt.[233]

Die Hinwendung zum Jiddischen als ein programmatisches Prinzip der
Freistatt wird ebenfalls bei der Buchauswahl deutlich. So wird beispielsweise

---

229 Dr. N. B.: Sh. Niger. – Wégn jidëshë chráber. Kritëshe artiklën. 2 bd, Farlag Z. Sh.
     Sreberk, Wilne 673. In: Die Freistatt 1 (8. Oktober 1913) H. 6/7, S. 399. Zudem
     bietet ein von Hugo Herrmann herausgegebenes Buch zum Pessachfest Einblick in
     jüdische Bräuche. [Vgl. Büchereinlauf. In: Die Freistatt 1 (31. März 1914) H. 12,
     S. 730.] Auch Lebenshilfe sucht man zu vermitteln, was manchmal zum Schmun-
     zeln verleitet, wie z. B. der Text »Wie macht man sein Testament kostenlos
     selbst?«. [Vgl. ebd.] Außergewöhnlich scheint auch die Ankündigung des Buches
     von Dr. Maurice Fishberg mit dem Titel »Die Rassenmerkmale der Juden«. [Vgl.
     Büchereinlauf. In: Die Freistatt 1 (15. November 1913) H. 8, S. 470.]
230 Vgl. Büchereinlauf. In: Die Freistatt 1 (8. Oktober 1913) H. 6/7, S. 399. Auch
     Heines von Friedrich Hirth herausgegebener Briefwechsel wird in der Monats-
     schrift beworben. Vgl. Büchereinlauf. In: Die Freistatt 1 (31. März 1914) H. 12, S.
     730.
231 Fritz Mordechai Kaufmann: Westjüdische Erneuerung. In: Die Freistatt 1 (20.
     Januar 1914) H. 10, S. 545–554; hier: S. 545.
232 Ebd., S. 551.
233 Vgl. Büchereinlauf. In: Die Freistatt 1 (8. Oktober 1913) H. 6/7, S. 399.

Dr. Pines »Geschichte der jüdisch-deutschen Literatur« nicht nur im Büchereinlauf angekündigt,[234] sondern gleich im Anschluss rezensiert. Neben Verbesserungsvorschlägen insbesondere zur Übersetzung aus dem französischen Original bleibt dem Rezensenten die Hoffnung, dass diese Literaturgeschichte besonders bei den Menschen Beachtung finde, »deren Vorurteile gegen die jüdische Sprache nicht dem Übelwollen, sondern nur der Unkenntnis entspringen«[235]. In einer anderen Rezension wird die Darstellung der jiddischen Literatur im »Leksikon fyn der jidësher literatur yn presë« besprochen, das »außer dem Personenlexikon noch ein Verzeichnis aller jüdischen Periodika von 1686 bis 1913 sowie eine Liste der anonymen Werke, meist der älteren Literatur enthält«[236] und aufgrund dieser Vielseitigkeit so bedeutsam sei. Für Interessierte empfiehlt Salomo Birnbaum zudem in einer weiteren Abhandlung fünfzehn Werke zur jiddischen Sprache, die »in der (ebenfalls angeführten) Bibliographie Landauers noch nicht enthalten sind«[237], und fügt ihnen zumeist kurze inhaltliche Erläuterungen bei. Somit bietet die *Freistatt* ihren Lesern eine Materialsammlung die jiddische Sprache betreffend, die einen fundierten, überlegten und begründeten Eindruck macht.

Viertens werden literarische Texte angekündigt wie beispielsweise – programmgemäß – jiddische Werke von Perez, Asch, Einhorn und Bialik,[238] von Scholem Alejchem, Mestl und Brender.[239] Auch werden häufig Lyrik-Anthologien zumeist auf Jiddisch angepriesen, wie beispielsweise Gedichtsammlungen von Dembitzer, der ebenfalls mit einem Gedicht in der *Freistatt* vertreten ist.[240] Zudem werden u.a. poetische Texte von Königsberg, Léwi und Jehojesch beworben, von denen ebenfalls jiddische Gedichte in der Revue publiziert werden.

Ein wesentlicher Schwerpunkt der in der Monatsschrift beworbenen Literatur liegt somit deutlich auf den jiddischen Autoren und ihren Werken. Diesen

---

234 Vgl. Büchereinlauf. In: Die Freistatt 1 (15. November 1913) H. 8, S. 470.

235 Sch.: Dr. M. Pines. Die Geschichte der jüdisch-deutschen Literatur. In: Die Freistatt 1 (15. November 1913) H. 8, S. 470–471; hier: S. 471.

236 -s-: Leksikon fyn der jidësher literatur yn presë. Fyn Zalmën Rejzn. In: Die Freistatt 1 (20. Februar 1914) H. 11, S. 662–663; hier: S. 663.

237 Salomo Birnbaum: Neuere Werke über Jiddisch. In: Die Freistatt 1 (15. Mai 1913) H. 2, S. 121–122; hier: S. 121.

238 Vgl. Büchereinlauf. In: Die Freistatt 1 (15. Juli 1913) H. 4, S. 255. Zu Bialiks Dichtung vgl. auch Shaban: Ch. N. Bijalik. Poez[i]ë (Lider yn poemën). Farlag »Progres«. Warshë 673. In: Die Freistatt 1 (22. August 1913) H. 5, S. 332–335.

239 Vgl. Büchereinlauf. In: Die Freistatt 1 (31. März 1914) H. 12, S. 730. Die Werke Nachum Goldmanns, Paul Mayers, Samuel Jakob Imbers und Abraham Reisens finden Erwähnung im letzten Büchereinlauf. Vgl. Büchereinlauf. In: Die Freistatt 2 (28. Mai 1914) H. 2, S. 121. Auch ihre Texte lassen sich in der *Freistatt* finden, was die These von der bevorzugten Werbung für eigene Mitarbeiter oder Beiträger unterstreicht.

240 Vgl. Salamon Dembitzer: ***. In: Die Freistatt 1 (15. November 1913) H. 8, S. 467–468.

Eindruck unterstreicht auch die Ankündigung zum Ghettobuch, das von Artur Landsberger herausgegebene Geschichten aus dem Ghetto zusammenfasst.[241] Wie in der sich nahezu direkt anschließenden Rezension Kaufmanns dargestellt wird, hält dieser diese Sammlung – die von der Idee her notwendig ist, »notwendig allein schon im Hinblick auf Westeuropas Unkenntnis alles eigenartigen und produktiven Judentums der Diaspora«[242] – für schlecht gestaltet. Allein das Vorwort sei schon ›grauenhaft‹, der Rest des Buches bleibe auf diesem Niveau, obwohl man für solch eine Anthologie auch Texte hätte finden können, fern jeglicher »schwächliche[r] Imitation«[243]. Lediglich die Zeichnungen transportierten einen ostjüdischen Geist, der für Kaufmann ansonsten zu undurchsichtig bleibe.

An diesem Beispiel zeigt sich, dass nicht all das, was eine ostjüdische Verpackung hat, auch den Ansprüchen Kaufmanns und der *Freistatt* bei der Überlieferung dieser ursprünglichen Texte und Traditionen im Hinblick auf ein westjüdisches Publikum genügt. Qualität ist wichtiger als bloße Nachahmung. So finden auch westjüdische Autoren in der Monatsschrift Anerkennung. Die Werbung für den Verlag Kurt Wolff, der Werke von Else Lasker-Schüler, Berthold Viertel, Franz Werfel, Max Brod und Karl Ehrenstein veröffentlicht, unterstreicht den Wert, den diese Autoren für die *Freistatt* haben, obwohl sie keine ostjüdischen Schriftsteller sind.[244]

Einige dieser aber auch weitere zeitgenössische Autoren veröffentlichen in der *Freistatt* nicht nur ihre eigenen Werke, sondern neben längeren Abhandlungen zu diversen Themen auch Rezensionen, die häufig die programmatische Intention der Monatsschrift bezüglich der zeitgenössischen Literatur abbilden. So rezensiert Ludwig Strauß zum einen den Roman »Die tanzende Gräfin« von Paris von Gütersloh und zum anderen die Biographie »Das Leben Theodor Herzls« von Adolf Friedemann. Ersterer – ein »ernsthafte[r] Roman« – bilde zwar mehr oder weniger realistisch eine moderne jüdische Berliner Familie und die jüdische Intellektuellenszene Berlins ab, doch »welches Glück, daß wir alles dies so wenig mehr als zu uns gehörig, so sehr als vergangen empfinden, mag es auch heute noch tausendmal da sein«[245]. Auch von der Herzl-Biographie distanziert sich Strauß und wirft dem Alt-Zionisten Friedemann vor, das »Bild des Führers«[246] nicht genau genug zu zeichnen, und damit sein Werk lediglich durch den »Geiste der naivsten Apologetik«[247] zu prägen. Doch »solange eine

---

[241]   Vgl. Büchereinlauf. In: Die Freistatt 2 (28. Mai 1914) H. 2, S. 121.

[242]   F.M.K.: Das Ghettobuch. In: Die Freistatt 2 (28. Mai 1914) H. 2, S. 122–123; hier: S. 122.

[243]   Ebd., S. 123. Außerdem sei das Cover nicht gelungen, womit der Verlag, der eigentlich für Qualität stehe, auch ›verloren‹ habe.

[244]   Vgl. Büchereinlauf. In: Die Freistatt 1 (31. März 1914) H. 12, S. 730.

[245]   L. St.: [Rezension zu Paris von Gütersloh]. In: Die Freistatt 2 (Juli 1914) H. 4, S. 254.

[246]   Ludwig Strauß: [Rezension zu Adolf Friedemann]. In: Die Freistatt 2 (Juli 1914) H. 4, S. 254–255; hier: S. 255.

[247]   Ebd.

Beschreibung des *wirklichen* Herzl und seines Lebens noch nicht vorliegt«, sei dieser Text zumindest »interessant« und »lesenswert«[248].

Paul Mayer befasst sich dagegen in seiner Kritik mit Oskar Rosenfelds Er-zählung »Mendel Ruhig«, die für ihn – trotz oder gerade wegen ihrer simplen Handlung und der »sorgsam gewählte[n], edle[n] Sprache« – als »Ausdruck nationaler Sehnsucht«[249] gesehen werden muss. Rafael Seligmann bespricht Max Brods und Felix Weltschs »Anschauung und Begriff«[250], während sich Brod selbst mit dem literarischen Werk Oskar Baums beschäftigt.[251] Berthold Viertels Gedichtband »Die Spur« wird ebenso in der *Freistatt* rezensiert wie Avigdor Feuersteins hebräische »Gedichte« und David Königsbergs Sonette und Lieder.[252]

Zudem wird unter anderem auch Else Croners »Die moderne Jüdin« bewor-ben.[253] Zu diesem Text gibt es eine *Freistatt*-Rezension von Andreas Meyer, der an Croners Intention vor allem bemängelt, dass sie »eben *den* Typus zeich-nen [will], nicht *einen*«[254]. Das Buch sei demnach ein »Assimilationsprodukt, nicht für die ›Ausnahmen‹ – und wer bildet nicht Ausnahme vom Typus! – geschrieben« (331), sodass man eigentlich über die Stereotypisierung in die-sem »Erziehungsbuch für normale Jüdinnen, Feld-, Wald- und Wiesen-Jüdinnen – analog einem Kochbuch für die gut bürgerliche Küche« (331) nur lächeln konnte. Denn eben die ›anders-gearteten‹ Jüdinnen seien es doch, »die uns das Leben wert machen wie jene den Tod« (332). Solche Form von west-jüdischer Literatur lehnt man in der *Freistatt* folglich ab.

Den völlig unterschätzten Wert der ostjüdischen Literatur zeichnet dagegen Loubetzki aufgrund der vermehrt nur noch in Presseorganen vorhandenen

---

248 Ebd.
249 Paul Mayer: [Rezension zu Oskar Rosenfeld]. In: Die Freistatt 2 (Juli 1914) H. 4, S. 255–256; hier: S. 256.
250 Dr. R. Seligmann: [Rezension zu »Anschauung und Begriff«] In: Die Freistatt 2 (30. April 1914) H. 1, S. 55–57. Rafael Seligmann trägt selbst mit drei die jüdische Kultur betreffenden Aufsätzen zur *Freistatt* bei. Vgl. R. Seligmann: Zur Charakte-ristik der jüdischen Kultur. In: Die Freistatt 1 (15. Juli 1913) H. 4, S. 223–238.; Ders.: Von der inneren Bedeutung des Prophetismus. In: Die Freistatt 1 (8. De-zember 1913) H. 9, S. 481–499. und Ders.: Vom moralischen und künstlerischen Typus. (Eine Parallele zwischen Juden- und Christentum). In: Die Freistatt 1 (31. März 1914) H. 12, S. 675–697.
251 Vgl. Max Brod: Notiz zum Schaffen Oskar Baums. In: Die Freistatt 2 (Juli 1914) H. 4, S. 229–234.
252 Vgl. Beatus: [Rezension zu »Die Spur«]. In: Die Freistatt 2 (30. April 1914) H. 1, S. 57.; Isaac Schreyer: [Rezension zu Avigdor Feuerstein »Gedichte«]. In: Die Freistatt 2 (30. April 1914) H. 1, S. 57–58. und Melech Rawitsch: Duwed Kenigs-berg: »Sonetten« und »Lider«, Lemberg 1913. In: Die Freistatt 1 (8. Dezember 1913) H. 9, S. 541–542.
253 Vgl. Büchereinlauf. In: Die Freistatt 1 (15. Juli 1913) H. 4, S. 255.
254 F[riedrich].A[ndreas].M[eyer].: Else Croner: Die moderne Jüdin. Verlag Axel Junker. In: Die Freistatt 1 (22. August 1913) H. 5, S. 331–332; hier: S. 331. Fol-gende Zitate sind im Text nachgewiesen.

Erzählungen und Dichtungen nach. »Arbeiten, welche nur im und für den Augenblick geschrieben wurden, ihr Verfasser mag auch wie begabt sein, können in der Regel nur Tageswert haben: Nur selten verdienen solche Gelegenheitsdinge durch Verewigung in einem Buche der Vergessenheit entrissen zu werden.«[255]

Auch Kaufmann kommt in seiner Rezension zu Texten von Asch, Gorelik, Perez und Achad Ha'am zu dem Schluss, dass die Qualität eines Werkes nicht nur von inhaltlichen sondern auch von formalen Kriterien abhängt. So stellt er zum einen inhaltlich heraus, dass er den Perezband dem Buch Goreliks, das allein »sentimentale, ins Journalistische abfallende Geschichten«[256] enthalte, deutlich vorzieht. Aschs Reiseskizzen tragen für Kaufmann einen enormen Symbolwert, der manchmal erst bei genauerem Hinsehen auffällt. Doch ihm fehlt vor allem eine interpretierende Einleitung, die wiederum dem Westen den Zugang zu diesem rühmlichen Projekt verschließt. Es ist zu hoffen, dass dies bei der angekündigten Scholem Alejchem-Ausgabe verbessert werde.[257]

Diese Veröffentlichungen und die Konzentration auf die »Troika Perez-Asch-Gorelik« sind zwar positiv zu betrachten, Kaufmann kritisiert jedoch zum anderen die formalen Bedingungen einer Publikation. Vor allem greift er die zeitgenössische jüdische Verlagslandschaft an, denn es fehle eine »entwicklungsfördernde Unternehmung« (193) in diesem Business, das die neuen jüdischen Strömungen unterstützt und fördert. Momentan nimmt man – wenn überhaupt – erst sehr spät von ihnen Notiz. Er bedauert, dass sich im Westen kein jüdischer Verleger findet, der bemerkt, »daß bisher niemals der Westen, und nicht nur der zionistische, so aufnahmefähig wie jetzt war für ostjüdische Inhalte, für eine aus großen Gesichtspunkten heraus erfolgende Kulturarbeit, die uns systematisch die Quellen des ostjüdischen Lebens erschließt« (193). Neudeutsche Kulturbewegungen haben solche Männer in Eugen Diederichs, Ferdinand Avenarius und Samuel Fischer bereits gefunden. Kleine Verlage können sich diese Unternehmung aufgrund ihrer finanziellen Situation nicht

---

[255] J.A. Loubetzki: Von der literarischen Kritik in der ostjüdischen Literatur. In: Die Freistatt 2 (Juli 1914) H. 4, S. 235–243; hier: S. 235. Im Folgenden bespricht er eine Sammlung von Baal Maschuwes (Mann des Gedankens) Schriften, die er für besonders schlecht hält, weil der Verfasser die im Text detailliert skizzierte hohe Kunst der Kritik nicht beherrsche, sogar nichts von dem, »was ein Kritiker notwendig haben muß« (Ebd., S. 238.) besitze, denn »das Können geht ihm ab« (Ebd., S. 243.).

[256] - a -: [Rezension]. In: Die Freistatt 1 (15. Juni 1913) H. 3, S. 193–194; hier: S. 194. Nach Strauß' Bibliographie ist es Kaufmann, der unter dem Kürzel -a- die folgenden Werke rezensiert: Asch: Im Lande der Väter, Gorelik: Die liebe Provinz. Übersetzt von Nathan Birnbaum, Perez: Volkstümliche Erzählungen und Achad Haam: Am Scheidewege. Folgende Zitate sind im Text nachgewiesen.

[257] Die Neuauflage der Werks Achad Ha'ams sei ambivalent zu betrachten, da sie bei vielen Ost-Zionisten die Gefahr einer kritiklosen Götzenverehrung berge, aber andererseits weitaus »ungefährlicher« sei, »als dass der Westen weiter auf Max Nordaus zionistische Schriften schwört«. Ebd.

leisten, der große ›parteipolitische‹ Jüdische Verlag aber schon. Dieser muss ein wirklichkeitsgetreueres Bild von Zionismus und Nationaljudentum im Osten darstellen, damit die Juden im Westen ihre Einstellung zur Jüdischkeit grundsätzlich überdenken können.

> Und so lange dem von allen Äußerungen des ostjüdischen Lebens, ganz besonders von der ostjüdischen Presse abgesperrten Westen die Fiktion aufrecht erhalten werden soll, als decke sich dort das Zionistische mit dem Nationaljüdischen, als stehe dort die Volksmasse oder die neuerstehende Intelligenz hinter dem Zionismus – so lange wird alle zionistische Kulturarbeit einseitig und engherzig bleiben und dem Westen nicht das geben können, was er von einer wahrhaft nationalen Bewegung erwarten muß: unverzerrte Bilder von der jüdischen Gegenwart. (193)

Eben diese Bilder und damit die ›echte‹ jüdische Literatur werden in der *Freistatt* nicht nur beworben, sondern auch publiziert. In diesem Sinne geht die Revue als Vermittler zwischen ost- und westjüdischer Kultur mit gutem Beispiel voran.

Bereits an der hier besprochenen Literaturkritik kann man sehen, dass die *Freistatt* ihrem Ansinnen treu bleibt und eine ausführliche Materialsammlung für den Westjuden bereitstellt, der sich seinem eigenen Volk, dem Ostjudentum nähern möchte. Notwendige Informationen bezüglich einschlägiger jüdischer Zeitschriften und aktueller jüdischer Literatur, aber auch notwendiger ›Unterrichtsmaterialien‹ das Jiddische betreffend werden für den interessierten Laien nicht nur aufgelistet, sondern auch untersucht und kommentiert dargestellt. Die *Freistatt* bietet einem Westjuden somit umfassende Hilfestellung auf dem Weg zu seiner Jüdischkeit.

3.2.2 Lyrik in der *Freistatt*

In der *Freistatt* lassen sich insgesamt 131 Gedichte und 12 Volkslieder von 46 verschieden unterzeichnenden Autoren in den Rubriken »Verse«, die westjüdische Gedichte gesammelt darstellt, und »Jiddische Dichtung«, die die ostjüdischen Texte beinhaltet, finden.[258]

---

[258] Von 27 dieser Dichter – unter ihnen so prominente ostjüdische Autoren wie Abraham Sonne, B. Lapin und Isaak Leib Perez – erscheint in der Monatsschrift je ein Gedicht. Jeweils zwei Gedichte werden von fünf unterschiedlichen Autoren veröffentlicht, wie Chaim Nachman Bialik, Salmen Schneier und Samuel Jakob Imber. Von Max Brod und Rudolf Fuchs lassen sich jeweils drei und von Hans von Flesch sogar vier Gedichte finden. Ludwig Strauß trägt fünf, David Einhorn und Simon Samuel Frug sechs, Else Lasker-Schüler und Albert Ehrenstein sieben und Jakob F. (Rosner-)Funkelstein, Isaac Schreyer sowie Morris Rosenfeld tragen sogar acht Gedichte zur *Freistatt* bei. Neben den zwölf anonym überlieferten jiddischen Volksliedern und den ebenfalls zwölf Gedichten von Jehojesch lassen sich von Abraham Reisen gar siebzehn Gedichte finden. Zur genauen Übersicht über alle in der *Freistatt* veröffentlichten Gedichte vgl. die Anhänge zu Kapitel 3.3.

Für die Monatsschrift wichtig ist vor allem die zehn Mal auftretende Rubrik »Jiddische Dichtung«, in der von Salomo Birnbaum ausgewählte und übersetzte jiddische Gedichte in der Transkription, aber auch der deutschen Übersetzung abgedruckt werden. Neben jiddischen Volksliedern[259] und zwei Anthologien,[260] in denen Verse unterschiedlicher jiddischer Autoren zusammengefasst sind, werden hier vor allem Gedichte von Jehojesch,[261] Abraham Reisen,[262] David Einhorn,[263] Morris Rosenfeld[264] und Simon Samuel Frug[265] hervorgehoben, denn jedem dieser Autoren ist mit einer Auswahl aus ihren Werken eine ganze Einheit der Rubrik gewidmet.

Die Poesie des 1886 in Weißrussland geborenen Dichters und Publizisten Einhorn stellt die traditionell-jüdischen Sorgen in Form von Heimatlosigkeit und Suche sowie Ausgrenzung und Einsamkeit dar. Sein Gedicht »Jüdische Elegien« schildert präzise den historisch-kulturellen Hintergrund der Juden, der als Basis für nahezu alle in der *Freistatt* veröffentlichten jiddischen Texte gesehen werden kann.

> A car fyn touznt dojrës ligt of mir;
> Di groisë pán gështemplt hot mán shtér'n.
> Mán táerë, wér wejst, ci ech wel wen
> Dëm shojfer fyn mán ouslejzyng derhér'n?

> Mán táerë, ech wejs nit, wûs iz shwér,
> Ci Héwls tojt, ci Kajëns langer lébn, –
> Nor mech bashtrûft in cwejen hot mán Got;
> Er hot dem car fyn bejde mir gëgëbn.

---

[259]　Vgl. Jiddische Volkslieder. In: Die Freistatt 1 (15. Mai 1913) H. 2, S. 123–126.

[260]　Erstmalig tritt diese Rubrik als vielversprechende Anthologie von zehn Gedichten folgender unterschiedlicher Autoren auf: J. Adler, Chaim Nachman Bialik, Simon Samuel Frug, Samuel Jakob Jmber, Jehojesch, B. Lapin, Isaak Leib Perez, Abraham Reisen, Salmen Schneier und Moses Teitsch. Vgl. Jiddishe Dichtung. In: Die Freistatt 1 (April 1913) H. 1, S. 56–62. Auch der achte Teil der »Jiddischen Dichtung« besteht aus unterschiedlichen Gedichten folgender Autoren: J. H. Lewi, Menachem, Jakob Mestel, Mejlech Rawitsch, Josef Rolnik, S. Segalowitsch, A. Ch. Scheps, Salmen Scheier, A. Walt, Morris Wintschewski und Abraham Wiewroka. Vgl. Jiddische Dichtung VIII. In: Die Freistatt 1 (8. Dezember 1913) H. 9, S. 535–539.

[261]　Vgl. Jüdische Dichtung III. In: Die Freistatt 1 (15. Juni 1913) H. 3, S. 188–192.

[262]　Vgl. Jiddische Dichtung IV. In: Die Freistatt 1 (15. Juli 1913) H. 4, S. 250–254.

[263]　Vgl. Jiddische Dichtung V. In: Die Freistatt 1 (22. August 1913) H. 5, S. 327–330.

[264]　Vgl. Jiddische Dichtung VI. In: Die Freistatt 1 (8. Oktober 1913) H. 6/7, S. 395–398.

[265]　Vgl. Jiddische Dichtung VII. In: Die Freistatt 1 (15. November 1913) H. 8, S. 464–469. Von dem 1860 im Dorf Bobrowy-Kut geborenen Frug ist die Mehrzahl der Gedichte, allerdings nicht alle in dieser Rubrik. Frug gilt zunächst als ausgezeichneter russischer Nationaldichter, bevor er ab den 1880er Jahren nahezu ausschließlich auf Jiddisch dichtet.

Alejn bin ech fyn alëmen farshémt
Yn trûg of zech di zind fyn alë mentshn,
Wy nemt mën, zûg, di kojchës fyn amûl:
In fáer gejn – yn Got fyn dortn bentshn?[266]

Der damit einhergehende melancholische Duktus, dieser tiefe ostjüdische Weltschmerz lässt sich bereits im ersten *Freistatt*-Heft in dem Gedicht »Die sterbende Sonne« vom 1876 im Großraum Minsk geborenen Abraham Reisen finden. Dieser setzt sich mit seinen Gedichten für die Anerkennung des Jiddischen als Nationalsprache ein, weswegen in Reisens Poesie im wahrsten Sinne des Wortes sein ganzes Herzblut steckt.[267] Zudem wird sie von einer tief gehenden Verzweiflung beherrscht, denn die schon glücklose, von Leid geprägte Vergangenheit sei nichts im Gegensatz zur Gegenwart. Die vergangenen Tage waren »finster«

Yn schwér, wi di rizikë berger;
Gëhoft hob ech beserë tég far mir zén,
Ymzist ober – di zenën erger![268]

Einsamkeit, Armut und Trauer werden in seinen Gedichten voller Trost- und Hoffnungslosigkeit beschrieben: »Urmer lébn! Nor shtendik zech mater'n, Shtendik cy leben in nojt«[269]. Zusätzlich unterstreicht die Naturmetaphorik die Verbundenheit mit der Schöpfung, die entweder das Leid der Menschen mitträgt – »Oi, wûs kensty zech nit shtiln, / Wilder wint? / Wémës zifen, wémës krechen / Trûgsty cind?«[270] – oder es gar selbst darstellt und somit als personifiziertes jüdisches Problem wahrgenommen werden muss. So wird beispiels-

---

[266] David Einhorn: Jüdische Elegien. In: Die Freistatt 1 (22. August 1913) H. 5, S. 327. »Ein Leid von tausenden Geschlechtern liegt auf mir; es hat die große Pein die Stirne mir gesiegelt. Geliebte, ob ich je meiner Erlösung Posaunenklang vernehmen werde? – Geliebte, ich weiß nicht, was schwerer ist: Ob Abels Tod, ob Kains langes Leben, – es strafte doppelt mich mein Gott: Er hat mir beider Qual gegeben. – Verlassen bin ich ja von allen und trag′ auf mir die Sünde aller Menschen – o, hätte ich der Vorzeit Kräfte doch: Ins Feuer gehn – und Gott zu preisen.« Ebd.

[267] Vgl. Abraham Reisen: Meine Lieder. In: Die Freistatt 1 (15. Juli 1913) H. 4, S. 250. Reisen ist mit insgesamt 17 seiner Gedichte die »Jiddische Dichtung IV« gewidmet.

[268] Abraham Reisen: Vergangene Tage. In: Die Freistatt 1 (15. Juli 1913) H. 4, S. 250. Die vergangenen Tage waren demnach »so trübe und finster und schwarz und schwer wie die riesigen Berge; ich hoffte, bessere Tage zu sehen, doch umsonst – die von heute sind schlimmer!« Ebd.

[269] Abraham Reisen: Armes Leben. In: Die Freistatt 1 (15. Juli 1913) H. 4, S. 253. »Armes Leben! Ewige Mühsal, ewig in Not zu leben«. Ebd. Vgl. auch Ders.: Traurig. In: Die Freistatt 1 (15. Juli 1913) H. 4, S. 251–252.; Ders.: Sterne: In: Die Freistatt 1 (15. Juli 1913) H. 4, S. 252–253. und Ders.: Die Mutter zum Kind. Volksmotiv. In: Die Freistatt 1 (15. Juli 1913) H. 4, S. 254.

[270] Abraham Reisen: An den Wind. In: Die Freistatt 1 (15. Juli 1913) H. 4, S. 252. »Warum hörst du nicht auf, du wilder Wind? Wessen Seufzer, wessen Stöhnen trägst du jetzt?« Ebd.

weise der Untergang der »[r]ojt in blyt gefarbt[en]« Sonne als Sterbeprozess dargestellt, wobei der weise Betrachter, der »alter wald« sich leise fragt, warum sie »azoj gebrënt«[271] hat. Was ist ihre Motivation, sich kurz vor ihrem nahenden Ende so zu engagieren? Warum ist sie trotzdem so schön? Woher nimmt sie die Kraft, was ist ihr Geheimnis? Ist das nicht alles umsonst, denn »[i]z der tûg awekgëflojgn, [k]ensty shoijn nit tûgn wider«[272]. Das Leben ist mühsam, beschwerlich und glücklos und dann stirbt man, ohne den eigentlichen Sinn gefunden zu haben.

> Glojbn, hofënyng – fartribn,
> Fidl mánë, jûmer hojch!
> Nor ejn stryne iz gëblibn
> Yn die ejnë plact bald ojch!
>
> Ejder s plact, iz noch mán wiln,
> Zolsty érlechg dinën mir,
> Yn mán ymglik hojch farshpiln
> Wi amûl, of strynes fir.[273]

Letztlich gibt es keine Hoffnung mehr, alles ist vorbei, doch das unglückliche Lied soll weiter erklingen, es soll überleben und genau so laut sein wie vorher – mahnend, anklagend und um Hilfe flehend.

Auch zwischen den ›klassischen‹ Volksliedern, wie Kinderliedern, Schlafliedern und auch religiösen Liedern,[274] ist eines, das von einem solch verzweifelten Menschen erzählt, der Gott fragt, warum er kein Glück findet. »Jn der gancer welt bin ech arymgëlofn / Yn ech hob mán mazl nit gëtrofn.«[275] Das Bild des herumirrenden Juden auf der Suche nach dem Sinn, auf der Suche nach sich selbst, auf der Suche nach seinem Judentum ist ein wesentliches verbindendes Element der ›*Freistatt*-Lyrik‹.[276]

---

[271] Abraham Reisen: Die sterbende Sonne. In: Die Freistatt 1 (April 1913) H. 1, S. 61–62; hier: S. 61.

[272] Abraham Reisen: Mein Tag. In: Die Freistatt 1 (15. Juli 1913) H. 4, S. 250. »Wenn der Tag verschwunden ist, kannst du's nicht mehr tagen machen.« Ebd.

[273] Abraham Reisen: Die letzte Seite. In: Die Freistatt 1 (15. Juli 1913) H. 4, S. 254. »Glauben, Hoffnung sind vertrieben, meine Geige, jammere laut! Eine Saite ist geblieben, bald wird springen diese auch. – Doch ich will, vor ihrem Springen, daß sie ehrlich diene mir. Sie soll laut mein Unglück singen, wie vorher auf allen vier.« Ebd.

[274] Vgl. hier u. a. [Klipp, klapp, öffne mir!]. In: Die Freistatt 1 (15. Mai 1913) H. 2, S. 125.; [Schlaf schon, mein Vögelein]. In: Die Freistatt 1 (15. Mai 1913) H. 2, S. 124.; [Gelobt sei unser Gott, unser guter Freund!]. In: Die Freistatt 1 (15. Mai 1913) H. 2, S. 123.; [Ach, lieber Rebbe, was wird geschehen, wenn Messias kommt?] In: Die Freistatt 1 (15. Mai 1913) H. 2, S. 123–124.

[275] Anonym: [Gott, barmherziger Gott, warum bin ich nicht glücklich?]. In: Die Freistatt 1 (15. Mai 1913) H. 2, S. 126. »In der ganzen Welt bin [ich] herumgeirrt und habe doch mein Glück nicht getroffen.« Ebd.

[276] Dieses Motiv erinnert stark an das Ahasver-Bild des ewig umherwandernden Juden.

Auch die Verbindung zwischen Mensch und Natur, zwischen Gegenwart und Tradition spielt eine entscheidende Rolle in den in der Monatsschrift publizierten jiddischen Gedichten. So ist beispielsweise Jehojesch mit einem ›Naturgedichte-Zyklus‹ in der *Freistatt* vertreten. Hierin schildert er den »Zynyntergang« einerseits als etwas Bedrohliches, als endgültiges Sterben. Eine hoffnungslose Stimmung breitet sich aus, denn der Wind »baklemt yn shwach / Zûgt Kadësh nûch der grojser zyn / Of ûwntwintn-shprach«[277]. Andererseits gibt es aber auch die freudige glückliche Paarung der Sonne mit ihrem »chûsnriz«, einem hohen Berg, den sie beim Untergehen ›küssen‹ kann.[278] Die Ambivalenz der Naturmächte wird dadurch hervorgehoben.

Besonders eindrucksvoll wird dieser Kontrast in einem weiteren Gedicht dargestellt, in dem die Ruhe eines Sommerabends nach einem heftigen Sturm in Beziehung zu den im Westen ansässigen dunklen Bergen gesetzt wird. Die Bedrohung durch die Stürme ist für einen Moment weit weg, denn in dem Gebirge »fest farshlosn / Lign ûngëkejt di shtorëms«[279]. Interessanterweise kommt die stürmische Bedrohung aus dem Westen, denn – auch wenn die Winde in Ketten liegen – lauert dort weiterhin eine Gefahr. Möglicherweise wird hiermit auf die Bedrohung der eigenen Jüdischkeit durch die Assimilationsbestrebungen, die ja besonders im Westjudentum verankert sind, hingewiesen. Dagegen solle man gewappnet sein und die alten Traditionen weiterhin pflegen.

Diese schildert Jehojesch beispielsweise in einem anderen Gedicht, in dem er das ›Grab‹ der alten Thorarollen beschreibt, die, als sie ungültig geworden waren, in einer Ecke des Friedhofs begraben wurden. Doch sie sind weiterhin lebendig, denn in der Nacht erstehen sie wieder auf.

Zej flater'n yn flaker'n
In ûwntdikn awer,
Biz s hot gëfynën jéder os
Zán shûchn yn zán chawer.

Dan reiën zej in werter zech
In shyrës wi farcátn,
Yn finkl'n in der shwarcer nacht
Wi jûrcátlecht fyn wátn.[280]

---

[277] Jehojesch: Sonnenuntergang. In: Die Freistatt 1 (April 1913) H. 1, S. 60–61; hier: S. 60. Es »flüstert der Wind, verzagt und schwach. Nach der großen Sonne sagt er Kaddisch in der Sprache der Abendwinde.« Ebd., S. 61.

[278] Vgl. Jehojesch: Aus »Sonnenuntergang«. In: Die Freistatt 1 (15. Juni 1913) H. 3, S. 188.

[279] Jehojesch: Aus »Sommernächte«. In: Die Freistatt 1 (15. Juni 1913) H. 3, S. 188. »Die Berge nur im Westen stehen finster, schwarz wie Kerkertürme. In Kettenhaft geschlagen liegen drin die Stürme.« Ebd.

[280] Jehojesch: Eine »Reinigkeit«. In: Die Freistatt 1 (15. Juni 1913) H. 3, S. 190. »Sie flattern und flackern in der Nachtluft, bis jeder Buchstabe seinen Nachbarn und

Symbolisch stehen diese Rollen damit für die ewige Gültigkeit und Größe der heiligen Schrift. Die Welt der Toten ist immer lebendig – was auch ein Schammes erfahren muss, der beim Öffnen der Synagoge vergisst, dreimal an die Türe zu klopfen. Daraufhin überrascht er die Toten, die »mit zejer alijë baginën / Em hobn di ojgn farmacht«[281]. Jehojesch sucht mit der Überlieferung von Traditionen und Legenden jedoch vor allem die Juden zu einen und an ihren gemeinsamen Stolz zu erinnern. So setzt er sich auch mehrfach thematisch mit der Ermordung von Juden auseinander, die die Zurückgebliebenen in ihrer Trauer verbinden. Aber die Frage nach der Intensität und Dauerhaftigkeit dieses Zusammenhaltes bleibt. »O Got, wi lang gëdouern, / Wet jener achdësfynk wûs shtamt / Fyn shytwësdikn trouern?«[282] Doch nur gemeinsam ist man stark und schließlich lohnt es sich, für sein Judentum zu kämpfen. Dies macht Jehojesch in seinem Gedicht »Das letzte Wort« deutlich, in dem jemand versucht, das letzte Wort der Toten zu eruieren und letztlich nicht auf einen erwarteten Fluch, sondern auf einen Kampfesschrei stößt.

> Dûs wort, dûs nit derredtë wort
> Gëwézn iz a shlachtgëshrej;
> Nit lozt di arbët in der helft
> Nit lozt dëm kamf in mitn shtejn,
> Nor kemft yn falt wi zej![283]

Man muss also Opfer bringen und sich mutig für sein Ziel einsetzen.[284] Somit bestärken die Gedichte Jehojeschs das maßgebliche Anliegen der *Freistatt*, denn nicht nur, dass dieser ein jiddischer Autor ist und den Westjuden durch die Transkription und Übersetzung seiner Verse eben auch solche Poesie vermittelt werden kann, sondern vor allem auch dessen Darstellung der Traditionen und der Kampfesgeist für das eigene Judentum stützen den programmatischen Ansatz der Monatsschrift.

Auch biblische Motive und Themen lassen sich daher sehr häufig in den bildreichen jiddischen Gedichten finden, da sie die direkte Verknüpfung zwischen Tradition und Moderne herstellen können. So prägen Wassermetaphorik

---

Freund gefunden hat. – Dann reihn sie sich in Wörter und Zeilen wie einst und funkeln wie ferne Jahrzeitlichter.« Ebd.

[281] Jehojesch: Der Aufruf zur Thora. In: Die Freistatt 1 (15. Juni 1913) H. 3, S. 190–191; hier: S. 191. »Die Toten hatten ihm mit ihrer Morgenalije die Augen geschlossen.« Ebd.

[282] Jehojesch: Nach dem Begräbnis. In: Die Freistatt 1 (15. Juni 1913) H. 3, S. 192. »O Gott, wie lang wird währen jener Funken Einigkeit, entsprungen der Gemeinsamkeit der Trauer?« Ebd.

[283] Jehojesch: Das letzte Wort. In: Die Freistatt 1 (15. Juni 1913) H. 3, S. 191–192; hier: S. 191. »Das Wort, das unvollendete, es war ein Schlachtgeschrei: O laßt das Werk nicht halbgetan, halb ausgefochten nicht den Kampf! Kämpfet und fallt wie sie!« Ebd., S. 192.

[284] Vgl. hierzu auch Jehojesch: »Wächter, wieviel verfloß von der Nacht?« In: Die Freistatt 1 (15. Juni 1913) H. 3, S. 192.

und das Bild eines manchmal gar untergehenden Schiffes einige abgedruckte
Gedichte des 1862 im russisch-polnischen Bokscha geborenen Morris Rosenfelds, der zudem die Sintflut thematisiert.[285] Hierin muss das biblische Motiv
in die zeitgenössische ebenso unsichere Zeit transportiert werden, in der sich
das Judentum ebenfalls noch nicht in ›ruhigen Gewässern‹ befindet.

Das Besondere an Rosenfelds Dichtung sei jedoch, dass sie dazu anrege, sie
laut vorzutragen, da sie etwas »*Deklamatorisches*«[286] an sich habe. Gerade
weil seine Gedichte derart gefühlvolle Bilder vermitteln, sind die Texte so
ausdrucksstark. Die thematische Vielschichtigkeit zeigt sich auch in der *Freistatt*-Auswahl, in der neben dem plebejisch-sozialkritischen Gedicht »Ich
streike« mit der Stimme eines groben unzufriedenen Arbeiters auch ein stilles
gefühlvolles Liebesgedicht zu finden ist.[287]

> Gefühl und Selbstgefühl ist der lebendige Quell der Dichtung Rosenfelds. Die Stär-
> ke seines Gefühls ist das Maß für die Güte seiner Poesie... Er ist pathetisch, wo ihm
> das wahre Pathos fehlt; ist es vorhanden, dann ist er feierlich und feurig, rednerisch
> und dramatisch... Er ist der Dichter des Ausrufungszeichens...[288]

Zudem erfährt das Jiddische durch Morris Rosenfelds Hymne auf diese Sprache eine Ehrung sondergleichen. Das Gedicht ist ein Bekenntnis zum ›Jargon‹
allen Anfeindungen zum Trotz.

> Es mégn gébn ynzerë »pnei«
> Far ynzer shprach a groshn.
> Mir lachn zech ale ous fyn zej
> Yn redn mame-lûshn![289]

Auch die *Freistatt* hat aufgrund ihrer »Jiddischen Dichtung« Häme einstecken
müssen. Vor allem die »unrechtmäßige und unsinnige Transkription« ist bemängelt und kritisiert worden, schließlich sei selten »der gute Geschmack des
jüdischen Lesers so mißachtet, wenn nicht, geradezu verhöhnt«[290] worden.
Eigentlich habe man sich über die in der *Freistatt* abgedruckten Gedichte ge-

---

[285] Vgl. Morris Rosenfeld: An eine Welle. In: Die Freistatt 1 (8. Oktober 1913) H. 6/7,
S. 395.; Ders.: ***. In: Die Freistatt 1 (8. Oktober 1913) H. 6/7, S. 395. und Ders.:
Die Sintflut. In: Die Freistatt 1 (8. Oktober 1913) H. 6/7, S. 396–397.

[286] S. Niger: Morris Rosenfeld. (Zu seinem fünfzigsten Geburtstage). In: Die Freistatt
1 (15. Juli 1913) H. 4, S. 244–249; hier: S. 247.

[287] Vgl. Morris Rosenfeld: Ich streike. In: Die Freistatt 1 (8. Oktober 1913) H. 6/7,
S. 396., Ders.: Verliebt. In: Die Freistatt 1 (8. Oktober 1913) H. 6/7, S. 395.

[288] S. Niger: Morris Rosenfeld. (Zu seinem fünfzigsten Geburtstage). (Schluß). In: Die
Freistatt 1 (8. Oktober 1913) H. 6/7, S. 385–391; hier: S. 391.

[289] Morris Rosenfeld: Jiddisch. In: Die Freistatt 1 (8. Oktober 1913) H. 6/7, S. 398.
»Es mögen unsre ›Großen‹ nur verachten unsere Sprache. Wir lachen und küm-
mern uns nicht um sie und sprechen die Muttersprache!« Ebd.

[290] A. D. Brody: Der orthographische Hokuspokus. (Wie die »Freistatt« jiddische
Gedichte transkribiert). In: Jüdische Rundschau 18 (29. August 1913) H. 35,
S. 362.

freut, da sie den Lesekampf durch »krause, holprige Gedankengänge von ›Alljudentum‹ und ›Jüdischkeit‹« beenden sollten, doch über die unverständliche Transkription, insbesondere über die Verwendung der vielen Sonderzeichen müsse man sich recht wundern. Diese hätten die Verantwortlichen der Monatsschrift eingefügt, um zu vertuschen, dass es sich beim Jiddischen eben nur um ›Jargon‹, um einen deutschen Dialekt handle. Echtheit könne man in diesen Gedichten jedenfalls erst dann finden, wenn die *Freistatt* lateinische Buchstaben gegen die Quadratschrift austausche und »der Jugend des Westens an Stelle verkrüppelter und vermummter Umschriften echte jiddische Originale (versehen mit den notwendigen Anmerkungen) vorlegen wird«[291].

Salomo Birnbaum entgegnet dieser Kritik zum einen mit dem Hinweis auf linguistische Untersuchungen, wobei er verstehen kann, dass sich auf diesem Gebiet im Gegensatz zur Mathematik trotzdem jeder Laie kompetent fühlt. Zum anderen fasst er den Text – aufgrund des Tones, der »[d]ie mühsam beherrschte, verbissene Abneigung gegen Jiddisch«[292] verrät – als Pamphlet gegen das Bemühen um die jiddische Sprache auf, dem er detailliert argumentierend entgegentritt.

Dem Vorschlag, bei nicht-deutschen Texten lateinische Buchstaben durch die Quadratschrift zu ersetzen, scheint man aber nachzukommen, denn Mendales Text von der Reise Benjamins des Dritten wird sowohl in dieser Form als auch in Transkription und Übersetzung abgedruckt, was ein Novum in der *Freistatt* darstellt.[293] Diesem Beitrag geht eine ausführliche Darstellung der jiddischen Orthographie voraus, die ebenfalls von Birnbaum erstellt wird.[294] Dieser unterstreicht hierin auch, dass allein aus dem Grunde manche diakritische Zeichen in der Monatsschrift verwendet werden, die sonst eher unüblich aber nicht falsch seien, weil die Transkription für diejenigen, die kein Jiddisch

---

[291]   Ebd.

[292]   Salomo Birnbaum: »Der orthographische Hokuspokus«. In: Die Freistatt 1 (8. Oktober 1913) H. 6/7, S. 412–414; hier: S. 412.

[293]   Die Idee ist aber nicht neu, sondern muss bereits unmittelbar nach der Gründung der *Freistatt* diskutiert worden sein. »Übrigens hatten wir schon einmal ganz am Anfange über die hebr. Buchstaben gesprochen, d. h. daß das sehr wünschenswert wäre. Dies ist auch in der Erwiderung in No. 6/7 erwähnt. – Selbstverständlich bin ich auch jetzt sehr zufrieden, alle drei Abteilungen (Orig., Transkr., Übers.) zu bringen.« [Brief von Salomo Birnbaum an Julius Kaufmann. 9. Dezember 1913. In: CAHJP. Jerusalem. P 113/L 16.] Zudem scheint es Differenzen zwischen Julius Kaufmann und Salomo Birnbaum bezüglich der Transkription gegeben zu haben, die ersterer offensichtlich durch die hebräische Quadratschrift ersetzen möchte, letzterer aber unbedingt im Interesse der Mehrheit der deutsch-jüdischen Leserschaft erhalten möchte. Vgl. Brief von Salomo Birnbaum an Julius Kaufmann. 26. Dezember 1913. In: CAHJP. Jerusalem. P 113/L 16.

[294]   Vgl. Salomo Birnbaum: Die jiddische Orthographie. In: Die Freistatt 1 (20. Januar 1914) H. 10, S. 588–591. Auch dem zweiten Teil des Mendale-Textes wird eine ähnliche tabellarische Einführung vorangestellt. Vgl. Aussprache-Erklärung. In: Die Freistatt 1 (31. März 1914) H. 12, S. 723.

können, eine Hilfestellung bieten solle. »Leider aber glaube ich, daß dies noch tausendmal wiederholt werden kann, ohne daß die Mißverständnisse, und was viel häufiger vorkommt, die Verdrehungen und Fälschungen ein Ende nehmen, für die man unsere im Grunde doch wahrlich nicht so wesentliche Transkription zum Ausgangspunkt nimmt.«[295]

Im Gegenzug zur »Jiddischen Dichtung« bietet die Rubrik »Verse« einen Einblick in die Poesie zeitgenössischer, westjüdischer Dichter. Der von der jiddischen Dichtung abweichende Duktus wie auch die Diskussion anderer jüdischer Themenschwerpunkte werden direkt offenkundig. So haben die dort publizierten Gedichte von Max Brod einen ganz anderen Ton. Ein »[e]rster Frühlingsausflug« – auch in trostloser, industrieller Landschaft – verkündet einen Neuanfang. Nicht nur der Frühling, auch eine junge sexuelle Liebe scheint – wenn auch langsam, da »gehemmt« – Einzug zu erhalten.[296] Diese neue junge Liebe kann man mit der ›alten‹, neuerweckten, jungen Liebe zum Ostjudentum gleichsetzen.

Das Gedicht eines »Heimatlosen«, der schildert, wie er in das Leben einer fremden Stadt eindringen möchte, klingt ebenso kraftvoll und dynamisch. Das lyrische Ich scheint auf der Suche zu sein, ist verwirrt und wird letztlich durch sein Herz wieder auf den Weg in die Heimat gelotst.

> Ist alles rätselhaft,
> So ist's mein Herz nicht minder,
> Es schlägt in eigner Kraft,
> Dröhnt oder klingt gelinder!
>
> Schon will es mich, gebannt
> Von leiser Pulse Schlagen,

---

[295] Birnbaum, Die jiddische Orthographie (wie Anm. 294), S. 591. Die Abwertung des Jiddischen und Aufwertung des Hebräischen seitens der westjüdischen Zionisten unterscheidet diese von den ostjüdischen Zionisten wie dem Russen Bal Dimien aber auch den Alljuden. Eine überraschend positive Erfahrung machen demnach sowohl M. A. (Birnbaum) als auch Bal Dimien beim Lesen eines Beitrags von Bergmann in der *Welt*. Endlich erkenne ein westjüdischer Zionist, der seine Kenntnisse aufgrund seiner offensichtlich guten Kontakte zum Ostjudentum erworben habe, die Relevanz des Jiddischen – eben nicht als ›Jargon‹. Beide Rezensenten empfinden es als äußerst unbefriedigend, dass die Herausgeber der *Welt* sofort einen gegensätzlichen Beitrag nachgetragen haben, um »den arg kompromittierten Hebraismus makellos zu reden«. Bal Dimien: Der Hebraismus und die Reaktion. In: Die Freistatt 2 (30. April 1914) H. 1, S. 8–15; hier: S. 9. Vgl. auch: M. A.: Ein Sieg. In: Die Freistatt 1 (31. März 1914) H. 12, S. 732–735., Dr. Hugo Bergmann: Unsere Stellung zum Jiddischen. In: Die Welt 18 (20. Februar 1914) H. 8, S. 177–179. und Dr. M. Glücksohn: Hebräisch und Jiddisch. In: Die Welt 18 (3. April 1914) H. 14, S. 325–327.

[296] Vgl. Max Brod: Erster Frühlingsausflug. In: Die Freistatt 1 (22. August 1913) H. 5, S. 324.

Aus fremder Häuserwand
In tiefste Heimat tragen.[297]

Dort kann die Suche enden. Man muss letztlich nur zu sich selbst finden, auch
wenn das Fremde zunächst reizvoll scheint, ist man dort, wie der »Heimatlose«, den dort niemand liebt und der dort niemandem fehlen würde, verloren. In
sich selbst kann man das Rätsel auflösen. Wie auch in seiner in der *Freistatt*
veröffentlichten Erzählung betont Brod das Selbst, das Eigene, das Traditionelle, mit dem man tief im Innern verwurzelt ist und zu dem man eigentlich immer zurück finden müsse. So ist auch das Sonett »Weiter« ein Aufruf, sich
nicht auf dem auszuruhen, was man erreicht hat, sondern zu kämpfen, damit
ein großes Ziel erfüllt werde.

O, Gutes tun, daß *alle* es empfinden,
Die Seele ans Unendliche zu binden,
Die ganze Welt ins Lichte umzuschaffen![298]

Warum die Schriftleitung der *Freistatt* und damit Fritz Mordechai Kaufmann
bei der Auswahl der Gedichte für die »Verse« gerade diese Brod-Texte beachtet hat, liegt auf der Hand, denn sie dienen als lyrische Umsetzung des Programms der Monatsschrift. Auch die drei Gedichte »Pharao und Joseph!«,
»Ruth« und »Boas« von Else Lasker-Schüler[299] unterstreichen – neben biogra-
phischen Anspielungen auf das Verhältnis zwischen ihr als Prinz Jussuf von
Theben und Benn – mit ihren biblischen Motiven die bewusste Hinwendung
zum betont Jüdischen. Besonders im ersten Text wird dabei das neuzeitliche
Judentum im europäischen Galuth durch das Schicksal des von seinen Brüdern
nach Ägypten verkauften lyrischen Joseph-Ichs symbolisiert.[300]

---

[297] Max Brod: Der Heimatlose. In: Die Freistatt 1 (22. August 1913) H. 5, S. 325.
[298] Max Brod: Weiter! In: Die Freistatt 1 (22. August 1913) H. 5, S. 326.
[299] Else Lasker-Schüler: Pharao und Joseph! In: Die Freistatt 1 (15. Mai 1913) H. 2, S.
       116.; Dies.: Ruth. In: Die Freistatt 1 (15. Mai 1913) H. 2, S. 116.; Dies.: Boas. In:
       Die Freistatt 1 (15. Mai 1913) H. 2, S. 117. Alle drei –bereits vorher schon veröf-
       fentlichten – Gedichte werden nochmals in den »Hebräischen Balladen« von 1913
       publiziert. Vgl. hierzu insbesondere die beiden den Gedichten gewidmeten Bände
       I.I. und I.II. von Else Lasker-Schüler: Werke und Briefe. Kritische Ausgabe. Im
       Auftrag des Franz-Rosenzweig-Zentrums der Hebräischen Universität Jerusalem,
       der Bergischen Universität Wuppertal und des Deutschen Literaturarchivs Mar-
       bach am Neckar herausgegeben von Norbert Oellers, Heinz Rölleke und Itta Shed-
       letzky. Frankfurt am Main: Jüdischer Verlag im Suhrkamp Verlag 1990.
       Vgl. auch die ebenso angelegten Gedichte Paul Mayers: »Joseph und Potiphars
       Weib« und »Abisag« beide in: Die Freistatt 1 (8. Oktober 1913) H. 6/7, S. 392.
[300] Die vier anderen in der *Freistatt* veröffentlichten Texte der Autorin tragen als
       phantastisch-expressionistische Gedichte Züge einer nahezu sakralen Liebe gepaart
       mit einer sexuellen Aggressivität. Vgl. Else Lasker-Schüler: Ich weine -. In: Die
       Freistatt 1 (20. Februar 1914) H. 11, S. 660–661.; Dies.: Du -. In: Die Freistatt 1
       (20. Februar 1914) H. 11, S. 661.; Dies.: [Ich will dich ganz zart mich lehren...].
       In: Die Freistatt 1 (20. Februar 1914) H. 11, S. 661.; Dies.: Das Lied des Spielprin-

Ludwig Strauß' Gedicht »Dem Geist des Volkes« ist ebenso ein Aufruf zu einer Erneuerung des eigenen Glaubens und schildert einen zwingenden Drang hin zum eigenen Volk. Die »Zerstreuten« sollen auf den »Ewigen Ruf«[301] hören, der im Herzen verankert ist, und sich zu ihrer Jüdischkeit bekennen. Dabei unterstreicht der Beginn der zweiten Strophe – »Wie könnte ich Dein vergessen, Zion, und Deine Stimme tilgen in meinem Herzen« – die Bedeutung des Kulturzionismus, der auch Strauß' Idee von zeitgenössischem Judentum entspricht. Schließlich müsse man sich über die jüdische Kultur zunächst dissimilieren, damit man zum eigentlichen Ziel, der deutsch-jüdischen Dualität kommen könne.[302] Zudem zeigt Strauß auf, dass jegliche Form von Assimilation zum Scheitern verurteilt ist, denn selbst, wenn man »[e]in Gewand [...] aus und ein anderes an[zieht], und Sitten und Rede wechsel[t] / Gleich Wellen im Fluß«, sei das traditionell-jüdische Grundvertrauen nicht zu erschüttern, weil gelte: »die Ufer stehen sehr fest, denn Juda ist härter als Felsen«[303].

Ein ebensolches Bekenntnis legt Isaac Schreyer in seinen beiden religiös-motivierten Gedichten »Der Rausch des Erleuchteten« und »Die reifende Welt« ab, in denen die Beziehung zwischen Sinnlich-Geistigem, das göttlich motiviert scheint, und Sinnlich-Weltlichem, verkörpert durch die Früchte der

---

zen. In: Die Freistatt 1 (20. Februar 1914) H. 11, S. 662. Die Titel hat Lasker-Schüler bei späteren Veröffentlichungen zum Teil verändert, so lautet das zweite Gedicht »Giselheer dem Heiden« und ist – wie auch zwei weitere mit denen es gemeinsam in den »Drei Gesängen an Gieselheer« erscheint – an Gottfried Benn adressiert. Vgl. Lasker-Schüler, Werke und Briefe (wie Anm. 299). »Else Lasker-Schüler hat sich in den *Hebräischen Balladen* eng an die Wirklichkeit gehalten, an ihre Wirklichkeit, in der sie die Geschichte ihres Volkes auf ihre Art versammelt hat.« Norbert Oellers: »Deines Tores Gold schmilzt an meiner Sehnsucht.« Else Lasker-Schülers *Hebräische Balladen*. In: Jüdische Selbstwahrnehmung. La prise de conscience de l'identité juive. Hg. von Hans Otto Horch, Charlotte Wardi. Tübingen: Niemeyer 1997 (Conditio Judaica. Studien und Quellen zur deutsch-jüdischen Literaturgeschichte; 19), S. 263–274; hier: S. 274.

[301] Ludwig Strauß: Dem Geist des Volkes. In: Die Freistatt 1 (15. Mai 1913) H. 2, S. 118.

[302] »Freie Juden können wir nicht sein, solange wir in einem fremden Kulturkreis stehen. Und unsere Entfremdung von dem uns umgebenden Volk, unsere kulturelle Geschlossenheit als Juden müssen wir schon hier mit allen Mitteln fördern.« Strauß, Die Revolutionierung der westjüdischen Intelligenz (wie Anm. 66), S. 183.

[303] Strauß, Dem Geist des Volkes (wie Anm. 301), S. 118. Ebenso sind die »Portraits junger Jüdinnen« nicht nur Liebesbekundungen an die beschriebenen Frauen, sondern vor allem auch an ihre Jüdischkeit, an ihre Suche nach der eigenen Seele, an ihre autarke Heimatverbundenheit. Vgl. Ludwig Strauß: Portraits junger Jüdinnen. In: Die Freistatt 1 (15. Mai 1913) H. 2, S. 118–120. Die drei anderen Liebesgedichte Strauß' sind eher klassisch-romantisch als expressionistisch-verklärt angelegt. Vgl. hierzu: Ludwig Strauß: Liebeslied. In: Die Freistatt 1 (8. Oktober 1913) H. 6/7, S. 393.; Ders.: Lied unter Wipfeln. In: Die Freistatt 1 (8. Oktober 1913) H. 6/7, S. 393–394.; Ders.: Die Liebenden. In: Die Freistatt 1 (8. Oktober 1913) H. 6/7, S. 394.

Erde, dargestellt wird.[304] Ebenso übersinnlich ist die Baum-Betrachtung eines Jungen, der sich mit diesem derart verbunden fühlt, »[a]ls müßt er Bruder nennen jeden Baum«[305]. Diese ›natürliche‹ Zusammengehörigkeit symbolisiert die tief traditionelle Verwurzelung mit seiner eigenen Natur, mit seinem Ursprung. Schreyer verwendet häufig das Bild eines Hauses, dessen Mauern beispielsweise gegen den Regen und das Licht schützen sollen und doch nur Schwermut hinterlassen. »Nun wagt kein Fenster hinauszublicken, / Alle sind blind. –«[306] Der Schutz gegen die Naturgewalt ist unsinnig, da man dadurch auch nicht sehend lebt. Durch die Personifizierung des Hauses zeigt Schreyer, dass man sich nicht gegen seinen eigenen Ursprung wehren kann oder soll.

> Wissen die Häuser nicht ein noch aus:
> Öffnen gedoppelte Fenster, furchtsame Türen
> Und blasse Gardinen schwanken wie Fahnen,
> Zittern im Dunkeln, knittern Ahnen
> Und lassen sich von innen heraus
> Vom Abend durchrühren.[307]

Im Innern liegt folglich das, wovor man sich nicht durch Mauern ›schützen‹ kann. Und erst in der Dunkelheit kann man sich das eingestehen. So sind der Abend und auch der Winter relevante Motive in Schreyers Gedichten, die vermehrt auftreten. Doch gerade die zu erwartende düstere Stimmung und Schwermut werden hier verknüpft mit der rauschhaften hoffnungsvollen Sehnsucht, die die Tristesse besiegt.[308] Der Abend bringt somit letztlich den Frieden für die Seele.

Die Dualität zwischen Natur und Mensch, zwischen Herz und Verstand wird auch in Abraham Sonnes Gedicht »Ich wusste nicht Seele...« offenkundig, das in der *Freistatt* als Nachdichtung aus dem Hebräischen veröffentlicht wird und für Andreas Meyer »[e]ine grosse Kostbarkeit«[309] darstellt. Es ist

---

[304] Vgl. Isaac Schreyer: Der Rausch des Erleuchteten. In: Die Freistatt 1 (15. November 1913) H. 8, S. 461.; Ders.: Die reifende Welt. In: Die Freistatt 1 (15. November 1913) H. 8, S. 462. Nach Schreyers Briefwechsel mit Julius Kaufmann zu schließen hat dieser wohl regelmäßiger für die *Freistatt* redaktionell gearbeitet – so sucht er u. a. Stefan Zeig als Beiträger zu gewinnen – und auch Neukunden akquiriert. Vgl. Briefe von Isaac Schreyer an Julius Kaufmann. 10. Oktober 1913 – 1. Juli 1914. In: CAHJP. Jerusalem. P 113/L 16.

[305] Isaac Schreyer: Des Knaben Andacht. In: Die Freistatt 1 (20. Februar 1914) H. 11, S. 660.

[306] Isaac Schreyer: Häuser vor dem Regen. In: Die Freistatt 2 (30. Juni 1914) H. 3, S. 180.

[307] Isaac Schreyer: Häuser am Abend. In: Die Freistatt 2 (30. April 1914) H. 1, S. 51.

[308] Vgl. u. a. Isaac Schreyer: Winter. In: Die Freistatt 2 (30. Juni 1914) H. 3, S. 179.; Ders.: Rausch der Mitternacht. In: Die Freistatt 2 (30. Juni 1914) H. 3, S. 179–180.

[309] Meyer, »Die Freistatt« (wie Anm. 2), S. 2. Abraham Sonne wird 1883 in Galizien geboren und studiert in Wien und Berlin, bevor er nach dem ›Anschluss‹ Österreichs nach Jerusalem emigriert. »Although he published only 11 poems during his

ein kraftvolles Liebesgedicht, das von dem Kontrast zwischen der aufbrausenden stürmischen Naturgewalt an einem Herbsttag und der Ruhe und Geborgenheit eines liebenden Paares geprägt ist. »Und über uns / Ein tönendes Meer. / Wir sind geborgen, / Wie zweier Perlen / Seidenes Weben / Im Meeresgrund.«[310] Die parallele Darstellung der Seele des Liebhabers und die der Welt am Ende des Gedichts stellt die Bedeutung der Liebe und ihre Ambivalenz – ihrer prallen Lebendigkeit und ihres einsamen stillen Todes – heraus. Die Qualität der Gedichte Abraham Sonnes alias Abraham ben Jizchok zeigt sich auch anhand der großen Namen seiner Verehrer. So seien seine Verse »von Bialik als Perlen der hebräischen Literatur bezeichnet«[311] worden und Else Lasker-Schüler habe den titel-verachtenden Sonne immer mit »Herr *Professor* Sonne«[312] angesprochen. Zudem bildet dieses Gedicht eine Ausnahme in der Rubrik »Verse«, da es zunächst auf Hebräisch veröffentlicht und erst später ins Deutsche übertragen wird.

Albert Ehrensteins expressionistische Lyrik unterscheidet sich ebenfalls sprachlich von den anderen Gedichten, allerdings aufgrund der ihm so eigenen drastisch-experimentellen Sprache, da er durch seine ›harte Wortwahl‹ den Leser bewusst verunsichert und sogar gegen sich aufbringt, also mit seinen Texten provoziert. So erzählen die »Worte des Dämons« von einem egoistischen »Wisser der Erden«, der – den Tag, die Helle und das Leben verachtend – getreu dem Motto folgt: »Stirb, ohne zu werden.«[313] Bekannt für seinen Protest gegen und seine Verachtung für jegliche bürgerliche Konvention schreibt Ehrenstein gegen diese an, sodass dem bürgerlichen Leben positiv gegenüberstehende Menschen aufgrund ihrer Unwissenheit mit »lebenblöken-

---

      lifetime Ben Yizhak is considered a distinguished figure in modern Hebrew poetry.« Encyclopaedia Judaica.

[310] Abraham Sonne: Ich wusste nicht Seele... In: Die Freistatt 1 (15. November 1913) H. 8, S. 462–463; hier: S. 463. Ähnliche Motive lassen sich in Perez einzigem in der Freistatt veröffentlichten Gedicht finden, das von einer unerfüllten Liebe erzählt. Die Seele des Liebhabers kann nicht zu der Geliebten dringen – diese scheint nicht mehr erreichbar, vielleicht sogar tot zu sein. Vgl. Isaak Leib Perez: ***. In: Die Freistatt 1 (April 1913) H. 1, S. 61.

[311] Meyer, »Die Freistatt« (wie Anm. 2), S. 3.

[312] Ebd.

[313] Albert Ehrenstein: Worte des Dämons. In: Die Freistatt 1 (20. Februar 1914) H. 11, S. 659–660; hier S. 660. Bereits sein bedeutendes Gedicht »Wanderers Lied« von 1910 sorgt für Begeisterung unter den zeitgenössischen Dichtern. Hier zeichnet sich neben der ungewöhnlichen Sprache und dem aggressiven Ton bereits die Hinwendung zu den Themen ab, »die einen großen Teil seiner literarischen Äußerungen weiterhin kennzeichnen würden: Selbsthaß bis zu Selbstmordphantasien, radikale Offenheit der Selbstdarstellung, depressive Stimmung, Anspielungen auf den Ahasver-Mythos und eine kühle Bildlichkeit, zu der in den folgenden Jahren noch die von Karl Kraus erlernte Technik des satirischen Wortspiels hinzutreten sollte«. Jörg Drews: Nachwort. In: Albert Ehrenstein: Wie bin ich vorgespannt den Kohlenwagen meiner Trauer. Gedichte. Hg. von Jörg Drews. München: Edition Text und Kritik 1977 (Frühe Texte der Moderne), S. 181–198; hier: S. 185.

den Schafen«[314] verglichen werden. Auch in »Genie und Bürger« tritt seine Verachtung in Form einer Sprache, die seinen offensichtlichen Ekel deutlich nachzeichnet, zu Tage.[315] Das Volk ist nur »Mittel zum Zweck«, wird ausgebeutet und scheint es nicht einmal zu merken.

> Völker sind nur Benzin
> in den Automobilen,
> Mittel sie, niemals Zweck
> dem Entwicklungswillen.[316]

Die Verunglimpfung der inaktiven Haltung des Volkes und damit primär der der Bürgerschaft, die der als Kind in assimilierten Verhältnissen aufgewachsene Wiener Jude angewidert ablehnt, ist aber zeitgleich ein – wenn auch resignativer – Aufruf nach Verbesserung. Ehrenstein, der von Zeitgenossen als »einer der stärksten und eigenartigsten Geister unserer Zeit«[317] beschrieben wird, schlägt sich auf die Seite der Einsiedler, der Außenseiter, »[k]nirschend zu sehen eine Welt, die nie / zu mir wird, nie an mir zerbirst«[318], die die gesellschaftlichen Probleme der Zeit – und damit vor allem die Krise der eigenen Identität und im Speziellen die der eigenen Jüdischkeit – noch schärfer angreifen können. Die Schwierigkeiten des lyrischen Ichs sind »zumeist Selbstporträts des Autors«, der als Dichter unter den großen Problemen seiner Zeit noch intensiver leidet als der Normalbürger und aufgrund seiner drastischen Darstellung und seiner experimentellen Sprache als »einer der hervorragendsten ›Mythenzerstörer und Mythenschöpfer‹ der österreichischen Literatur des frühen 20. Jahrhunderts«[319] gilt.

---

314 Ehrenstein, Worte des Dämons (wie Anm. 313), S. 659.
315 »Und tadelt nicht den Bürger! Er bezahlt den Bazillenwürger.« Albert Ehrenstein: Genie und Bürger. In: Die Freistatt 1 (20. Februar 1914) H. 11, S. 659. Ebenso lassen sich hier bereits das für Ehrenstein so typische Motiv eines Weltenwanderers und die für ihn so typische Heimatlosigkeit erkennen.
316 Albert Ehrenstein: Volkshymne. In: Die Freistatt 2 (30. April 1914) H. 1, S. 44–45; hier: S. 44.
317 Ernst Weiß: Albert Ehrenstein. In: Juden in der deutschen Literatur (wie Kap. 2, Anm. 166), S. 63–70; hier: S. 63.
318 Albert Ehrenstein: Gruß. In: Die Freistatt 2 (30. April 1914) H. 1, S. 46. Dieses Gedicht, das in einem Entwurf mit »Klagelied eines Impotenten« überschrieben ist, lässt sich vermutlich auf eine biographische Anekdote in einem Kaffeehaus zurückführen, wo Ehrenstein auf Berthold Viertel, Otto Soyka und Karl Kraus trifft, letzterer ihn aber nicht an seinen Tisch bittet. »Deutlich vermischt sich bei Ehrenstein die scheinbare ›literarische‹ und soziale Zurückweisung durch Kraus mit einer erotischen, die er am selben Tag erfahren hatte [...].« Vgl. die beiden Gedichtbände 4.I und 4.II von Albert Ehrenstein: Werke. Hg. von Hanni Mittelmann. München: Klaus Boer Verlag 1997; hier 4.II, S. 137–138.
319 Armin A. Wallas: Albert Ehrenstein. Mythenzerstörer und Mythenschöpfer. München: Klaus Boer Verlag 1994 (Reihe Forschungen; 5), S. 9. Auch sein in der _Freistatt_ veröffentlichtes Gedicht »Altern« ist biographisch motiviert, weil es mit dem Tod des Großvaters väterlicherseits zusammenzuhängen scheint. Vgl. Albert Eh-

Thematisch ebenso kraftvoll-expressionistisch, sprachlich aber nicht annähernd so experimentell, zeugen die beiden Gedichtzyklen »Flüche« und »Schattenbilder« von Jakob F. (Rosner-) Funkelstein – nahezu episch – vom Kampf der Juden mit ihrer Tradition. So richten sich die Flüche an Gott, das Leben und die Sprache. Besonders die Sprache zeigt sich in ihrer Reinheit als problematisch, schließlich ist man durch fremde Einflüsse derart geprägt, dass man den Ursprung nahezu nicht mehr kennt oder ihn gar verleugnet. Doch die Assimilation bezüglich der jüdischen Sprache müsse vorbei sein, denn

> [...] jeder von uns steht arm da: Denn fremder Geschenke Geschenk sind wir.
> Aus jedem Schrei, den unser Mund hervorkeucht, blutet Geschick,
> Das vergangene Generationen geformt, und jedes Dinges Schild
> Haben fremde Finger bemalt. Und wenn wir uns reich an Schätzen wähnen,
> Lesen wir die Ernte der Vorfahren auf, die wir hassen und verschmähen:
> Denn jede Silbe zeugt von der struppigen Lässigkeit eignen Strebens. –[320]

Der Aufruf zur eigenständigen Tat und die gleichzeitige Betonung der Tradition verfolgt Funkelstein vor allem auch in seinem Gedicht »An die Schwangernden ergeht ein Ruf«. Hierin erklärt als lyrisches Ich das »Weltall« den werdenden Müttern, was die heranwachsenden »Allgestalte[n]« in ihren Körpern einmal für Aufgaben haben werden. Hoffnung und neues Leben werden über Generationen hinweg geschildert, die »Nachkommen werden eure Traurigkeit und Tänze / In Weltteile tragen, vor deren Ferne ihr immer zusammenschrecktet. / Dort werden sie Häuser bauen, Träume schlürfen und immer / Eure Seufzer um sich fühlen und eure Wiegenlieder.«[321] Traditionen kann man folglich nicht einfach abschütteln, man trägt sie immer bei sich. In der Musik und bei Funkelstein im phantastischen Tanz kommt sie besonders zum Ausdruck, denn

> In unsern Schicksalen und Schritten schäumt die Ewigkeit,
> Wir tanzen aus den Gebundenheiten hinaus in überweltliche Keuschheiten,
> Aus den Phantasien hinüber in die Wirklichkeiten.
> Wir tanzen den Rausch der Maschinen und die Holdheit vergilbter Erinnerungen,
> Tanzen die Zynismen des Ungefährs und die Jugend unserer eigenen Kraft.
> Im Sturm, unter den Klängen der Musik ziehen wir ins All.[322]

Dabei kann es auch einmal passieren, dass man vom Weg abkommt, aber tief im Innern betet man dann »um Neuerstehen, um neuer Sehnsucht knospende Regnungen«[323].

---

renstein: Altern. In: Die Freistatt 2 (30. April 1914) H. 1, S. 46. und Albert Ehrenstein. Werke. 4.II, S. 136.

[320] Jakob F. (Rosner-)Funkelstein: Flüche – Der Sprache. In: Die Freistatt 1 (8. Dezember 1913) H. 9, S. 531–532; hier: S. 532.

[321] Jakob F. (Rosner-)Funkelstein: An die Schwangernden ergeht ein Ruf. In: Die Freistatt 2 (30. April 1914) H. 1, S. 47–48; hier: S. 47.

[322] Jakob F. (Rosner-)Funkelstein: Im Tanzsaal. In: Die Freistatt 2 (30. April 1914) H. 1, S. 48–49; hier: S. 49.

[323] Jakob F. (Rosner-)Funkelstein: Die Sünderin. In: Die Freistatt 2 (30. April 1914) H. 1, S. 49–50; hier: S. 50.

Betrachtet man allein die hier dargestellte Auswahl der in der *Freistatt* publizierten Lyrik, muss man bereits feststellen, dass alle Verse – mal mehr, mal
weniger intensiv – in den programmatischen Zusammenhang der Monatsschrift passen. Besonders die Hinwendung zur jüdischen Tradition, die eine
Lösung der eigenen Identitätsproblematik darstellt, wird sowohl von den ostjüdischen als auch von den westjüdischen Dichtern immer wieder thematisiert.
Demnach muss Kaufmann als Redakteur, aber auch Salomo Birnbaum, der für
die Auswahl der »Jüdischen Dichtung« verantwortlich zeichnet, im Sinne der
Intention der *Freistatt* gute Arbeit bezeugt werden. Diese lyrischen Exempel
werden als Inspiration auf dem Weg zur eigenen Jüdischkeit dienlich sein.

3.2.3 Erzählungen in der *Freistatt*

Insgesamt werden sieben Erzählungen in der *Freistatt* publiziert: Brods »Im
Rausch der Bücher«, Coralniks »Capriccio«, ein Kapitel aus Mendales »Die
Reise Benjamins des Dritten«, Rosenblatts »Der Tod Moses«, Strauß’ »Der
Mittler« und Zweigs Novellen »Die Krähe« und »Cinéma«. Inwieweit diese
Texte dem Programm der Freistatt entsprechen, soll hier analysiert werden.

Brods Text ist ein Auszug aus einem noch nicht veröffentlichten Roman,
den er einer Anmerkung zufolge »Die tausend Vergnügungen« oder »Erziehung eines Liebespaares« nennen möchte. In diesem Kapitel zieht es den Protagonisten Georg Schamann, einen Prager Studenten, in die Bibliothek, in der
er – berauscht von der Fülle und den unterschiedlichen Inhalten der Bücher –
einen Text neben und zwischen einem anderen ›verschlingt‹. »Wie einem
Hungrigen Leckerbissen nicht mehr gelten als Brot, fraß er die Bücher, ohne
Wahl.«[324] Er giert nach universellem Wissen und weiß nicht, welcher Wissenschaft er den Vorzug geben soll, bis er sich primär für Naturwissenschaften
entscheidet. Doch auch dann bleibt seine größte Angst, etwas Wesentliches
nicht mehr lesen und lernen zu können: »O, zu sterben... und nichts zu wissen... nicht einmal alles das zu wissen, was schon jetzt erforscht ist... nicht
einmal alle Bücher dieser Bibliothek, dieses Saales zu kennen.« (186)

Als der Protagonist die Bibliothek bei der Schließung benommen vom »Zau-
berbann der Bücher« (187) verlassen muss, zeichnet Brod dessen Gedanken an
eine Frau Rosa nach, bei deren Andenken Georg bereits die Anziehungskraft und
Macht der Lektüre vergisst. Dieser Ausblick auf den kompletten Roman ist ein
geschickter Schachzug am Ende des Kapitels und macht neugierig, denn es muss

---

[324] Max Brod: Im Rausch der Bücher. Ein Romankapitel. In: Die Freistatt 1 (15. Juni
     1913) H. 3, S. 180–187; hier: S. 183. Folgende Zitate sind im Text nachgewiesen.
     Der Roman ist nie erschienen. Siehe hierzu die Anmerkung zu einem Brief Kafkas
     an Brod von 1906, in dem der Roman unter dem Titel »Die Glücklichen« ange-
     sprochen wird: »Ein Roman, an dem ich jahrelang arbeitete, ohne ihn je zu vollen-
     den. Als Titel wäre auch ›Die tausend Vergnügugnen‹ in Betracht gekommen.«
     Max Brod, Frank Kafka. Eine Freundschaft. II. Briefwechsel. Hg. von Malcolm
     Pasley. Frankfurt am Main: S. Fischer 1989, S. 458–459.

letztlich eine besondere Frau sein, bei deren Gedenken der derart von Büchern berauschte Georg selbst diese Leidenschaft ›vergisst‹.[325]

Besonders relevant ist aber die Hinwendung Georgs zur Naturwissenschaft mit Schwerpunkt auf der Biologie und der Erforschung dessen, was den Menschen eigentlich ausmacht. Diese Auseinandersetzung mit seiner eigenen Natur ist zudem verknüpft mit dem Mysterium seiner Seele. »Was für eine Beziehung hat das alles zu mir? Wo hängt es mit meiner Seele zusammen? Was wissen die mikroskopisch nicht sichtbaren Miscellen, die Zentrosomen einer meiner Zellen davon?« (186) Hier ist erneut ein Brod'scher ›Held‹ in einem ›präkozitären‹ Stadium seiner Entwicklung – auf dem Weg hin zu einem reifen Menschen, hin zu einem reifen Juden.[326]

Auch in Strauß' Novelle ist eine ›jüdische‹ Entwicklung thematisiert. In der Erzählung wird in drei Kapiteln das Geständnis des Ich-Erzählers David R.[327] dargestellt, der als verurteilter Mörder bekennt, dass er diesen Mord eben nicht begangen hat. Trotzdem übernimmt er die Verantwortung für den Tod der schönen Nachbarin, weil »ich bei allen meinen Worten, die im Lichte unserer täglichen Vernunft die reine Wahrheit aussagten, das bestimmte Gefühl hatte, zu lügen um meiner Rettung willen«[328]. Durch das falsche Bekenntnis fühlt er eine Läuterung, eine »klare Ruhe« (587) und wähnt sich »aufgenommen in die Reihe meiner Väter, der frommen und tätigen, die wohl zu scheiden wußten zwischen Gutem und Bösem, zwischen Wirklichkeit und Traum, zwischen dem Nützlichen und Festen und dem irrenden Spiel der müßigen Gedanken« (586). Seines Todes voll Dankbarkeit und Sehnsucht sicher beendet er den Bericht.

Verständlich wird diese selbstzerstörerische Opferung des neunzehnjährigen Gymnasiasten erst, wenn man seine Funktion als jüdischer Dichter betrachtet. Er, der dichtende Jude, lässt sich auf einen kühlen Liebesakt mit der schönen, verlockenden Nachbarin ein, die er seit seiner Kindheit als Feindin betrachtet, und kann daraufhin nicht mehr schreiben. Erst nachdem er – von einer überirdischen himmlischen Stimme – zu einem messianischen ›Bekenntnis‹ aufgefordert wird und sich auf die alten Traditionen seiner jüdischen Wurzeln besinnt, wird er frei und dichtet wieder – allerdings viel intensiver und besser als je zuvor.

> Und über mir, wo dieser Himmel grenzenlos sich dehnte, wurde eine Stimme groß: Steh auf und bekenne! Und noch einmal schluchzte ich auf: Ich bin ja zu schwach!

---

[325] Zudem lassen sich weitere kurze Andeutungen, die über den Inhalt des Kapitels hinausgehen, in diesem Text finden. Vgl. ebd., S. 186.

[326] Vgl. hierzu: Brod, Zu meinen Judenromanen (wie Kap. 2, Anm. 311). Zur literarischen Diskussion zwischen Kaufmann und Brod vgl. Kapitel 2.3.2.

[327] Die Stilisierung des Nachnamens ist ein übliches erzählerisches Mittel. Der hier verwendete Vorname weist auf König David hin.

[328] Ludwig Strauß: Der Mittler. In: Die Freistatt 1 (20. Januar 1914) H. 10, S. 576–588; hier: S. 583. Folgende Zitate sind im Text nachgewiesen. Diese Erzählung ist zudem titelgebend für den Sammelband von 1916, der noch acht weitere Novellen beinhaltet, die alle zwischen 1911 und 1914 entstanden sind. Vgl. Der Mittler: Novellen von Ludwig Strauss. Berlin: Hyperionverlag 1916.

> Schone mich! Ich bin ja nicht würdig! Aber da gedachte ich der Schriften, die mei-
> nen Vätern heilig waren, wie dort berichtet wurde von der gleichen Stimme, die auf-
> rief, und der gleichen bangen Antwort, und wie doch die Gerufenen stark wurden
> vom Gott und bekannten ihre himmlische Sendung. Ermuntert von den Ahnen erhob
> ich mich, preisgegeben dem Feuer der Höhe wie ein Stahl, der in sich zieht die Blit-
> ze für ein ganzes Haus. Und aus der Höhe fuhr ein weißes Licht pfeilschnell auf
> mich herab und hüllte mich ein, daß ich nichts mehr sah. So stand ich gerade Haup-
> tes, Bote der einzigen Wirklichkeit, Sendling der höchsten Wahrhaftigkeit, und be-
> kannte die Tat. (585)

Letztlich bleibt Strauß' Text somit ein Aufruf, sich als Jude – und vor allem als
jüdischer Dichter – seiner eigenen Jüdischkeit wieder bewusst zu werden, sich
von der deutsch-jüdischen Symbiose und deren assimilatorischen Tendenzen
nicht beeindrucken oder gar verführen zu lassen, sondern sich zu seinem ursprünglichen Judentum zu bekennen. In der Novelle wird daher »die in den
zeitgenössischen Debatten diskutierte Mittlerfunktion, die man den Juden
bezüglich der deutsche [!] Kultur zuschrieb, durch die symbolische Rückkehr
zu den schöpferischen Ursprüngen des Judentums ersetzt«[329].

Der junge David ist folglich nur das Medium – der Mittler – zwischen diesen Welten, er weist den Weg, denn wie Strauß' Protagonist sollen sich auch
die Leser der Novelle und damit auch die der *Freistatt* ihrer Wurzeln und damit auch der alten Schriften und Geschichten bewusst werden und diese traditionellen Werte schätzen und ehren.

> Von daher läßt sich die Novelle interpretieren als Veranschaulichung der von
> Strauß in der »Freistatt«-Diskussion geforderten Befreiung der Juden von der
> »geistigen Knechtschaft« ihrer Exilexistenz durch erneute Verwurzelung im »Bo-
> den des jüdischen Geistes«, damit vor allem die exilbedingte »reproduktive Bega-
> bung« der deutschsprachigen jüdischen Dichter zu einer »ursprünglich schöpferi-
> schen« werden kann.[330]

Demnach muss es auch die Aufgabe einer alljüdischen Revue sein, dieses traditionsreiche Erbe zu überliefern. Mit der Erzählung Rosenblatts wird eben dieses
Desiderat erfüllt. Nach einer Haggada wird hierin der Tod Moses dargestellt, der
nicht sterben möchte und dessen Seele auch keiner der Engel holen kann, denn
sie »vermochten nicht das Sterben eine Engels mitanzusehen«[331]. Aufgrund
seiner großen Taten und seiner treuen Seele begibt sich Gott selbst zu Moses

---

[329] Geret Luhr: Von Stefan George zu Martin Buber. Ludwig Strauß als Mittler zwischen deutscher und jüdischer Kultur. In: www.literaturkritik.de/public/rezension.
php?rez_id=805&ausgabe=200002, aufgerufen am 28. August 2004.

[330] Itta Shedletzky: Fremdes und Eigenes. Zur Position von Ludwig Strauß in den
Kontroversen um Assimilation und Judentum in den Jahren 1912–1914. In: Ludwig Strauß. 1892–1992. Beiträge zu seinem Leben und Werk. Mit einer Bibliographie. Hg. von Hans Otto Horch. Tübingen: Niemeyer 1995, S. 173–183; hier:
S. 181. Vgl. hierzu auch Kapitel 3.3.1.

[331] S. Rosenblatt: Der Tod Moses. In: Die Freistatt 2 (30. April 1914) H. 1, S. 41–44;
hier: S. 43.

und besiegelt dessen Tod durch einen Kuss, der »als Zeichen der Vermählung zwischen Himmel und Erde«[332] über das Sterben Moses hinwegtröstet. Rosenblatts Text spiegelt demnach das Traditionsbewusstsein der *Freistatt* wider.

Eine ebensolche Rückbesinnung erlebt der Protagonist der philosophisch-religiös durchzogenen Skizze Coralniks, in der man den Ich-Erzähler zu Beginn unruhig und traurig erlebt – von der »Chanson triste« verstört, die ihm nicht mehr aus dem Kopf geht. In der Sixtinischen Kapelle sucht er Zuflucht, um sie kurz darauf »seltsam bewegt, mit einem Schimmer des Überzeitlichen, Überlebensgroßen in den Augen«[333] zu verlassen. Nach einem Spaziergang durch Rom, ruht er sich in einem Wald aus und sinnt – motiviert durch den Rhythmus der Bäume – am Beispiel des Propheten Jesaja über das Judentum, dessen Historie und Bedeutung nach. Er fordert Jesaja auf, ihm zu erscheinen, wie er einst William Blake erschienen sein soll. Dadurch könnten die Zweifel am Glauben beseitigt werden, der Mut und das Selbstvertrauen in die eigenen Fähigkeiten erneut erwachen. »Prophet! Siehst du nicht, wie man uns zwingt, unser Bestes zu verleugnen? Wie man vor uns die Tore alles höheren, besseren Lebens absperrt? Wir sind doch auch Menschen, wollen leben, wachsen, uns von der Sonne bestrahlen lassen...« (114) Die Anklage und die gleichzeitige verzweifelte Bitte an Jesaja werden durch ein »langgezogenes ›Hoj‹, den Grundton meines Volkes« (115) beantwortet. Der Prophet spricht durch die Bäume, spendet Trost und Hoffnung, denn dieses »Hoj« gleicht zunächst nur einem Wehruf und steigert sich schließlich zu einem trotzigen Aufruf zum Kampf. »Da wir noch seufzen können, da noch unser *jüdischer* Wehruf in die Welt hinausklingt: Vielleicht steigert sich der Klang und wird zum Sturm und zum Marsch- und Kampfruf....« (115)

Eben dies wird der Grund sein, warum dieser Text in der *Freistatt* veröffentlicht wird. Stellvertretend für viele Westjuden der Zeit findet ein deprimierter, von seinem Glauben enttäuschter Mann die Kraft, sich seiner eigenen Jüdischkeit zu stellen, erneut auf sie zu hoffen und zu bauen. Das ›launige‹ mit musikalischen Termini bestückte Cappricio endet mit dem metaphorischen Blick in die unbekannte Zukunft. »Ich blicke auf. Der Tag ging zur Neige. Die Sonne war ein roter Feuerball, der sich hinter die Berge senkte. Rom war in Gold und Purpur gehüllt. Die Glorie des Untergangs! Doch – *die Sonne geht*

---

[332] Ebd., S. 44.
[333] Abraham Coralnik: Capriccio. In: Die Freistatt 1 (15. Mai 1913) H. 2, S. 110–115; hier: S. 111. Folgende Zitate sind im Text nachgewiesen.
Dieser Text wird nur mit Widerwillen veröffentlicht, wie aus dem Briefwechsel der Kaufmann-Brüder hervorgeht. »Ich bin auch froh, dass *Capriccio* nicht gedruckt wird. Wenn wir es z. Z. nahmen, dann geschah das doch nur weil wir nicht viel Stoff hatten und heraus kommen wollten. Ein zweites Mal würden wir Derartiges nicht mehr bringen. [...] Was soll mit *Capriccio* werden? Es ist doch vielleicht besser es gegen einen andern Aufsatz Coralnik [!] umzutauschen.« Brief von Fritz Mordechai Kaufmann an Julius Kaufmann. 16. April 1913. In: CAHJP. Jerusalem. P 113/R8.

noch einmal auf, und dann... Wer weiß? ....« (115) Nun ist es also Zeit, dass etwas bewegt wird, dass die Juden endlich wieder zu sich selbst zurück finden, dass sie aktiv den Untergang – in Form der Assimilation – verhindern.

Auch der Protagonist der Zweig-Novelle »Cinéma«, der Buchhändlerlehrling Benno Bremm, durchlebt Verzweiflung und Isolation, will sogar Selbstmord begehen, bevor er eine religiöse Katharsis erfährt. Bremm ist ein Träumer, liebt die Welt der Bücher und speziell die der Musketiere, vermutlich diese besonders intensiv, weil er im richtigen Leben nichts Außergewöhnliches vorzuweisen hat und somit »um ein Wort aufzunehmen, das Zweig später für die Hauptfigur seines Grischa-Zyklus verwenden wird, aus seiner Kaste gefallen«[334] ist. Zudem ist er ein Außenseiter – isoliert und einsam und deswegen natürlich besonders anfällig für die Reize der Imagination. Nach einem Besuch im Kino, wo ein Melodram eines jungen Mädchens gezeigt wird, das ein uneheliches Kind hat und am Ende aufgrund seiner Armut und der resultierenden Hoffnungslosigkeit mit seinem Kind auf einem mit Schnee bedecktem Feld Selbstmord begeht, resigniert er und möchte ebenfalls sterben – genauso dramatisch, von Schnee bedeckt. Er malt sich aus, wie seine Familie, seine Klassenkameraden und seine Umwelt auf die Tat reagieren werden und empfindet dabei eine gewisse Befriedigung.

> Da lag sie nun, diese arme Seele und wollte ihren Tod; inmitten all ihrer unechten Gefühle und des verfälschten Heldentums blieb allein echt, daß sie zu sterben strebte, um frei und nicht mehr zu sein, damit der Schnee alle Unsauberkeit bedecke. In Gedrücktheit geboren und selbst unrein, gab sie den Kampf auf, den sie bisher um würdigeres Leben geführt hatte: Rausch und Traum, erkauft mit kläglichen Mitteln. Aber sie hatte gestritten, sie hatte sich erhoben, sich gewehrt gegen das dunkle Reich, und nicht diebisches Gift, sondern Geist, wenn gleich erniedrigten, als Zuflucht genommen: und so hatte sie nicht gesündigt, indem sie sich fallen ließ, und auch ihr Tod war vorweggenommen und gestillt durch den großen Tod auf Golgatha. So wurde denn jetzt, im vergrabenen Drang sich zu opfern, zu sühnen und aufzusteigen, im Feuer des Todes sich zu läutern, ein neuer Kern in ihr geboren, und es ward ihr zugesprochen, zu leben. Denn wie hätte sonst geschehen können, daß der Knabe geweckt wurde, aufzuerstehen?[335]

---

[334] Hans Joachim Bernhard: Arnold Zweigs Erzählungen. In: Arnold Zweig – Poetik, Judentum und Politik. Akten des Internationalen Arnold Zweig-Symposiums aus Anlaß des 100. Geburtstags Cambridge 1987. Hg. von David Midgley, Hans-Harald Müller und Geoffrey Davis. Bern, Frankfurt am Main, New York, Paris: Peter Lang 1989 (Jahrbuch für Internationale Germanistik, Reihe A, Kongressberichte; 25), S. 78–89; hier: S. 84.

[335] Arnold Zweig: Cinéma. In: Die Freistatt 1 (31. März 1914) H. 12, S. 713–722; hier: S. 721–722.
   1911 entsteht diese Erzählung, über die Zweig selbst in einem Brief an seine Mutter schreibt: »Ich habe heute mein neues Buch abgeschlossen, indem ich die Novelle Cinéma aus Über Land u. Meer ganz nocheinmal schrieb. Sie ist sehr boshaft und amüsant, dabei auch schön geworden; aber sicher wird sie manchen mißfallen.« Arnold Zweig an die Mutter. 1. September 1913. Zitiert nach: Arnold Zweig:

Seine Katze Klara, die das einzige Wesen zu sein scheint, dem er vertraut und von dem er geliebt wird, weckt ihn aus tiefem Schlaf im Schnee und rettet somit sein und ihr eigenes Leben. Die Hoffnungslosigkeit ist verschwunden, denn jetzt weiß Bremm, wo er hingehört.

Die genaue Skizzierung der Scheinwelt, in die Benno Bremm aus seinem trostlosen Leben flieht, und die Bedeutung des Kinos, das eine solche Flucht in diesem Maße ermöglicht, zeichnen Zweigs Novelle aus, die »deutlich schon den künftigen Meister verrät. Es ist eine Porträtstudie, die in der Auseinandersetzung mit der Traumwelt des Films viele der künftig stärker hervortretenden psychosozialen Probleme signalisiert.«336 Die hypotaktische Form der Erzählung wird dagegen häufig kritisiert. »Nur bei einigen langen, ja kilometerlangen Sätzen bleibe ich stecken und kann nicht mit. Soviele Perioden! Bis ich hinaufgeklettert bin. – Studierte ich Kant? Nur bei seinen Sätzen hatte ich solche Mühe.«337

Bremm steht für den einsamen assimilierten Juden, der aus dem deutschkulturellen Leben herausgerissen, unsicher und ziellos ist, denn er hat nichts mehr gemein mit seinem Leben als Realschüler, als er vor allem dem Unterricht des Geschichtslehrers – geprägt von Kaiserporträts und Kriegsschilderungen – begeistert gefolgt ist. Auch zu Hause bei der Postbeamtenfamilie Bremm findet er keinen Halt, sodass er sich nur in die Welt der Fiktion flüchtet, beeindruckt von der Scheinwelt und ohne Bezug zur Realität. Durch den Verweis auf die biblische Mythologie ›rettet‹ Zweig seinen ›messianischen‹ Protagonisten, der nun durch die Religion, die Tradition und damit auch die Gemeinschaft aufgefangen wird. »So humpelte er dahin, sehnsüchtig nach der erhellten, erwärmten und etwas dicken Luft der Straßen, ein Verwundeter, der das Schlachtfeld hinter sich läßt und halb froh mit verminderter Tauglichkeit aber lebend, das Regiment sucht, zu dem er nun einmal gehört.«338

---

336 1887–1968. Werk und Leben in Dokumenten und Bildern. Mit unveröffentlichten Manuskripten und Briefen aus dem Nachlaß. Hg. von Georg Wenzel. Berlin und Weimar: Aufbau Verlag 1978 (Veröffentlichung der Akademie der Künste der Deutschen Demokratischen Republik), S. 42.

336 Bernhard, Arnold Zweigs Erzählungen (wie Anm. 334), S. 86. Auch für Ludwig Strauß haben Zweigs frühe Erzählungen bereits künstlerischen Wert. So bescheinigt er diesem in einer Kurzrezension, dass die Erzählung »Die Krähe« »durchaus sicher novellistisch gestaltet ist«. Sie sei eine »schöne und bedeutende Fabel in reinen Linien, nur selten noch vom Detail zu sehr belastet, und in einem gespannten, aber nicht nervös-haltlosen Satzstil dargestellt«. Dies führt Strauß auf einen positiven Entwicklungsprozess zurück, den Zweig vor allem mit den »Novellen um Claudia« vollzogen habe. [Ludwig Strauß: Die Dichtungen Arnold Zweigs. In: Die Freistatt 1 (15. November 1913) H. 8, S. 453–461; beide Zitate: S. 457. Ausführlich setzt sich Strauß mit Zweigs Roman »Aufzeichnungen über eine Familie Klopfer«, mit den »Novellen um Claudia« und der biblischen Tragödie »Abigaïl und Nabal« auseinander.]

337 Brief von Isaac Schreyer an Julius Kaufmann. 22. Dezember 1913. In: CAHJP. Jerusalem. P 113/L 16.

338 Zweig, Cinéma (wie Anm. 335), S. 722.

Auch hier ist die Rückbesinnung auf die wirklich wichtigen Werte, auf die
eigene Jüdischkeit demnach von Belang. Die ›unechten‹ assimilatorischen
Verblendungen müssen überwunden werden, was die Aufnahme der Novelle
in das Textkonvolut der *Freistatt* ›rechtfertigt‹.

Assimilationskritisch ist auch die zweite Zweig-Erzählung in der Monatsschrift, »Die Krähe«, die die Fortsetzung einer anderen Erzählung des Autors
mit dem Titel »Episode« darstellt, in der Eli Saamen mit seinem Vater zu einem Pogrom eilt, um diesem nicht nur beizuwohnen, sondern auch daran teil-
zuhaben, denn »mit Genugtuung bemerkte er [Eli], indem er hastig an den
Stiefeln schnürte, daß es seinen Feinden jetzt schlimm gehe, den Judenjungen,
die ihn von hinten mit Erde bewarfen und ihm nachschrien, daß er den Sabbat
schände und Unreines äße«[339]. Die intellektuell-assimilierte jüdische Oberschicht, die aus Deutschland stammt, aber in Polen arbeitet, wird hier am Beispiel von Vater und Sohn dargestellt.[340] Die beiden rechnen gar nicht damit,
dass sie den Juden, denen das Pogrom gilt, gleichgestellt werden könnten.
»Plötzlich – er hatte bisher nichts derart gedacht – fiel Eli ein, daß auch er
erschlagen werden konnte, denn die Banden wußten ja nicht, daß Vater und er
mit den andern in Feindschaft lebten; doch vergaß er es sofort.«[341] Doch dies
ist ein fataler Irrtum, denn als sie einer von drei jugendlichen Angreifern verfolgten Frau und ihren beiden Kindern zur Hilfe kommen, werden sie von den
herannahenden Soldaten getötet beziehungsweise schwer verletzt.

In der Novelle »Die Krähe« erfährt der Tertianer Leo Saamen im Rektorat
seiner Schule vom Tod seines Vaters und der schweren Verletzung seines
Bruders. Während der Totenfeier wandelt sich sein Schmerz in Aktivismus.
»Er hatte den Vater zu rächen. Darum war er also aufgespart worden. Darum
hatte Gott gemacht, daß er diesmal nicht nach Haus fuhr, sondern wünschte,
hier zu bleiben.«[342] Im Pentateuch findet er die rechtfertigende Bestätigung
seines Vorhabens und beginnt zu planen. Russland kennt er selbst nicht, hasst
es aber nun aus tiefstem Herzen. Am Grenzfluss wartet er auf die Erkenntnis,
wie nun vorzugehen sei, und sieht eines Tages auf der anderen Seite einen
Kosaken, der aufgrund des erhöhten Schmuggleraufkommens am Fluss pa-
trouilliert. Leo ist sich sicher, dass dieser Soldat eine Verkörperung desjenigen
ist, der seinen Vater getötet hat, und projiziert seine Rache auf diesen Russen,
denn »in einem anderen als dem gewöhnlichen Sinne zog der Unbekannte in
die Gestalt des Gegenwärtigen ein, erfüllte und durchtränkte ihn, und es rann
sein gehaßtes Blut in den Adern des Unschuldigen« (51). Als sie sich gegen-
überstehen, ist der Soldat aufgrund Leos zielgerichteten Blickes derart verunsichert, dass er als Warnung auf eine Krähe unmittelbar über Leos Kopf zielt

---

339 Arnold Zweig: Episode. In: Ders.: Drei Erzählungen. Berlin: Welt Verlag 1920, S.
     69–77; hier: S. 71–72.
340 Polen ist zu dieser Zeit Teil des russischen Reiches.
341 Zweig, Episode (wie Anm. 339), S. 72.
342 Arnold Zweig: Die Krähe. In: Die Freistatt 1 (April 1913) H. 1, S. 46–56; hier: S.
     49. Folgende Zitate sind im Text nachgewiesen.

und schießt. Der Russe geht und Leo betrachtet den toten Vogel genauer: »hatte er nicht ein jüdisches Gesicht?« (52). Leo ist sich nun sicher, dass dieser Soldat seinen Vater getötet hat, und beobachtet diesen daraufhin während seiner Dienstzeit genau. Der russische Soldat steht damit stellvertretend für das gesamte zaristische ›Mörder‹-Regime.[343]

Eines Nachts durchquert er, durch einen schwarzen Umhang getarnt, den Fluss. An seinem Gürtel befestigt er die tote Krähe und das Messer seines Vaters, das ihm als Waffe dienen soll. Auf der anderen Seite belauscht er den Soldaten mit seiner Freundin, die nun nach Hause muss. Der Russe begleitet sie und Leo empfindet kurzzeitig Mitleid mit der Frau, aber auch mit dem Soldaten als Menschen. Als dieser zurückkehrt, tötet Leo den Unbewaffneten von vorne, mit einem gezielten Schnitt durch die Kehle. »Und sein Glück, sein Stolz, seine tolle Freude stieß wie Opferrauch steil nach dem Himmel. Er war nicht zu schwach gewesen. Er hatte, er allein, den Vater gerächt.« (55) Berauscht, aber auch ein wenig ängstlich legt er dem Toten die Krähe auf den Nacken und ist erleichtert, dass er dessen Gesicht nicht sehen muss. Zweig fügt hinzu, dass er dann wohl erkannt hätte, dass es sich nicht um denselben Mann gehandelt habe, der die Krähe erschossen hat. Nachdem er seinem von den Qualen des Unglücks um Jahre gealterten Bruder nach Wochen von der Tat erzählt hat, erteilt dieser dem jungen Leo die Absolution und bezeichnet ihn als Helden, obwohl er im Innersten um die Sinnlosigkeit der ›Heldentat‹ weiß. »Er sah ihre ganze Unhaltbarkeit und Trauer, die nutzlose Opferung eines Menschen und die vergebliche Heftigkeit und Größe des Begangenen; die rührende Hingabe des Knaben an seine Sache und die schlimme Sinnlosigkeit dieser Sache selbst« (56).

Zweig kritisiert mit dieser Erzählung die blauäugige Haltung der assimilierten Juden, die durch Inspektor Samen und seinen ältesten Sohn dargestellt werden, denn dieser geht mit seinem älteren Sohn zu den Unruhen, »um das Pogrom zu sehen« (47). Sie kommen gar nicht auf den Gedanken, dass sich diese Anfeindungen auch gegen sie, die assimilierten Juden, richten könnten, und müssen beide für diese Fehleinschätzung mit dem Leben zahlen, denn auch Elis Leben ist seitdem vorbei.

Die Reaktion der beiden Söhne könnte unterschiedlicher nicht sein. Eli muss erkennen, dass aller Assimilation zum Trotz seine Jüdischkeit immer bemerkt werden wird und resigniert. Leo dagegen ist ungestümer und sinnt auf Rache, deren Rechtfertigung er im Zeremoniell und in der Schrift – im Alten Testament – findet. Doch der gesamte Rachefeldzug wird durch die Krähe, die

---

343 »Für Arnold Zweig war das Rußland des Zaren von jeher das Land des Terrors – nicht nur gegen die Juden, sondern auch gegen das gesamte russische Volk. Daher überrascht es nicht, daß er später die russische Revolution begrüßte und mit großer Anteilnahme die Entwicklung in der Sowjetunion verfolgte – ohne allerdings zu glauben, daß sie in der Lage sei, das jüdische Problem in seiner Gesamtheit zu lösen.« Manuel Wiznitzer: Arnold Zweig. Das Leben eines deutsch-jüdischen Schriftstellers. Königstein/Ts.: Athenäum 1983, S. 21.

als Todesvogel gilt, ad absurdum geführt, denn diese deckt die doppelte Verschiebung innerhalb der Novelle auf.[344] Leo, der sich schuldig fühlt, seinen
Vater im Stich gelassen zu haben, projiziert die Schuld am Mord an seinem
Vater auf einen Soldaten, der die Krähe erschießt. Bei seiner Rache ersticht er
aber einen Soldaten, der nicht mit dem Vogel-Mörder identisch ist, den selbst
Leo kurzzeitig als Menschen und nicht als ›russischen Feind‹ wahrnimmt. Leo
erkennt, dass er seinen Vater und damit symbolisch auch sein Judentum allein
gelassen und damit negiert hat. Er muss für sich einen Weg finden, seine
Schuld zu begleichen. Die brutale Sinnlosigkeit des Meuchelmordes unterstreicht Zweig, indem er Leo letztlich einen völlig anderen Menschen als beab-
sichtigt töten lässt.

Das assimilierte Judentum steht also vor einem unauflöslichem Konflikt –
bekennt man sich ausschließlich zum Leben in seinem ›Wirtsland‹, assimiliert
man sich vollständig, muss man immer bedenken, dass man letztlich doch
nicht ganz anerkannt wird. »Aber mögen wir uns immerhin ganz deutsch fühlen, *die andern fühlen uns ganz undeutsch.*«[345] Eine andere ›assimilierte‹ Lösung scheint es aber nicht zu geben, wie Zweig in seiner aporetisch-angelegten
Assimilationskritik zeigt.

Eine unikale Besonderheit unter den Erzähltexten der *Freistatt* stellt das
Kapitel aus Mendales »Die Reise Benjamins des Dritten«[346] dar, denn der
jiddische Text ist sowohl in hebräischen Lettern als auch in der Transkription
abgedruckt und zudem mit einer deutschen Übersetzung von Salomo Birnbaum versehen. Mendale berichtet von Benjamin und dem Dorf Tunejadewke,

---

[344]   Symbolisch steht die Krähe auch für Betrug und Verschlagenheit. Dies korreliert
        mit Leos hinterhältiger, verschlagener Tötungsabsicht und mit dem doppelten Be-
        trug, denn Leo fühlt sich nicht nur um seinen Vater betrogen, sondern ebenso in
        der Annahme, dass er den ›richtigen‹ Soldaten tötet.
        Eine andere Deutungsmöglichkeit der Krähe als Symbol bietet die griechische
        Mythologie, in der Kronos (die Krähe) seinen Vater Uranos kastriert. Auch in
        Zweigs Erzählung gib es eine Form von ›Kastration‹, denn die assimilierten Juden
        trennen sich von ihrer Tradition und Herkunft. Indem hier nun die Krähe stirbt,
        wird deutlich, dass diese Trennung wieder rückgängig gemacht werden muss. Leo
        bewegt sich dementsprechend wieder auf sein Judentum, auf seine Traditionen und
        Ahnen zu. Vgl. Robert von Ranke-Graves: Die Entmannung des Uranos. In: Ders.:
        Griechische Mythologie. Quellen und Deutung. Autorisierte Übersetzung von Hu-
        go Seinfeld unter Mitwirkung von Boris v. Borresholm nach der im Jahre 1955 er-
        schienenen amerikanischen Penguin-Ausgabe. Reinbek bei Hamburg: Rowohlt
        2000 (rowohlts enzyklopädie; 55404), S. 30–31.
[345]   Goldstein, Deutsch-jüdischer Parnaß (wie Kap. 2, Anm. 148), S. 286.
[346]   Mendale Mojcher Sfurem: Kicyr Masû:ojs Binjûmin Hashlishi. (Dûs hejst) Di
        nēsi:ē oder a raizē-bashrábyng fyn Bënjûmën dem Dritn. In: Die Freistatt 1 (20. Ja-
        nuar 1914) H. 10, S. 592–601. und Di nēsi:ē fyn Bënjûmën dëm dritn. [II.]. In: Die
        Freistatt 1 (31. März 1914) H. 12, S. 724–729. Dem ersten Textteil ist in einer Fuß-
        note die Bemerkung beigefügt, dass es sich hierbei um das erste Kapitel des Werkes
        handelt. Der Text selber ist jedoch mit »2. Kapitel. Wer Benjamin ist, woher er ist
        und wie er plötzlich zu seiner Reise kam« überschrieben. Vgl. ebd., S. 598.

in dem dieser aufwächst und zufrieden mit seiner Frau und den Kindern lebt, bis er angeregt von Geschichten den Drang verspürt, in die Welt zu reisen. Er schildert die Welt in dem ärmlichen, von der Außenwelt nahezu abgeschlossenen ostjüdischen Dorf in gewohnt präziser und detailgetreuer Manier. So beschreibt er beispielsweise einen großen Menschenauflauf, als jemand eine Dattel ins Dorf bringt, eine Frucht, die man nur aus der Bibel kennt. Aus dieser Welt sucht Benjamin nun auszubrechen. »Seit damals wurde es ihm in Tunejadewke schon zu eng, er beschloß, es um jeden Preis zu verlassen, wie ein Küchlein, das sich aus dem Ei herauszupicken beginnt und in Gottes Welt hinauskriecht.«[347] Der in ihm verankerte Forschungsdrang wird durch die Erzählungen und Erlebnisse derart entfacht, dass er gar nicht anders kann, als zu reisen. »Sehr oft sieht man, wie sich aus kleinen Ursachen Großes, sehr Großes entwickelt.«[348]

Die besondere Auswahl dieser Textstelle unterstreicht die Programmatik der *Freistatt* in zweifacher Hinsicht. Zum einen wird der Leser ermutigt, sich seinen Veranlagungen und seinem innersten – insbesondere seinem jüdischen – Wesen zu stellen und damit wie Benjamin seiner Bestimmung zu folgen. Zum anderen wird den Westjuden bewusst ein Text eines der größten jiddischen Autoren – dem »Großvater« der jiddischen Literatur – präsentiert, der in klassischer Art die ostjüdischen Gepflogenheiten liebevoll detailliert darstellt. Kaufmann gibt auch in einer Kurzmitteilung Auskunft über die aufgetretenen Probleme, die die hebräische Schrift im Druck mit sich bringt.[349] Dass man trotzdem bereit ist, diese Probleme auf sich zu nehmen, um die Ursprünglichkeit noch stärker zu gewährleisten, unterstreicht die genuine Intensität des programmatischen Willens.

Die programmatischen Grundsätze der *Freistatt* werden jedenfalls durch alle in der Monatsschrift veröffentlichten Erzählungen gestützt.

3.2.4 Dramatik in der *Freistatt*

In der *Freistatt* wird nur ein dramatischer Text veröffentlicht und zwar der erste Akt aus Arnold Zweigs »Die jüdische Tragödie. Ritualmord in Ungarn«, für die der Autor 1915 den Kleistpreis erhält, obwohl das Stück von der deutschen Zensur verboten wird. »Der Krieg war ausgebrochen, und man wollte die Behörden eines verbündeten Landes nicht in Verlegenheit bringen...«[350], denn das Drama folgt inhaltlich »im wesentlichen den historischen Begebenheiten des Prozesses von Tisza Eszlar«[351]. Dort werden im Mai 1882 fünfzehn

---

[347] Mendale, Di nesi:ë fyn Bënjûmën dëm dritn. [II.] (wie Anm. 346), S. 729.
[348] Ebd., S. 728–729.
[349] Vgl. Die Schriftleitung: An unsere Leser. In: Die Freistatt 1 (20. Januar 1914) H. 10, S. 608.
[350] Wiznitzer, Arnold Zweig (wie Anm. 343), S. 23. Erst 1918 wird das Drama unter dem neuen Titel »Die Sendung Semaels« aufgeführt.
[351] Arnold Zweig: Die Sendung Semaels. Jüdische Tragödie in fünf Aufzügen. München: Kurt Wolff 1920, S. 123.

Juden des ungarischen Ortes des Ritualmordes an einem jungen Mädchen beschuldigt. Der Sohn des Synagogendieners bezeugt unter Folter die rituelle
Handlung, was antisemitische Übergriffe im ganzen Land zur Folge hat. Die
Unschuld der Angeklagten wird erst nach drei Jahren nachgewiesen. »Das Stück
weist auf die bekannte antisemitische Methode hin, das Volk gegen die Juden
aufzuhetzen, indem man sie der schlimmsten Verbrechen beschuldigt.«[352]

Die Eingangssequenz des Dramas erinnert an den Prolog im Himmel aus
Goethes Faust, denn auch hier trotzt Semael-Mephisto als unruhiger Geist
seinem Gott, hält den Menschen ebenfalls für »tierischer als jedes Tier« und
verhöhnt ihn als »kleine[n] Gott der Welt«[353]. Doch während es bei Goethe
primär um den speziellen nach Wissen dürstenden Menschen Dr. Faust geht,
handelt es sich in dieser Diskussion um das Volk Gottes um die »Häupter
Israels«[354]. Die bipolare Handlungssituation des Stückes – menschlich und
übermenschlich – ist besonders zu betonen, da sie einen entscheidenden Aspekt des Dramas betont. »Daß den Ereignissen die Symbolkraft fehlt, hat
Zweig ganz gut gefühlt und darum die Symbolik von außen hinzugetan.«[355] So
steht dem teuflischen Semael neben der personifizierten Dummheit auch ein
der ägyptischen Mythologie entnommenes ›Todespaar‹ – ein hunde- und ein
katzenähnliches Wesen – für die Umsetzung seines Planes zur Verfügung. »Ich
will die Lüge des Blutes bringen über Dein Volk! Du hast mich eingesetzt: ich
will die Schale voll Blut halten über ihren Häuptern wie Morgenröte, wie
Abendröte, wie Scharen böser Engel, wie Deinen eigenen Grimm!«[356]

Die ›menschliche Ebene‹ ist von charakteristischen Typen geprägt, die das
Drama um den Ritualmord und die Ungerechtigkeiten gegenüber den Juden
plastisch darstellen. So zeichnet Zweig gleich in der ersten Szene zwei hausierende Juden, die sich über das anstehende Pessach-Fest unterhalten. Zudem
äußern sie ihr Bedauern, dass seit Moritz Schammes niemand mehr Bar-Mizwá
gewesen ist. Die offensichtliche Assimilationskritik Zweigs wird bereits an

---

[352] Wiznitzer, Arnold Zweig (wie Anm. 343), S. 23.

[353] Johann Wolfgang Goethe: Faust. Der Komödie erster Teil. In: Ders.: Sämtliche
Werke nach Epochen seines Schaffens. Münchener Ausgabe. Hg. von Karl Richter
in Zusammenarbeit mit Herbert G. Göpfert, Norbert Miller und Gerhard Sauder.
Bd 6.I. Weimarer Klassik. 1798–1806. I. Hg. von Victor Lange. München: Carl
Hanser 1986, S. 542.

[354] Arnold Zweig: Die jüdische Tragödie. Ritualmord in Ungarn. In: Die Freistatt 2
(Juli 1914) H. 4, S. 193–197; hier: S. 196. Zweig versieht das Drama mit den Anmerkungen, dass es »[a]ußerhalb des irdischen Raumes und in Südungarn« sowie
»[a]ußerhalb der irdischen Zeit und von April 1882 bis Mai 1883« spielt. Damit
verdeutlicht er die beiden Ebenen, das Überirdisch-Göttliche und das Real-
Menschliche, die das Drama vereint. Arnold Zweig: Ritualmord in Ungarn. Jüdische Tragödie in fünf Aufzügen. Berlin: Hyperionverlag 1914. [im Anschluss an
»Die Personen«, ohne Seitenangabe].

[355] Moritz Goldstein: Arnold Zweig. In: Juden in der deutschen Literatur (wie Kap. 2,
Anm. 166), S. 241–250; hier: S. 248.

[356] Zweig, Die jüdische Tragödie (wie Anm. 354), S. 201.

dieser Stelle deutlich, denn es scheint immer weniger ›echte‹ Juden in Ungarn zu geben, die in einer traditionell-jüdischen Gemeinde leben. Moritz, der Sohn des Synagogendieners, wird dagegen als gläubiger Jude dargestellt, der seiner Mutter Absätze aus der Heiligen Schrift vorliest[357] und sich mit biblischen Gestalten identifiziert.[358]

Dass die Gemeinde antisemitischen Anfeindungen ausgesetzt ist, wird ebenfalls an der Figur des Moritz deutlich, der von der Dorfjugend unter lauten Hep-Hep-Rufen mit Steinen beworfen wird. Auch die Tatsache, dass die Juden schnell als potentielle Ritualmörder gebrandmarkt werden, unterstreicht die bereits aufgeheizte Stimmung im Dorf Tisza Eszlar. Hier leben Bauern, die über ihre Schulden bei diversen Juden klagen, sowie deren Frauen, die sich von Zigeunern die Zukunft vorhersagen lassen. Als der Mord an dem Mädchen Esther, den eigentlich der Großgrundbesitzer Onody begeht,[359] entdeckt wird, ist man nur zu gerne bereit, zu glauben und später auch falsch zu bezeugen, dass die Juden für die Tat verantwortlich sind.[360] Man traut den Juden einen Ritualmord zu, denn schließlich wisse doch jeder, dass Juden zu Pessach für ihre Mazzen Christenblut bräuchten.[361]

---

[357] Die von Moritz verlesene Textstelle beschreibt das Todesurteil des Pharao gegen die Israeliten. Daraufhin diskutieren Mutter und Sohn über Herrschaftsverhältnisse im eigenen Land. »Unser König ist ein guter Kaiser und wohnt in Wien«, betont die Mutter, woraufhin Moritz bedauert, dass er nicht in der Nähe leben würde, um ein Auge auf seine Untertanen zu haben. (Ebd., S. 199.) Das Misstrauen dem Herrscher gegenüber bewahrheitet sich tatsächlich, denn die ortsansässigen Juden werden durch den Großgrundbesitzer von Onody verurteilt.

[358] Er vertraut seiner Mutter an, Soldat werden zu wollen, weil er dann »einen bunten Rock wie Josef und einen Säbel wie Joschua« haben könne. Ebd., S. 200.

[359] Die Tat selbst stellt Zweig nicht dar, doch der Zuschauer sieht, wie die vom Gutsbesitzer beim Stehlen erwischte Esther diesem in den Wald folgt. Man hört im Folgenden aus dem Off, dass das Mädchen sich gegen die sexuelle Belästigung seitens des Gutsherren wehrt und dieser sie daraufhin – wohl im Affekt – erdrosselt. Völlig verwirrt ob seiner ungewollten Tat wirft er das Mädchen in den Fluss und flüchtet.

[360] Einer der Bauern bezeugt, dass er gesehen habe, wie ein »paar Juden [...] ein Mädel in die Judenschul geschleppt« hätten. (Ebd., S. 205.) Er beschuldigt den Juden Scharf, dem er Geld schuldet, persönlich dabei gewesen zu sein. Auch andere Bauern beginnen sich plötzlich zu erinnern, diejenigen Juden gesehen zu haben, bei denen sie Schulden haben.

[361] Zunächst werden die Zigeuner beschuldigt, doch diese wehren sich daraufhin entschieden gegen die Anschuldigungen. »Nicht Zigeuner! Zigeuner stiehlt hechstens Hihnchen, kleine Hihnchen; macht Fuchs auch. Was soll Zigeuner großes Mädel totstechen?« (Ebd., S. 204.) Vielmehr seien die Juden doch diejenigen, die aufgrund ihrer Rituale für den Mord verantwortlich seien. Das niedrige Ansehen der Juden, die sozial deutlich unterhalb der von Zweig als dreckig und verlumpt dargestellten Zigeuner stehen, wird hier offenkundig.

Das Aufeinandertreffen der aufgebrachten Bevölkerung und einiger Juden
der ortsansässigen Gemeinde eskaliert, als der eigentliche Mörder mit einem
großen Gefolge von Knechten angeritten kommt und bereits von weitem sein
»Drauf« erklingen lässt. »Auf meine Verantwortung! Alle Juden verhaften! Sie
haben die Esther geschlachtet! Packt die Mörder!«[362] Der Hass und der Neid
der Bevölkerung auf die Juden können sich nun entladen und mit »jauchzen-
dem Geschrei«[363], nahezu vergnüglich und schadenfroh geht die Dorfbevölke-
rung mit Gewalt auf diese los.

Die weiteren vier – nicht in der *Freistatt* veröffentlichten – Aufzüge beschreiben die Folterungen an Moritz und den Verlauf des Prozesses sowie den
Unschuldsnachweis, der die Juden entlastet. Auch hier wird weiterhin mit
vorurteilsbehafteten Klischees ›gespielt‹. Die ungarische Doppelmoral zeigt
Zweig beispielsweise daran auf, dass man Zeugen, die für die Juden aussagen, als gekaufte Lügner darstellt, der profilierungssüchtige Untersuchungs-
beamte zugleich aber tatsächlich bestechlich ist.[364] Zudem wird die unglaublich große antisemitische Bewegung nicht nur durch die durch Folterung
erzwungene Zeugenaussage des jungen Moritz und damit durch den scheinbar ›bewiesenen Ritualmord‹, sondern auch durch die demagogische Agitation eines von Istoczy verursacht.

> VON ISTOCZY: [...] Wer von euch kennt einen Juden richtig? Ich nicht. Du, oder
> du, oder du etwa? (Geschrei: Niemand!) Keiner kennt ihn. Der Jude lacht nicht mit
> uns und trinkt nicht mit uns und trauert nicht mit uns und sitzt für sich da wie ein
> Stein, den auch keiner kennt. Und das alles sollen wir noch länger bei uns dulden?
> Ich habe vor vier Jahren im Reichsrat von der Regierung verlangt, sie möge alle Ju-
> den aus Ungarn entfernen; ich verlange es heute wieder! Sollen sie nicht totgeschla-
> gen werden, so schmeiße die Regierung sie nach Palästina, zu den Türken, wo sie
> hingehören. Sollen im christlichen Staate Ungarn nicht einmal die Christenkinder si-
> cher sein? Sollen sie, die unser Gut an sich reißen, auch unser Blut trinken dürfen?
> Darum fordere ich: weg mit den Juden! Nieder die verfluchten, beschnittenen Bes-
> tien!
> DIE MENGE: Tod den Juden! Hoch Istoczy! (Er wird im Triumph weggetragen.)

---

[362] Ebd., S. 207.
[363] Ebd.
[364] »ONODY: Deutscher Lümmel! Die Juden haben ihn gekauft? Rauchen Sie?
BARY: Vielleicht läßt sich das nachweisen. Ich hoffe es. Danke sehr, danke. (*Er
entzündet seine Zigarre.*) Der Prozeß wird ungemeines Aufsehen machen. Schon
jetzt ist mein Name in allen Zeitungen Europas. Da muß man gute Arbeit zeigen,
Kopf, nicht wahr, Entschlossenheit.« Zweig, Ritualmord in Ungarn (wie Anm.
354), S. 32.
»SCHLOSSER (*fest*): Ich bin der festen Überzeugung, daß hier kein Mord begangen ist, weder von den Juden, noch... (*Ungeheurer Lärm bricht aus.*) VON
ISTOCZY (*aufspringend*): Er ist gekauft, er ist bestochen! RUFE: Hep hep, Ju-
denknecht, hep hep! (*Präsidentenglocke.*)« Ebd., S. 69.

EIN BAUER (vorn, ehe er folgt, zum andern): Beim Leichnam Christi, wenn der Jud kommt, sein Geld holen, schlag ich ihm mit der Harke den Schädel ein.[365]

Alle Vorurteile, alles, was Neid und Verachtung gegenüber den Juden auslösen kann, hat Zweig in seinem Drama verarbeitet. Ohne Zweifel wird der erste Akt bereits als exemplarischer Auszug eine gute Werbung für das gesamte Stück gewesen sein.[366] Für Moritz Goldstein ist dabei auch entscheidend, dass die realen historischen Begebenheiten nicht von irgendjemandem erzählt worden sind, sondern »ein Anwalt der Leidenden, ein Anwalt der Juden, ein Anwalt der Juden als Leidender führt hier ihre Sache, seine Sache«[367]. Auch Zweigs kulturzionistische Hinwendung zum Ostjudentum ist in diesem Stück – noch deutlicher aber in seinem Text »Das ostjüdische Antlitz« – zu erkennen. »Die Gegenwart eines frommen, reinen Ostjudentums ist das Modell für eine kommende jüdische Renaissance, in der die Rettung des Ostjuden nur die Chiffre ist für die Erlösung des deutschen Juden aus dem Zustand einer halben Assimilation.«[368] Und genau dieses Bild möchten ja auch die Verantwortlichen der *Freistatt* mit ihrem Zeitungs-Projekt vermitteln und zur endgültigen Jüdischen Renaissance anregen.

Ostjüdische Dramatik selber lässt sich dagegen in der *Freistatt* nicht finden, aber eine Abhandlung zum jiddischen Theater, das »aus einem Bedürfnis der jüdischen Volksseele entstanden [ist] und [...] das jüdische Volkslied zur ursprünglichen Grundlage [hat]«[369]. Der Text ist eine kritische Darstellung des modernen jiddischen Theaters, das sich selbst seiner Echtheit beraube, weil keine Volks-, sondern Literaturdramen produziert würden, die »das Verständnis des Theaterpublikums«[370] überstiegen. Exemplarisch werden Asch und Perez hervorgehoben, die diese Hinwendung vollzogen hätten. Deren (Miss-)Erfolge könne man an der Aufführungspraxis dieser Werke ablesen. »Ein rein künstlerisches Theater aufrecht zu erhalten, ist nur die Bourgeoisie im stande [!], da sie der tonangebenden Intelligenz blindlings folgt. Wo aber ist die jüdische Bourgeoisie und die jüdische Intelligenz?«[371]

Diese Problematik gibt es ja nicht nur im jiddischen Theater, was man bereits an Kaufmanns ›Kampf‹ um das jüdische Volkslied, seine echte Reinheit

---

[365] Ebd., S. 65.

[366] Zur ›zionistischen‹ Interpretation des Dramenschlusses siehe auch Wiznitzer, Arnold Zweig (wie Anm. 343), S. 23.

[367] Goldstein, Arnold Zweig (wie Anm. 355), S. 248.

[368] Arthur Thilo Alt: Zu Arnold Zweigs »Das ostjüdische Antlitz«. In: Arnold Zweig – Poetik, Judentum und Politik (wie Anm. 334), S. 171–186; hier: S. 184.

[369] J. M. Kamila: Zur Jiddischen Theaterfrage. In: Die Freistatt 2 (Juli 1914) H. 4, S. 224–228; hier: S. 224.

[370] Ebd., S. 225.

[371] Ebd., S. 228. Zudem macht Kamila Vorschläge zur Überwindung der problematischen Situation.

und Ursprünglichkeit ablesen kann.[372] Durch diese für Kaufmann und Gleichgesinnte unhaltbare Situation gewinnt die programmatische Intention der *Freistatt* an Gewicht.[373] Insbesondere die Vermittlung von originaler Literatur
jeglicher Gattung, von echten ostjüdischen Bildern soll hier dienlich sein, eine
Brücke zwischen Ost- und Westjudentum zu bauen. Die Stellung der Literatur
innerhalb der *Freistatt* ist dementsprechend relevant. Die Auswahl der literarischen Texte zeugt von konsequenter aber auch qualitativ hochwertiger Umsetzung der Programmatik. Doch nicht nur die Primärquellen sondern vor allem
auch die Rezensionen und kritischen Abhandlungen zur zeitgenössischen jüdischen Literatur sind in diesem Zusammenhang zu betrachten – und damit vor
allem auch die bekannte *Freistatt*-Debatte.

3.3   Die Literaturdebatte in der *Freistatt*

»Gerade angesichts dieser Forderung nach eigenen Maßstäben bei der Bestimmung und Beurteilung jüdischer Dichter und ihrer Literatur prallten
Nationaljudentum und Assimilationsjudentum abermals aufeinander, und
zwar in einer Debatte in der jüdischen Zeitschrift ›Die Freistatt‹.«[374] Diese
Diskussion muss in direkter Nachfolge der *Kunstwart*-Debatte gesehen werden, denn auch hier stehen »literarhistorische Probleme im Mittelpunkt der
deutsch-jüdischen Literaturdiskussion«[375]. Die so genannte *Freistatt*-Debatte
wird von Ludwig Strauß begonnen, der sich in seinem Beitrag »Ein
Dokument der Assimilation« mit Julius Babs Text »Der Anteil der Juden an
der deutschen Dichtung der Gegenwart« auseinandersetzt. Die zunächst
lediglich als Vortrag vorliegende Abhandlung gilt auch als Babs Beitrag zur
Kunstwart-Debatte und wird innerhalb dieser Diskussion von Nathan

---

[372] Vgl. hierzu Kapitel 4.2.2.

[373] Silberroth fordert in der *Freistatt* gar, dass man sich aus ökonomischen, aber vor
allem auch aus produktiv-kulturellen Gründen zusammenschließen soll, um die
Kulturarbeit im Westen zu stärken. Vgl. Moses Nachman Silberroth: Organisierung der jüdischen Kulturarbeit im Westen. In: Die Freistatt 1 (22. August 1913)
H. 5, S. 311–313.

[374] Mittelmann, Die Assimilationskontroversen im Spiegel der jüdischen Literaturdebatte am Anfang des 20. Jahrhunderts (wie Kap. 2, Anm. 30), S. 160.

[375] Shedletzky, Literaturdiskussion und Belletristik in den jüdischen Zeitschriften in
Deutschland 1837–1918 (wie Kap. 2, Anm. 107), S. 278. »Die Erörterung dieser
Fragen ist jedoch in den meisten Beiträgen [...] überschattet von apologetischer Be-
fangenheit. Diese manifestiert sich am stärksten bei Julius Bab und Ludwig
Strauss, in ihrer Charakterisierung künstlerischen Schaffens durch rassenbedingte
Veranlagung, sowie in der von beiden vollzogenen Verinnerlichung antisemiti-
scher Argumente betreffend die künstlerische Unproduktivität der Juden.« Ebd.

Birnbaum kommentiert,[376] aber »[i]t was not, however, until its republication [...] that it caused a controversy«[377].

Für den 1880 in Berlin geborenen Bab ist »[d]as Verhältnis zwischen Judentum und Deutschtum [...] zeit seines publizistischen Lebens eine wichtige Fragestellung«[378]. So wird auch bereits im ersten Satz des die Debatte auslösenden Textes seine deutsch-jüdische Position offenkundig. »Unsere deutsche Kultur und unsere deutsche Dichtung gilt im wesentlichen als das Werk einer einheitlich germanischen Rasse.« (3) Die Verwendung der Possessivpronomen unterstreicht Babs bewusstes Deutschtum, seine Position als jüdischer Deutscher und eben nicht als deutscher Jude. »Die Liebe zu Deutschland stand für Bab stets über seiner Zugehörigkeit zur jüdischen Glaubensgemeinschaft.«[379] Damit ist für ihn eine erfolgreiche deutsch-jüdische Symbiose möglich, denn

---

376 Vgl. Acher, Zur Frage des jüdischen Geisteslebens in Deutschland (wie Kap. 2, Anm. 173). Vgl. auch Kapitel 2.2.3.

377 Elisabeth Albanis: German-Jewish Cultural Identity from 1900 to the Aftermath of the First World War. A comparative study of Moritz Goldstein, Julius Bab and Ernst Lissauer. Tübingen: Niemeyer 2002 (Conditio Judaica. Studien und Quellen zur deutsch-jüdischen Literaturgeschichte; 37), S. 158. Nach der Publikation in der *Kölnischen Zeitung* veröffentlicht Bab den Aufsatz noch einmal in den *Mitteilungen des Verbandes der jüdischen Jugendvereine Deutschlands*. Vgl. Julius Bab: Der Anteil der Juden an der deutschen Dichtung der Gegenwart. In: Mitteilungen des Verbandes der Jüdischen Jugendvereine Deutschlands 3 (Dezemberheft 1912) H. 12, S. 3–9. und ebenso in: Kölnische Zeitung. Wochenausgabe 26 (21. September 1911) H. 38, S. 3–4. Im Folgenden wird die letztgenannte Quelle als Vorlage verwendet, da das Dezemberheft der *Mitteilungen* nicht mehr zu eruieren ist. Zudem ist bereits an dieser Stelle darauf hinzuweisen, dass für Bab vor allem die Betrachtung der deutschen Dichtung – mehr als jegliche andere Form von Literatur – seine Beweisführung stützen würde. Vgl. ebd.

378 Stefanie Oswalt: Julius Bab. In: Metzler Lexikon der deutsch-jüdischen Literatur (wie Kap. 2, Anm. 279), S. 26–28; hier: S. 26. An dieser Stelle sei auf die Berliner Gedenktafel am Haus Bundesallee 19 hingewiesen, die am 11. Mai 1989 enthüllt wird und an Bab erinnert. (11.12.1880–12.02.1955) Vgl. Charlottenburg – Wilmersdorf. Gedenktafel für Julius Bab. Auf: www.berlin.de/ba-charlottenburg-wilmersdorf/wissenswertes/gedenktafeln/bab.html, aufgerufen am 28. September 2004.

379 Klaus Siebenhaar: »Denn um Abschied geht es ja nun.« Julius Bab, die deutsche Kultur und die »Judenfrage«. In: Julius Bab: Leben und Tod des deutschen Judentums. Hg. von Klaus Siebenhaar. Berlin: Argon 1988, S. 147–154; hier: S. 148. Bab ist Mitglied des ›Centralvereins deutscher Staatsbürger jüdischen Glaubens‹ und dokumentiert seine Verbundenheit mit Deutschland unter anderem auch dadurch, dass er zunächst nicht wie viele seiner Glaubensgenossen mit der ›Machtübernahme‹ Hitlers ins Ausland emigriert. Die Diskussionen um die Zugehörigkeit der Juden zur deutschen Kultur ist für ihn letztlich keine relevante Debatte, denn »für den assimilierten deutschen Juden Bab gab es allein eine deutsche Kultur«. Ebd., S. 149.

»[u]nlike Goldstein, Bab perceived ›Deutschtum‹ and ›Judentum‹ as not only compatible, but mutually stimulating and fruitful.«[380]
Zudem bildet die Verknüpfung seiner literarischen Untersuchung mit rassetheoretischen Merkmalen ein wichtiges Fundament seines Ansatzes, da die jüdische Rasse

> durch geschichtliches Schicksal dazu gelangt [sei], im Geist und in der Sprache des deutschen Volkes zu leben und zu arbeiten, die, völlig ins innere Getriebe dieser Literatur aufgenommen, doch immer ihre besondere irgendwelche Spannungen erzeugende Eigenart innerhalb des größern Ganzen behalten muß (3).

Wenn man nun den »Anteil der Juden an der deutschen Dichtung der Gegenwart« herauszufiltern und zu analysieren sucht, müsse man sich bewusst sein, dass man allein durch die Fragestellung sowohl Antisemiten, die jeglichen ›andersartigen‹ kulturellen Einfluss als schädlich ansehen würden, als auch assimilatorische Juden, die im deutsch-jüdischen Schaffensprozess jegliche Form von jüdischen Einflüssen ableugneten, zu Gegnern habe.

> Da ich nun aber [...] als Jude mich in mancherlei Art an ererbte Eigenschaften meiner Rasse gebunden fühle und doch mit allen Kräften an deutscher Kulturarbeit teilnehmen will, so sehe ich auch die Juden nicht als fremdartige Schädlinge den eigentlich lebendigen Körper der deutschen Literatur zersetzen, sehe sie vielmehr sehr deutlich als eine bestimmt zu charakterisierende Potenz, die innerhalb dieses großen Organismus ganz bestimmte Funktionen übernommen hat. (3)[381]

Besonders eine von den Juden übernommene Aufgabe müsse hier hervorgehoben werden: die ›übersetzerische‹ Fähigkeit, wobei damit nicht nur die herkömmliche Übertragung eines Textes von der einen in die andere Sprache gemeint sei, sondern auch die Begabung, »sich von einer andern Kraft bis zur nachschaffenden Produktivität begeistern zu lassen« (3) und diese dann weiter zu vermitteln. Letzteres sei für die Mehrheit der im literarischen Leben Deutschlands aktiven Juden relevant. Daher gebe es auch überproportional viele deutsch-jüdische Redakteure, Kritiker und Verleger. Aufgrund der angesprochenen rassisch geprägten Fähigkeiten bestreitet Bab, dass ›arische‹ Kräfte in diesen Bereichen besser arbeiten könnten oder dass diese von den Juden aus den benannten Berufen verdrängt würden. »Und so wage ich auszusprechen, daß die bedeutende Stellung der Juden im literarischen Mittlertum Deutschlands in der Tat nur eine Folge ihrer besondern Veranlagung für solche Funktion ist [...].« (3)
Rassisch gesehen seien die Juden dagegen nicht literarisch-produktiv veranlagt, sodass es nicht verwundere, dass der jüdische Prozentsatz innerhalb der

---

380 Albanis, German-Jewish Cultural Identity from 1900 to the Aftermath of the First World War (wie Anm. 377), S. 149.

381 Natürlich müsse man hierbei generelle Aussagen treffen, sodass subjektive und individuelle Eigenschaften diverser Schriftsteller lediglich dann von Interesse seien, »soweit sie repräsentativ sind für eine besondere Art zu sehen und zu arbeiten, die als spezifisch jüdisch gelten kann [...]«. Ebd.

deutschen Dichtung nur sehr gering ausfalle. Und genau dieses Faktum belege auch das Unrecht der Antisemiten in Bezug auf die von ihnen heraufbeschworene Gefahr von einer ›verjudeten‹ deutschen Kultur. Denn »unter den tonangebenden deutschen Dichtern der Gegenwart, unter denen, die man als kulturelle Beweger, als ästhetische Stilbildner bezeichnen kann, [sei] *überhaupt kein Jude* [...]« (3), sodass die »ganze Philisterkühnheit eines Adolf Bartels« (3) benötigt würde, um die Legende vom großen Einfluss der Juden auf die deutsche Dichtung zu beschwören. Stefan George, die Gebrüder Mann sowie Gerhart Hauptmann als herausragende zeitgenössische Dichter seien keine Juden, sondern müssten vielmehr »jedem unbefangenen Blick als höchst charakteristische Neuformungen *deutschen* Wesens erscheinen« (4). Unter ihren Verfechtern, Biographen, ja sogar Nachahmern seien dagegen viele Juden, doch diese Tatsache rechtfertige in keiner Weise die Behauptung, »daß der Einfluß des jüdischen Mittlertums die deutsche Literatur ›verjudet‹, daß sie der reinen Entfaltung deutschen Wesens im Wege sei« (4). Damit sucht Bab zwar antisemitische Argumentationen zu entkräften, bestärkt aber gleichzeitig die antisemitischen Vorurteile durch die Darstellung der jüdischen ›Macht‹, die auf ihrem Mittlertum basiert, durch das sie Schlüsselstellungen in Verlagen und Redaktionen einnehmen, sowie durch die Beschreibung der damit verbundenen ›kaufmännischen‹, kommerziellen Stärke der Juden.[382]

> Although Bab's article was intended to preempt rather than create anti-Semitic suspicion, his analogies to the commercial sphere, confinement of Jews to reproductive activities and portrayal of a divorce from nature where Jewish artistic expression was concerned, all contributed to fuelling subsequent criticism.[383]

Das Fehlen der dichterischen Fähigkeiten bei den deutschen Juden sieht Bab auch in einer weiteren jüdischen Veranlagung begründet: der mangelnden ›Naturnähe‹.

> Sie sind nicht Söhne, sondern Enkel der Natur, sie kommen nur auf kulturellem Umwege zu ihr; sie haben die Unschuld der Sinne nicht, sie müssen alles durch die Idee, die Reflexion, den Vergleich treiben – und sie sind deshalb bei allen reichen Gaben nie Dichter im großen elementaren Sinne des Wortes. (4)

---

[382] Auch Babs Darstellung der jüdischen Dichter als durchaus talentierte aber wenig kreative Künstler findet Anklang in der antisemitischen Propaganda. »The reason that Bab's argument that Jews were talented, but not genuinely creative hit a soft spot stemmed from its resemblance to previous claims by, for instance, Heinrich von Treitschke [...]. Similarly H, S. Chamberlain claimed: ›Alle, die überhaupt das Recht haben, mitzureden, bezeugen nämlich einstimmig, daß der Mangel an Phantasie, oder sagen wir, die Armut der Phantasie, ein Grundzug des Semiten sei.‹« Albanis, German-Jewish Cultural Identity from 1900 to the Aftermath of the First World War (wie Anm. 377), S. 164. Sie zitiert hier aus Chamberlains »Die Grundlagen des neunzehnten Jahrhunderts«.

[383] Albanis, German-Jewish Cultural Identity from 1900 to the Aftermath of the First World War (wie Anm. 377), S. 162.

Originalität und reine Produktivität sei in jüdischer Literatur aufgrund der rassebedingten Anlagen somit nur bedingt zu erreichen.[384] So lässt Bab nur wenige Ausnahmen gelten, die jüdisches Schaffen in der deutschen Kultur zeigen. Zum einen müsse man Hugo von Hofmannsthals Werk als exemplarisches Modell jüdischer »verarbeiteter Dichtkunst« betrachten, als »Grenzfall von Mittlertum und Schöpfertum, von Reproduzieren und Produzieren« (4). Zum anderen sei Religionspoesie ein ebensolcher Sonderfall, denn sie sei »eine Aussprache mit dem Geist von Angesicht zu Angesicht und brauch[e] den Umweg über die Welt der Sinnlichkeiten, über eigentliche Gestalten nicht mehr« (4). Dies könne man in der Lyrik Alfred Momberts[385] und mit wenigen Abstrichen auch in der Else Lasker-Schülers beobachten, sodass man rein kognitives vom Geist durchdrungenes Schreiben als jüdisch-literarische Qualität anerkennen müsse.[386]

Herausragend sei zudem das Bemühen eines Moritz Heimann, der durch intensive Arbeit auf dem Weg sei, ein deutscher Dichter zu werden, gerade weil er »das überlegene Recht der Wirklichkeiten in jedem Augenblicke spürt und gelten läßt« (4).[387] Dessen Werk sei lobenswert und in der allgemeinen Situation der deutsch-jüdischen Dichter ein rühmlicher Einzelfall.

> Die natürlichste und sicherste Leistung der Juden aber, die aus der geschilderten Veranlagung folgt, bleibt das Mittleramt, bleibt Kritik und Prophetie. Die Juden pflegen für jede große Natur das scharfe Auge der Sehnsucht und das starke Wort des wahrhaft Bedürftigen zu haben, und so glaube ich, daß ihr Anteil an der deutschen Dichtung der Gegenwart kein im höchsten Sinne schöpferischer, aber doch durchaus ein positiver ist. (4)

---

[384] »So weisen alle Ausnahmen, Variationen und Einschränkungen doch schließlich auf die eine Tatsache zurück, daß dem Juden, so weit er unter der Herrschaft der ererbten Eigenschaften seiner Rasse steht, die eigentliche dichterische Produktivkraft im reinsten und stärksten Sinne des Wortes mangelt.« Bab, Der Anteil der Juden an der deutschen Dichtung der Gegenwart (wie Anm. 377), S. 4.

[385] Vgl. hierzu auch einen deutlich späteren Aufsatz Babs, in dem er Momberts dichterische Qualitäten ebenfalls positiv hervorhebt, denn »Alfred Momberts Kunst gehört zu den stärksten und sicherlich reinsten dichterischen Kraftquellen, die im letzten halben Jahrhundert von Menschen jüdischer Abkunft in deutscher Sprache ausgingen«. Julius Bab: Alfred Mombert. In: Der Morgen 12 (10. Januar 1937) H. 10, S. 467–471; hier: S. 467. Vgl. auch Bubers positive Abhandlung über Mombert und dessen Stellung in der literarischen Gegenwart. Martin Buber: Alfred Mombert. In: Juden in der deutschen Literatur (wie Kap. 2, Anm. 166), S. 113–120.

[386] »[D]ieses nicht in der Natur Ruhen, dieses ganz und gar auf den kulturellen geistigen Zusammenhang Gestelltsein, das scheint mir eben das Jüdische.« Bab, Der Anteil der Juden an der deutschen Dichtung der Gegenwart (wie Anm. 377), S. 4.

[387] Wie hoch Bab Heimanns Bestrebungen bewertet, zeigt sich auch in einem weiteren ausführlichen Aufsatz über diesen. Vgl. Julius Bab: Moritz Heimann. In: Juden in der deutschen Literatur (wie Kap. 2, Anm. 166), S. 260–292.

Damit bleibt für Bab die Hoffnung auf die Realisierung »jenes idealen Dichtertums nicht aus der jüdischen, sondern aus der deutschen Kultur«[388].

3.3.1 Die einzelnen Beiträge der *Freistatt*-Debatte

Vor allem weil Babs Aufsatz im *Mitteilungsblatt* die leicht lenkbare Jugend als Adressaten anspreche, aber auch weil er die kulturelle Situation der deutschen Juden realistisch zeichne, sieht Strauß die Notwendigkeit einer ausführlichen Besprechung der Abhandlung. Mit seiner nationaljüdischen Anschauung grenzt er sich – wie schon im *Kunstwart* gegen Ernst Lissauer – nun gegen Julius Babs Thesen ab.[389]

> Mit der bewußten Hinwendung zum Judentum suchte der Weggefährte und Schwiegersohn Bubers die schöpferische und sinnlich-dichterische Begabung auch der modernen deutschen Juden unter Beweis zu stellen, die ihnen nach einem Vorurteil der Zeit, das von Bab und Strauß geteilt wurde, angeblich verloren gegangen war.[390]

Daher sei die ›Übersetzertätigkeit‹, die Bab den Juden zuschreibe, nur am Rande zu betrachten, denn Strauß findet gerade die Sequenzen des Textes interessanter, in denen sich Bab »über die dichterische Leistung der deutschen Juden und weitergehend über die produktive dichterische Fähigkeit der Juden«[391] äußert. Methodisch hält Strauß Babs Argumentation für bedenklich, denn »nur wo eine Gemeinschaft sich in der ihrem Wesen gemäßen Lage befindet, in einer normalen, natürlichen Situation, läßt sich aus ihren Leistungen mit Sicherheit auf ihre Fähigkeiten schließen« (14). Da dies aber bei den Juden und im Speziellen bei den Westjuden nicht gegeben ist, muss man Babs Anschauungen kritisch betrachten. Schließlich ist die literarische Produktivität für Juden nicht aufgrund ihrer Rasse unmöglich, sondern aufgrund der schädlichen assimilatorischen Umwelt.[392] Strauß ist der Überzeugung, dass Bab durchaus jüdische Schriftstellertalente hätte finden können, wenn er sich denn auch der

---

[388]   Herzog, Zur Modernitätskritik und universalistischen Aspekten der »Jüdische Renaissance« in der deutschsprachigen Literatur zwischen Jahrhundertwende und 1918 (wie Kap. 2, Anm. 18).

[389]   Unter seinem Pseudonym Franz Quentin versucht Strauß schon in der *Kunstwart*-Debatte darauf hinzuweisen, dass deutsch-dichtende Juden durchaus in der Lage seien, nationale Kultur zu schaffen. Vgl. Kapitel 2.2.3.

[390]   Herzog, Zur Modernitätskritik und universalistischen Aspekten der »Jüdische Renaissance« in der deutschsprachigen Literatur zwischen Jahrhundertwende und 1918 (wie Kap. 2, Anm. 18).

[391]   Ludwig Strauß (Franz Quentin), Ein Dokument der Assimilation (wie Anm. 143), S. 14. Folgende Zitate sind im Text nachgewiesen.

[392]   Bereits einleitend betont Strauß, dass die Bab'sche Annahme, eine jüdische Rasse existiere auch innerhalb des deutschen Judentums, untersucht werden müsse, da man daran aufzeigen könne, »wie weit die jetzt beliebte Anschauung von den deutschen Juden als einer Art deutschen Stammes genügt, das Jüdische in uns freizumachen«. Ebd., S. 14.

ostjüdischen Literatur zugewandt hätte. »Wir glauben: nicht weil die deutsch-jüdischen Dichter Juden sind, sondern weil sie schon viel zu viel von ihrem Judentum aufgegeben haben, finden sich unter ihnen so unverhältnismäßig oft reproduktive statt ursprünglich schöpferischer Begabungen.« (14)

Genau wie Bab erkennt Strauß damit zwar an, dass es nur wenige dichtende Juden innerhalb des deutschen Kulturbetriebs gibt, allerdings erklärt er diesen Zustand im Gegensatz zu Bab mit den Einflüssen der Assimilation. Zudem muss auch Babs Aufsatz als eine Abhandlung gesehen werden, die »typisch für die geistige Knechtschaft« (15) des deutschen Judentums ist und daher ein »Dokument der Assimilation« darstellt.

In zwei Argumentationsschritten sucht Strauß Babs These von der Negation der sinnlichen Unschuld bei den deutschen Juden zu entkräften. Zum einen habe dieser durchaus Recht, wenn er aufzeigt, dass jüdische Dichtung häufig reflexionsorientierte und geistige Züge trägt, was er sowohl anhand der Bibel als auch anhand etlicher poetischer Texte jüdischer Autoren belegt sieht.[393] Zum anderen aber steht jüdische Dichtung – selbst wenn sie »rein gefühlsmäßig« sei – über der »Welt der Natur« (15) wie sonst nur die Idee selbst, was er an Lasker-Schülers Dichtkunst zu demonstrieren sucht. Die dadurch dargestellte

> starke subjektive Umwertung der Natur tritt an die Stelle der »Unschuld der Sinne«, die Bab wohl mit Recht den Juden abspricht, und doch ist das Hohelied, doch sind viele Verse Lasker-Schülers oder Momberts große Dichtung – vielmehr nicht *doch* sondern *deshalb*: denn jedes starke und echte Verhältnis zur Welt und zum Leben vermag an sich große Kunstwerke zu konstituieren, wenn es nur in einer Persönlich-keit zur künstlerischen Form gelangt. Bab aber spricht die künstlerische Aus-drucksmöglichkeit *einem* solchen Verhältnis ab: dem bei jüdischen Dichtern sicher häufigsten, dem, in welchem meist das Geistige das Gefühlsmäßige, jedenfalls das Psychische das Sinnliche überwiegt. (16)

Innerhalb der jüdischen Dichtung gibt es aber durchaus sinnliche Elemente – schon allein durch die Nähe zur Musik. Doch die eigentliche Stärke jüdischer Poesie, die primär im Geistigen und weniger im Sinnlichen liege, erkennt Bab einfach nicht an.[394] Dies ist aber letztlich dessen subjektives und ästhetisches Problem, denn »hier steht Voraussetzung gegen Voraussetzung, Grundsatz gegen Grundsatz, und es hat keinen Zweck, verstandesmäßige Gegenbeweise zu versuchen« (16).

---

[393] Zudem verweist er zur Untermauerung dieser These auf seinen *Kunstwart*-Beitrag, aus dem er zitiert: »Das Gefühl ist hier körperfrei, es lebt nicht wie das Göthe's in der sinnlichen Welt wie in einem Leibe, von ihr wesentlich bedingt: es schafft sie beliebig um, es gibt ihr die Form, die seine Sonderart am stärksten ausdrückt.« Ebd., S. 15. und vgl. Franz Quentin [d. i. Ludwig Strauß], [Replik auf »Deutsch-jüdischer Parnaß«] (wie Kap. 2, Anm. 181), S. 243.

[394] »Nun zeigen die jüdischen Dichter durchweg ein weit stärkeres Gefühl für Tatsachen der geistigen Welt, und ihre Dichtung wirkt daher, abgesehen vom musikalischen Wert der Worte, mehr durch ihren geistigen Gehalt als durch ihren Gehalt an sinnli-cher Vorstellung. Diese Wirkungsmittel erscheinen uns als künstlerische, Bab als au-ßerkünstlerische.« Strauß, Ein Dokument der Assimilation (wie Anm. 143), S. 16.

Das Prinzip, auf dem Babs Thesen basieren, ist zudem nicht konsequent, sondern widerspricht, ja vernichtet sich gar selbst. Hier rekurriert Strauß auf Babs anerkennende Worte über Momberts Dichtung, obwohl dieser alle typisch jüdisch-dichterischen Eigenschaften verkörpert. Indem er Momberts Dichtung als Religionspoesie klassifiziert, sucht Bab den Widerspruch innerhalb seiner Argumentation zu überspielen. »Nun, diese Einteilung des *Stoffs* im geistigen und ungeistigen scheint mir merkwürdig flach und mechanisch. Der Verliebte sieht alles mit verliebten Augen, und so wird dem Geistigen alles zu Geist, was er ansieht.« (17) Wenn Bab aber im Besonderen geistige jedoch nicht sinnliche Qualität zulässt, muss sie auch im Allgemeinen zulässig sein. »Damit ist natürlich die Anschauung, dichterische Begabung hänge mit einer naiven Sinnlichkeit unlöslich zusammen, nicht widerlegt.« (17) Das für Babs Abhandlung grundlegende Prinzip erweist sich hiermit als nicht allgemeingültig. Doch damit stelle sich die Frage, wieso Bab diese Unterscheidungen macht, die offensichtlich in der zeitgenössischen Literaturkritik wurzeln.

> Sieht ein Kritiker deutlich das Verstandesmäßige am Werke, findet er Pointen, bemerkt er eine weniger anschaulich-bildliche als geistige und rhetorisch-musikalische Formung, so ist die betreffende Dichtung für ihn erledigt. (Hier kann natürlich nur von den Kritikern die Rede sein, die wirklich Kunst kritisieren wollen, d.h. geformten Stoff, nicht von der Menge Schreiber, die am Stofflichen haftet und vielleicht oft anders denkt.) (18)

Vorbildfunktion für die moderne sinnliche Dichtkunst hat Goethes Werk, »das in hohem Grade den Geschmack bestimmt« (18).[395] Für die Deutschen ist daher auch die »instinktive Verachtung Göthes für die rein Geistigen« (18) maßgeblich. Daher teilt sich die Kulturszene in zwei Gruppen auf: in Herren, die dem dogmatischen Ansinnen und den Ideen Goethes unterliegen, und Sklaven, deren eigenes geistiges Produkt nicht anerkannt werden dürfe, da man vom Fremden beherrscht werde. So unterliegt jüdische Sklaven-Dichtung einem Dogma, das eigentlich gar nicht für die jüdischen sondern lediglich für die deutschen Dichter Geltung hat.[396] Und damit gilt für Strauß, dass »[d]er

---

[395] »Der Wandel der jüdischen Goethe-Rezeption – vom Enthusiasmus der Berliner Salons zu Beginn des 19. Jahrhunderts über die Goethe-Kritik eines Börne und Riesser zum neuen Goethekult eines Berthold Auerbach und Julius Rodenberg, aber auch zu den Arbeiten jüdischer Goetheforscher nach 1860« – wird u. a. skizziert bei Horch, Die Juden und Goethe (wie Kap. 2, Anm. 154); hier: S. 128. »Goethe gilt zur Zeit der Jahrhundertwende auch in der AZJ als größter Dichter Deutschlands, als großer Realist und in dieser Hinsicht als Antipode Schillers [...]«. Ebd.

[396] »Bab's dismissal of the ability of Jews to write poetry results, Strauß writes, from applying German standards to Jewish art. In using Goethe as the ultimate measuring standard of true poetry, Bab had, in Strauß's view, adopted a German standard with which to compare Jewish works, which, he argued, was equivalent to imposing foreign laws on them.« Albanis, German-Jewish Cultural Identity from 1900 to the Aftermath of the First World War (wie Anm. 377), S. 163.

Artikel Bab's, der die künstlerische Arbeit der Juden verwirft, weil er den Maßstab der Deutschen an sie anlegt, [...] ein Dokument unserer geistigen Knechtschaft [ist]« (18). Die jüdischen Dichter müssen sich nun entscheiden, ob sie gemäß der unfreien deutschen Kulturansprüche arbeiten wollen oder sich – wie Strauß – von der ›Knechtschaft‹ zu befreien suchen. »Wir glauben, in der Kunst wie in allen Dingen, unsern höchsten Zielen nur näher zu kommen, indem wir unsern tiefsten Trieben folgen – und die stehen unter den alten, großen Gesetzen der jüdischen Art.« (19) Orientieren muss man sich dabei an Mathias Acher, der eben diesen Weg schon gegangen ist und damit als Gegenbeispiel zu Babs Theorie fungieren kann.[397]

Letztlich ist Babs Aufsatz nur eine Reaktion auf den Zustand der deutschen Juden in der deutschen Kultur. Doch »[i]nnere Freiheit finden wir nur, wenn wir ein Milieu finden, das in seinem kulturellen Gehalt von den gleichen Grundkräften bestimmt ist wie unsere Seele« (19). Da dieses Milieu aber bereits in der ostjüdischen Kulturgemeinschaft vorhanden ist, gibt es für Strauß auch nur den einen Weg für einen deutsch-jüdischen Dichter: »Anschluß an die jüdische, das heißt heute die ostjüdische Kultur« (19).

In diesem wie auch in seinem *Kunstwart*-Aufsatz erkennt Strauß die Problematik der deutsch-jüdischen Dichter ebenso wie Bab und Lissauer an. Die Dominanz der reproduktiven literarischen Aufgaben der Juden in der deutschen Kultur, die Übergangsphase, in der sich die jüdischen Dichter befinden, sowie die dogmatische Definition von Literatur als Nationalliteratur hat für beide sonst so gegensätzliche Parteien Gültigkeit. »Für beide Seiten war die eindeutige Verwurzelung in einer nationalen Kultur eine unbedingte Voraussetzung für die optimale schöpferische Leistung eines Dichters.«[398] Die Schlussfolgerungen der Diskussionsgegner könnten aber unterschiedlicher nicht sein. Während Strauß eine bewusstere Hinwendung zum Jüdischen und letztlich eine Form von ›Assimilation‹ an den Osten fordert, propagiert Bab – auch in seinem zweiten Beitrag zur *Freistatt*-Debatte – die stärkere Betonung des Deutschen innerhalb der deutsch-jüdischen Dichtung. »Er plädierte für ein harmonisches Zusammengehen von Juden und Deutschen, wobei er ein jüdi-

---

[397] »Als Bab einmal ähnliche wie die hier behandelten Gedanken über das Dichtertalent der Juden in einem Vortrag aussprach, schrieb Mathias Acher in einem Genartikel ganz nebenbei von Babs ›merkwürdiger‹ Auffassung der Kunst als einer ›Attacke der Sinne auf die äußere Welt‹. Kein jüdischer Schriftsteller der deutschen Moderne hätte mit solcher Selbstverständlichkeit das Dogma von der sinnlichen Kunst als etwas Fremdartiges zurückweisen können. Acher konnte es, denn er ist längst den Weg heim gegangen: den Weg zum jüdischen Volk.« Strauß, Ein Dokument der Assimilation (wie Anm. 143), S. 19. Strauß verweist hier auf den *Ost und West*-Beitrag Birnbaums zur *Kunstwart*-Debatte. Vgl. Acher, Zur Frage des jüdischen Geisteslebens in Deutschland (wie Kap. 2, Anm. 173). Siehe auch Kapitel 2.2.3.

[398] Shedletzky, Fremdes und Eigenes (wie Anm. 330), S. 177.

sches Bewußtsein anerkannte, sofern es mit der deutschen Kultur verbunden bzw. in sie eingebunden sei.«[399]

Bab folgt mit seiner Erwiderung auch der Aufforderung des Herausgebers der *Freistatt*, Julius Kaufmann, der eine lebhafte Literaturdiskussion in der Monatsschrift anzuregen sucht.[400] Insgesamt bemerkt Albanis eine deutliche Verschiebung der Argumentationsschwerpunkte in Babs zweitem Text. »Bab's efforts to avoid a confrontation on this topic stemmed from his view that the German and Jewish elements were reconcilable. Yet this idea fed on subjective perceptions and excluded a more general discussion of the acceptance of Jewish involvement in German culture.«[401] So stellt Bab zu Beginn seiner Abhandlung mit dem Titel »Assimilation« deutlich heraus, dass sie keine Antikritik sei, da sie »ganz wesentlich im Bekenntnis eines prinzipiell verschiedenen Standpunktes bestehen [werde]«[402]. Zudem betont er, dass er sich bewusst sei, dass auch die *Freistatt*-Leser nicht seiner Meinung seien. Trotzdem muss das Bemühen um die Debatte in dieser Zeitschrift positiv hervorgehoben werden, da man sich hier ernsthaft mit dem so dringlichen Problem beschäftigt. Ganz entschieden verwehrt sich Bab allerdings dagegen, als Assimilant im zionistischen Sinne bezeichnet zu werden, da er sich zwar zu seinem Deutschtum durchaus bekenne, aber auch seine jüdischen Wurzeln nicht verleugne.

> Ich habe es mir äußerlich und innerlich mit meinem Judentum viel zu sauer werden lassen, um die Bezeichnung als Assimilant in diesem Sinne nicht mit einiger Verachtung abwehren zu können. Wenn man, wie ich es getan habe, höchst freiwillig das Problem nach der Wirkung des jüdischen Blutes innerhalb der literarischen Kultur Deutschlands aufrollt, so sollte man gegen den Verdacht, zu den Bekennern des Vertuschungs- und Verschleierungsideals zu gehören, ja ohne weiteres geschützt sein. (172)

Aber man könne sich in dieser Diskussion auch nicht allein auf eine »alljüdische« Perspektive beschränken, da damit wesentliche deutsche Aspekte innerhalb der deutsch-jüdischen Kultur vernachlässigt würden, wohingegen die

---

[399] Herzog, Zur Modernitätskritik und universalistischen Aspekten der »Jüdische Renaissance« in der deutschsprachigen Literatur zwischen Jahrhundertwende und 1918 (wie Kap. 2, Anm. 18).

[400] Vgl. Julius Kaufmann: [Bemerkung zu Julius Babs »Assimilation«]. In: Die Freistatt 1 (15. Juni 1913) H. 3, S. 171. »Es folgt am Donnerstag von Bab ein Aufsatz ›Assimilation‹ der eine Entgegnung darstellt auf Str' Artikel. Dann kommt von Straus [!] eine Erwiderung. Für uns ist das, aus Attraktivitätsgründen, ein willkommenes Fressen, und wird vielleicht Anlass geben zu einer grösseren ausgedehnten Debatte.« Brief von Fritz Mordechai Kaufmann an Julius Kaufmann. [ohne Datumsangabe]. In: CAHJP. Jerusalem. P 113/R8.

[401] Albanis, German-Jewish Cultural Identity from 1900 to the Aftermath of the First World War (wie Anm. 377), S. 165.

[402] Julius Bab: »Assimilation«. In: Die Freistatt 1 (15. Juni 1913) H. 3, S. 171–176; hier: S. 171.

ostjüdische Kultur deutlich zu hoch eingeschätzt würde. Letztlich seien viele
unterschiedliche Gesichtspunkte zu betrachten – nicht nur das jüdische Erbe.
»To Bab humanity and nationality were determined by a number of factors of
which heritage or race was only one.«[403] Neben dem Erbgut der Rasse stehen
Bab zufolge

> zu gleichem Recht andere, gewaltige Faktoren; und einen Menschen, der mit der
> Luft und den Speisen Deutschland[s] seinen Leib, mit der Sprache Deutschlands
> sein Gehirn großgenährt hat, aus dem Organismus der deutschen Kultur herausbre-
> chen wollen, und ihm als eigentliche Volksgemeinschaft eine östliche Masse zuwei-
> sen, mit der er ausschließlich Blutstraditionen gemeinsam hat, das scheint mir unmög-
> lich und eine *ebenso* große Verleugnung der wirklichen und wirksamen Dinge, wie
> andererseits der Versuch, die Existenz jener ererbten Eigenschaften, die den jüdischen
> von jedem anderen Deutschen unterscheiden, aus der Welt zu reden. (172–173)

Im Gegensatz zu »dem utopischen Nationalismus der Zionisten« (173) fordert
Bab nicht nur die Bindung an die jüdischen Wurzeln und Traditionen sondern
auch die Achtung vor der Implementierung in die deutsche Kultur, die un-
trennbare Verbindung mit dieser und damit natürlich auch mit der deutschen
Sprache. Man könne gar nicht ernsthaft auf den Einfluss der deutschen Kultur
im deutschen Judentum verzichten, dies sei letztlich nur eine Illusion. Ebenso
sei die Lösung des Kulturproblems im Ostjudentum nicht zu finden, da die
Ostjuden sich vielmehr gerade europäisieren würden, während die Westjuden
sich von diesen ihnen so eigen gewordenen Kräften ›kastrierten‹. Der »Jüdische Geist« sei eben nicht an eine Nation gebunden, sondern vielmehr auf alle
europäischen Staaten hin übertragbar und in diesen lebensfähig. »Sich zum
Wesen und zu der Gewalt dieser Kraft bekennen, heißt für mich Jude sein. Sie
in unfruchtbarer ›Reinkultur‹ ihren lebendigen Zusammenhängen entziehen,
heißt mir ›Nationaljude‹ sein.« (173) Dementsprechend hofft Bab auf die
Kurzlebigkeit des Nationaljudentums, sodass »der Fels der liberalen Mensch-
heitsidee« (174) triumphieren könne.

Des Weiteren sucht Bab die abweichende Auffassung Strauß' zur jüdisch-
schöpferischen Dichtung zu diskutieren. Er spricht den Juden nicht schöpferische
Kraft im Allgemeinen ab, denn der Jude sei »schöpferisch auf allen rein geistigen Gebieten: in der Religion, in der Philosophie, in der Soziologie und jeglicher
Wissenschaft – auch in der Kritik, denn es gibt eine durchaus schöpferische, von
Rezension und Reportage himmelweit entfernte! ›Kritik‹.« (174) Es ist dagegen
aber nun einmal Fakt, dass Kunst sowohl Sinnlichkeit als auch Übersinnlichkeit
aufweisen müsse, aber nicht ein rein geistiges Produkt sein könne.

> Überall wo die Seele ohne das Medium einer gestalteten Sinnlichkeit unmittelbar
> von ihrer Gottesschau berichten will, da beginnt das Reich der mystischen Konfessi-
> on, das nur durch die letzten, aus der Sprache eben nie abzulösenden Elemente sinn-

---

[403] Albanis, German-Jewish Cultural Identity from 1900 to the Aftermath of the First
World War (wie Anm. 377), S. 165.

licher Einzelanschauungen noch lose mit der Poesie zusammenhängt. In diesem
Reich der unmittelbaren Gottverkündung ist der Jude von jeher zu Hause. (174–175)

Hierbei sind nicht stoffliche, sondern gestalterische Aspekte relevant, die den
»unmittelbaren Religionspoeten von der eigentlichen, stets mittelbaren Poesie«
(175) trennen. Daher kann Bab auch nur dort von Dichtkunst sprechen, »wo
sinnlich starke Gestaltungen geistig transparent geworden sind« (175). Strauß
dagegen spricht von der »Versklavung« des jüdischen Geistes, der zu stark in
sein Deutschtum eingebunden und dadurch übervorteilt sei, was Bab schlichtweg für völlig abwegig hält, denn »[m]ein Geist, der an der Gesetzlichkeit der
deutschen Sprache aufgewachsen ist, ist (ebensowenig wie der des Herrn
Strauß!) ein ›jüdischer‹« (175). Vielmehr ist die Negierung jüdischer Kunst als
rein geistige Dichtung aufgrund eines übertriebenen Nationalkultes ein »Akt
ideologischer Unfreiheit« (176), da hierbei allgemeingültige definitorische
Thesen zur Kunst unbeachtet bleiben. »Wer nicht von phantastischen, intellektuellen Leidenschaften, sondern vom wahrhaft erfahrenen Leben sein Gebot
empfangen will, der kann in deutscher Zunge mit Wahrheit nichts anderes
sagen, als daß er Jude *und* Deutscher ist.« (176)[404] Dies ist realistisch, dies ist
ehrlich und keineswegs assimilatorisch ›bequem‹.

Man soll sich daher nicht zu den kulturellen Gegebenheiten des Ostjudentums
»hinunter« bewegen, sondern ihnen vielmehr die Möglichkeit bieten, »hinauf«
(176) zu steigen und sich zu europäischen Kulturmenschen zu entwickeln.

> Und wenn sie uns dagegen aus ihren mittelalterlichen Reservoiren der reiner gehal-
> tenen jüdischen Eigenart, Erfrischung und Stärkung all dessen reichen wollen, was
> in uns jüdisch ist, so soll das ein guter Tausch sein, gut für die Juden und gut für die
> Menschheit, von der wir gottlob *ein Teil* sind! (176)

Seine erneute »Entgegnung« beginnt Strauß daraufhin mit einer kurzen Rück-
schau auf seinen ersten Artikel innerhalb der Debatte, da er seine Thesen von
Bab entstellt rezipiert sieht. Für ihn ist Assimilation die »Bezeichnung einer
historischen Tatsache, einer ›Anomalie *unserer* Lage‹, einer Entwicklung, die
über uns alle Macht hat«[405]. Dass Strauß aus dieser ›Sklaverei‹ ausbrechen
möchte, unterscheide ihn von Bab, wobei er darauf insistiert, dieser Verschiedenheit nie einen moralischen Wert zugesprochen zu haben. Da Bab aber nicht
nur thematisch einen anderen Standpunkt bezieht, sondern auch ungerechtfer-
tigte Angriffe vornimmt, aus denen Unkenntnis der eigentlichen Absichten
Strauß' erkennbar sei, muss man eine erneute Kommentierung seiner Thesen
vornehmen.

---

[404] »Bab betonte, daß er die deutsche Kultur nicht als ›nationales Ideal‹, sondern als
Bestandteil der allgemeinen europäischen Kulturgemeinschaft betrachte.« Herzog,
Zur Modernitätskritik und universalistischen Aspekten der »Jüdische Renaissance«
in der deutschsprachigen Literatur zwischen Jahrhundertwende und 1918 (wie
Kap. 2, Anm. 18).

[405] Ludwig Strauß: Entgegnung. In: Die Freistatt 1 (15. Juli 1913) H. 4, S. 238–244;
hier: S. 239.

Grundsätzlich unterscheide man sich in den »Organismen«, denn »[d]ort herrscht der Sinn für Situationen, hier für Tendenzen, dort für die Erfahrung, hier für die Idee, dort für das Gewordene und die Gegenwart, hier für das zu Schaffende und die Zukunft« (239). Daher reagiert man auch so unterschiedlich auf die gleiche Situation, auf denselben Zustand der jüdischen Dichter in Deutschland. Für Strauß haben die dichtenden Juden ihre nationaljüdischen Charaktereigenschaften aufgrund der deutschen Assimilationsumgebung eingebüßt. Daher versucht er auf diese Wurzeln erneut zuzugehen, während Bab sich der gegebenen Situation »möglichst harmonisch« (240)[406] anpassen möchte. Dies ist zwar eine scheinbar akzeptable Lösung des Problems für den Moment, aber für zukünftige Generationen nicht adäquat, da jüdische Nachfahren dadurch immer deutscher und immer weniger jüdisch würden.

Für Strauß ist somit die Rückbesinnung auf die jüdischen Elemente und die Hinwendung zu ihren konkreten Darstellungen im Ostjudentum die einzig akzeptable Lösung, da sie »das Kernhafte, Persönlichste in uns« beinhalte und auch weiter vermitteln könne, denn in der ostjüdischen Kultur existierten »die ewigen, formgebenden Kräfte, alles andere sind zuletzt auswechselbare Inhalte« (240). Allein dieser Weg sichert das jüdische Volkstum auch für zukünftige Generationen.

> Die reine Entfaltung meiner tiefsten Kräfte – und als solche erkenne ich die im Judentum allgemein wirksamen – ist das natürlichste ethische Postulat für mich, in ihre Erhaltung über meine Person hinaus – wie sie die Erhaltung des jüdischen Volkstums mir sichert – mündet mein Selbsterhaltungstrieb. (240)

Auch Babs Unterscheidung zwischen Judentum und Menschentum ist für Strauß nicht nachvollziehbar, da Nationalität die Bindung von Judentum zu dauerhaftem Menschentum ausmacht. Liberale Ideen bleiben lediglich Theorie, während nationaljüdische Thesen auf Menschlichkeit per se basieren. Gerade im Ostjudentum kann man die ›reine‹ Jüdischkeit als Idealbild von Menschlichkeit erkennen, wofür Strauß exemplarisch Achad Ha'ams Leben und Werk darstellt.

> Die Ostjuden »europäisieren« sich nicht; sie nehmen die kulturellen Errungenschaften Europas auf in ihre jüdisch-orientalische Kultur. So wird niemals für uns der nationale Zusammenschluß eine Lostrennung von der Menschheitskultur bedeuten, so wenig wie für die Deutschen etwa. Nur wollen wir innerhalb dieser Kultur endlich *unseren* Platz einnehmen. (241)

Daher kann man die »Macht« und den Einfluss der deutschen Kultur nicht leugnen – auch nicht im deutschen Judentum, weswegen man sie »heute in uns bekämpfen« (241)[407] muss, um auch weiterhin als jüdisches Volk existieren zu können.

---

[406] »Er sucht Jüdisches und Deutsches in sich wechselseitig zu assimilieren, die Kräfte, die in ihm wirksam sind, versöhnt zur Einheit zu verschmelzen.« Ebd.

[407] »Von diesem Kampf gegen das Fremde und für das Eigene [...] handelt im wesentlichen auch die Novelle *Der Mittler*, die Strauß im Januar 1914 in der ›Freistatt‹

Zudem kann man den Begriff Kunst nicht derart frei von subjektiver Erkenntnis definieren, wie Bab es tut, da letztlich die Idee von Kunst individuell, den subjektiven Anlagen entsprechend immer wieder neu bestimmt werden kann und muss. »Und da uns das Wort nicht mit einem fest umrissenen Inhalt überliefert wird, wiederholt sich der Prozeß der Namengebung in jeder Persönlichkeit, frei innerhalb der freilich ganz verschwommenen Grenzen der sprachlichen Tradition.« (242) Daher kann man nicht von Kunst als einer festgelegten Größe sprechen, die allein im europäischen Kulturraum zur Entfaltung gekommen ist. Im Gegenteil – denn auch in dem von Bab als vorbildlich dargestellten Werk Goethes lassen sich Beispiele gegen die Bab'sche Kunst-Theorie finden. Kunst basiert zudem stofflich nicht allein auf der Sinnenwelt, was Bab ja letztlich auch selber zugibt.[408]

Aller Widersprüchlichkeiten und Unterschiede zum Trotz und »*[w]enn sich also auch Babs Anschauungen geändert haben, so ändert sich damit keineswegs meine Würdigung seines ersten Artikels als eines Dokumentes der Assimilation*« (243–244). Eben solche Texte braucht das deutsche Judentum in seiner momentanen Situation. Man kann sich nur ernsthaft mit der Problematik der deutsch-jüdischen Dichter auseinandersetzen, wenn diese auch Stellung beziehen. Daher appelliert Strauß an eben jene Dichter, in der *Freistatt* ihre Position zu vertreten. Man muss sich vorurteilslos und mutig mit seinem eigenen Volkstum auseinandersetzen.

> Von keinem anderen Volke würde man zu sagen gewagt haben, daß seine nationale Geschlossenheit Ausschluß von der Menschheitskultur bedeute. Hier sagen es Juden, die ihr Leben lang nicht loskommen von der Verachtung des Jüdischen, wie sie uns in Jahrhunderten eingeprügelt worden ist. (244)

Diesen lieblosen Umgang mit dem eigenen Volk, die Verachtung und die Negation von Größe in der ostjüdischen und damit ursprünglich gebliebenen Kultur kann man nur durch ähnlich geartete Diskussion bekämpfen. Erst dann lernt man, die eigene völkische »Größe« zu beurteilen und anzuerkennen.

Genau wie Strauß kritisieren vor allem die jüdischen Gruppierungen Babs Aufsatz, die eben das Jüdische in der deutschen Kultur stärker hervorheben und betonen möchten.

> Thus Bab rejected the pursuit of a seperate Jewish popular culture, which was advocated in 1913 by Gustav Landauer. In June 1913 Bab's article »Assimilation« prompted Landauer to write to him that he was struck by the similarity in many de-

---

veröffentlichte.« Shedletzky, Fremdes und Eigenes (wie Anm. 330), S. 179. Vgl. hierzu auch Kapitel 3.2.3.

[408] Auch in Bezug auf Mombert und dessen Dichtung zeigt Strauß die widersprüchlichen Aussagen Babs in dessen beiden Abhandlungen auf, denn »[a]uch hier macht Bab trotz seines Protestes eine unhaltbare stoffliche Scheidung; denn was er sagt, bezieht sich doch nicht, wie er meint, nur auf religiöse, sondern auf alle geistige Dichtung (siehe meinen vorigen Artikel)«. Strauß, Entgegnung (wie Anm. 405), S. 243.

tails to his own ideas, but also by the marked divergence from them:»Merkwürdig, an wie vielen Punkten wir uns berühren, um sofort weit auseinanderzugehen.«[409]

In einem weiteren Brief setzt Landauer Bab von einer Aufforderung der *Freistatt*-Redaktion in Kenntnis, die um einen Diskussionsbeitrag bittet. Er wolle seinen Text aber nicht »hinsichtlich des Hauptproblems«[410] gestalten, weil er seinen Standpunkt bereits im Sammelband »Vom Judentum« dargelegt habe, sondern auf die Unterschiede zwischen Bab und ihm aufmerksam machen.[411] Mit der Gegenwartsdarstellung Babs stimme er vollkommen überein – allein die Deutung sei derart unterschiedlich, dass er diese kommentieren müsse. »Mit aller Schärfe aber wende ich mich von Ihren Behauptungen über die künstlerischen und poetischen Qualitäten der Juden im allgemeinen ab und gedenke Ihnen da ein paar Fragen zu stellen, durch die ich Sie sogar zu überzeugen hoffe, daß Sie da auf einem bedenklich falschen Wege sind.«[412]

---

[409] Albanis, German-Jewish Cultural Identity from 1900 to the Aftermath of the First World War (wie Anm. 377), S. 166–167. Sie zitiert hier aus einem Brief von Landauer an Bab, der Anfang Juni 1913 verfasst wird.»Merkwürdig, an wie vielen Punkten wir uns berühren, um sofort weit auseinanderzugehen. Aber auch abgesehen davon scheint mir dieser Aufsatz einer Ihrer minder gelungenen. Zu dürr, schematisch, unbeteiligt für das Thema.« Brief von Gustav Landauer an Julius Bab. Sonntag [anfangs Juni 1913]. In: Ders.: Sein Lebensgang in Briefen. Unter Mitwirkung von Ina Britschgi-Schimmer herausgegeben von Martin Buber. Erster Band. Frankfurt am Main: Rütten & Loening Verlag 1929, S. 436–437; hier: S. 436.

[410] Brief von Gustav Landauer an Julius Bab. 11. Juni 1913. In: Ders., Sein Lebensgang in Briefen (wie Anm. 409), S. 437–438; hier: S. 437. Vgl. zu Landauers Judenbild auch eine unveröffentlichte Glosse Kaufmanns, die er unter seinem Pseudonym Pinkus Barber verfasst. Vgl. Pinkus Barber: [Fragment]. [ohne Datumsangabe, inmitten undatierter Korrespondenz zur *Freistatt*]. In: CAHJP. Jerusalem. P 113/R8.

[411] In dem angesprochenen Aufsatz beschreibt Landauer, dass er Jude und Deutscher sei, der im Jetzt lebe und daher »kann ich mich innerlich nicht auf eine Sache bereiten wollen, kann den Willen zu einer neuen Vorkehrung nicht in mir finden, die einen Teil meines Wesens auslöschen oder hemmen würde.« Gustav Landauer: Sind das Ketzergedanken? In: Vom Judentum (wie Kap. 2, Anm. 262), S. 250–257; hier: S. 255.

[412] Brief von Gustav Landauer an Julius Bab. 11. Juni 1913. In: Ders., Sein Lebensgang in Briefen (wie Anm. 409), S. 437–438; hier: S. 437–438. Vgl. auch Brief von Gustav Landauer an Julius Bab. 18. September 1913. In: Ders.: Sein Lebensgang in Briefen, S. 444. »Würde mich freuen, Sie von Ihrem Standpunkt, der mir unmöglich scheint, abzubringen.« Ebd. Außergewöhnlich ist die Tatsache, dass sich im Briefwechsel Landauers kein Hinweis auf sein Interesse an der nationaljüdischen Idee erkennen lässt. »Bis es dann 1913 zur ›Judendebatte‹ kommt, ist im Briefwechsel nicht wieder von der national-jüdischen Sache die Rede. Wir erfahren nichts über Landauers große Sympathie für Bubers Sammlung von chassidischen Legenden, nichts darüber, daß er 1912 vor der jungzionistischen Vereinigung in Berlin einen Vortrag über *Sozialismus und Judentum* hielt, nichts über seine Kontroverse mit Julius Bab in der von Julius und Fritz M. Kaufmann herausgegebenen alljüdischen Revue *Freistatt*.« Hanna Delf: »Wie steht es mit dem Sozialist?«. Sozialismus, Deutschtum, Judentum im Briefwechsel Gustav Landauers und

So ›fragt‹ Landauer zu Beginn seines Textes mit ironischem Unterton, ob Bab ernsthaft glaube, dass Kunst ausschließlich im europäischen Kulturraum zu finden sei.[413] Außerdem solle Bab darüber nachdenken, ob es in der Betrachtung von ›reiner‹ Kunst nicht auch noch mehr gebe als »Sonettenpoesie«, denn echte Werke beinhalteten etwas, »was weit über die Kunst hinausgeht« (322). Müsse man daher nicht auch die Bibel als große Kunst bezeichnen, als »Poesie in jeglichem Sinne, auch im Sinne des Rhythmus, des Tanzes, der festgeprägten, originalen und traditionellen Form, auch im Sinne der Sinnlichkeit« (322) und nicht als ausschließlich ›durchgeistigtes‹ Produkt?

Zudem zweifelt Landauer Babs Sachkompetenz an, wenn er allen jüdischen Dichtern, denen des Mittelalters, den Volksdichtern und den Dichtern, deren Werke die Basis für Bubers chassidische Gedichte darstellen, künstlerische Größe abspricht. Schließlich sei eine solche Verallgemeinerung nicht zulässig.

> Oder aber sollte Julius Bab nicht zugeben, daß die Beobachtungen, die ihn zu seiner These, es gebe keine geniale Poesie und Kunst bei den Juden, geführt haben, in allem Wesentlichen an einem Objekt angestellt sind, das er mit Recht zu der »europäischen Kulturgemeinschaft« rechnet, an der allein er sich ja »für Fragen der Kunst orientiert«, nämlich an den seit hundert Jahren emanzipierten Juden vorwiegend Deutschlands? (323)

Bab müsse beachten, dass sich die jüdischen Dichter in Deutschland in einer Übergangsphase befinden, dass die zeitgenössische Situation »nur ein ephemeres Moment unserer eigenen Gegenwart ist, und weder für die Vergangenheit noch für die Zukunft das Geringste beweist oder entscheidend aufhellt« (323). Dann erst könne er auch jüdische Kunst anerkennen, die zwar in dieser Übergangssituation nicht so wertvoll sein könne wie in vergangenen Zeiten, aber schließlich müsse ein »produktive[r] Kritiker« (324) immer in der Erwartung des großen Kunstwerkes sein.

Nach der Veröffentlichung des Artikels stehen Bab und Landauer auch privat in Kontakt und diskutieren über ihre unterschiedlichen Ansätze. Landauer stellt dabei heraus, dass nicht der Altersunterschied zwischen den beiden ausschlaggebend für die verschiedenen Auffassungen sei, sondern vielmehr fehle Bab »Ergriffenheit, Freude, Enthusiasmus im Bekennen zum Judentum. Alles, was Sie da sagen, klingt etwas wie verbissene Pflichterfüllung.«[414]

Fritz Mauthners. In: Juden und die Arbeiterbewegung bis 1933. Soziale Utopien und religiös-kulturelle Traditionen. Hg. von Ludger Heid und Arnold Paucker. Tübingen: Mohr 1992 (Schriftenreihe wissenschaftlicher Abhandlungen des Leo-Baeck-Instituts; 49), S. 115–132; hier: S. 126.

[413] Vgl. Gustav Landauer: Zur Poesie der Juden. In: Die Freistatt 1 (22. August 1913) H. 5, S. 321–324; hier: S. 321–322.

[414] Brief von Gustav Landauer an Julius Bab. 20. September 1913. In: Ders., Sein Lebensgang in Briefen (wie Anm. 409), S. 446–447; hier: S. 446–447. Es lässt sich – dieses Thema betreffend – kein weiteres Schreiben an Bab finden, obwohl die beiden immer noch in brieflichem Kontakt stehen.

Auch Arnold Zweig weist auf grundsätzliche Probleme, die Babs Aufsätze enthalte, hin. So könne man die schwierige Situation eines jüdischen Dichters in Deutschland erst dann verbessern, wenn man zum einen eine präzise Definition von Dichtertum und Dichtkunst vorweisen könne und zum anderen die Bedeutung der jüdischen, nicht-deutschen Einflüsse, die mit »Rasse« und »Blut« bezeichnet würden, eindeutig erklären könne. Des Weiteren müsse man auch die inhaltlichen Grundlagen des Volksgeistes definieren können – also auch den Unterschied zwischen deutschem und jüdischem Geist – »und ferner, wie sich dieser Geist, wenn er sich im Dichter ausspricht, zu der Sprache verhält, in der er sich verlautbart, zur eigenen oder zur fremden (der Fall des jüdischen Geistes, wenn er deutsch dichtet)«[415]. Diese Begriffsbestimmungen eindeutig zu formulieren, fordere Zeit, sei aber trotzdem aufgrund der brisanten thematischen Relevanz in naher Zukunft zu erwarten. Mit dieser einleitenden Ausführung zeige Zweig schon auf, was ihn von Bab, aber auch von Strauß unterscheidet, denn

> weder ist mir Kunst (Judentum, Nationalität und dergleichen) eine Kategorie des Denkens, noch etwas Benanntes, vom subjektiven Willen bestimmt, sondern ein sehr weiter, aber in gewisser Weise eigentümlich charakterisierter Bezirk des Erkennbaren, der erkannt ist, sobald ein ähnlich begabter Denker seinen schauenden Geist darauf richtet, wie die ethischen Tatsachen vom Geiste Schelers oder die logischen von dem Husserls gesehen worden sind; oder die jüdischen von Bubers Geist. (376)

Daher könne er zu dieser Diskussion auch nur seine persönliche Meinung beitragen, die zunächst durch Verwunderung zum Ausdruck gebracht werden müsse – Verwunderung darüber, dass die Debatte derart geführt werden könne. Die These Babs, den Juden sei alles Schöpferische fremd, entstamme schließlich dem antisemitischen Lager. Sie sei also durch diejenigen motiviert, »die Judentum am wenigsten kennen« (376)[416], die inspiriert sind vom Hass gegen die Juden. Ihrer Argumentation zufolge sei »dieses Volk von Dieben wertlos« (377), da es weder kulturelle noch religiöse oder wissenschaftliche Qualitäten aufweise.

> Dies sind die grotesk gemalten Konsequenzen einer Einstellung, unter der heute die Juden und nur die Juden gesehen werden: und solange man ihnen abspricht, daß sie überhaupt fähig sind, einen genialen Dichter zu erzeugen, leugnet man ihrem Volkstum den zentralsten Wert, denn der Dichter ist, weil er zunächst nur zu seinem Volke und von ihm redet – und erst durch das Volk hindurch zur Menschheit – für Volkswert der echteste Repräsentant. (377)

---

[415] Arnold Zweig: Zum Problem des jüdischen Dichters in Deutschland. In: Die Freistatt 1 (8. Oktober 1913) H. 6/7, S. 375–381; hier: S. 376. Zu Zweigs eigenem Dichtertum siehe auch: Ludwig Strauß: Die Dichtungen Arnold Zweigs. In: Die Freistatt 1 (15. November 1913) H. 8, S. 453–461.

[416] Zweig führt hier exemplarisch Chamberlains durch Wagner beeinflusste Thesen sowie die von Bartels und von Weininger an.

Eigentlich müsse man sich wundern, dass es »überhaupt jüdische Dichter in Deutschland« (377)[417] gebe, denn seit 150 Jahren seien deutsche Juden zwar damit beschäftigt, sich in die deutsche Kultur einzufügen, diese zu erkennen sowie von ihr und durch sie zu lernen, doch dieser Prozess sei noch nicht abgeschlossen. Daher habe es bislang auch noch keine deutsch-jüdischen Dichtergrößen geben können, denn »niemand kann dichten, der noch damit beschäftigt ist, zu verarbeiten, zu lernen, die Grundlinien und – Farben des kulturellen Seins erstmalig vor der staunenden Seele zu erleben« (377). Kultur, Sprache und Kunst müssen zunächst erkannt und verstanden werden, bevor man schöpferisches Genie entwickeln könne. Auch bei den Deutschen habe diese Entwicklung erst nach und nach stattgefunden, was Zweig anhand der deutschen Literaturgeschichte am Beispiel Wolfram von Eschenbachs und dem Klopstocks nachzuweisen sucht. Doch der Mangel an großen Dichtern habe Anfang des 17. bis Mitte des 18. Jahrhunderts nicht dazu geführt, dass die Deutschen an ihrer künstlerischen Potenz gezweifelt hätten.

> Dies Grundgefühl: wir werden große Dichter haben, dereinst, bald – dieses Grundgefühl war ihnen eine selbstverständliche Voraussetzung, von der aus sie ihre – vielleicht irrigen – Maßregeln trafen, während die Talente, die die zu dieser Prognose ermutigten, Weiße hießen und König und Kyra und bestenfalls Uz oder Günther. (377–378)[418]

Deswegen dürfe der jüdische Dichter auch nicht zweifeln, denn der Weg zwischen Talent und Genie sei eben eine Phase, die es zu überwinden gelte.[419]

Babs Thesen könne Zweig nicht nachvollziehen, denn »[w]ahrhaft erfahren ist für mich: das Wesentliche, das Gesetzliche zu sehen, das Zufällige aber auszulassen und auf seine Bedingtheit zurückzuführen; während er – darin guter Kritiker – mit der Achtung, die er dem Wirklichen spendet, auch das nur Gelegentliche überschätzt.« (378) Mit dem Blick auf die deutsche Literaturge-

---

[417] »Im Gegensatz zu Bab und Strauss sprach Zweig hier nicht von Lyrik sondern von Erzählprosa und Drama.« Shedletzky, Literaturdiskussion und Belletristik in den jüdischen Zeitschriften in Deutschland 1837–1918 (wie Kap. 2, Anm. 107), S. 276.

[418] Zweig verweist auf folgende Dichter dieser Epoche: den aus Annaberg-Buchholz kommenden Christian Felix Weiße (1726–1804), den aus Esslingen am Neckar stammenden Johann Ulrich von König (1688–1744), den Ansbacher Johann Peter Uz (1720–1796) und den in Striegau geborenen Johann Christian Günther (1695–1723). Vermutlich ist Kyra ein Druckfehler und Zweig meint eigentlich den in Cottbus geborenen Immanuel Jakob Pyra (1715–1744).

[419] Zur Theorie des Geniebegriffs verweist Zweig auf Franz Brentanos Vortrag über das Genie von 1892 und bekundet, »daß zwar Genie nie von rechnender Klugheit ersetzt werden kann, wie Bab will, daß aber das echte Talent alle jene Elemente enthält, die auch, nur in anderer Synthese, Genialität konstituieren, und daß daher kein Mensch das Recht hat, dort, wo Talente (nicht nachempfinden, sondern) quellend gebären, die Möglichkeit des genialen Schöpfers von vornherein absprechend auszuschließen.« Zweig, Zum Problem des jüdischen Dichters in Deutschland (wie Anm. 415), S. 378.

schichte sei es stets so gewesen, dass einer produktiven schöpferischen Zeit eine rezipierende ›Übersetzungstätigkeit‹ vorausgegangen sei, dass also bereits vorgeformtes »Kulturmaterial« (378) vorhanden gewesen sei, bevor man aktiv produziert habe. Der zeitgenössischen deutschen Dichtkunst sei eine solche Periode vorangegangen und der zukünftigen jüdischen Dichtung gehe eben die momentane Rezeptionsphase voran. Die besondere Intensität jüdischer ›Übersetzertätigkeit‹ sei auch auf ein »Städtertum« (379) zurückzuführen, das den Juden aufgrund ihrer Geschichte aufgezwungen werde. »Die Großstadt wird ihm zum Surrogat für die verlorene Gemeinschaft des Volkes im eigenen Staat.« (379) Dadurch beeinflusst seien die zeitgenössischen jüdischen Dichter wie sie sind und ebenfalls darin liege der Grund

> auch für das Mangelnde, das nicht allein Bab, sondern auch Strauß in ein konstituti-
> ves Moment des Juden verwandeln, und das der letztere in die biblische Lyrik rück-
> wärts projiziert, wobei er übersieht, daß es neben der an Bildlichkeit orientierten Ly-
> rik eine andere gibt, die sich dem Musikalischen nähert. (379)

Beide konstatierten, dass den Juden die sinnliche Naivität fehle, und zögen daraus unterschiedliche Schlüsse. Da die Sinnlichkeit einen so großen Stellenwert in den bisherigen Diskussionsbeiträgen eingenommen habe, müsse sich auch Zweig mit ihr auseinandersetzen. Innerhalb der Kunst sei sie dualistisch angelegt, denn »sie wirkt mit beim Erleben der Welt, das dem Werke vorangeht, und beim Formen dessen, was nach Außen drängt, beim Gestalten« (379). Dementsprechend sei er mit Bab einer Meinung, dass es »ohne Sinnlichkeit keine Kunst« (379) geben könne,

> wenn Kunst dadurch charakterisiert wird, daß sie Werte (ästhetischer, ethischer, na-
> tionaler oder anderer Art) zum gefühlsmäßigen Erleben bringt, so ist sie für Men-
> schen an Sinnlichkeit des Ausdrucks, d.i. Gestaltung, gebunden; denn nur das
> gleichsam menschlich Lebende ist dem Menschengefühl zugänglich; nur in derartig
> Geformtes kann der Aufnehmende sich hineinwandeln; anderes, das ihm unzugäng-
> lich bleibt, kann er bestenfalls glaubend hinnehmen. (379–380)

Somit müsse man auch jedem jüdischen Künstler, der menschliche Lebendigkeit darstellen könne, sinnliches Gestalten zusprechen.

Die »Unschuld der Sinne aber des Erlebenden« müsse vielmehr auch gemäß moderner psychologischer Ansätze betrachtet werden, weswegen sie in »motorische, sensorische, in akustische oder optische« (380) Kategorien zu unterteilen sei. Jede dieser Arten könne grundlegende Veranlagung eines Dichters sein, dessen Werk wiederum den Rezipienten derselben Veranlagungsart besonders gefalle. Der jüdische – städtische – Dichter habe nach Zweig aber nicht das Problem, dass er der Natur zu ›unsinnlich‹ gegenüber trete, sondern dass er geradezu zu sinnlich sei, sodass er »sie mit Leidenschaft an sich [reißt]« (380). Sobald die deutschen Juden sich auf das Erleben eingestellt hätten, wären sie auch zu großer Dichtkunst bereit – man müsse ihnen lediglich Zeit lassen, denn auch in Deutschland und Norwegen seien Kultur und insbesondere Literatur erst langsam erwachsen.

Falls man ihn für apologetisch halten sollte, solle man seinen Aufsatz im Sammelbuch »Vom Judentum« lesen. Zweig betont, dass er Babs Position verstehe, allerdings auch feststellen müsse, dass zwischen jenem und Strauß eine ganze Generation liege, weswegen die Diskussion zwischen den beiden auch zu keinem Ergebnis führen könne. Die liberale Idee eines Bab könne nicht die der zeitgenössischen Generation Strauß' und Zweigs sein. Er habe sich letztlich nur bei dieser Diskussion zu Wort gemeldet, da sie eine innerjüdische geblieben sei –

> ich habe an der sogenannten Kunstwartdebatte nicht einmal lesend teilgenommen, weder aus Trägheit noch aus Ostentation, sondern einfach, weil ich weiß, daß es hoffnungslos ist, ehe das Judentum zur Selbstbesinnung gekommen ist, Nichtjuden jüdische Probleme auch nur begreiflich zu machen – und wenn es zweitens nicht sehr wohltätig wäre, einmal zu sagen, wo man sich befindet, ehe man seinen Weg guten Mutes weitergeht. (381)

Zweigs Hinwendung zum von Buber propagierten Kulturzionismus ist von entscheidender Bedeutung für ihn persönlich aber auch für sein literarisches Werk. Trotzdem überrascht seine pointierte Schlussargumentation, denn »[d]ie These von der dichterischen Unproduktivität der jüdischen Schriftsteller wollte Zweig gelten lassen – aber nur für Julius Bab und seine Generation; für eine ›kommende Generation naiver Juden‹, zu der er sich zweifellos selbst zählte, bestritt er diese These kategorisch.«[420]

3.3.2 Die ›historische‹ Komponente der Debatte

Die Reaktionen auf die *Freistatt*-Debatte sind in keiner Weise mit denen auf die *Kunstwart*-Debatte, die auch in anderen Zeitschriften diskutiert wird, vergleichbar. Weder in der *Welt* noch in der *Jüdischen Rundschau* lassen sich Hinweise auf die Diskussion innerhalb der alljüdischen Revue finden, was aufgrund des zunächst – nicht nur im zionistischen Lager – negativen Ansehens der Monatsschrift nicht verwundert. Auch in anderen Zeitschriften ist

---

[420] Hans-Harald Müller: »Zum Problem des jüdischen Dichters in Deutschland«. Arnold Zweigs Auseinandersetzung mit dem Judentum 1910–1933. In: Arnold Zweig – Poetik, Judentum und Politik (wie Anm. 334), S. 155–170; hier: S. 159. »In solch trotzigem Aufbegehren gegen die Autorität des Kritikers Julius Bab kommt ein ganz neues Selbstverständnis des jüdischen Schriftstellers deutscher Sprache zum Ausdruck: stand in den ›Aufzeichnungen über eine Familie Klopfer‹ noch das Problem der epigonalen dichterischen Unproduktivität der jüdischen Assimilation im Vordergrund, so zeigt sich Zweig in seinem Essay ›Zum Problem des jüdischen Dichters in Deutschland‹ überzeugt von einer eigenständigen dichterischen Produktivität seiner Generation, deren Quelle die Erneuerung des Judentums im Sinne Martin Bubers bilden sollte.« Ebd. In diesem Bewusstsein verfasst Zweig u. a. auch sein Drama »Ritualmord in Ungarn«. Vgl. hierzu Kapitel 3.2.4.

nicht zu erkennen, ob man die Debatte überhaupt wahrgenommen hat. Die
Teilnehmerliste der Diskussion ist daher umso bemerkenswerter, schließlich
äußern sich neben dem der *Freistatt* nahe stehenden Strauß auch der populäre
Literaturkritiker Bab, sowie die im deutschen Judentum angesehenen Zweig
und Landauer, die die problematische Situation der deutsch-jüdischen Dichter
unter verschiedenen Gesichtspunkten untersuchen. Damit stellt die Diskussion
in der *Freistatt* einen wesentlichen Meilenstein innerhalb der Debatte um eine
jüdische Nationalliteratur dar, die mit Brods Aufsatz »Unsere Literaten und die
Gemeinschaft« in Bubers *Der Jude* fortgesetzt wird.[421]

Goldsteins, Babs und Brods Abhandlungen gelten auch in heutigen Untersuchungen als Auslöser der Literaturdiskussionen der Jüdischen Renaissance
schlechthin. Dabei kann man jeweils eine unterschiedliche Akzentuierung feststellen, denn während es in der *Kunstwart*-Diskussion um die Frage nach der
›Jüdischkeit‹ eines deutsch-jüdischen Dichters geht, debattiert man in der *Freistatt* besonders die Frage nach den schöpferischen Qualitäten eines dichtenden
Juden. Im Aufsatz Brods wird die ›Entfremdung‹ deutsch-jüdischer Dichter von
ihrer ursprünglichen Kultur anhand einiger zeitgenössischer Literaten exemplarisch dargestellt und damit bleibt »[d]ie prinzipielle Frage jüdischer Nationalliteratur [...] vorläufig beseite[!]«[422]. Trotzdem scheint es zwischen den unterschiedlichen Diskussionen offensichtliche Verbindungen zu geben, denn

> [o]bwohl kein direkter Zusammenhang besteht [...] haben doch Goldsteins Argu-
> mente gegenüber dem weiteren Verlauf der Diskussion die Funktion eines ins Was-
> ser geworfenen Steines, der Wellen schlägt. Darüber hinaus lässt sich in allen Pha-
> sen der Nationalliteratur-Diskussion der Einfluss Martin Bubers erkennen, nicht nur
> in mehreren direkten Bezugnahmen und Zitaten, sondern in allen Nuancen des Kon-
> zepts einer neuen jüdischen Kunst, im Sinne der »Jüdischen Renaissance«.[423]

Die kontrovers diskutierten Fragen nach dem »Anteil der Juden an der deutschen Literatur«, nach dem Einfluss der jüdischen Wurzeln – insbesondere der
jüdischen Sprachen – auf den »jüdische[n] Dichter deutscher Zunge« und
damit einhergehend die Frage nach dem Einfluss und der Bewertung von ostjüdischer Kultur, aber auch die Diskussion um eine Zukunft in Palästina flie-
ßen demnach in die kulturzionistisch geprägten Literaturdiskussionen der Jüdischen Renaissance ein. Damit muss auch die *Freistatt*-Debatte als Spiegel der
kulturellen sowie der politischen deutsch-jüdischen Verhältnisse dieser Zeit
gelten. Sie bietet wie die anderen Literaturdiskussionen heute einen erstaunlich
präzisen Überblick über die großen und kleinen, innerjüdischen sowie deutsch-
jüdischen Meinungsverschiedenheiten.

---

[421] Vgl. Brod, Unsere Literaten und die Gemeinschaft (wie Kap. 2, Anm. 268). Zur
       Literaturdiskussion im *Juden* vgl. insbesondere Kapitel 5 in: Lappin, Der Jude.
       1916–1928 (wie Einleitung, Anm. 17.)
[422] Brod, Unsere Literaten und die Gemeinschaft (wie Kap. 2, Anm. 268), S. 457.
[423] Shedletzky, Literaturdiskussion und Belletristik in den jüdischen Zeitschriften in
       Deutschland 1837–1918 (wie Kap. 2, Anm. 107), S. 242–243.

Somit ist die *Freistatt* – die nahezu in Vergessenheit geraten scheint – eine der deutsch-jüdischen Zeitschriften der Jüdischen Renaissance, die nicht nur einen prägenden Einfluss auf die Literatur und Kultur des deutschen Judentums hat, sondern vor allem auch auf das Selbstbild der Juden in Deutschland. Kaufmanns ›alljüdisches‹ Konzept, sein funktionsorientierter Literaturbegriff und damit auch sein individuelles Bekenntnis zu einer Renaissance der eigenen Jüdischkeit spielen dementsprechend eine große Rolle. Seinem persönlichen Ziel, den Westjuden die Suche nach ihren Wurzeln zu erleichtern und damit den Weg für das ›Alljudentum‹ zu bereiten, kommt er folglich durch die *Freistatt* näher und auch die Einstellung der Monatsschrift bei Kriegsbeginn hindert ihn nicht daran, weiter für diese Ideale zu kämpfen.

4   Fritz Mordechai Kaufmanns ›Vermächtnis‹

Mit Beginn des Ersten Weltkrieges und der daraus resultierenden Einstellung der *Freistatt* verstummt zunächst auch Fritz Mordechai Kaufmann.[1] Doch bereits bei seinem Aufenthalt im Genesungsheim in Spa schreibt Kaufmann seinem Bruder einen Brief, der die Wiederaufnahme der Arbeit an der Monatsschrift betrifft. In Max Mayer hat er offensichtlich einen finanzkräftigen Partner gefunden, der die Zeitschrift herausgeben möchte. »Verlegerisch und auch als Herausgeber zeichnet Mayer – ich werde die Beschaffung der dichterischen Beiträge und den Mitentscheid über Annahme oder Zurückweisung von allen Arbeiten auf mich nehmen.«[2] Sein Ehrgeiz bezüglich der alljüdischen Bewegung ist ungebrochen, denn »[d]ie jetzige durchaus verworrene Lage der jüdischen Volksangelegenheiten muss doch irgendwie ernsthaft behandelt werden«[3]. Deswegen schlägt Kaufmann unter anderem auch die Herausgabe einer »Kriegsnummer« der *Freistatt* vor.

Doch sein Einsatz ist nicht von Erfolg gekrönt. Die Restexemplare der Monatsschrift lagern auch im Dezember 1916 noch »in unseren Betten«[4], woraufhin Kaufmann seinem Bruder vorschlägt – angesichts des zunehmenden Interesses an ostjüdischen Belangen[5] –, diese Bände dem Löwit-Verlag zum Verkauf anzubieten. Julius Kaufmann scheint zwar auf den Handel einzugehen, gibt den ersten Jahrgang der *Freistatt* aber nach Ansicht seines Bruders zu

---

[1]   Der Ausbruch des Krieges scheint die Kaufmann-Brüder überrascht zu haben, denn die bereits auslieferungsbereite Julinummer ist den Abonnenten noch nicht zugestellt worden. »Die Julinummer sollte doch unter allen Umständen herausgeschickt werden, natürlich mit einer kleinen Mitteilung an die Freunde und Leser.« Brief von Fritz Mordechai Kaufmann an Julius Kaufmann. 21. Januar 1915. In: CAHJP. Jerusalem. P 113/R8.

[2]   Brief von Fritz Mordechai Kaufmann an Julius Kaufmann. 29. April 1915. In: CAHJP. Jerusalem. P 113/R8. Julius Kaufmann solle sich deswegen überlegen, ob er Mayer die Firma überschreibt, und die für ihn relevanten Konditionen für eine ›Übernahme‹ überdenken. Das investierte und nun verlorene Geld werden die Kaufmann-Brüder aller Wahrscheinlichkeit nach jedoch nicht zurückbekommen, doch Kaufmann sehe die *Freistatt* lieber ohne finanziellen Ausgleich fortgeführt als »total erledigt«. Brief von Fritz Mordechai Kaufmann an Julius Kaufmann. 21. Juni 1915. In: CAHJP. Jerusalem. P 113/R8.

[3]   Ebd.

[4]   Vgl. Brief von Fritz Mordechai Kaufmann an Julius Kaufmann. 1. Dezember 1916. In: CAHJP. Jerusalem. P 113/R9 II.

[5]   Diese positive Entwicklung resultiert allerdings aus dem traurigen Kapitel der ›Ostjudengefahr‹. Vgl. hierzu Kapitel 2.1.

günstig ab, »denn bei der Seltenheit der Ausgabe macht der [Verlag] jetzt
sicher einen erheblichen Aufschlag«[6]. Die Nachfrage die Monatsschrift betreffend steigt offensichtlich gegen Ende des Krieges, denn auch der Jüdische
Verlag bekundet sein Interesse an der Revue.[7] Doch zu einer erneuten Aufnahme der Arbeit an der *Freistatt* wird es nie kommen, was Kaufmann zutiefst
enttäuscht haben muss.

Trotzdem beginnt er als ›Mann der Tat‹ mit seinem im ersten Heft von Martin Bubers *Der Jude* veröffentlichten Aufsatz »Grenzsperre« seinen in der
eigenen Zeitung begonnenen öffentlichen, alljüdischen ›Kampf‹ fortzusetzen.
Bereits an diesem Text wird eine neue, ›reifere‹ Qualität an Kaufmanns künstlerischem Schaffen sichtbar, denn die vormals theoretischen Ideologien werden nun konsequenter auf die Praxis angewendet.[8] Diese Wandlung ist auch in
seiner Biographie nachzuvollziehen. Zunächst bekämpft er mithilfe seiner
Texte die Ungerechtigkeiten gegenüber den Ostjuden und prangert die Miss-
stände sowie die Missverständlichkeiten bezüglich der so genannten ›Ostjudengefahr‹ an.[9] Dann wird er mit seinem eigenen Einsatz für die ostjüdischen
Minderheiten zu einer der bedeutendsten Persönlichkeiten innerhalb der sozial-
engagierten Gruppierungen der Nachkriegszeit.

Kaufmanns Abhandlungen werden also immer konkreter, fordernder und
erhalten durch seine Stellung als Generalsekretär des Arbeiterfürsorgeamtes
zunehmend mehr Gewicht. Zudem kann man eine symbiotische Dualität innerhalb seiner Schriften feststellen, da sich einige – die »sozial-politischen
Schriften zum Ostjudentum« – primär mit den realistisch-›physischen‹ Problemen der ostjüdischen Bevölkerung befassen und andere – die kulturell-
orientierten Schriften und damit sein ›literarisches Vermächtnis‹ – die problematische ›psychische‹ Situation der Westjuden auf dem Weg zur jüdischen
Völkischkeit thematisieren.

4.1   Sozial-politische Schriften zum Ostjudentum

Die schwierige Lage der ostjüdischen Bevölkerung in Osteuropa, aber vor
allem die von Vorurteilen behaftete Situation der ostjüdischen Einwanderer in
Deutschland sucht Kaufmann in seiner Funktion als Generalsekretär des Arbeiterfürsorgeamtes zu verbessern. Unter seiner Leitung entsteht ein verzweigtes

---

6   Brief von Fritz Mordechai Kaufmann an Julius Kaufmann. 10. März 1918. In:
    CAHJP. Jerusalem. P 113/R9 II.
7   Vgl. ebd.
8   Zu Kaufmanns künstlerischem aber auch menschlichem ›Reifeprozess‹ vgl. Kapi-
    tel 1.5.
9   Vgl. Kaufmann, Grenzsperre (wie Kap. 2, Anm. 61). Siehe auch Kapitel 1.5.

Netz von Anlaufstellen in Gesamtdeutschland. Auch der im Zuge der Lebensmittelknappheit auftretenden Beschuldigung, die Flüchtlinge verstärkten die Not der einheimischen Bevölkerung, tritt das Arbeiterfürsorgeamt mit der Gründung einer Arbeiterküche entgegen.[10] Doch nicht nur mit tatkräftiger Hilfe für die ostjüdischen Immigranten, sondern auch mit weiteren Publikationen, wie denen in einem vom Arbeiterfürsorgeamt herausgegebenen Sammelband,[11] wirbt Kaufmann für eine positivere Einstellung den Einwanderern gegenüber. Auch wenn dieser Band weiterer Vervollständigung bedürfe, solle er einen Beitrag dazu leisten, dass mit der Legende vom »Ostjuden« aufgeräumt werde, auch wenn es nicht möglich sei,

> die maßlosen Beschimpfungen und Verdächtigungen, denen der zentrale osteuropäische Teil des jüdischen Volkes ausgesetzt ist, durch eine rein sachliche, die Tatsachen reden lassende Darstellung der kulturellen, politischen und wirtschaftlichen Verhältnisse dieses Volkes richtig zu stellen. (3)

Leider habe auch die persönliche Erfahrung der westlichen Bevölkerung mit den Ostjuden weder während des Kriegs noch anschließend dazu geführt, diese Vorurteile zu entkräften. Man hoffe darauf, dass dieser Sammelband nun dazu beitragen könne.

Zunächst bespricht Kaufmann »*Die ostjüdische Einwanderung und Siedlung in Deutschland vor dem Kriege*«, um sich gegen die »leidenschaftlichen Polemiken, die in der letzten Zeit gegen die Ostjuden in der Tagespresse geführt wurden«, zur Wehr zu setzen, die den Anschein erwecken, »daß die ostjüdische Einwanderung in Deutschland eine Erscheinung jüngsten Datums sei« (5). Kaufmann widerlegt diese These, indem er einige exemplarische Lebensläufe von bereits lange vor dem Krieg eingewanderten Ostjuden und deren Relevanz für die deutsche Wirtschaft darstellt. »Sie haben große Gebiete des deutschen Imports [...] erschlossen und dem *Export* aller Art von landwirtschaftlichen Maschinen, technischen Erzeugnissen usw. in das weite östliche Absatzgebiet erst die Wege gewiesen.« (5) Zudem belegt er anhand von Statistiken, dass die ostjüdischen Einwanderer sich in der Regel in denselben Wohnvierteln wie ihre Glaubensbrüder niederlassen, womit bewiesen ist, dass

---

[10] Vgl. Dr. Kahn und Dr. Senator: Protokoll der Präsidialsitzung vom Freitag den 10. XII. 1920. In: Akten betreffend: Prof. Sobernheim (wie Kap. 1, Anm. 219).

[11] Fritz Mordechai Kaufmann und Werner Senator: Die Einwanderung der Ostjuden. Eine Gefahr oder ein sozialpolitisches Problem. Vier Aufsätze. Berlin: Welt-Verlag 1920 (Schriften des Arbeiterfürsorgeamtes der jüdischen Organisationen Deutschlands). Die ersten beiden Texte »Die ostjüdische Einwanderung in Deutschland nach dem Krieg« (S. 5–17) und »Die sozialpolitischen Maßnahmen des Arbeiterfürsorgeamtes der jüdischen Organisationen Deutschlands für Regulierung und planmäßige Verteilung der nach dem Kriege in Deutschland eingewanderten Ostjuden« (S. 18–30) sind von Kaufmann, die beiden letzten mit den Titeln »Der Arbeitsmarkt in Deutschland und die ostjüdischen Arbeiter« (S. 31–37) und »Die ostjüdische Einwanderung und die Wohnungsnot« (S. 38–42) von Senator. Folgende Zitate sind im Text nachgewiesen.

die gegenwärtige politische Hetze, dass »die Bildung von Straßenzügen, in Berlin und anderswo, mit ausgeprägt jüdischer Bewohnerschaft erst durch die sogenannte ›Judenregierung‹ ermöglicht worden sei« (6), nicht stimmt. Auch in anderen Großstädten wie Wien, London, New York oder Washington gibt es solche Stadtviertel, ohne »daß diese Wohnstätten in der amerikanisch-englischen Öffentlichkeit als ›Eiterbeule‹ verschrien worden sind« (6), was die Frage aufwirft, warum das Zusammenleben offensichtlich nur in Deutschland nicht funktioniert.

Hierbei muss natürlich berücksichtigt werden, dass Ostjuden besonders während des Krieges – zum Teil auch gegen ihren Willen – »nach Deutschland zur Arbeit in kriegsindustrielle Betriebe, Bergwerke usw. herübergeschafft wurden« (7).[12] Doch die meisten dieser Ostjuden sind im Zuge der verschiedenen Demobilmachungsbestimmungen in ihre Heimat zurückgekehrt. Die erneute Einwanderungswelle nach 1919 ist zwar zahlenmäßig bei weitem nicht so relevant – in ganz Deutschland beschränke sich die Zahl aller vor, während oder nach dem Krieg eingewanderter Ostjuden auf 60 bis 75.000 –, wird jedoch in der Presse häufig als Basis für ein verbreitetes Horrorszenarium verwendet.

> Es ist unverantwortlich, wenn der Haß gegen diese östlichen Kriegsopfer weiterhin damit geschürt wird, die hereinbrechende »Einwandererflut« werde das deutsche Wirtschaftsleben in seinen Grundfesten erschüttern und dem deutschen Arbeiter Wohnung, Lebensmittel und Arbeit rauben. (15)

Die Ursachen für diese erneute Immigration liegen beispielsweise in der Zerstörung der polnischen Industrie, aber auch im systematischen wirtschaftlichen Boykott gegen die polnischen Juden im eigenen Land,[13] sodass die ostjüdischen Arbeiter auch nach dem Krieg aufgrund ihrer katastrophalen wirtschaftlichen Situation nach Deutschland einwandern. Motivation zur Immigration ist neben der ansteigenden Pogromwelle im Osten[14] die vorübergehende Einwanderung nach Deutschland mit dem eigentlichen Ziel, später nach Amerika oder

---

[12] Einen präzisen Überblick über die Situation verschaffe die »lesenswerte Schrift des amtlichen Leiters der Jüdischen Abteilung bei der deutschen Arbeiterzentrale zu Warschau, Herrn Julius Berger, über ›Ostjüdische Arbeiter im Kriege‹«. Ebd.

[13] »Dem *befreiten* Polen war es vorbehalten, mit viel brutaleren Mitteln als das frühere zaristische Regime diese Boykottbewegung mit öffentlichen Geldern zu organisieren und dort, wo die geschäftliche Tüchtigkeit den Juden noch einen geringen Schutz gewährte, sie mit brutaler Leibesbedrohung an ihrer Betätigung im Handel, im Gewerbe und in der Industrie zu hindern. Dazu kommt, daß sich der Haß gegen alles Deutsche nach dem Abzug der Okkupationsmacht ohne weiteres auf die da und dort von den deutschen Behörden benutzten und wegen ihrer Sprachkunde bevorzugten Juden entlud.« Ebd., S. 9.

[14] »Seit Ende 1919 hat der unmittelbare blutige, auf ganze jüdische Siedelungen losschlagende Pogrom sich, unter Einwirkung der alliierten Kommissionen, ein wenig abgemildert; *die pogromartige Stimmung* jedoch, die Vergiftung jeder Beziehung zwischen Juden und Polen, die systematische Schikanierung und Unterdrückung alles dessen, was zum Judentum gerechnet wird, ist geblieben.« Ebd., S. 10.

Palästina zu immigrieren. Die Situation dieser ostjüdischen Auswanderer beschreibt Kaufmann am 30. Dezember 1920 in einer weiteren Abhandlung, weil

> die Verhältnisse dieser Emigranten auch bei den behördlichen Stellen vielfach wenig bekannt sind und in der letzten Zeit der Verdacht erhoben wurde, als ob diese Kategorie von Emigranten nur scheinbar Deutschland durchfahre, sich tatsächlich aber während der Reise verkrümele [...].[15]

Widerlegung von Gerüchten und Aufklärung gehören also zu Kaufmanns täglicher Arbeit. Die Ängste der deutschen Bevölkerung werden von der Presse geschürt. Kaufmann versucht engagiert gegen diese Verleumdungen anzukämpfen. So sei es beispielsweise aufgrund der verschärften Kontrollen an den Grenzen unmöglich, »daß in den nächsten Monaten für die Auswanderung neue Eingangspforten nach Deutschland zur Verfügung stehen« (16). Zudem sei auch wegen der hohen Investitionen in die kriegsgeschädigten Ostländer eine Ausweitung der Immigrationen nicht zu erwarten. Generelle Voraussagen seien immer schwierig, aber »alle Kenner der jüdischen Emigrationsverhältnisse [sagten] eine starke Ostwärtsverschiebung der jüdischen Binnenwanderung im Ostgebiet voraus« (16). Folglich stelle die Einwanderung von Ostjuden bald lediglich ein organisatorisches Problem in Deutschland dar, »das von dem jüdischen Arbeiterfürsorgeamt bereits bearbeitet wird« (17). Eben diese Arbeit, die sich vor allem an zwei Positionen festmachen lasse, wird im zweiten Absatz des Sammelbandes näher beleuchtet.

Zum einen ist es vom deutschen Standpunkt her wichtig, Probleme des Wohnungs- und Arbeitsmarktes zu lösen, die die Hauptpunkte der deutschpolitischen Polemik darstellen. Zum anderen ist es daher für die Flüchtlinge bedeutsam, mit diesen Vorurteilen aufzuräumen, die sie in vielen Lebensbereichen vor allem im Umgang mit öffentlichen Ämtern behindern.

Die Arbeit des Arbeiterfürsorgeamtes ist deswegen für beide Parteien von entscheidender Bedeutung. Zunächst ist daher die Struktur dieser Einrichtung zu betrachten, deren Einfluss erst 1920 durch den Zusammenschluss aller bedeutenden jüdischen Organisationen auf diesem Gebiet verstärkt wurde. Dadurch ist es erst möglich gewesen,

> das Arbeiterfürsorgeamt zu einer leistungsfähigen Flüchtlingsfürsorge für die eingewanderten Ostjuden auszubauen, in allen größeren Städten ein Netz von aufnahmefähigen Unterstellen zu schaffen und die Frage der nach Kriegsende nach Deutschland Geflüchteten in großzügiger, organisatorischer Weise der Lösung näher zu bringen (22–23).

Neben örtlicher Fürsorgearbeit und der Zentralstelle gibt es auch einen Pressedienst, Abteilungen für Wohnungsbeschaffung sowie eine statistische Erfassung. Bei all diesen wichtigen Punkten ist vor allem die gute Zusammenarbeit

---

15 Fritz Mordechai Kaufmann: Die Verhältnisse der Deutschland und Danzig passierenden ostjüdischen Flüchtlinge. 30. Dezember 1920. In: Akten betreffend: Prof. Sobernheim (wie Kap. 1, Anm. 219).

mit dem Jüdischen Arbeitsamt notwendig zum Erfolg. In seinem »Ausblick auf
die behördliche Regelung der Eingewandertenfrage, soweit Reichs- und Landes-
behörden in Betracht kommen« stellt Kaufmann heraus, dass man eine offizielle
Anerkennung auch von deutscher Seite erwartet, sodass das Arbeiterfürsorgeamt
»durchaus die Verantwortung für seine im Sinne der deutschen Interessen selber
liegende Tätigkeiten nach jeder Richtung hin übernehmen« (30) kann.

Werner Senator befasst sich im dritten Teil des Sammelbandes mit der Frage nach der beruflichen Integration der Ostjuden in das deutsche Wirtschafts-
leben. Man muss sich lediglich überlegen, was passiert, wenn man ostjüdische
Immigranten nicht in das Arbeitsleben integriert, um zu dem Ergebnis zu gelangen, dass eine Eingliederung für alle beteiligten Parteien am Einträglichsten
ist. »Nur wenn man die Arbeitsvermittlung an diese Flüchtlinge aus bürokrati-
schen Erwägungen unnötig erschwert und statt sie zu verteilen, sie in den
Großstädten zusammengepfercht hält, zwingt man sie aus einfachem Selbster-
haltungsdrang zur Schieberei überzugehen.« (37)

Zudem gibt es eine von der Presse geschürte unbegründete Sorge vor Hun-
derttausenden Ostjuden, die den Deutschen die Arbeitsplätze wegnehmen.
Diese Ängste sind bei einer tatsächlichen Zahl von ca. 20.000 Immigranten
völlig ungerechtfertigt, da es außerdem einen Arbeitermangel in Berufszwei-
gen gibt, wie beispielsweise in der Landwirtschaft, für die vor allem ostjüdische Arbeiter prädestiniert seien, da sie sich den bei deutschen Arbeitern so
häufig auftretenden »Berufsstolz« (32) nicht ›leisten‹ könnten. Der Ostjude
nimmt jede Arbeit an, um sein Überleben zu sichern. Auch das Bild vom Ostjuden als ›Sündenbock‹ für eine erhöhte Arbeitslosigkeit ist schlichtweg
falsch, da die Arbeitslosigkeit zur Zeit vor dem Ersten Weltkrieg und somit vor
der ostjüdischen Einwanderung nicht niedriger gewesen ist als nun, was Senator
anhand einer aktuellen Statistik darlegt. Um die Angst der deutschen Bevölkerung einzudämmen, überlegt man seitens des Arbeiterfürsorgeamtes sogar, Arbeitslager für die ostjüdischen Flüchtlinge einzurichten, in denen Rohstoffe zu
diversen Produkten verarbeitet werden sollen, die nach Fertigstellung »nicht
etwa auf den deutschen Markt zu bringen, sondern in die jüdischen Wiederauf-
baugebiete Litauens und Polens auszuführen und dort abzusetzen«[16] wären.

Auch Behauptungen, die ungünstigen Wohnungsverhältnisse in Großstädten
wie Berlin seien auf die überproportionale ostjüdische Einwanderung zurückzuführen, tritt Senator engagiert entgegen, indem er den allgemeinen Zuzug
ausländischer Menschen sowie die niedrige Bautätigkeit als Ursachen anführt.
Die Ostjuden wohnen dagegen in ihren eigenen Gebieten, für die exemplarisch
das ›Scheunenviertel‹ steht, in das andere Bevölkerungsschichten aufgrund der

---

[16] *Vermerk* über das wesentliche Ergebnis der am 5. August 1920 im Reichsministerium des Innern abgehaltenen Beratung über die Anregung des Arbeiterfürsorgeamts
der jüdischen Organisationen Deutschlands, ein Arbeitslager für die in seiner Fürsorge stehenden Personen einzurichten. In: Akten betreffend: Prof. Sobernheim (wie
Kap. 1, Anm. 219). Bei der Unterredung sind als Vertreter des Arbeiterfürsorgeamtes Dr. Moses und Dr. Senator und nicht Kaufmann anwesend.

schlechten Wohnverhältnisse nur ungern ziehen.[17] Zudem sei die jüdische Gemeinde bestrebt, im Zuge jüdischer Selbsthilfe weiteren Wohnraum zur Verfügung zu stellen, womit der Vorwurf, die Ostjuden nähmen jeglichen Wohnraum in Beschlag, unhaltbar ist.

Mit diesen und ähnlichen Beiträgen suchen Kaufmann und Senator Vorurteile und Anfeindungen gegen die Ostjuden zu entkräften. Wie schwierig die Lage weiterhin ist, zeigen zwei Briefe Alfred Bergers, der 1922 von einer zunehmenden feindlichen Stimmung den Ostjuden gegenüber schreibt, die er mit Hilfe der deutschen Presseorgane eindämmen möchte.[18]

Kaufmanns Erbe besteht aber nicht nur aus seinem Einsatz für die Ostjuden als Generalsekretär des Arbeiterfürsorgeamtes – und damit aus seiner praktischen Arbeit –, sondern auch aus seinem ideologisch-motivierten ›literarischen‹ Vermächtnis.

4.2 ›Literarisches‹ Vermächtnis

Ebenso wie Kaufmann, Senator und viele andere den Ostjuden positiv gesinnte deutsche Juden beschäftigt sich unter anderem auch der liberal-jüdische Abgeordnete Georg Gothein mit dem so genannten Ostjudenproblem. Dessen Abhandlung über die Juden in Polen rezensiert Kaufmann positiv überrascht, da seine Thesen für liberale Verhältnisse äußerst beachtlich seien.[19] Trotzdem

---

[17] »Erhebungen des Arbeiterfürsorgeamtes haben ergeben, daß Wohnungen, bestehend aus Stube, Kammer und Küche für sechs und mehr Personen häufig sind, daß nur in ganz seltenen Fällen man die Belegziffer von zwei Personen für ein Zimmer unterschritten findet. Diese Wohnungsverhältnisse haben sich durch die in den letzten Jahren erfolgte Zuwanderung natürlich schwieriger gestaltet, da aus den oben erwähnten Gründen der größte Teil der Zugewanderten in den von den früher Eingewanderten inne gehabten Wohnungen noch beherbergt wird, ohne daß durch diese Art der ›Zwangseinquartierung‹, die alle behördlichen Maßnahmen in den erheblich geräumigeren Wohnungen des Westens bisher nicht haben durchführen können, eine *Belastung* des Wohnungsmarktes eintrat.« Ebd., S. 40.

[18] Vgl. Alfred Berger (für das Arbeiterfürsorgeamt der Jüdischen Organisationen Deutschlands): Brief an »die Herren Mitglieder des Präsidiums«. 5. Mai 1922. In: Akten betreffend: Prof. Sobernheim (wie Kap. 1, Anm. 219). und Ders.: Brief an »die Herren Mitglieder des Präsidiums«. 7. Mai 1922. In: Akten betreffend: Prof. Sobernheim (wie Kap. 1, Anm. 219).

[19] Vgl. Georg Gothein: Die Juden in Polen. In: März. Eine Wochenschrift. Begründet von Albert Langen. Geleitet von Dr. *Theodor Heuß*. 10, Bd 1 (Januar bis März 1916) 25. März 1916. Zitiert nach dem Reprint von 1969, S. 221–227. Hierin beschreibt Gothein die polnischen Juden, die dort besonders aufgrund ihrer eigenen Nationalsprache »tatsächlich eine besondere Nationalität« und nicht allein eine Religionsgemeinschaft bilden würden. Ebd., S. 224. Vgl. auch Gothein: Der neue polnische Staat. In: März 10, Bd 4 (Oktober bis Dezember 1916) 18. November 1916. Zitiert nach dem Reprint von 1969, S. 121–126.

gehe aus dem Text noch nicht hervor, dass die »deutschliberale Schriftstellerei
bei ihrer Wandlung angelangt«[20] sei. Bei Betrachtung der früheren Texte
Gotheins müsse man diesem aber zugute halten, dass er seine Einstellung gegenüber nationaljüdischen Ideen geändert habe.

> Damit wird auch im liberalen Lager endlich die ethische Krisis sichtbar, in die, in ihrer
> Masse zu wertvollerer Entscheidung unfähig, die deutsche Judenschaft seit Jahren ge-
> stellt ist, und die nur darum nicht in erwünschter Schärfe zum Austrag kam, weil die
> als Judenpresse verschrienen Blätter ihr die Spalten verschlossen, oder sie hinter dem
> Gegeneinander der Schlagworte: Zionismus und Staatsbürgertum verbargen.[21]

Kaufmanns Hoffnung auf ein ›Alljudentum‹ ist dementsprechend ungebrochen. Die ›Rettung‹ aller Westjuden liegt ihm folglich auch in seinen ›späten‹,
nach der *Freistatt* veröffentlichten Schriften am Herzen. Dieses Ziel verfolgt er
weiterhin kraftvoll und wortreich, wobei einige seiner nun veröffentlichten
Abhandlungen den Eindruck eines Fazits vermitteln, als würde er nach einer
endgültigen, einer abschließenden Formulierung suchen, die sein Lebenswerk
vervollkommnen könne.

So sind die »Vier Essais über ostjüdische Dichtung und Kultur« ein ›Best
of‹ seiner kultur-politischen Schriften. Inhaltlich befasst sich Kaufmann in
dieser Sammlung noch einmal mit jiddischer und hebräischer Dichtung, mit
den jüdischen Volksliedern und stellvertretend für die jüdische Publizistik mit
dem Jahrbuch »Der Pinkeß«. Thematisch verbindet diese Texte alle das gemeinsame Ziel, dem Westjuden durch die ostjüdische Kultur seine Wurzeln
näher bringen zu können. Da diese Abhandlungen sowie seine populäre Volksliedersammlung sowohl vom reifsten Ausdruck seiner Ideen geprägt sind als
auch die letzten vor seinem selbst gewählten Tod veröffentlichten Schriften
darstellen, müssen sie als Kaufmanns ›literarisches Vermächtnis‹ gesehen
werden, das im Folgenden näher betrachtet wird.

4.2.1 »Vier Essais über ostjüdische Dichtung und Kultur«

Die Motivation, den Westjuden ostjüdische Kultur und Tradition näher zu
bringen, steht auch in dieser Sammlung im Vordergrund. Diesen Anspruch und
die inhaltliche Besonderheit des Bandes, der auf den ersten Blick vier unterschiedliche Themengebiete der ostjüdischen Kultur beinhaltet, stellt Kaufmann
selbst im Vorwort zu diesem Werk heraus, wobei aber

> die innerliche Einheit nicht übersehen werden [darf], die eines dem andern verbindet
> und die lockere Gliederung des Büchleins rechtfertigt. Diese Einheit ergibt sich un-
> gezwungen aus der anhaltenden Bemühung des Verfassers, westliche Juden, die es
> endlich nach ihrem Volk zu hungern beginnt, vor repräsentative Erscheinungen des
> Ostens zu stellen und ihnen den Rang dieser Dinge und den Grad ihrer Intensität

---

[20] Fritz Mordechai Kaufmann: Ein ungewohnter Helfer. In: Der Jude 1 (Juni 1916) H.
3, S. 200–201; hier: S. 200.

[21] Ebd.

solcher Art zu erweisen, daß einmal den Erfordernissen einer absoluten, von leidigen politischen Nebenabsichten unbeschwerten Wertung entsprochen wurde, während gleichzeitig daran zu denken war, die fremdartigen Dinge ganz nahe in den Gesichtskreis der Westjuden einzubeziehen.[22]

Aufgrund der besonderen kulturellen Voraussetzungen der westjüdischen Konsumenten lassen sich auch die ausführlichen Diskurse erklären, die für einen Ostjuden redundant, für den Westjuden aber als Verständnis-Hilfe notwendig seien. Doch nicht nur die ausführlichen Hintergrundinformationen, sondern auch die thematische Vielseitigkeit trage zu einem umfassenden Ostjudenbild bei. »Gerade durch die Mannigfaltigkeit der behandelten Themen und der Ausblicke, die sich dabei ergaben, war es möglich, das kollektive Gepräge des Ostjüdischen in seiner Einheitlichkeit sichtbar zu machen.« (5)[23]

Im ersten Aufsatz der Sammlung beschäftigt sich Kaufmann mit dem Jiddischen als Literatursprache, wobei er dafür die Werke des »Großvaters« der jiddischen Literatur als Basis betrachtet. Im Osten, »wo das in Westeuropa Unmögliche eintrat, daß ein ganzes Volk, von den Geringsten bis zu den Reichen, einem großen und eigenwilligen Dichter voller Verehrung lauschte, seine Bücher bis zur Zerfetzung las und ihn zärtlich den ›seide‹, den Ahnherrn nannte«[24], sei der in Odessa verstorbene Mendale alias Schulem Jankew Abramowitsch anders als im Westen derart bekannt, dass man sein Werk dort schon fast als etwas Selbstverständliches ansehe. Mendale, der seine Werke zunächst auf Hebräisch verfasst, habe »wie ein Riese über den beiden Sprachen des Volks gewaltet« (8). Natürlich sei das Jiddische auch vor Mendale schon in der Dichtkunst vertreten gewesen, aber mit ihm sei die Neuerung, die Veredelung eingetreten, dass »das Jiddische auf einmal von aller Beengung im Landschaftlichen, Mundartlichen und sonstwie Zuständlichen frei wird und die verborge-

---

[22] Kaufmann, Vier Essais über ostjüdische Dichtung und Kultur (wie Kap. 1, Anm. 211), S. 5. In der Weltbücher-Reihe werden auch Schriften von Moses Mendelssohn, Menasse ben Israel, Samson Raphael Hirsch, Henry George, Heinrich Loewe und die »Ostjüdischen Liebeslieder« von Ludwig Strauß veröffentlicht.

[23] Im Folgenden beschreibt er kurz, ob und wo die einzelnen Essays schon einmal veröffentlicht wurden. »Der dritte und vierte Essai sind, mit geringen Abweichungen, den ersten Jahrgängen der Zeitschrift ›Der Jude‹ entnommen; der zweite wurde 1918 in der ›Jüdischen Rundschau‹ veröffentlicht; der einleitende Aufsatz erscheint hier zum erstenmal. Die jiddischen Zitate wurden, in vereinfachter Form, in der polnischen Aussprache transkribiert.« Ebd.

[24] Fritz Mordechai Kaufmann: Über Mendale und die Übersetzbarkeit seiner Dichtungen. (Bemerkungen zu einer Übersetzung). In: Ders., Vier Essais über ostjüdische Dichtung und Kultur (wie Kap. 1, Anm. 211), S. 7–21; hier: S. 7. Die ersten drei Absätze des Textes sind noch einmal erschienen. Vgl. Kaufmann, Über Mendale (wie Kap. 1, Anm. 211), S. 14–19. Hier fehlt allein das im Original voranstehende Motto: »›iber a werk, lib einikel, bedarf men schwizn, men bedarf arbeten, falen itlechs wort; gedeinkt, wuß ech sug ach – falen, falen.‹ Mendale in einem Brief an Schulem-Aleichem.«

nen Quellen der Sprache in einen breiten und reinen Strom zusammenfließen«
(8). Allein Mendale sei es zu verdanken, dass das Jiddische nicht mehr nur
Alltagssprache, sondern auch Literatursprache sei, sogar zum nationalen Gut
des jüdischen Volkes wurde, denn

> [s]obald er sein Werk getan hatte begann das Volk des Ostens eine vollere, mensch-
> lichere Sprache zu sprechen, war es in den Stand gesetzt, von seinen weltlichen und
> letzten Dingen in einer neuen Weise, ungezwungen, in fest und schön geprägten
> Wendungen und gesetzmäßigen Formen zu reden (9).

Diese sprachliche Qualität des Jiddischen, die auch in der *Freistatt* hervorgehoben wird, sei vor allem auf das zurückzuführen,»was Mendale im Sprachlichen gelungen ist, auf das Zentrale seiner dichterischen Persönlichkeit [...], die
seine Zeit hoch überragte – darauf also, daß er ein Erzähler ganz großer Art
war« (9). Kaufmann selber sei mit Mendales Werk in Berührung gekommen,
als er noch ein Laie auf dem Gebiet des Jiddischen gewesen sei, und obwohl
viele ostjüdische Kritiker Mendales Texte besonders in ihrer Form bemängeln,
gelten sie ihm als jüdische Literatur in ihrer ursprünglichen Vollendung.

> Die naiven, rührenden Midraschim, die Volkslegenden, das Weibergebet, also ledig-
> lich jüdisch bestimmte Formen der Erzählung sind seine Quellen. Das Ungewöhnli-
> che an ihm ist, daß er ohne Sentimentalität, ohne Hang zu Romantik diese an die
> Hierarchie gebundenen Elemente für die weltliche große, ein ganzes vielgliedriges
> Volk umspannende Erzählung fähig machte. (10)

Aus Mendales Werk könne man das ostjüdische Leben, die Seele des Volkes
besser erkennen als aus jedem Roman und jeder historischen Abhandlung. Die
Besonderheiten der Dichtkunst Mendales stellt Kaufmann anhand der Erzählung »fischke der krimer« heraus.[25] Doch leider spiegle die Übersetzung von
Alexander Eliasberg Mendales Qualitäten nicht im Geringsten wider. Die

---

[25] Auf den ersten Blick scheine der rote Faden innerhalb des Textes zu fehlen; mosaik-
artig würden Skizzen zusammengefügt wie es in der westeuropäischen Literatur ihresgleichen suche. Nicht die Konzentration auf das inhaltlich-stoffliche, sondern das
formale Element der Erzählkunst stehe im Mittelpunkt, in dem »[s]elbst das Alltägliche [...] durch die reine gesteigerte Art des epischen Berichts die Belanglosigkeit
und Dünne [verliert] und [...] einen doppelten, gesteigerten Sinn [erhält]«(11). Beispiele anzugeben sei hier aufgrund der Fülle von interessanten Stellen zwar müßig,
aber trotzdem hebt Kaufmann eine Szene hervor. »Eine steht am Schluß der Erzählung, und es hinterläßt ein merkwürdiges Gefühl der Erschütterung, wie dort statt einer sentimentalen Auflösung der nicht alltäglichen Spannung die Sterne unermeß-
lich in dieses kleine Menschengeschehen hineinfunkeln, und wiederum, allen Ster-
nen zum Trotz, der Wagen fröhlich und unverdrossen mit Gepolter über das Glupsker
Pflaster rollt.«(12) Vgl. hierzu:»Ich ziehe meinem Adler eins über, damit er den Wagen schneller zieht, und wir fahren spät in der Nacht über die holprigen Straßen von
Glupsk mit einem Geschrei und Geklapper, das den Leuten meldet: Wisset, daß zwei
neue Juden in Glupsk angekommen sind!...« Mendele Mocher-Sforim (Scholem-
Jaakew Abramowitsch): Fischke der Krumme. Ein jüdischer Roman. Deutsch von
Alexander Eliasberg. Wien und Berlin: R. Löwit Verlag 1918, S. 234.

Schwierigkeit, jiddische Texte ins Deutsche zu übertragen, würde vielleicht zu einem Teil am »Versagen der deutschen Sprache« liegen, aber zu einem deutlich größeren Teil an der »Unfähigkeit des Übersetzers« (12). Der schon häufig in jüdischen Publikationen kritisierte Eliasberg sei ein Übersetzer, der »sich noch immer das Amt, ostjüdische Kulturwerte zu übermitteln, anmaßen« (12)[26] würde, versuche, Mendale zu verbessern[27] und Übertragungen aus dem Jiddischen nicht mit einem ›klassischen‹ Deutsch, das »dem noch immer sprachschöpferischen Zustand der jetzigen ostjüdischen Gemeinschaft nahe kommt« (15), sondern »mit dem heutigen frostigen und abgeleiteten Zeitungsdeutsch bei[zu]kommen« (14).

Die Kunst des Übersetzens sei aber nicht so leicht, vor allem, weil das Jiddische

> eine Sprache [sei], von der zwar das anorganische Material der Bausteine zum Teil dem vorzeitigen Deutsch entnommen ist, während die gestaltenden organischen Funktionen, auf die es letzten Endes ankommt, also Rhythmus, Tonfall, Gefüge, Sinnfälligkeit, Musik und Farbe ihre Weisungen von einem Zentrum erhalten, das nicht in Europa oder in Deutschland zu suchen ist, sondern im Hirn und in der Seele des jüdischen Menschen (13).

Kaufmanns Hoffnung beruhe nun auf Eliasbergs Einsicht, zukünftig keine ostjüdische Dichtung, sondern lediglich journalistische Texte zu übersetzen, denn es sei »kein Vergnügen, immer wieder als ein Polterer und Ankläger aufzutreten, sobald Werke des Ostens, ganz gleich, ob musikalische oder dichterische, für ein deutsches Publikum hergerichtet werden« (21). Auch die jüdischen Verleger müssten daraus endlich ihre Lehren ziehen, denn sie hätten schließlich den Auftrag, den Westjuden auf der Suche nach ihren Ursprüngen, ihrem Volk Qualität anzubieten.

Interessanterweise versucht sich Kaufmann auch selbst an einer Mendale-Übersetzung, die 1920 im Welt-Almanach publiziert wird. Dem kurzen Absatz ist eine Erklärung der überlieferten Szene beigefügt, die das Leben eines Handwerkers und seiner Gehilfen beschreibt und zusätzlich die Entstehung

---

[26] Vgl. hierzu auch Gershom Scholem: Zum Problem der Übersetzung aus dem Jiddischen. In: Jüdische Rundschau 22 (12. Januar 1917) H. 2, S. 16–17. und Bechtel, »Ostjuden« and »Westjuden« (wie Kap. 2, Anm. 28).

[27] »Eliasberg hat sich fast nie bemüht, den absonderlichen, unverkennbaren Tonfall dieser Prosa in seine Übersetzung hinüberzutragen und das Deutsche zu zwingen, so viel Eigenwilligkeit, Plastik und geschmeidige Eckigkeit herzugeben, daß die Umrisse des Originals durchschimmern und die Linien herausgehoben erscheinen.« Kaufmann, Über Mendale und die Übersetzbarkeit seiner Dichtungen (wie Anm. 24), S. 17.

Kaufmann führt dafür mehrere Beispiele – formaler, aber auch episch-stilistischer Art – an. Detailliert weist Kaufmann »Fehler« in der Übersetzung nach, die den Charakter der Mendale'schen Texte nicht im Geringsten wiederzugeben vermag. Zudem stellt er eine Textstelle Mendales neben die der Eliasberg'schen Übersetzung und zeigt die Schwächen der letzteren konkret auf. Vgl. ebd., S. 18–19.

von Volksliedern erläutert.[28] Demzufolge haben die Handwerksgesellen eine schöpferische Kraft in sich, die das echte, eigentliche Volk repräsentiere.

> Man kann mit Recht sagen, es habe ein poetischer Funken in den Handwerksleuten geglommen, eine junge muntere Seele sei in ihnen zu spüren gewesen, und hiermit eben mag sich ihr Verkehr mit Kindern, gleich wie mit Kameraden, ihre Freundschaft – bis auf den heutigen Tag – zu Geschichtenschreibern, Poeten erklären. (22)

Warum Kaufmann gerade diesen Auszug veröffentlicht, liegt auf der Hand, denn hier wird durch Mendale seine eigene Auffassung von echter Literatur, von echten Volksliedern und demnach von echter Kultur bestätigt.

Auch in seinem zweiten Text zum Sammelband beschäftigt sich Kaufmann mit literarischer Ursprünglichkeit, diesmal allerdings anhand eines Romans von Agnon, der als positives Beispiel stellvertretend für die ›Völkischkeit‹ hebräischer Dichtkunst stehen soll. Der Text mit dem Titel »Und das Krumme soll eben werden«[29] sei anders als sonstige Übersetzungen aus der ostjüdischen Literatur, da er nicht durch seine stoffliche Besonderheit, durch fremde, uneuropäische Motive in den Vordergrund trete, sondern sich auch abhebe von der

> in den Himmel strebende[n] feierliche[n] Geschlossenheit des Volkslebens, das in den Werken der Perez, Asch und Pinski den Hintergrund bildete und manchmal übersehen ließ, wie wenig glücklich und rein hier die Gesetze der epischen und dramatischen Dichtung gemeistert wurden. Diese zufälligen Vorteile hat jeder Schilderer farbenreicher fremder Stämme vor dem Dichter des Okzidents voraus, da doch im zivilisierten Westeuropa kaum mehr ein Winkel ist, der nicht längst seinen Ge-

---

[28] »Dort, zwischen den Gesellen werden oft Lieder gesungen, ganz eigene Arbeit, die danach in der Welt herum, unter die Leute gehen, Mädchen und Dienstboten ins Mundwerk fallen und dann ›Volkslieder‹ heißen.« Fritz Mordechai Kaufmann: Mendele Moicher Ssfurem: Vom jüdischen Handwerksmann und seinen Liedern. [Übersetzung von F. M. K.]. In: Almanach des Welt-Verlags für 1920, S. 20–23; hier: S. 21. Diese drei Seiten bilden eine »in ganz enger Anpassung an den Tonfall des Originals ins Deutsche« angelegte Übersetzung Kaufmanns, der sich auf Mendales Text in der Warschauer Ausgabe von 1913 stützt. Ebd., S. 22.

[29] Der Romantitel entspricht nicht dem der ersten Auflage von 1918. Vgl. S. J. Agnon: Und das Krumme wird gerade. Aus dem Hebräischen von Max Strauß. Berlin: Jüdischer Verlag 1918.
     Fritz Mordechai Kaufmann: Der Erzähler S[amuel]. J[oseph]. Agnon. In: Ders., Vier Essais über ostjüdische Dichtung und Kultur (wie Kap. 1, Anm. 211), S. 21–31; hier: S. 21–22. Bereits zuvor erschienen unter: Ders.: »Und das Krumme soll eben werden«. In: Jüdische Rundschau 23 (4. Oktober 1918) H. 40, S. 310–313. und Ders.: »Und das Krumme soll eben werden«. In: Jüdische Turn- und Sportzeitung. 20. (Februar 1919) H. 2, S. 46–50. Zur Bedeutung des Sports und besonders des Turnens als Grundlage für jüdische Selbstbehauptungsstrategien vgl. Moshe Zimmermann: Zwischen Selbstbehauptung und Diskriminierung. Deutsch-Jüdische Turn- und Sportzeitungen. In: Zwischen Selbstbehauptung und Verfolgung (wie Einleitung, Anm. 16), S. 295–313.

stalter fand und seitdem die schlimmen Spuren der Regulierung und Verödung des Volkslebens an sich hat (22).

Eben diese besondere Qualität der ostjüdischen Dichter überdecke aber nicht die Reinheit und Vollendung der Dichtung Agnons, die auf den Leser eine einmalige Wirkung habe, da man sich plötzlich mit der ostjüdischen Kultur identifizieren könne.[30] Der stilistische Charakter des Textes sei damit einmalig in der ostjüdischen Literatur und selbst von Mendale unerreicht, denn in dessen Werk »waren manchmal Stellen, wo er seine Gebilde bis zu einem Grade heraufgeführt hatte, daß sie sogleich in das Zeitlose eingehen konnten, und wo er dann matt blieb wie ein Sittenrichter und ihnen lehrhaft vielerlei Gewichte anhängte« (23).[31]

Nachdem Kaufmann den Inhalt der Erzählung skizziert hat,[32] betont er, dass trotz der zeitlichen Distanz zu der Figur die Thematik und im Besonderen die Sprache der Charaktere keineswegs antiquiert seien, sondern gerade letztere klar und aufrichtig erklinge, denn sie »versucht auch nicht Milieuhaftigkeit vorzutäuschen, sondern hat den freien, gewichtigen Tonfall der geschlossenen guten Zeiten des Erzählertums. Vor allem: sie ist eminent episch.« (24) Dies habe den Vorteil, dass es keine Brüche etwa durch Dialoge gäbe und ein treffsicherer realistischer Ton vorherrsche.

Besonders bemerkenswert findet Kaufmann die präzise Einarbeitung von »Gleichnis und Anekdote zu tragenden Teilen des Berichts« (27). Diese Genres hätten im ostjüdischen Bereich einen höheren Stellenwert als in den jüngeren westeuropäischen Kulturen, obwohl diese Gattungen auch in ostjüdischen

---

[30] »Da pocht dein Herz wie das ihre; ihre Trauer und ihre Tröstung senken sich auf dein Gemüt; gewiß, ein besseres Gewand deckt dich und deine Gleichnisse reden eine dünnere Sprache; die Weisheit, die dich nährt, riecht noch nach dem aufdringlichen Firnis unerprobter Kultur und hat selten den Duft der letzten und Urdinge.« Kaufmann, Der Erzähler S. J. Agnon (wie Anm. 29), S. 22–23.

[31] Von Dichtern, die beispielsweise ihre Geschichten an einen westeuropäischen Schauplatz legten, könne hier sowieso nicht die Rede sein, da sie sich in keinster Weise mit Agnons Dichtkunst vergleichen könnten, denn »[d]ie Wurzeln von Agnons Kunst stehen nicht in diesen Einöden. Sie reichen tief herab in jene guten Gründe, die seit Homer noch alle großen Erzähler genährt haben.« Ebd., S. 23–24.

[32] Der Inhalt wird schon aus dem erweiterten Titel des Romans deutlich, der da lautet: »Und das Krumme wird gerade, Geschichte eines Menschen mit Namen Menascheh Chajim, aus der heiligen Gemeinde Buczacz (fest gründe sie der Höchste, Amen), der von seinen Gütern herabsank, und die Armut (der Barmherzige bewahre uns) ließ ihn weichen vom Wege seines Herrn, und er warf einen Makel auf Israel, und war gescholten und verstoßen und umhergetrieben, und verstörte doch nicht das Leben anderer, und wurde mit Namen und Andenken begnadet, wie es in diesem Buche des längeren erklärt wird. Und auf ihn und seinesgleichen sagt die Schrift: ›Und dann tilgen sie ihren Frevel,‹ und es erläutert Raschi (sein Andenken zum Segen): ›Sie sühnen ihren Frevel durch ihre Leiden.‹ Das hat verfaßt und hat es aufgeschrieben S. J. Agnon«. Vgl. Agnon, Und das Krumme wird gerade. [ohne Paginierung] (wie Anm. 29).

Dichtungen bislang eher zur »Steigerung der Komik oder der Schwere einer
Situation« (28) verwendet worden seien. Dies sei nun anders.

> In Agnons Buch sind Gleichnis und Anekdote jedesmal unaussprengbar in den Ab-
> lauf der Erzählung eingefügt. Sie häufen sich niemals um eine bereits geschilderte
> Begebenheit, sondern führen selbständig und in reizvoller Weise die gegenständli-
> che Schilderung weiter. (28)[33]

Obwohl Kaufmann selber zugibt, nicht unmäßig viel Erfahrung mit hebräischer Epik zu haben und zudem noch unzureichende Kenntnisse der Sprache
selbst zu besitzen, ist er beeindruckt von Agnons Werk und auch die »viel
später entstandene deutsche Ausgabe« lasse »ohne Mühe erkennen, welch
gewissenhafter und beharrlich den gültigsten Ausdruck erstrebender Künstler
Agnon ist« (29).

Zudem spricht er auch hier die Übersetzungsproblematik an, wobei dieser
Abschnitt – wohl auch aufgrund seiner eigenen Hebräischkenntnisse – deutlich
kürzer ausfällt als seine Betrachtung zur deutsch-jiddischen Übertragung.
Problematisch bleibe bei vielen Übersetzungen, dass »fast jede hebräische
Phrase [...] mit einer schweren und doch immer gefügigen, schnell wendbaren
Fracht historischer und gedanklicher Atmosphäre daher [schwimmt]« (29), die
so ins Deutsche nicht übertragbar sei. Zudem seien viele Übersetzungen aus
dem Hebräischen, aber auch solche aus dem Jiddischen oft nur

> Verpöbelun[gen] der Schreibkunst. Wer irgend einmal zu politischen oder anderen
> Zwecken Deutsch geschrieben hat und nebenher etwas Jiddisch oder Hebräisch ver-
> steht, hält sich für befugt, uns ostjüdische Kultur zu vermitteln und liefert nun Über-
> setzungen, die selten auch nur das grob Stoffliche des Originals in das Deutsche
> übertragen. (30)

Im Gegensatz zu Eliasbergs Übersetzungsfähigkeit, auf die hier durchaus an-
gespielt wird, sei die hier besprochene Agnon-Übersetzung von Max Strauß
glücklicherweise so gut geworden, dass aufgrund der engen Verbindung zum
Originaltext »selbst der des Hebräischen Unkundige aus den deutschen Sätzen
beständig, wenn auch dumpf, das mächtige Gefüge und die reiche Sinnfällig-
keit unserer alten Sprache heraushören mag« (30).[34] Dies sei besonders vor

---

[33] Im Folgenden führt Kaufmann Beispiele dafür an: »Als die beiden Eheleute in die
schlimmste Not geraten, erzählt Agnon nicht des Breiteren von ihrem Gottvertrauen,
sondern er schiebt die Geschichte vom Balschem, dem Pächter und dem Kosaken
ein [...]«. Ebd.

[34] »Sie ist natürlich in einem fehlerlosen, richtigen Deutsch verfaßt, an dem die Kühn-
heit der Wendung ständig erfreut, aber eine ›schöne‹, geglättete Sprache im Sinne
der Zeitungsschreiber ist das selbstverständlich nicht. Sie zeichnet mit der letzten
Treue dem Hebräischen seinen Ausdruck nach [...]; sie verkürzt nirgendwo, ersetzt
nicht das gegenständliche aber breite Bild durch die abgegriffene Phrase, teilt auch
nicht die für das Hebräische typischen, bollwerkhaften Sätze artig in übersichtliche
Gruppen ab, sondern nimmt ihren vollen, ruhigen Atem ungehindert in das Deutsche
hinüber.« Ebd.

dem Hintergrund so erfreulich, als dass vielen Westjuden das ursprüngliche traditionelle echte Volk »nur in abscheulicher Verzerrung bekannt ist« (31). Dagegen könne man nur schwerlich etwas ausrichten, aber dieses Werk sei ein eindeutiger Wegweiser zum eigenen Volksbewusstsein hin.

> Ein Buch wie dieses jedoch, ein Werk reiner Kunst, aus dem, ungewollt, erhaben und für alle Zeit sich das Bild der Volksgemeinschaft rundet, wird vielleicht das Wunder zustande bringen und manchen überraschten Zeitgenossen darüber nachsinnen lassen, welch hoher Adel und welch unantastbare Gesittung über diese galizischen Juden kommt, wenn ein Dichter sie anschaut. Sonst müßte man an diesem Europa und an der Menschlichkeit seiner Bewohner noch mehr verzweifeln. (31)

Damit ist Agnons Text der perfekte ostjüdische Roman für westjüdische Menschen, die ihre Kultur wieder finden sollen und wollen – also passt er exakt in Kaufmanns Programm.

In seinem dritten Text zur Sammlung befasst sich Kaufmann mit der 1913 erstmalig in Wilna erschienenen Chronik »Der Pinkeß«[35] und hebt einleitend die Erfahrungen mit dem Nationalen hervor, die sich anfänglich in einem Gefühl und erst später in konkreten ›Alltäglichkeiten‹ wie Volksliedern und Sprache widerspiegeln. Das rezensierte Werk, »das in einer erstarkten Volksgemeinschaft auch den Äußerlichen nachhaltig bewegen würde«[36], sei aber trotz der vierzig-jährigen zionistischen Tradition nur unzureichend bekannt, was einen weiteren traurigen Umstand untermauern würde.

> Dieser unleidliche Zustand sieht selbst im vierten Jahrzehnt keine Forderung nach Umsturz entschlossen gegen sich. [...] Vielmehr bedarf es noch immer umständlichen Beweisens, daß die Nationaljuden des Westens, so wie sie bisher Fremdstämmige geblieben sind, keine Bereitschaft haben, aus dem Widerstreit der nationalen Parteien des Ostens, von denen die zionistische doch nur ein Teil ist, die rechten Stimmen zu vernehmen; keine Gewähr, die ihren Urteilen und Entschlüssen das Zufällige und Leichtwiegende nähme; darum aber auch kein Recht, aus solcher Enge und Einseitigkeit heraus sich innerhalb der nationalen Bewegung zu entscheiden; so lange nicht, bis der Fremdstämmige sich seinem Volk zu einem Eigenen wandelte. (32–33)

Dementsprechend bleibe den Entwurzelten ihre eigene Volkszugehörigkeit, ihre Nationalität, ihre heimatlichen Töne, sowie »die gewaltigen hierarchischen Fundamente und das vielgestaltige Auseinanderstreben der Volkserhebung« (33),[37] die national und nicht zionistisch sei, verborgen. Daher erschei-

---

[35] Vgl. hierzu auch Kapitel 3.2.1.

[36] Fritz Mordechai Kaufmann: Der Pinkeß. Von den Wandlungen der ostjüdischen Intelligenz. In: Ders., Vier Essais über ostjüdische Dichtung und Kultur (wie Kap. 1, Anm. 211), S. 31–47; hier: S. 32. Bereits zuvor – nahezu textkongruent – erschienen unter: Ders.: Der Pinkes. Von den Wandlungen der ostjüdischen Intelligenz. In: Der Jude 1 (Februar 1917) H. 11, S. 750–758.

[37] »Sie fanden sich erst jüngst ein Zaubermittel aus arger Entwurzelung – wie sollten sie da in Gelassenheit sich die süße neue Beruhigung gefährden lassen und ohne Be-

ne »Der Pinkeß«, das Jahrbuch für die Geschichte der jiddischen Literatur und Sprache, zur richtigen Zeit. Hierin werde deren Entwicklung aufgezeigt und dem »Wollen der jungen, volkesfrohen Generation [...] entsprochen, das von ihr Erreichte vermerkt und das Erstrebte fest umrissen« (35).

Der größte Fehler der letzten Jahre habe darin bestanden, dass »kaum einer mit guten, tätigen Händen wachend über dem alten Volksgut [stand]« (36), weswegen »das alte Kulturgut von den jüdischen Oberschichten verschüttet und vertan worden [sei], daß es entstellt und glanzlos der Entdecker harrt« (36). Problematisch sei zudem, dass diese Abkehr der jüdischen Intellektuellen nicht auf einer Wahl, sondern aus einer Entfremdung und damit aus einer Unwissenheit und Unzulänglichkeit heraus entstanden sei. Die ostjüdische Kultur sei nicht ›wiedergeboren‹ worden, sie stehe vielmehr unter dem Schutz von Halbgebildeten »ohne Bereitschaft und ohne Beruf, die anderswo von einer gefestigten Intelligenz streng in die Niederungen des öffentlichen Lebens verwiesen werden, da sie an den höchsten Dingen der Nation verantwortungslos herumpfuschen zu sehen jedem Volksfreund zuwider ist« (37).

Der Pinkeß sei dagegen »ein lebendiger über sich selbst hinausweisender Einspruch gegen die unerträgliche Verpöbelung in unserem nationalen Lager« (38). Dieses Buch sei noch keine Meisterleistung, aber ein Anfang, sich vor die ostjüdische Kultur zu stellen und sie zu bewerben.[38] Schließlich sei es gerade für das Ostjudentum wichtig, sich »nicht damit [zu] begnügen, eine Zeitung, eine Schaubühne, eine Öffentlichkeit, einen Lebensstil zu haben so schlecht und schlechter noch als die anderen« (47). Man müsse vielmehr jetzt die Seriosität, die Ursprünglichkeit und die Wahrhaftigkeit aufbieten, um die junge mit der alten Volkskultur verbinden zu können.

Besonders hervorgehoben werden muss zudem Kaufmanns Kommentar zur Darstellung der jüdischen Volkslieder im »Pinkeß«. Er begrüßt hierin zwar die zunehmende Hinwendung zum Volkslied, merkt aber an, dass die wissenschaftliche Bearbeitung dieses Bereiches nahezu dadurch bedroht sei,

> daß von einzelnen oberflächlichen und von anderen ernsteren, aber durch die erste Sammlerfreude verleiteten Schriftstellern die häufig wahllos zusammengebrachten Ergebnisse ihrer Tätigkeit ungesichtet und frühfertig auf den Büchermarkt geworfen wurden (44).

Umso bemerkenswerter sei daher die Arbeit Cahans, der nach zehnjähriger intensiver Arbeit seine Sammlung veröffentlicht habe. Im Gegensatz dazu hätten die von Unwissenheit strotzenden Abhandlungen einiger Kritiker dafür gesorgt, dass »Bänkelgesänge, badchunische und mehr oder minder schwäch-

---

drohungsgefühle die nationale Bewegung auch in ihren mächtigen nichtzionistischen Äußerungen als bestehend und diskutabel anerkennen?« Ebd.

[38] Bereits die Wilnaer Monatsschrift *Die Jüdische Welt* habe 1912 begonnen, sich »gegen die unerbetenen Mitkämpfer im eigenen Lager, gegen die Dilettanten und Tagesschreiber« (S. 41) zur Wehr zu setzen. Sie muss damit als Vorbild für die Kritik im »Pinkeß« gesehen werden. Vgl. hierzu auch Kapitel 3.2.1.

lich dem Volkslied nachempfundene Dinge im Westen wie echte Volkspoesie der Ostjuden« (44) angesehen würden, ohne die eigentlichen, echten Vorzüge des ostjüdischen Liedes auch nur annähernd zu beschreiben. Im »Pinkeß« werde nun eine strengere Kontrolle bei der Auswahl der Lieder gefordert, was Kaufmann sehr begrüßt.

Auch der letzte Aufsatz innerhalb der Sammlung handelt thematisch vom jüdischen Volkslied. Die Abhandlung ist bereits 1918 im *Juden* erschienen und beschreibt Kaufmanns Beobachtungen zur »Aufführung jüdischer Volksmusik vor Westjuden«.[39] Da das jüdische Volkslied Kaufmann persönlich sehr am Herzen liegt und er nicht nur etliche Aufsätze zum Thema, sondern vor allem auch eine eigene Sammlung publiziert, muss diesem Bereich ein eigenes Kapitel gewidmet werden.

4.2.2 ›Kampf‹ um das jüdische Volkslied

Von seinen Freunden wird Kaufmanns Liebe zur Volksmusik immer wieder dargestellt.[40] Galt sie vormals dem deutschen Liedgut, so ändert sich dies, je mehr er in die ostjüdische Kultur eintaucht und die ursprünglich-jüdische Musik kennen lernt.[41] Bereits im ersten Heft der *Freistatt* schreibt er unter seinem Pseudonym Pinkus Barber eine Kurzrezension zu einer vom Jüdischen Verlag herausgegebenen Broschüre mit dem Titel »Das jüdische Volkslied« und vermerkt, dass es eigentlich ein Fortschritt sei, »dass der Jüdische Verlag damit beginnt, Östler über wichtige Angelegenheiten des Jüdischen Volkes direkt zum Westen sprechen zu lassen«[42]. Doch die tatsächliche Umsetzung und

---

[39] Fritz Mordechai Kaufmann: Die Aufführung jüdischer Volksmusik vor Westjuden. In: Ders., Vier Essais über ostjüdische Dichtung und Kultur (wie Kap. 1, Anm. 211), S. 48–64. Bereits zuvor – nahezu textkongruent – erschienen unter: Ders.: Die Aufführung jüdischer Volksmusik vor Westjuden. Der Jude 2 (1918) H. 12, S. 759–768.

[40] Vgl. beispielsweise Strauß, Einleitung (wie Kap. 1, Anm. 90), S. 7–19.

[41] Vgl. Kaufmann, Einige Bemerkungen zum jüdischen Volkslied (wie Kap. 1, Anm. 200), S. 122.

[42] Pinkus Barber, Das jüdische Volkslied (wie Kap. 3, Anm. 150), S. 64–65. Folgende Zitate sind im Text nachgewiesen. Zur Definition von »jüdischer Musik«, die ebenso problematisch wie die der »jüdischen Literatur« scheint, vgl. u. a. Alphons Silbermann: Jüdische Musik. In: Neues Lexikon des Judentums (wie Einleitung, Anm. 12), S. 589–591. Hier werden dezidierte Merkmale und die Entwicklung der jüdischen Musik dargestellt, die musikwissenschaftlich in maßgeblichen Lexika als diejenige Musik definiert sei, »die seit uralten Zeiten beim Vortrag jüdischer Gebete gebraucht wird und die sich, epochenweise sowie geopolitisch durch die Diaspora bedingt, mit gewissen Varianten entwickelt hat: die synagogale Musik.« (S. 589.) Volksmusik sei natürlich ebenso unter dem Begriff zu fassen, denn sie »entspricht den Traditionen der in unterschiedlichen Teilen der Welt angesiedelten Gemeinden«(Ebd.). Einen präzisen Überblick über das Ansehen des Volksliedes zur Zeit Kaufmanns bietet Maurer, Ostjuden in Deutschland (wie Kap. 1, Anm. 212), S. 723–

damit vor allem die Autoren-Auswahl erscheinen oft fragwürdig. Man solle
doch Autoren schreiben lassen, »die dem Westen etwas zu *sagen* haben« (65),
die die Problematik des Judentums und der Jüdischkeit der Westjuden erkannt
hätten – gleich so, wie es die *Freistatt* propagiere. Ansonsten gehe der Jüdische Verlag immer einen Schritt zurück, obwohl der Dürerbund ein gutes Vorbild für kulturelle Angelegenheiten der deutschen Nation sei, an dem man sich
orientieren könne. Eine häufig als positiv dargestellte Broschüre genüge nicht
im Mindesten den Ansprüchen, die an solch ein Werk gestellt werden müssten.
»Sie gehört zum langweiligsten, das über diese Dinge überhaupt zu lesen ist«
(65), und erfülle nicht im Geringsten die Aufgabe, den Westlern das jüdische
Volkslied näher zu bringen. »Dem allen, was doch in gutem Sinne aktuell und
worüber in einer Broschüre zu handeln ist, die Wege zur jüdischen Kultur
weisen und mehr sein will als eine trockene Archivarbeit – all dem ist der
Autor aus dem Wege gegangen.« (65) Es fehle nicht nur eine Einführung in
Notenmaterial und Anwendung sowie weitere »musiktechnisch[e] Randnoten«
(65), es sei auch auf jegliche bibliographische Angabe verzichtet worden.
Demnach könne dieses Buch dem Westen keine Hilfestellung bieten, einen
Zugang zu jüdischer Volksmusik zu erhalten. Kaufmann fragt sich, warum
einem solchen Buch keine Einleitung, wie Cahan sie seiner Sammlung voraus-
schicke, oder zumindest ein Auszug dieser beigefügt sei, die sich »trotz ihrer
Wissenschaftlichkeit wie eine Novelle liest und das jüdische Leben nur so
spiegelt« (65).[43] Es gebe letztlich bislang keine guten Textausgaben, an denen
sich der Künstler, aber auch das Publikum orientieren könne.

> Man stelle sich vor, welch seltsames Gedudel herauskommen mußte, wenn deutsch-
> jüdische Kinder nach den phonetischen Übertragungen des Blauweißliederbuches
> unsere Volkslieder sangen. Oder wenn deutsche Konzertsängerinnen nach den Tex-
> ten in »Ost und West« einen Jargon vortrugen, der auffallenderweise wohl von den
> zuhörenden Deutschen, schwerlich aber von dem Ostjuden, der dabei war, verstan-
> den wurde.[44]

---

728. Einen Überblick über das ›Judentum und die Musik‹ von der Jahrhundertwende
bis nach dem Zweiten Weltkrieg bietet: Jens Malte Fischer: Das ›Judentum in der
Musik‹. Kontinuität einer Debatte. In: Conditio Judaica, S. 227–250.

[43] Kaufmann rekurriert auf die Volksliedersammlung von Judah Loeb Cahan. Sein
Interesse an dieser speziellen Sammlung zeigt sich auch in einem Brief an »Meine
Lieben« aus dem Jahr 1912: »Wenn Ihr in Eschweiler Euch um Jiddische Volksmusik interessiert, kann ich Dir, l. Julius ein ganz hervorragendes neues Werk empfehlen. Das ist eine Sammlung von ca. *700* Volksliedern, die Kahan, der das Buch mit
einer *famosen klaren* Einleitung versehen hat, wirklich gesammelt hat; wie er selbst
sagt, dem Volk ›aus dem Maul gechappt‹.«
Ein weiterer Vorschlag zur Einstimmung sei, als Einleitung die Geschichte »Das
wandernde Lied« (A gilgul fun a nigun?) von Perez zu verwenden, denn »[m]ir hat
sie mehr erzählt vom jüdischen Volkslied, als alles, was ich darüber geschrieben
fand«. Pinkus Barber, Das jüdische Volkslied (wie Kap. 3, Anm. 150), S. 66.

[44] Kaufmann, Die Aufführung jüdischer Volksmusik vor Westjuden (wie Anm. 39),
S. 764–765.

Dem Vorbild der ersten großen Sammlung, des Institutum judaicum 1888 von Gustaf Herman Dalman, der eine aufwendige phonetische Transkription für müßig gehalten habe, werde nachgeeifert, was Kaufmann sehr bedauert. Zudem kritisiert er die Auswahl der Lieder und die Arbeit der Komponisten, die vermehrt ›unechte‹ Stücke zu Volksliedern stempelten.[45] So sei es unverständlich, dass

> ganz untaugliche Reimereien des Perez, Reisen und des unvermeidlichen Morris Rosenfeld, so schwächlich vertont, wie es ihrem Werte entspricht, als Volkslieder herausgegeben werden, oder daß die sentimentalsten Stellen aus Goldfadens Singspielen unter enger Anlehnung an die süßlichen Melodien des Originals eine neue Frisur erhalten (noch jüngst durch Janot S. Roskin)?[46]

Der Bestand der Sammelarbeit von Volksliedern befriedigt Kaufmann nicht im Mindesten, obwohl er einräumt, dass nach drei Jahrzehnten Beschäftigung auf diesem Gebiet noch kein abschließendes Werk vorhanden sein muss. Die Sammlung Ginzburgs und Mareks sowie die Prilutzkis seien leider ohne Melodien und nur in vereinzelten Bibliotheken zu finden, wogegen die von Cahan für den Neuling ganz brauchbar zu sein scheine, aber auch nur teilweise mit vereinfachten Melodien aufwarte.[47] Als empfehlenswert erachtet Kaufmann den »pinkes«, der auch ohne Melodien, aber mit Variantenverzeichnis arrangiert sei.[48] Interessanterweise hält er die Sammlung »Ostjüdische Volkslieder« von Alexander Eliasberg noch nicht einmal für erwähnenswert, obwohl diese Anmerkungen zu den einzelnen Liedern enthält.[49] In einem später veröffent-

---

[45] Zur Definition von ›echten‹ und ›unechten‹ Volksliedern vergleiche auch Kaufmanns Replik auf Dr. Theodor Zlocisti: Jüdische Volksliederabende. Glossen zu den Berliner Veranstaltungen der Redaktion von »Ost und West«. In: Jüdische Rundschau 24 (16. Dezember 1919) H. 89, S. 696–697. Fritz Mordechai Kaufmann: Echte und unechte Volkslieder. In: Jüdische Rundschau 25 (16. Januar 1920) H. 4, S. 22–23.

[46] Kaufmann, Die Aufführung jüdischer Volksmusik vor Westjuden (wie Anm. 39), S. 765.

[47] Vgl. hierzu auch: Kaufmann, Das Volkslied der Ostjuden. Märzheft (wie Kap. 1, Anm. 201).

[48] Vgl. Kaufmann, Das jüdische Volkslied. Ein Merkblatt (wie Kap. 1, Anm. 198), S. 15–21. Zudem könne Kaufmann folgende Sammlungen zumindest »einigermaßen zur Benutzung empfehlen«: Die Ausgaben der Gesellschaft für jüdische Volksmusik (Das Liedersammelbuch für die jüdische Schule und Familie und Die Einzelausgaben der Gesellschaft für jüdische Volksmusik), J. Engels Bearbeitungen, Liedbeilagen in »Ost und West«, J. R. Roskins Volkslieder und Jontefflieder (Arno Nadel). Vgl. ebd., S. 22–24.

[49] Vermutlich spielt hier seine negative Einstellung bezüglich Eliasbergs Übersetzerleistungen eine entscheidende Rolle. Vgl. Kapitel 4.2.2. Zur Sammlung siehe: Ostjüdische Volkslieder. Ausgewählt, übertragen und mit Anmerkungen versehen von Alexander Eliasberg. München: Georg Müller 1918. Zu dieser Ausgabe siehe auch: Ilona Tahir-Ul-Haq: Das Lied der Juden im osteuropäischen Raum. Seine Funktion im Prozeß der Erhaltung und Veränderung des sozialen und kulturellen Normensys-

lichten Text bespricht Kaufmann dessen Sammlung jedoch und kritisiert diese lediglich als schmählichen Versuch, den Westjuden das Volkslied näher zu bringen, da dies in Eliasbergs Werk »mehr kompromittiert und verringert als gefördert worden«[50] sei.

Auch das »Blauweißliederbuch«[51] rezensiert Kaufmann kritisch und bespricht neben allgemeinen Aspekten zur Situation des jüdischen Volksliedes auch die »nicht länger erträglichen krisenhaften Zustände der nationaljüdischen Jugendbünde des Westens«[52]. Kaufmann findet es beachtlich und merkwürdig, dass dieses »von Führern deutschjüdischer Wanderbünde« herausgegebene Bändchen den Jugendlichen nicht das Jüdische, sondern das sowieso schon allgegenwärtige Deutsche in den Mittelpunkt stellt und somit nicht »etwas Ernsthaftes, Ganzes und Musterhaftes für die Jugendlichen« entwirft.[53] Der Schwerpunkt seiner Kritik liegt jedoch auf dem unerklärlich militärischen Fokus der Sammlung »in dieser das Soldatische und Militärische nicht eben vernachlässigenden Zeit«[54]. Volkslieder seien dies nicht, weil sie vielmehr »Leitartikellyrik« propagierten.[55]

Auch Ludwig Geiger stellt den fraglichen politischen Einfluss der Sammlung auf die Jugend in einer Rezension heraus. Allerdings ist seine ideologische Position hinsichtlich des Liederbuches eine vollkommen andere, da für ihn die gesammelten Lieder zum Teil »in aufdringlicher Weise zionistisch« und daher generell »unvereinbar mit der Liebe zum deutschen Vaterlande« seien, weswegen er »wenigstens dieses Liederbuch als ungeeignet für deutsche Knaben und Jünglinge jüdischen Glaubens bezeichnen« müsse.[56]

---

tems und in der Bewältigung aktueller Lebenssituationen. Frankfurt am Main [u.a.]: Peter Lang 1978 (Regensburger Beiträge zur deutschen Sprach- und Literaturwissenschaft: Reihe B, Untersuchungen; 16).

[50] Kaufmann, Aus der Welt des jüdischen Volksliedes. Eine Selbstanzeige (wie Kap. 1, Anm. 201), S. 489.

[51] Jüdischer Wanderbund Blau Weiß Berlin: Blau-Weiß-Liederbuch. Berlin: Jüdischer Verlag 1914. Diese erste Auflage enthält neben einem kurzen Vorwort und einem Inhaltsverzeichnis Lieder, die in die Kategorien Freiheitslieder, jüdische Volkslieder, Rastlieder und allgemeine Lieder eingeteilt sind. Nach Kaufmann beinhaltet es 113 deutsche, 18 jiddische und 22 hebräische Lieder. Kaufmann, Das Blauweißliederbuch (wie Kap. 1, Anm. 199), S. 197.

[52] Ebd. Als Reaktion zur Kritik, die auf diesen Aufsatz eingegangen ist, siehe: Kaufmann, Einige Bemerkungen zum jüdischen Volkslied (wie Kap. 1, Anm. 200), S. 117–119.

[53] Kaufmann, Das Blauweißliederbuch (wie Kap. 1, Anm. 199), S. 197.

[54] Ebd.

[55] Vgl. ebd. Auch die religiösen Gesänge seien schlecht ausgewählt, transkribiert und übersetzt.

[56] Ludwig Geiger: [Rezension zum Blau-Weiß-Liederbuch]. In: AZJ 78 (10. Juli 1914) H. 28, S. 335–336; hier S. 336.

Obwohl Geigers und Kaufmanns Grundpositionen völlig verschieden sind, sehen beide mit den vorhandenen Ausgaben die Jugend[57] falsch angesprochen. Doch Kaufmann betont, dass der Jugend selber der geringste Vorwurf zu machen sei, da sie bei Liederabenden kaum adäquate und repräsentative Lieder zu hören bekäme, die zudem noch »*in einer Sprache, die weder jiddisch noch deutsch, sondern ein übles Gemauschel ist*«[58], vorgetragen würden. Speziell am Blau-Weiß-Liederbuch kritisiert Kaufmann jedoch vor allem, dass die Herausgeber, obwohl sie für die zweite Auflage genügend Zeit zur Verfügung hatten, die jiddischen Lieder schlecht auswählen. Es gäbe bereits seit 1901 »etwa sechs umfassender angelegte ostjüdische Sammlungen [...], die bereits etwa 1000 echte Volkslieder enthalten und erst einen Teil der wirklich vorhandenen Fülle dem Volksmund entnommen haben«[59]. Die Wahl der Herausgeber sei deswegen so schlecht, weil sie sich nicht auf das ›echte‹ Volkslied eingelassen hätten, dies vielleicht sogar nie selbst gehört hätten und somit auch den Unterschied zu schlechten Kopien nicht kennen könnten – zudem seien populäre Kunstlieder oft fälschlicherweise als Volkslieder gedeutet worden, obwohl es vielmehr »Lieder für das Volk« seien.[60] Die Schwierigkeiten, die das ostjüdische Volkslied für Westjuden berge,[61] seien von den Herausgebern nicht beachtet worden, weswegen diese Sammlung für westjüdische ›Konsumenten‹ ungeeignet bleibe.[62]

Generell findet Kaufmann es erschreckend, dass tendenziell immer mehr Lieder als Volkslieder angeführt würden, die die dafür notwendigen Qualitäten und die tiefe Originalität gar nicht besäßen. So könnten Stücke der Volksdichter und des »badchen« zwar als Lieder für das Volk, aber nicht als Volkslieder

---

[57] Hier spricht Kaufmann allerdings keine »hoffnungslos vergojischt[en]«, sondern explizit die Juden an, »*denen das Bekenntnis zur jüdischen Nation schon zu einer Gewohnheit zu werden droht und die doch in ihrem inneren Habitus kaum nennenswert jüdischer wurden*«. Kaufmann, Das Volkslied der Ostjuden. Märzheft (wie Kap. 1, Anm. 201), S. 19.

[58] Ebd.

[59] Kaufmann, Das Blauweißliederbuch (wie Kap. 1, Anm. 199), S. 197.

[60] Ebd., S. 198. Detailliert bespricht er die ›jiddischen Volkslieder‹, von denen nur eines – leider durch die fehlerhafte Notenschreibweise beeinflusst – ein wirkliches Volkslied sei, was für den Jugendbund eine Peinlichkeit sei. Vgl. ebd.

[61] Hierunter fallen »[d]ie eigentümliche uneuropäische Singweise, die Tonbildung, die begleitende Geste, das Melodische, das Zeitmaß [...] mehr noch die geheimen Gründe der hier besungenen seelischen Erlebnisse und historischen Schicksale«. Ebd.

[62] Es gäbe zwar ein Vorwort, in dem solche Dinge erklärt werden könnten, doch dies sei die größte Katastrophe, da es eine Gesinnung verrate, die »ohne Frage das Verwerflichste an dem Buch und unvergleichlich bedrohlicher als seine sonstigen schlimmen Mängel« sei (Ebd., S. 199.). Hierin erklären die Herausgeber, dass sie eine Scheidung in jüdische und deutsche Lieder nicht für nötig befinden, weil es »so am besten unserer Art zu entsprechen« scheint. (Ebd.) Daher hätten sie die Lieder so aufgenommen, wie man sie im westjüdischen Bereich singt, was für Kaufmann unverständlich bleibt, für den diese Scheidung existenziell ist.

gesehen werden, auch wenn einige unter ihnen ab und an den Volkston treffen würden. Dabei möchte Kaufmann diese Liedformen nicht abwerten, verwehrt sich aber gegen »die unstatthafte Vermischung, in der diese Poesie wahllos mit wirklichen Volksliedern dargeboten wird und die Liederausgaben entwertet werden«[63]. Die wenigen originalen Volkslieder seien in ihrer Vertonung unentwickelt geblieben, denn »[d]as Volkslied, ein so rundes und in sich vollendetes Ding, das nur kraft der in ihm gebannten und nicht mehr überbietbaren Expression wirken kann, wird da willkürlich verrenkt und garniert, indem man ihm ein Präludium vor- und ein Postludium nachklebt«[64].

Doch nicht nur die Dokumentation der Volkslieder in Form einer Sammlung kritisiert er, auch die Aufführungspraxis tradiere vielfach nicht die relevanten Aspekte. Kaufmann weist auf vier Möglichkeiten der Darstellung ostjüdischen Liedgutes und eben solcher Dichtung hin.

Zum einen könne es die vollendete Darstellung geben, die im »reinen Gebot eines formenden Willens umgedichtet und bezwungen«[65] sei, wie es nur die Übersetzungen eines Stefan George oder Hölderlins Pindaroden vermochten. Des Weiteren könne eine durchaus angemessene aber nicht ganz so gelungene Übertragung den Zuhörern und damit dem eigenen Volke andere Aspekte der Welt darbieten. Dies habehätte dann einen lehrhaften Charakter, der »aber durch den edelsten Antrieb legitimiert, indem es ganz Humanität ist und mehr und Strengeres von sich fordert als das, was kunstgewerblerische Philologen und der Propagator völkischer Ideale in der Absicht haben« (759). Die dritte Möglichkeit wäre lediglich eine Nachahmung dessen, was eigentlich »Fremdartiges in einer neuen Totalität noch einmal wie am ersten Tage die Lebendigen beselig[en]« (759) sollte. Es bliebe damit bei einer schlechten Kopie, die nichts mehr von dem Glanz aufweise, den das Original vermitteln könne. Viertens sei es aber besonders dramatisch, wenn das Vorzuführende interpretiert werde, in dem Sinne, dass sich »frech und schamlos die Habgier der Straße [...] seiner bemächtigt« (759). Leider sei besonders letztere Option erfolgreich, wenn man bedenkt, dass nicht nur Unwissende, sondern auch nationaljüdisch Denkende dieser ›Kunst‹ zugetan seien, sei auch »ihre Übertragung [...] noch so lüderlich [!], der Geschmack, der ihnen das Original wählte, auch unzulässig verwildert« (759).

›Bloßes‹ Vermitteln sei demnach eine größere Kunst als Interpretation, die bis hin zur Kreation neuer Stücke führe – wie in der vierten Option aufgezeigt. Um herauszustellen, wie großartig eine solche Leistung ist, wird im Folgenden dem »bisherigen Musiktreiben das Bild der vollendeten Aufführung« (760)

---

[63] Kaufmann, Das jüdische Volkslied. Ein Merkblatt (wie Kap. 1, Anm. 198), S. 26.

[64] Kaufmann, Die Aufführung jüdischer Volksmusik vor Westjuden (wie Anm. 39), S. 765. Des Weiteren bespricht er einige aktuelle Sammlungen, die einige oder mehrere dieser Probleme aufweisen, auch wenn sie mit löblicher Intention bearbeitet wurden.

[65] Ebd., S. 759. Folgende Zitate sind im Text nachgewiesen. Siehe auch die nochmalige Veröffentlichung des Textes: Kaufmann, Vier Essais über ostjüdische Dichtung und Kultur (wie Kap. 1, Anm. 211), S. 48–64.

gegenübergestellt, deren Gelingen gleichermaßen von allen Parteien – Musikern, Herausgebern und Veranstaltern – abhängig sei. Dem Veranstalter müsse bewusst sein, dass der Zweck, den »gegen ihr Volkslied ertaubten Westjuden« eine unmittelbare und echte Vorführung der Lieder bieten zu wollen, die Mittel heiligt, denn der Konzertsaal sei nicht der passendste Aufführungsort, weil er »das Volkslied seiner eigentümlichen Wirkungen beraubt, indem er ihm die Unmittelbarkeit und die Frische lähmt« (760). Zudem sei es wichtig, dass er das Volkslied vor Aufführungen zu unpassenden Veranstaltungen schütze, denn »[s]eines Amtes ist es, das Fremdartige, verhalten Gewachsene in möglichster Reinheit und allem Störenden entzogen wirken zu lassen« (760). Daher müsse er auch bei der Auswahl der Lieder die ›Spreu vom Weizen trennen‹ können und ›echte‹ Volkslieder den momentan beliebten badchunischen und den Operettenmelodien vorziehen. Der Vortrag müsse für das Publikum ein aktives lehrhaftes Geschehen werden, dem intensive Kenntnis der Liedtexte vorausgeschickt werden sollte, damit man überhaupt auf einen im Ansatz verständigen Konsumenten treffen könne. »Will er nun den Geladenen früh genug die gültigen Texte und Melodien vorlegen, so muß er sich nach dem Herausgeber dieser Dinge umsehen, diesem dreifältigen Wesen eines Folkloristen, Phonetikers und Tonsetzers.« (761) Der Zuhörer brauche Anleitung, auch von Seiten des Komponisten und hinsichtlich der Texte. Volksliedtexte müssten endlich frei sein von »den entstellenden und versüßenden Interpolationen, mit denen das Volkslied in manchen wuchernden Varianten uns überkommen ist« (761). Zudem müsse ein in abendländische Schriftzeichen übertragener Text frei von phonetischen Fehlern sein und »das Klangbild der jüdischen Worte, die doch essentielles Bauwerk der Melodien und durch fremden Wortklang unersetzbar sind, unvermindert herstellen« (761). Originalität und Ursprünglichkeit seien hier gefragt, kein Vermischen von Halbheiten. Wer diese echten Werke herausfiltert, »dem ergeht es wie einem, der sich aus dem grellen, vorlauten, den Atem bedrückenden Lärm grosstädtischen Jahrmarkttreibens plötzlich in den wohltätigen Schutz stiller sanfter Wege und in die unendliche Landschaft geborgen sieht«[66].

Dies sei auch die Forderung bei der melodischen Darbietung, bei der man es etwas schwerer habe, weil sich die Lieder bislang nicht literal, sondern nahezu ausschließlich oral verbreitet hätten und man so nur in »unberührtesten Winkel[n] der jüdischen Siedelung« (761) nach ihren Ursprüngen forschen könne. Man müsse sich aber hüten, die momentan so populären Gassenhauer als Vorbild zu nehmen. Leider käme noch erschwerend für den Editor hinzu, dass aufgrund der mangelnden Schriftlichkeit in den vergangenen Jahrhunderten keine Traditionsbilder aufgestellt werden könnten. Zudem gebe es auch keine polyphone Tradition, denn

[d]ie jüdischen Volksweisen sind bis auf geringe Ausnahmen bisher nur im Einzelgesang, also unisono, nicht vielstimmig, gesungen worden. Was an originaler poly-

---

66 Kaufmann, Das Volkslied der Ostjuden. Aprilheft (wie Kap. 1, Anm. 201), S. 14.

phonischer Leistung in der *schyl*, im Zusammenwirken der *singer* mit dem *chasen* und im Zusammenspiel der *klesmûrim* vorliegt, ist seinem Umfange nach kümmerlich, dazu verschüttet durch das Hereindringen wesensfremder Harmonien und Satzmanieren, die skrupellos übernommen worden sind. (762)[67]

Im polyphonen Bereich fehle aber selbst der Ansatz, diese Eigentümlichkeiten zu untersuchen und die Erkenntnisse fachkundig weiterzugeben. Dies alles sei aus folgendem Grund relevant:

> Augenblicklich [...] handelt es sich nicht um solche letzte, grundsätzliche Entscheidung, sondern darum, das Beschämende der bis heute geübten Vorführung abzulösen durch etwas minder Kulturwidriges, das irgendwie geeignet sein könnte, seelische Wirkung in dem westjüdischen Hörer zu hinterlassen, zumal in dem jugendlichen. (762)

Eben solche Zuhörer könnten ihre Volkszugehörigkeit nur über ursprüngliche Lieder begreifen, und das wäre auch nur möglich, wenn »die sinnlose Angleichung an andereuropäische Liedvertonung und die wahllose Anwendung belastender Klänge, Verzierungen und Modulatioeng [!] vermieden werden« (763). Dementsprechend könne diese Gesangsvorträge auch kein ausschließlich westjüdischer Sänger darbieten, denn »selbst eine Stilisierung, will sie nur das Besondere der jüdischen Singweise zum Ergebnis haben, mag dann lieber gewagt werden als das hilflose Gestolper über unverstandenes Gefüge nicht erlebten sprachlichen Ausdrucks« (763). Nahezu ausnahmslos macht Kaufmann den Sängern zudem den Vorwurf, sich selbst und nicht die Volkslieder in den Vordergrund zu stellen.[68] Schließlich müsse ein Interpret erst die richtige Aussprache erlernen und das Jiddische klangrein aussprechen können, bevor er anfange zu singen.[69] Erst nach einer solchen Schulung falle vom Jiddischen das Jargonhafte ab, weswegen dieses Training eine Grundvoraussetzung sei, wenn man ›ernsthaft‹ jüdische Volkslieder singen wolle. Sollten sich die Westjuden intensiv mit ihrer Jüdischkeit, also mit ihrer Religion und ihrer Volkszugehörigkeit auseinander setzen, kämen sie nicht daran vorbei, auch

---

[67] Vgl. hierzu auch: »Meistens ist das Singen unisono, also einstimmig, und nur selten sondern sich einzelne zur zweiten Stimme ab. Alle verhaltenen, das Einzelerlebnis wiedergebenden Lieder, so die meisten Liebeslieder, vertragen natürlich den gemeinsamen Gesang nicht.« Kaufmann, Das jüdische Volkslied. Ein Merkblatt (wie Kap. 1, Anm. 198), S. 28.

[68] Vgl. Kaufmann, Die Aufführung jüdischer Volksmusik vor Westjuden (wie Anm. 39), S. 767. Seine Frau, Rosa Kaufmann, zählt zu den wenigen, bekannten jüdischen Vorträgern, die als Musterbeispiel der Vortragenden gelten können. Vgl. auch: Maurer, Ostjuden in Deutschland (wie Kap. 1, Anm. 212), S. 724.

[69] Vgl. hierzu auch Wagners antijüdischen Standpunkt: »Wenn die Eigentümlichkeiten dieser jüdischen Sprech- und Singweise in ihrer grellsten Sonderlichkeit vor allem den stammtreu gebliebenen gemeineren Juden zugehören, und der gebildete Jude mit unsäglichster Mühe sich ihrer zu entledigen sucht, so wollen sie doch nichtsdestoweniger mit impertinenter Hartnäckigkeit auch an diesem haften bleiben.« Wagner, Das Judentum in der Musik (wie Kap. 2, Anm. 149), S. 75.

dem Jiddischen seinen angemessenen Platz zuzusprechen, denn: »*Jiddisch ist die gemeisselte Form des zentralen Judentums und seiner Menschen* – es ist die kollektive und persönliche Gebärde des östlichen Juden, also bei weitem mehr als blosse Sprache«[70]. Dem Ostjuden sei dies alles bekannt, aber die Westjuden hätten noch viel zu lernen. »*Das, was sie heute in einer bequemen und billigen Nachbeterei von Formeln, die der deutschen Jugendbewegung vielleicht gemäss sein mögen, von sich weisen, werden sie unter erschwerten Bedingungen nachholen müssen, sobald sie in die Zentren jüdischen Lebens vorstossen.*«[71] Daher sei es auch so wichtig, die ostjüdische Singart zu respektieren, die verlange, dass man neben der in den Noten abgedruckten Melodie auch Folgendes beachten müsse:

> Der Fluß der Melodie wird hier bestimmt durch eine ganz gesetzmäßige und prägnante Art des Rezitativs, das ja auch für die altertümliche liturgische Musik Vorschrift ist. Dazu beeinflußt und begleitet der Ostjude sowohl Ton wie Tempo seiner Lieder häufig mit schüttelnden Bewegungen des Körpers und der Glieder, ähnlich wie bei der erregteren alltäglichen Rede. Ganz deutlich wird das bei den sehr wichtigen vorschlagsmäßigen Verzierungen, die im Notenbild leider ganz verschwinden.[72]

Kaufmanns Ausführungen müssten für jeden Veranstalter Ansporn genug sein, einen qualitativ hochwertigen Abend mit hochkaratigen Vortragenden zu organisieren und sich damit von der Menge, die einer »recht fragwürdige[n] Art von Kunstbetriebsamkeit«[73] unterliege, abzugrenzen. Leider werde die Massenkunst durch die Mehrheit der jüdischen Presse unterstützt, daher wäre es notwenig, dass

> die jüdische, zumal die nationale Presse weiterhin – das gilt auch für alles, was sie über die Gebilde anderer Kunst aussagt – nur dem Fachmann das Wort erteilt, also die Beurteilung jüdischer Musikabende oder neuerschienener Liedausgaben aus dem vermischten Teil und der darin wahllos und stereotyp geübten Vortrefflichkeitsbefindung herausnimmt.[74]

Mit der aktuellen Berichterstattung würde man die ›Macht‹ des Volksliedes ignorieren. Für Kaufmann bleibt völlig unverständlich, dass diese Form von Musik hinter politischen und sozialen Interessen zurückstehen solle, obwohl sie doch einen viel größeren Einfluss auf die Westjuden haben könnte.

Dass das mangelnde Ansehen und die schlechte Qualität der Volksliederabende solch langer Ausführungen bedarf, sei nach Kaufmann allein schon dadurch zu rechtfertigen, dass

---

[70] Kaufmann, Das Volkslied der Ostjuden. Maiheft (wie Kap. 1, Anm. 201), S. 10.
[71] Ebd.
[72] Kaufmann, Das jüdische Volkslied. Ein Merkblatt (wie Kap. 1, Anm. 198), S. 13.
[73] Kaufmann, Die Aufführung jüdischer Volksmusik vor Westjuden (wie Anm. 39), S. 763.
[74] Ebd., S. 764.

die Haltung dieser Generation von Westjuden vor fundamentalen Werten der nationalen Kultur nicht weiter wie ein Zufälliges und Belangloses und hinter den ge-
räuschvollen Erfordernissen der Politik Zurückstehendes [angesehen werden darf],
sondern als ein verderbliches Äußerlichsein der jüdischen Aufwärtsbewegung und
ein Verarmen ihrer Menschlichkeit.[75]

Diesen wenig wünschenswerten Zustand möchte Kaufmann zunächst durch
seine Abhandlungen verändern. Doch dabei soll es nicht bleiben. Kaufmann
sucht all diese gut gemeinten Ratschläge in seiner eigenen Volkslieder-
Ausgabe auch umzusetzen und geht damit mit gutem Beispiel voran.[76] Seine
Sammlung wird im Jüdischen Verlag gedruckt, was besonders unter dem Aspekt interessant erscheint, dass es zwischen 1919 und 1924 im Allgemeinen
nur sehr wenige jiddische Publikationen in Berlin und im Jüdischen Verlag im
Speziellen gegeben hat. »Between 1919 and the end of 1921, the number of
Yiddish titles published in Berlin was almost negligible, amounting to no more
than twenty-eight.«[77] Der Welt-Verlag publiziert immerhin acht jiddische
Titel,[78] wogegen es im Jüdischen Verlag nur drei Werke sind, »two of which
were collections of Yiddish songs intended for a German audience; the third
was a biography of Theodor Herzl translated from German«[79].

Kaufmanns Sammlung umfasst nach eigener Definition religiöse und chassidische Lieder, Wiegenlieder, Kinder- und Chederlieder, Liebeslieder, Mäd-
chen- und Hochzeitslieder, Lieder aus dem Bereich der Familie und der

---

[75] Ebd., S. 767.

[76] Fritz Mordechai Kaufmann: Die schönsten Lieder der Ostjuden. Siebenundvierzig
    ausgewählte Volkslieder. Berlin: Jüdischer Verlag 1920.

[77] Levine, Yiddish Publishing in Berlin and the Crisis in Eastern European Jewish
    Culture 1919–1924 (wie Einleitung, Anm. 1), S. 87. Dies weist er auch in einem
    Anhang nach, in dem sich eine Liste dieser Publikationen – unter ihnen Kaufmanns
    Sammlung – finden lässt. An dieser Stelle sei auch auf den Verleger Salman Scho-
    cken verwiesen, der durch einen »mäzenatisch angelegten literarischen Donnerstags-
    Zirkel in Berlin, dem neben FMK u. a. auch sein Freund Ludwig Strauß, Albrecht
    Schaeffer und auch Rainer Maria Rilke angehörten«, Kaufmanns Werk protegiert.
    Gottschalk, [Vortrag über Kaufmann] (wie Kap. 1, Anm. 107), S. 448.

[78] »The fact that Weltverlag published no further Yiddish titles after 1921 may be
    evidence that it fell victim to hyperinflation.« Levine, Yiddish Publishing in Berlin
    and the Crisis in Eastern European Jewish Culture 1919–1924 (wie Einleitung,
    Anm. 1), S. 87.

[79] Ebd. Interessanterweise wird Kaufmanns Volkslied-Ausgabe bereits ein Jahr nach
    Arno Nadels Liedersammlung veröffentlicht. Ebenso erstaunlich ist, dass, parallel zu
    Kaufmanns im Jüdischen Verlag erscheinenden Schriften zum Volkslied, die »Vier
    Essais über ostjüdische Dichtung und Kultur« im Welt-Verlag publiziert werden,
    obwohl nach der Fusion der beiden Verlage eigentlich eine Trennung in jüdische
    und allgemeine Themen vollzogen werden sollte. Wie man aber bereits am Beispiel
    der Kaufmann-Texte sieht, findet eine thematische Vermischung in beiden Verlagen
    statt. Vgl. Anatol Schenker: Der Jüdische Verlag 1902–1938. Zwischen Aufbruch,
    Blüte und Vernichtung. Tübingen: Max Niemeyer 2003 (Conditio Judaica. Studien
    und Quellen zur deutsch-jüdischen Literaturgeschichte; 41), S. 259–261.

Handwerker, Soldatenlieder und Lieder aus dem Volksleben. In einer Vorbemerkung »*Auswahl der Lieder*« beschreibt Kaufmann, dass er diese 47 ostjüdischen Stücke ausgewählt hat, weil sie die Vielschichtigkeit des ostjüdischen Liedgutes repräsentieren. Er bedauert noch einmal, dass es bislang kein anderes adäquates Sammelbuch gibt[80] und dokumentiert, dass er selber die meisten Lieder den »Ostjuden abgelauscht« (39) habe, sodass in seinem Sammelband erstmalig unveröffentlichte Gesänge abgedruckt werden könnten. Alle anderen Lieder seien bereits in unterschiedlichen Versionen veröffentlicht, allerdings habe er sich immer darauf besonnen, »das Volkstümliche und Echte dem Aufputz und der ›Verschönerung‹ vorzuziehen« (39). So habe er beispielsweise in seinem Notenbild verstärkt Zeichen für Tonstärke, Luftpausen und Zeitmaß verwendet, da »diese Lieder dem Westjuden fremdartig sind und [...] er ihren Rhythmus und ihre Singweise nicht, wie beim deutschen Lied, als natürliche Gabe aus der Kinderstube mitbringt« (39–40). Zudem bietet Kaufmann konkrete Hinweise zur Verwendung des Lautensatzes und des Einzelgesangs, denen das Prinzip zugrund liege, »bei jeder Gelegenheit zu noch wurzelhaften Ostjuden in die Schule zu gehen und sie, nicht so sehr im Konzertsaal als im vertrauten Kreis, singen zu hören« (40), um die Ursprünglichkeit und die Kraft der ostjüdischen Musik zu erfahren.[81] Dabei spiele auch die Begleitung des Gesangs eine entscheidende Rolle, die Kaufmann »bei Aufführungen im vertrauten Kreis höchstens auf schlichteste Lauten- oder Geigenbegleitung beschränken«[82] würde.

Doch diese Sammlung könne nicht auch die Poesie und das Kunstvolle der Lieder herausstellen, ohne dass der Rahmen gesprengt würde. Natürlich müsse dem geübten Auge trotzdem die »dichterisch[e] Vollendung, die Fülle und

---

[80] »Das treffliche Petersburger Liedersammelbuch, das jedoch einem andern Ziel, der ostjüdischen Volksschule, dienen wollte, ist bereits seit Jahren vergriffen. Alle anderen populären Sammlungen haben der Sache unseres Volksliedes mehr geschadet als genutzt.« Fritz Mordechai Kaufmann: [Vorbemerkungen]. In: Die schönsten Lieder der Ostjuden. Siebenundvierzig ausgewählte Volkslieder. Neu herausgegeben und übersetzt von Achim Freudenstein und Karsten Troyke. Edermünde: Achims Verlag 2001, S. 39–42; hier: S. 39. Folgende Zitate sind im Text nachgewiesen.

[81] Auch die Verwendung der Transkription wird explizit erläutert. »Für den *Ostjuden* hat der in der linken Spalte jeder Seite stehende Antiquatext keine Geltung, so wenig, wie die vereinfachte, dem Jiddischen angepaßte Schreibung der hebräischen Worte; dem Westjuden gibt er die einzige Handhabe, diese Lieder annähernd richtig zu singen.« Ebd., S. 40.
Zudem erklärt Kaufmann die verwendeten Zeichen innerhalb der Transkription und verweist für diejenigen, die »ganz umsichtig vorgehen« wollen, auf die »Jiddische Grammatik« von Salomo Birnbaum (Verlag A. Hartleben, Wien 1919), »eine sehr erfreuliche und solide Arbeit« (Kaufmann, [Vorbemerkungen] (wie Anm. 80), S. 40–42.), auf die auch in der *Freistatt* als Grundlage für die Aneignung jiddischer Gedichte und Volkslieder rekurriert wird.

[82] Kaufmann, Das jüdische Volkslied. Ein Merkblatt (wie Kap. 1, Anm. 198), S. 27.

Gewalt des lyrischen Ausdrucks«[83] auffallen. Aber immerhin gäbe es für die
religiösen und die Liebeslieder eine kurze Einführung in die Liedergruppe,
wohingegen die verlagsbedingte Platzbeschränkung der vorliegenden Ausgabe
eine solche Erläuterung für alle anderen Sorten verbietet. »Schlimm genug,
daß dieses Buch mit solcher Beladung an Lehrhaftem hinausgehen muss. Aber
der Glanz und die Frische der Lieder sind auch so noch warm und strahlend
genug, mit dem ersten gesungenen Wort diese unvermeidbaren Beschwernisse
vergessen zu lassen.«[84] Zu seinen ideologischen Grundsätzen, die auch die
Basis dieses Sammelbandes ausmachten, zu programmatischen Erklärungen,
Erläuterungen zur Begleitung und Aufführung sowie auch zu anderen Sam-
melausgaben verweist Kaufmann auf sein Merkblatt »Das jüdische Volkslied«[85]. Dieses Merkblatt sei als Anregung gedacht, sich mit den Liedern selber auseinander zu setzen und einige Hilfestellungen geben, denn letztlich
müsse jeder Leser – und möglichst jeder Westjude – eigene Erfahrungen mit
dem jüdischen Volkslied machen, das anders als das deutsche »ersungen« und
erlebt werden müsse. Dazu könne das Merkblatt zwar hilfreich sein, aber die
Arbeit müsse der Rezipient selber machen, denn »[e]in solcher [der das Merkblatt als ausreichende Quelle sieht] wird nicht sehen, daß er erst an der
Schwelle kostbarer Bezirke steht und von ihnen nur das Armseligste, das be-
grifflich Nennbare sieht, nicht das Wunder, das in diese Lieder gebannt ist«[86].

Um den Wunsch des Rezipienten, sich mit dem jüdischen Volkslied auseinander zu setzen, zu bestärken und ihn zu ermutigen, beschreibt Kaufmann
hierin seine eigenen Schwierigkeiten, die er als Westjude zwangsläufig haben
musste. Seit 1911 beschäftigt er, der ein wenig Jiddisch kann und auch sonst
der ostjüdischen Kultur und Literatur aufgeschlossen gegenübertritt, sich aber
als Zionist von den Ostjuden in diversen Ortsgruppen getrennt sieht, mit dem
jüdischen Volkslied. Besonders faszinieren ihn »echte« Volkslieder, die er nur
selten hört und auch in vielen Sammlungen nicht mit Text und Melodie vor-
findet. Schon da beginnt er mit seinen Forschungen, doch stößt er bald auf
Widerstand, denn von denen er hätte lernen können, die »älteren Ostjuden [...]

---

[83] Kaufmann, [Vorbemerkungen] (wie Anm. 80), S. 42. Zu vielen Gedichten finde man
      Übersetzungen in den »Übertragungen jiddischer Volksdichtung« (Weltverlag 1920)
      von Ludwig Strauß. Dessen Sammlung ostjüdischer Liebeslieder hebt Kaufmann
      ebenfalls positiv hervor, da sie im Gegensatz zur westeuropäischen Volkslyrik mit
      der »fast gesetzmässige[n] Note eines Berichtens aus epischer Distanz« wenig ge-
      mein hat. (Kaufmann, Das Volkslied der Ostjuden. Aprilheft (wie Kap. 1, Anm.
      201), S. 14.) Kaufmann regt zudem an, dass man einmal über die Umsetzung eines
      Vergleichs deutscher und jiddischer Volkslyrik nachdenken solle.
[84] Kaufmann, [Vorbemerkungen] (wie Anm. 80), S. 42.
[85] Hierin thematisiert er Aspekte, die unter folgenden Überschriften zusammengefasst
      werden: Eigene Erfahrungen, Die technischen Behelfe, Die Sammelwerke, Die Aus-
      gaben der für den praktischen Gebrauch ausgewählten Lieder und Programme, Be-
      gleitung, Literatur.
[86] Kaufmann, Das jüdische Volkslied. Ein Merkblatt (wie Kap. 1, Anm. 198), S. 5.

[standen] mit Kühle und selbst mit Verachtung allen Äußerungen des ›Jargons‹ gegenüber«[87].

Mit diesen Schwierigkeiten setzt sich Kaufmann lange auseinander, denn er erkennt den »innige[n] Zusammenhang zwischen der alten strengen synagogalen Musik und diesen Liedern, die erstaunlich kühn und selbständig die melodische Linie des religiösen Gesanges erweiterten und verinnerlichten«[88]. Zudem sei es schwierig und nur für das geübte Ohr verständlich, dass die »einheitlich und häufig hoheitsvoll altertümliche Klangatmosphäre«[89] und die starke Mollprägung – also alles, was sie von traditionell-westlicher Musik unterscheidet – einzigartig und besonders ist. Mit dieser Erkenntnis steht er nicht allein, denn auch für Arno Nadel sind es neben den qualitativ hochwertigen Texten vor allem die Melodien, die »dem Text den Hauch des spezifisch jüdischen Wesens [verleihen], der Luft, die gleichsam über Räume hinweg, urplötzlich Jahrtausende einschließt, mit allem menschlichen Leid, aller menschlichen Freude eines innerlich wilden, seltsamen, reinen, erhabenen, – äußerst zusammengesetzten Volkes«[90]. Auch Kaufmann beschreibt den Vortrag eines Ostjuden mit den ursprünglichen Melodien als Zugang zur jüdischen Seele.

> Das nun war die natürliche Gabe der östlichen Volksweisen: sobald sie erklangen, tat sich das Unnennbare, das Immaterielle kund und drang bis ins innerste Gebein. Da erst öffneten sich die Tore zu jenen geheimen und kostbaren Kammern, wo die jüdische Seele sich frei und herzhaft erging, ohne Verhüllung und Verschönung, in einfachster Wesenheit. Wenn ich für mich in Anspruch nehme, als einer der ersten Westjuden den rein formalen Nationalismus gegen wesenhafte Vorstellungen und Erlebnisse östlichen Volkseins vertauscht zu haben, wenn es mir gelungen ist, zu einem tief reichenden Verbundensein mit dem Volk zu kommen (als ob die vielfältigen Bindungen einer in seinem Schoß verbrachten Jugend mich nie freigegeben hätten), so verdanke ich das diesen Liedern.[91]

Die Kraft, die von den Volksliedern ausgeht, beschreibt auch Nathan Birnbaum in seinem Bericht über einen Volksliederabend von *Ost und West*. Die erste Überraschung des Publikums wandelt sich in Respekt, Ergriffenheit und fast ein bisschen Wehmut ob des ›vergessenen Ursprungs‹.[92] Genau wie Kaufmann hofft Birnbaum – wie er beschreibt offensichtlich nicht zu unrecht –

---

[87] Ebd., S. 7.
[88] Ebd., S. 8.
[89] Ebd.
[90] Arno Nadel: Jüdische Volkslieder. In: Der Jude 1 (Mai 1916) H. 2, S. 112–122; hier: S. 122.
[91] Kaufmann, Das jüdische Volkslied. Ein Merkblatt (wie Kap. 1, Anm. 198), S. 10.
[92] »Wie ist das möglich? Warum kennen und können wir das nicht mehr? Wer gab, wer erhielt jenen die Unmittelbarkeit, die Ursprünglichkeit, die Urwüchsigkeit ihres Wesens und ihres Schauens, das weite, breite Allgefühl?« Mathias Acher (d. i. Nathan Birnbaum): Auf dem Volksliederabend von »Ost und West«. In: Ost und West 12 (Januar 1912) H. 1, Sp. 17–24; hier: Sp. 18.

auf eine Hinwendung zur eigenen Jüdischkeit, die durch das jüdische Volkslied vorangetrieben werden kann.[93]

4.3   Die Bedeutung Fritz Mordechai Kaufmanns für die Gegenwart

Obwohl Kaufmann wegen seiner Arbeit für das jüdische Volkslied zunächst
nicht nur gelobt sondern auch als Folklorist belächelt wird,[94] hat sich sein
Einsatz offensichtlich gelohnt. Kaufmanns großes Vermächtnis, seine Sammlung, ist immer noch so bedeutend wie am Erscheinungstag, was man daran
erkennen kann, dass sie 1971 im Jüdischen Verlag neu aufgelegt wird. Auch
2001 gibt es eine weitere von Achim Freudenstein und Karsten Troyke neu
herausgegebene und übersetzte Ausgabe. Freudenstein gibt dabei im Vorwort
an, dass er durch Zufall auf Kaufmanns Liedsammlung gestoßen sei, bei der
ihn vor allem die Art der Zusammenstellung, die besondere Form der
Transkription aus dem Jiddisch-Hebräischen und die Ursprünglichkeit faszi-
niere. Diese Lieder seien in einer Einzigartigkeit dargestellt, die nach ihrem
Erscheinen nicht mehr so aufgetreten sei, da sie einen wichtigen Fokus auf
Texte *und* Melodien lege, die »im Gegensatz zu den später publizierten Fas-
sungen dem Volk abgelauscht«[95] seien. Einige dieser Lieder seien zudem
später nie wieder veröffentlicht worden. Kaufmanns Intention, den assimilier-
ten Westjuden »das kulturelle Gut der ostjüdischen Bevölkerung und jüdischen
Einwanderer aus dem Osten nahe zu bringen«[96], erschwere dem heutigen
Leser den Zugriff auf diese Lieder, weshalb Freudenstein gemeinsam mit dem

---

[93] »Der letzte Liedton ist verklungen. Ich sehe es den Leuten an, sie hätten gern noch
mehr gehört. Und ich höre, wie sie sich bemühen, ihre Eindrücke einander mitzutei-
len. Ich fühle, dass etwas in ihnen rumort. Nur wissen sie selbst noch nicht, was...
Und ich denke mir, vielleicht weist dieser Abend einen Weg, um unter deutschen
Juden den Sinn für ewigere jüdische Werte, für ein kompakteres und innigeres Judentum zu wecken... Sinnend verlasse ich das Konzerthaus, um in das Menschen-
und Kulturmeer Berlin unterzutauchen.« Ebd., Sp. 24.

[94] Vgl. hierzu Gottschalk, [Vortrag über Kaufmann] (wie Kap. 1, Anm. 107), S. 449.
Gottschalk verweist auf die anonyme Satire »Eine Botschaft Schlemiels über das
›Jüdische Volkslied‹« (In: Schlemiel. Jüdische Blätter für Humor und Kunst 18
(1920) H. 20, S. 204.), die seiner Meinung nach wahrscheinlich von Dr. Max Jung-
mann verfasst wird. Dieser Text ist wie viele andere Schriften zum jüdischen Volkslied und zu Fritz Mordechai Kaufmann auch im Privatarchiv für Jüdische Musik von
Jürgen Gottschalk in Berlin zu finden.

[95] Achim Freudenstein: Vorwort. In: Fritz Mordechai Kaufmann: Die schönsten Lieder
der Ostjuden. Siebenundvierzig ausgewählte Volkslieder. Neu herausgegeben und
übersetzt von Achim Freudenstein und Karsten Troyke. Edermünde: Achims Verlag
2001, S. 7–8; hier: S. 7.

[96] Ebd.

jiddischen Lieder-Sänger Karsten Troyke weitere Hinweise und eine wörtliche neuhochdeutsche Übersetzung zum Ursprungstext hinzugefügt habe. Zudem sei Kaufmanns Merkblatt zum jüdischen Volkslied von 1919 beigefügt, das dem Leser das ursprüngliche ostjüdisch-kulturelle Leben noch näher bringen könne. »Diese Ausgabe mag als Hilfe und Anregung dienen, jiddisches Liedgut in einer volksnahen Form nachzuerleben.«[97] Auch die 1981 veröffentlichte Sammlung zum Ostjudentum von Peter von der Osten-Sacken beinhaltet neben Essays über bestimmte ostjüdische Phänomene und diverse Erzählungen von Scholem Alejchem, Perez und Asch auch religiöse und chassidische Lieder aus Kaufmanns Sammlung.[98] Dies unterstreicht die Qualität des Buches und die Kompetenz Kaufmanns, die noch dadurch hervorgehoben wird, dass die Vorbemerkung und einleitende Textpassagen zu seiner Sammlung ebenfalls abgedruckt werden. Es scheint keine relevantere Sammlung zu geben als diese.

Betrachtet man nun abschließend Kaufmanns Schaffen – den sozialpolitischen Kampf für die Ostjuden, den Versuch, eine Brücke zwischen Ost- und Westjudentum zu bauen und damit seine Form von ›Alljudentum‹ zu erlangen, den Einsatz für die ostjüdische Kultur in Form von Literatur und Volkslied sowie für das Jiddische als Volkssprache – muss man konstatieren, dass mit ihm ein Mann mit Visionen gelebt hat, der diese nicht nur im Geiste, sondern auch im realen Leben vertreten hat und sich für sie einsetzte. Die aufwendig gestaltete Ausgabe der »Gesammelten Schriften« durch Ludwig Strauß muss als Ausdruck der Verehrung und der Anerkennung seiner Leistungen für das damalige Judentum gelten. Auch durch seinen enormen Einfluss als Redakteur der *Freistatt* hat er den deutsch-jüdischen, aber vor allem den innerjüdischen Diskurs im deutschen Judentum zur Zeit der Jüdischen Renaissance entscheidend geprägt.

Dass seine Volksliedersammlung auch heute immer noch als die bedeutendste Ausgabe schlechthin betrachtet wird, spricht für seine konsequente und qualitativ hochwertige Arbeit. Sein Bestreben, diesen hohen Ansprüchen immer gerecht zu werden, muss letztlich auch als ein wesentlicher Grund für sein

---

[97] Ebd., S. 8.

[98] Vgl. Das Ostjudentum. Einführungen – Studien – Erzählungen und Lieder (wie Kap. 2, Anm. 90). Zudem wird auch in einer aktuellen Rezension die Neuauflage der 47 Volkslieder positiv dargestellt und die Aktualität und praktische Qualität von Kaufmanns Vorwort herausgestellt: »einen Aufsatz von Fritz Mordechai Kaufmann über ›Das Jüdische Volkslied‹ (1919 als Merkblatt im Jüdischen Verlag Berlin erschienen), aus dem wir viel über die kulturellen und vor allem auch persönlichen Hintergründe für die Entstehung dieser damals wohl einzigartigen Sammlung erfahren« (Herbert Ulrich: Warum die Chassidim in Auschwitz tanzten. In: Köpfchen (April 2002) H. 1, S. 20–21; hier: S. 20). Die darin beschriebene Praxis des Konzertbetriebs sei immer noch aktuell und Kaufmanns Darstellung des ostjüdischen Singens entlockt dem Autor gar die Bemerkung: »Jetzt verstehe ich, warum die Chassidim sogar noch in Auschwitz tanzten...«. Ebd., S. 21.

Scheitern gesehen werden. Am Ende fehlt ihm die Kraft für den großen
Kampf. Er beendet sein Leben auf der Höhe seines Schaffens.

> Der Verlust ist zweifellos ungeheuer und unersätzlich, gerade im jetzigen Augen-
> blick der verschworenen Einheitsfront unserer Feinde gegen uns. Die Wege zu ei-
> nem erfolgsversprechenden Ausgange unserer heiligen Sache sind aber von unserem
> teuern Verblichenen mit sachkundiger Hand angebahnt worden, und indem wir in
> seinem Geiste fortgearbeitet haben werden, wird seiner unvergesslichen Gestalt ein
> würdiges Denkmal geweiht werden.[99]

---

[99] Jüdische Arbeiter-Fürsorgestelle Beuthen: [Kondolenzschreiben]. 7. März 1921. In:
CAHJP. Jerusalem. P 113/R9.

Anhänge

Anhang I zu Kap. 1 Zeittafel Fritz Mordechai Kaufmann

1888	13. Dezember in Eschweiler geboren, Eltern Hermann und Rosa Kaufmann geb. Gochsheimer, Geschwister Julius Isaac (10. Juni 1887) und Friederica (14. Mai 1896) Besuch der jüdischen Volksschule und des Realgymnasiums in Eschweiler	
1901	im Dezember wird K. Bar-Mizwá	
1907	Ende Oktober: Tod der Mutter	
1908	2. April: Abitur zwei Semester Studium in Genf, anschließend ein Semester in München und eins in Marburg, zwei Italienreisen mit Friedrich Andreas Meyer	
1910	Aufnahme des Studiums in Leipzig Zusammentreffen mit Nathan Birnbaum Faszination der »alljüdischen« Idee erstmalige Begegnung mit Ostjuden erste Treffen mit Rochel (Rosa) Kaganoff und deren russischer Familie	
1911	20. Februar: Gründung der westlichsten zionistischen Ortgruppe in Eschweiler Militärdienst bei der 9. Kompagnie des 106. Regiments in Leipzig	
1912	erste Veröffentlichungen in der *Jüdischen Rundschau* Oktober: Hochzeit mit Rochel Kaganoff Umzug nach Berlin	Neue Waffen Der Ausbau unserer Propagandamittel Die Gefahr der Verflachung Der Jude im Roman
1913	Loslösung vom Zionismus, Austritt aus der offiziellen Organisation K. wird zum Vorreiter des »Alljudentums«	Publikationen in der *Freistatt*: Die Erstarkung der westlichen Jüdischkeit;

	Redaktionssitz der *Freistatt* in Berlin Besuch des Kongresses der zionistischen Sozialdemokraten »Poale Zion« in Krakau	Das jüdische Volkslied; Alljüdische Kritik; Krakau; u.v.m.
1914	Einstellung der *Freistatt* zu Kriegsbeginn Gefreiter beim Leibgrenadier Regiment 8 in Frankfurt an der Oder schwere Typhuserkrankung führt zur Kriegsuntauglichkeit Genesungsheim in Sinceny	Publikationen in der *Freistatt*: Der internationale und der jüdische Nationalismus; Die Auseinandersetzung mit der Assimilation; u.v.m. Alljudentum und Zionismus. In: *K-C-Blätter*
1915	Genesungsheim in Spa Archivarbeit beim Ersatzbataillon in Frankfurt an der Oder	
1916	Umzug nach Berlin Beginn der Arbeit im Amt für die brandenburgische Kriegsbeschädigtenfürsorge Wiederaufnahme der publizistischen Tätigkeit 10. November: Geburt der Tochter Mirele	Grenzsperre. Ein Kapitel vom Versagen der deutschen Judäologie Ein ungewohnter Helfer
1917	Rede im Berliner Jüdischen Volksheims über den westjüdischen Konflikt 25. März: Tod des Vaters	Von der Inselbücherei Kriegsbücher aus dem Verlag Eugen Diederichs in Jena Der Pinkes
1918		»Und das Krumme soll eben werden« Die Aufführung jüdischer Volksmusik vor Westjuden
1919	erste selbstständige Veröffentlichungen	Vier Essais über ostjüdische Dichtung und Kultur Das Jüdische Volkslied. Ein Merkblatt Das Blauweißliederbuch Einige Bemerkungen zum jüdischen Volkslied

		Aus der Welt des jüdischen Volkslieds
1920	Leiter des Arbeiterfürsorgeamtes Volksliedersammlung erscheint und erhält großen Zuspruch	Die schönsten Lieder der Ostjuden. [Mit Werner Senator:] Die Einwanderung der Ostjuden Mendele Moicher Ssfurem: Vom jüdischen Handwerksmann und seinen Liedern Das Volkslied der Ostjuden
1921	2. März: Freitod in Berlin (post mortem) Veröffentlichung seines Vortrages im Berliner Volksheim	Von nationaler Bereitschaft der Intellektuellen
1923	Ludwig Strauß gibt Kaufmanns gesammelte Schriften heraus	Gesammelte Schriften

Anhang II zu Kap. 1 Feldpostbrief von Kaufmann

✠ Der Eschweiler Krieger Fritz M. Kaufmann, ein Sohn des Herrn Hermann Kaufmann, schreibt unterm 26. September einen Feldpostbrief, dem wir folgendes entnehmen: „Wir sind noch immer mitten im Gefecht; und keiner weiß, wann endlich wir von hier abziehen. Es ist ein Glück, daß endlich trockenes Wetter wurde — vorher war es einem furchtbar schwer zu Mut — es regnete unaufhörlich oder es war so kalt, daß stundenlang der Hagel niederschlug. Zwei Tage lang war ich bis auf die Knochen durchnäßt und hatte dazu nur eine einfache Drellhose an (die andere feldgraue war längst total zerrissen). In diesen schweren Tagen, da einen obendrein noch der Hunger quälte, hatte ich zwei äußerst gefährliche und wichtige Patrouillen gegen die Engländer. Vor mir auf 30 Meter erhielt ein Kamerad von einer andern Kompagnie einen Kopfschuß, sprang hoch und war tot. Ich mußte aber trotz allem noch weiter an die englische Stellung heran, eine unsagbar mühsame Arbeit, im Mantel an die 1000 Meter kriechen, durch Rübenacker, der aufgeweicht war wie ein Sumpf und einem die Schritte gar nicht mehr losließ. Endlich war ich weit genug, die Engländer deutlich beobachten zu können, lag noch über drei Stunden im Nassen und hatte dann alles Wissenswerte und Wissensmögliche aufgezeichnet. Nun kam noch ein schweres Zurückkriechen; trotz aller Listen — ich ließ meinen Helm auf einem Holzstück zurück, damit sich darauf die Aufmerksamkeit der Engländer konzentriere — bekam ich, genau wie beim Herankriechen, einen starken Feuergruß. Als ich später mit der Meldung zum Regimentsstab kam, wurde sofort mein Name und Stand notiert und mir mitgeteilt, daß Eiserne Kreuz sei mir sicher.“

Anhang III zu Kap. 1 »In memoriam Fritz Mordechai Kaufmann«[1]

Lange rührt ich nur scheu, Freund, an das Saitenspiel,
Das du liebtest, das wirr in deines Todes Hauch
Summt. Nun greif ich das Lied, das
Laut dein Bild aus dem Finster ruft.

Breit im Stand wie im Schritt schufst du mit Seemannsgang
Fest und wiegend zugleich dir auf beständig hoch
Dich umwogender Fülle
Mitbewegt, widerstehend Halt.

Erde war dir ein Meer, daß, wie du baumhaft auch
Wurzelnd griffst in den Ort, immer wie Seewind doch
Dich der teueren Ferne
Herber, bräunender Hauch umflog.

In ihm dauertest du, Haupt auf die Hand gebaut,
Hieltest über des Tags reiche Gestalt und Not
Zu verläßlichem Wägen
Deinen großen bestimmten Blick.

Manchmal riß ein Gesicht jäh, ein erstarrendes,
Überweit dir des Augs glühendes Dunkel auf,
Während furchtloses Sinnen
Nüchtern dir um die Lippen zog.

Doch du wahrest dich rasch hinter der breiten Stirn.
Eine sieht nur des Nachts, wie du im Graun dich hebst,
Wie den innigen, festen
Mund die seltene Klage wölbt

Der das Sichtbare zwang, Irrsal und Pracht des Volks
Sich ins Innere rafft ganz und den Jubel und
Die Verzweiflung erduldend
Dennoch tätig dem Schicksal steht,

Frei fürs Tägliche noch Arme der Hilfe hat –
Held, wer ahnt, die das Herz glimmend von innen dir
Langsam zehren, die Qualen?
Uns erschienst du als Sieger nur,

Dröhnt die Stimme noch tief, wie sie des Wandertags
Rauschen laut übersang, sang unerschütterlich
Spät am fliehenden Strome
In die offene Nacht sich aus.

---

[1] Ludwig Strauß: In Memoriam Fritz Mordechai Kaufmann. In: Der Jude 6 (1921/1922)
H. 6, S. 374–375.

Anhang zu Kap. 3 Autoren- und Mitarbeiterverzeichnis

Jahrgang 1: Aus dem Inhaltsverzeichnis

- (d. i. Fritz M. Kaufmann)
- Sch. J. Abramowitsch (d. i. Mendale Mojcher Sfurem)
- Mathias Acher (d. i. Nathan Birnbaum)
- J. Adler
- Maxim Anim (d. i. Mordechai Schatz)
- Scholem Asch
- B.
- B. R.
- Julius Bab
- Pinkus Barber (d. i. Fritz M. Kaufmann)
- M. Barkahan
- M. Barnaftali (d. i. Fritz M. Kaufmann)
- Bar-Nasch
- Ben Mordechai
- Chaim Nachmen Bialik
- Dr. Nathan Birnbaum
- Salomo Birnbaum
- Ber Borochow
- R. M. Brender
- Max Brod
- Abraham Charasch
- Mejer Chartiner
- Leon Chasanowitsch
- Bendix Cohn
- Dr. Abraham Coralnik
- Salamon Dembitzer
- Isaac Deutsch
- Doch Efscher
- Albert Ehrenstein
- David Einhorn
- F. M. K. (d. i. Fritz M. Kaufmann)
- Jakob Fichmann
- Dr. K. Fornberg
- Simon Samuel Frug
- Jakob Funkelstein
- Nachum Goldmann
- M. L. Halpern
- Georg Hecht
- I. b. N.
- Samuel Jakob Imber
- J. Kl.
- Jehojesch (d. i. J. Solomon Bloomgarden)
- A. S. Juris
- Jus
- K.
- W. Kaplun-Kogan
- Juda Karni
- David Kassel
- Cheskel Zwi Klötzel
- David Königsberg
- Gustav Landauer
- B. Lapin
- Else Lasker-Schüler
- Jakob Leszczinski
- J. H. Lewi
- Lewin
- Berl Locker
- J. A. Loubetzki
- M. b. N.
- Paul Mayer
- Menachem
- Mendale Mojcher Sfurem
- Jakob Mestel
- F. A. Meyer
- Dr. M[ax]. Meyer (Meir ben Elieser)
- nb.
- Sch. Niger
- Nowonod (d. i. Max Mayer)
- Panta
- Isak Leib Perez
- Jakob Rabinowitsch
- Mejlech Rawitsch

– Abraham Reisen
– Josef Rolnik
– Morris Rosenfeld
– Benzion Rubstein
– s.
– Sch.
– Moses Schalit
– A. Ch. Scheps
– Salmen Schneier
– Isaac Schreyer
– Schriftleitung (d. i. Fritz
  Mordechai Kaufmann)
– S. Segalowitsch

– Dr. R. Seligmann
– Shaban
– Moses Nachman Silberroth
– Ludwig Strauß
– Moses Taitsch
– Davis Trietsch
– A. Walt
– Morris Wintschewski
– Abraham Wiewiorka
– x.
– y.
– Eljokum Zunser
– Arnold Zweig

Jahrgang 2: Aus dem Mitarbeiter-Verzeichnis Heft 1

– Mathias Acher, Berlin
– S. Agnon, Berlin
– Maxim Anin, Petersburg
– Scholom Asch, Paris
– Julius Bab, Berlin
– Bal Dimien, Wilna
– Oskar Baum, Prag
– Alex. Bessmerthy, Hamburg
– Bertholdi, Petersburg
– Dr. Martin Beradt, Berlin
– Dr. Bickels, Lemberg
– Ber Borochow, Wien
– Dr. Max Brod
– Dr. Martin Buber
– Abraham Charasch, Zürich
– Leon Chasanowitsch, Wien
– Bendix Kohn, Berlin
– Dr. Abraham Coralnik, Berlin
– Dr. Dubnow, Petersburg
– Efren, Petersburg
– Dr. Albert Ehrenstein, Wien
– Karl Ehrenstein, Wien
– Hans von Flesch, Wien
– Werner Fraustädter, Berlin
– Nahum Goldmann, Heidelberg
– Sch. Gorelik, Warschau
– Moses Gross, Wien
– Georg Hecht, München

– S. J. Hurwitz, Berlin
– A. S. Juris, Wien
– Dr. Hermann Kaddisch, Wien
– Wladimir Kaplun Kogan, Yalta
– Dr. Jakob Klatzkin, Köln
– Cheskel Zwi Klötzel, Berlin
– Dr. David Koigen, Petersburg
– Gustav Landauer, Hermsdorf
– Else Lasker-Schüler, Berlin
– Jakob Leschinski, Wilna
– Berl Locker, Lemberg
– J. A. Loubetzki, Wien
– Paul Mayer, Berlin
– Dr. Max Meyer, Berlin
– F. Andreas Meyer, Aachen
– Jakob Messtel, Lemberg
– Arno Nadel, Berlin
– Chaim Nagler, Prag
– Sch. Niger, Wilna
– Dr. Niemirower, Bukarest
– Hans Nowak, Wien
– Jozué Produshnik, Antwerpen
– Dr. Samuel Rappaport,
  Lemberg
– J. Rawitsch, Wien
– Abraham Reisen, Berlin
– Moses Rosenblatt, Berlin
– Dr. Max Rosenfeld, Lemberg

- Jak. Rosner (Funkelstein), Wien
- Benzion Rubstein, Wilna
- Ignaz Schipper, Tarnow
- Dr. R. Seligmann, Frankfurt am Main
- Moses Nachmann Silberroth, Leysin

- Isaak Schreyer, Leipzig
- Ludwig Strauss, München
- Davis Trietsch, Berlin
- Max Weinreich, Petersburg
- Hugo Wolf, Wien
- Arnold Zweig, München

Zusätzlich im Mitarbeiterverzeichnis von Heft 2:

- Dr. Hugo Bergmann, Prag
- Dr. Nathan Birnbaum (Mathias Acher), Berlin
- Salomo Birnbaum
- Rudolf Fuchs, Prag
- Dr. Kurt Hiller, Berlin
- F. M. Kaufmann, Berlin
- Moses Rosenblum, Gent
- Dr. Arthur Sackheim, Hamburg
- Dr. Saul Sokal, Czernowitz
- Stefan Zweig, Wien

Anhang II zu Kap. 3.2 Literatur in der *Freistatt*

(geordnet nach Autoren)

Lyrik in der *Freistatt*

	Autor	Titel	Heftnummer
1	Anonym	[12 Jiddische Volkslieder übertragen von Salomo Birnbaum].	1 (15. Mai 1913) H. 2, S. 123–126.
2	J. Adler	Sabbatdämmerung.	1 (April 1913) H. 1, S. 59.
3	M. Barkahan[1]	In toten Tagen.	1 (15. November 1913) H. 8, S. 466.
4	Bar-Nasch	Was ich weiß.	1 (15. November 1913) H. 8, S. 466.
5	Chaim Nachman Bialik	***.	1 (April 1913) H. 1, S. 59–60.
		***.	1 (15. November 1913) H. 8, S. 466–467.
6	Max Brod	Erster Frühlingsausflug.	1 (11. August 1913) H. 5, S. 324.
		Der Heimatlose.	1 (11. August 1913) H. 5, S. 325.
		Weiter!	1 (11. August 1913) H. 5, S. 326.
7	R. M. Brender	Elegie.	1 (15. November 1913) H. 8, S. 467.
8	Meier Chartiner	Perale.	1 (15. November 1913) H. 8, S. 467.
9	Salamon Dembitzer	***.	1 (15. November 1913) H. 8, S. 467–468.
10	Albert Ehrenstein	Genie und Bürger.	1 (20. Februar 1914) H. 11, S. 659.
		Worte des Dämons.	1 (20. Februar 1914) H. 11, S. 659–660.
		Volkshymne.	2 (30. April 1914) H. 1, S. 44–45.
		Sommer.	2 (30. April 1914) H. 1, S. 45.
		Herbst.	2 (30. April 1914) H. 1, S. 45–46.

---

[1] Das ist Simon Samuel Frug.

		Altern.	2 (30. April 1914) H. 1, S. 46.
		Gruß.	2 (30. April 1914) H. 1, S. 46.
11	David Einhorn	Jüdische Elegien.	1 (11. August 1913) H. 5, S. 327.
		Zwischen den Ähren.	1 (11. August 1913) H. 5, S. 327–328.
		Wir werden in der Schul zurückbleiben.	1 (11. August 1913) H. 5, S. 328–329.
		***.	1 (11. August 1913) H. 5, S. 329–330.
		***.	1 (11. August 1913) H. 5, S. 330.
		Vertrauen.	1 (11. August 1913) H. 5, S. 330.
12	Jakob Fichman	Kinderlied.	1 (15. November 1913) H. 8, S. 468.
13	Hans von Flesch	Das Fenster.	2 (30. Juni 1914) H. 3, S. 181.
		Die beiden Schwestern.	2 (30. Juni 1914) H. 3, S. 181.
		Fabriksbüro.	2 (30. Juni 1914) H. 3, S. 182.
		Spaziergang.	2 (30. Juni 1914) H. 3, S. 182.
14	Simon Samuel Frug	Simchas-thora.	1 (April 1913) H. 1, S. 60.
		Zionslider [!]. Prolog.	1 (15. November 1913) H. 8, S. 464.
		Neujahr!	1 (15. November 1913) H. 8, S. 464.
		Erdaltar.	1 (15. November 1913) H. 8, S. 464–465.
		Chederlieder. I.	1 (15. November 1913) H. 8, S. 465.
		Herbstlied.	1 (15. November 1913) H. 8, S. 465–466.
15	Rudolf Fuchs	Frühling.	2 (28. Mai 1914) H. 2, S. 119.
		Und ich durchströme...	2 (28. Mai 1914) H. 2, S. 119–120.
		Später Gang.	2 (28. Mai 1914) H. 2, S. 120.

16	Jakob F. (Rosner-) Funkelstein	Flüche – Gott.	1 (8. Dezember 1913) H. 9, S. 529–530.
		Flüche – Dem Leben.	1 (8. Dezember 1913) H. 9, S. 530–531.
		Flüche – Der Sprache.	1 (8. Dezember 1913) H. 9, S. 531–532.
		Schattenbilder – Die Stiefmutter.	1 (8. Dezember 1913) H. 9, S. 532–533.
		Schattenbilder – Landschaft.	1 (8. Dezember 1913) H. 9, S. 533–534.
		An die Schwangernden ergeht ein Ruf.	2 (30. April 1914) H. 1, S. 47–48.
		Im Tanzsaal.	2 (30. April 1914) H. 1, S. 48–49.
		Die Sünderin.	2 (30. April 1914) H. 1, S. 49–50.
17	M. L. Halpern	***.	1 (15. November 1913) II. 8, S. 468.
18	Samuel Jakob Imber	Aus »Esterke«.	1 (April 1913) H. 1, S. 60.
		Vor der Tür.	1 (15. November 1913) H. 8, S. 468.
19	Jehojesch[2]	Sonnenuntergang.	1 (April 1913) H. 1, S. 60–61.
		Aus »Sommernächte«.	1 (15. Juni 1913) H. 3, S. 188.
		Aus »Sonnenuntergang«.	1 (15. Juni 1913) H. 3, S. 188.
		Schlittenglöcklein.	1 (15. Juni 1913) H. 3, S. 188–189.
		Aus »Blymën yn dérner« [I].	1 (15. Juni 1913) H. 3, S. 189.
		Aus »Blymën yn dérner« [II].	1 (15. Juni 1913) H. 3, S. 189.
		Aus »Blymën yn dérner« [III].	1 (15. Juni 1913) H. 3, S. 189–190.
		Eine »Reinigkeit«.	1 (15. Juni 1913) H. 3, S. 190.
		Der Aufruf zur Thora.	1 (15. Juni 1913) H. 3, S. 190–191.
		Das letzte Wort.	1 (15. Juni 1913) H. 3, S. 191–192.

---

[2] Das ist J. Solomon Bloomgarden.

		Nach dem Begräbnis.	1 (15. Juni 1913) H. 3, S. 192.
		»Wächter, wieviel verfloß von der Nacht?«	1 (15. Juni 1913) H. 3, S. 192.
20	Juda Karni	***.	1 (15. November 1913) H. 8, S. 469.
21	David Kassel	***.	1 (15. November 1913) H. 8, S. 469.
22	David Königsberg	Sonett.	1 (15. November 1913) H. 8, S. 469.
23	Else Lasker-Schüler	Pharao und Joseph!	1 (15. Mai 1913) H. 2, S. 116.
		Ruth.	1 (15. Mai 1913) H. 2, S. 116.
		Boas.	1 (15. Mai 1913) H. 2, S. 117.
		Ich weine -.	1 (20. Februar 1914) H. 11, S. 660–661.
		Du -.	1 (20. Februar 1914) H. 11, S. 661.
		[Ich will dich ganz zart mich lehren...].	1 (20. Februar 1914) H. 11, S. 661.
		Das Lied des Spielprinzen.	1 (20. Februar 1914) H. 11, S. 662.
24	B. Lapin	***.	1 (April 1913) H. 1, S. 61.
25	J. H. Léwi	***.	1 (8. Dezember 1913) H. 9, S. 535.
26	Paul Mayer	Joseph und Potiphars Weib	1 (8. Oktober 1913) H. 6/7, S. 392.
		Abisag.	1 (8. Oktober 1913) H. 6/7, S. 392.
27	Menachem	Aus dem Buche »Schwarze Rosen«.	1 (8. Dezember 1913) H. 9, S. 535–536.
28	Jakob Mestel	***.	1 (8. Dezember 1913) H. 9, S. 536.
29	Nowonod[3]	Chet's Töchter.	1 (15. Mai 1913) H. 2, S. 117–118.
30	Isaak Leib Perez	***.	1 (April 1913) H. 1, S. 61.
31	Mejlech Rawitsch	Liebesklänge.	1 (8. Dezember 1913) H. 9, S. 536.

[3] Das ist Dr. Max Mayer.

32	Abraham Reisen	Die sterbende Sonne.	1 (April 1913) H. 1, S. 61–62.
		Meine Lieder.	1 (15. Juli 1913) H. 4, S. 250.
		Mein Tag.	1 (15. Juli 1913) H. 4, S. 250.
		Vergangene Tage.	1 (15. Juli 1913) H. 4, S. 250.
		In einer finstern Nacht.	1 (15. Juli 1913) H. 4, S. 251.
		Nach dem Verlangen meines Herzens.	1 (15. Juli 1913) H. 4, S. 251.
		Der Freie.	1 (15. Juli 1913) H. 4, S. 251.
		Traurig.	1 (15. Juli 1913) H. 4, S. 251–252.
		***.	1 (15. Juli 1913) H. 4, S. 252.
		An einem stillen Tag.	1 (15. Juli 1913) H. 4, S. 252.
		An den Wind.	1 (15. Juli 1913) H. 4, S. 252.
		Sterne.	1 (15. Juli 1913) H. 4, S. 252–253.
		Herbstweise.	1 (15. Juli 1913) H. 4, S. 253.
		Armes Leben.	1 (15. Juli 1913) H. 4, S. 253.
		Die Mutter zum Kind. Volksmotiv.	1 (15. Juli 1913) H. 4, S. 254.
		Die letzte Seite.	1 (15. Juli 1913) H. 4, S. 254.
		Geheimnisse.	1 (15. Juli 1913) H. 4, S. 254.
33	Josef Rolnik	***.	1 (8. Dezember 1913) H. 9, S. 536–537.
34	Morris Rosenfeld	An eine Welle.	1 (8. Oktober 1913) H. 6/7, S. 395.
		***.	1 (8. Oktober 1913) H. 6/7, S. 395.
		Verliebt.	1 (8. Oktober 1913) H. 6/7, S. 395.
		Erde.	1 (8. Oktober 1913) H. 6/7, S. 395–396.

		Ich streike.	1 (8. Oktober 1913) H. 6/7, S. 396.
		Die Sintflut.	1 (8. Oktober 1913) H. 6/7, S. 396–397.
		Ein Gebet.	1 (8. Oktober 1913) H. 6/7, S. 397–398.
		Jiddisch.	1 (8. Oktober 1913) H. 6/7, S. 398.
35	A. Ch. Scheps	Elend.	1 (8. Dezember 1913) H. 9, S. 537.
36	Salmen Schneier	***.	1 (April 1913) H. 1, S. 62.
		***.	1 (8. Dezember 1913) H. 9, S. 537–538.
37	Isaac Schreyer	Der Rausch des Erleuchteten.	1 (15. November 1913) H. 8, S. 461.
		Die reifende Welt.	1 (15. November 1913) H. 8, S. 462.
		Des Knaben Andacht.	1 (20. Februar 1914) H. 11, S. 660.
		Der Tag des Einsamen.	2 (30. April 1914) H. 1, S. 50–51.
		Häuser am Abend.	2 (30. April 1914) H. 1, S. 51.
		Winter.	2 (30. Juni 1914) H. 3, S. 179.
		Rausch der Mitternacht.	2 (30. Juni 1914) H. 3, S. 179.
		Häuser vor dem Regen.	2 (30. Juni 1914) H. 3, S. 180.
38	S. Segalo- witsch	***.	1 (8. Dezember 1913) H. 9, S. 537.
39	Abraham Sonne	Ich wusste nicht Seele...	1 (15. November 1913) H. 8, S. 462–463.
40	Ludwig Strauß	Dem Geist des Volkes.	1 (15. Mai 1913) H. 2, S. 118.
		Portraits junger Jüdinnen.	1 (15. Mai 1913) H. 2, S. 118–120.
		Liebeslied.	1 (8. Oktober 1913) H. 6/7, S. 393.
		Lied unter Wipfeln.	1 (8. Oktober 1913) H. 6/7, S. 393–394.
		Die Liebenden.	1 (8. Oktober 1913) H. 6/7, S. 394.

41	Moses Teitsch	Herbst.	1 (April 1913) H. 1, S. 62.
42	A. Walt	Ein Morgen in New-York.	1 (8. Dezember 1913) H. 9, S. 538.
43	Morris Wint- schewski	Der Jammerruf.	1 (8. Dezember 1913) H. 9, S. 538.
44	Abraham Wieworka	Mein Lied.	1 (8. Dezember 1913) H. 9, S. 538–539.
45	Hugo Wolf	Mission (Aus dem Französischen des Ivan Gilkin).	2 (30. April 1914) H. 1, S. 51–52.
		Hymnus der Sinnlichkeit.	2 (30. April 1914) H. 1, S. 52–53.
46	Eljokum Zunser	Die Fähre (Volkslied).	1 (15. November 1913) H. 8, S. 467.

Erzählungen in der *Freistatt*

1	Max Brod	Im Rausch der Bücher	1 (15. Juni 1913) H. 3, S. 180–187.
2	Adam Coralnik	Capriccio	1 (15. Mai 1913) H. 2, S. 110–115.
3	Mendale Mojcher Sfurem	Kicyr Masû:ojs Binjûmin Hashlishi. (Dûs hejst) Di nësi:ë oder a raizë- bashrábyng fyn Bënjûmën dem Dritn.	1 (20. Januar 1914) H. 10, S. 592–601.
		Di nësi:ë fyn Bënjûmën dëm dritn. [II]	1 (31. März 1914) H. 12, S. 724–729.
4	S. Rosenblatt	Der Tod Moses	2 (30. April 1914) H. 1, S. 41–44.
5	Ludwig Strauß	Der Mittler	1 (20. Januar 1914) H. 10, S. 576–588.
6	Arnold Zweig	Cinéma	1 (31. März 1914) H. 12, S. 713–722.
		Die Krähe	1 (April 1913) H. 1, S. 46–56.

Dramatik in der *Freistatt*

1	Arnold Zweig	Die jüdische Tragödie. Ritualmord in Ungarn.	2 (Juli 1914) H. 4, S. 193–197.

Literaturverzeichnis

1 Fritz Mordechai Kaufmann-Bibliographie in chronologischer Folge

1.1 Unselbstständige Veröffentlichungen

1. Neue Waffen. In: Jüdische Rundschau 17 (29. März 1912) H. 13/14, S. 112.
2. Der Ausbau unserer Propagandamittel. In: Jüdische Rundschau 17 (12. April 1912) H. 15. S. 123–124.
3. Die Gefahr der Verflachung. In: Jüdische Rundschau 17 (26. Juli 1912) H. 30, S. 280–282.
4. Der Jude im Roman. In: Jüdische Rundschau 17 (11. Oktober 1912) H. 41, S. 390–391.
5. [Gez. Der Herausgeber und die Redaktion der »Freistatt«]. Zum Programm der Freistatt. In: Die Freistatt 1 (April 1913) H. 1, S. 3–5.
6. Die Erstarkung der westlichen Jüdischkeit. In: Die Freistatt 1 (April 1913) H. 1, S. 5–13.
7. [Gez. Pinkus Barber]: Das jüdische Volkslied. In: Die Freistatt 1 (April 1913) H. 1, S. 64–66.
8. Alljüdische Kritik. I. In: Die Freistatt 1 (15. Mai 1913) H. 2, S. 73–83.
9. [Gez. Pinkus Barber]: Zentralverein und Zionismus. In: Die Freistatt 1 (15. Mai 1913) H. 2, S. 127–128.
10. [Gez. M. Barnaftali]: Für Mathias Acher. In: Die Freistatt 1 (15. Mai 1913) H. 2, S. 132–133.
11. [Gez. - a -]: [Rezension]. In: Die Freistatt 1 (15. Juni 1913) H. 3, S. 193–194.
12. [Gez. F. M. K.]: Di jidëshë welt. (Die jüdische Welt, eine Monatsschrift für Kultur, Politik und Kunst.) Hg. und verlegt bei Klatzkin, Wilna. In: Die Freistatt 1 (15. Juni 1913) H. 3, S. 194–195.
13. [Gez. Pinkus Barber]: Der Boykott des Jiddischen. Ein Protest. In: Die Freistatt 1 (15. Juni 1913) H. 3, S. 195.
14. [Gez. M. Barnaftali]: Opposition u. Gleichgültigkeit. In: Die Freistatt 1 (15. Juni 1913) H. 3, S. 197–198.
15. Alljüdische Kritik. II. In: Die Freistatt 1 (15. Juli 1913) H. 4, S. 201–213.
16. [Gez. Pinkus Barber]: Die »Brüder von Osten« und die »Welt«. In: Die Freistatt 1. (15. Juli 1913) H. 4, S. 259–260.
17. [Gez. F. M. K.]: [Vorbemerkung zu »Die jüdische Kolonisation in Palästina«]. In: Die Freistatt 1 (22. August 1913) H. 5, S. 295–296.
18. [Gez. Pinkus Barber]: Der »politische« Zionismus. In: Die Freistatt 1 (22. August 1913) H. 5, S. 338–339.
19. [Gez. F. M. K.]: [Vorbemerkung zu »Die jüdische Farmerbewegung in Nordamerika«]. In: Die Freistatt 1 (8. Oktober 1913) H. 6/7, S. 355–356.

20. [Gez. Pinkus Barber]: Von zionistischer Volksliebe. In: Die Freistatt 1 (8. Oktober 1913) H. 6/7, S. 407–408.
21. [Gez. Der Herausgeber und die Schriftleitung]: An die Leser der Freistatt. In: Die Freistatt 1 (15. November 1913) H. 8, S. 417.
22. Krakau. Zur Theorie und Praxis der Poale-Zion. In: Die Freistatt 1 (15. November 1913) H. 8, S. 418–428.
23. Wien. In: Die Freistatt 1 (15. November 1913) H. 8, S. 428–437.
24. [Gez. F. M. K.]: [Nachbemerkung »Wer ist angeklagt?«]. In: Die Freistatt 1 (15. November 1913) H. 8, S. 447–448.
25. [Gez. Pinkus Barber]: Vom neuen Jischëw. In: Die Freistatt 1 (15. November 1913) H. 8, S. 472–474.
26. [Gez. F. M. K.]: Ungewollte Früchte. In: Die Freistatt 1 (8. Dezember 1913) H. 9, S. 542.
27. [Gez. F. M. K.]: [Stellungnahme zu »Vorlesung Max Brods«]. In: Die Freistatt 1 (8. Dezember 1913) H. 9, S. 543.
28. Westjüdische Erneuerung. In: Die Freistatt 1 (20. Januar 1914) H. 10, S. 545–554.
29. Bemerkungen zu einem Gleichnis. In: Die Freistatt 1 (20. Januar 1914) H. 10, S. 572–575.
30. [Gez. Pinkus Barber]: Volkssache oder Parteiangelegenheit? In: Die Freistatt 1 (20. Januar 1914) H. 10, S. 606–607.
31. [Gez. Die Schriftleitung]: An unsere Leser. In: Die Freistatt 1 (20. Januar 1914) H. 10, S. 608.
32. Alljudentum und Zionismus. Eine kritische Gegenüberstellung. In: K-C-Blätter. 4. (Januar 1914) S. 83–90.
33. Alljudentum und Zionismus. Eine kritische Gegenüberstellung. [mit einer Vorbemerkung]. In: Die Freistatt 1 (20. Februar 1914) H. 11, S. 611–627.
34. [Gez. F. M. K.]: Paolezionistika. In: Die Freistatt 1 (31. März 1914) H. 12, S. 731–732.
35. An die nationalen Juden. In: Die Freistatt 2 (28. Mai 1914) H. 2, S. 65–66.
36. [Gez. F. M. K.]: Das Ghettobuch. In: Die Freistatt 2 (28. Mai 1914) H. 2, S. 122–123.
37. [Gez. F. M. K.]: Statt einer Antwort. In: Die Freistatt 2 (28. Mai 1914) H. 2, S. 124.
38. [Gez. Herausgeber und Schriftleitung der »Freistatt«]: Freie Tribüne für zionistische Fragen. Eine Ankündigung. In: Die Freistatt 2 (30. Juni 1914) H. 3, S. 158–160.
39. [Gez. F. M. K.]: Die Internationale und jüdischer Nationalismus. In: Die Freistatt 2 (30. Juni 1914) H. 3, S. 183–184.
40. Die Auseinandersetzung mit der Assimilation. In: Die Freistatt 2 (Juli 1914) H. 4, S. 216–223.
41. [Gez. Herausgeber und Schriftleitung der »Freistatt«]: Freie Tribüne für zionistische Fragen. In: Die Freistatt 2 (Juli 1914) H. 4, S. 244–246. [textkongruent mit Nr 38.]
42. [Nicht gez.]: Die ostjüdische Kulturbewegung. In: Die Freistatt 2 (Juli 1914) H. 4, S. 247–249.
43. [Feldpostbrief]. Siehe Illustration. Anhang II zu Kap.1.
44. Grenzsperre. Ein Kapitel vom Versagen der deutschen Judäologie. In: Der Jude 1 (April 1916) H. 1, S. 13–22.
45. Ein ungewohnter Helfer. In: Der Jude 1 (Juni 1916) H. 3, S. 200–201.
46. Der Pinkes. Von den Wandlungen der ostjüdischen Intelligenz. In: Der Jude 1 (Februar 1917) H. 11, S. 750–758.

47. [Gez. Friedrich Mottel]: Von der Inselbücherei. In: Vom Krieg zur Friedensarbeit. Zeitschrift für die Brandenburgische Kriegsbeschädigtenfürsorge. Amtliches Ankündigungsblatt des Landesdirektors der Provinz Brandenburg Berlin/Brandenburg 2 (1916/17), S. 197–198 u. S. 278–279.

48. [Gez. Friedrich Mottel]: Kriegsbücher aus dem Verlag Eugen Diederichs in Jena. In: Vom Krieg zur Friedensarbeit. Zeitschrift für die Brandenburgische Kriegsbeschädigtenfürsorge. Amtliches Ankündigungsblatt des Landesdirektor der Provinz Brandenburg Berlin/Brandenburg 2 (1916/17), S. 206.

49. »Und das Krumme soll eben werden«. In: Jüdische Rundschau 23 (4. Oktober 1918) H. 40, S. 310–313.

50. Die Aufführung jüdischer Volksmusik vor Westjuden. In: Der Jude 2 (1918) H. 12, S. 759–768.

51. Das Blauweißliederbuch. In: Jerubaal 1 (1918/1919), S. 197–199.

52. Einige Bemerkungen zum jüdischen Volkslied. In: Blau-Weiß-Blätter 6 (Februar 1919) H. 4, S. 117–122.

53. »Und das Krumme soll eben werden«. In: Jüdische Turn- und Sportzeitung 20 (Februar 1919) H. 2, S. 46–50. [textkongruent mit Nr 49.]

54. Aus der Welt des jüdischen Volksliedes. Eine Selbstanzeige. In: Neue jüdische Monatshefte 3 (25. August 1919) H. 22, S. 487–490.

55. Echte und unechte Volkslieder. In: Jüdische Rundschau 25 (16. Januar 1920) H. 4, S. 22–23.

56. Über Mendale. In: Almanach des Welt-Verlags für 1920, S. 14–19. [Auszug aus Nr 59.]

57. Mendele Moicher Ssforem: Vom jüdischen Handwerksmann und seinen Liedern. [Übersetzung von F. M. K.]. In: Almanach des Welt-Verlags für 1920, S. 20–23.

58. Das Volkslied der Ostjuden. In: Jüdische Turn- und Sport-Zeitung 21 (März 1920) H. 3, S. 19–21; (April 1920) H. 4, S. 13–16; (Mai 1920) H. 5, S. 9–12.

59. [post mortem] Von nationaler Bereitschaft der Intellektuellen. In: Der Jude 6 (1921–1922) H. 6, S. 367–374.

Einige kurze Bemerkungen und Ankündigungen in der *Freistatt* mögen zudem von Kaufmann sein, ohne dass sie besonders gekennzeichnet sind. Redaktionsmitteilungen, Büchereinläufe sowie Aussprache-Erklärungen zu den jiddischen Texten seien durch folgende Beispiele ausreichend dargestellt. Alle Texte der *Freistatt* lassen sich im Internet unter www.compactmemory.de finden.

[Schriftleitung / Redaktion der »Freistatt«]: Büchereinlauf. In: Die Freistatt 1 (15. Mai 1913) H. 2, S. 134.

– Mitteilungen der Redaktion. In: Die Freistatt 1 (22. August 1913) H. 5, S. 343.

– Aussprache-Erklärung. In: Die Freistatt 1 (31. März 1914) H. 12, S. 723.

– Die Freistatt 1913. In: Die Freistatt 1 (31. März 1914) H. 12, S. 735.

– Die Freistatt 1914. In: Die Freistatt 1 (31. März 1914) H. 12, S. 735.

Verlag der »Freistatt«: [zum ersten Jahrgangs-Band]. In: Die Freistatt 1 (20. Februar 1914) H. 11, S. 671.

1.2 Selbstständige Veröffentlichungen

1. Vier Essais über ostjüdische Dichtung und Kultur. Berlin: Welt-Verlag 1919 (Die Weltbücher. Eine jüdische Schriftenfolge; 6).
   Zum Inhalt: Vorwort [S. 5]; Über Mendale und die Übersetzbarkeit seiner Dichtungen. (Bemerkungen zu einer Übersetzung) [S. 7–21]; Der Erzähler S. J. Agnon [S. 21–31; textkongruent mit Nr 49 und 53.]; Der Pinkeß. Von den Wandlungen der ostjüdischen Intelligenz [S. 31–47; nahezu textkongruent mit Nr 46.]; Die Aufführung jüdischer Volksmusik vor Westjuden [S. 48–64; nahezu textkongruent mit Nr 50.].
2. Das jüdische Volkslied. Ein Merkblatt. Berlin: Jüdischer Verlag 1919 (Schriften des Ausschusses für jüdische Kulturarbeit).
3. Die schönsten Lieder der Ostjuden. Siebenundvierzig ausgewählte Volkslieder. Hg. von Fritz Mordechai Kaufmann. Berlin: Jüdischer Verlag 1920.
   a. Die schönsten Lieder der Ostjuden. Siebenundvierzig ausgewählte Volkslieder. Hg. von Fritz Mordechai Kaufmann. 3. Auflage. Reprinted in Israel. Berlin: Jüdischer Verlag 1971.
   b. Die schönsten Lieder der Ostjuden. Siebenundvierzig ausgewählte Volkslieder. Neu herausgegeben und übersetzt von Achim Freudenstein und Karsten Troyke. Edermünde: Achims Verlag 2001.
4. [Mit Werner Senator:] Die Einwanderung der Ostjuden. Eine Gefahr oder ein sozialpolitisches Problem. Vier Aufsätze. Berlin: Welt-Verlag 1920 (Schriften des Arbeiterfürsorgeamtes der jüdischen Organisationen Deutschlands).
   Zum Inhalt: F. M. Kaufmann: Die ostjüdische Einwanderung in Deutschland nach dem Kriege [S. 5–17]; Die sozialpolitischen Maßnahmen des Arbeiterfürsorgeamtes der jüdischen Organisationen Deutschlands für Regulierung und planmäßige Verteilung der nach dem Kriege in Deutschland eingewanderten Ostjuden [S. 18–30]. Werner Senator: Der Arbeitsmarkt in Deutschland und die ostjüdischen Arbeiter [S. 31–37]; Die ostjüdische Einwanderung und die Wohnungsfrage [S. 38–42].
5. Gesammelte Schriften. Herausgegeben und eingeleitet von Ludwig Strauß. Berlin: E. Laub'sche Verlagsbuchhandlung 1923.
   Zum Inhalt: Der Text »Der westjüdische Konflikt« [S. 21–57] stammt aus dem Nachlass, während alle anderen Beiträge Nachdrucke einiger oben vermerkter Texte darstellen.

2 Briefe und Dokumente aus unterschiedlichen Archiven

2.1 The Central Archives for the History of the Jewish People

Briefe von Fritz Mordechai Kaufmann
Ohne Datumsangabe
»Eine neue jüdische Revue«. Brieffragment von Fritz Mordechai Kaufmann. [unmittelbar vor dem Brief vom 8. September 1912.] In: The Central Archives for the History of the Jewish People (CAHJP). Jerusalem. P 113/R7.
Brief an »Meine Lieben«. In: CAHJP. Jerusalem. P 113/R7.
Brief an »Lieber Vater und meine Lieben«. [unmittelbar hinter dem Brief vom 12. Dezember 1912.] In: CAHJP. Jerusalem. P 113/R7.
Brief an Hermann Kaufmann. In: CAHJP. Jerusalem. P 113/R7.
Brieffragment an Hermann Kaufmann. In: CAHJP. Jerusalem. P 113/R7.

Brief an Julius Kaufmann. In: CAHJP. Jerusalem. P 113/R7.

Brieffragment an Julius Kaufmann. [zwei Briefe vor dem Brief vom 12. Dezember 1912.] In: CAHJP. Jerusalem. P 113/R7.

Brief an Julius Kaufmann. [inmitten undatierter Korrespondenz zur Freistatt]. In: CAHJP. Jerusalem. P 113/R8.

Brief an Julius Kaufmann. [inmitten undatierter Korrespondenz zur Freistatt]. In: CAHJP. Jerusalem. P 113/R8.

Brief an Julius Kaufmann und Andreas Meyer. [inmitten undatierter Korrespondenz zur Freistatt.] In: CAHJP. Jerusalem. P 113/R8.

1905

Brief an Julius Kaufmann. 24. April 1905. In: CAHJP. Jerusalem. P 113/R7.

1911

Brief an »Meine Lieben! «. [ohne Datumsangabe – unmittelbar vor Karte vom 19. März 1911]. In: CAHJP. Jerusalem. P 113/R7.

Karte an Julius Kaufmann. [Ohne Datumsabgabe – eingeordnet direkt vor Brief vom 27. März 1911]. In: CAHJP. Jerusalem. P 113/R7.

Brief an Julius Kaufmann. 27. März 1911. In: CAHJP. Jerusalem. P 113/R7.

Brief an Julius Kaufmann. [Ohne Datumsabgabe – unmittelbar nach Brief vom 27. März 1911]. In: CAHJP. Jerusalem. P 113/R7.

Brief an Hermann Kaufmann. [Ohne Datumsabgabe – unmittelbar vor Brief vom 6. April 1911]. In: CAHJP. Jerusalem. P 113/R7.

Brief an Julius Kaufmann. 10. April 1911. In: CAHJP. Jerusalem. P 113/R7.

Brief an Julius Kaufmann. [Ohne Datumsabgabe – unmittelbar nach Brief vom 10. April 1911]. In: CAHJP. Jerusalem. P 113/R7.

Brieffragment an Hermann Kaufmann. [Ohne Datumsabgabe – unmittelbar nach Brief vom 27. April 1911]. In: CAHJP. Jerusalem. P 113/R7.

Brief an Julius Kaufmann. [ohne Datumsangabe – unmittelbar nach Brief vom 8. Mai 1911]. In: CAHJP Jerusalem. P 113/R7.

Brief an Hermann Kaufmann. 7. August 1911. In: CAHJP. Jerusalem. P 113/R7.

Brieffragment [unmittelbar nach Karte vom 10. August 1911] In: CAHJP. Jerusalem. P 113/R7.

Brief an Julius Kaufmann. [Ohne Datumsabgabe – unmittelbar vor Geburtstagsbrief an den Vater 1911]. In: CAHJP. Jerusalem. P 113/R7.

1912

Brief an »Meine Lieben«. [1912 genaues Datum unleserlich]. In: CAHJP. Jerusalem. P 113/R7.

Brief an Julius Kaufmann. 8. September 1912. In: CAHJP. Jerusalem. P 113/R7.

Brief an Julius Kaufmann. 9. September 1912. In: CAHJP. Jerusalem. P 113/R7.

1913

Brief an Julius Kaufmann. 9. Januar 1913. In: CAHJP. Jerusalem. P 113/R8.

Brief an Julius Kaufmann. 26. Januar 1913. In: CAHJP. Jerusalem. P 113/R8.

Brief an Julius Kaufmann. 20. Februar 1913. In: CAHJP. Jerusalem. P 113/R8.

Brief an Julius Kaufmann. 2. März 1913. In: CAHJP. Jerusalem. P 113/R8.

Brief an Julius Kaufmann. 8. April 1913. In: CAHJP. Jerusalem. P 113/R8.

Brief an Julius Kaufmann. 16. April 1913. In: CAHJP. Jerusalem. P 113/R8.

Brief an Julius Kaufmann. 2. Mai 1913. In: CAHJP. Jerusalem. P 113/R8.
Karte an Julius Kaufmann. 29. Mai 1913. In: CAHJP. Jerusalem. P 113/R8.
Brief an Julius Kaufmann. 21. November 1913. In: CAHJP. Jerusalem. P 113/R8.

1914
Brief an Julius Kaufmann. 21. Januar 1914. In: CAHJP. Jerusalem. P 113/R8.
Brief an »den Verlag der Freistatt«. 4. März 1914. In: CAHJP. Jerusalem. P 113/R8.
Brief an Julius Kaufmann. 4. April 1914. In: CAHJP. Jerusalem. P 113/R8.
Brief an Julius Kaufmann. 6. April 1914. In: CAHJP. Jerusalem. P 113/R8.
Karte an Julius Kaufmann. 1. November 1914. In: CAHJP. Jerusalem. P 113/R8.

1915
Brief an Julius Kaufmann. 21. Januar 1915. In: CAHJP. Jerusalem. P 113/R8.
Brief an Julius Kaufmann. 29. April 1915. In: CAHJP. Jerusalem. P 113/R8.
Brief an Julius Kaufmann. 21. Juni 1915. In: CAHJP. Jerusalem. P 113/R8.

1916
Brief an Hermann Kaufmann. 7. Januar 1916. In: CAHJP. Jerusalem. P 113/R8.
Brief an Hermann Kaufmann. 17. März 1916. In: CAHJP. Jerusalem. P 113/R8.
Brief an Julius Kaufmann. 1. Dezember 1916. In: CAHJP. Jerusalem. P 113/R9 II.

1917
Brief an Julius Kaufmann. 30. Januar 1917. In: CAHJP. Jerusalem. P 113/R9 II.
Brief an Julius Kaufmann. 19. März 1917. In: CAHJP. Jerusalem. P 113/R9 II.
Brief an Julius, Elsa und Ríwka Kaufmann. 24. April 1917. In: CAHJP. Jerusalem. P 113/R9 II.
Brief an Julius Kaufmann. 29. Juni 1917. In: CAHJP. Jerusalem. P 113/R9 II.

1918
Brief an Julius Kaufmann. 10. März 1918. In: CAHJP. Jerusalem. P 113/R9 II.
Brief an Julius Kaufmann. 13. Juni 1918. In: CAHJP. Jerusalem. P 113/R9 II.

1920
Brief an Julius Kaufmann. 9. Juli 1920. In: CAHJP. Jerusalem. P 113/R9 II.
Brief an Julius Kaufmann. 20. September 1920. In: CAHJP. Jerusalem. P 113/R9 II.
Brief an Julius Kaufmann. 21. November 1920. In: CAHJP. Jerusalem. P 113/R9 II.

1921
Karte an Julius Kaufmann. 16. Februar 1921. In: CAHJP. Jerusalem. P 113/R9 II.
Brief an Rochel Kaufmann. In der Nacht zum 1. März 1921. In: CAHJP. Jerusalem. P 113/R9 II.

Briefe unterschiedlicher Absender an Julius Kaufmann
Alle nachgewiesen in: CAHJP. Jerusalem. P 113/L 16.
Brief von Salomo Birnbaum an Julius Kaufmann. 9. Dezember 1913.
Brief von Salomo Birnbaum an Julius Kaufmann. 26. Dezember 1913.
Karte von Martin Buber an Julius Kaufmann. 14. Dezember 1912.

Briefe von Nachum Goldmann an Julius Kaufmann. Februar und Mai 1913.

Brief von A. S. Juris an Julius Kaufmann. [ohne Datumsangabe].

Brief von J. H. Kahn an Julius Kaufmann. 11. September 1912.

Brief von Berl Locker an Julius Kaufmann. 12. Oktober 1913.

Brief von Dr. Max Mayer an Julius Kaufmann. 3. Mai 1913.

Brief von Isaac Schreyer an Julius Kaufmann. 22. Dezember 1913.

Briefe von Isaac Schreyer an Julius Kaufmann. 10. Oktober 1913 – 1. Juli 1914.

Karte von Felix A. Theilhaber an Julius Kaufmann. 30. Januar 1914.

Kondolenzbriefe und Grabreden

Alle nachgewiesen in: CAHJP. Jerusalem. P 113/R9.

Dr. Auerbach: [Grabrede]. 1921.

Nathan Birnbaum: [Grabrede]. 1921.

Dr. Kurt Blumenfeld: [Grabrede]. 1921.

Jüdische Arbeiter-Fürsorgestelle Beuthen: [Kondolenzschreiben]. 7. März 1921.

Dr. Bernhard Kahn: [Grabrede]. 1921.

L. Motzkin, Comité Des Délégations Juives: [Kondolenzschreiben]. 9. März 1921.

Rathenau: [Kondolenzschreiben]. 6. März 1921.

Rabbiner Dr. Warschauer: [Grabrede]. 1921.

Weitere Dokumente

[Abonnentenliste]. In: CAHJP. Jerusalem. P 113/L 16.

[Auszug aus dem Handelsregister]. In: CAHJP. Jerusalem. P 113/L 16.

Antrag über Gründung einer stillen Gesellschaft zwischen Julius Kaufmann, Herausgeber der »Freistatt« und den Gebrüdern Friedrich Andreas und Moritz Meyer. In: CAHJP. Jerusalem. P 113/L 16.

Aufsatzfragment von Fritz Mordechai Kaufmann. [Ohne Datumsabgabe – unmittelbar nach Karte vom 26. Juni 1909]. In: CAHJP. Jerusalem. P 113/R7.

Gemeinschaftlicher Erbschein. Aktenzeichen 168 II. 122321. Berlin. 18. August 1921. In: CAHJP. Jerusalem. P 113/R9.

B.L.: Fritz Mordechai Kaufmann. In: Der jüdische Arbeiter. 25. März 1921. zitiert nach Kopie in: CAHJP. Jerusalem. P 113/R9 II.

Moderner Sittenroman. [Skizze von Fritz Mordechai Kaufmann. ohne Datumsangabe] In: CAHJP. Jerusalem. P 113/R7.

Pinkus Barber: [Fragment]. [ohne Datumsangabe, inmitten undatierter Korrespondenz zur Freistatt]. In: CAHJP. Jerusalem. P 113/R8.

Rochel Kaufmann, Rívka Berger, Werner Senator: [Einladung]. 16. März 1941. In: CAHJP. Jerusalem. P 113/R9.

2.2 Eschweiler Stadtarchiv

Kopie der Geburtsurkunde Nr 312 vom 10. Juni 1887. Standesamt Eschweiler.

Kopie der Geburtsurkunde Nr 677 vom 18. Dezember 1888. Standesamt Eschweiler.

Kopie der Geburtsurkunde Nr 294 vom 17. Mai 1896. Standesamt Eschweiler.

Acta specialia betreffend Jüdisches Schulwesen. 1816–1885. Bürgermst. Registr. Eschweiler. Caps. 22. Nr 13. 1885.

Acta specialia betreffend den israelitischen Kirchhof. Bürgermeisteramt der Stadt Eschweiler. Fach 39. Nr 9. Bd I. 1900.

Acta specialia. Übernahme der israelitischen Schule. Bürgermeisteramt der Stadt Eschweiler. Fach 20. Nr 24. Bd I. 1904.

- Auszug aus dem Stadtverordnetenprotokoll vom 29.5.1933. In: Acta specialia. 1904, S. 282.
- Schreiben an das königliche Bürgermeister Amt vom 12. Januar 1905. In: Acta specialia. 1904, S. 112.
- Schreiben an das wohll. Stadtverordneten Collegium zu Eschweiler vom 12. Dez. 1904. In: Acta specialia. 1904, S. 100.
- Schreiben der Königlichen Kreisschulinspektion Aachen III vom 28. März 1917. In: Acta specialia. 1904, S. 213.
- Schreiben der Synagogen-Gemeinde Eschweiler vom 13. Mai 1933. In: Acta specialia. 1904, S. 280.
- Schreiben des kom. Regierungs-Präsidenten vom 26. Juni 1933. In: Acta specialia. 1904, S. 283.
- Schreiben des Landrates vom 1. August 1905. Auf den Bericht vom 21. Juli d. Js. Nr 12128. In: Acta Specialia. 1904, S. 135.
- Schreiben vom Amt für Kirchen- und Schulwesen vom 27. August 1914. In: Acta specialia. 1904, S. 203.
- Protokoll über die Sitzung der Schuldeputation vom 12. Mai 1933. In: Acta specialia. 1904, S. 278.

Acta Specialia: Abtrennung der Spezialgemeinde Eschweiler vom Synagogenbezirk Jülich. Bürgermeisteramt der Stadt Eschweiler. Fach 18. Nr 24. Bd I. 1913.

Adreßbuch der Stadt Eschweiler für 1898. Nebst einem Plan des Stadtgebiets. Unter Mitwirkung hiesiger Verwaltungsbeamten. Eschweiler: Joseph Dostall 1898. In: Stadtarchiv Eschweiler. Nr 1047.

Adreßbuch der Stadt Eschweiler. Eschweiler 1882. In: Stadtarchiv Eschweiler. Nr 1048.

Adreßbuch für Eschweiler und Umgegend 1907. Nebst einem Plan des Stadtgebiets. Als Anhang: Bürgerbuch der Stadt Eschweiler. Eschweiler: Joseph Dostall 1907. In: Stadtarchiv Eschweiler. Nr 823.

Adreßbuch für Eschweiler und Umgegend 1912. Nebst einem Plan des Stadtgebiets. Eschweiler: Joseph Dostall 1912. In: Stadtarchiv Eschweiler. [ohne Signatur].

Adreßbuch für Eschweiler und Umgegend 1925. Nebst einem Plan des Stadtgebiets und der Umgegend. Eschweiler: Joseph Dostall 1925. In: Stadtarchiv Eschweiler. Nr 824.

2.3   Politisches Archiv des Auswärtigen Amts

Akten betreffend: Prof. Sobernheim. Ausweisung von Ostjuden. Von 1919 bis 1923. In: Politisches Archiv. Auswärtiges Amt. Abt. III. Berlin. R78705.

Berger, Alfred (für das Arbeiterfürsorgeamt der Jüdischen Organisationen Deutschlands): Brief an »die Herren Mitglieder des Präsidiums«. 5. Mai 1922. In: Akten betreffend: Prof. Sobernheim.
- Brief an »die Herren Mitglieder des Präsidiums«. 7. Mai 1922. In: Akten betreffend: Prof. Sobernheim.

Der Minister des Innern. Heine: Bekanntmachung Nr IVb 2719. 1. November 1919. In: Akten betreffend: Prof. Sobernheim.
– Brief an das Arbeiterfürsorgeamt der Jüdischen Organisationen Deutschlands. 29. April 1919. In: Akten betreffend: Prof. Sobernheim.
Dr. Kahn und Dr. Senator: Protokoll der Präsidialsitzung vom Freitag den 10. XII. 1920. In: Politisches Archiv. Auswärtiges Amt. Abt. III. R78705.
Kaufmann, Fritz Mordechai: Die Verhältnisse der Deutschland und Danzig passierenden ostjüdischen Flüchtlinge. 30. Dezember 1920. In: Akten betreffend: Prof. Sobernheim.
Vermerk. Über das wesentliche Ergebnis der am 56. August im Reichsministerium des Innern abgehaltenen Beratung über die Anregung des Arbeiterfürsorgeamts der jüdischen Organisationen Deutschlands, ein Arbeitslager für die in seiner Fürsorge stehenden Personen einzurichten. In: Akten betreffend: Prof. Sobernheim.

2.4   Leo Baeck Institut Jerusalem

Meyer, Andreas: »Die Freistatt«. Zur frühen Gründung einer »Alljüdischen Revue« in Deutschland. Typoskript. In: Archiv des Leo Baeck Instituts. Jerusalem, S. 1–3.
– F.M.K. in memoriam. Typoskript. In: Archiv des Leo Baeck Instituts. Jerusalem, S. 15–18 von »Kommentar zu F. I.-Sch.-Korrespondenz«.
– Fritz Mordechai Kaufmann – zum 30. Jahrzeittage. Typoskript. In: Archiv des Leo Baeck Instituts. Jerusalem, S. 1–6.

3   Beiträge aus zeitgenössischen Periodika

Kaufmanns *Freistatt*-Texte sind hier nicht erneut aufgeführt. Alle Beiträge aus *Die Freistatt. Alljüdische Revue. Monatsschrift für jüdische Kultur und Politik* lassen sich im Internet unter www.compactmemory.de finden.

A. M.: Linnich. In: Jüdische Rundschau 16 (8. September 1911) H. 36, S. 433.
Acher, Mathias [d. i. Nathan Birnbaum]: Auf dem Volksliederabend von »Ost und West«. In: Ost und West 12 (Januar 1912) H. 1. Sp. 17–24.
– Noch einmal Ost- und Westjudentum. In: Die Freistatt 1 (22. August 1913) H. 5, S. 314–321.
– Noch einmal Ost- und Westjudentum. (Fortsetzung). In: Die Freistatt 1 (8. Oktober 1913) H. 6/7, S. 370–375.
– Noch einmal Ost- und Westjudentum. (Fortsetzung). In: Die Freistatt 1 (20. Januar 1914) H. 10, S. 566–571.
– Noch einmal Ost- und Westjudentum. (Schluß). In: Die Freistatt 2 (30. April 1914) H. 1, S. 20–26.
– Zur Frage des jüdischen Geisteslebens in Deutschland. In: Ost und West 12 (April 1912) H. 4. Sp. 305 312.
Anonym: [Ankündigung des 1. Freistattheftes]. In: Die Welt 17 (18. April 1913) H. 16, S. 501.
– [Ankündigung des 2. Freistattheftes]. In: Jüdische Rundschau 18 (16. Mai 1913) H. 20, S. 200.
– [Bericht über die Entlassfeier]. In: Eschweiler Anzeiger 61 (4. April 1908) H. 41, S. 2.

- [Einladung zur Entlassfeier]. In: Eschweiler Anzeiger 61 (31. März 1908) H. 39, S. 2.
- [Einweihung der Synagoge]. In: Eschweiler Anzeiger 44 (23. September 1891) H. 76, S. 2.
- [Gott, barmherziger Gott, warum bin ich nicht glücklich?]. In: Die Freistatt 1 (15. Mai 1913) H. 2, S. 126.
- [zur Korrespondenz zwischen Avenarius und Gothein]. In: Jüdische Rundschau 17 (25. September 1912) H. 39, S. 374.
- [zur Ortsschulaufsicht über die israelitische Schule]. Eschweiler Anzeiger 67 (30. Oktober 1914) H. 155.
- Aachen. In: Die Welt 16 (26. Juli 1912) H. 30, S. 902.
- Aachen. In: Jüdische Rundschau 17 (19. Juli 1912) H. 29, S. 275.
- Auf dem Weg zum neuen jüdischen Leben. In Jüdische Rundschau 18 (22. August 1913) H. 34, S. 351.
- Der Perez-Abend. In: Jüdische Rundschau 20 (21. Mai 1915) H. 21, S. 169.
- Der pinkës. In: Die Freistatt 1 (8. Dezember 1913) H. 9, S. 540.
- Die Aussprache zur Judenfrage. In: Jüdische Rundschau 17 (5. Juli 1912) H. 27, S. 252.
- Die jüdische Studentenschaft. In: Die Freistatt 1 (15. November 1913) H. 8, S. 471.
- Die Trauer um Schalom Alejchem. In: Jüdische Rundschau 21 (26. Mai 1916) H. 21, S. 170.
- Drove b. Düren. In: Jüdische Rundschau 17 (25. Mai 1912) H. 21, S. 190.
- Ein neuer Weg. In: Neuer Weg. 1. (Jänner 1914) H. 1, S. 1–2.
- »Eine Botschaft Schlemiels über das ›Jüdische Volkslied‹«. In: Schlemiel 18 (1920) H. 20, S. 204.
- Eine hebräische Enzyklopädie. In: Die Freistatt 1 (8. Oktober 1913) H. 6/7, S. 400–401.
- Eine neue Monatsschrift. In: Die Freistatt 1 (15. Juli 1913) H. 4, S. 256–257.
- Eschweiler. In: Jüdische Rundschau 16 (10. Februar 1911) H. 6, S. 67.
- Eschweiler. In: Jüdische Rundschau 16 (3. März 1911) H. 9, S. 105.
- Eschweiler. In: Jüdische Rundschau 16 (24. März 1911) H. 12, S. 140.
- Eschweiler. In: Jüdische Rundschau 16 (31. März 1911) H. 13, S. 153.
- Eschweiler. In: Jüdische Rundschau 16 (12. Mai 1911) H. 19, S. 215.
- Eschweiler. In: Jüdische Rundschau 16 (2. Juni 1911) H. 22, S. 252.
- Eschweiler. In: Jüdische Rundschau 16 (21. Juli 1911) H. 29, S. 336.
- Eschweiler. In: Jüdische Rundschau 16 (13. Oktober 1911) H. 41, S. 488.
- Eschweiler. In: Jüdische Rundschau 16 (24. November 1911) H. 47, S. 560.
- Eschweiler. In: Jüdische Rundschau 16 (15. Dezember 1911) H. 50, S. 601.
- Eschweiler. In: Jüdische Rundschau 17 (12. Januar 1912) H. 2, S. 15.
- Eschweiler. In: Jüdische Rundschau 17 (2. Februar 1912) H. 5, S. 38.
- Eschweiler. In: Jüdische Rundschau 17 (1. März 1912) H. 9, S. 74.
- Eschweiler. In: Jüdische Rundschau 17 (2. April 1912) H. 12, S. 104.
- Eschweiler. In: Jüdische Rundschau 17 (17. Mai 1912) H. 20, S. 177.
- Eschweiler. In: Jüdische Rundschau 17 (7. Juni 1912) H. 23, S. 212.
- Eschweiler. In: Jüdische Rundschau 17 (6. September 1912) H. 36, S. 344.
- Eschweiler. In: Jüdische Rundschau 17 (15. Oktober 1912) H. 43, S. 413.
- Eschweiler. In: Jüdische Rundschau 17 (6. Dezember 1912) H. 49, S. 477.
- Eschweiler. In: Jüdische Rundschau 18 (17. Januar 1913) H. 3, S. 26.
- Eschweiler. In: Jüdische Rundschau 18 (27. Juni 1913) H. 26, S. 268.
- Eschweiler. In: Jüdische Rundschau 18 (10. Oktober 1913) H. 41, S. 441.
- Eschweiler. In: Jüdische Rundschau 18 (7. November 1913) H. 45, S. 486.
- Eschweiler. In: Jüdische Rundschau 18 (28. November 1913) H. 48, S. 517.

– Eschweiler. In: Jüdische Rundschau 19 (23. Januar 1914) H. 4, S. 39.
– Eschweiler. In: Jüdische Rundschau 19 (29. Mai 1914) H. 22, S. 233.
– Eschweiler und Umgegend. In: Jüdische Rundschau 16 (7. April 1911) H. 14, S. 165.
– Fritz Mordechai Kaufmann. In: Jüdische Rundschau 26 (11. März 1921) H. 20, S. 139.
– Grenzschluss gegen Juden in Deutschland. In: Jüdische Rundschau 23 (26. Juli 1918) H. 30, S. 229.
– Jülich (Rhld.). In: Jüdische Rundschau 16 (1. Dezember 1911) H. 48, S. 573.
– Jülich. In: Jüdische Rundschau 17 (12. Januar 1912) H. 2, S. 15.
– Jülich. In: Jüdische Rundschau 17 (25. Mai 1912) H. 21, S. 190.
– Jülich. In: Jüdische Rundschau 17 (25. Oktober 1912) H. 43, S. 413.
– Kulturkonflikt. In: Jüdische Rundschau 17 (29. März 1912) H. 13/14, S. 114.
– Kulturkonflikt. In: Jüdische Rundschau 17 (16. August 1912) H. 33, S. 1.
– Linnich. In: Jüdische Rundschau 17 (2. Februar 1912) H. 5, S. 38.
– Stolberg. In: Jüdische Rundschau 17 (15. März 1912) H. 11, S. 93.
– Unsere Kritiker. I. Die Prophezeiungen des Herrn Kaufmann. In: Neuer Weg. 1. (Jänner 1914) H. 1, S. 2–4.
– Verlag B. A. Kletzkin, Wilna. In: Die Freistatt 1 (15. Juli 1913) H. 4, S. 256.
Angestelltenschaft des Arbeiterfürsorgeamtes der jüdischen Organisationen Deutschlands: [Nachruf auf Fritz Mordechai Kaufmann]. In: Jüdische Rundschau 26 (11. März 1921) H. 20, S. 140.
Arbeiterfürsorgeamt der jüdischen Organisationen Deutschlands (als Verantwortlicher Dr. Bernhard Kahn): [Nachruf auf Fritz Mordechai Kaufmann]. In: Jüdische Rundschau 26 (15. März 1921) H. 21, S. 148.
– [Bitte um Hilfe für jüdische Flüchtlinge]. In: AZJ 84 (18. Juni 1920) H. 25, S. 279–280.
Asch, Scholem: Jerusalem. In: Die Freistatt 1 (15. Mai 1913) H. 2, S. 88–91.
– Jerusalem. (Schluß). In: Die Freistatt 1 (15. Juni 1913) H. 3, S. 146–154.
Avenarius, Ferdinand und Gothein, Georg: [Korrespondenz zur ›Kunstwart‹-Debatte]. In: AZJ 76 (20. September 1912) H. 38, S. 446–447.
[Avenarius: Anmerkung der Redaktion]. In: Der Kunstwart 25 (2. Augustheft 1912) H. 22, S. 258.
Avenarius, Ferdinand: Deutsch und Französisch. In: Der Kunstwart 14 (1900) H. 1, S. 1–7.
A.[venarius]: [Die »Frankfurter Zeitung«]. In: Der Kunstwart 16 (1. Dezemberheft 1902) H. 5, S. 332–333.
– [Einführung zum Sprechsaal ›Deutschtum und Judentum‹]. In: Der Kunstwart 25 (1. Aprilheft 1912) H. 13. S. 6.
– Aussprachen mit Juden. In: Der Kunstwart 25 (2. Augustheft 1912) H. 25, S. 225–236.
– Über das Denunzieren. In: Der Kunstwart 11 (2. Novemberheft 1897) H. 4, S. 109–112.
– [Anmerkung zu »Über Kritik und Literaturgeschichte«]. In: Der Kunstwart 16 (2. Maiheft 1903) H. 16, S. 160.
– Vom »Berliner Tageblatt« und der Wahrheit. In: Der Kunstwart 26 (1. Oktoberheft 1912) H. 1, S. 76–77.
B.: Jiddisches Wörterbuch. In: Die Freistatt 1 (22. August 1913) H. 5, S. 332.
Bab, Julius: »Assimilation«. In: Die Freistatt 1 (15. Juni 1913) H. 3, S. 171–176.
– Alfred Mombert. In: Der Morgen 12 (Januar 1937) H. 10, S. 467–471.

– Der Anteil der Juden an der deutschen Dichtung der Gegenwart. In: Kölnische Zeitung. Wochenausgabe 26 (21. September 1911) H. 38, S. 3–4.

– Der Anteil der Juden in der deutschen Dichtung der Gegenwart. In: Mitteilungen des Verbandes der Jüdischen Jugendvereine Deutschlands 3 (Dezember 1912) H. 12, S. 3–9.

Beatus: [Rezension zu »Die Spur«]. In: Die Freistatt 2 (30. April 1914) H. 1, S. 57.

Becker, Dr. Julius: Über-Zionismus. In: Jüdische Rundschau 18 (30. Mai 1913) H. 22, S. 217–218.

Berger, Julius: Deutsche Juden und polnische Juden. In: Der Jude 1 (Juni 1916) H. 3, S. 137–149.

– Fritz Mordechai Kaufmann. In: Jüdische Rundschau 26 (8. März 1921) H. 19, S. 131.

– Ostjüdische Arbeiter im Krieg. In: Volk und Land 1 (3. Juli 1919) H. 27, Sp. 829–838.

– Ostjüdische Arbeiter im Krieg. In: Volk und Land 1 (10. Juli 1919) H. 28, Sp. 865–878.

Bergmann, Dr. Hugo: Unsere Stellung zum Jiddischen. In: Die Welt 18 (20. Februar 1914) H. 8, S. 177–179.

Birnbaum, Dr. Nathan: Nach dem elften Zionistenkongress. In: Die Freistatt 1 (15. November 1913) H. 8, S. 437–444.

– Perez. In: Jüdische Rundschau 20 (30. April 1915) H. 18, S. 139–140.

– Sprachadel. Zur jüdischen Sprachenfrage. In: Die Freistatt 1 (15. Mai 1913) H. 2, S. 83–88.

– Sprachadel. Zur jüdischen Sprachenfrage. (Schluß) In: Die Freistatt 1 (15. Juni 1913) H. 3, S. 137–145.

– [gez. Dr. N. B.]: Sh. Niger. - Wégn jidëshë chráber. Kritëshe artiklën. 2 bd. Farlag Z. Sh. Sreberk, Wilne 673. In: Die Freistatt 1 (8. Oktober 1913) H. 6/7, S. 399.

Birnbaum, Salomo: »Der orthographische Hokuspokus«. In: Die Freistatt 1 (8. Oktober 1913) H. 6/7, S. 412–414.

– Die jiddische Orthographie. In: Die Freistatt 1 (20. Januar 1914) H. 10, S. 588–591.

– Neuere Werke über Jiddisch. In: Die Freistatt 1 (15. Mai 1913) H. 2, S. 121–122.

– [Verantwortlich für die Auswahl in der Rubrik »Jiddische Dichtung«]. In: Die Freistatt 1 (April 1913) H. 1, S. 56–59; (15. Mai 1913) H. 2, S. 123–126; (15. Juni 1913) H. 3, S. 188–192; (15. Juli 1913) H. 4, S. 250–254; (22. August 1913) H. 5, S. 327–330; (8. Oktober 1913) H. 6/7, S. 395–398; (15. November 1913) H. 8, S. 464–469; (8. Dezember 1913) H. 9, S. 535–539; (20. Januar 1914) H. 10, S. 592–601; (31. März 1914) H. 12, S. 724–729.

Böhm, Adolf: Dr. Nathan Birnbaum. Zum 50. Geburtstag (8. Mai 1914). In: Jüdische Rundschau 19 (1. Mai 1914) H. 18, S. 187–188.

Borochow, B.: Alljüdische Probleme und der Sozialismus. In: Die Freistatt 1 (15. Juni 1913) H. 3, S. 155–162.

Brod, Max: Der Heimatlose. In: Die Freistatt 1 (22. August 1913) H. 5, S. 325.

– Erster Frühlingsausflug. In: Die Freistatt 1 (22. August 1913) H. 5, S. 324.

– Im Rausch der Bücher. Ein Romankapitel. In: Die Freistatt 1 (15. Juni 1913) H. 3, S. 180–187.

– Jüdinnen. In: Neue jüdische Monatshefte 2 (25. Juli 1918) H. 20. (Sonderheft: Die jüdische Frau), S. 481–483.

– Notiz zum Schaffen Oskar Baums. In: Die Freistatt 2 (Juli 1914) H. 4, S. 229–234.

– Unsere Literaten und die Gemeinschaft. In: Der Jude 1 (Oktober 1916) H. 7, S. 457–464.

– Weiter! In: Die Freistatt 1 (22. August 1913) H. 5, S. 326.

– Zu meinen Judenromanen. Eine Bemerkung von Max Brod. In: Jüdische Rundschau 17 (29. November 1912) H. 48, S. 462–463.

Brody, A. D.: Der orthographische Hokuspokus. (Wie die »Freistatt« jiddische Gedichte transkribiert). In: Jüdische Rundschau 18 (29. August 1913) H. 35, S. 362.

Buber, Martin: Der Augenblick. In: Die Welt 18 (9. Januar 1914) H. 2, S. 31–32.

– Die Losung. In: Der Jude 1 (April 1916) H. 1, S. 1–3.

– J. L. Perez. (Ein Wort zu seinem fünfundzwanzigjährigen Schriftsteller-Jubiläum.) In: Die Welt 5 (3. Mai 1901) H. 18, S. 9.

– Jüdische Renaissance. In: Ost und West 1 (Januar 1901) H. 1. Sp. 7–10.

Charasch, Abraham: Die ostjüdischen Studenten im Westen. In: Die Freistatt 1 (15. Juli 1913) H. 4, S. 257–259.

Cohn, Bendix: Vorlesung Max Brods. In: Die Freistatt 1 (8. Dezember 1913) H. 9, S. 542–543.

Coralnik, Dr. A[braham]: Capriccio. In: Die Freistatt 1 (15. Mai 1913) H. 2, S. 110–115.

– Verstiegenheiten. In: Die Welt 17 (13. Juni 1913) H. 24, S. 749–751.

Dembitzer, Salamon: ***. In: Die Freistatt 1 (15. November 1913) H. 8, S. 467–468.

Deutsch, Isaac: Die Legende von der »ostjüdischen« Kultur. In: Die Freistatt 1 (22. August 1913) H. 5, S. 339–340.

Diesendruck, Z.: Zum Tode J. L. Perez'. In: Jüdische Rundschau 20 (23. April 1915) H. 17, S. 131–132.

Dimien, Bal: Der Hebraismus und die Reaktion. In: Die Welt 2. (30. April 1914) H. 1, S. 8–15.

Dr. Nathan Birnbaum-Jubiläums-Komitee: An die jüdische Öffentlichkeit. In: Die Freistatt 1 (31. März 1914) H. 12, S. 673–674.

– Biographische Daten über Dr. Nathan Birnbaum (Mathias Acher). In: Die Freistatt 2 (30. Juni 1914) H. 3, S. 146–151.

Dubnow, S[imon]: Ein Gruß aus dem Osten dem Ritter des Ostjudentums. In: Die Freistatt 2 (28. Mai 1914) H. 2, S. 76–78.

Ehrenstein, Albert: Altern. In: Die Freistatt 2 (30. April 1914) H. 1, S. 46.

– Genie und Bürger. In: Die Freistatt 1 (20. Februar 1914) H. 11, S. 659.

– Gruß. In: Die Freistatt 2 (30. April 1914) H. 1, S. 46.

– Volkshymne. In: Die Freistatt 2 (30. April 1914) H. 1, S. 44–45.

– Worte des Dämons. In: Die Freistatt 1 (20. Februar 1914) H. 11, S. 659–660.

Einhorn, David: Jüdische Elegien. In: Die Freistatt 1 (22. August 1913) H. 5, S. 327.

Eschelbacher, Dr. Klara: Die ostjüdische Einwanderungsbevölkerung der Stadt Berlin. In: Zeitschrift für Demographie und Statistik der Juden 16 (Januar bis Juni 1920) H. 1–6, S. 1–24.

– Die ostjüdische Einwanderungsbevölkerung der Stadt Berlin. (Fortsetzung und Schluß). In: Zeitschrift für Demographie und Statistik der Juden 17 (Januar 1923) H. 1–3, S. 10–20.

Eschelbacher, Max: Ostjüdische Proletarier in Deutschland. In: Der Jude 3 (1918/1919) H. 11, S. 512–523.

F. W.: [Replik auf »Deutsch-jüdischer Parnaß«]. In: Der Kunstwart 25 (2. Augustheft 1912). H. 22, S. 238.

Feiwel, Berthold: Zum ersten Heft des »Juden«. In: Jüdische Rundschau 21 (5. Mai 1916) H. 18, S. 143–146.

Friedemann, Dr. Adolf: Wir und die Ostjuden. In: Neue jüdische Monatshefte 1 (10. November 1916) H. 3, S. 58–66.

Funkelstein, Jakob F. (Rosner-): An die Schwangernden ergeht ein Ruf. In: Die Freistatt 2 (30. April 1914) H. 1, S. 47–48.

– Die Sünderin. In: Die Freistatt 2 (30. April 1914) H. 1, S. 49–50.
– Flüche – Der Sprache. In: Die Freistatt 1 (8. Dezember 1913) H. 9, S. 531–532.
– Im Tanzsaal. In: Die Freistatt 2 (30. April 1914) H. 1, S. 48–49.
Geiger, Ludwig: [Rezension zu »Begriff und Programm einer jüdischen Nationalliteratur«]. In: AZJ 77 (16. Mai 1913) H. 20, S. 240.
– [Rezension zum Blau-Weiß-Liederbuch]. In: AZJ 78 (10. Juli 1914) H. 28, S. 335–336.
– Der Kunstwart und die Judenfrage. I. In: AZJ 76 (15. November 1912) H. 46, S. 541–542.
– Der Kunstwart und die Judenfrage. Schluß. In: AZJ 76 (22. November 1912) H. 47, S. 553–555.
– Der neue Kunstwart-Aufsatz. In: AZJ 77 (31. Januar 1913) H. 5, S. 54–55.
– Max Nordau, »Doktor Kohn«. In: AZJ 62 (23. Dezember 1898) H. 51, S. 605–606.
L. G. [d. i. Ludwig Geiger]: Ostjuden. (Februarheft der »Süddeutschen Monatshefte«). In: AZJ 80 (10. März 1916) H. 10, S. 109–110.
– [Rezension zu Martin Bubers »Drei Reden über das Judentum«]. In: AZJ 76 (23. Februar 1912) H. 8, S. 95–96.
– [Rezension zu Schalom Aschs »Amerika«]. In: AZJ 76 (16. Februar 1912) H. 7, S. 83.
Glücksohn, Dr. M.: Hebräisch und Jiddisch. In: Die Welt 18 (3. April 1914) H. 14, S. 325–327.
Goldmann, Nachum: Das »Alljudentum«. Eine Auseinandersetzung. In: Die Welt 18 (8. Mai 1914) H. 19, S. 453–456.
– Judaismus und nationales Judentum. In: Die Freistatt 1 (April 1913) H. 1, S. 19–30.
Goldmann-Oppeln, Dr. Felix: Der Ausklang der »Kunstwartdebatte«! In: Im deutschen Reich 18 (Dezember 1912) H. 12, S. 533–540.
– Die Erwiderung auf diese Antwort. In: Im deutschen Reich 19 (März 1913) H. 3, S. 111–120.
Goldstein, Prof. Dr. Julius: [Replik auf Moritz Goldsteins Beitrag]. In: Im deutschen Reich 19 (März 1913) H. 3, S. 101–105.
– Moritz Goldsteins »Deutsch-jüdischer Parnaß«. Kritische Bemerkungen von Professor Dr. Julius Goldstein, Darmstadt. In: Im deutschen Reich 18 (Oktober 1912) H. 10, S. 437–450.
Goldstein, Dr. Moritz: Deutsch-jüdischer Parnaß. In: Der Kunstwart 25 (1. Märzheft 1912) H. 11, S. 281–294.
– Professor Dr. Julius Goldsteins Kritik meines Kunstwart-Aufsatzes. In: Im deutschen Reich 19 (März 1913) H. 3, S. 97–101.
– Schlußwort. In: Der Kunstwart 25 (2. Augustheft 1912) H. 22, S. 259–261.
Gothein, Georg: Der neue polnische Staat. In: März 10. Bd 4. (Oktober bis Dezember 1916) 18. November 1916, S. 121–126.
– Die Juden in Polen. In: März 10. Bd 1. (Januar bis März 1916) 25. März 1916, S. 221–227.
H. M.: [Replik auf »Deutsch-jüdischer Parnaß«]. In: Der Kunstwart 25 (2. Augustheft 1912) H. 22, S. 249–251.
H. R.: [Replik auf »Deutsch-jüdischer Parnaß«]. In: Der Kunstwart 25 (1. Aprilheft 1912) H. 13, S. 12–13.
Hecht, Georg: Das Archiv für jüdische Familienforschung. In: Die Freistatt 1 (15. Juli 1913) H. 4, S. 257.
Herrmann, Hugo: »Alljudentum«. In: Die Welt 18 (23. Januar 1914) H. 4, S. 78–79.
– Alljudentum und Zionismus. In: Die Welt 17 (6. Juni 1913) H. 23, S. 718–720.
– Juden und Deutsche. In: Die Welt 17 (2. Mai 1913) H. 18, S. 570–571.
Herrmann, Leo: Den Ostjuden ihr Recht! In: Jüdische Rundschau 20 (19. November 1915) H. 47, S. 377.

Horst, Dr. Manfred: Zur Assimilation der Ostjuden. In: Neue jüdische Monatshefte 1 (10. Juni 1917) H. 17, S. 487–497.

Huldschiner, Richard: Buber's »Drei Reden über das Judentum«. In: Jüdische Rundschau 16 (24. November 1911) H. 47, S. 554–555.

– Zwei Judenromane. In: Jüdische Rundschau 17 (5. Juli 1912) H. 27, S. 250–251.

Jehojesch: »Wächter, wieviel verfloß von der Nacht?« In: Die Freistatt 1 (15. Juni 1913) H. 3, S. 192.

– Aus »Sommernächte«. In: Die Freistatt 1 (15. Juni 1913) H. 3, S. 188.

– Aus »Sonnenuntergang«. In: Die Freistatt 1 (15. Juni 1913) H. 3, S. 188.

– Das letzte Wort. In: Die Freistatt 1 (15. Juni 1913) H. 3, S. 191–192.

– Der Aufruf zur Thora. In: Die Freistatt 1 (15. Juni 1913) H. 3, S. 190–191.

– Eine »Reinigkeit«. In: Die Freistatt 1 (15. Juni 1913) H. 3, S. 190.

– Nach dem Begräbnis. In: Die Freistatt 1 (15. Juni 1913) H. 3, S. 192.

– Sonnenuntergang. In: Die Freistatt 1 (April 1913) H. 1, S. 60–61.

Jüdische Handwerkergenossenschaft: [Nachruf auf Fritz Mordechai Kaufmann]. In: Jüdische Rundschau 26 (11. März 1921) H. 20, S. 140.

Juris, A. S.: Kultur oder Fetisch? In: Die Freistatt 1 (8. Dezember 1913) H. 9, S. 499–508.

Kamila, J. M.: Zur jiddischen Theaterfrage. In: Die Freistatt 2 (Juli 1914) H. 4, S. 224–228.

Kaufmann, Julius: [Bemerkung zu Julius Babs »Assimilation«]. In: Die Freistatt 1 (15. Juni 1913) H. 3, S. 171.

– [Kritik an Hugo Herrmanns Aufsatz »Alljudentum und Zionismus«]. In: Die Welt 17 (4. Juli 1913) H. 27, S. 870.

– [Gez. Der Herausgeber]: An die Leser der Freistatt. In: Die Freistatt 1 (8. Oktober 1913) H. 6/7, S. 345.

– Agitation in den Kleingemeinden. In: Jüdische Rundschau 17 (26. April 1912) H. 17, S. 144.

Krupnick, B.: Mendele. In: Jüdische Rundschau 22 (21. Dezember 1917) H. 51, S. 409.

L. H.: »Ostjuden«. In: Jüdische Rundschau 21 (3. März 1916) H. 9, S. 73–74.

– Das zweite Heft des »Juden«. In: Jüdische Rundschau 21 (2. Juni 1916) H. 22, S. 176.

– »Der Jude«. Eine Monatsschrift. In: Jüdische Rundschau 21 (14. April 1916) H. 15/16, S. 125–126.

L. St.: [Rezension zu Paris von Gütersloh]. In: Die Freistatt 2 (Juli 1914) H. 4, S. 254.

– Für Else Lasker-Schüler. In: Die Freistatt 1 (April 1913) H. 1, S. 69.

Landauer, Gustav: Ostjuden und Deutsches Reich. In: Der Jude 1 (Oktober 1916) H. 7, S. 433–439.

– Zur Poesie der Juden. In: Die Freistatt 1 (22. August 1913) H. 5, S. 321–324.

Lasker-Schüler, Else: [Ich will dich ganz zart mich lehren...]. In: Die Freistatt 1 (20. Februar 1914) H. 11, S. 661.

– Boas. In: 1. Die Freistatt. (15. Mai 1913) H. 2, S. 117.

– Das Lied des Spielprinzen. In: Die Freistatt 1 (20. Februar 1914) H. 11, S. 662.

– Du -. In: Die Freistatt 1 (20. Februar 1914) H. 11, S. 661.

– Ich weine -. In: Die Freistatt 1 (20. Februar 1914) H. 11, S. 660–661.

– Pharao und Joseph! In: Die Freistatt 1 (15. Mai 1913) H. 2, S. 116.

– Ruth. In: Die Freistatt 1 (15. Mai 1913) H. 2, S. 116.

Leszczinski, Jakob: Das jüdische ökonomische Leben. In: Die Freistatt 1 (April 1913) H. 1, S. 31–38.

Lewicky, Eugen: Die Ostjudenfrage. Eine Unterredung mit Dr. Eugen Lewicky, Wien; Mitglied des österreichischen Reichsrates. In: Neue jüdische Monatshefte 1 (25. Januar 1917) H. 8, S. 215–218.

Lewin, I.: Die jüdische Kolonisation in Palästina. [Mit einem Vorwort von Kaufmann]. In: Die Freistatt 1 (22. August 1913) H. 5, S. 295–311.

– Die jüdische Kolonisation in Palästina. II. In: Die Freistatt 1 (20. Januar 1914) H. 10, S. 554–562.

– Die jüdische Kolonisation in Palästina. III. In: Die Freistatt 1 (20. Februar 1914) H. 11, S. 637–649.

Lienhard, F.: Deutsch-jüdischer Parnaß. In: Der Türmer 14 (April 1912) H. 7, S. 100–102.

Lissauer, Ernst: [Replik auf »Deutsch-jüdischer Parnaß«]. In: Der Kunstwart 25 (1. Aprilheft 1912) H. 13, S. 6–12.

– Aus Ernst Lissauers »Strom«. In: Der Kunstwart 26 (1. Oktoberheft 1912) H. 1, S. 28–36.

Locker, Berl: Die allgemeinen Gesetze der Assimilation und die Ostjuden. In: Der Jude 1 (November 1916) H. 8, S. 504–529.

– Legende und Wirklichkeit. In: Die Welt 17 (1. Oktober 1913) H. 40, S. 1367–1369.

– Über Zionismus und jüdische Kultur. In: Die Freistatt 1 (22. August 1913) H. 5, S. 287–294.

Loewe, Dr. Heinrich: Eine einzelne Kulturaufgabe. In: Die Welt 15 (4. August 1911) H. 31, S. 761–762.

Loewenberg, Jakob: [Replik auf »Deutsch-jüdischer Parnaß«]. In: Der Kunstwart 25 (2. Augustheft 1912) H. 22, S. 245–249.

Loubetzki, J. A.: Von der literarischen Kritik in der ostjüdischen Literatur. In: Die Freistatt 2 (Juli 1914) H. 4, S. 235–243.

– Zwei Epochen jüdischer Literatur. In: Die Freistatt 1 (8. Oktober 1913) H. 6/7, S. 381–384.

M. A.: Ein Sieg. In: Die Freistatt 1 (31. März 1914) H. 12, S. 732–735.

– Wo soll man denn hinkommen? In: Die Freistatt 1 (April 1913) H. 1, S. 66–68.

M. M.: »Ostjuden«. In: Der Jude 1 (April 1916) H. 1, S. 62–63.

– Westjüdischer Nationalismus. In: Jüdische Rundschau 21 (12. Mai 1916) H. 19, S. 151.

Mayer, Dr. M. (Meir ben Elieser): [Über Birnbaum]. In: Die Freistatt 2 (28. Mai 1914) H.2, S. 84–85.

– Hebräische Literatur. In: Die Freistatt 1 (15. Mai 1913) H. 2, S. 104–110.

Mayer, Paul: [Rezension zu Oskar Rosenfeld]. In: Die Freistatt 2 (Juli 1914) H. 4, S. 255–256.

– Abisag. In: Die Freistatt 1 (8. Oktober 1913) H. 6/7, S. 392.

– Joseph und Potiphars Weib. In: Die Freistatt 1 (8. Oktober 1913) H. 6/7, S. 392.

Meïr ben Elieser [d. i. Max Mayer]: »Begriff und Programm einer jüdischen Nationalliteratur«. In: Jüdische Rundschau 17 (27. Dezember 1912) H. 52, S. 503–504.

– »Begriff und Programm einer jüdischen Nationalliteratur«. II. In: Jüdische Rundschau 18 (10. Januar 1913) H. 2, S. 12–13.

– »Begriff und Programm einer jüdischen Nationalliteratur«. III. In: Jüdische Rundschau 18 (17. Januar 1913) H. 3, S. 22–23.

Mendale Mojcher Sfurem: Kicyr Masû:ojs Binjûmin Hashlishi. (Dûs hejst) Di nësi:ë oder a raizë-bashrábyng fyn Bënjûmën dem Dritn. In: Die Freistatt 1 (20. Januar 1914) H. 10, S. 592–601.

– Di nësi:ë fyn Bënjûmën dëm dritn. [II.]. In: Die Freistatt 1 (31. März 1914) H. 12, S. 724–729.

Meyer, F[riedrich] A[ndreas]: Else Croner: Die moderne Jüdin. Verlag Axel Junker. In: Die Freistatt 1 (22. August 1913) H. 5, S. 331–332.

– [gez. F. A. M.]: Zionistische Notwendigkeiten. In: Die Freistatt 1 (22. August 1913) H. 5, S. 281–287.

Nadel, Arno: Jüdische Volkslieder. In: Der Jude 1 (Mai 1916) H. 2, S. 112–122.

nb.: Die nationale Dreifaltigkeit. In: Die Freistatt 1 (April 1913) H. 1, S. 66.

– Die spielenden Kinder. In: Die Freistatt 1 (15. November 1913) H. 8, S. 478–479.

Niger, S.: Morris Rosenfeld. (Zu seinem fünfzigsten Geburtstage). In: Die Freistatt 1 (15. Juli 1913) H. 4, S. 244–249.

– Morris Rosenfeld. (Zu seinem fünfzigsten Geburtstage). (Schluß). In: Die Freistatt 1 (8. Oktober 1913) H. 6/7, S. 385–391.

Nowonod: Chet's Töchter. In: Die Freistatt 1 (15. Mai 1913) H. 2, S. 117–118.

Ostjuden. Süddeutsche Monatshefte 13 (1916) H. 5.

panta: Das jüdische Studentenparlament in Zürich. In: Die Freistatt 1 (April 1913) H. 1, S. 63–64.

– Über Nacht. In: Die Freistatt 1 (April 1913) H. 1, S. 62–63.

Pasmanik, Dr. Daniel: Die Legende von der »ostjüdischen« Kultur. In: Die Welt 17 (18. Juli 1913) H. 29, S. 926–927.

Pauline Fürstin zu Wied et al.: Ein Aufruf für Else Lasker-Schüler. In: Die Freistatt 1 (April 1913) H. 1, S. 68–69.

Perez, Isaak Leib: ***. In: Die Freistatt 1 (April 1913) H. 1, S. 61.

Quentin, Franz [d. i. Ludwig Strauß]: [Replik auf »Deutsch-jüdischer Parnaß«]. In: Der Kunstwart 25 (2. Augustheft 1912) H. 22, S. 238–244.

rg.: Mehr Literatur! In: Die Welt 17 (25. Juli 1913) H. 30, S. 959–960.

Rawitsch, Melech: Duwed Kenigsberg: »Sonetten« und »Lider«, Lemberg 1913. In: Die Freistatt 1 (8. Dezember 1913) H. 9, S. 541–542.

Redaktion der *Welt*: [zu Julius Kaufmanns Kritik an Hugo Herrmanns Aufsatz »Alljudentum und Zionismus«]. In: Die Welt 17 (4. Juli 1913) H. 27, S. 870.

Reisen, Abraham: An den Wind. In: Die Freistatt 1 (15. Juli 1913) H. 4, S. 252.

– Armes Leben. In: Die Freistatt 1 (15. Juli 1913) H. 4, S. 253.

– Die letzte Seite. In: Die Freistatt 1 (15. Juli 1913) H. 4, S. 254.

– Die Mutter zum Kind. Volksmotiv. In: Die Freistatt 1 (15. Juli 1913) H. 4, S. 254.

– Die sterbende Sonne. In: Die Freistatt 1 (April 1913) H. 1, S. 61–62.

– Mein Tag. In: Die Freistatt 1 (15. Juli 1913) H. 4, S. 250.

– Meine Lieder. In: Die Freistatt 1 (15. Juli 1913) H. 4, S. 250.

– Sterne. In: Die Freistatt 1 (15. Juli 1913) H. 4, S. 252–253.

– Traurig. In: Die Freistatt 1 (15. Juli 1913) H. 4, S. 251–252.

– Vergangene Tage. In: Die Freistatt 1 (15. Juli 1913) H. 4, S. 250.

Rosenblatt, S.: Der Tod Moses. In: Die Freistatt 2 (30. April 1914) H. 1, S. 41–44.

Rosenfeld, Morris: ***. In: Die Freistatt 1 (8. Oktober 1913) H. 6/7, S. 395.

– An eine Welle. In: Die Freistatt 1 (8. Oktober 1913) H. 6/7, S. 395.

– Die Sintflut. In: Die Freistatt 1 (8. Oktober 1913) H. 6/7, S. 396–397.

– Ich streike. In: Die Freistatt 1 (8. Oktober 1913) H. 6/7, S. 396.

– Jiddisch. In: Die Freistatt 1 (8. Oktober 1913) H. 6/7, S. 398.

– Verliebt. In: Die Freistatt 1 (8. Oktober 1913) H. 6/7, S. 395.

Rubstein, Benzion: Dr. Curt Nawratzki, »Die jüdische Kolonisation in Palästina«, München 1913 bei Reinhardt. In: Die Freistatt 1 (20. Januar 1914) H. 10, S. 601–603.

– Jüdische Innenkolonisation in Galizien. In: Die Freistatt 1 (April 1913) H. 1, S. 38–46.

Rudel, Sch.: Fritz Mordechai Kaufmann. In: Jüdische Arbeiterstimme 1 (15. März 1921) H. 2, S. 7.

-s-: Leksikon fyn der jidësher literatur yn presë. Fyn Zalmën Rejzn. In: Die Freistatt 1 (20. Februar 1914) H. 11, S. 662–663.

Sch.: Dr. M. Pines. Die Geschichte der jüdisch-deutschen Literatur. In: Die Freistatt 1 (15. November 1913) H. 8, S. 470–471.

– Hebräisches Wörterbuch. In: Die Freistatt 1 (8. Oktober 1913) H. 6/7, S. 400.

– Literaturgeschichte u[nd] And[eres]. In: Die Freistatt 1 (8. Dezember 1913) H. 9, S. 540–541.

Schalit, Moses: Übersicht über die jiddische Literatur. In: Die Freistatt 1 (15. Juni 1913) H. 3, S. 176–180.

Scholem, Gershom: Zum Problem der Übersetzung aus dem Jiddischen. Auch eine Buchbesprechung. In: Jüdische Rundschau 22 (12. Januar 1917) H. 2, S. 16–17.

Schreyer, Isaac: [Rezension zu Avigdor Feuerstein: Gedichte]. In: Die Freistatt 2 (30. April 1914) H. 1, S. 57–58.

– Der Rausch des Erleuchteten. In: Die Freistatt 1 (15. November 1913) H. 8, S. 461.

– Des Knaben Andacht. In: Die Freistatt 1 (20. Februar 1914) H. 11, S. 660.

– Die reifende Welt. In: Die Freistatt 1 (15. November 1913) H. 8, S. 462.

– Häuser am Abend. In: Die Freistatt 2 (30. April 1914) H. 1, S. 51.

– Häuser vor dem Regen. In: Die Freistatt 2 (30. Juni 1914) H. 3, S. 180.

– Rausch der Mitternacht. In: Die Freistatt 2 (30. Juni 1914) H. 3, S. 179–180.

– Winter. In: Die Freistatt 2 (30. Juni 1914) H. 3, S. 179.

Seligmann, Dr. R.: [Rezension zu »Anschauung und Begriff«]. In: Die Freistatt 2 (30. April 1914) H. 1, S. 55–57.

– Vom moralischen und künstlerischen Typus. In: Die Freistatt 1 (31. März 1914) H. 12, S. 675–697.

– Von der inneren Bedeutung des Prophetismus. In: Die Freistatt 1 (8. Dezember 1913) H. 9, S. 481–499.

– Zur Charakteristik der jüdischen Kultur. In: Die Freistatt 1 (15. Juli 1913) H. 4, S. 223–238.

Senator, Werner: Sozialpolitik für die Ostjuden in Deutschland. In: Der Jude 6 (1921/1922) H. 2, S. 73–78.

Shaban: [Rezension zu »Der pinkës«]. In: Die Freistatt 2 (30. April 1914) H. 1, S. 58–60.

– Ch. N. Bijalik. Poez[i]ë (Lider yn poemën). Farlag »Progres«. Warshë 673. In: Die Freistatt 1 (22. August 1913) H. 5, S. 332–335.

Silberroth, Moses Nachman: Organisierung der jüdischen Kulturarbeit im Westen. In: Die Freistatt 1 (22. August 1913) H. 5, S. 311–313.

Sonne, Abraham: Ich wusste nicht Seele... In: Die Freistatt 1 (15. November 1913) H. 8, S. 462–463.

Stand, Adolf: [Rezension]. In: Die Welt 17 (20. Juni 1913) H. 25, S. 805.

Stauff, Ph[ilipp]: [Schlußwort]. In: Der Kunstwart 25 (2. Augustheft 1912) H. 22, S. 258–259.

– Die Juden in Literatur und Volk. In: Der Kunstwart 25 (2. Augustheft 1912) H. 22, S. 251–257.

– Wiederum eine Antwort. In: Im deutschen Reich 19 (März 1913) H. 3, S. 105–111.

Storck, Dr. Karl: Noch einmal deutsch-jüdischer Parnaß. In: Der Türmer 14 (Mai 1912) H. 8, S. 248–255.

Strauß, Ludwig: [Rezension zu Adolf Friedemann]. In: Die Freistatt 2 (Juli 1914) H. 4, S. 254–255.

– Dem Geist des Volkes. In: Die Freistatt 1 (15. Mai 1913) H. 2, S. 118.

– Der Mittler. In: Die Freistatt.1. (20. Januar 1914) H. 10, S. 576–588.

– Die Dichtungen Arnold Zweigs. In: Die Freistatt 1 (15. November 1913) H. 8, S. 453–461.

– Die Liebenden. In: Die Freistatt 1 (8. Oktober 1913) H. 6/7, S. 394.

– Ein Dokument der Assimilation. In: Die Freistatt 1 (April 1913) H. 1, S. 13–19.

– Entgegnung. In: Die Freistatt 1 (15. Juli 1913) H. 4, S. 238–244.

– In memoriam Fritz Mordechai Kaufmann. In: Der Jude 6 (1921/1922) H. 6, S. 374–375.

– Liebeslied. In: Die Freistatt 1 (8. Oktober 1913) H. 6/7, S. 393.

– Lied unter Wipfeln. In: Die Freistatt 1 (8. Oktober 1913) H. 6/7, S. 393–394.

– Portraits junger Jüdinnen. In: Die Freistatt 1 (15. Mai 1913) H. 2, S. 118–120.

Syrkin, Dr. N.: Scholem Alejchem. Zu seinem ersten Todestag. In: Jüdische Rundschau 22 (18. Mai 1917) H. 20, S. 166–167.

Tertius gaudens: »Freistatt«. In: AZJ 78 (6. Februar 1914) H. 6, S. 68–70.

Thon, Dr. O.: Raum für die Kulturfrage am X. Kongreß! In: Die Welt 15 (3. März 1911) H. 9, S. 187–189.

Trietsch, Davis: Das rote Heft. In: Die Freistatt 1 (31. März 1914) H. 12, S. 709–713.

– Oppositionen. In: Die Freistatt 1 (22. August 1913) H. 5, S. 265–276.

Verband der Ostjuden in Deutschland: [Nachruf auf Fritz Mordechai Kaufmann]. In: Jüdische Rundschau 26 (11. März 1921) H. 20, S. 140.

Weltsch, Robert: Scholem Alejchem. Die verlorene Schlacht. In: Jüdische Rundschau 19 (23. Januar 1914) H. 4, S. 35.

Witkowsky, Dr. Gustav: »Judenpresse« und jüdische Politik. In: Jüdische Rundschau 17 (20. September 1912) H. 38, S. 359–360.

Wolfenstein, Alfred: Jüdisches Wesen und Dichtertum. (Aus einer größeren Arbeit). In: Der Jude 6 (1921/1922) H. 7, S. 428–440.

x.: Die »Jewish Encyclopedia«. In: Die Freistatt 1 (15. Juli 1913) H. 4, S. 255–256.

Zlocisti, Dr. Theodor: Jüdische Volksliederabende. Glossen zu den Berliner Veranstaltungen der Redaktion von »Ost und West«. In: Jüdische Rundschau 24 (16. Dezember 1919) H. 89, S. 696–697.

Zweig, Arnold: Aussenpolitik und Ostjudenfrage. In: Neue jüdische Monatshefte 4 (10. März 1920) H. 11, S. 244–249.

– Cinéma. In: Die Freistatt.1. (31. März 1914) H. 12, S. 713–722.

– Die jüdische Tragödie. Ritualmord in Ungarn. In: Die Freistatt 2 (Juli 1914) H. 4, S. 193–207.

– Die Krähe. In: Die Freistatt 1 (April 1913) H. 1, S. 46–56.

– Zum Problem des jüdischen Dichters in Deutschland. In: Die Freistatt 1 (8. Oktober 1913) H. 6/7, S. 375–381.

Zwi, Cheskel: Zur Ausgestaltung unserer Propaganda. In: Jüdische Rundschau 17 (3. Mai 1912) H. 18, S. 154.

4   Weitere Primär- und Sekundärliteratur

Adler-Rudel, Salomon: East-European Jewish Workers in Germany. In: Publications of the Leo Baeck Institute of Jews from Germany. Year Book II (1957), S. 136–161.

– Ostjuden in Deutschland. 1880–1940. Zugleich eine Geschichte der Organisationen, die sie betreuten. Mit einem Vorwort von Siegfried Moses. Tübingen: J. C. B. Mohr 1959 (Schriftenreihe wissenschaftlicher Abhandlungen des Leo Baeck Institute of Jews from Germany; 1).

Agnon, S. J.: Und das Krumme wird gerade. Aus dem Hebräischen von Max Strauß. Berlin: Jüdischer Verlag 1918.

Albanis, Elisabeth: German-Jewish Cultural Identity from 1900 to the Aftermath of the First World War. A comparative study of Moritz Goldstein, Julius Bab and Ernst

Lissauer. Tübingen: Niemeyer 2002 (Conditio Judaica. Studien und Quellen zur deutsch-jüdischen Literaturgeschichte; 37).

- Moritz Goldstein. Texte zur jüdischen Selbstwahrnehmung aus dem Nachlaß. Mit einer Einführung herausgegeben von Elisabeth Albanis. In: Aschkenas. Zeitschrift für Geschichte und Kultur der Juden 7 (1997) H. 1, S. 79–135.

Allerhand, Jacob: Jiddisch. Ein Lehr- und Lesebuch. Wien: Mandelbaum Verlag 2000.

Alt, Arthur Thilo: Zu Arnold Zweigs »Das ostjüdische Antlitz«. In: Arnold Zweig – Poetik, Judentum und Politik, S. 171–186.

Arendt, Hannah: Walter Benjamin, Bertolt Brecht. Zwei Essays. München: Piper 1971.

- Brief an Moritz Goldstein. 15. Dezember 1968 (New York). In: Institut für Zeitungsforschung Dortmund.

Arnold Zweig – Poetik, Judentum und Politik. Akten des Internationalen Arnold Zweig-Symposiums aus Anlaß des 100. Geburtstags Cambridge 1987. Hg. von David Midgley, Hans-Harald Müller und Geoffrey Davis. Bern, Frankfurt am Main, New York, Paris: Peter Lang 1989 (Jahrbuch für Internationale Germanistik, Reihe A, Kongressberichte; 25).

Asch, Schalom: Amerika. Ein Roman von Schalom Asch. Berlin: Neues Leben, Wilhelm Borngraeber 1911.

Aschheim, Steven E.: Brothers and Strangers. The East European Jew in German and German Jewish Consciousness. Madison, Wisconsin: University of Wisconsin Press 1982.

- Eastern Jews, German Jews and Germany's Ostpolitik in the First World War. In: Publications of the Leo Baeck Institute of Jews from Germany. Year Book XXVIII (1983), S. 351–365.

- 1912 The publication of Moritz Goldstein's »The German-Jewish Parnassus« sparks a debate over assimilation, German culture and the »Jewish Spirit«. In: Yale companion to Jewish Writing and thought in German culture 1096–1996. Sander L. Gilman (Hg.). New Haven [u.a.]: Yale University Press 1997, S. 299–305.

»Außerdem waren sie ja auch Menschen«. Goethes Begegnung mit Juden und Judentum. Hg. von Annette Weber. Berlin und Wien: Philo Verlag 2000 (Schriftenreihe des Jüdischen Museums Frankfurt am Main; 7).

Avenarius, Ferdinand: Ferdinand Avenarius. 1856. In: Ludwig Avenarius: Avenarische Chronik, S. 191–200.

Avenarius, Ludwig: Avenarische Chronik. Blätter aus drei Jahrhunderten einer deutschen Bürgerfamilie. Leipzig: Reisland 1912.

Bab, Julius: Moritz Heimann. In: Juden in der deutschen Literatur, S. 260–292.

- Leben und Tod des deutschen Judentums. Hg. von Klaus Siebenhaar. Berlin: Argon 1988.

Bartels, Adolf: Deutsch-jüdischer Parnaß. (Deutsches Schrifttum, Oktober 1912.). In: Ders.: Rasse und Volkstum, S. 165–179.

- Rasse und Volkstum. Gesammelte Aufsätze zur nationalen Weltanschauung. 2. Auflage. Weimar: Alexander Duncker 1920.

- Rassenforschung. In: Ders.: Rasse und Volkstum, S. 55–65.

Bayerdörfer, Hans-Peter: Das Bild der Ostjuden in der deutschen Literatur. In: Juden und Judentum in der Literatur, S. 211–236.

- »Vermauschelt die Presse, die Literatur«. Jüdische Schriftsteller in der deutschen Literatur zwischen Jahrhundertwende und Erstem Weltkrieg. In: Judentum, Antisemitismus und europäische Kultur, S. 207–231.

Bechtel, Delphine: »Ostjuden« and »Westjuden«. German-Jewish Intellectuals and Yiddish Culture 1897–1930. In: Publications of the Leo Baeck Institute of Jews from Germany. Year Book XLII (1997), S. 67–83.

Bender, Dr. Wilhelm Benedikt: Eschweiler während der Besatzungszeit 1918 bis 1929. Eschweiler 1991.

Benjamin, Walter: Gesammelte Briefe. Hg. vom Theodor W. Adorno Archiv. Bd 1. 1910–1918. Hg. von Christoph Gödde und Henri Lonitz. Frankfurt am Main: Suhrkamp 1995.

Berger, Julius: Ostjüdische Arbeiter im Krieg. Ein Beitrag zur Arbeitervermittlung der Juden. Berlin 1919.

Bernhard, Hans Joachim: Arnold Zweigs Erzählungen. In: Arnold Zweig – Poetik, Judentum und Politik, S. 78–89.

Beter und Rebellen. Aus 1000 Jahren Judentum in Polen. Hg. von Michael Brocke. Frankfurt am Main: Deutscher Koordinierungsrat der Gesellschaften für Christlich-Jüdische Zusammenarbeit 1983.

Bialik, Chaim Nachman: Essays. Autorisierte Übertragung aus dem Hebräischen von Viktor Kellner. Berlin: Jüdischer Verlag 1925.

Bibliographia Judaica. Verzeichnis jüdischer Autoren deutscher Sprache, bearbeitet von Renate Heuer. 4 Bände. Bd 1. München: Kraus International Publications 1981. Bd 2–4. Frankfurt, New York: Campus 1984, 1988, 1995.

Birken, Martin: Eschweiler 1914. In: Schriftenreihe des Eschweiler Geschichtsvereins. H. 6. Eschweiler 1984, S. 50–60.

– Eschweiler 1914 - Kriegsbeginn. Fortsetzung der Erinnerungen von Martin Birken. In: Schriftenreihe des Eschweiler Geschichtsvereins. H. 11. Eschweiler 1989, S. 55–59.

Birnbaum, Dr. Nathan: Den Ostjuden ihr Recht! Wien: R. Löwit Verlag 1915.

– Was sind Ostjuden? Zur ersten Information von Dr. Nathan Birnbaum. Wien: R. Löwit Verlag 1916.

Blumenfeld, Kurt: Erlebte Judenfrage. Ein Vierteljahrhundert deutscher Zionismus. Hg. und mit einer Einleitung versehen von Hans Tramer. Stuttgart: Deutsche Verlags-Anstalt 1962 (Veröffentlichung des Leo Baeck Instituts).

Böhm, Adolf: Wandlungen im Zionismus. In: Vom Judentum, S. 139–154.

– Die zionistische Bewegung. Eine kurze Darstellung ihrer Entwicklung von Adolf Böhm. II. Teil: Die Bewegung vom Tode Herzls bis zum Ausbruch des Weltkrieges. Mit einem Anhang: Kurze Übersicht der Entwicklung vom Ausbruch des Weltkriegs bis zur Gegenwart. Berlin: Welt Verlag 1921.

Brenner, David A.: »Making Jargon Respectable«. Leo Winz, Ost und West and the Reception of Yiddish Theatre in Pre-Hitler Germany. In: Publications of the Leo Baeck Institute of Jews from Germany. Year Book XLII (1997), S. 51–66.

– Marketing Identities. The Invention of Jewish Ethnicity in *Ost und West*. Detroit: Wayne State University Press 1998.

Briefwechsel Martin Buber – Ludwig Strauß 1913–1953. Hg. von Tuvia Rübner und Davna Mach. Mit 2 Faksimiles. Frankfurt am Main: Luchterhand Literaturverlag 1990 (Veröffentlichungen der Deutschen Akademie für Sprache und Dichtung Darmstadt; 64).

Brod, Max: Arnold Beer. Das Schicksal eines Juden. Roman. Berlin/Charlottenburg: Axel Juncker 1912.

– Der jüdische Dichter deutscher Zunge. In: Vom Judentum, S. 261–263.

– Der Prager Kreis. Stuttgart [u.a.]: W. Kohlhammer Verlag 1966.

– Jüdinnen. Roman. Berlin: Axel Juncker 1911.

– Schloss Nornepygge. Der Roman des Indifferenten. Berlin: Juncker 1908.

Broermann, Herbert: Der Kunstwart in seiner Eigenart, Entwicklung und Bedeutung. Inaugural-Dissertation der philosophischen Fakultät I der Universität Bonn zur Erlangung der Doktorwürde. München: Georg D. W. Callwey 1934.

Buber, Martin: [handschriftliches Kondolenzschreiben]. Heppenheim 14. März 1921. In: Privatarchiv für Jüdische Musik von Jürgen Gottschalk in Berlin.
– Alfred Mombert. In: Juden in der deutschen Literatur, S. 113–120.
– Brief an Strauß. Heppenheim, 11. März [1922]. In: Briefwechsel Martin Buber – Ludwig Strauß 1913–1953, S. 77.
– Das Ende der deutsch-jüdischen Symbiose. Januar 1939. In: Ders.: Der Jude und sein Judentum, S. 629–632.
– Der Jude und sein Judentum. Gesammelte Aufsätze und Reden. Gerlingen: Lambert Schneider 1993.
– Drei Reden über das Judentum. Frankfurt am Main: Literarische Anstalt, Lütten & Loening 1911.
– Renaissance und Bewegung. In: Ders.: Der Jude und sein Judentum, S. 265–272.
Capitaine, Dr. Wilhelm: Chronik von Eschweiler. Nach den bisherigen Forschungen zusammengestellt. Eschweiler: Cornel Herzog 1911.
Chamberlain, Houston Stewart: Die Grundlagen des neunzehnten Jahrhunderts. 8. Auflage. Volksausgabe. München: F. Bruckmann 1907.
Conditio Judaica. Judentum, Antisemitismus und deutschsprachige Literatur vom Ersten Weltkrieg bis 1933/1938. Interdisziplinäres Symposion der Werner-Reimers-Stiftung Bad Homburg v. d. H. Dritter Teil. Hg. von Hans Otto Horch und Horst Denkler. Tübingen: Max Niemeyer 1993.
Das Ostjudentum. Einführungen – Studien – Erzählungen und Lieder. Hg. von Peter von der Osten-Sacken. Berlin: Selbstverlag Institut Kirche und Judentum 1981 (Veröffentlichungen aus dem Institut Kirche und Judentum; 13).
Delf, Hanna: »Wie steht es mit dem Sozialist?«. Sozialismus, Deutschtum, Judentum im Briefwechsel Gustav Landauers und Fritz Mauthners. In: Juden und die Arbeiterbewegung bis 1933, S. 115–132.
Deutsch-jüdischer Parnaß. Rekonstruktion einer Debatte. Im Auftrag des Moses Mendelssohn Zentrums für europäisch-jüdische Studien. Hg. von Julius H. Schoeps, Karl E. Grözinger, Willi Jasper und Gert Mattenklott. Berlin, Wien: PHILO 2002 (Menora. Jahrbuch für deutsch-jüdische Geschichte; 13).
Die Geschichte der Juden im Rheinland und in Westfalen. Hg. von Michael Zimmermann. Mit Beiträgen von Dieter Aschoff, Suzanne Zittartz, Yvonne Rieker, Michael Zimmermann, Micha Guttmann. Sonderauflage für die Landeszentrale für politische Bildung Nordrhein-Westfalen. [Düsseldorf]: Landeszentrale für politische Bildung 1998 (Schriften zur politischen Landeskunde Nordrhein-Westfalens; 11).
Die Juden in Deutschland. Hg. vom Institut zum Studium der Judenfrage. München: Zentralverlag der NSDAP, Franz Eher Nachfolger 1935.
Dohnke, Kay: Völkische Literatur und Heimatliteratur 1870–1918. In: Handbuch zur »Völkischen Bewegung« 1871–1918, S. 651–684.
Dostall, Wilhelm: Eschweiler an der Inde und Umgebung in Wort und Bild. Eschweiler 1910.
Drews, Jörg: Nachwort. In: Albert Ehrenstein: Wie bin ich vorgespannt den Kohlenwagen meiner Trauer, S. 181–198.
Dubnow, Simon: Weltgeschichte des jüdischen Volkes. Von seinen Uranfängen bis zur Gegenwart. In zehn Bänden. Die neueste Geschichte des jüdischen Volkes. Bd X: Das Zeitalter der zweiten Reaktion. (1880–1914). Nebst Epilog. (1914–1918). Autorisierte Übersetzung aus dem Russischen von Dr. A. Steinberg. Berlin: Jüdischer Verlag 1929.
Edelheim-Muehsam, Margaret T.: The Jewish Press in Germany. In: Publications of the Leo Baeck Institute of Jews from Germany. Year Book I (1956), S. 163–176.

Ehrenstein, Albert: Werke. Hg. von Hanni Mittelmann. München: Klaus Boer Verlag 1997.

– Wie bin ich vorgespannt den Kohlenwagen meiner Trauer. Gedichte. Hg. von Jörg Drews. München: Edition Text und Kritik 1977 (Frühe Texte der Moderne).

Encyclopaedia Judaica. CD Rom Edition. Version 1.0. Judaica Multimedia (Israel) / Keter Publishing House 1997.

Feiwel, Berthold: Geleitwort zur ersten Ausgabe. In: Jüdischer Almanach, S. 13–20.

Fischer, Jens Malte: Das ›Judentum in der Musik‹. Kontinuität einer Debatte. In: Conditio Judaica, S. 227–250.

Freudenstein, Achim: Vorwort. In: Fritz Mordechai Kaufmann: Die schönsten Lieder der Ostjuden. Siebenundvierzig ausgewählte Volkslieder. Neu herausgegeben und übersetzt von Achim Freudenstein und Karsten Troyke. Edermünde: Achims Verlag 2001, S. 7–8.

Friedhof Weisweiler. Jüdische Kultur in Deutschland einst und jetzt am Beispiel einer Landgemeinde im rheinischen Großraum. Dokumentation eines Annäherungsversuches. Düren 1995.

Fritsch, Theodor: Handbuch zur Judenfrage. Die wichtigsten Tatsachen zur Beurteilung des jüdischen Volkes. 42. Auflage. Leipzig: Hammer 1938.

Geiger, Ludwig: Die Deutsche Literatur und die Juden. Berlin: Georg Reimer 1910.

Gelber, Mark H.: Die Begriffe der jüdischen und der deutschen Kultur und ihre Differenzierung in der frühen deutsch-zionistischen Presse. In: Zwischen Selbstbehauptung und Verfolgung, S. 217–232.

– Melancholy Pride. Nation, Race and Gender in the German Literature of Cultural Zionism. Tübingen: Niemeyer 2000 (Conditio Judaica. Studien und Quellen zur deutsch-jüdischen Literaturgeschichte; 23).

Geschichte der deutschen Presse. Bd 2. Kurt Koszyk: Deutsche Presse im 19. Jahrhundert. Berlin: Colloquium Verlag 1966 (Abhandlungen und Materialien zur Publizistik; 6).

– Bd 3. Kurt Koszyk: Deutsche Presse 1914–1945. Berlin: Colloquium Verlag 1972 (Abhandlungen und Materialien zur Publizistik; 7).

Gilman, Sander L.: Die Wiederentdeckung der Ostjuden: Deutsche Juden im Osten, 1890–1918. In: Beter und Rebellen, S. 11–32.

Glenewinkel, Hans: Eschweiler wird Garnisonsstadt. Von der Entstehung der Kaserne bis zum Einzug des 2. Btl. des 161. Inf. Reg. am 1. Juli 1914. In: Schriftenreihe des Eschweiler Geschichtsvereins. H. 2. Eschweiler 1979, S. 46–52.

Glenewinkel, Hilde: Das Notgeld der Stadt Eschweiler 1915–1923. In: Schriftenreihe des Eschweiler Geschichtsvereins. H. 5. Eschweiler 1983, S. 72–76.

Goethe, Johann Wolfgang: Sämtliche Werke nach Epochen seines Schaffens. Münchener Ausgabe. Hg. von Karl Richter in Zusammenarbeit mit Herbert G. Göpfert, Norbert Miller und Gerhard Sauder. Bd 6.I. Weimarer Klassik. 1798–1806. I. Hg. von Victor Lange. München: Carl Hanser 1986.

Goldstein, Moritz: Arnold Zweig. In: Juden in der deutschen Literatur, S. 241–250.

– Autobiographien. International P. E. N. A World Association of Writers. Hg. vom Zentrum deutschsprachiger Autoren im Ausland. London 1968, S. 30–31.

– Begriff und Programm einer jüdischen Nationalliteratur. Berlin: Jüdischer Verlag 1912 (Die jüdische Gemeinschaft. Reden und Aufsätze über zeitgenössische Fragen des jüdischen Volkes; 1).

– Berliner Jahre. Erinnerungen 1880–1933. München: Verlag Dokumentation 1977 (Dortmunder Beiträge zur Zeitungsforschung; 25).

– Der »Kunstwart«-Aufsatz zur Judenfrage. In: Von Juden in München, S. 130–134.

– German Jewry's Dilemma before 1914. The Story of a Provocative Essay. In: Publications of the Leo Baeck Institute of Jews from Germany. Year Book II (1957), S. 236–254.

Gottschalk, Jürgen: [Vortrag über Kaufmann]. Beschrieben in: Ulrich Bornitz: Sitzungsberichte. In: Der Herold. Vierteljahresschrift für Heraldik, Genealogie und verwandte Wissenschaften. 47. III. Quartal. Bd 16. H. 15, S. 444–450.

Handbuch zur »Völkischen Bewegung« 1871–1918. Hg. von Uwe Puschner, Walter Schmitz und Justus H. Ulbricht. München et. al.: K. G. Saur 1996.

Haskala und Öffentlichkeit. Im Auftrag des Moses Mendelssohn Zentrums für europäisch-jüdische Studien. Hg. von Julius H. Schoeps, Karl E. Grözinger, Willi Jasper und Gert Mattenklott. Berlin, Wien: PHILO 2001 (Menora. Jahrbuch für deutschjüdische Geschichte; 12).

Haumann, Heiko: Geschichte der Ostjuden. München: Deutscher Taschenbuch Verlag 1990 (dtv; 30663).

Hayoun, Maurice R.: Von Moses Mendelssohn zu Moritz Goldstein. In: Judaica. Beiträge zum Verständnis des jüdischen Schicksals in Vergangenheit und Gegenwart 44 (September 1988) H. 3, S. 160–176.

Heid, Ludger: Das Ostjudenbild in Deutschland. In: Neues Lexikon des Judentums, S. 632–635.

– Deutsch-jüdischer Journalismus. In: Neues Lexikon des Judentums, S. 410–414.

– Ungleiche Geschwister einer Familie. Ostjuden im Rheinland. In: Wegweiser durch das jüdische Rheinland, S. 306–313.

Heimann, Moritz: Jüdische Kunst. In: Vom Judentum, S. 258–260.

H[erlit]z; G[eorg] und P[robst], M[endel]: Jüdische Presse. [mit zusätzlicher Tabelle]. In: Jüdisches Lexikon. Sp. 1102–1110.

Herzog, Andreas: Die Ostjuden. Kulturelle Wirklichkeit und Fiktion. In: Ders.: Ost und West, S. 252–279.

– Ost und West. Jüdische Publizistik 1901–1928. Leipzig: Reclam 1996 (Reclam-Bibliothek; 1557).

Horch, Hans Otto: Auf der Suche nach der jüdischen Erzählliteratur. Die Literaturkritik der »Allgemeinen Zeitung des Judentums« (1837–1922). Frankfurt am Main, Bern, New York: Peter Lang 1985 (Literarhistorische Untersuchungen; 1).

– Die Juden und Goethe. In: »Außerdem waren sie ja auch Menschen«, S. 117–131.

Horch, Hans Otto mit Schicketanz, Till: »Volksgefühl und Jüdischkeit«. Julius und Fritz Mordechai Kaufmanns Alljüdische Revue »Die Freistatt«. In: Wortverbunden – Zeitbedingt, S. 183–197.

Horch, Hans Otto; Schicketanz, Till; Heiligenhaus, Kay: Compact Memory – Ein Projekt zur retrospektiven Digitalisierung jüdischer Periodika im deutschsprachigen Raum. In: Zwischen Selbstbehauptung und Verfolgung, S. 351–359.

Jaeger, Achim; Terlau, Wilhelm; Wunsch, Beate: Positionierung und Selbstbehauptung. Debatten über den Ersten Zionistenkongreß, die ›Ostjudenfrage‹ und den Ersten Weltkrieg in der deutsch-jüdischen Presse. Hg. von Hans Otto Horch. Tübingen: Max Niemeyer 2003 (Conditio Judaica; 5).

Jaeger, Achim; Wunsch, Beate: Zion und ›Zionismus‹. Die deutsch-jüdische Presse und der Erste Baseler Zionistenkongreß. In: Jaeger, Terlau, Wunsch: Positionierung und Selbstbehauptung, S. 1–66.

Juden als Träger bürgerlicher Kultur in Deutschland. Hg. von Julius H. Schoeps. Mit Beiträgen von Nicolaus Sombart, Hans Otto Horch, Jost Hermand [u.a.]. Stuttgart, Bonn: Burg 1989 (Studien zur Geistesgeschichte; 11).

Juden in der deutschen Literatur. Essays über zeitgenössische Schriftsteller. Hg. von Gustav Krojanker. Berlin: Welt Verlag 1922.

Juden im Wilhelminischen Deutschland 1890–1914. Ein Sammelband. Hg. von Werner E. Mosse unter Mitwirkung von Arnold Paucker. Tübingen: Mohr 1976 (Schriftenreihe wissenschaftlicher Abhandlungen des Leo-Baeck-Instituts; 33).

Juden und die Arbeiterbewegung bis 1933. Soziale Utopien und religiös-kulturelle Traditionen. Hg. von Ludger Heid und Arnold Paucker. Tübingen: Mohr 1992 (Schriftenreihe wissenschaftlicher Abhandlungen des Leo-Baeck-Instituts; 49).

Juden und Judentum in der Literatur. Hg. von Herbert A. Strauss und Christhard Hoffmann. München: Deutscher Taschenbuch Verlag 1985 (Deutsch-jüdische Geschichte in der Neuzeit; 10513).

Judentum, Antisemitismus und europäische Kultur. Hg. von Hans Otto Horch. Tübingen: Francke 1988.

Jüdische Literatur in Westfalen. Vergangenheit und Gegenwart. Symposion im Museum Bökerhof. 27. bis 29. Oktober 2000. Hg. von Hartmut Steinecke und Günter Tiggesbäumker. Bielefeld: Aisthesis Verlag 2002 (Veröffentlichungen der Literaturkommission für Westfalen; 4.)

Jüdische Selbstwahrnehmung. La prise de conscience de l'identité juive. Hg. von Hans Otto Horch, Charlotte Wardi. Tübingen: Niemeyer 1997 (Conditio Judaica. Studien und Quellen zur deutsch-jüdischen Literaturgeschichte; 19).

Jüdischer Almanach. Teilweise veränderte Neuausgabe. Berlin: Jüdischer Verlag 1904.

Jüdischer Wanderbund Blau Weiß Berlin: Blau-Weiß-Liederbuch. Berlin: Jüdischer Verlag 1914.

Jüdisches Biographisches Archiv. (JBA). [Microfiche-Ausgabe]. München: KG Saur Verlag. 1994ff.

Jüdisches Lexikon. Ein enzyklopädisches Handbuch des jüdischen Wissens in vier Bänden, begründet von Georg Herlitz und Bruno Kirschner unter Mitarbeit zahlreicher jüdischer Gelehrter und Schriftsteller. Königstein/Ts: Jüdischer Verlag im Athenäum-Verlag 1982. (Nachdruck d. 1. Aufl. Berlin: Jüdischer Verlag 1927ff.).

Kaemmerer, Dr. Walter: Eschweiler in seiner Geschichte. I. Teil: Die Vorzeit. Eschweiler 1964 (Veröffentlichungen des bischöflichen Diözesanarchivs Aachen; 27).

– Ascvilare. Eschweiler in seiner Geschichte; II. Teil: 800 bis 1800. Mönchengladbach: B. Kühlen 1968 (Veröffentlichungen des bischöflichen Diözesanarchivs Aachen; 27).

Kaufmann, Julius: Vom Rheinland ins Heilige Land. Erinnerungen von Julius Kaufmann-Kadmon aus Eschweiler. 1887–1955. Hg. vom Eschweiler Geschichtsverein. Eschweiler 2004.

Kilcher, Andreas B.: Interpretationen eines kulturellen Zwischenraums. Die Debatte um die deutsch-jüdische Literatur 1900 bis 1933. In: Deutsch-jüdischer Parnaß. Rekonstruktion einer Debatte, S. 289–312.

– Was ist »deutsch-jüdische Literatur«? Eine historische Diskursanalyse. In: Weimarer Beiträge 45 (1999). H. 4, S. 485–517.

Klinger, Cornelia: Flucht Trost Revolte. Die Moderne und ihre ästhetischen Gegenwelten. München, Wien: Hanser 1995.

Koch, Heinrich Hubert: Geschichte der Stadt Eschweiler und der benachbarten Ortschaften. 2. Band. Frankfurt am Main 1884.

Kontroversen, alte und neue: Akten des VII. Internationalen Germanisten-Kongresses. Göttingen 1985. Hg. von Albrecht Schöne. Bd 5: Auseinandersetzungen um jiddische Sprache und Literatur. Jüdische Komponenten in der deutschen Literatur- und

Assimilations-Kontroverse. Hg. von Walter Röll und Hans Peter Bayerdörfer. Tübingen: Niemeyer 1986.

Koszinowski, Ingrid: Von der Poesie des Kunstwerks. Zur Kunstrezeption um 1900 am Beispiel der Malereikritik der Zeitschrift »Kunstwart«. Hildesheim, Zürich, New York: Georg Olms 1985 (Studien zur Kunstgeschichte; 36).

Kratzsch, Gerhard: Kunstwart und Dürerbund. Ein Beitrag zur Geschichte der Gebildeten im Zeitalter des Imperialismus. Göttingen: Vandenhoek & Ruprecht 1969.

Kühntopf-Gentz, Michael: Nathan Birnbaum Biographie. Dissertation zur Erlangung des akademischen Grades Doktor der Philosophie der Fakultät für Kulturwissenschaften der Eberhard-Karls-Universität zu Tübingen. 1990.

Küpper, Simon: Sie lebten mitten unter uns – Juden in Eschweiler. In: Schriftenreihe des Eschweiler Geschichtsvereins. H. 11. Eschweiler 1989. S. 78–95.

Landauer Gustav: Brief an Julius Bab. 11. Juni 1913. In: Ders.: Sein Lebensgang in Briefen, S. 437–438.

– Brief an Julius Bab. 18. September 1913. In: Ders.: Sein Lebensgang in Briefen, S. 444.

– Brief an Julius Bab. 20. September 1913. In: Ders.: Sein Lebensgang in Briefen, S. 446–447.

– Brief an Julius Bab. Sonntag [anfangs Juni 1913]. In: Ders.: Sein Lebensgang in Briefen, S. 436–437.

– Sein Lebensgang in Briefen. Unter Mitwirkung von Ina Britschgi-Schimmer herausgegeben von Martin Buber. Erster Band. Frankfurt am Main: Rütten & Loening Verlag 1929.

– Sind das Ketzergedanken? In: Vom Judentum, S. 250–257.

Lappin, Eleonore: Der Jude 1916–1928. Jüdische Moderne zwischen Universalismus und Partikularismus. Tübingen: Mohr Siebeck 2000 (Schriftenreihe wissenschaftlicher Abhandlungen des Leo Baeck Instituts; 62).

Laqueur, Walter: The German Youth Movement and the ›Jewish Question‹. A Preliminary Survey. In: Publications of the Leo Baeck Institute of Jews from Germany. Year Book VI (1961), S. 193–205.

Lasker-Schüler, Else: Werke und Briefe. Kritische Ausgabe. Im Auftrag des Franz-Rosenzweig-Zentrums der Hebräischen Universität Jerusalem, der Bergischen Universität Wuppertal und des Deutschen Literaturarchivs Marbach am Neckar herausgegeben von Norbert Oellers, Heinz Rölleke und Itta Shedletzky. Frankfurt am Main: Jüdischer Verlag im Suhrkamp Verlag 1990.

Levine, Glenn S.: Yiddish Publishing in Berlin and the Crisis in Eastern European Jewish Culture 1919–1924. In: Publications of the Leo Baeck Institute of Jews from Germany. Year Book XLII (1997), S. 85–108.

Lotan, Giora: The Zentralwohlfahrtsstelle. In: Publications of the Leo Baeck Institute of Jews from Germany. Year Book IV (1959), S. 185–207.

Ludwig Strauß. 1892–1992. Beiträge zu seinem Leben und Werk. Mit einer Bibliographie. Hg. von Hans Otto Horch. Tübingen: Niemeyer 1995.

Magris, Claudio: Weit von wo. Verlorene Welt des Ostjudentums. Wien: Europaverlag 1974.

Mariën, D.: Die jüdische Gemeinde Eschweiler. Unveröffentlichtes Typoskript. In: Archiv des Eschweiler Geschichtsvereins.

Marten-Finnis, Susanne: Ostjudentum: Tradition, Transformation und Trends in der neueren Literatur. In: Aschkenas. Zeitschrift für Geschichte und Kultur der Juden 5 (1995) H. 1, S. 161–180.

Marten-Finnis, Susanne und Valencia, Heather: Sprachinseln. Jiddische Publizistik in London, Wilna und Berlin. 1880–1930. Köln, Weimar, Wien: Böhlau 1999 (Lebenswelten osteuropäischer Juden; 4).

Mattenklott, Gert: Juden in der deutschsprachigen Zeitschriftenkultur im ersten Drittel des 20. Jahrhunderts. In: Juden als Träger bürgerlicher Kultur in Deutschland. S. 149–166.

Maurer, Trude: [Rezension zu Heiko Haumanns Geschichte der Ostjuden]. In: Aschkenas. Zeitschrift für Geschichte und Kultur der Juden 1 (1991) H. 1, S. 230–231.

– Die Entwicklung der jüdischen Minderheiten in Deutschland (1780–1933). Neuere Forschungen und offene Fragen. Tübingen: Niemeyer 1992 (Internationales Archiv für Sozialgeschichte der deutschen Literatur; 4. Sonderheft).

– Ostjuden in Deutschland. 1918–1933. Hamburg: Hans Christians Verlag 1986 (Hamburger Beiträge zur Geschichte der deutschen Juden; 12).

Mayer, Max: A German Jew Goes East. In: Publications of the Leo Baeck Institute of Jews from Germany. Year Book III (1958), S. 344–357.

Max Brod, Frank Kafka. Eine Freundschaft. II. Briefwechsel. Hg. von Malcolm Pasley. Frankfurt am Main: S. Fischer 1989.

Mendele Mocher-Sforim (Scholem-Jaakew Abramowitsch): Fischke der Krumme. Ein jüdischer Roman. Deutsch von Alexander Eliasberg. Wien und Berlin: R. Löwit Verlag 1918.

Metzler Lexikon der deutsch-jüdischen Literatur. Jüdische Autorinnen und Autoren seit der Aufklärung. Hg. von Andreas B. Kilcher. Stuttgart: Verlag J. B. Metzler 2000.

Meyer, Andreas: Die geistigen Voraussetzungen des künstlerischen Schaffens. Das Schöpferische im Banne von Entfaltung, Blühen und Verblühen der Kulturkreise. Hg. von Hannah Meyer. Bern, Frankfurt am Main, New York, Paris: Peter Lang 1990.

– Fritz Mordechai Kaufmann zum 70. Geburtstag (13.12.1888–2.3.1921). In: Mitteilungsblatt des Irgun Olei Merkas Europa 22 (19. Dezember 1958) H. 51, S. 6.

Mittelmann, Hanni: Die Assimilationskontroversen im Spiegel der jüdischen Literaturdebatte am Anfang des 20. Jahrhunderts. In: Kontroversen, alte und neue: Akten des VII. Internationalen Germanisten-Kongresses, S. 150–161.

Mönninghoff, Dr. Bernhard: Das Gymnasium Eschweiler. In: Schriftenreihe des Eschweiler Geschichtsvereins. H. 11. Eschweiler 1978, S. 43–48.

Müller, Hans-Harald: »Zum Problem des jüdischen Dichters in Deutschland«. Arnold Zweigs Auseinandersetzung mit dem Judentum 1910–1933. In: Arnold Zweig – Poetik, Judentum und Politik, S. 155–170.

Neues Lexikon des Judentums. Hg. von Prof. Dr. Julius H. Schoeps. Überarbeitete Neuausgabe. Gütersloh: Gütersloher Verlagshaus 2000.

Neumann, Robert J.: Die jiddische Literatur. In: Das Ostjudentum, S. 38–48.

Oellers, Norbert: »Deines Tores Gold schmilzt an meiner Sehnsucht. « Else Lasker-Schülers *Hebräische Balladen*. In: Jüdische Selbstwahrnehmung, S. 263–274.

Ostjuden in Deutschland. Berlin: Philo-Verlag 1921 (Schriften des Arbeiterfürsorgeamtes des jüdischen Organisationen Deutschlands; II).

Ostjüdische Volkslieder. Ausgewählt, übertragen und mit Anmerkungen versehen von Alexander Eliasberg. München: Georg Müller 1918.

Oswalt, Stefanie: Julius Bab. In: Metzler Lexikon der deutsch-jüdischen Literatur, S. 26–28.

Pazi, Margarita: ›Der Prager Kreis‹. Ein Fazit unter dem Aspekt des Judentums. In: Conditio Judaica, S. 324–350.

Pennartz, Günter: Das Notgeld der Stadt Eschweiler von 1915–1923. In: Schriftenreihe des Eschweiler Geschichtsvereins. H. 21. Eschweiler 2001, S. 50–85.

Pracht, Elfi: Jüdisches Kulturerbe in Nordrhein-Westfalen. Köln: J. P. Bachem Verlag 1997 (Beiträge zu den Bau- und Kunstdenkmälern im Rheinland; 34.1).

Ranke-Graves, Robert von: Die Entmannung des Uranos. In: Ders.: Griechische Mythologie. Quellen und Deutung. Autorisierte Übersetzung von Hugo Seinfeld unter Mitwirkung von Boris v. Borresholm nach der im Jahre 1955 erschienenen amerikanischen Penguin-Ausgabe. Reinbek bei Hamburg: Rowohlt 2000. [rowohlts enzyklopädie; 55404], S. 30–31.

Renneke, Petra: Jakob Loewenberg und die Kunstwart-Debatte. In: Jüdische Literatur in Westfalen, S. 65–98.

Reuter, Ursula: Jüdische Presse im Rheinland seit 1750. In: Wegweiser durch das jüdische Rheinland, S. 346–354.

Rieker, Yvonne und Zimmermann, Michael: Von der rechtlichen Gleichstellung bis zum Genozid. In: Die Geschichte der Juden im Rheinland und in Westfalen, S. 141–258.

Rosenthal, Hugo: Lebenserinnerungen. Hg. von Micheline Prüter-Müller und Peter Wilhelm A. Schmidt. Bielefeld, Gütersloh: Verlag für Regionalgeschichte 2000.

Roth, Joseph: Die westlichen Ghettos. II. Berlin. In: Ders.: Juden auf Wanderschaft, S. 65–74.

– Juden auf Wanderschaft. Berlin: Verlag Die Schmiede 1927 (Berichte aus der Wirklichkeit; 4).

Schachtel, Hugo Hillel: Alljudentum. In: Jüdisches Lexikon. Sp. 231.

Schenker, Anatol: Der Jüdische Verlag 1902–1938. Zwischen Aufbruch, Blüte und Vernichtung. Tübingen: Max Niemeyer 2003 (Conditio Judaica. Studien und Quellen zur deutsch-jüdischen Literaturgeschichte; 41).

Schwarz, Valentin: »Es geht um die jüdische Ehre«. Zur Organisation und Präsentation der Jüdischen Sonderschau auf der Internationalen Presseausstellung »Pressa« in Köln 1928. In: Haskala und Öffentlichkeit, S. 137–170.

Shedletzky, Itta: Fremdes und Eigenes. Zur Position von Ludwig Strauß in den Kontroversen um Assimilation und Judentum in den Jahren 1912–1914. In: Ludwig Strauß. 1892–1992, S. 173–183.

– Literaturdiskussion und Belletristik in den jüdischen Zeitschriften in Deutschland 1837–1918. Thesis Submitted for the Degree »Doctor of Philosophy«. Submitted to the Senate of the Hebrew University, Jerusalem. February 1986.

Siebenhaar, Klaus: »Denn um Abschied geht es ja nun.« Julius Bab, die deutsche Kultur und die »Judenfrage«. In: Bab: Leben und Tod des deutschen Judentums, S. 147–154.

Silbermann, Alphons: Jüdische Musik. In: Neues Lexikon des Judentums, S. 589–591.

Sperlings Zeitschriften Adressbuch. Handbuch der deutschen Presse. Hg. vom Börsenverein der Deutschen Buchhändler. Bearbeitet von der Adressbücher-Redaktion des Börsenvereins der Deutschen Buchhändler. Stuttgart: Sperling 1914 und 1915.

Städtisches Gymnasium Eschweiler: Festschrift anlässlich der 75. Wiederkehr des ersten Abiturs. 1905–1980. Eschweiler 1980.

– Festschrift zum fünfzigjährigen Jubiläum des städtischen Realgymnasiums zu Eschweiler. 1880–1930. Eschweiler 1930.

Strauss, Herbert A.: The Jewish press in Germany, 1918–1939 (1943). In: The Jewish Press That Was, S. 321–354.

Strauß, Ludwig: Das Ufer. Gedichte. Berlin: Holten 1922.

– Der Mittler: Novellen von Ludwig Strauss. Berlin: Hyperionverlag 1916.

– Die Revolutionierung der westjüdischen Intelligenz. In: Vom Judentum, S. 179–185.
– Brief an Martin Buber. Berlin-Schlachtensee, 13. Dezember 1921. In: Briefwechsel Martin Buber – Ludwig Strauß 1913–1953, S. 74–75.
– Brief an Martin Buber. Berlin-Schlachtensee, 5. Januar 1924. In: Briefwechsel Martin Buber – Ludwig Strauß 1913–1953, S. 85.
Suchy, Barbara: Die jüdische Presse im Kaiserreich und in der Weimarer Republik. In: Juden als Träger bürgerlicher Kultur in Deutschland. S. 167–191.
Tahir-Ul-Haq, Ilona: Das Lied der Juden im osteuropäischen Raum. Seine Funktion im Prozeß der Erhaltung und Veränderung des sozialen und kulturellen Normensystems und in der Bewältigung aktueller Lebenssituationen. Frankfurt am Main [u.a.]: Peter Lang 1978 (Regensburger Beiträge zur deutschen Sprach- und Literaturwissenschaft: Reihe B, Untersuchungen; 16).
Tergit, Gabriele: Berliner Jahre. Erinnerungen von Moritx [sic] Goldstein. In: AJR Information. Issued by the Association of Jewish refugees in Great Britain. 34. (August 1979) H. 8, S. 6.
Terlau, Wilhelm; Wunsch Beate: »Ein Gespenst geht um in Deutschland [...]«. Die ›Ostjudenfrage‹ im Spiegel der deutschsprachigen jüdischen Presse während des Ersten Weltkriegs. In: Jaeger, Terlau, Wunsch: Positionierung und Selbstbehauptung, S. 67–109.
The Jewish Press That Was. Accounts, Evaluations and Memories of Jewish Press in pre-Holocaust Europe. Ed. by David Flinker, Shalom Rosenfeld, Mordechai Tsanim. Jerusalem: Jerusalem Post Press 1980.
Toury, Jacob: Das Phänomen der jüdischen Presse in Deutschland. In: Qesher. (Mai 1989) Sonderheft: Jüdische Zeitungen und Journalisten in Deutschland. Hg. von der Universität Tel Aviv. Programm für Studium des Journalismus und Institut für Forschung der jüdischen Presse in der Welt, S. 4–13.
Ulrich, Herbert: Warum die Chassidim in Auschwitz tanzten. In: Köpfchen (April 2002) H. 1, S. 20–21.
Viehöver, Heinz: Eschweiler Lokalgeschichte der NS-Zeit. Wesentliche Einflüsse auf die politische Meinungsbildung der Bevölkerung 1933–1939. Eschweiler 2002.
Voigts, Manfred: Der ›hypereuropäische‹ Zionist. Moritz Goldstein, die ›Kunstwart-Debatte‹ und Europa. In: Deutsch-jüdischer Parnaß. Rekonstruktion einer Debatte, S. 271–287.
– Moritz Goldstein, der Mann hinter der Kunstwart-Debatte. Ein Beitrag zur Tragik der Assimilation. In: Heinrich Mann Jahrbuch 13 (1995) S. 149–184.
Volkov, Shulamit: Das jüdische Projekt der Moderne. Zehn Essays. München: Beck 2001.
– Die Erfindung einer Tradition. Zur Entstehung des modernen Judentums in Deutschland. In: Dies.: Das jüdische Projekt der Moderne, S. 118–137.
– Die Juden in Deutschland. 1780–1918. München: R. Oldenbourg Verlag 1994 (Enzyklopädie deutscher Geschichte; 16).
Vom Judentum. Ein Sammelbuch. Hg. vom Verein jüdischer Hochschüler *Bar Kochba* in Prag. 2. Auflage. Leipzig: Kurt Wolff 1913.
Von Juden in München. Ein Gedenkbuch. Hg. von Hans Lamm. München: Ner-Tamid-Verlag 1958.
Vor 50 Jahren mußten sie die Heimat verlassen. Die Evakuierung im Herbst 1944 und die Rückkehr nach Eschweiler 1945. Berichte Eschweiler Bürger über ihre Erlebnisse während der Evakuierungszeit. Ausgewählt und zusammengestellt von Marie-Luise Hermann und Adam Elsen. Eschweiler 1994 (Schriftenreihe des Eschweiler Geschichtsvereins; 15).

Wagner, Richard: Das Judentum in der Musik. In: Ders.: Sämtliche Schriften und Dichtungen. Volks-Ausgabe. 6. Auflage. Bd 5/6. Leipzig: Breitkopf & Härtel [u.a.] [1912], S. 66–86.

Wallas, Armin A.: Albert Ehrenstein. Mythenzerstörer und Mythenschöpfer. München: Klaus Boer Verlag 1994 (Reihe Forschungen; 5).

Wegweiser durch das jüdische Rheinland. Hg. von Ludger Heid, Julius H. Schoeps, Marina Sassenberg. Berlin: Nicolaische Verlagsbuchhandlung Beuermann 1992.

Weiß, Ernst: Albert Ehrenstein. In: Juden in der deutschen Literatur, S. 63–70.

Weltsch, Robert: Die schleichende Krise der jüdischen Identität – Ein Nachwort. In: Juden im Wilhelminischen Deutschland 1890–1914, S. 689–702.

Wertheimer, Jack L.: Unwelcome Strangers. East European Jews in Imperial Germany. New York, Oxford: Oxford University Press 1987.

Wiznitzer, Manuel: Arnold Zweig. Das Leben eines deutsch-jüdischen Schriftstellers. Königstein/Ts.: Athenäum 1983.

Wolfenstein, Alfred: Das neue Dichtertum des Juden. In: Juden in der deutschen Literatur, S. 333–359.

Wortverbunden – Zeitbedingt. Perspektiven der Zeitschriftenforschung. Hg. von Wolfgang Hackl und Kurt Krolop. Unter Mitarbeit von Astrid Obernosterer. Innsbruck, Wien, München, Bozen: Studien Verlag 2001.

Zarek, Otto: Begegnung in Berlin: »Inquit« oder Dr. Moritz Goldstein. Berliner Allgemeine Wochenzeitung der Juden in Deutschland. 13. (15. August 1958) H. 20, S. 11.

Zedaka. Jüdische Sozialarbeit im Wandel der Zeit. 75 Jahre Zentralwohlfahrtsstelle der Juden in Deutschland 1917–1992. [Ausstellungskatalog]. 3. Dezember 1992 – 28. Februar 1993. Hg. von Georg Heuberger. Frankfurt am Main: Jüdisches Museum 1992.

Zimmermann, Hans Dieter: Die Literaten und der Erste Weltkrieg. In: Die neue Gesellschaft. Frankfurter Hefte. Hg. für die Friedrich-Ebert-Stiftung von Holger Börner, Klaus Harpprecht, Johannes Rau, Carola Stern, Hans-Jochen Vogel. 41. (1994) H. 12, S. 1133–1137.

Zimmermann, Moshe: Zwischen Selbstbehauptung und Diskriminierung. Deutsch-Jüdische Turn- und Sportzeitungen. In: Zwischen Selbstbehauptung und Verfolgung, S. 295–313.

Zweig, Arnold: 1887–1968. Werk und Leben in Dokumenten und Bildern. Mit unveröffentlichten Manuskripten und Briefen aus dem Nachlaß. Hg. von Georg Wenzel. Berlin und Weimar: Aufbau Verlag 1978. [Veröffentlichung der Akademie der Künste der Deutschen Demokratischen Republik].

– Die Sendung Semaels. Jüdische Tragödie in fünf Aufzügen. München: Kurt Wolff 1920.

– Drei Erzählungen. Berlin: Welt Verlag 1920.

– Episode. In: Ders.: Drei Erzählungen, S. 69–77.

– Ritualmord in Ungarn. Jüdische Tragödie in fünf Aufzügen. Berlin: Hyperionverlag 1914.

Zwischen Selbstbehauptung und Verfolgung. Deutsch-jüdische Zeitungen und Zeitschriften von der Aufklärung bis zum Nationalsozialismus. Sammelband zur Internationalen Tagung in Bremen vom 10. bis 12. Juli 2000. Hg. von Michael Nagel. Hildesheim, Zürich, New York: Georg Olms 2002 (Haskala. Wissenschaftliche Abhandlungen; 25).

5 Beiträge aus dem Internet

Charlottenburg – Wilmersdorf. Gedenktafel für Julius Bab. Auf: http://www.berlin.de/ba-charlottenburg-wilmersdorf/wissenswertes/gedenktafeln/bab.html, aufgerufen am 28. September 2004.

Herzog, Andreas: Zum Bild des »Ostjudentums« in der »westjüdischen« Publizistik der ersten Jahrzehnte des 20. Jahrhunderts. Auf: http://www.kakanien.ac.at/beitr/fallstudie/AHerzog2.pdf, aufgerufen am 29. September 2002.

– Zur Modernitätskritik und universalistischen Aspekten der »Jüdische Renaissance« in der deutschsprachigen Literatur zwischen Jahrhundertwende und 1918. In: Trans. Internet-Zeitschrift für Kulturwissenschaften. (November 1997) H. 2. Auf: http://www.inst.at/trans/2Nr/herzog.htm, aufgerufen am 21. September 2004.

Jüdische Friedhöfe in Nordrhein. Gebiet sowohl des Landschaftsverbandes Rheinland als auch des Landesverbandes der Jüdischen Gemeinden von Nordrhein. Auf: http://www.uni-heidelberg.de/institute/sonst/aj/FRIEDHOF/NRW/PROJEKTE/f-nr-ad.htm, aufgerufen am 1. November 2004.

Luhr, Geret: Von Stefan George zu Martin Buber. Ludwig Strauß als Mittler zwischen deutscher und jüdischer Kultur. In: http://www.literaturkritik.de/public/rezension.php?rez_id=805&ausgabe=200002, aufgerufen am 28. August 2004.

rein: Adolf Bartels. Auf: http://www.uni-essen.de/literaturwissenschaft-aktiv/Vorlesungen/literaturge/bartels.htm, aufgerufen am 1. November 2004.

The Avalon Project at the Yale Law School. Nuremberg Trial Proceedings Vol. 9. Eighty-ninth day. Saturday, 23 March 1946. Morning Session. [p. 703]. Auf: http://www.yale.edu/lawweb/avalon/imt/proc/03-23-46.htm, aufgerufen am 1. November 2004.

– Nuremberg Trial Proceedings Vol. 11. One hundred and thirty day. Tuesday, 9. April 1946. Morning Session. [p.73]. Auf: http://www.yale.edu/lawweb/avalon/imt/proc/04-09-46.htm, aufgerufen am 1. November 2004.

The Max I. Bodenheimer Archives. Auf: http://www.bodenheimer.org/, aufgerufen am 26. Juli 2004.

Danksagung

Eine Arbeit wie diese kann nur durch tatkräftige Unterstützung vieler Menschen entstehen, denen an dieser Stelle mein herzlicher Dank gebührt.

Zunächst gilt mein großer Dank meinem Doktorvater, Herrn Prof. Dr. Hans Otto Horch, der mir nicht nur das Verfassen dieser Arbeit ermöglicht hat, sondern der mir vor allem bei der Suche nach Archivmaterial immer hilfreich zur Seite stand. Seine Tipps und Hinweise haben die Arbeit zu dem gemacht, was sie heute ist.

Auch meinem Zweitgutachter, Prof. Dr. Jürgen Egyptien, danke ich herzlich für die genaue Korrektur und die hilfreichen Anmerkungen. Ebenso hat Herr Prof. Dr. Armin Heinen als dritter Prüfer bei der Disputation zum Gelingen dieser Promotion beigetragen.

Meine Arbeit beinhaltet zahlreiche Materialien aus diversen Archiven, deren Mitarbeiter mir alle hilfreich zur Seite gestanden haben. Stellvertretend für die vielen netten Menschen, die mir durch interessante Hinweise und tatkräftige Unterstützung geholfen haben, möchte ich Frau Denise Rein (*The Central Archives for the History of the Jewish People*) in Jerusalem danken. Mein ebenso großer Dank gilt Frau Claudia Keller und Herrn Shlomo Mayer aus dem *Leo Baeck Institut* Jerusalem, Herrn Jens Fleischer vom Auswärtigen Amt in Berlin sowie Frau Dr. Annette Haller und ihren Mitarbeiterinnen in der Kölner *Germania Judaica*, wo ich häufig zu Gast sein durfte. Auch im Archiv des Eschweiler Geschichtsvereins konnte ich mithilfe von Herrn Leo Braun und Herrn Johannes Rohde zahlreiche Dokumente entdecken. Herrn Jürgen Gottschalk danke ich für einen interessanten Gedankenaustausch über die Person Kaufmann.

Ein besonderer Dank gebührt Herrn Anatol Schenker, der mir das nicht im Fernleihverkehr zu eruierende – aber nun in „Compactmemory" verfügbare – letzte Heft der *Freistatt* zugänglich gemacht hat.

Ohne die Erlaubnis zur Einsicht und zur Verwendung der Kaufmann-Briefe durch seinen Neffen, Prof. Naftali Kadmon, wäre meine Arbeit in dieser Form nicht möglich gewesen. Auch der Tochter von Andreas Meyer, Frau Hannah Kaplun-Kogan aus Haifa, danke ich für ihre Hinweise bezüglich Nachlass und Vermächtnis ihres Vaters.

Bei Frau Doris Vogel möchte ich mich für die Hilfe bei der Erstellung der Druckversion bedanken.

Für die große und liebevolle Unterstützung meines privaten Umfeldes kann ich nicht genug Danke sagen! Vor allem möchte ich meinen Schwiegereltern,

Ingrid und Marcel Willemsen, sowie meinen Freundinnen Katja Hußmann und Christiane Lonzen für die große Hilfe bei der Korrektur meiner Arbeit danken.

Meinen Eltern, Helga und Peter Flohr, danke ich dafür, dass sie immer an mich glauben und für mich da sind!

Ebenso herzlich und voller Stolz danke ich meinem Mann, Dr. Elmar Willemsen, für seine Liebe und Unterstützung. Ihm widme ich diese Arbeit!

Martina Willemsen   *Aachen, im August 2006*

Personenregister

Abramowitsch, Scholem Jakob
Siehe Mendele Mocher Sforim
Achad Ha'am 105, 151, 153, 200,
242
Acher, Mathias *Siehe* Birnbaum,
Nathan
Adler-Rudel, Salomon 51, 53
Agnon, Samuel Joseph 44, 264–267
Arndt, Ernst Moritz 47
Asch, Scholem 32, 86–88, 91, 128,
130–131, 134, 155, 172, 181,
190–191, 197, 200, 229, 264, 283
Aschheim, Steven E. 103, 187
Avenarius, Eduard 92
Avenarius, Ferdinand 92–96, 104–
105, 109–111, 200
Avenarius, Ludwig 94

Bab, Julius 178, 230–250
Bartels, Adolf 93, 116, 233
Batka, Robert 93
Baum, Oskar 199
Becker, Julius 168
Ben Mordëchai 176
Benjamin, Walter 4, 91
Berdyczewski *Siehe* bin Gorion,
Micha Josef
Berger, Alfred 51–52, 259
Berger, Julius 58, 79
Bergmann, Hugo 175
Bialik, Chaim Nachman 85, 88,
190, 197, 213
Bin Gorion, Micha Josef 190, 192
Birnbaum, Nathan 29–30, 59–60,
65, 69, 73–74, 77, 105–106, 148–
149, 151–153, 156–158, 164,

172, 175, 182–183, 186, 190–
191, 196, 231, 238, 281
Birnbaum, Salomo 174, 178, 197,
202, 208, 216, 224
Bloemendal, Julie 12
Bloomgarden, J. Solomon 195, 197,
202, 205–206
Blumenfeld, Kurt 60, 159
Blumenthal (Kantor) 19
Bodenheimer, Max Isidor 68
Böhm, Adolf 151–152, 175
Borochov, Ber 148, 176
Brahms, Johannes 25
Brender, R. M. 197
Brod, Max 91, 122–124, 131–137,
175, 194, 198–199, 209–210,
216–217, 250
Buber, Martin 5, 7, 44, 46, 56, 62,
65–66, 68, 70, 72–74, 78, 81, 84,
105, 107, 147, 151, 153, 235,
245–246, 249–250, 254

Chamberlain, Houston Stewart 99,
132, 164
Charasch, Abraham 176
Chasanowich, Leon 148
Cohen, Hermann 81, 111
Coralnik, Abraham 170–171, 216,
219
Croner, Else 199

Dembitzer, Salamon 197
Deutsch, Isaac 173
Diederichs, Eugen 200
Dubnow, Simon 187